王守仁著作の文献学的研究

永冨青地著

汲古書院

序

ここに永冨青地氏の歴年の研究がまとめられ刊行されたことを慶びたい。

永冨氏は大学の学部生時代から一貫して陽明学に取り組んできた。当初は王守仁（王陽明）をはじめとした王学諸儒の思想的性格や社会的文化的効果などに関心を持っていたようであるが、大学院を修了してからは精力的に王守仁の文献研究を推進した。

王守仁ほどの盛名を持つ儒者であれば、改めて文献を詮索する餘地など残っていないように思われるかもしれないが、実際にはかの『伝習録』ですら先行あるいは並行資料が各地に散在し、通常使用されている全集『王文成公全書』未所収の文献も複数残存するという具合であって、研究者の間ではそれらを網羅的体系的に研究することが求められていた。氏の研究はその要請に応えようとするものである。

氏の研究の価値は、日本のみならず中国や台湾に及ぶ資料収集の広範さにある。そこには氏の伴侶であり文献学に通じた陳捷女史の助力もあったかもしれないが、これを成し遂げさせたのはやはり氏の情熱であろう。この広さは同時に氏の足下に埋もれていた資料に対する目を養うことになり、その結果が、氏が奉職している早稲田大学の図書館に蔵されていた閭東本『陽明先生文録』の発掘であった。この早稲田大学図書館所蔵本に含まれている王守仁の逸文は、本書に「附録三」として掲載されていて、学界に対する具体的寄与の一つであろう。

また氏は大学院生時代に三年にわたって北京大学哲学系に留学した経験を持つ。そこで培った中国語会話能力と氏の持ち味である闊達さは、中国の専門家との学術交流を容易にし、それは氏自身の研究に反映するとともに、中国の研究者にも裨益をあたえてきた。本書の刊行が、日本を超えた反響を呼ぶことを期待したい。

王守仁の文献研究には先行する研究があるが、これだけの規模でまとめられたのは本書が最初であって、今後この方面の避けては通れぬ研究となろう。なお先行研究については本書の「序説」で整理、確認されているが、そこにも名が見える私の学友の水野実氏は、つとにこの方面を手がけ、時に永冨氏に資料を提供し、種々の示唆をあたえてきた。両氏共同の訳注や研究もある。本書の序文もあるいは内容に通暁した水野氏が書くのがふさわしいかもしれないが、学部、大学院を通じての永冨氏の指導教員であり学位論文の主査をつとめるなど四半世紀に及ぶ学縁のゆえ、求めに応じて身を顧みずこの小文をしたためた。

二〇〇六年十二月

土田健次郎

目次

土田健次郎

図版目録

［図一］王守仁肖像（『王陽明先生小像附尺牘』所収、天理大学附属天理図書館蔵）

［図二］王守仁肖像（『王陽明先生遺像』所収、貴州博物館蔵）

［図三］ 王守仁肖像
（隆慶六年初刻本『王文成公全書』所収、独立行政法人国立公文書館〈内閣文庫〉蔵）

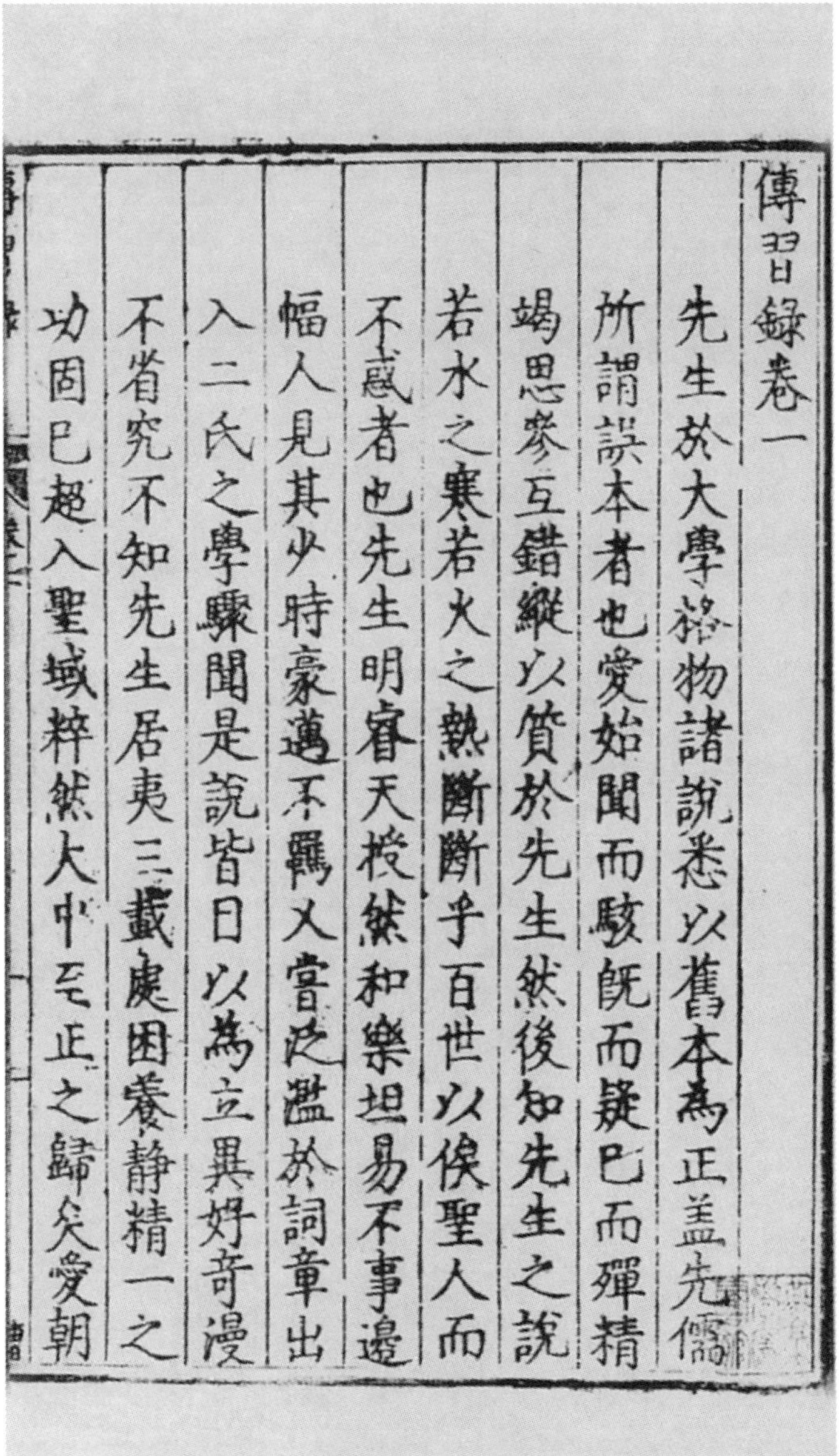

傳習錄卷一
先生於大學格物諸說悉以舊本為正蓋先儒所謂誤本者也愛始聞而駭既而疑已而殫精竭思參互錯縱以質於先生然後知先生之說若水之寒若火之熱斷斷乎百世以俟聖人而不惑者也先生明睿天授然和樂坦易不事邊幅人見其少時豪邁不羈又嘗泛濫於詞章出入二氏之學驟聞是說皆目以為立異好奇漫不省究不知先生居夷三載處困養靜精一之功固已超入聖域粹然大中至正之歸矣愛朝

［図四］南大吉編『伝習録』（北京大学図書館蔵）

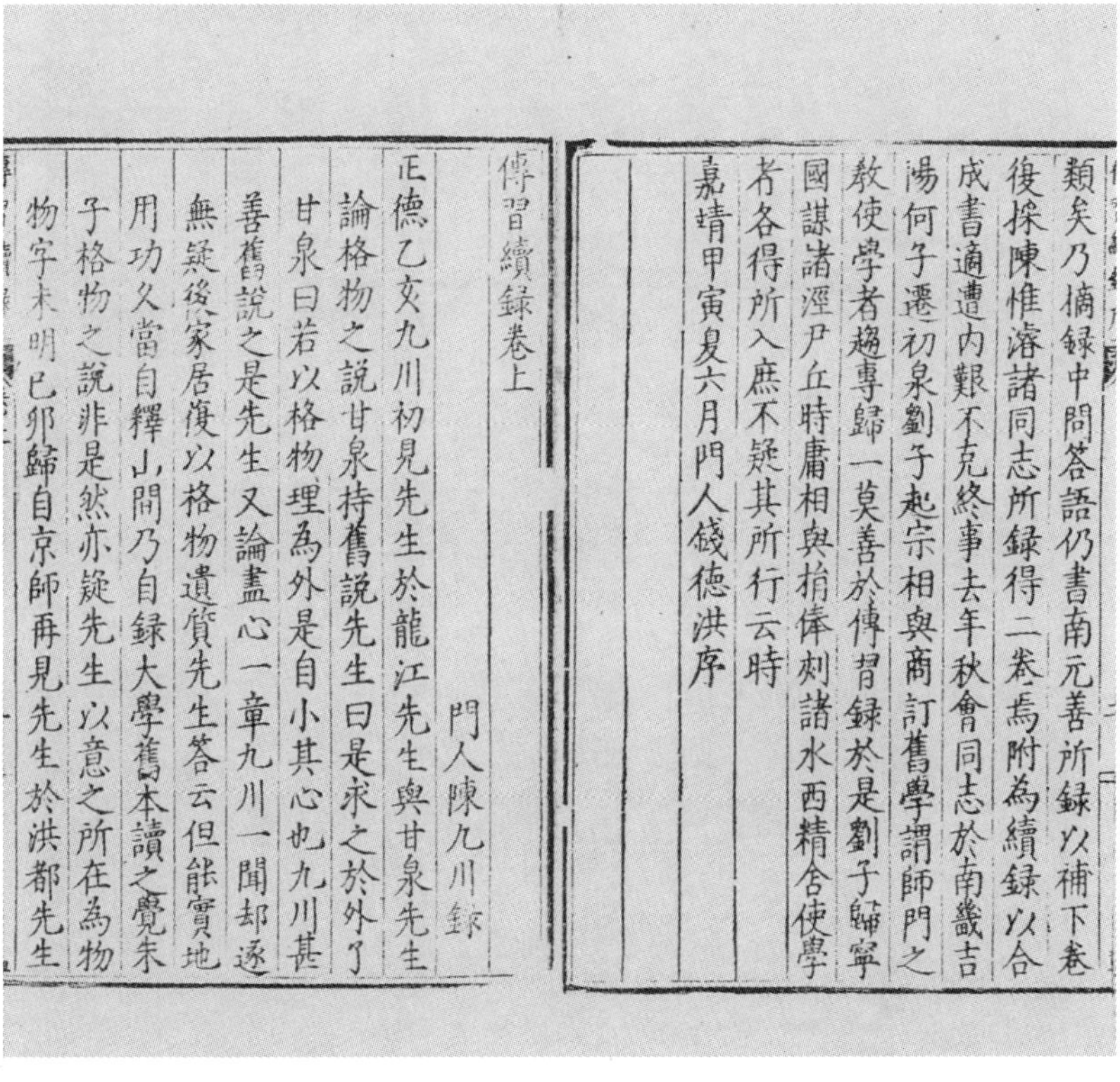

類矣乃摘録中問答語仍書南元善所録以補下卷
復採陳惟濬諸同志所録得二卷焉附為續録以合
成書適遭内艱不克終事去年秋會同志於南畿吉
陽何子遷初泉劉子起宗相與商訂舊學謂師門之
教使學者趨專歸一莫善於傳習録於是劉子歸寧
國謀諸涇尹丘時庸相與捐俸刻諸水西精舍使學
者各得所入庶不疑其所行云時
嘉靖甲寅夏六月門人錢德洪序

傳習續録卷上
門人陳九川録
正德乙亥九川初見先生於龍江先生與甘泉先生
論格物之説甘泉持舊説先生曰是求之於外了
甘泉曰若以格物理為外是自小其心也九川甚
善舊説之是先生又論盡心一章九川一聞却遂
無疑後家居復以格物遺質先生答云但能實地
用功久當自釋山間乃自録大學舊本讀之覺朱
子格物之説非是然亦疑先生以意之所在為物
物字未明己卯歸自京師再見先生於洪都先生

［図五］銭徳洪編『伝習続録』（北京大学図書館蔵）

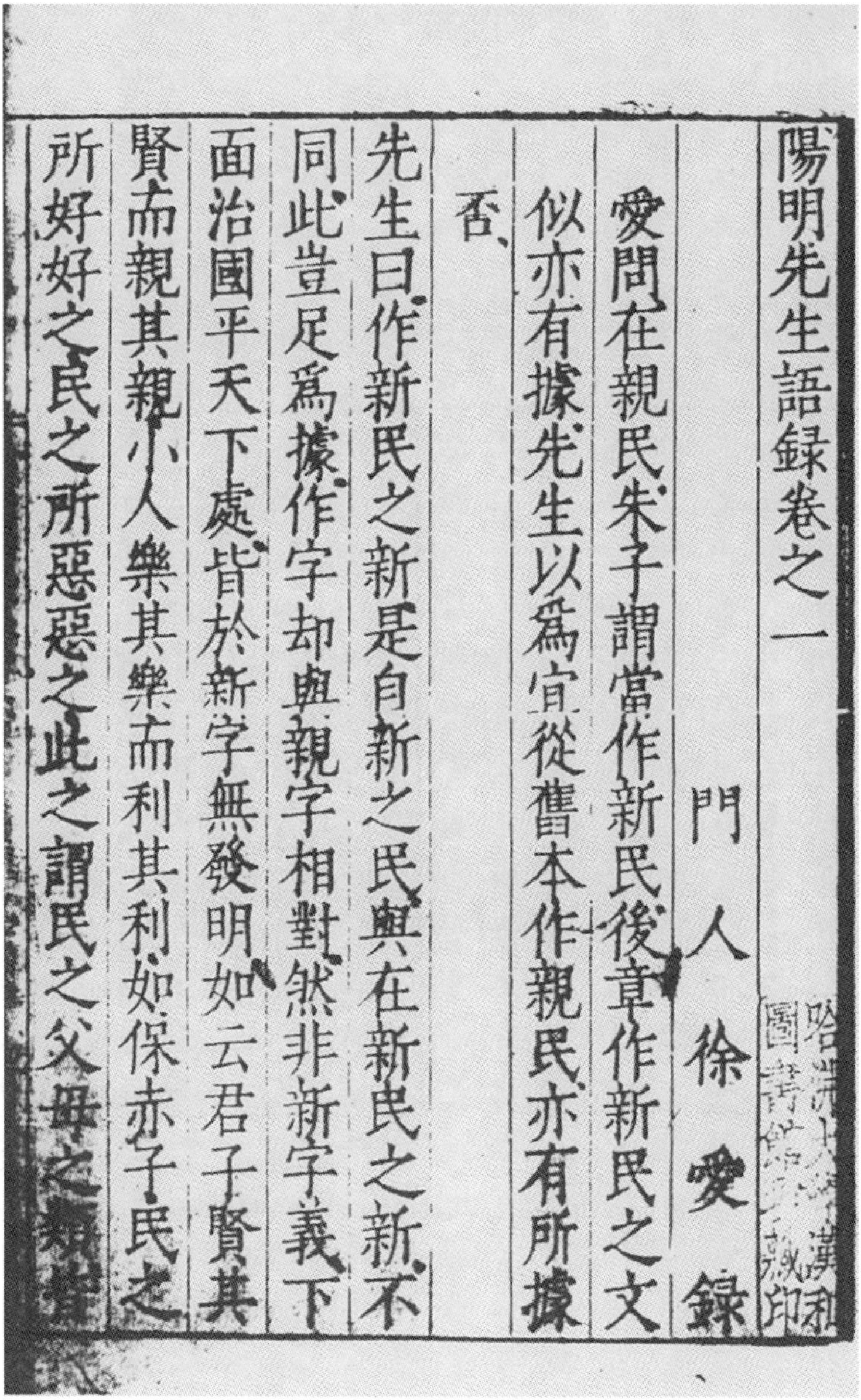

陽明先生語録卷之一

門人徐愛録

愛問在親民朱子謂當作新民後章作新民之文似亦有據先生以爲宜從舊本作親民亦有所據否、

先生曰作新民之新是自新之民與在新民之新不同此豈足爲據作字却與親字相對然非新字義下面治國平天下處皆於新字無發明如云君子賢其賢而親其親小人樂其樂而利其利如保赤子民之所好好之民之所惡惡之此之謂民之父母之類皆

［図六］『陽明先生語録』（ハーバード大学燕京図書館蔵）

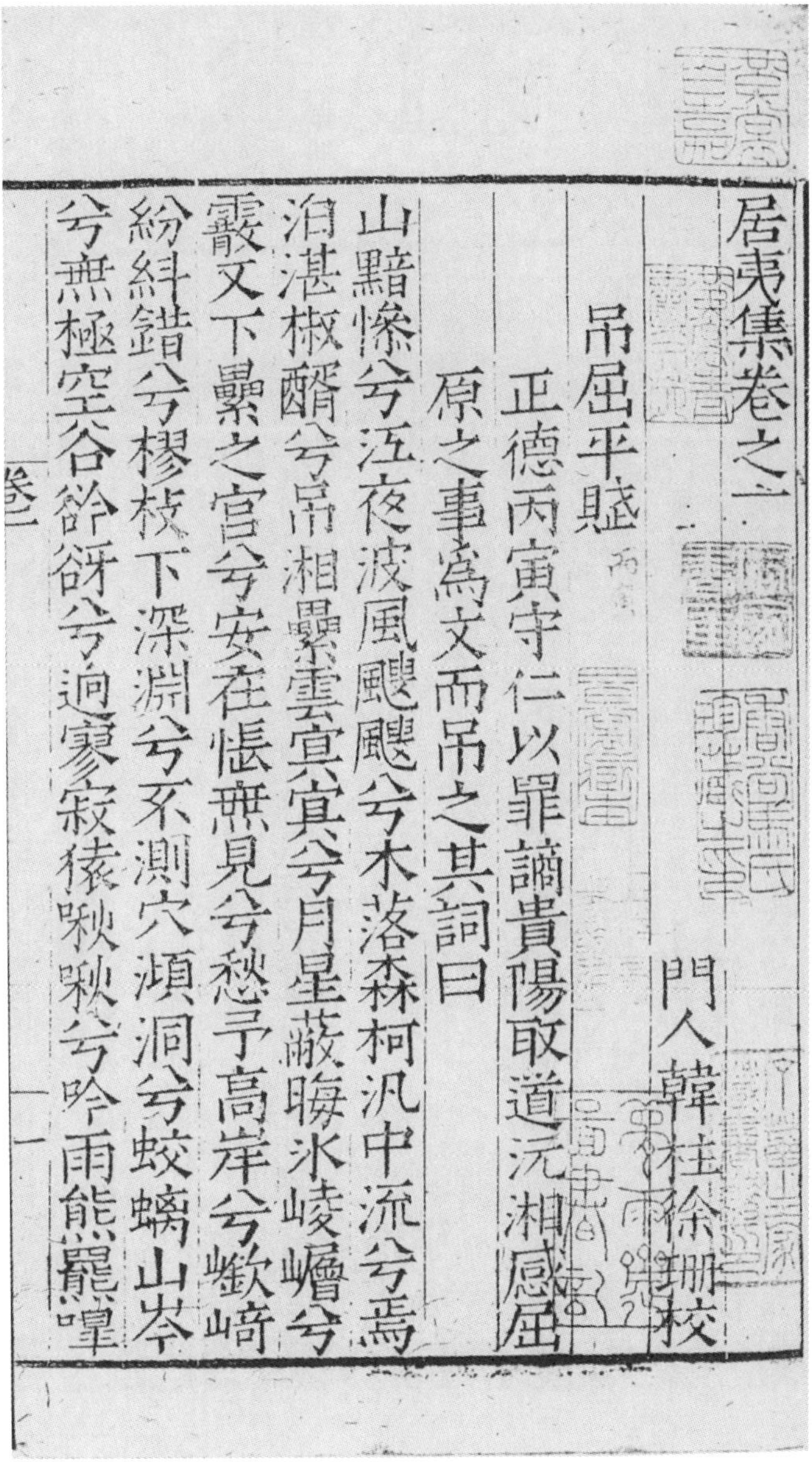

居夷集卷之一

門人韓桂徐珊校

正德丙寅守仁以罪謫貴陽取道沅湘感屈原之事爲文而弔之其詞曰

弔屈平賦 丙寅

山黯慘兮冱夜波風颼颼兮木落森柯汎中流兮焉泊湛椒醑兮吊湘纍雲冥冥兮月星蔽晦氷崚嶒兮霰文下纍之宫兮安在悵無見兮愁予高岸兮嶔崎紛糾錯兮樛枝下深淵兮不測穴瀕洞兮蛟螭山岑兮無極空谷谺谺兮迴寥寂猿啾啾兮吟雨熊羆嘷

卷一　一

［図七］丘養浩編『居夷集』（上海図書館蔵）

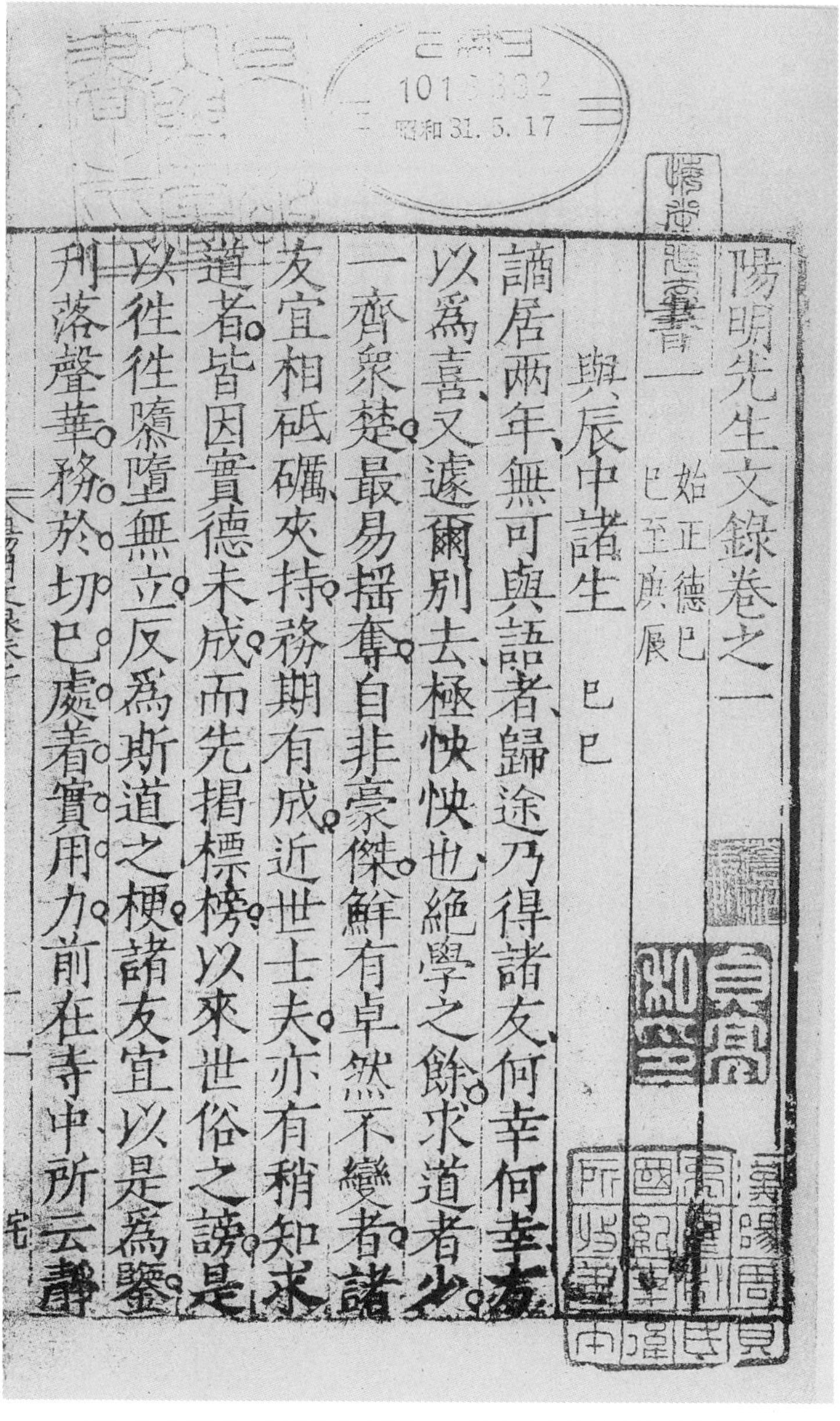

陽明先生文録巻之一

書一 始正徳己巳至庚辰

與辰中諸生 己巳

謫居兩年無可與語者歸途乃得諸友何幸何幸方以爲喜又遽爾別去極怏怏也絶學之餘求道者少一齊衆楚最易揺奪自非豪傑鮮有卓然不變者諸友宜相砥礪夾持務期有成近世士夫亦有稍知求道者皆因實德未成而先掲標榜以來世俗之謗是以往往隳墮無立反爲斯道之梗諸友宜以是爲鑒刋落聲華務於切己處着實用力前在寺中所云静

［図八］黄綰編『陽明先生文録』（京都大学大学院文学研究科蔵）

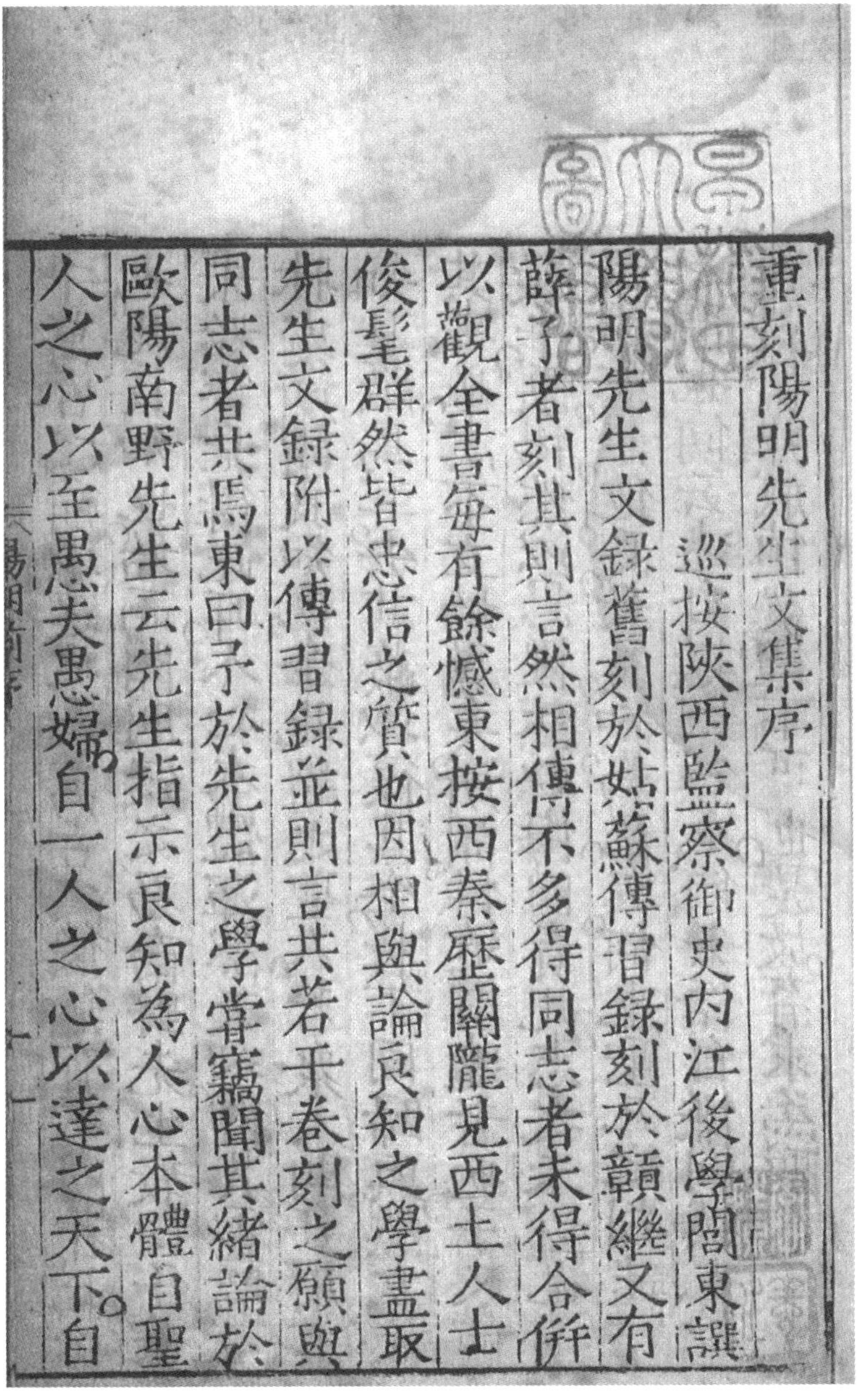

重刻陽明先生文集序
巡按陝西監察御史内江後學閻東譔
陽明先生文録舊刻於姑蘇傳習録刻於贛繼又有薛子者刻其則言然相傳不多得同志者未得合併以觀全書毎有餘憾東按西秦歴關隴見西土人士俊髦群然皆忠信之質也因相與論良知之學盡取先生文録附以傳習録並則言共若干巻刻之頗與同志者共焉東曰予於先生之學甞竊聞其緒論於歐陽南野先生云先生指示良知為人心本體自聖人之心以至愚夫愚婦自一人之心以達之天下自

［図九］閻東編『陽明先生文録』（早稲田大学図書館蔵）

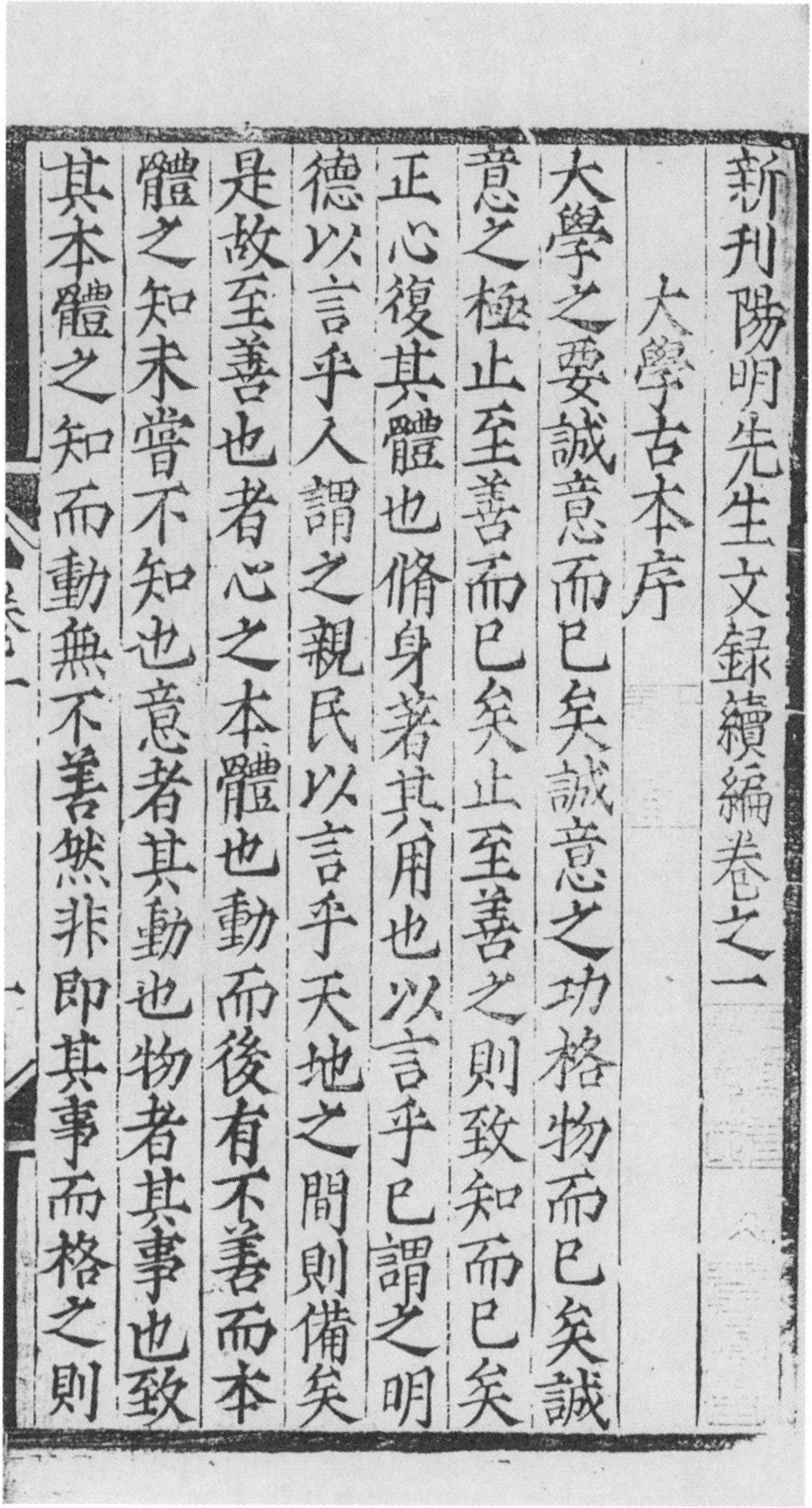
新刊陽明先生文録續編巻之一

大學古本序

大學之要誠意而已矣誠意之功格物而已矣誠意之極止至善而已矣止至善之則致知而已矣正心復其體也脩身著其用也以言乎已謂之明德以言乎人謂之親民以言乎天地之間則備矣是故至善也者心之本體也動而後有不善而本體之知未嘗不知也意者其動也物者其事也致其本體之知而動無不善然非即其事而格之則

［図十］王杏編『新刊陽明先生文録続編』（上海図書館蔵）

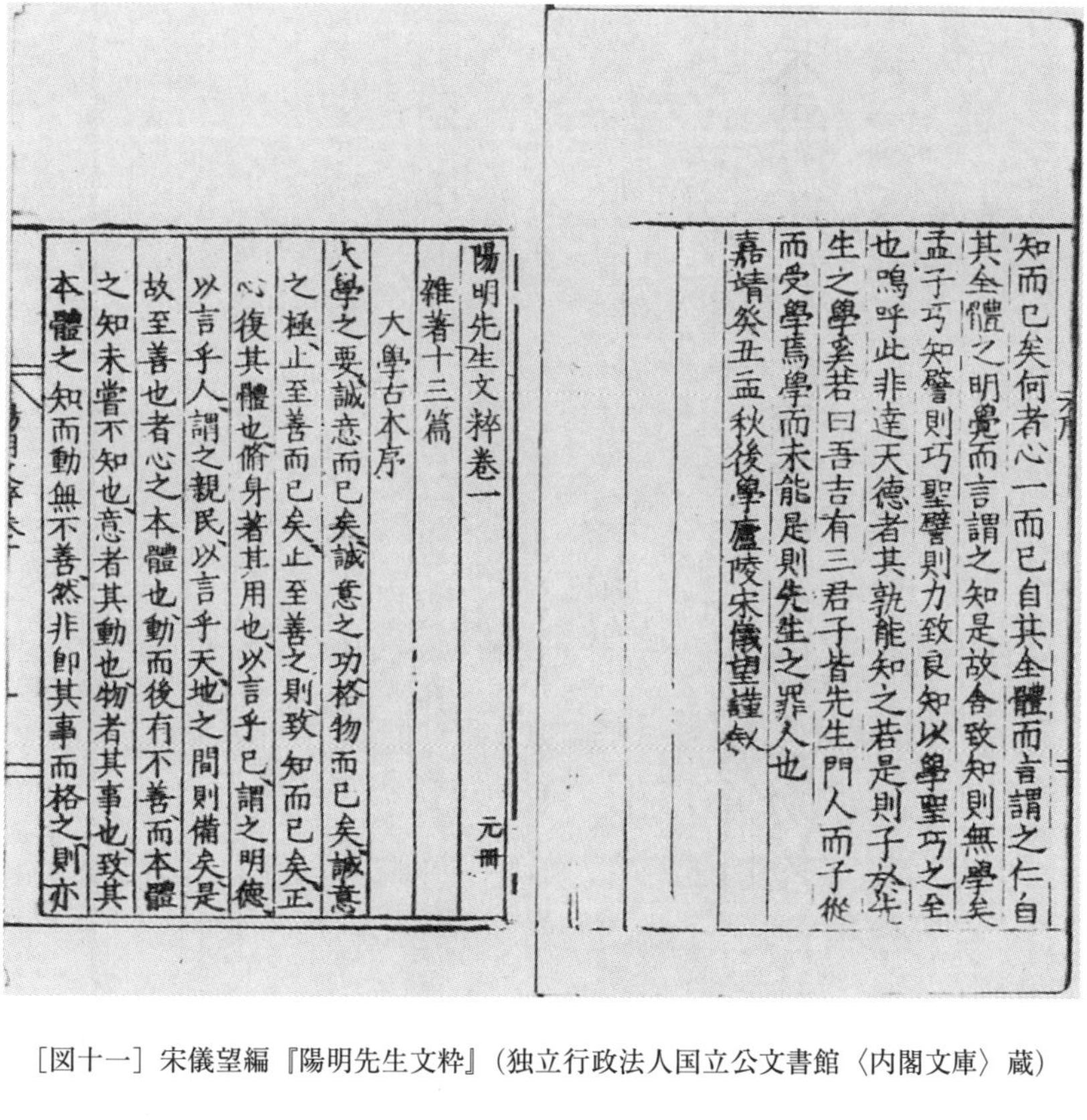
知而已矣何者心一而已自其全體而言謂之仁自
其全體之明覺而言謂之知是故舍致知則無學矣
孟子巧知譬則巧聖譬則力致良知以學聖巧之全
也嗚呼此非達天德者其孰能知之若是則子於先
生之學奚若曰吾吉有三君子皆先生門人而予從
而受學焉學而未能是則先生之罪人也
嘉靖癸丑孟秋後學盧陵宋儀望謹叙

陽明先生文粹巻一　元冊
雜著十三篇
大學古本序
大學之要誠意而已矣誠意之功格物而已矣誠意
之極止至善而已矣止至善之則致知而已矣正
心復其體也脩身著其用也以言乎己謂之明德
以言乎人謂之親民以言乎天地之間則備矣是
故至善也者心之本體也動而後有不善而本體
之知未嘗不知也意者其動也物者其事也致其
本體之知而動無不善然非即其事而格之則亦

［図十一］宋儀望編『陽明先生文粋』（独立行政法人国立公文書館〈内閣文庫〉蔵）

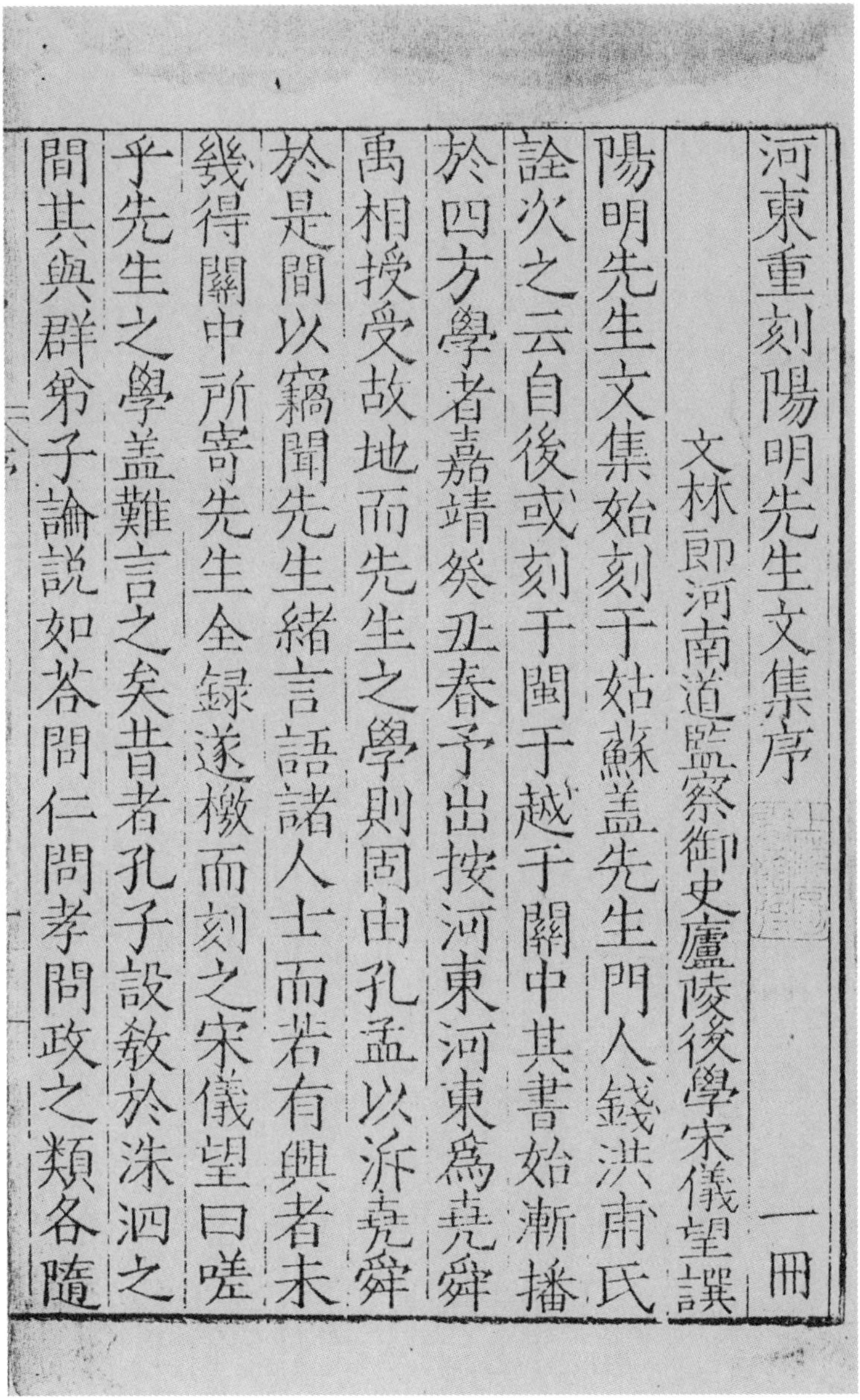

河東重刻陽明先生文集序　一冊
文林郎河南道監察御史廬陵後學宋儀望譔
陽明先生文集始刻于姑蘇蓋先生門人錢洪甫氏
詮次之云自後或刻于閩于越于關中其書始漸播
於四方學者嘉靖癸丑春予出按河東河東爲堯舜
禹相授受故地而先生之學則固由孔孟以泝堯舜
於是間以竊聞先生緒言語諸人士而若有興者未
幾得關中所寄先生全録遂檄而刻之宋儀望曰嗟
乎先生之學蓋難言之矣昔者孔子設敎於洙泗之
間其與群弟子論説如荅問仁問孝問政之類各隨

［図十二］宋儀望編『河東重刻陽明先生文録』（上海図書館蔵）

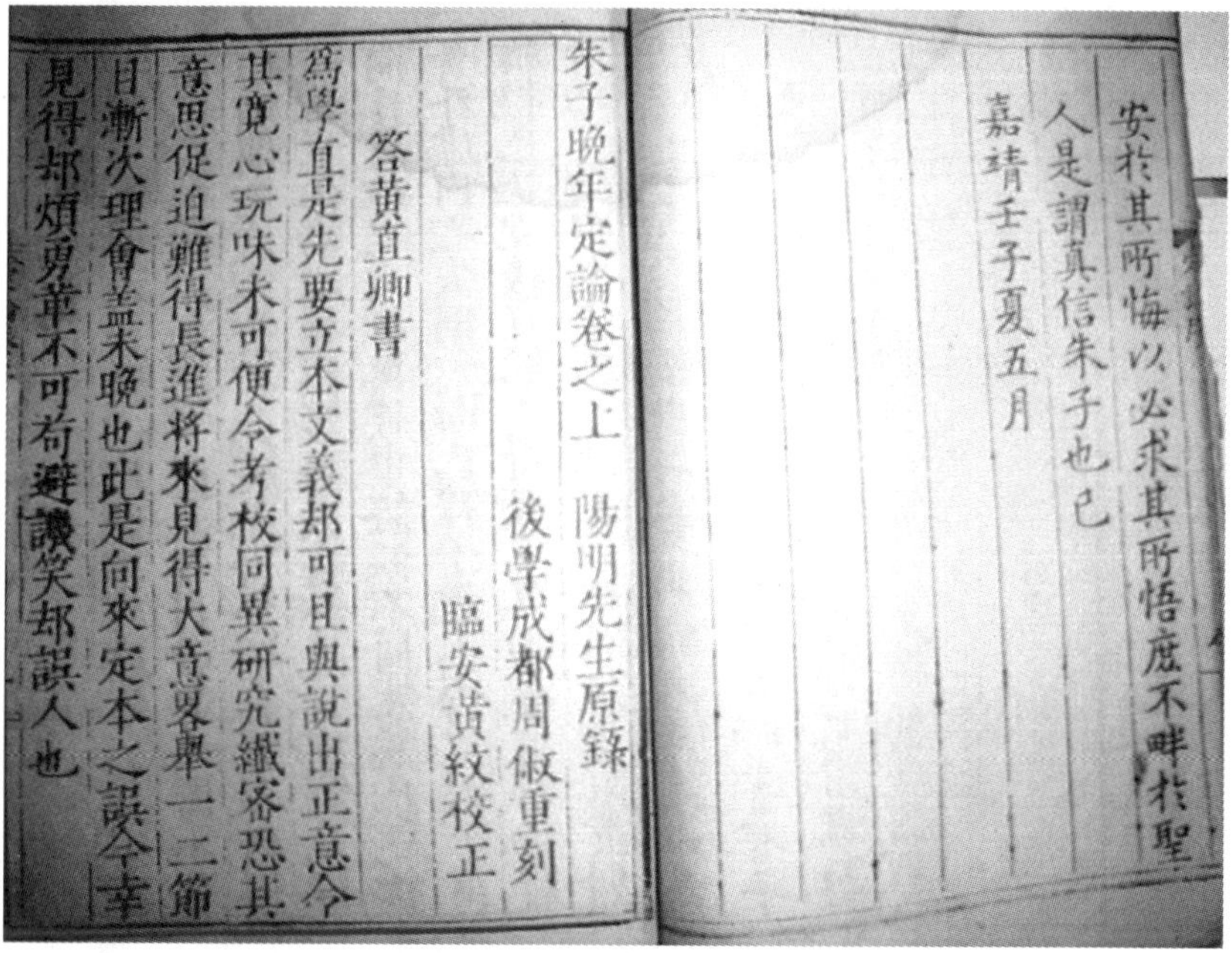
安於其所悔以必求其所悟庶不畔於聖
人是謂真信朱子也已
嘉靖壬子夏五月

朱子晩年定論巻之上　陽明先生原録
後學成都周俶重刻
臨安黄紋校正
答黄直卿書
爲學直是先要立本文義却可且與説出正意令
其寛心玩味未可便令考校同異研究纖密恐其
意思促迫難得長進將來見得大意略舉一二節
目漸次理會蓋未晩也此是向來定本之誤今幸
見得却煩勇革不可苟避譏笑却誤人也

［図十三］銭徳洪編『朱子晩年定論』（安徽省博物館蔵）

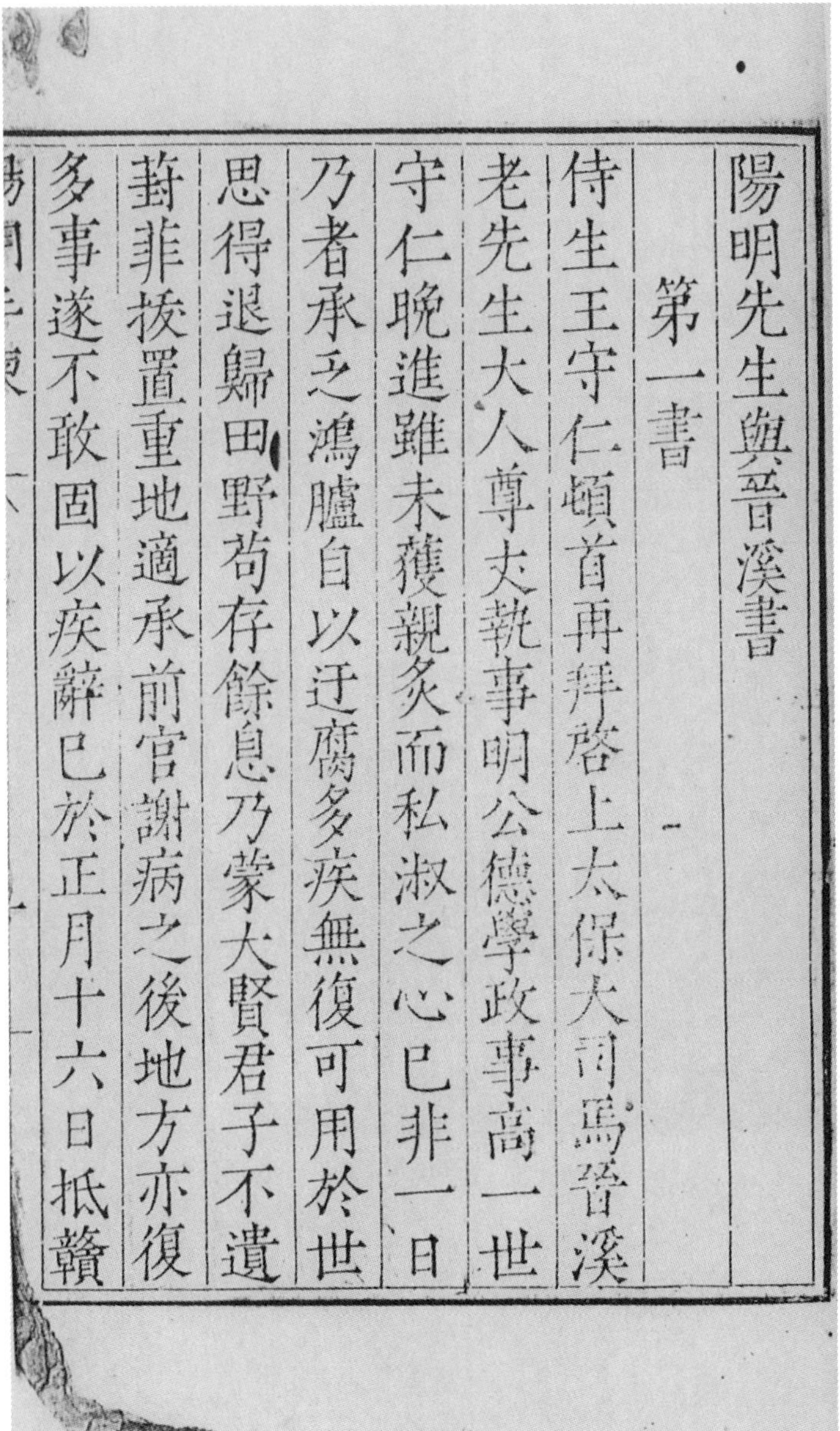
陽明先生與晉溪書
第一書
侍生王守仁頓首再拜啓上太保大司馬晉溪
老先生大人尊丈執事明公德學政事高一世
守仁晩進雖未獲親炙而私淑之心已非一日
乃者承乏鴻臚自以迂腐多疾無復可用於世
思得退歸田野苟存餘息乃蒙大賢君子不遺
葑非掇置重地適承前官謝病之後地方亦復
多事遂不敢固以疾辭已於正月十六日抵贛

［図十四］ 王宗沐編『陽明先生与晋渓書』（上海図書館蔵）

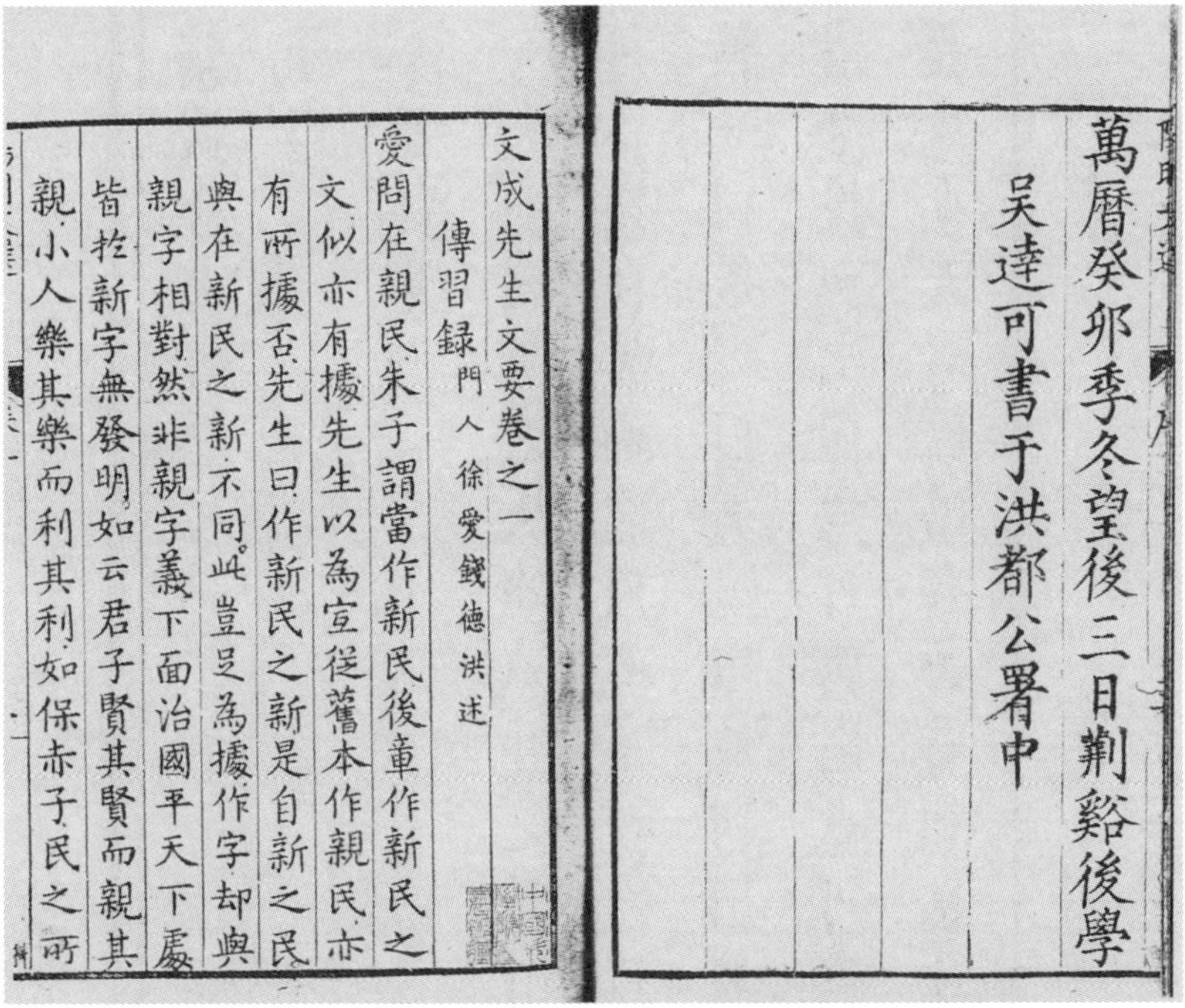
萬曆癸卯季冬望後三日剡谿後學
吳達可書于洪都公署中

文成先生文要卷之一
傳習錄　門人　徐愛　錢德洪　述
愛問在親民朱子謂當作新民後章作新民之
文似亦有據先生以為宜從舊本作親民亦
有所據否先生曰作新民之新是自新之民
與在新民之新不同此豈足為據作字却與
親字相對然非親字義下面治國平天下處
皆於新字無發明如云君子賢其賢而親其
親小人樂其樂而利其利如保赤子民之所

［図十五］呉達可編『文成先生文要』（中国科学院図書館蔵）

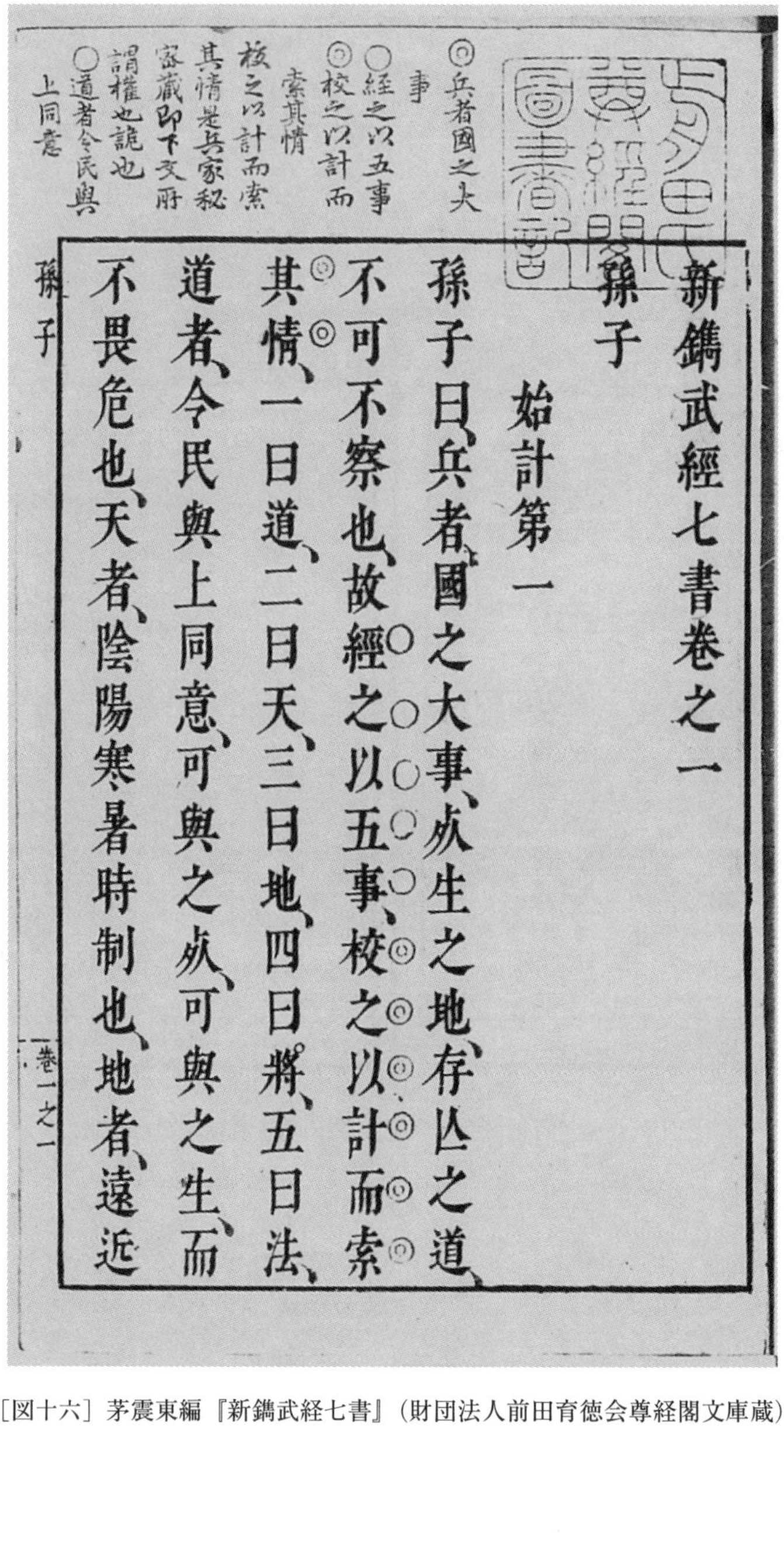
◎兵者國之大事
○經之以五事
◎校之以計而索其情
校之以計而索其情是兵家秘密藏即下文所謂權也詭也
○道者令民與上同意

新鐫武經七書卷之一
孫子
始計第一
孫子曰、兵者國之大事、死生之地、存亡之道、不可不察也、故經之以五事、校之以計而索其情、一曰道、二曰天、三曰地、四曰將、五曰法、道者、令民與上同意、可與之死、可與之生、而不畏危也、天者、陰陽寒暑時制也、地者、遠近

孫子　巻一之一

［図十六］茅震東編『新鐫武経七書』（財団法人前田育徳会尊経閣文庫蔵）

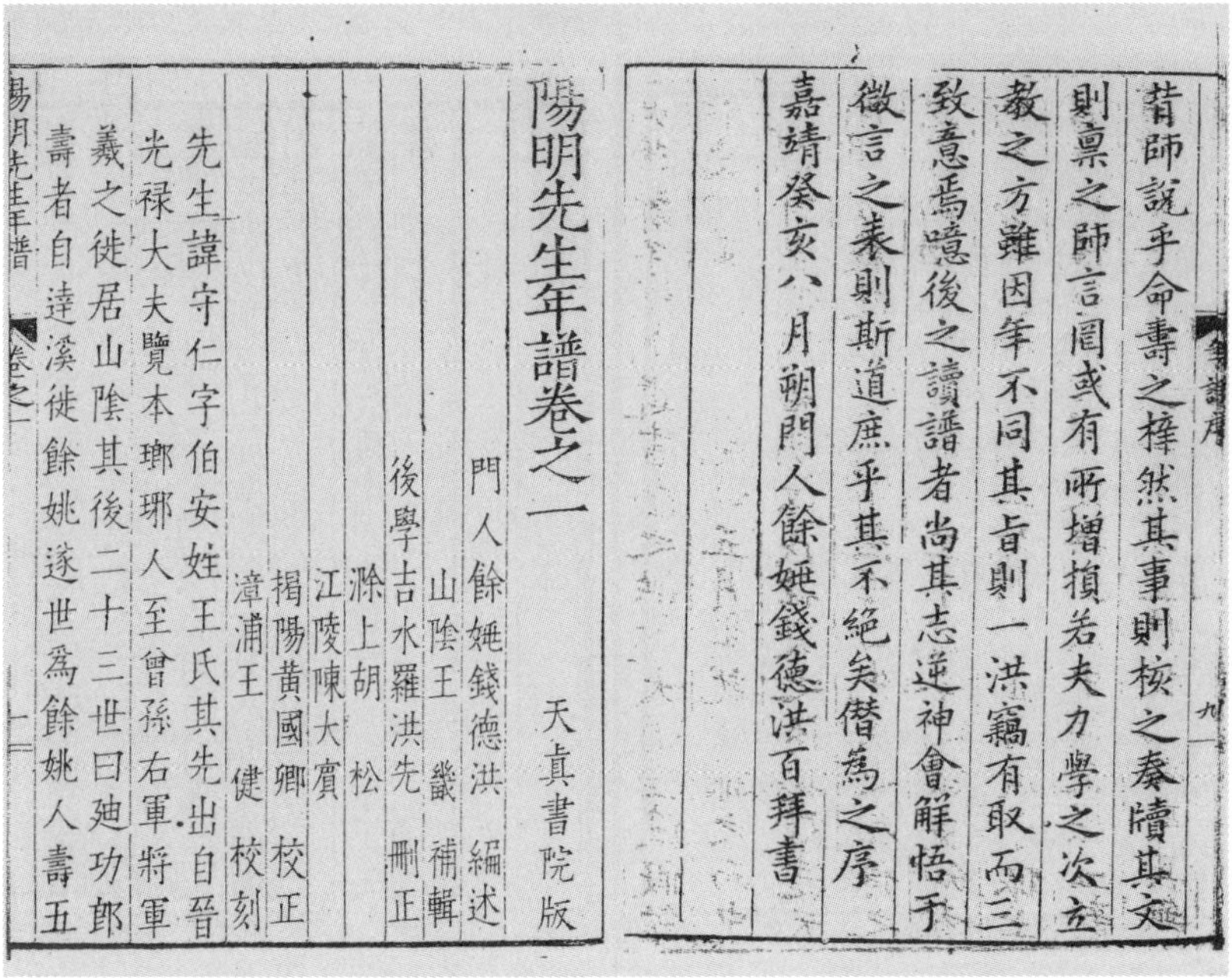

［図十七］天真書院本『陽明先生年譜』（名古屋市蓬左文庫蔵）

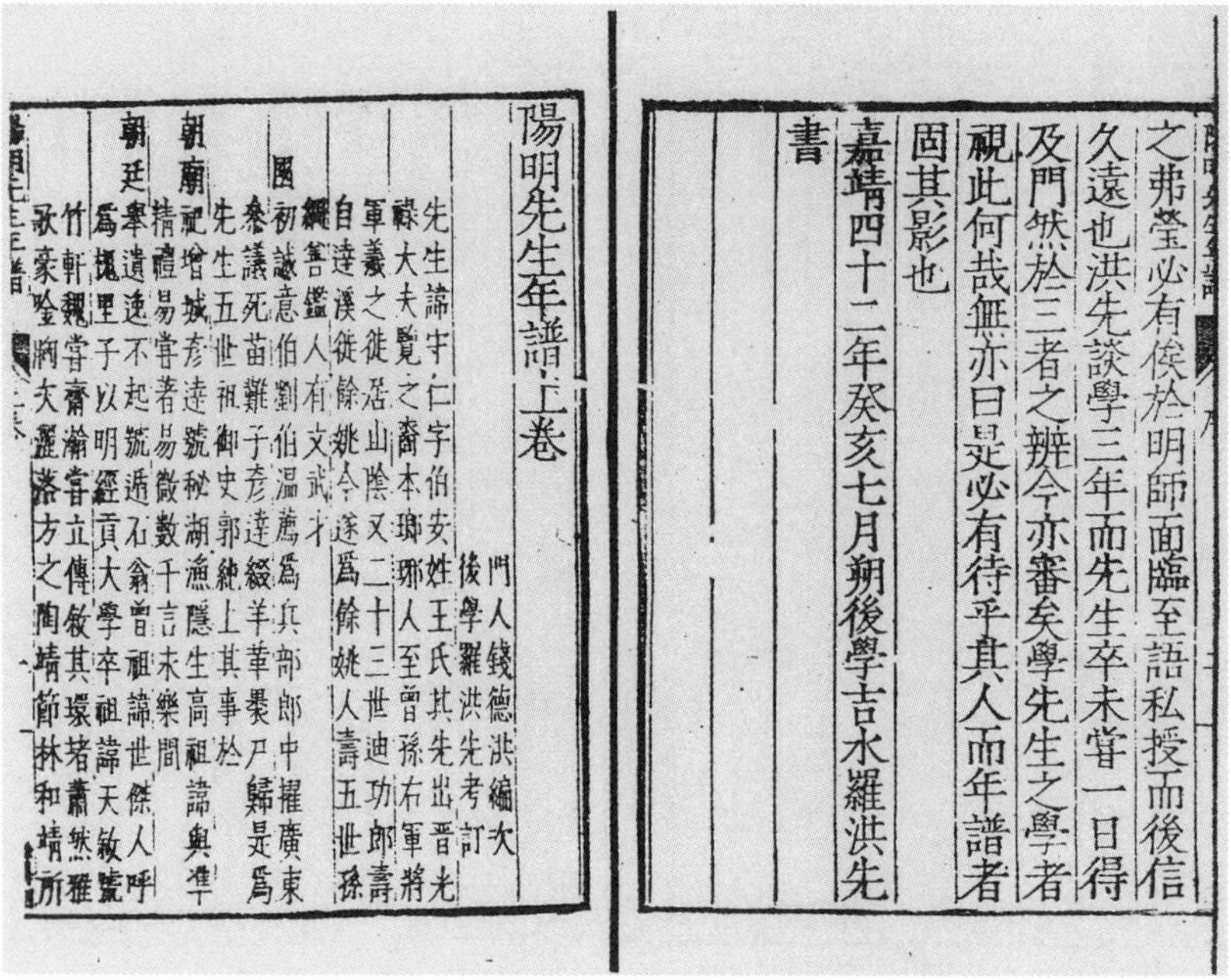

之弗瑩必有俟於明師面臨至語私授而後信
久遠也洪先談學三年而先生卒未嘗一日得
及門然於三者之辨今亦審矣學先生之學者
視此何哉無亦曰是必有待乎其人而年譜者
固其影也
嘉靖四十二年癸亥七月朔後學吉水羅洪先
書

陽明先生年譜上卷
門人錢德洪編次
後學羅洪先考訂
先生諱守仁字伯安姓王氏其先出晉光
祿大夫覧之裔本琅琊人至曾孫右軍將
軍羲之徙居山陰又二十三世迪功郎壽
自達溪徙餘姚今遂為餘姚人壽五世孫
綱善鑑人有文武才
國初誠意伯劉伯溫薦為兵部郎中擢廣東
參議死苗難子彦達綴羊革裹尸歸是為
先生五世祖御史郭純上其事於
朝廟祀增城彦達號秘湖漁隠生高祖諱與準
精禮易嘗著易微數千言永樂間
朝廷舉遺逸不起號遁石翁曾祖諱世傑人呼
為槐里子以明經貢大學卒祖諱天叙號
竹軒魏嘗齋瀚嘗立傳叙其環堵蕭然雅
歌豪吟胸次灑落方之陶靖節林和靖所

［図十八］毛本『陽明先生年譜』（中国国家図書館蔵）

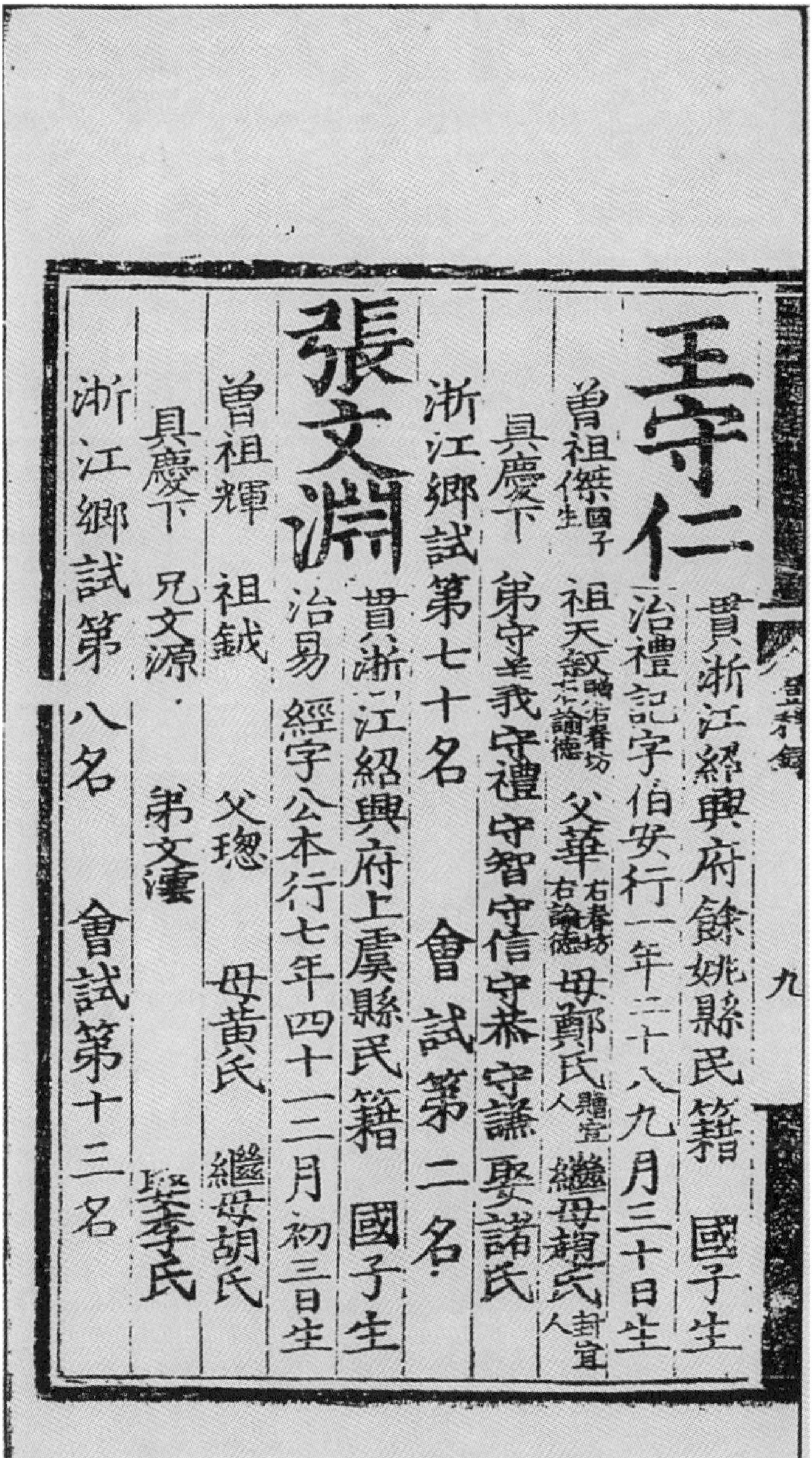

登科録　九

王守仁

貫浙江紹興府餘姚縣民籍　國子生

治禮記字伯安行一年二十八九月三十日生

曾祖傑國子生　祖天敘贈右春坊右諭德　父華右春坊右諭德　母鄭氏贈宜人　繼母趙氏封宜人

具慶下　弟守義守禮守智守信守恭守謙　娶諸氏

浙江鄉試第七十名　會試第二名

張文淵

貫浙江紹興府上虞縣民籍　國子生

治易經字公本行七年四十一二月初三日生

曾祖輝　祖鉞　父璁　母黃氏　繼母胡氏

具慶下　兄文源　弟文灃　娶李氏

浙江鄉試第八名　會試第十三名

［図十九］『弘治十二年進士登科録』（上海図書館蔵）

王守仁著作の文献学的研究

序　説

一　王守仁著作の文献学的研究の回顧

王守仁（成化八年九月三十日、一四七二～嘉靖七年十一月二十九日、一五二九）は朱熹と並ぶ近世儒学の巨頭として、また不敗の軍人として、同時代においてきわだった存在であった。そのため、彼の語録・詩文集はその生前において既に数種類が出版され、死後、隆慶六年（一五七二）に刊行された『王文成公全書』において一応の集大成がなされた。しかし、皮肉にもそのことのために、以後、王守仁の著作に関する文献学的研究は、不振を極めることとなった。なぜなら、『王文成公全書』は、語録・文録・別録・外集・続編といった整然たる構成を持ち、書簡の編年もなされ、随所に銭徳洪による解説が附されていたため、文献学的研究の余地は少ないと考えられてきたのである。

従って、中国においては、その後、長期にわたり、王守仁の著作に関する文献学的研究において見るべき成果は殆ど見られなかった。清代に入り、考証学の隆盛に伴い、「心学横流」として、陽明学に明朝の滅亡の責任を帰す風潮の中、陽明学は空疎の代名詞のように扱われたためでもある。清朝考証学の代表作とされる『四庫全書総目提要』においてすら、その『王文成公全書』の項目は、誤謬百出と言うも過言ではないのである。

更に清代において陽明学に関する文献学的研究が沈滞した理由としては、研究主体の側の問題も挙げられる。朱子学の側においては、『朱子晩年定論』に対する反発が『朱子年譜』のような成果を生んだのに対し、陽明学の側では、陽明の思想内容にのみ興味が向けられ、考証的研究は行われなかったのである。

一方、日本においては若干事情を異にしており、幕府によって輸入された明本に耽溺した佐藤坦（一斎）により、天保元年（一八三〇）稿の『伝習録欄外書』が記されている。本書は三輪希賢（執斎）の『標註伝習録』の欄外に記されたものである。本書は『標註伝習録』の欄外に記されたメモとしての性格上、主として『伝習録』に関する研究ではあるが、文録に関しても鋭い見解が随所に見られ、その業績は、先駆的な存在であると同時に、以後の研究に道筋を附けたものとして称賛に値する。本書は今日に至るまで参照すべき価値を失わない名著である。

日本においては、明治以降も、幕末からの陽明学に対する好意的な雰囲気の中、陽明学に関する研究書が幾つか刊行された。しかしながら、その水準は必ずしも高いとは言えず、戦前期における代表的研究である三島復の『王陽明の哲学』（大岡山書店、一九三四）においても、その「附録」において王守仁の著作について述べられてはいるものの、特に見るべき見解は無く、佐藤一斎より後退している観さえある。したがって、この時期における陽明学研究においては通行本をそのまま利用するに止まり、各地の図書館に所蔵された善本が積極的に利用されることはなかった。

戦後においても、この分野において注目すべき業績は長らく見られなかった。この時期、陽明学に関する研究は特に左派に集中し、文献学的研究も、左派に関する文献の紹介に向けられたためである。

勿論、そのような中でも、先学による貴重な論攷が幾つか存在する。そのうち特に重要なものを年代順に挙げておく。なお、王守仁の佚文の輯佚も、本来は文献学的研究に含めるべきであるが、ここでは便宜上、文献学的研究と佚文の研究に分けることとし、佚文に関する研究については、第二節にまとめることとした。

（1）鈴木隆一「王文成公全書の合刻について」（『懐徳』第三十二号、一九六一）
（2）山下龍二「王文成公全書（伝習録）の成立」（『陽明学の研究　展開篇』所収、現代情報社、一九七一）
（3）吉田公平「銭緒山の「伝習続録」編纂について」（『哲学年報』第三十一号、一九七二）
（4）吉田公平「銭緒山の『王文成公全書』所収「文録続編」の編纂について」（『東北大学教養学部紀要』第四十一号、一九八四）

上記のうち、（1）は京都周辺に現存する王守仁の貴重書に関する解説、（2）は主として銭徳洪の記述によりつつ、『伝習録』と『王文成公全書』の成立について考察したものであり、前記の『四庫全書総目提要』の誤りは本書において始めて指摘された。

一方、（3）（4）の論文は、従来あまり利用されてこなかった台湾に現存する資料を利用しつつ、『全書』の成立について考察したものである。特に、台湾に『陽明先生遺言録』が現存することは吉田によって始めて学界に紹介されたものであり、以後の研究に大きな影響を与えた。

上記の如く、注目すべき成果が幾つか生まれていたものの、全体としては沈滞していた文献学的研究は、九十年代を迎えて隆盛へと向かった。

そのきっかけを作ったのは、以下の論文である。

（5）呉震「王陽明逸文論考─就京都大学所蔵王陽明著作而談」（『学人』第一輯、一九九一）

本論文は主として京都大学の蔵本によりつつ王守仁の著作に含まれる佚文について考察したものだが、『全書』に含まれていない佚文を探索する必要上、黄綰編『陽明先生文録』や曾才漢『諸儒理学語要』などの、王守仁の著作の成立から『王文成公全書』の成立までを銭徳洪中心に考えがちであった従来の視点からはあまり取り上げられない著作に光を当てた点で、文献学的にも画期的なものとなった。なお、利用の際は『学人』第二輯（一九九二）に掲載された呉震「『王陽明逸文論考』一文更正」を参照すべきである。

（6）陳来「著述辨疑（一）『伝習録』」（『有無之境』所収、人民出版社、一九九一）

（7）陳来「『遺言録』与『伝習録』」（『中国文化』第九号、一九九三）

陳来は第二節において見るように、『陽明先生遺言録』に含まれる佚文を精査しているが、（5）の論文の刊行以前から文献学的研究を開始しており、単に佚文を列挙するに止まらず、『陽明先生遺言録』と銭徳洪編『伝習続録』との比較対照により、従来、銭徳洪の記録のみによって語られがちであった『伝習録』の編纂に、新たな角度からの分析を可能とした。

（8）方旭東「『大学問』来歴説考異」（『哲学門』二、第一巻第二冊、二〇〇〇。なお日本語訳としては三沢三知夫訳「『大学問』来歴説考異」、『アジアの文化と思想』第十号、二〇〇一、がある）

方旭東は陳来の指導を受けており、分析の手法には共通する点も多いが、本論文においては、『大学問』について文献学的研究のみに止まらず、思想的にも分析を行い、それが王守仁の著述ではあり得ないと断定している。しかしながら、この結論についてはなお考察の余地があるように思われる。

一方、日本においては以下のような論文がある。

（9）水野実「王守仁の『大学古本傍釈』の考察」（『日本中国学会報』第四十六集、一九九四）
（10）水野実、永冨青地「九大本『陽明先生文録』詳考」（『陽明学』第十一号、一九九九）
（11）水野実、永冨青地「九大本『陽明先生詩録』小考」（『汲古』第三十五号、一九九九）
（12）水野実、永冨青地「『伝習則言』小考」（『汲古』第四十二号、二〇〇二）

（9）は、従来偽作の疑いのあった『大学古本傍釈』が王守仁の真作であることを論証した。（10）（11）は、九州大学文学部所蔵の孤本の分析により、銭徳洪によって言及されなかった詩文集について考察を行ったものであり、（12）は『伝習録』と『則言』からピックアップして作られた語録に関する研究である。

（13）佐野公治「名古屋大学蔵『陽明先生全集』について」（『名古屋大学中国哲学論集』第一号、二〇〇二）
（14）佐野公治他「口語訳　王晋渓に与えた王陽明の書簡」（一）～（二）（『名古屋大学中国哲学論集』第一～二号、二〇〇二～二〇〇三）

（13）は名古屋大学文学部に所蔵されている嘉靖四十三年刊本『陽明先生全録』に関する堅実な書誌学的研究である。佐野はまた（14）において同書所収の書簡と『全書』との異同についても考察している。今後は、版本ごとに、同様な個別研究が積み重ねられることが期待される。

以上、従来の研究について見てきたが、最後に、従来の研究の問題点について考えてみたい。

従来の研究の問題点としては、版本の所在の調査・確認や、各版本の成立と刊行及びその流布などの、学術研究における基本的な作業がおろそかにされてきたことが挙げられる。従って、上記の諸論文も個別の版本調査に止まり、総合的な調査が足りないため、各版本の成立および相互の関係に関する基本的な事実に関する考証が不充分であると言わざるを得ない。明代中期以降において朱子学と並ぶ影響力を持ち、日本においても思想界の一翼を担った王守仁の学術の、その基礎研究である書誌学に関する研究の蓄積は、極めて薄弱なものなのである。

二　王守仁著作の佚文研究の回顧

王守仁の講学の際の教えに関しては、多くの弟子が手記をしたためていたと考えられる。そしてそれらの多くは守仁の死の直後における銭徳洪および王畿の呼びかけにより、彼らのもとに集められることとなった。しかしながら、第一章において述べられるように、銭徳洪がそのすべてを刊行することをしなかったため、王守仁の言葉については、『全書』本『伝習録』に収められないものが多く残されることとなった。王守仁の詩文に関しても同様に、銭徳洪がすべての詩文を収録することに消極的であったため、『全書』に収録されていない王守仁の詩文は他の弟子が編纂した各種の王守仁の詩文集などに散在することとなった。

それらの佚文、佚事を編纂する試みの最初のものとしては、管見の限りでは崇禎八年（一六三五）刊の『陽明先生要書』（陳龍正編）附録巻四の「遺言逸事」がある。同書においては、銭徳洪、耿定向、黄綰、石刻（碑文）、龍光、雷済、蔡文の記録から佚文・佚事を収集している。それらの中には今日の観点からすると「遺言逸事」と呼べないものも一部含まれているとはいえ、なお参照する価値を有する貴重な業績である[1]。

一方、日本における同種の試みとしては天保元年（一八三〇）稿の『伝習録欄外書』および翌二年（一八三一）稿の『姚江拾遺』（冢越雲撰併輯）を嚆矢とする。『伝習録欄外書』については前節ですでに述べたが、『標註伝習録』と他の『伝習録』諸本との比較により、佚文を多く収録している。また、後者は明清の諸書より佚文、佚事の収録を行っている。

以上の諸作は陽明学の信奉者によってなされたものであり、近代的な研究とは若干趣を異にするとはいえ、その後長く、それらを超える業績は出現しなかった。そのようななか刊行された、

(15)　山下龍二「董澐（蘿石）『従吾道人語録』について」（『名古屋大学文学部研究論集』ＬＸＩＸ　哲学二十三、一九七六。今、山下龍二『陽明学の終焉』研文社、一九九一、に所収）

は、董澐（蘿石）の語録から、王守仁に関する遺言遺事を指摘したものである。また、

（16）陳栄捷『王陽明伝習録詳註集評』（台湾学生書局、一九八三）は、主として佐藤一斎の業績によりつつ『伝習録』の逸文を収集したものであり、海外に広く一斎の業績を知らせることとなった。

以上の如く、近代において佚文収集の面では長らく見るべき業績が殆どなかったが、この面でも、（5）の呉震論文の刺激は大きかった。特に、従来の研究が殆ど『伝習録』の佚文のみに向けられていたのに対し、王守仁の詩文集からも多くの佚文を見つけることが可能であることを示したことの影響は、極めて大きかったのである。

（17）呉光、銭明、董平、姚延福編校『王陽明全集』（上海古籍出版社、一九九二）

同書は基本的には『王文成公全書』によっているが、銭明の編纂になる巻三十二「補録」は九州大学の関係者の協力により多くの佚文を収録している。その後、本書が王守仁の研究者の間で底本として扱われるようになるのに伴い、本書に収録されていないものを発見することが佚文収集における共通の目標となった。

（18）陳来、周晋、姜長蘇、楊立華「関于『遺言録』『稽山承語』与王陽明語録佚文」（『清華漢学研究』第一輯、清華大学出版社、一九九四）

（19）水野実、永冨青地、三沢三知夫「陽明先生遺言録」（一）～（五）（『防衛大学校紀要（人文科学篇）』第七十～七十四輯、一九九五～一九九七）

（20）水野実、永冨青地、三沢三知夫「『稽山承語』朱得之述」（一）～（三）（『アジアの文化と思想』第五～七号、一九九六～一九九八）

（18）（19）（20）は『伝習録』とは系統を異にする王守仁の言行録である『陽明先生遺言録』・『稽山承語』の翻刻および訳注。（18）は吉田公平所蔵本により、（19）（20）は都立中央図書館蔵本を底本としつつ、各種の写本・刻本との校合を行っている。（19）の現代語訳としては、

（21）水野実、永冨青地「現代語訳『陽明先生遺言録』」（一）～（四）（『防衛大学校紀要（人文科学篇）』第八十五、八十六、九十、九十二輯、二〇〇二～二〇〇六）

があり、（19）（20）の中国語訳としては、

（22）水野実、永冨青地、三沢三知夫（張文朝訳）『陽明先生遺言録・稽山承語』（『中国文哲研究通訊』第八巻第三期、一九九八）

がある。

（23）陳来、周晋、姜長蘇、楊立華「『明儒学案』所見陽明言行録佚文」（『中国哲学』第十七輯、一九九六）

本稿は『明儒学案』より『伝習録』に見られない佚文を収集したもの。但し、現存する各人の文集に出典を求めるべきものも散見される。

(24)吉田公平「王陽明の遺文遺言について」(『日本中国学会創立五十年記念論文集』、汲古書院、一九九八)

(24)は吉田の遺文遺言に関する研究のまとめと言うべき性格のものである。

(25)水野実、永富青地、三沢三知夫「『陽明先生則言上』訳注」(一)(二)(三)〜(連載中)(『走水評論』第六十号、『走水論叢』第一、二号、一九九六〜)

(26)水野実、永富青地「「陽明王先生語要」(『諸儒理学語要』所収)の基礎的研究」(一)(二)〜(連載中)(『防衛大学校紀要(人文科学篇)』第七十五、七十七号、一九九七〜)

(25)(26)は佚文を含む王守仁の語録(但し、(25)の多くは王守仁の文を語録体に直したもの)の訳注。

(27)陳来、永富青地「『龍渓王先生全集』所見陽明先生言行録輯釈」(『陽明学』第十号、一九九八)

(27)は陳来の提唱する、陽明の弟子たちの文集から、彼の言行録の逸文を輯録する計画の一環である。

なお、陳来はその後、
（28）陳来「王龍渓、鄒東廓等集所見王陽明言行録佚文輯録」（『中国哲学』二〇〇一年第一期。今、陳来『中国近世思想史研究』商務印書館、二〇〇三、に所収）

においてこのような輯録の一応の集成を行なっている。

（29）水野実、永冨青地「九大本『文録』における王守仁の逸詩文」（『汲古』第三十三号、一九九八）
（30）水野実、永冨青地「『陽明先生要書』における王守仁の「遺言」について」（『汲古』第三十六号、一九九九）
（31）水野実、永冨青地「『従吾道人語録』の研究―王守仁の遺言「日省録」」（『防衛大学校紀要（人文科学篇）』第八十輯、二〇〇〇）
（32）水野実、永冨青地「『先進遺風』における王守仁の遺言遺事考」（同上）
（33）永冨青地、水野実「『陽明兵筴』の基礎的研究」（一）～（五）（『人文社会科学研究』第四十一～四十五号、二〇〇一～二〇〇五）

以上の五点のうち、（29）は、（10）において取り上げた九大本『陽明先生文録』に含まれる佚文について述べたもの、（30）は前述の『陽明先生要書』における、王守仁の「遺言」の内容を検証したものであり、（31）（32）は王守仁の遺言遺事を含む語録類の研究、（33）は佚存書『陽明兵筴』の訳注である。

現在、中国において最も精力的に王守仁の佚文の収集に取り組んでいるのは浙江省社会科学院の銭明であり、その業績は以下の諸論文にまとめられている。

(34) 銭明「『王陽明全集』未刊詩詞彙編考釈」(『陽明学新探』所収、中国美術学院出版社、二〇〇二)
(35) 銭明「『王陽明全集』未刊佚文彙編考釈」(同上)
(36) 銭明「『王陽明全集』未刊散佚詩文彙編及考釈」(銭明『陽明学的形成与発展』所収、江蘇古籍出版社、二〇〇二)

銭明は日本側の業績にも充分に目配りし、最も広範囲にわたる収集を行っている。
以上はいずれも刊刻された資料に関する研究であるが、王守仁の肉筆資料に関しては、

(37) 計文淵『王陽明法書集』(西泠印社、一九九六)

が、最も完備しており、多くの佚文、異文を含んでいる。また、著者による釈文が附されているため、利用しやすくなっている。

以上見てきたように、王守仁の佚文の研究は、九十年代以降、量的には飛躍的な増加を見せている。但し、問題も残されており、その最大のものとしては、佚文の信憑性の問題が挙げられる。上において最も広範囲にわたる収集と評価した銭明の研究にしても、(36) において小説である『皇明大儒王陽明先生出身靖乱録』に含まれる詩を佚詩として収録するなど、問題なしとしない。(2)

また、佚文の問題は、本来書誌学研究の一部なのだが、佚文の収集者が書誌学の知識に欠けるため、せっかくの努力が充分に生かされない場合がある。特に、言行録の佚文の場合、二つの本に類似の話がある場合、書誌学に関する充分な知識がなければ、いずれが本来の形か判断できないのであり、今後は本来の書誌学的研究と、佚文の研究とが有機的に結びつくことが期待されよう。

三　本書の構成と今後の研究の展望

以上のような従来の研究の弱点に鑑み、本書においては、王守仁の著作の所在についてできる限りの調査を行い、各版本の関係の考察についても多くの頁を割いた。特に、前述の如く、従来の研究者が日中両国とも、多くの場合、自己の所属機関か、その地域の蔵書のみに頼って論述を行っているため、全面的な研究を行い得ないでいることを考慮し、日、中、台湾、米の各所蔵機関に所蔵されている関係資料を網羅し、全面的な記述を行うことに留意した。

まず、第一章「『伝習録』の成立と完成」においては、王守仁の言行録のうち最も普及している著作である『伝習録』の成立から『全書』本の成立、さらに『全書』本成立以降に編纂がなされた諸本と、そこに含まれる佚文の問題とについて、現存する版本を中心にできる限り網羅的な記述を心がけた。

第一節「『伝習録』の成立」においては、徐愛による王守仁の言行録の編纂から、南大吉本の刊行までを記した。まず、徐愛による二巻または三巻の草稿より出発した原『伝習録』が、いったん散佚ののち、陸澄と薛侃の記録を併せて正徳十三年八月に刊行されるまでを、現存しないこれらの諸本について、関連資料によってその実像を探り、それが現在の『伝習録』上巻の基礎となったことを述べた。さらに現存する最古の『伝習録』である南大吉編の『伝習録』について、現存する七部と銭徳洪・佐藤一斎の証言とから詳細な調査を行い、南本の成立から、それが多くの版本へと分化していく様を探り、それが『伝習録』中巻の原型であることを示した。

続く第二節「『伝習録』の完成」においては、銭徳洪編『伝習続録』の刊行の経緯について、銭徳洪自身の手になる、『全書』本『伝習録』下巻の跋文の、嘉靖三十四年の曾才漢による、銭徳洪の記録の出版（『陽明先生遺言録』）から刺激を受け、翌三十五年に本書を刊行したとの記述について、現存する三部の『伝習続録』は陳九川録と銭徳洪・王畿録とから成っているが、その序文において『遺言録』に触れていないことと、陳九川録の部分に『遺言録』と共通する部分が見られないことなどから、銭徳洪は嘉靖三十三年と、翌嘉靖三十四年の二回にわたり『伝習続録』を刊刻したことを論証し、同書と嘉靖三十五年に刊行された補遺とによって『全書』本『伝習録』下巻が完成したことを述べて結びとした。

また、第三節「『全書』本成立後の『伝習録』とその佚文について」においては、明末清初に刊行された『全書』本以外の七種の『伝習録』と、そこに含まれる佚文に関する概観を行っている。なお、それらの諸本のうち、「施本」と「兪本」に含まれる佚文に関しては附録一の（二）においてその全容を示した。

第四節「楊嘉猷編『伝習録』について」においては、万暦三十年（一六〇二）に河北省において刊刻された楊嘉猷編『伝習録』について分析をおこない、同書が明確に北方において陽明の著作を普及させることを目的として編まれたものであると結論づけている。

第五節「白鹿洞本『伝習録』について」においては、崇禎三年（一六三〇）に白鹿洞書院において刊刻された白鹿洞本『伝習録』について、同書が嘉靖三十四年刻本『伝習続録』の内容を伝える唯一の刻本であることを示した。

一方、明末清初において多く刊行された『伝習録』以外の王守仁の語録については、第六節「『伝習録』以外の語録について」においてまとめて述べることとした。

続く第二章「王守仁著作の編纂・出版――『王文成公全書』成立以前の王守仁の文集」においては、従来、『伝習録』に比して語られることの少なかった『陽明先生文録』の成立について、銭徳洪の一方的な証言のみに頼ることなく、他の弟子たちの関与にも留意しつつ叙述を進めることを心がけた。

第一節「現存最古の王守仁の詩文集――『居夷集』について」においては、従来、「居夷詩」のもととなったものと推測されるのみで実物を見た上での研究が全くなされてこなかった『居夷集』について、現存する三点の分析から、上海図書館所蔵本が最も古いことを論証し、『居夷集』が『全書』編纂の過程において、「居夷詩」以外の部分においても底本として用いられたことを明らかにした。

第二節「『陽明先生文録』の編纂と出版」においては、第一節で取り上げた『居夷集』が王守仁の貴州滞在中の詩文のみに限定されていたのに対し、そのような限定を持たない詩文集について考察を行った。

まず嘉靖六年（一五二七）に鄒守益によって刊行された現存しない最初の文集から、嘉靖十二年（一五三三）黄綰序刊の『陽明先生文録』（五巻のみ現存。葉徳輝によればもと十四巻。東京大学東洋文化研究所所蔵の嘉靖二十六年張良才重校刊本『陽明先生文録』十七巻本のうち、巻十四までが黄綰本の本来の姿を留める）に至るまでを述べたのち、文録の編纂方針の違いから、教学に有益のもののみを収めることを主眼とする嘉靖十五年序刊『陽明先生文録』（文録五巻、外集九巻、別録十巻。いわゆる「姑蘇本」）と、より全集に近い性格を持つ、嘉靖二十九年閭東序刊の『陽明先生文録』とが刊刻されたことに触れ、後者は前者に比べ公移が百五十篇も多く、現在の観点から見て研究上極めて有用であり、当時においても同書を底本とする詩文集がくりかえし刊刻されたとは言え、前者が『文録』の主流となり、そののち刊刻された嘉靖三十六年胡宗憲序刊『陽明先生文録』（文録五巻、外集九巻、別録十巻）なども、序文類を除けば、全く「姑蘇本」

の重刻本と称すべきものであることを示した。

これらの文録が刊行された後、隆慶六年（一五七二）に『全書』が刊行されるまでの間にも、各地で様々な王守仁の詩文集が刊刻されている。『全書』刊刻までに刊行されたその他の注目すべき詩文集として、第三節「王杏編『新刊陽明先生文録続編』について」においては、嘉靖十四年に、貴州において刊刻された王杏編『新刊陽明先生文録続編』について分析をおこない、併せてそこに含まれる、多くの佚文、佚詩に関する解説を附しておいた。

第四節「宋儀望編『陽明先生文粋』について」においては、山西省の河東書院において嘉靖三十二年（一五五三）に刊刻された宋儀望編『陽明先生文粋』について分析をおこない、同書が陽明学の餘り普及していない地方にあって、その普及を目的として刊刻された詩文集であり、その目的に添った、簡便な内容となっていると結論づけている。

第五節「宋儀望編『河東重刻陽明先生文禄』について」においては、『文粋』と同じ人物によって、同年、同じ場所において刊刻された文集について触れ、同書が「姑蘇本」を底本としていることを明らかにした。

第六節「孟津編『良知同然録』について」においては、嘉靖丁巳（三十六年）孟津序刊『良知同然録』の紹介を行い、同書が滁陽（安徽省）の自然や、その人情を懐かしむ佚詩三点を含むことから、同書が滁陽と王守仁の密接な関係を示すために刊刻されたものであることを示した。

第七節「董聡刊『陽明先生全録』について」においては、同書が嘉靖三十六年（一五五七）に刊刻された、「閩東本」を底本とする詩文集であることを述べた。

第八節「銭徳洪編『朱子晩年定論』について」においては、嘉靖三十七年（一五五八）に、江西省の懐玉書院において刊刻された単行本『朱子晩年定論』の分析をおこない、同書が銭徳洪によって大きく増補されたものであることを示した。なお本節は、従来『王文成公全書』に附載された形でのみ知られてきた『朱子晩年定論』の単行本を始めて紹介したものである。

第九節「王宗沐編『陽明先生与晋渓書』について」においては、嘉靖四十三年（一五六四）に刊刻された、王守仁が王瓊という一個人にあてた書簡のみを収録するという特異な形式の文集である王宗沐編『陽明先生与晋渓書』について分析をおこない、同書に含まれる佚文を指摘した。

最後の第十節「銭徳洪・薛侃編『陽明先生詩録』について」においては、嘉靖九年（一五三〇）に刊刻された、銭徳洪・薛侃編『陽明先生詩録』について分析を行ない、同書が前近代における唯一の王守仁の単行された詩集であるばかりでなく、王守仁の著作の編纂の過程を窺わせる点でも、貴重な存在となっていると結論づけた。

第三章「『王文成公全書』の成立と出版」においては、今日、王守仁の研究のための基礎資料とされている『全書』について、第二章で示した『文録』をもとにして、『全書』へと発展するさまを示した。第一節「「続編」と「世徳紀」の成立」においては、「続編」、「世徳紀」などの成立から、それが『全書』成立の際、どのようにしてそこに収められたかを示した。なお、「年譜」の成立の経緯は複雑なため、第五章において別に論じることとした。また、第二節「『王文成公全書』の成立」においては、隆慶六年（一五七二）に侍御である謝廷傑により、上記の諸編の集大成として『王文成公全書』が刊行される様を述べ、そのなかにおける謝廷傑の役割が、資金提供者としてのそれであったことを論じた。

第三節「『王文成公全書』出版以降の詩文集について」においては、明清期において『全書』以外にも多くの王守仁の詩文集が刊行された様を述べ、それぞれの特色を示した。明末清初における『全書』以外の詩文集については従来全く語られたことがなかったため、本書の記述も完全とは言えないが、今後の研究の基礎とすべく、できる限り資料の収集と分析とに努めた。

第四章「王守仁の兵学関係の著作について」においては、従来まとまった形で語られることの無かった王守仁の兵学関係の著作についての解明を試みた。

第一節「茅震東編『新鐫武経七書』について――王守仁の『武経』注釈――」では、『武経七書』に対する王守仁の注釈書である『新鐫武経七書』のうち、王守仁の注釈である頭注、総評の全文を紹介した。本書に関しては、従来、佐藤一斎が総評をメモしたものがさらに筆記され、雑誌『陽明学』に掲載され、それをさらに『王陽明全集』が孫引きしており、総評のみが知られていた。しかしながら、『王陽明全集』に掲載された総評は上記のような複雑な経緯を辿ったため誤りが多く、同じく王守仁の手になる頭注は全く載せられていないなど、問題の多いものであった。本稿では、その全貌を紹介すると共に、王守仁の兵学思想について、儒家の立場に立つ限りにおいて、最も実戦的なものと位置づけている。第二節「樊良枢編『陽明兵筴』について」においては、樊良枢により崇禎四年（一六三一）に刊刻された『陽明兵筴』の内容を紹介し、同書の王守仁の軍事行動を知る上での有用性について述べておいた。

第五章「王守仁の伝記に関する基礎的研究」では、従来、『全書』本掲載の「年譜」以外については殆ど語られることの無かった各種の伝記に関する解明を試みた。

第一節「最古の王守仁の伝記『王陽明先生図譜』について」においては、現存する最も早期の年譜でありながら、殆ど語られることの無かった『王陽明先生図譜』の書誌学的調査を行い、そこに含まれる佚文・佚事の蒐集を行った。

第二節「銭徳洪撰羅洪先考訂『陽明先生年譜』について」は、『全書』本に掲載された年譜の原型と言うべき二本の比較を行い、さらに『全書』本「年譜」成立の事情の解明を行ったものである。続く第三節「李贄撰『陽明先生年譜』について」では、王学左派の異端児、李贄の手になる『陽明先生年譜』の分析を行い、年譜本文においては特に見るべきものはなく、むしろ李贄による、年譜本文に対する奔放な註にこそ見るべきものがあることを論じた。

最後の第六章「王守仁に関する文学作品の研究」では、明清期の人々の王守仁に対するイメージを、文学作品の中から探ってみた。

第一節「『三教偶拈』所収の馮夢龍『皇明大儒王陽明先生出身靖乱録』について」においては、従来、事実の記録か否かで議論のあった同書について、馮夢龍の『三教偶拈』序によって、同書は純粋に小説としてみるべき事を論証した上で、同書における王守仁の通俗的・類型的ではあるがわかりやすい描写こそが、長期にわたるその人気を支えていたと結論づけている。

第二節「蒋士銓『採樵図伝奇』における王守仁像」では、寧王宸濠の妃である寧妃を顕彰した文学作品である『採樵図伝奇』において、寧妃と並ぶ主要人物として王守仁が構想された理由について、寧妃の遺体を葬ったのが王守仁であるという史実によるものとした。

第三節「何夢梅『大明正徳皇遊江南伝』における王守仁像」では、清末に下級知識人によって記された小説である『大明正徳皇遊江南伝』における王守仁像の分析から、同書における王守仁像は、完全に軍人としてのイメージによるものであることを示し、清末において、庶民層における王守仁のイメージが、優れた武人としてのそれであることを論証した。

附録一の(一)の内容についてはすでに述べたが、(二)の「香港中文大学所蔵『新刻世史類編』について」においては、同書が「明王守仁覆詳」と唱っているものの、実際は王守仁と何の関係も持たないことを論じた。(三)の「王守仁の殿試合格の記録――『弘治十二年進士登科録』について――」においては、王守仁の殿試合格の記録を含む『弘治十二年進士登科録』によって、王守仁の科挙受験の実態の解明を試みている。次に附録の二は、王守仁著作出版年表、王守仁著作所在目録及び王守仁著作和刻本序跋であり、従来同種のものが存在しなかったことに鑑み、できるだけ網羅的なものとすることを心がけた。また、最後に置かれた附録三「『王陽明全集』補遺」は、本書において取り上げた諸本の中に含まれる『王陽明全集』に未掲載のすべての佚文、佚詩、佚事佚言、序跋文を取り上げることにより、今後の研究者の便宜を図ったものである。

以上の内容は、もとより不完全なものではあるが、従来あまりに恣意的に分析されることの多かった王守仁の文献に関する研究を、研究者の共有財産とすべく、基礎的な分析も煩をいとわず行った。今後は、本書の内容の補正、補充を行い、より完全なものとすることに努めたい。

注

（1）同書については本書第三章第三節を参照のこと。

（2）同論文二百七十三頁。『皇明大儒王陽明先生出身靖乱録』に関しては、第六章第一節を参照。

第一章　『伝習録』の成立と完成

第一節　『伝習録』の成立

　王守仁の詩文とその言行を記録した主要な著作として、前者の代表が『王文成公全書』であるとするなら、後者の代表が『伝習録』であることは、誰もが認めるところであろう。もちろん、後述の『陽明先生遺言録』をはじめ、他にもいくつかの言行録が存在するものの、その普及度においては遙かに『伝習録』に及ばない。『陽明先生遺言録』が近年まで佚書同然であったことが、何よりもよくそのことを物語っている。ここでは、『伝習録』の成立について、南大吉本『伝習録』を中心に見ていきたい。

　王守仁の教えを受けた弟子は、おそらくそのほとんどが師の教えを記録していたものと思われる。しかしながら、それが個人の手控えから公刊の段階へと進むには、大きな障害が存在していた。

　それは他ならぬ、師、王守仁の意向であった。そもそも彼は弟子が自分の教えを記録すること自体を嫌っていた。その理由に関して、弟子である徐愛は次のように述べている。

門人有私録陽明先生之言者。先生聞之、謂之曰、聖賢教人、如医用薬、皆因病立方、酌其虚実温涼、陰陽内外、而時時加減之。要在去病、初無定説。若拘執一方、鮮不殺人矣。今某与諸君、不過各就偏蔽、箴切砥礪。但能改化、即吾言已為贅疣。若遂守為成訓、他日誤己誤人、某之罪過、可復追贖乎。

即ち、王守仁は教えというものを薬にたとえ、処方が患者や気候によって異なるように一定のものではないとしているのであり、講学の際、特定の場で、特定の弟子に向かって発せられた言葉が、普遍的な真理として理解されることを恐れていたのである。

しかしながら、王守仁の門人の間では、師から聞いた言葉を自分の実践の指南とするために、また、師の言行をよりよく知るために、どうしてもその言行を記録し、さらに多くの人々に伝えたいという気持ちが強かった。また、王学の興隆にともない、王守仁の言行録の出版の需要は逼迫してきた。このような雰囲気の中、最初にその言行録の編纂に取り組んだのは、王守仁が自分の言葉が文字化されることに対して危惧を抱いていることを誰よりもよく知っていた弟子、「王門の顔回」、徐愛である。今日、『王文成公全書』巻首の「旧序」冒頭に置かれている「伝習録序」において、徐愛は、前文において引用した、師が自分の言葉が記録されることに対して抱いていた態度を明確に記した後、それにもかかわらず敢えて師の言行録を編纂しようとする自分の気持ちと考えを次のように述べている。

愛既備録先生之教、同門之友、有以是相規者。愛因謂之曰、如子之言、即又拘執一方、復失先生之意矣。孔子謂子貢嘗曰、予欲無言。他日則曰、吾与回言終日。又何言之不一邪。蓋子貢専求聖人於言語之間、故孔子以無言警之、使之実体諸心、以求自得。顔氏於孔子之言、黙識心通、無不在己、故与之言終日、若決江河而之海也。故孔子於子貢之無言不為少、於顔子之終日言不為多、各当其可而已。今備録先生之語、固非先生之所欲。使吾儕常在先生之門、亦何事於此。惟或有時而去側、同門之友、又皆離羣索居。当是之時、儀刑既遠、而規切無聞。如愛之駑劣、非得先生之言時時対越警発之、其不摧堕靡廃者幾希矣。吾儕於先生之言、苟徒入耳出口、不体諸身、則愛之録此、実先生之罪人矣。使能得之言意之表、而誠諸践履之実、則斯録也、固先生終日言之之心也。可少乎哉。録成、因復識此於首篇、以告同志。門人徐愛序。

ここで彼は、師の教えは弟子たちの個性を考えた上で発せられたものであり、もしその言葉を我が身で体認せずに耳から入れて口から出すばかりなら、確かに師の罪人であるが、我々は師の側にいない日や、同門同学との討論もできない日々においては、自己の反省と実践の指導のために、記録されたものがどうしても必要なのである、としている。また、師の文字記録に対する危惧への配慮から、彼はその言行を記録する必要性を主張しながらも、その言葉に表されている思想を実践することの重要性を強調しているのであり、これを見ると、記録を嫌う師の意向、そしてそれを受けた周囲の圧力の中、記録を取り続けることが、王門の一番弟子と称すべき彼にしてなお、いかに困難だったかが手に取るようにわかり、興味深い。

徐愛の序文の最後の「録成」という言葉から見て、彼の手記はすでに一書として編纂作業を終えていたことになる。順調にいけば、この手記がそのまま公刊されたのであろうが、不幸にも彼が正徳十三年（一五一八）に三十一才の若さで亡くなったため、その手記は未刊のまま残された。その手記の内容の一部は、のちに薛侃により新たに編纂された『伝習録』に「門人徐愛録」として収められているが、徐愛の編纂した本来の形のままでは現存していないため、その全体の内容や、どれほどの分量だったかについては、すでに知る由もない。後述のように、その巻数に関してさ

え も、二巻説（上海図書館、歴史語言研究所、中国科学院図書館蔵南大吉本『伝習録』）と三巻説（その他の南大吉本『伝習録』および『全書』「年譜二」正徳十三年八月の項）とに説が分かれており、今となっては定めることができない。いずれにせよ、今日、『伝習録』上巻に「門人徐愛録」として残されているのがそのごく一部にしか過ぎないことは間違いない。

徐愛の没後、残念ながらかなりの部分が散逸した彼の記録は、陸澄と薛侃の記録を併せて正徳十三年（一五一八）八月に刊行された（前述の「年譜二」の記載による）。いわゆる薛侃編『伝習録』である。実は、『伝習録』という書名自体もこのとき始めて附けられたものと思われる。「伝習」という言葉自体は『論語』学而篇に出典があり、有名な曾参の三省の一つに、「伝不習乎（習はざるを伝ふるか）」とあるのに拠っている。従って『伝習録』という書名には、師、王守仁から学んだことを伝える記録である、という意味が込められていることになる。そしてこの薛侃編の『伝習録』が、現在の『伝習録』上巻の基礎になっているのである。のちに引用する南大吉本『伝習録』の南氏序文における、「是録也、門弟子録陽明先生問答之辞、討論之書、而刻以示諸天下者也」という言葉からみて、本書が刊行されたことは確かなようである。また、「陽明先生問答之辞、討論之書」との記述から、その内容には語録と書簡の両方が含まれていたことが窺える。しかしながら、この薛侃編の『伝習録』も現存しないため、その具体的な内容については下記の南大吉編の『伝習録』から推測するほかはない。

南大吉編の『伝習録』（以下、「南本」と略）は薛侃編『伝習録』の完成の六年後、嘉靖三年（一五二四）に編纂されたものであり、基本的には薛侃編の『伝習録』の後に、王守仁の書簡を幾つか附け足したものである。「南本」は、現存する『伝習録』のなかで最も編纂年代が古く、その編纂と刊刻の経緯に関しては、嘉靖三年に記された南大吉の「刻伝習録序」において以下のように述べられている。

・・・是録也、門弟子録陽明先生問答之辞、討論之書、而刻以示諸天下者也。・・・吉也従遊宮墻之下、其於是録也、朝観而夕玩、口誦而心求。蓋亦自信之篤、而窃見夫所謂道者、置之而塞乎天地、溥之而横乎四海。施諸後世無朝夕、人心之所同然者也。故命逢吉弟校続而重刻之、以伝諸天下。・・・

ここでの「是録」とは、薛侃編『伝習録』を指していると思われるが、「命逢吉弟校続而重刻之」という記述から、南本の出版作業の実際の担当者は南大吉の弟の南逢吉であり、薛侃編『伝習録』の刊本に基づいて、校勘と増補とを加えて刊行したものと思われる。

しかしながら、一見単純そうな南本の編纂と刊行の問題ではあるが、その構成や巻数に関しては多くの疑問が残されている。筆者の知る限り、明代に刊行された南本系の『伝習録』の版本は現在、少なくとも以下の七部の存在が確認されているが、その巻数はそれぞれ、三巻本、六巻本、七巻本および二巻本となっており、また、前半の語録の内容は大差がないのに対して、後半に収められている書簡はそれぞれに異なっている。

①上海図書館蔵本（三巻）　嘉靖三年（一五二四）南大吉序

②北京大学図書館蔵本（三巻）　嘉靖三年（一五二四）南大吉序（図四）

③中央研究院歴史語言研究所傅斯年図書館蔵本（三巻）　嘉靖三年南大吉序、嘉靖二十九年（一五五〇）閭東序刊『陽明先生文録』附録

④内閣文庫蔵本（六巻）　嘉靖三年（一五二四）南大吉序

⑤京都大学附属図書館蔵本（七巻）　嘉靖三年（一五二四）南大吉序、嘉靖三十年（一五五一）孫応奎序

⑥中国科学院図書館蔵本（三巻）　嘉靖三年（一五二四）南大吉序、万暦癸巳（二十一年、一五九三）徐秉正序刊『陽明先生文録』附録

また、佐藤一斎の『伝習録欄外書』には、校本として引用されている嘉靖二十三年（一五四四）重刊本の『伝習録』もあり、その分巻は上記の六部とは異なる二巻本となっている（東京都立中央図書館蔵）。

⑦東京都立中央図書館蔵本（二巻）　嘉靖二十三年（一五四四）徳安府重刊本

一方、銭徳洪(1)は『外集』を編纂する際、書簡類は纏めて『文録』に収録することにしたため、南大吉本『伝習録』の内容を大幅に改編した。その際に見た南大吉本『伝習録』の構成に関して、銭徳洪は『全書』本『伝習録』中巻の冒頭において、

徳洪曰、昔南元善刻伝習録於越、凡二冊。下冊摘録先師手書、凡八篇。

と、述べている。ここでは彼が見た南本の巻数について触れていないが、二冊本であることと、下冊に師の書簡八篇が収められていることとがはっきりと記されている。また、下冊の書簡の内容は、「答徐成之二書」、「答人論学与周道通、陸清伯、欧陽崇一四書」、「答聶文蔚之第一書」と「答文蔚之第二書」の八篇となっていたという。しかしなが

ら、現存する南本系の諸本に収録された書簡類は、すべて銭徳洪の記したものとは異なっている。
このような複雑な状況は、南大吉本『伝習録』が明代において版を重ねていた事実を物語ると同時に、版を改めるごとに、その内容の調整が行われていたことをも示している。以下、南大吉本『伝習録』諸本と『全書』本『伝習録』との構成の異同を詳しく見ていきたい。
まず、上記の諸本は、いずれも南大吉の「刻伝習録序」を有し、巻一が徐愛録、巻二が陸澄録、巻三が薛侃録となっており、そこまでは『全書』本の上巻とほぼ同内容となっている。但し、『全書』本では陸澄録・薛侃録の部分が明示されていない。また、①③⑥には、徐愛録の注記の後に、以下のような薛侃の識語が記されている（②はその部分が欠落している）。

曰仁所紀、凡二巻。侃近得此数条、并両小序、其餘俟求其家、附録之。正徳戊寅春、薛侃識。

上記のうち、①②は同一の版本と認められ、前記の識語の有無の他は版式を含め、完全に一致する。また、③⑥もほぼ同一の版式である。②③⑥は、後ろに『続刻伝習録』が続いており、①②③⑥とも、書簡類は収めておらず、銭徳洪の記述と照らしてみれば、彼が見たという南大吉が浙江で刊行した二冊本の内容と異なるものであることが判る。
一方、④⑤⑦は巻四以降に書簡類を収めている。これらの諸本に含まれる書簡は、以下の通りである。また、（）内に、各書簡の成立年代を、主として年譜によって記してある。

「示弟立志説」（正徳十年）④⑤⑦

◎「訓蒙大意示教読劉伯頌等」（正徳十三年）④⑤⑦
◎「答羅整菴少宰書」（正徳十五年）④⑤⑦
◎○「答人論学書」（嘉靖四年）④⑤⑦
◎「教約」（不明）④⑤
○「答徐成之書」（嘉靖元年）⑤⑦
○「（同）又」（嘉靖元年）⑤⑦
◎○「答周道通書」（嘉靖四年以降）（2）⑤⑦
◎○「答陸原成書」（嘉靖三年）⑤⑦
◎「（同）又」（嘉靖三年）⑤⑦
◎○「答欧陽崇一」（嘉靖五年）⑦
◎○「答聶文蔚書一」（嘉靖五年）⑦
◎○「（同）二」（嘉靖五年）［嘉靖二十三年重刊本では二編に分けている］⑦
「答儲柴墟書」（二首）（正徳七年）⑦
「（同）又」（正徳七年）⑦
「答何子元書」（正徳七年）⑦

上記のうち◎を附したものは『全書』本中巻に含まれるもの、○は銭徳洪が南本に収録されているとした八編であり、収録されている書簡にばらつきはあるものの、『全書』本中巻の基礎は、このとき築かれたと言えるだろう。

『伝習録欄外書』によれば、佐藤一斎は自分の見た⑦の嘉靖二十三年重刊本が南大吉の原本に最も近いと考えていたようだが、南大吉の序文による限り本書の刊刻は嘉靖三年なのに対し、④⑤⑦のいずれも、「年譜」がそれ以降に編年する書簡が多数含まれており、「年譜」に大きな誤りがあるとしない限り、いずれも原本とすることには無理がある。この点は銭徳洪の記述も同様であり、「年譜」と矛盾を来している。従って、現状では、①から⑦のいずれが原本に近いかを断定することはできないのである。

また、④⑤⑦の諸本にも前記の徐愛の手記に関する薛侃の識語はあるが、そこでは「二巻」の部分が「三巻」となっている。従って、徐愛の手記は、現状では二巻または三巻であったとするしかない。なお、銭徳洪は後年「年譜」を記す際、この④⑤⑦系統の版本の記述に拠って三巻としたのではないだろうかと思われる。

いずれにせよ、南本の出現により、『全書』本『伝習録』の上、中巻はほぼその形を整えたのである。

第二節　『伝習録』の完成

上記の南本系統の諸本が『全書』本『伝習録』上・中巻の基礎となったのに対し、下巻の基礎となったのが『伝習続録』である。その刊行の経緯について、銭徳洪は『全書』本『伝習録』下巻の嘉靖丙辰（三十五年、一五五六）の跋文において、以下のように述べている。

嘉靖戊子冬、徳洪与王汝中奔師喪。至広信。訃告同門、約三年収録遺言。継後同門各以所記見遺、洪択其切於問正者、合所私録、得若干条。居呉時、将与文録並刻矣、適以憂去、未遂。当是時也、四方講学日衆、師門宗旨既明、若無事於贅刻者、故不復営念。去年同門曾子才漢得洪手抄、復傍為采輯、名曰遺言、以刻行於贑。洪読之、覚当時采録未精、乃為刪其重複、削去蕪蔓、存其三之一、名曰伝習続録、復刻於寧国之水西精舎。今年夏、洪来遊蘄、沈君思畏曰、師門之教久行于四方、而独未及于蘄。蘄之士得読遺言、若親炙夫子之教、指見良知、若重覩日月之光。惟恐伝習之不博、而未以重複之為繁也。請裒其所逸者增刻之、若何。洪曰、然。師門致知格物之旨、開示来学、学者躬修默悟、不敢以知解承而惟以実体得。故吾師終日言是而不憚其煩、学者終日聴是而不厭其数。蓋指示専一、則体悟日精。幾迎於言前、神発於言外、感遇之誠也。今吾師之没未及三紀、而格言微旨漸覚淪晦、豈非吾党身践之不力、多言有以病之耶。学者之趨不一、師門之教不宣也。乃復取逸稿、采其語之不背者、得一巻。其餘影響不真与文録既載者、皆削之、并易中巻為問答語、以附黄梅尹張君增刻之、庶幾読者不以知解承而惟以実体得、則無疑于是録矣。嘉靖丙辰夏四月、門人銭徳洪拜書于蘄之崇正書院。

これによれば、王守仁が嘉靖戊子（七年、一五二八）に広西省の思恩・田州の反乱を平定しての帰途、江西省南安の舟中で亡くなった後、最も有力な門人であった銭徳洪と王畿は、門人達に師の訃報を知せるとともに、その教えを埋もれさせないために、三年以内に門人一人一人がまとめた守仁の講義ノートを銭徳洪に送り、師の晩年の教えを刊行することを取り決めたのである。約束に従い送られてきたノートのうち、彼は「切於問正者」を選び、それに彼自身の記録若干条を加え、一応の完成とした。しかしながら、「居呉」（蘇学教授在任中。彼は嘉靖十一年よりこの任にあった）の期間、公私に多忙のため、それを公刊することはできなかった。ところが、「去年」（嘉靖三十四年、一五五五）に、同じく陽明の門人である曾才漢がその稿本を入手し、それに彼自身が入手した同門の友人達のノートを併せて、『遺言』（『陽明先生遺言録』、本書については後述）として刊行したのである。しかしながら、銭徳洪の考えではこの本は選択の基準が厳密ではないものだった。そこで重複したものや不用と思われるものを削り、その約三分の一を水西精舎において刊刻した。そして、「今年」（嘉靖三十五年、一五五六）になり、友人のすすめにより、水西精舎刻本で収録しなかったものから、「影響不真」のものおよび『文録』に既に掲載されているものを除いた補遺一巻を編集し、中巻を「問答語」に変えて刊刻させたという。

以上の経過は次のようにまとめられる。

①銭徳洪、同門の友人たちの手記に自己の記録を加え、稿本を編集（嘉靖十一年〜同三十三年）

②曾才漢、稿本に自己の記録を加え、『遺言録』として刊刻（嘉靖三十四年）。

③銭徳洪、『遺言録』の三分の一を『伝習続録』として水西精舎で刊刻（同年）。

④銭徳洪、『遺言録』の残り三分の二から補遺一巻を編集し、補遺として刊刻（嘉靖三十五年）。

それでは次に、実際に現存する『伝習続録』を見ることにより、彼のこの記述の当否を見ていきたい。管見の限り、現存する『伝習続録』は、以下の三点である。

①北京大学図書館蔵本（二巻）　嘉靖甲寅（三十三年、一五五四）銭徳洪序、嘉靖三年序『伝習録』に附載（図五）

②中央研究院歴史語言研究所傅斯年図書館蔵本（二巻）　嘉靖甲寅（三十三年、一五五四）銭徳洪序、嘉靖二十九年（一五五〇）閭東序『陽明先生文録』附録（前に嘉靖三年序『伝習録』あり）

③中国科学院蔵本（二巻）　嘉靖甲寅（三十三年、一五五四）銭徳洪序、万暦癸巳（二十一年、一五九三）徐秉正序刊

『陽明先生文録』附録（前に嘉靖三年序『伝習録』あり）

以上三点は、いずれも半葉十行、行二十字、②が白口で他が黒口であるほかは、同版と言いうる。また、いずれも南大吉本『伝習録』の後ろに附されているのは興味深く、おそらくは、『伝習続録』は本来この形で刊刻されたものと思われる。なお、③は事実上、閭東本『陽明先生文録』のダイジェスト版であり、三点とも同版であることを考えるなら、①も閭東本『陽明先生文録』、またはそのダイジェスト版の附録である可能性が高いだろう。

次に、本書の内容を簡単に見ていきたい。

「続刻伝習録序」
「伝習続録上」門人陳九川録
　陳九川録　三十四条
　黄勉叔録　十三条
　黄勉之録　十三条
「伝習続録巻下」門人銭徳洪王畿録
　五十八条（記録者名無し）

以上、巻上に六十条、巻下に五十八条の計百十八条が収められており、百四十二条が収められている『全書』本の巻下より若干少ないものの、下巻の基礎がこのとき築かれたのである。

しかしながら、ここで浮かぶ疑問としては、以下の二点が挙げられる。まず、本書には嘉靖甲寅（三十三年、一五五四）の序文が置かれているが、それは銭徳洪が初めて『伝習続録』を水西精舎で刊行したとしている嘉靖三十四年より早いことが第一点、そして第二点としては、銭徳洪の記述による限り、本書の条数は『遺言録』の三分の一、補遺を足したとしても三分の一強のはずであるが、しかるに、現存する『遺言録』は、全百十条に過ぎず、百十八条ある『伝習続録』よりかえって少ないのである。

　これらの疑問点を解決するため、ここで、嘉靖甲寅（三十三年、一五五四）の紀年のある、銭徳洪の「続刻伝習録序」を見ていきたい。

・・・吾師陽明先生、平時論学、未嘗立一言。惟掲大学宗旨、以指示人心。謂大学之教、自帝唐明徳睦族以降、至孔門而復明。其為道也、由一身以至家国天下、由初学以至聖人。徹上徹下、通物通我、無不具足。此性命之真、幾聖学之規矩也。然規矩陳矣、而運用之妙、則因乎人。故及門之士各得所趨、而莫知其所由入。吾師既没、不肖如洪、領悟未徹、又不肯加百倍之功。同志帰散四方、各以所得引接来学、而四方学者漸覚頭緒太多。執規矩者、滞於形器、而無言外之得。語妙悟者、又超於規矩之外、而不切事理之実、願学者病焉。年来同志亟図為会、互相劘切、各極所詣、漸有合異同帰之機。始思師門立教、良工苦心。蓋其見道明徹之後、能不以其所悟示人、而為未悟者設法、故其高不至於凌虚、卑不至於執有、而人人善入。此師門之宗旨、所以未易与繹也。洪在呉時、為先師裒刻文録。伝習録所載下巻、皆先師書也。既以次入文録書類矣、乃摘録中問答語、仍書南元善所録以補下巻。復採陳惟濬諸同志所録、得二巻焉、附為続録、以合成書。適遭内艱、不克終事。去年秋、会同志於南畿、吉陽何子遷、初泉劉子起宗、相与商訂旧学、謂師門之教、使学者趨専帰一、莫善於伝習録。於是劉子帰寧国、謀諸涇尹丘時庸、相与捐俸、刻諸水西精舎、使学者各得所入、庶不疑其所行云。時嘉靖甲寅夏六月、門人銭徳洪序。

ここで述べられている内容は、以下の通りである。

①南本に、陳九川録と自分の記録を合わせ、二巻としたものを附して『続録』として編纂（嘉靖三十一年以前）。
②同志と校訂の上、同本の刊刻を開始（嘉靖三十二年秋）。
③翌嘉靖三十三年に刊行。

従って、以上の二つの銭徳洪の序跋から引き出される結論は、以下の通りである。

①水西精舎では、嘉靖三十三年と、翌嘉靖三十四年の二回にわたり『伝習続録』が刊刻された。
②従って、嘉靖三十三年に刊行された現存の『伝習続録』は、序文において当然ながら『遺言録』に全く触れることがない。
③逆に、主として銭徳洪の記録に拠っている『遺言録』は、銭徳洪の記録した『伝習続録』下巻以外の部分においては、『伝習続録』と共通する内容がない。
④『全書』本下巻のうち、本書に含まれていないものは、嘉靖三十五年に刊行された補遺に拠るものと思われる。

以上のように、二回にわたる水西精舎版の『伝習続録』と同補遺によって『全書』本『伝習録』下巻が完成するわけであるが、それにしても、『全書』本『伝習録』下巻の嘉靖丙辰（三十五年、一五五六）の跋において、銭徳洪が、自己が中心となって刊行された嘉靖三十三年刊本の存在について全く言及していないのには驚くほかない。今日までの王守仁著作の文献学的研究は『全書』本における彼の記述に頼ってきたのが実情であるが、『全書』以外の文献の閲覧が容易になった今日においては、銭徳洪の記述を盲信すべきではないのである。

第三節　『全書』本成立後の『伝習録』とその佚文について

以上見てきたように、多くの問題を残すとは言え、銭徳洪は王守仁の言行録・詩文の収集の事実上の責任者であったため、(3)彼の編纂した『伝習続録』は権威あるものとして受け止められ、隆慶六年（一五七二）に『王文成公全書』として王守仁の著作の一応の集大成がなされた際、南大吉編『伝習録』の言行録の部分を第一巻、書簡の部分を第二巻、(4)『伝習続録』及び補遺を第三巻として、その総称が『伝習録』とされた。以後、『伝習録』といえばこの『全書』本の三巻までを指すのが普通になり、単行本として刊行されるものも、殆どこれに依るようになっている。今日、中国、日本、アメリカ等で出版される訳注、現代語訳も、これに依るのが通例である。(5)

しかしながら、『王文成公全書』編纂の後、明末から清初にかけて刊行された『伝習録』のなかには、『全書』本では見られない王守仁の言行録の佚文をいくつか収めているものが多くある。一つ一つの本に収められている佚文の分量は大したことはないとはいえ、それらを丹念に拾っていくと、三十条餘りになる。江戸時代にその作業を行ったのが佐藤一斎であり、三輪執斎の『標註伝習録』の欄外に注釈を書き込んだ『伝習録欄外書』において諸本との異同を調べ、その末尾に諸本からの佚文を記している。陳栄捷の「伝習録拾遺」は、全面的にその成果に拠りつつ、注釈を

加えたものであり、『王陽明全集』にも転載されている。(6)

以下に、佐藤一斎が校異に利用した諸本のうち、前述の諸本を除く『伝習録』の版本を年代順に列挙した。「 」内は佐藤一斎が『伝習録欄外書』の中で用いている通称であり、所蔵図書館名は永冨が実見したものに限ったため、それ以外の図書館にも所蔵されている場合がある。(7)

①「宋本」 宋儀望編『陽明先生文粋』(全十一巻)巻九～十一、嘉靖三十二年(一五五三)序刊、内閣文庫蔵。

②「白鹿洞本」 白鹿洞書院刊『伝習録』(全三巻、落丁あり)、崇禎三年(一六三〇)序刊、九州大学文学部蔵。

③「陳本」 陳龍正編『陽明先生要書』(全八巻、附録五巻)巻一上～一下、崇禎八年(一六三五)序刊、故宮博物院図書館蔵。

④「施本」 施邦曜編『陽明先生集要』(年譜一巻、理学編四巻、経済編七巻、文章編四巻)「陽明先生集要理学編」巻一～二、崇禎八年(一六三五)序刊、山東師範大学図書館蔵。

⑤「兪本」 兪嶙編『王陽明先生全集』(全二十二巻、年譜一巻)巻二十一～二十二、康熙十九年(一六八〇)序刊、内閣文庫蔵。

⑥「王本」 王貽楽編『王陽明全集』(全十六巻)巻二、康熙二十四年(一六八五)序刊、東京大学総合図書館蔵。

⑦「張本」 張問達編『王陽明先生文鈔』(全二十巻)巻一～三、康熙二十八年(一六八九)序刊、中国人民大学図書館蔵。

なお、上記「施本」の台湾国立中央図書館蔵本が、『王陽明選集』に影印本として収録されている（中国子学名著集成第三十九、中国子学名著集成編印基金会、一九七八）。
次に、実際の佚文が、それぞれどの本に収められているかを示した。1から32までの数字は、陳栄捷が「伝習録拾遺」で附した各条の番号である。

1南本、施本、兪本
2閭本、王本、張本
3閭本、王本、張本
4施本、兪本、王本
5閭本
6王本、張本
7王本、張本
8施本、兪本
9施本、兪本
10施本、兪本、張本
11施本、兪本
12施本、兪本、張本
13施本、兪本

14王本
15王本
16王本
17王本
18王本、張本
19〜36張本

以上三十六条を版本別に示したのが次の表である。

南本	一条
閩本	三条
宋本	〇条
白鹿洞本	〇条（実際は佚文一条が含まれている。本章第四節を参照のこと）
陳本	〇条
施本	八条
兪本	八条
王本	十条
張本	二十五条

この表からも明らかなように、これら諸本の中では、最後に挙げた「張本」が二十五条（ただし、そのうち七条は他の版本と重複するため、「張本」のみの佚文は十八条ということになる）と圧倒的に多くの佚文を含んでいる。しかしながら、「張本」の佚文を王守仁のことばを記録したものとして利用するには注意が必要である。なぜなら、他の記録と比較すれば明らかなように、「張本」は白話を文語に書き換えた例が極めて多いためである。

いずれにせよ、これら諸本における佚文の研究は、今日まで、その多くを佐藤一斎の業績に頼ってきたのが実情である。一斎が、いかに昌平黌の儒官という有利な地位に在ったとはいえ、当時にあってこれらの諸本総てを読み、佚文を探し出した努力には、感服の他ない。しかしながら、今日においてなお、多くの研究者が一斎の業績に頼り、直接版本に当たろうとしないのは大きな問題である。一斎といえども筆写の際の誤りや見落としは散見されるため、今後、『伝習録欄外書』を利用の際は原版本に当る労力を惜しむべきではないであろう。[8]また、それらの佚文のうち、施本『陽明先生集要』と兪本『王陽明先生全集』所収のものについては、附録一の（一）においてそれら二本と『全書』との対照表を挙げたのち、佚文に訓読・語釈を加えておいたので参照されたい。

第四節　楊嘉猷編『伝習録』について

楊嘉猷編『伝習録』（以下、「楊本」と略）は、万暦三十年（一六〇二）に楊嘉猷によって刊行された『伝習録』の版本である。本書は中国においては既に跡を絶ったようであり、『中国古籍善本書目』などにおいても著録されていない。それに対し、日本においては管見の限り、静嘉堂文庫および東京都立日比谷図書館などにおける和刻本の所蔵が確認されている。本稿においては、そのうち静嘉堂文庫蔵本によってその内容を見ていくこととしたい。
本書は四周双辺、単魚尾、半葉九行、行十九字。『静嘉堂文庫漢籍分類目録』（静嘉堂文庫、一九三〇）は以下のように著録している。

伝習録　三巻　附詠学詩一巻　明王守仁撰　楊嘉猷校　刊　四冊

次に、本書所収の序跋類のうち、周知の序文である徐愛「伝習録序」を除く序跋により、本書の成立について見ていきたい。なお、これらの序跋類のうち、冒頭の焦竑「刻伝習録序」は『王陽明全集』に収録されているが、『全集』では焦竑の文集である『焦氏澹園集』から引用しているため、実際の「楊本」とは相違がある。そのため、本稿においては『全集』との相違点を明示してある。

「刻伝習録序」（【　】内は『全集』との相違点）
国朝理学開於陽明先生。当時法席盛行、海内談学者無不稟為模楷、至今称有聞者、皆其支裔也。然先生既没、伝者浸失其真。或以知解自多而実際未詣、或以放曠自恣而検柙不修、或以良知為未尽而言寂言修、画蛇添足。嗚呼、未実致其力、而藉為争名挟勝之資者、比比皆是。今伝習録具在、学者試虚心読之、於今之学者為異為同、居可見矣。此不独徴之庶民難於信従、而反於良知、亦必有不自安者【『全集』は「亦」の字がない】。楊侯為冀州【『全集』は「冀州」の後ろに「守」の字がある】、修政之暇、思進厥士民於学、而刻是編、以嘉恵之。語云、君子学道則愛人、小人学道則易使也。自是四方之観者以愛人験侯、而又以易使験州人、令先生之道大光於信都、而一洗承学者之謬、余之願也。

乃不揆而序以貽之。

万暦壬寅春閏二月、後学瑯琊焦竑題【『全集』はこの十五字がない】。

「重刻伝習録小引」

陽明先生伝習録、門人徐子曰仁、南子元善輩皆嘗刻于越中、有正有続。最後緒山銭子復加删訂重刻、海内伝誦久矣。猷自戊戌承乏信都、毎朔望、与博士彭君輩稍稍談及録中語。彭豫章人、蓋講之有素者、語更親切有味。諸弟子員聞之、浸浸然若有得也。已而進曰、惜是書燕趙間未得伝者、盍梓与多士共之。余従其請、遂発篋中、得緒山原本、附同志諸友校正繕写、又益以先生所嘗詠学詩与誨語之切要者。刻既成、復進諸生、而告之曰、是編也、其大旨在致良知三字。先生之意、蓋欲学者反観黙識、自得其所以為心、時時収摂、時時体験。即孔子所謂知及仁守、孟子所謂知皆拡而充之是已。初非棄倫常、而事虚寂也。学者苟徒以知解口耳承当、而不実致其力、則是買櫝還珠、秖増一番理障耳、刻奚益也。諸生曰、唯唯。爰書以相勗。

後学荊山楊嘉猷謹識。

「重校伝習録姓氏」

冀州儒学学正彭天魁

訓導杜邦泰

王化民

張元亨

挙人郭盤石
選貢張可大
生員白源深
許有声
李初芳

「重刻伝習録跋」

伝習録者、乃陽明夫子所伝、而我郡侯蓋斎楊公重刻以訓諸生者也。予学業非倚席者流、顧愈誦説愈支離、終日茫然、無得力処。会公来牧冀、進予与長君為友、暇即用良知醒予曰、道無幇補、有実詣。自非用実践工夫、更於何処覓知覓致。一夕聞予咿唔声、輒前曰、文字皆聖賢言乎。予曰、然。曰、書契以前、無聖賢乎。仮使世無文字、将遂無学乎。吾非欲廃書、欲以我観書也。一夕復進予曰、仲尼称時中只不至掇不動、但霊明竅醒、便諸事都合。如仕止久速、堕都却兵、細及較獵委吏、処処当然、却不在外面尋討耳。予聞之如夢方醒。旋以是説跡公治冀状、其大者在調徭馬、脩荒政、覈銭穀、省煩費、除寇翦奸、一意与民休息。唯未嘗沾沾講学如儒者状、而総之一張一弛皆自心性中流出、有不得不然者。然後知公之学為実学、而彼求諸語言文字者非也。伝習録刻成。予恐読是編者復以語言文字泥之、則公之心滋戚矣。故不自揣、而以平日所得於公者質諸同志云。

治下選貢張可大頓首跋。

「重刻伝習録跋」

陽明先生伝習録旧有刻本、冀人士耳其什之一、而未悉也。会我師楊蓋翁守冀、雅嚮文学、葺古井遺蹟、群諸生為課、津津誨及録中語。深等傾心服釈、懇求梓之以公燕趙間。刻甫竣、而師有延安之陟矣。考伝習一録、要在致良知、而良知、心也。心無所不有、而無所有。孔之空空、顔之屢空、自堯舜以来精一執中之伝、該是矣。第生人如夢、破夢以醒。故夢則天万覆、地万載、醒則尽之乎不貳之一言。夢則応万出、感万入、醒則尽之乎忠恕之一貫。夢則舜万聖、蹠万往、醒又尽之乎鶏鳴時利善之一間。而不貳也、忠恕也、利善之間也、一良知也。師得陽明嫡派、一切吏治種種皆醒後作用、故時以醒訓士。深等今稍醒也、方蘄朝夕柢服師訓、胡遽陟而西邪。将恐復夢矣。雖然、士夢矣、得師而醒。師西矣、有茲録在、又将以師之刻而常醒。顧冀之士醒、寧忍延之士夢哉。師之刻茲録也、以為重。冀之捧茲刻也、以為創。蓋日月重明、光景常新。伝習録之刻於冀、其日月也夫。

　万暦壬寅仲夏、門生白源深頓首謹跋。

「重刻伝習録跋」

　陽明先生得聖学之淵源、一時名公親承緒論、無不珍録家蔵、而北方学者猶未得其要領。荊山楊先生、嘗従復所楊公遊、得其宗。及領冀牧、莅政之暇、時与二三子開明指示。遂出所蔵伝習録、重刻広其伝、嘉恵後学、意至渥也。声自束髪時、即知陽明氏。稍長知学、亦自謂知陽明氏。已及遊先生之門、得其心印、則爽然若未知陽明者。既而質疑問難、漸次参合、於凡格致博約之旨、択善固執之説、殫精苦思、至忘寝食。一朝恍然、若天空、若海闊、若登泰崋絶頂見万有、若餐金飲玉、飄飄羽化而登仙。然後知曩未知陽明、知陽明自今始也。学士得無自謂知陽明者乎。願且拋除己見、試取是録、虚心読之、一一参験、久当惘惘自失者矣。是非之心、人皆有之。其於孔孟淵源、必能得其解乎。如第耳食是録、而不深味、則伝之不習也、非先生重刻伝習意矣。

真定府儒学生員許有声謹跋。

以上の序跋の中、焦竑「重刻伝習録小引」および白源深「重刻伝習録跋」には紀年があるが、そのいずれもが万暦壬寅（三十年、一六〇二）であることから、本書の刊刻は、同年のこととすることができよう。冒頭の序を執筆した焦竑はいうまでもなく当時における著名人であり、楊嘉猷に請われて序を執筆したものと思われる。

一方、楊嘉猷の序によれば、彼は戊戌（万暦二十六年、一五九八）に冀州信都県（現在の河北省冀県）に赴任したが、豫章（現在の江西省南昌市）のひとである博士の彭君（彭天魁）が、黄河以北の北中国における『伝習録』の流伝の少なさを嘆き、その刊刻を勧めるのに従い、彼自身が所有する「緒山原本」[9]を底本として、「同志諸友」に校正等の作業を行なわせ、一方で、守仁の「詠学詩与誨語之切要者」を増補して刊行したものが本書だという。また、自ら荊山の人と名乗っていることから、彼が荊山（湖北省南漳県）の出身と判明する。江西省出身の彭氏にせよ、湖北省出身の楊嘉猷にせよ、南方出身である彼らから見て、当時の河北省附近における『伝習録』の流布が極めて不満足な状態であったことは注目される。既に陽明没後七十年以上が経過していたが、北方における王守仁の著作の出版情況は、なお需要に応えるほどのものではなかったのである。そのような北方におけるニーズに応えるため、彼らの刊行した『伝習録』には、附録として王守仁の詩と、重要な散文が追加されることとなった。このような本書のいわば王学入門書としての性格が、後に日本においても、本書が歓迎されることになった理由の一つと思われる。

また、本書において繰り返し強調してきたことだが、楊嘉猷の序文においても、文字のみに頼る学問を「理障」として退けていることは注目される。楊嘉猷は、他の多くの『伝習録』出版者と同じく、王守仁の、自己の学問の伝播を出版物のみに頼ることへの懸念を受け継いでいたのである。

楊嘉猷の序の後に「重校伝習録姓氏」がおかれているが、ここに記された人々こそ、楊嘉猷の序において校正などに協力したとされている「同志諸友」であろう。なお、彼らが学正の彭天魁を筆頭として、総て冀州儒学の関係者であることは注目される。ここに記された冀州儒学の関係者の数の多さから見て、本書の刊刻は、経費と資料の提供こそ楊嘉猷によるものの、出版の実務は、いわば冀州儒学の公務として行なわれたのではないか、という推測も成り立つだろう。

また、ここに記されたメンバーは、序に登場する彭天魁を除くと八名となるが、そのうち選貢あるいは生員という、むしろ地位の低いもの三人が跋を記していることも注目される。彼らが異口同音に教育者としての楊嘉猷を褒め称えているのは、単なる資金提供者へのお世辞ばかりとも思われない。おそらく、楊嘉猷の教えを受けた学生たちが希望して跋を記したものだろう。

次に、本書の構成と内容について見ていきたい。なお、「陽明先生詠学詩」と附刻の諸篇の下に、『王文成公全書』での巻数を記してある。

「刻伝習録序」（万暦壬寅〔三十年、一六〇二〕、焦竑）
「伝習録序」（紀年なし、徐愛）
「重刻伝習録小引」（紀年なし、楊嘉猷）
「重校伝習録姓氏」
「重刻伝習録跋」（紀年なし、張可大）
「重刻伝習録跋」（万暦壬寅〔三十年、一六〇二〕、白源深）

「重刻伝習録跋」（紀年なし、許有声）
「伝習録巻之一」（内容はほぼ『王文成公全書』巻一と一致する。ただし、「楊嘉猷本」では「持志如心痛。一心在痛上、豈有工夫説閒話、管閒事」の条が無く、「問、延平云、当理而無私心・・・」条のあとに「右元静所録」、巻末に「右尚謙所録」とある）
「伝習録巻之二」（内容は『王文成公全書』巻二と完全に一致する）
「伝習録巻之三」（内容は『王文成公全書』巻三と完全に一致する）
「陽明先生詠学詩」　後学荊山楊嘉猷選輯
「贈陽伯」　『王文成公全書』巻十九
「陽明子之南也・・・作八詠以答之」　『王文成公全書』巻十九
「憶昔答喬白巌因寄儲柴墟三首」　『王文成公全書』巻十九
「夢与抑之昆季語・・・因紀以詩」　『王文成公全書』巻十九（「夢与抑之昆季語・・・因紀以詩三首」第二首）
「泛海」　『王文成公全書』巻十九
「雑詩三首」　『王文成公全書』巻十九
「萍郷道中謁濂渓祠」　『王文成公全書』巻十九
「長沙答周生」　『王文成公全書』巻十九
「渉湘于邁岳麓・・・寄言二首」　『王文成公全書』巻十九
「始得東洞遂改為陽明小洞天三首」　『王文成公全書』巻十九
「謫居糧絶・・・永言寄懐」　『王文成公全書』巻十九
「観稼」　『王文成公全書』巻十九

「諸生来」　『王文成公全書』巻十九
「西園」　『王文成公全書』巻十九
「諸生夜坐」　『王文成公全書』巻十九
「諸生」　『王文成公全書』巻十九
「龍岡謾興五首」　『王文成公全書』巻十九
「観傀儡次韻」　『王文成公全書』巻十九
「贈劉侍御」　『王文成公全書』巻十九
「冬至」　『王文成公全書』巻十九
「春日花間偶集示門生」　『王文成公全書』巻十九
「霽夜」　『王文成公全書』巻十九
「睡起写懐」　『王文成公全書』巻十九
「再過濂渓祠用前韻」　『王文成公全書』巻十九
「別方叔賢四首」　『王文成公全書』巻二十
「梧桐江用韻」　『王文成公全書』巻二十
「別易仲」　『王文成公全書』巻二十
「山中示諸生五首」　『王文成公全書』巻二十
「龍潭夜坐」　『王文成公全書』巻二十
「送徳観帰省」　『王文成公全書』巻二十（「送徳観帰省二首」第二首）

「送蔡希顔」	『王文成公全書』巻二十（「送蔡希顔三首」序、第三首）
「鄭伯興・・・賦贈三首」	『王文成公全書』巻二十
「門人王嘉秀・・・辰陽諸賢」	『王文成公全書』巻二十
「滁陽別諸友」	『王文成公全書』巻二十
「棲雲楼坐雪」	『王文成公全書』巻二十（「棲雲楼坐雪二首」第二首）
「与徽州程畢二子」	『王文成公全書』巻二十
「山中懶睡」	『王文成公全書』巻二十（「山中懶睡四首」第四首）
「守文弟帰省携其手歌以別之」	『王文成公全書』巻二十
「病中大司馬喬公有詩見懐次韻奉答」	『王文成公全書』巻二十（「病中大司馬喬公有詩見懐次韻奉答二首」第二首）
「送劉伯光」	『王文成公全書』巻二十
「寄潘南山」	『王文成公全書』巻二十
「次欒子仁韻送別四首」	『王文成公全書』巻二十
「書悟真篇答張太常二首」	『王文成公全書』巻二十
「忘言巌次謙之韻」	『王文成公全書』巻二十
「天成素有志於学・・・山沢諸賢」	『王文成公全書』巻二十
「坐忘言巌問二三子」	『王文成公全書』巻二十
「懐帰」	『王文成公全書』巻二十（「懐帰二首」第二首）
「示憲児」	『王文成公全書』巻二十

「文殊台夜観仏灯」	『王文成公全書』巻二十
「書汪進之太極巌二首」	『王文成公全書』巻二十
「答雲峯・・・成謡二首」	『王文成公全書』巻二十
「有僧坐巌中已三年詩以励吾党」	『王文成公全書』巻二十
「青原山次黄山谷韻」	『王文成公全書』巻二十
「睡起偶成」	『王文成公全書』巻二十
「月夜」	『王文成公全書』巻二十（「月夜二首」第二首）
「帰懐」	『王文成公全書』巻二十
「啾啾吟」	『王文成公全書』巻二十
「次謙之韻」	『王文成公全書』巻二十
「碧霞池夜坐」	『王文成公全書』巻二十
「秋声」	『王文成公全書』巻二十
「林汝桓以二詩寄次韻為別」	『王文成公全書』巻二十
「月夜二首」	『王文成公全書』巻二十
「秋夜」	『王文成公全書』巻二十
「夜坐」	『王文成公全書』巻二十
「心漁為銭翁希明別号題」	『王文成公全書』巻二十
「天泉楼夜坐和蘿石韻」	『王文成公全書』巻二十

「詠良知四首示諸生」　『王文成公全書』巻二十
「示諸生三首」　『王文成公全書』巻二十
「答人問良知二首」　『王文成公全書』巻二十
「答人問道」　『王文成公全書』巻二十
「寄題玉芝庵」　『王文成公全書』巻二十
「別諸生」　『王文成公全書』巻二十
「書扇示正憲」　『王文成公全書』巻二十
「中秋」　『王文成公全書』巻二十
「寄石潭二絶」　『王文成公全書』巻二十
「長生」　『王文成公全書』巻二十
附刻
　示徐曰仁応試　『王文成公全書』巻二十四
　諭俗四条　『王文成公全書』巻二十四
　客坐私祝　『王文成公全書』巻二十四

以上の内容の中、『伝習録』の部分は、ほぼ『王文成公全書』巻一～三（「全書本伝習録」上、中、下巻」）に一致する。また、「陽明先生詠学詩」の部分も、内容はもちろん、前後の順序に至るまで『王文成公全書』巻十九、二十に一致する。このことから見て、本書の構成が、全面的に『王文成公全書』に拠っていることがよくわかるのである。

また、「送徳観帰省二首」のように、同じ題目の中に複数の詩が含まれており、そのすべてを収録できない場合、「陽明先生詠学詩」ではかならず末尾の詩を収録している。このことに積極的な意味があるとは考えられず、「陽明先生詠学詩」の編集が機械的に行なわれたものであることを示すものと言えるだろう。

しかしながら、これらのことは決して本書の価値を低くするものではない。本書の楊嘉猷序において述べられていたように、本書は明確に北方において陽明の著作を普及させることを目的として編まれたものである。そのような目で見る時、本書においては、『伝習録』に本来含まれている王守仁の言行録の他に、詩、文の重要なものが網羅されており、それなりに周到な編集がなされていることが判る。このような本書の編纂方針こそ、北中国以上に王守仁の著作の流布が希な日本において、本書がやがて歓迎されるようになった根本的な理由なのである。

本書が日本において歓迎されたことは、本書が殆どの和刻本『伝習録』の底本であることからも明かである。「楊本」は、慶安三年（一六五〇）に刊刻された、最初の和刻本『伝習録』の底本となったばかりでなく、江戸期日本において最大の読者を得た『伝習録』の注釈書である『標註伝習録』（正徳二年［一七一二］刊、三輪執斎註）が「楊本」を底本としたため、日本人の目にする和刻本の『伝習録』は、その過半が「楊本」を底本とするものとなったのである。

明治以降もこのような事態は変わらず、「漢文大系」や「陽明学大系」などの『伝習録』はなお『標註伝習録』を底本とするため、今日に至るまで日本人の『伝習録』理解に「楊本」は多大な影響を与えていることになるのである。(10)

第五節　白鹿洞本『伝習録』について

九州大学文学部は多数の明版を所蔵することで知られるが、本節で取り上げる白鹿洞本『伝習録』は、天下の孤本であるのみならず、『伝習録』の成立を考える上でも重要な存在である。

本書に関する従来の研究としては、佐藤一斎がいわゆる『伝習録読本』において言及する他は、吉田公平氏と陳来氏のものがあるのみである。

まず佐藤一斎は、『標註伝習録』との校合において、他の『伝習録』諸本とともに白鹿洞本『伝習録』（以下、「白鹿洞本」と略）を利用している。注意深い一斎らしく、本書に含まれている佚文（後述）にも言及しており、大いに本書に注目していたことが窺われる。

次に吉田氏は、「銭緒山の『伝習続録』編纂について」（『哲学年報』三十一、一九七二）において、本書に掲載されている銭徳洪序が改編されていることを、『伝習録』の成立に関連づけて論じている（後述）。

一方、陳来氏は、吉田氏の引用した銭徳洪序をもとに『伝習続録』の成立を論じている。(11)

これら先学の業績はいずれも貴重なものではあるが、「白鹿洞本」全体を精査した上のものではない憾みがあった。本稿においては、「白鹿洞本」全体の紹介を行なった後、本書の『伝習録』成立史の上において占める位置について考察していくこととしたい。

本書は全三巻、二十一・四×十三・八糎、半葉十行、行二十字。四周単辺、白口、単魚尾。毎丁の魚尾下に「白鹿洞蔵板」、各巻首に「後学／沙陽正希金声点／勾章沃心銭啓忠較」とある。(12)

次に、本書の構成を示しておく。

「刻伝習録序」（崇禎三年（一六三〇）、陳懋徳）
「重刻王文成公伝習録序」（崇禎二年（一六二九）、熊徳陽）
「伝習録序」（王宗沐）
「伝習録序」（徐愛）
伝習録巻上
伝習録巻中
伝習録巻下（末尾に落丁有り）

以上が全体の構成であるが、本書の巻下末尾の第百七条（「全書本」第百八条）が弟子の質問である「功夫只在末流上救正。便費力了」で終わっていることから見て、残念ながら末尾に落丁があるものと思われる。

次に本書の序文類から、「白鹿洞本」の成立の事情を探ってみることとしたい。その際、王宗沐および徐愛による「伝習録序」は、本書とは直接関係しない旧序であるため省略した。

「刻伝習録序」

学問一事、求其是而已矣。若夫中無所是而随声吠影、与自以為是而操戈翻案、其人心術、皆已得罪聖賢、又何従知学問之真嫡骨血哉。所謂求其是者、非如後儒疑似牽合依傍湊泊、以前人言句為模而我型之也。一笑一嚬、一指一撝、叩之内心而洞然晶瑩、験之人倫世故而砉然中窾、印之千百世以前、千百世以後、四海以外、四海以内、上至天帝、下至乞児、而廓然符合、不差毫黍、如此而已矣。我朝高皇帝滌盪胡氛、手整日月、治統夐絶万古。嘗曰、心為身之主帥、所以常自点簡。此身与心、若両敵然、時時自相争戦。凡諸事為必求至当。蓋心学淵源、于茲闢矣。又顓崇六経四書而以経義取士、直摂天下士子精神、飲餐寤寐于聖賢之閾、更従風簷寸晷迫取其箭脱鋒注之心霊、相遇于擬議不及之天、而後歴試之兵刑農賦之際、以大竟其安民致主之用。高皇帝之心、豈不期人人以聖賢為的哉。而其流也、剽飾之為辞章、株泥之為訓詁、贄借之為功利、適燕而南其轅、漸迷漸遠。

惟我陽明先生、負不出世之資、歴生平未経之患難、旁印于二氏、対勘于諸儒、万死一生、千鎚百錬、一旦憬然、提出良知両字、如獲衣珠、直抉洙泗濂洛之嫡血、尽滌辞章訓詁功利之積氛。至其勛業節義、隻立古今、尤令人獲覩真儒大用、而一洗学道迂腐之疑。斯不可謂高皇帝之忠臣乎。或曰、陽明良知之学近于禅、而卒流為玄虚、篤行君子多不満焉。余姑応之曰、良知両字、非剏自先生、固子輿氏之言也。夫子輿氏禅乎否耶。良知之第一逗現、為孩提愛親、稍長敬兄。夫愛親敬兄、玄虚乎否耶。且以吾儕凡夫証之、纔一堕地、便能乞乳、未幾、見他人而嗄、見父母而笑。此嬰児之嗄笑、与歴山之号慕、有二良知乎、此可謂玄虚乎。江次翁奉母避乱、遇賊輒泣告有老母在、賊不忍犯。荀巨伯看友人病、賊至、願以身代。賊相顧嘆曰、我輩無義之人、而入有義之国。遂班軍去。此盗賊之知孝知義、与陶唐四岳之明揚交譲、有二良知乎、此可謂玄虚乎。設使酣古博聞之儒、日習問安視膳之儀、卒然遇利則攘臂、遇害則掉頭、絶非嬰児嗄笑面目、此可謂切実乎。又使角巾衿帯之儒、日講仁義道徳之訓、一値生死之交、鋒刃之際、迷匿本心、曾盗賊之不若、此可謂切実乎。乃以嬰児不仮学識、盗賊不能澌滅、人人具足、刻刻逗現之良知、而推之于陽明、又推之于禅、冤陽明乎、抑冤自己也。或又曰、晦翁伝註尊為功令、而陽明間有異同、不無可議。余又応之曰、陽明之間有異同、此所以為晦翁之知己也。蓋晦翁志願大、魄力宏、首以継往開来為己任、故汲汲表章六経四書。詞句之間、豈無千慮一失。

且其入手稍未易簡、当時鵝湖辨証、已自異同。而白鹿一会、則晦翁引象山為知己。又其晩年自悔、有云、近日方寔見得向日支離之病、自家一箇身心不知安頓去処、将経世事別作商量講究、不亦誤乎。可見晦翁勇于聞道、何嘗自護其過、而今人必代為護之。人之相知、貴相知心。孔子生民以来、未有一人。老聃誨之曰、去子之驕気与多慾、態色与淫志。而孔子顧嘆老聃為猶龍。未聞孔子以老聃非知己也。以雷同附和為知己者、此在末俗人情則然、豈可以例聖賢心事哉。且晦翁悟後、謂因良心発見之微、猛省提撕、使人不昧、則是做工夫的本領。若不察良心発見処、即渺渺茫茫、恐無下手処也。此与陽明有何異同、後人自看不到耳。然則良知之学、迄今寖失其伝者又何也。其故有二、一則聡明浮慧、掠前人光影、而誤以任性為良知。如仮汞作銀、経火輒敗。一則義路膠滞、喜翻前人公案、而謬以執見救良知。又如蒸沙作飯、不中療饑。嗟乎、天下之適燕南轅、漸迷漸遠者多矣、豈独先生之学為然、而乃以帰禍先生哉。今但願学先生之学者、先掃成見、且平心和気、読其書、知其人、力究其宗旨之所存、以及下手格致之竅要、而又廻勘于夢醒清明、就正于真師良友、忽開心眼、確見其果玄虚与否、是禅非禅、而後去取従違、一聴其人之自判自決。此吾友金正希、銭沃心刻伝習録意也。故特表而著之、以告学人之求真嫡骨血者。若余鈍憒、其何能窺先生学問之藩。好辨之罪、又何辞焉。

崇禎庚午元旦、奉勅提督学政江西按察司副使呉郡後学陳懋徳謹撰。

「重刻王文成公伝習録序」

王陽明先生以良知之説開人心眼、与有宋諸儒羽翼聖経以正人心之義何異。而後学滋疑、乃曰、孔以仁、孟以義、宋以礼、我明以知。今宜救之以信。此言似之而非也。夫人心随用而異名、心豈有五哉。学問之道在求放心。旦昼反復、愈放愈遠而愈失。孟子猶於不屑不受其顙。有泚処指其萌芽。所謂復其見天地之心乎。頃年来富貴利達之徒、厲禁講学、以致人心漫漫、究也無父無君、召禽獣夷狄之禍。即今聖明在上、極力振刷、猶不能挽其積習、何也。蓋人心惟危、道心惟微。危微之間、身心治乱之関、世運之治乱繫焉。故学之一途、君子反経之術也。撥乱而反之治、非倡明此学不可。銭侯以名進士、初第時、慨然請復書院、嗣授我郡司理、欣然就道曰、是周朱陸王諸先生之遺業、在白鹿可按也。甫下車、即清刑疏滞、明禁勅法、不月而令下。如流風行草偃、真儒之作用有如此。暇乃集諸英雋較杁、因梓金太史公所批点伝習録、以広其伝、甚盛心也。願有志君子実実体認、無昧其良知、将見微著危安、真如陽光一照、魑魅自消、元気初回、頑石自潤。良知之致、又何疑焉。慎無以此録作言語文字観、以負倦倦引誘来学之意、則治象徴于人心、行超嘉隆万而上之。此挙之関于世運、顧不大哉。

崇禎己巳歳嘉平月之吉、後学熊徳陽書于愓菴。

「刻伝習録序」の執筆者である陳懋徳は、万暦三十四年（一六〇六）の進士。江蘇省昆山の人（『江南通志』巻百三十、『四庫全書』所収）。序文中にもあるように、官は江西按察司副使に至っている（『江西通志』巻四十七、『四庫全書』所収）。また崇禎庚午は、崇禎三年（一六三〇）である。

一方、「重刻王文成公伝習録序」の執筆者、熊徳陽は、字は日乾、号は清嶼、江西省建昌の人。万暦三十五年（一六〇七）の進士。天啓年間（一六二一～一六二七）の初めに御史に抜擢される（『大清一統志』巻二百四十三、『江西通志』巻九十二）。また崇禎己巳は崇禎二年（一六二九）である。

上記の二序文、特に熊徳陽の「重刻王文成公伝習録序」から明らかなように、本書は初め、銭啓忠が白鹿洞書院を主教した際に、同年の科挙合格者である金声の批点による『伝習録』を刊行すべく、官界での先輩である熊徳陽および陳懋徳に序文を依頼したものと思われる。また、銭啓忠の科挙合格が崇禎元年（一六二八）であるのに対し、これら二序文が崇禎二年（一六二九）および同三年（一六三〇）に記されていることから、本書の出版が、銭啓忠が白鹿洞書院を主教するようになってすぐに企画されたことが判るのである。

それでは次に、本書本文の内容を見ていくこととしたいが、後述のごとく、本書の成立は、『伝習続録』と密接に関わっているため、その版本の一つである北京大学所蔵本（以下「北大本」と略）およびもっとも普及している『伝習録』の版本である「全書本」との対照表を附しておいた。

対照表

「白鹿洞本」巻上は、個別の字句の相違を除けば、「全書本」巻上に内容的に一致する。

同様に「白鹿洞本」巻中は、「答陸元静書」までは「全書本」巻中に一致するが、「答陸元静書」の「又」以下は収録されていない。

「白鹿洞本」巻下	『続刻伝習録』（「北大本」）	「全書本」
序（徳洪曰、古人立教）	「続刻伝習録序」	無し
	伝習続録巻上 ［門人陳九川録］	
第一条（正徳乙亥）	第一条	第一条

第二条（九川問、近年）	第二条	第二条
第三条（又問、用功）	第三条	第三条
第四条（又問、静坐）	第四条	第四条
第五条（又問、陸子）	第五条	第五条
第六条（庚辰往虔州）	第六条	第六条
第七条（在虔与于中）	第七条	第七条
第八条（先生曰、這些子）	第八条	第八条
第九条（先生曰、人若知）	第九条	第九条
第十条（崇一曰）	第十条	第十条
第十一条（先生問、九川）	第十一条	第十一条
第十二条（九川問曰）	第十二条	第十二条
第十三条（又曰、知来）	第十三条	第十三条
第十四条（先生曰、大凡）	第十四条	第十四条
第十五条（九川臥病）	第十五条	第十五条
第十六条（九川問、自省）	第十六条	第十六条
第十七条（九川問、此工夫）	第十七条	第十七条
第十八条（有一属官）	第十八条	第十八条
第十九条（虔州将帰）	第十九条	第十九条

第二十条（于中国裳輩）	第二十条	第二十条
第二十一条（先生曰、聖人）	第二十一条	第二十一条
〔右陳九川録〕		
第二十二条（黄以方問）	第二十二条（王以方問）	第二十二条（黄以方問）
	〔已下王以方録〕	〔已下門人黄直録〕
第二十三条（先生曰、聖賢）	無し	第二十三条
第二十四条（発奮忘食）	無し	第二十四条
第二十五条（先生曰、我輩）	第二十三条	第二十五条
第二十六条（問知行合一）	第二十四条	第二十六条
第二十七条（聖人無所不知）	第二十五条	第二十七条
第二十八条（問、先生嘗謂）	第二十六条	第二十八条
第二十九条（先生嘗謂）	第二十七条	第二十九条
第三十条（問、修道説）	第二十八条	第三十条
第三十一条（問、儒者）	第二十九条	第三十一条
第三十二条（門人在座）	第三十条	第三十二条
第三十三条（門人作文）	第三十一条	第三十三条
第三十四条（文公格物）	第三十二条	第三十四条
第三十五条（問、有所忿懥）	第三十三条	第三十五条

第三十六条（先生言、仏氏）	第三十四条	第三十六条
第三十七条（黄勉叔）	第三十五条	第三十七条
	［已下黄勉叔録］	［已下門人黄修易録］
◎第三十八条（問理気数）	無し	無し
第三十九条（問、近来用功）	第三十六条	第三十八条
第四十条（先生曰、吾教人）	第三十七条	第三十九条
第四十一条（問、志於道）	第三十八条	第四十条
第四十二条（問、読書所以）	第三十九条	第四十一条
第四十三条（問、生之謂性）	第四十二条	第四十二条
無し	第四十条（先生曰、良知猶主人翁）	無し
無し	第四十一条（先生曰、合着本体）	無し
第四十四条（又曰、諸君功夫）	第四十三条	第四十三条
第四十五条（先生一日出遊）	第四十四条	第四十四条
第四十六条（一友常易動気）	第四十五条	第四十五条
第四十七条（先生曰、凡朋友）	第四十六条	第四十六条
第四十八条（問、易朱子）	第四十七条	第四十七条
［右黄修易録］		
第四十九条（黄勉之問）	第四十八条	第四十八条

	［已下黄勉之録］	［已下門人黄尚曾録］
第五十条（問、思無邪）	第四十九条	第四十九条
第五十一条（問道心人心）	第五十条	第五十条
第五十二条（問、中人以下）	第五十一条	第五十一条
第五十三条（一友問、読書）	第五十二条	第五十二条
第五十四条（問、逝者如斯）	第五十三条	第五十三条
第五十五条（問志士仁人章）	第五十四条	第五十四条
第五十六条（問、叔孫武叔）	第五十五条	第五十五条
第五十七条（劉君亮）	第五十六条	第五十六条
第五十八条（王汝中与省曾）	第五十七条	第五十七条
第五十九条（先生語陸元静）	第五十八条	第五十八条
第六十条（先生曰、孔子）	無し	第五十九条
［右黄省曾録］		
無し	第五十九条（又曰、此道至簡）	第百四十条
無し	第六十条（問、孔子曰）	第百四十一条
	伝習続録巻上終	
	伝習続録巻下	
	［門人銭徳洪王畿録］	

第六十一条（何廷仁黄正之）	第六十一条	第六十条
第六十二条（先生曰、良知是）	第六十二条	第六十一条
第六十三条（一友静坐）	第六十三条	第六十二条
第六十四条（一友問、功夫）	第六十四条	第六十三条
第六十五条（又曰、功夫不是）	第六十五条	第六十四条
第六十六条（先生曰、天命）	第六十六条	第六十五条
第六十七条（問、不睹不聞）	第六十七条	第六十六条
第六十八条（問通乎昼夜）	第六十八条	第六十七条
第六十九条（又曰、良知在夜気）	第六十九条	第六十八条
第七十条（先生曰、仙家）	第七十条	第六十九条
第七十一条（或問、釈氏）	第七十一条	第七十条
第七十二条（或問異端）	第七十二条	第七十一条
第七十三条（先生曰、孟子）	第七十三条	第七十二条
第七十四条（又曰、告子）	第七十四条	第七十三条
第七十五条（朱本思問）	第七十五条	第七十四条
第七十六条（先生遊南鎮）	第七十六条	第七十五条
第七十七条（問、大人）	第七十七条	第七十六条
第七十八条（一友問、欲於静坐）	第八十条	第七十九条

無し	第七十八条（又曰、目無体）	第七十七条
無し	第七十九条（問夭寿不貳）	第七十八条
第七十九条（一友問功夫不切）	第八十一条	第八十条
第八十条（或問至誠前知）	第八十二条	第八十一条
第八十一条（先生曰、無知）	第八十三条	第八十二条
第八十二条（先生曰、惟天下）	第八十四条	第八十三条
第八十三条（問、孔子所謂）	第八十五条	第八十四条
第八十四条（問、一日克己）	第八十六条	第八十五条
第八十五条（問、孟子巧力）	第八十七条	第八十六条
第八十六条（先生曰、先天）	第八十八条	第八十七条
第八十七条（良知只是）	第八十九条	第八十八条
第八十八条（聖人之知）	第九十条	第八十九条
第八十九条（問、知譬日）	第九十一条	第九十条
第九十条（問、聖人生知）	第九十二条	第九十一条
第九十一条（問、楽是心之本体）	第九十三条	第九十二条
第九十二条（問、良知一而已）	第九十四条	第九十三条
第九十三条（郷人有父子訴獄）	第九十五条	第九十四条
第九十四条（先生曰、孔子有鄙夫）	第九十六条	第九十五条

第九十五条（先生曰、烝烝）	第九十七条	第九十六条
第九十六条（先生曰、古楽不作）	第九十八条	第九十七条
第九十七条（先生曰、学問也）	第九十九条	第九十八条
第九十八条（孔子気魄極大）	第百条	第九十九条
第九十九条（人有過）	第百一条	第百条
第百条（今人於喫飯時）	第百二条	第百一条
第百一条（琴瑟簡編）	第百三条	第百二条
第百二条（先生嘆曰、世間）	第百四条	第百三条
第百三条（問、良知原是中和的）	第百五条	第百四条
第百四条（所悪於上是良知）	第百六条	第百五条
第百五条（先生曰、蘇秦張儀之智）	第百七条	第百六条
第百六条（或問未発已発）	第百八条	第百七条
第百七条（問、古人論性）	第百九条	第百八条

上記対照表からも明らかなごとく、本「白鹿洞本」は、『伝習続録』と「全書本」『伝習録』の中間に位置する存在なのであるが、このことについて、より詳しく考察することとしたい。

『伝習続録』成立から『伝習録』下巻に至るまでの過程は本章第二節において述べたようにかなりの曲折があったが、その経過を要約すると以下のようになる。

①銭徳洪、南本に、陳九川録と自分の記録を合わせ、二巻としたものを附して『続録』として編集（嘉靖三十一年以前）。
②同志と校訂の上、同本の刊刻を開始（嘉靖三十二年秋）。
③翌嘉靖三十三年に刊行。
④曾才漢、銭徳洪の稿本に自己の記録を加え、『遺言録』として刊刻（嘉靖三十四年）。
⑤銭徳洪、『遺言録』を参考にしつつ、新たな『伝習続録』を水西精舎で刊刻（同年）。
⑥銭徳洪、補遺一巻を編集し、『伝習続録』の補遺として刊刻（嘉靖三十五年）。これにより、現在の『伝習録』下巻が完成する。

ここで問題になるのは、陳来氏が指摘しているごとく、現存する『伝習続録』はすべて嘉靖三十三年刻本に基づくものであり、翌年に『遺言録』を参照しつつ刊刻された、嘉靖三十四年刻本の『伝習続録』が現存しないことである。そして陳来氏は本「白鹿洞本」が、その内容を受け継いでいるのではないかと推定しているのであるが、その根拠となったのが、「白鹿洞本」下巻の冒頭に置かれた、銭徳洪の序文なのである。

実は、本序文は、嘉靖三十三年刻本においては独立して巻頭に「続刻伝習録序」として置かれていたものを、一部修正の上、下巻の冒頭に組み込んだものであるが、その修正部分が問題となるのである。ここでは「白鹿洞本」巻下序の全文を挙げるとともに、嘉靖三十三年刻本の代表として、「北大本」との字句の異同を【　】で示しておいた。

「白鹿洞本」巻下序

徳洪曰【「北大本」は「徳洪曰」の三字が無い】、古人立教、皆為未悟者設法、故其言簡夷明白、人人可以与知而与能。而究極所止、雖聖人終身用之、有所未尽。蓋其見道明徹、先知進学之難易、故其為教也、循循善誘、使人悦其近而不覚其入、喜其易而各極所趨。夫人之良知一也。而領悟不能以皆斉、有言下即能了悟者矣、有良知雖明、不能無間、必有待於脩治之功者矣、有脩治之功百倍於人、而後成功始一【「北大本」は「成功始一」を「其知始徹」に作る】者矣。善教者不語之以其所悟、而惟視其所入。如大匠之作室然、規矩雖一、而因物曲成。故中材上下、皆可与入道。若不顧其所安、而概欲強之以其所未及、教者曰、斯道之妙也如是。学者亦曰、斯道之妙也如是。彼以言授、此以言接。融釈於声聞、懸解於測億、而遂謂道固如是矣、【「北大本」は「寧」の字が有る】不幾於狂【「北大本」は「且惑」の二字が有る】乎。

【「北大本」は「吾師」の二字が有る】陽明先生平時論学未嘗立一言、惟掲大学宗旨、以指示人心之良知【「北大本」は「之良知」の三字が無い】。謂大学之教、自帝唐明徳睦族以降、至孔門而復明。其為道也、由一身以至国家【「北大本」は「国家」を「家国」に作る】天下、由初学以至聖人。徹上徹下、只此良知【「北大本」は「只此良知」を「通物通我」に作る】、無不具足。此性命之真、幾聖学之規矩也。然規矩陳矣、而運用之妙、則因乎人。故及門之士、各得所趨、而莫覚其入【「北大本」は「莫覚其入」を「莫知其所由入」に作る】。吾師既没、不肖如洪、領悟未徹、又不肯加百倍之功。同志帰散四方、各以所得引接来学、而四方学者漸覚頭緒太多。執規矩者滞於形器、而無言外之得。語妙悟者又超於規矩之外、而不切事理之実、願学者病焉。年来同志亟図為会、互相劘切、各極所詣、漸有合異同帰之機。始思師門立教、良工苦心。蓋其見道明徹之後、能不以其所悟示人、而為未悟者設法。故其高不至於凌虚、卑不至於執有、而人人善入。此師門之宗旨所以未易与繹也。洪在呉時、為先師裒刻文録。伝習録所載下巻、皆先師書也。既以次入文録書類矣、乃摘録中問答語、仍書南元善所録以補下巻。復採陳惟濬諸同志所記【「北大本」は「所記」を「所録」

に作り、その後に「得二巻焉」の四字が有る】、附為続録、以合成書。適遭内艱、不克終事。去年秋、会同志於南畿、吉陽何子遷、初泉劉子起宗、相与商訂旧学、謂師門之教、使学者趨専帰一、莫善於伝習録。於是劉子帰寧国、謀諸涇尹丘時庸、相与捐俸、刻諸水西精舎、復刪続録、得二巻焉【「北大本」は「復刪続録、得二巻焉」の八字が無く、代わりに「使学者各得所入、庶不疑其所行云。時嘉靖甲寅夏六月、門人銭徳洪序」の二十八字が有る】。

ここで特に注目されるのは、吉田氏及び陳来氏も指摘するごとく、末尾近くにおいて「復刪続録、得二巻焉」と書き換えられた部分である。水西精舎刻本（『伝習続録』）から「復刪続録、得二巻焉」したものとしては、嘉靖三十四年刻本の『伝習続録』または現在の『伝習録』下巻しか考えられないのである。そして上記の対照表からも明らかなごとく、本「白鹿洞本」の内容が嘉靖三十三年刻本『伝習続録』と現在の『伝習録』下巻の中間に位置するものである以上、「白鹿洞本」下巻の内容が、嘉靖三十四年刻本の『伝習続録』によるものと推定されるのである。

この推測は、吉田氏及び陳来氏の指摘していない他の事実によって補強できる。それは、「白鹿洞本」における佚文の存在である。上記の対照表に示したごとく、「白鹿洞本」下巻三十八条は、他の『伝習録』諸本に見られない佚文である。以下にその全文及び訓読文を示す。

「白鹿洞本」佚文（「白鹿洞本」伝習録下巻第三十八条）

問理気数。先生曰、以理之流行而言謂之気、以気之条理而言謂之理、以条理之節次而言謂之数。三者只是一統事。

［訓読］

理、気、数を問ふ。先生曰く、理の流行を以て言へば之れを気と謂ひ、気の条理を以て言へば之れを理と謂ひ、条理の節次を以て言へば之れを数と謂ふ。三者は只だ是れ一統の事なり、と。

この佚文に類似するものは、他の『伝習録』には見られないが、実は上記の曾才漢編の『陽明先生遺言録』に類似する文章が見られる。以下にその原文を示す。

『陽明先生遺言録』下巻第五条

問理気数。先生曰、有条理是理、流行是気、有節次是数。三者只是一統的事。

この二者の類似は一読明らかだが、なぜこのような類似した文が、この二書に掲載されることとなったのだろうか。実は、嘉靖三十四年刻本の『伝習続録』において銭徳洪は、自己のノートを無断盗用したというべき『遺言録』の出版に憤慨しつつも、『遺言録』の内容のうち、陽明の教えとして問題がないと判断したものについては新たに『伝習続録』に組み入れているのである。特に『遺言録』下巻の内容は、その冒頭に「門人餘姚銭徳洪纂輯／門人泰和曾才漢校輯」とあることからも判るように、明らかに銭徳洪のノートを基にしている。従って、これら二条は明らかに同一のノートに基づき、いずれかが（あるいは両者が）潤色を加えたものと判断できる。このように、明らかに『遺言録』下巻と類似する条が見られることも、本「白鹿洞本」が嘉靖三十四年刻本『伝習続録』に基づいていることを推定できる補強材料となっているのである。

以上において示したごとく、九州大学文学部所蔵の「白鹿洞本」『伝習録』は、嘉靖三十四年刻本『伝習続録』の内容を伝える唯一の刻本として、極めて貴重な存在であり、今後多くの王学研究者によって利用されることが期待さ

れるものである。(13)

第六節　『伝習録』以外の語録について

明清期においては、『伝習録』以外にもいくつかの王守仁の語録が刊刻されていた。それらの多くは今日殆ど忘れられた存在となっているが、当時においては陽明学の普及に一定の意義を有していたと考えられる。以下、それらについて述べていきたい。

一　薛侃編『陽明先生則言』について

王守仁の語録として、明代において『伝習録』と並んで広く流布していた書としては、『陽明先生則言』を挙げることができる。本書は刻本が一部しか現存しない後述の『陽明先生遺言録』とは異なり、各地の図書館に現存しており、『中国古籍善本書目』には計四部が著録され、台湾においても二部が現存しているのである。

現存する本書の版本は、以下の四種に分類することができる。

一、嘉靖十六年（一五三七）薛侃序本　北京図書館、安徽省図書館蔵。
二、嘉靖十六年（一五三七）薛侃序、銭中選校正本　清華大学図書館他蔵。
三、嘉靖四十四年（一五六五）徐大壮序、谷中虚跋本　南京図書館他蔵。
四、万暦三十一年（一六〇三）呉勉学序『宋明四先生語録』本（和刻本のみ現存）　早稲田大学図書館他蔵。

上記の中、一の嘉靖十六年薛侃序本と二の嘉靖十六年薛侃序、銭中選校本は、二の版本が各巻冒頭に「呉興銭中選校正」と記している他は、ほぼ同内容である。また、以上の紀年から判るとおり、一、二のいずれかが現存最古の『則言』の版本と言うことになる。ここでは、一の系統に属する安徽省図書館蔵本によって、本書の内容を見ていくこととしたい。

本書の書誌学的データは以下の通り。

『陽明先生則言』全二巻。十九・五×十三・四糎。左右双辺、単魚尾、白口。半葉九行、行十九字。

なお、本書は『続修四庫全書』九百三十七巻に影印本が収録されている（上海古籍出版社）。また、二の系統の版本である台湾国立中央図書館本が、『王陽明選集』に同じく影印本として収録されている（中国子学名著集成第三十九、中国子学名著集成編印基金会、一九七八）。

次に、本書冒頭に冠せられた薛侃の序によって、本書の刊行の経緯を見ていきたい。

「陽明先生則言序」

先生之言始錂自贛、曰伝習録、紀其答問語也。錂于広徳曰文録、紀其文辞者也。錂于姑蘇、益之曰別録、紀其政略者也。録既備、行者不易挟、遠者不易得。侃与汝中王子萃其簡切、為二帙、曰則言。蓋先生之教、貴知要也。要者何、立志焉已矣。志者何、戒慎恐懼、致其中和焉已矣。孰戒慎、孰恐懼、此良知也。孰云為中、良知廓然而弗倚者也。孰云為和、良知順応而無滞者也。是故天曰太虚、聖曰通明。虚明者、良知之謂也。致也者、去其蔽、復其本体之謂也。去其蔽者、非謂有減也。本体復、非謂有増也。吾之性本無方体、無窮尽者也。学此之謂学、問此之謂問。学問之道無他、致其良知而已矣。此則言之意也。或曰、先生之学、不厭不倦、其道蕩蕩、其思淵淵、士羹牆而民尸祝矣、誦其遺言皆可則也。譬之樹然、芽甲花実皆生意也。子之択而取之也、無乃不可乎。曰、道之在吾人也、孰彼此焉。而其見于言也、孰衆寡焉。惟其切于吾之用也、則一言一薬矣、而況於全乎。如其弗用也、則六籍亦粕燼耳。而況于一言乎。此則言之意也。或質諸周子文規、曰然。遂命鋟之。嘉靖丁酉冬十二月朔門人薛侃序。

嘉靖丁酉とは嘉靖十六年（一五三七）のことであり、この序文では王守仁の著作について、『伝習録』、『文録』（「広徳本」）、『別録』（「姑蘇本」）の三種を挙げている。「別録」を含む「姑蘇本」文録の出版は、後述のように嘉靖十五年（一五三六）のことで、本序文が記されたのが翌十六年（一五三七）であるから、ここで述べられているのは当時における最新の情報と言えるだろう。

その後、本書の刊行の経緯に関する記述となるが、「録、既に備はれども、行く者挟み易からず、遠き者得易からず」という言葉から、薛侃が一つには携帯に便利なように、一つには遠隔の地の学者の購入の利便を図って本書を編纂、出版したことが読みとれる。事実、『文録』はもちろん、『全書』が刊行された後になっても、各地でさまざまな王守仁の詩文集が刊行されていることから見て、今日の我々が思うほど、これらの完備した『文録』類が普及していたとは考えられず、薛侃のこのような編纂意図は時宜にかなっていたと言えるだろう。

また、嘉靖三十二年（一五五三）序刊の宋儀望編『陽明先生文粋』の巻七末の［文録跋］（仮題）において、宋儀望が「陽明先生文集、海内雖多板行之、然書帙繁多、四方同志、未易便得。茲所刻文粋十一巻、皆以切於学者日用工夫、故校而編之。其答問諸篇中、或不専於論学者、則不嫌於断章截取。亦薛王二公所編則言之意也」と述べているように、簡便を旨とする本書の編纂方針が、明らかに『文粋』に影響を与えていることを見て取れるのである（『文粋』については本書第二章を参照のこと）。

このような編纂意図に従い、薛侃は、「汝中王子（王畿）と与に、其の簡切なるを萃めて、二帙と為して、則言と」名附けたとしているが、『伝習録』、『文録』、「年譜」など、王畿が共同編纂者として名を連ねている総ての編纂物において、実質的な関与をしていないことから考えて、本書も薛侃の単独の編纂になると考えるべきであろう[14]。なお、ここで言われている「二帙」とは二巻のことと思われる。

本書の上下二巻のうち、上巻は百六十八条、冒頭の一条のみ「先生曰」で始まり、以下の条にはそれがないものの、語録のような体裁を持っている。しかしながら殆どの内容は書簡などからの抜粋であり、『伝習録』上巻の編纂に関与した薛侃が、書簡についても同様の体裁でまとめようとしたものと思われる。一方、下巻は「訓蒙大意」から「抜本塞源論」（『伝習録』中巻「与顧東橋書」第十三条）に至る十七条であり、すべてが論説文となっている。以上の上下巻によって王守仁の学説の大要を窺うことは可能であり、薛侃の「其の簡切なるを萃めて」という前引の言も、必ずしも誇大なものとはいえないだろう。

なお、序文において薛侃が、「学問の道は他無し、其の良知を致すのみ。此れ則言の意なり」としていることから見て、「則言」とは「則（のっと）るべき言」の意とすべきであろう。また、徐愛による「伝習録序」同様に、ここでも師の教えを記録することに対する他の弟子からの疑念と、それに対する薛侃の、「道の吾人に在るや、孰か彼此せん。而して其の言に見はるるや、孰か衆寡せん。惟だ其の吾れの用に切なれば、則ち一言は一薬なり、而るを況や全てに於てをや。其の用にあらざるが如きは、則ち六籍も亦た粕燼のみ。而るを況や一言をや」という答えが載せられていることから、あくまでも師の教えを実行することが重要なのである、という弁明は、当時の多くの記録者に共通するものだったことが伺える。

本書の刊刻に関わった人物のうち、薛侃以外の人物に触れておきたい。銭中選はその伝記を明らかにしえないが、徐大壮は字子貞、京師（北直隷）長垣の人、嘉靖二十九年（一五五〇）の進士、谷中虚は字子声、号近滄、山東省海豊の人、嘉靖二十三年（一五四四）の進士である。

本書は和刻本として日本においても広く流布していた。現存の諸本から見る限り、それらは二の系統の版本を底本とする『陽明先生則言』（内閣文庫等）と、四の万暦三十一年（一六〇三）呉勉学序『宋明四先生語録』を底本とし、「朱子語類」、「陸象山先生語録」、「薛文清公読書録抄」、「陽明先生則言」の一冊として収録されているもの（早稲田大学図書館等）とに分かれる。これら二種の和刻本は同一の版形で、刊刻はいずれも慶安四年（一六五一）となっている。

以上述べたことからも明らかなように、本書は中国本土においては明代において、日本においても江戸時代に広く流行していたものであり、『伝習録』と並んで、最も広く流布していた王守仁の「語録」と言えるだろう。(15)

二　曾才漢編「陽明王先生語要」について

本書は京都大学附属図書館所蔵の『宋儒理学語要』の巻二として収録されている、曾才漢によって編纂された王守仁の語録（一部書簡を含む）である。『宋儒理学語要』は全四巻、八冊。十八・五×十四・〇糎。四周単辺、白口、無魚尾。半葉十行、行十七字。巻二の巻首に「宋儒理学語要巻之二」と題し、次行の下に「門人泰和曾才漢校輯」とあり、その次の行に二文字下げで「陽明王先生語要」と題して、王守仁の語録、書簡など百七十一条を収録している。

編者の曾才漢は字明卿、号双渓、江西省泰和県の人。嘉靖七年（一五二八）に郷試に合格し[16]、進士出身（合格年未詳）である。浙江省太平県（現在の浙江省温嶺県）の知県を経て[17]、分巡湖北道僉事に至る[18]。陽明の直弟子であり、陽明の語録や文章を熱心に収集し、その刊行に力を注いだ人である。本書の他に、のちに述べる『陽明先生遺言録』及び『稽山承語』の編者でもある。

本書は各巻の巻首に「宋儒理学語要巻之一（〜四）」と題しているが、巻一が「文清薛先生語要」（薛瑄）、巻二が「陽明王先生語要」（王守仁）、巻三が「象山陸先生語要」（陸九淵）、巻四が「晦庵朱先生語要」（朱熹）という構成となっている。また、編者については、巻二の巻首において「門人泰和曾才漢校輯」としている他は、他の各巻はすべて巻頭において「後学泰和曾才漢校輯」としている。

「宋儒理学語要」と称しながらも、明儒である薛瑄、王守仁がそれぞれ一巻をなしていることについては、すでに呉震、水野実両氏の研究により明らかにされている[19]。すなわち、上述の巻二巻首にある「宋儒理学語要巻之二」の「宋」と「二」の二文字は明らかに後に改めたものであり、曾才漢の編纂した『諸儒理学語要』の残巻を完本らしく見せるための工作によるものなのである。

『諸儒理学語要』について、鄒守益[20]『鄒東廓先生集』巻四「諸儒理学語要序」では、

嘉靖甲辰、吾友曾明卿氏守茶陵、出其平日所鈔諸儒要言、於宋儒自廉渓公而下、得十人焉。於国朝自陽明公而上、得五人焉。刻之洣江書院、以嘉恵諸生。其用心亦良苦矣。・・・

としていることから、曾才漢が嘉靖二十三年（一五四四）に茶陵州（湖南省長沙府）の地方官をしていた際に、普段写

し集めていた宋明の儒者の「要言」を編纂し、現地の洣江書院で刊行した書物であり、宋儒は周敦頤以下十人、明儒では王守仁に至る五人の語録を収録していたことがわかる。

また、本書と同版と思われるものが、台湾中央図書館にも一点所蔵されている。版式は京大本の『宋儒理学語要』と同じであるが、各巻の巻首には「明儒理学語要」と題され、内容は巻一が文清（薛瑄）、巻二が康斎（呉与弼）、巻三が白沙（陳献章）、巻四が敬斎（胡居仁）となっている。鄒守益の序と照らしてみると、京大本と同様に『諸儒理学語要』残缺本であり、五人の明儒のうち、王守仁以外の四人分が残されているものと思われる。

このように、京大本、台湾中央図書館本と鄒守益の序文を併せて分析するならば、曾才漢編『諸儒理学語要』は本来「明儒理学語要」五巻と「宋儒理学語要」十巻からなる十五巻の書物であり、「陽明王先生語要」は恐らく「明儒理学語要」の第五巻であったものと思われる。なお、「宋儒理学語要」の部分については、京大本巻四「晦庵朱先生語要」の第一葉が残缺であるため、本来の巻首を知ることができず、巻三「象山陸先生語要」巻首にある「宋儒理学語要巻之三」の「三」字も改められた痕跡があるため、「宋儒理学語要」の各巻の順番については新たな資料の出現を待つしかない。

本書の内容は全百七十七条あるが、そのうち二十二条が『全書』には見られない佚文である。しかしながら、そのうち五条は前述の『陽明先生則言』と、六条は『全書』本以降に編纂された『伝習録』と、同じく六条は『陽明先生遺言録』と共通するものであり、本書のみに見られる佚文は六条である。(21) 従って、本書もこれらの諸書と並んで、王守仁の逸文を考える上で欠かせない資料なのである。

三　曾才漢編『陽明先生遺言録』について

嘉靖三十四年（一五五五）に、銭徳洪の手記をもとに刊刻された『陽明先生遺言録』については、すでに『伝習録』の項において『伝習続録』との関係を中心に見てきたが、ここでは台湾中央研究院所蔵の現存する唯一の刻本についてみていきたい。

本書は現在、中央研究院歴史語言研究所傅斯年図書館に所蔵されている。全二巻。十九・八×十四・三糎。四周双辺、単魚尾、白口。半葉十行、行二十字。版心には陽明遺言上または陽明遺言下とある。

また、本書は第二章において述べる閭東編『陽明先生文録』（嘉靖三十四年（一五五五）序刊、いわゆる「閭東本」）に附刻されたものであるが、日本国内に現存する「閭東本」二部（早稲田大学図書館および京都大学文学部蔵）には附録の部分が無いため、本書が刻本としては現存する唯一の『遺言録』となっている。また、前述の銭徳洪の記述を信じる限り、『陽明先生遺言録』の刊刻は嘉靖三十四年（一五五五）であるから、「閭東本」のうち附録のあるものはそれ以降の刊刻と言うことになる。

なお、写本としては都立中央図書館河田文庫蔵本、東北大学狩野文庫蔵本および吉田公平架蔵本の三部が現存するが、いずれも佐藤一斎またはその弟子の筆写にかかるものであり、その詳細については水野実、永冨青地、三沢三知夫「陽明先生遺言録」（一）～（五）（『防衛大学校紀要（人文科学篇）』第七十～七十四輯、一九九五～一九九七）を参照されたい。

本書に序跋類は存在しないが、巻上の巻頭に「門人金渓黄直纂輯／門人泰和曾才漢校輯」とある。金渓県および泰和県はいずれも江西省に属し、二百キロほど離れている。黄直は字は以方、号は卓峯、嘉靖二年（一五二三）の進士、官は漳州の推官に至る。『明史』巻二百七に伝が有る。

一方、巻下の冒頭には「門人餘姚銭徳洪纂輯／門人泰和曾才漢校輯」とあり、これらの記載からすると、本書は上巻については黄直、下巻については銭徳洪の記録を曾才漢がまとめたことになり、『伝習続録』の項で触れた銭徳洪の、「去年同門曾子才漢得洪手抄、復傍為采輯、名曰遺言、以刻行於贛」という、『全書』本『伝習録』下巻の嘉靖丙辰（三十五年、一五五六）の跋文と一致しないことになるが、嘉靖七年（一五二八）に王守仁が亡くなった際に、銭徳洪の呼びかけにより集められた弟子たちの手記の中に黄直のそれもあり、その黄直の手記が銭徳洪の記録の中に含まれていたと考えれば特に問題とはならないだろう。

本書の詳細な内容については前記の水野実等の訳注を参照されたいが、王門の日常生活が飾りのない筆致で伸びやかに語られているのが本書の最大の魅力である。

例えば、次に掲げる、王守仁が弟子達をたしなめる条がその一例である。(22)

嘗有数友随先生游陽明洞、偶途中行歌。先生回至洞坐、徐曰、我輩挙止、少要駭異人処。便是曲成万物之心矣。徳洪深自省惕。又曰、当此暑烈、行走多汗、脱幘就涼、豈不快適。但此一念放去、便不是（何人かの友人と先生のお供をして陽明洞(23)に行き、途中歩きながら歌ったことがあった。先生は陽明洞に着くと、坐っておもむろにおっしゃった、「私達の行動は、人を驚かすようなことがあってはならない。そうであってこそ（『易』で言う）『万物をつぶさに完成させる』気持ちというものだ」。わたくし徳洪は深く反省するところがあった。さらにおっしゃった、「この暑い時に、歩けばひどく汗をかくから、頭巾をとれば涼しくなる。なんと快適ではないかね。けれども『この一念』を捨ててはいけないのだ」）。

ここでは、守仁の陽明洞での講学の有様が生き生きと語られている。また、ここでおもしろいのは、銭徳洪が彼自身の記録したこの条を、自分で編纂した『伝習続録』では結局削除してしまっていることである。このようなエピソードが多く残されていれば、王守仁の伝記資料は今より遙かに豊富なものとなっていたはずだが、銭徳洪は性格的にこのような日常的なエピソードが余り好きではなかったように思われる。

いずれにせよ、『陽明先生遺言録』は『伝習録』と同等の価値を持つ王守仁の語録として、今後積極的に利用されることが期待されるものである。(24)

四　朱得之編『稽山承語』について

本書は『陽明先生遺言録』と同様に、中央研究院歴史語言研究所傅斯年図書館に所蔵されている、閭東本『陽明先生文録』に附刻された王守仁の語録である。全一巻。版式などは『遺言録』と同様であり、一斎などによる写本三部が残されている点も同じである。

本書は巻頭に「虚生子朱得之述」と記されており、朱得之の編著であることがわかる。朱得之は字は本思、号は近斎、南京（南直隷）靖江県（今の江蘇省揚州市靖江県）の人。官は江西省新城（今の江西省黎川県）の丞に至る。『明儒学案』巻二十五（南中王門）に伝があり、王守仁の直弟子であったことが明記されている。

本書巻頭の序文において、彼は以下のように述べている。

伝於師、習於心。是故書紳之士已非得意忘言者伍矣。矧茲又出書紳之下乎。惟予衰、莫振宗風、追述之、永心喪也。

ここにおいて彼が守仁の心喪に服する気持ちを述べていることから、本書は嘉靖七年（一五二八）の王守仁の死後に、師の教えを忘れないために記録されたものであることがわかる。

本書は全四十五条と比較的短いものであるが、王門の日常についての興味深いエピソードが見られるのは『遺言録』と共通する。ここでは一つだけ例を挙げたい(25)。

丙戌春莫、師同諸友登香炉峰、各儘足力所至。惟師与董蘿石、王正之、王惟中数人登頂。時師命諸友歌詩、衆皆喘息不定、蘿石僅歌一句、惟中歌一章。師復自歌、婉如平時。蘿石問故。師曰、我登山、不論幾許高、只登一歩、諸君何如。惟中曰、弟子輩足到山麓時、意在山頂上了。師曰、病是如是（丙戌〔嘉靖五年、一五二六〕の春の終わりに、先生は弟子達と香炉峰に登り、それぞれ登れるところまで行った。先生と董蘿石・王正之・王惟中等数人だけが頂上まで登った。その時先生は弟子達に命じて詩を歌わせたが、皆な息が定まらなかった。蘿石は一句しか歌えず、惟中は一章歌えた。先生がそこでご自分で歌われたが、すんなりといつもと変わらぬ御様子だった。蘿石がそのわけをお尋ねした。先生がおっしゃった、「私は山登りをする時、どれほどの高さだろうと、目の前の一歩を登るだけだが、諸君はどうだね」。惟中がお答えする、「私共は、麓に着いた時には、もう頂上のことを考えております」。先生がおっしゃった、「それがまずいんだよ」）。

ここでは王門の登山の様子が記されているが、若いときから結核を患いながらも、守仁が極めて健脚だったことがわかる。また、ここでは弟子の中で特に董澐（蘿石）に焦点が当てられているが、朱得之は彼と仲がよかったようで、本書には董澐の語録である『従吾道人語録』(26)と共通する内容が多く含まれている。

いずれにせよ、本書は王守仁の直弟子による記録であり、信頼性において『伝習録』に劣るものではなく、今後の活用が期待される(27)。

なお、本書に関して、『四庫全書総目提要』巻百二十五に、「宵練匣十巻、浙江巡撫採進本。明朱得之撰。得之、自号参元子、烏程人。一云靖江人。是書凡分三編、曰、稽山承語、紀其聞於師者也。曰、烹芹漫語、紀其聞於友者也。曰、印古心語、紀其験於経典而有得於心者也。・・・」とある。『宵練匣』は、現在『百陵学山』及び『説郛』続編に収められているが、一巻本であり、王守仁の言については『稽山承語』とほぼ重複する。恐らく残缺本と思われる。

五　ハーバード大学燕京図書館蔵『陽明先生語録』について

ハーバード大学燕京図書館に所蔵されている『陽明先生文録』は、本文は張良才重校刊本であり、東京大学東洋文化研究所蔵本と同一のものである(28)。しかしながら、附刻されている『陽明先生語録』は、極めて特徴のあるものである。本節では、ハーバード大学燕京図書館蔵『陽明先生文録』のうち、特に『陽明先生語録』の部分について詳述することとする。

始めにハーバード大学燕京図書館蔵『陽明先生文録』の構成についてみていきたい。

「陽明先生存稿序」（嘉靖癸巳〔十二年、一五三三〕、黄綰）
陽明先生文録巻之一（書一）
陽明先生文録巻之二（書二）
陽明先生文録巻之三（書三）

陽明先生文録巻之四（書四）
陽明先生文録巻之五（書五）
陽明先生文録巻之六（序、記、説）
陽明先生文録巻之七（記）
陽明先生文録巻之八（説、雑著）
陽明先生文録巻之九（雑著）
陽明先生文録巻之十（墓誌銘、墓表、墓碑、伝、碑、賛、箴、祭文）
陽明先生文録巻之十一（賦、騒、詩）
陽明先生文録巻之十二（詩）
陽明先生文録巻之十三（詩）
陽明先生文録巻之十四（詩）
陽明先生文録巻之十五（奏疏一）
陽明先生文録巻之十六（奏疏二）
陽明先生文録巻之十七（奏疏三）
「陽明先生文録跋」（嘉靖丁未〔二十六年、一五四七〕、范慶）
陽明先生語録巻之一　門人徐愛録
陽明先生語録巻之二　門人陸澄録
陽明先生語録巻之三　門人薛侃録

以上においてみてきたように、陽明先生文録巻之一から巻之十七に至る文録の部分は東京大学東洋文化研究所蔵本と同一の内容である。ハーバード大学燕京図書館蔵本で注目されるのは、附録の『陽明先生語録』である。『陽明先生語録』は、全三巻、四周単辺、単魚尾。半葉十行、行二十字（図六）。

本書の成立が張良才重校刊本『陽明先生文録』と同時とすると、その成立は、「陽明先生文録跋」に記された嘉靖二十六年（一五四七）となる。これは嘉靖三年（一五二四）の序を有する南本の後、嘉靖三十三（一五五四）、三十四年（一五五五）の銭徳洪による『伝習続録』の成立の前ということになる。(29) 本書は記録者ごとにまとめられた王守仁の語録であり、質問者の発言は王守仁のそれよりも一字下げで記されている。以下、内容を詳細に見ていきたい。読者の便を計るため、各条の下には（ ）で冒頭の数字を記し、下方に「全書本」での条数を表示した。また、「全書本」と順序・記録者などについて大きな相違点がある条については、上に○を附してある。

陽明先生語録巻之一　　門人徐愛録

第一条（愛問、在親民）　「全書本」第一条
第二条（愛問、知止而后有定）　「全書本」第二条
第三条（愛問、至善只求諸心）　「全書本」第三条
第四条（鄭朝朔問、至善亦須有従事物上求者）　「全書本」第四条
第五条（愛因未会先生知行合一之訓）　「全書本」第五条
第六条（愛問、昨聞先生止至善之教）　「全書本」第六条

第七条（先生又曰、格物如孟子大人格君心之格）　「全書本」第七条
第八条（又曰、知是心之本体）　「全書本」第八条
第九条（愛問、先生以博文為約礼工夫）　「全書本」第九条
第十条（愛問、道心常為一身之主）　「全書本」第十条
第十一条（愛問、文中子韓退之）　「全書本」第十一条
第十二条（又曰、唐虞以上之治）　「全書本」第十二条
第十三条（愛曰、先儒論六経）　「全書本」第十三条
第十四条（又曰、五経亦只是史）　「全書本」第十四条
［徐愛跋］（仮題）（愛因旧説汨没）　「全書本」［徐愛跋］（仮題）

陽明先生語録巻之二　門人陸澄録

○第一条（先生曰、持志如心痛）　「全書本」第二十五条
第二条（澄問、主一之功）　「全書本」第十五条
第三条（問立志）　「全書本」第十六条
第四条（日間工夫覚紛擾）　「全書本」第十七条
第五条（処朋友）　「全書本」第十八条
第六条（問、後世著述之多）　「全書本」第二十条
第七条（問、聖人応変不窮）　「全書本」第二十一条

第八条（義理無定在）　「全書本」第二十二条
第九条（問、静時亦覚意思好）　「全書本」第二十三条
第十条（問上達工夫）　「全書本」第二十四条
〇第十一条（千古聖人只有這些子。又曰、人生一世、惟有這件事）　「全書本」にはない。「伝習録拾遺」（陳栄捷『王陽明伝習録詳註集評』所収）第一条
第十二条（問、惟精惟一、是如何用功）　「全書本」第二十六条
第十三条（知者行之始）　「全書本」第二十七条
第十四条（漆雕開曰、吾斯之未能信）　「全書本」第二十八条
第十五条（問、寧静存心時）　「全書本」第二十九条
第十六条（問、孔門言志）　「全書本」第三十条
第十七条（問、知識不長進如何）　「全書本」第三十一条
第十八条（問、看書不能明如何）　「全書本」第三十二条
第十九条（虚霊不昧）　「全書本」第三十三条
第二十条（或問、晦庵先生曰）　「全書本」第三十四条
第二十一条（或曰、人皆有是心）　「全書本」第三十五条
第二十二条（問、析之有以極其精而不乱）　「全書本」第三十六条
第二十三条（省察是有事時存養）　「全書本」第三十七条
第二十四条（澄嘗問象山在人情事変上做工夫之説）　「全書本」第三十八条

第二十五条（澄問、仁義礼智之名）　「全書本」第三十九条
第二十六条（一日論為学工夫）　「全書本」第四十条
第二十七条（澄問、有人夜怕鬼者）　「全書本」第四十一条
第二十八条（定者心之本体）　「全書本」第四十二条
第二十九条（澄問学庸同異）　「全書本」第四十三条
第三十条（問、孔子正名）　「全書本」第四十四条
第三十一条（澄在鴻臚寺倉居）　「全書本」第四十五条
第三十二条（不可謂未発之中常人倶有）　「全書本」第四十六条
第三十三条（易之辞是）　「全書本」第四十七条
第三十四条（夜気是就常人説）　「全書本」第四十八条
第三十五条（澄問操存舎亡章）　「全書本」第四十九条
第三十六条（王嘉秀問、仏為出離生死誘人入道）　「全書本」第五十条
第三十七条（蓍固是易）　「全書本」第五十一条
第三十八条（問、孔子謂武王未尽善）　「全書本」第五十二条
第三十九条（問、孟子言執中無権猶執一）　「全書本」第五十三条
第四十条（唐詡問、立志）　「全書本」第五十四条
第四十一条（精神道徳言動）　「全書本」第五十五条
第四十二条（問、文中子是如何人）　「全書本」第五十六条

第四十三条（許魯斎謂儒者以治生為先之説）　「全書本」第五十七条
第四十四条（問仙家元気元神元精）　「全書本」第五十八条
第四十五条（喜怒哀楽）　「全書本」第五十九条
第四十六条（問、哭則不歌）　「全書本」第六十条
第四十七条（克己須要掃除廓清）　「全書本」第六十一条
第四十八条（問律呂新書）　「全書本」第六十二条
第四十九条（曰仁云、心猶鏡也）　「全書本」第六十三条
第五十条（問道之精粗）　「全書本」第六十四条
第五十一条（先生曰、諸公近見時）　「全書本」第六十五条
第五十二条（問、知至然後可以言誠意）　「全書本」第六十六条
第五十三条（問、道一而已）　「全書本」第六十七条
第五十四条（問、名物度数）　「全書本」第六十八条
第五十五条（与其為数頃無源之塘水）　「全書本」第六十九条
第五十六条（問、世道日降）　「全書本」第七十条
第五十七条（問、心要逐物）　「全書本」第七十一条
第五十八条（善念発而知之）　「全書本」第七十二条
第五十九条（澄曰、好色好利好名等心）　「全書本」第七十三条
第六十条（問志至気次）　「全書本」第七十四条

第六十一条（問、先儒曰、聖人之道）　「全書本」第七十五条
第六十二条（問、伊川謂）　「全書本」第七十六条
第六十三条（澄問、喜怒哀楽之中和）　「全書本」第七十七条
第六十四条（問、顔子没而聖学亡）　「全書本」第七十八条
第六十五条（問、身之主為心）　「全書本」第七十九条
第六十六条（只存得此心常見在）　「全書本」第八十条
第六十七条（言語無序）　「全書本」第八十一条
第六十八条（尚謙問、孟子之不動心与告子異）　「全書本」第八十二条
第六十九条（万象森然時亦冲漠無朕）　「全書本」第八十三条
第七十条（心外無物）　「全書本」第八十四条
第七十一条（先生曰、今為吾所謂格物之学者）　「全書本」第八十五条
第七十二条（問格物。先生曰、格者正也）　「全書本」第八十七条
第七十三条（問、格物於動処用功否）　「全書本」第八十八条
第七十四条（工夫難処）　「全書本」第八十九条
第七十五条（自格物致知至平天下）　「全書本」第九十条
第七十六条（只説明明徳而不説親民）　「全書本」第九十一条
第七十七条（至善者性也）　「全書本」第九十二条
第七十八条（問、知至善即吾性）　「全書本」第九十三条

第七十九条（問、程子云、仁者以天地万物為一体）「全書本」第九十四条
第八十条（問、延平云、当理而無私心）「全書本」第九十五条

陽明先生語録巻之三

門人薛侃録

第一条（侃問、専涵養而不務講求）「全書本」第九十七条
第二条（先生問在坐之友）「全書本」第九十八条
第三条（朋友観書、多有摘議晦庵者）「全書本」第九十九条
第四条（希淵問、聖人可学而至）「全書本」第百条
第五条（士徳問曰、格物之説）「全書本」第百一条
第六条（侃去花間草）「全書本」第百二条
第七条（先生謂学者曰）「全書本」第百三条
第八条（或問、為学以親故）「全書本」第百四条
第九条（崇一問、尋常意思多忙）「全書本」第百五条
第十条（先生曰、為学大病在好名）「全書本」第百六条
第十一条（侃多悔）「全書本」第百七条
第十二条（徳章曰、聞先生以精金喩聖）「全書本」第百八条
第十三条（侃問、先儒以心之静為体）「全書本」第百九条
第十四条（問、上智下愚）「全書本」第百十条

第十五条（問子夏門人問交章）　「全書本」第百十一条
第十六条（子仁問、学而時習之）　「全書本」第百十二条
第十七条（国英問、曾子三省雖切）　「全書本」第百十三条
第十八条（黄誠甫問汝与回也孰愈章）　「全書本」第百十四条
第十九条（顔子不遷怒）　「全書本」第百十五条
第二十条（種樹者必培其根）　「全書本」第百十六条
第二十一条（因論先生之門）　「全書本」第百十七条
第二十二条（梁日孚問、居敬窮理是両事）　「全書本」第百十八条
第二十三条（惟乾問、知如何是心之本体）　「全書本」第百十九条
第二十四条（守衡問、大学工夫只是誠意）　「全書本」第百二十条
第二十五条（正之問、戒懼是己所不知時工夫）　「全書本」第百二十一条
第二十六条（志道問、荀子云）　「全書本」第百二十二条
第二十七条（蕭恵問、己私難克）　「全書本」第百二十三条
第二十八条（有一学者病目）　「全書本」第百二十四条
第二十九条（蕭恵好仙釈）　「全書本」第百二十五条
第三十条（劉観時問、未発之中是如何）　「全書本」第百二十六条
第三十一条（蕭恵問死生之道）　「全書本」第百二十七条
第三十二条（馬子莘問、修道之教）　「全書本」第百二十八条

第三十三条（黄誠甫問、先儒以孔子）　「全書本」第百二十九条
第三十四条（蔡希淵問、文公大学新本）　「全書本」第百三十条
○第三十五条（孟源有自是好名之病）　「全書本」第十九条

以上において見たごとく、本書は徐愛、陸澄、薛侃のそれぞれの記録によるものであるが、冒頭の徐愛録の部分については、「全書本」と大きな相違はない。

一方、陸澄および薛侃の記録においては、いくつか大きな相違点が見られる。

上記の相違点の中、まず『陽明先生語録』巻二（陸澄録）冒頭の「先生曰、持志如心痛」条は、「全書本」と配列が異なっているが、陳栄捷は本条に「全書本」第九十六条と重複する部分があることから、『王陽明伝習録詳註集評』において、本条を削除すべきとし、『伝習録』の条数に含めていない(30)。しかしながら、佐藤一斎が指摘するごとく、現存最古の『伝習録』である「南本」のなかには、北京大学図書館蔵本のように本条を陸澄録の冒頭に置くものもあり、陳栄捷のように本条を削除するのは武断に過ぎると思われる。実は、この表においては示すことができなかったが、本『陽明先生語録』においては、問題の「全書本」第九十六条は含まれていないのである。第九十六条については、佐藤一斎も『伝習録欄外書』において、「南本宋本並無此条、分後侃問条已下係上巻三、此条恐係緒山所補」と、南本、宋本に無いことを理由に、銭徳洪の増補ではないかと疑っており、『陽明先生語録』の方が銭徳洪の増補以前のより古い形を保っている可能性が強いのである。

次に、『陽明先生語録』巻二（陸澄録）、第十一条の「千古聖人只有這些子。又曰、人生一世、惟有這件事」は、佐藤一斎が『伝習録欄外書』において指摘し、陳栄捷も引用するように、「南本」、「施本」、「兪本」において第十条の

後ろに置かれているものである。特に、本条が嘉靖三年（一五二四）序刊の、現存最古の『伝習録』である「南本」に記されている事から見て、陸澄の本来の記録に本条があったことは疑いを入れない。

最後に、『陽明先生語録』巻三（薛侃録）末尾の第三十五条（孟源有自是好名之病）は、「全書本」では陸澄録とされているが、これも佐藤一斎が『伝習録欄外書』において、「此条南本施本宋本載在薛録之末」と指摘するごとく、『陽明先生語録』の配列の方が、「全書本」より以前の形をとどめているものと思われる。

以上において、本書と「全書本」の相違三点を見てきたが、そのすべてについて『陽明先生語録』の方が、「全書本」よりもより古い形を残すものであることが明らかとなった。そもそも、『伝習録』のもととなった記録は、それぞれの弟子が、銭徳洪および王畿に送った王守仁に関する記録である。したがってそれは、『陽明先生語録』のごとく、それぞれの弟子の名前によって分類されたものだったはずである。現在の「全書本」においても、いずれの弟子の記録であるかが記されてはいるものの、銭徳洪による編集の過程で、その本来の形がかなり失われていることは否定できない[31]。本『陽明先生語録』は、それぞれの弟子たちから銭徳洪および王畿に送られた記録の本来の形を探る上で、貴重な手掛かりを提供するものなのである[32]。

六　胡泉編『王陽明先生経説弟子記』について

いままで挙げた王守仁の語録類は、いずれもその弟子、あるいは信奉者によってまとめられたものであった。従って、できあがった語録が教祖の言葉を記録した教義書に近い性格のものとなったのは当然である。それらの著作は客観的に王守仁の言葉を記録したものと言うよりも、場合によっては自分が王守仁の正統な継承者であることを誇示するためのものだったのである[33]。

しかしながら、清代も末になると、より客観的な、学術的な著作としての語録も登場する。それがここでとりあげる『王陽明先生経説弟子記』である。全四巻。四周双辺、単魚尾、白口。半葉九行、行十九字。なお、本書は現在、広文書局から「中国哲学思想要籍叢編」の一として影印本が刊行されている（一九七五）。

本書に関しては、従来、島田虔次が『アジア歴史研究入門』第三巻（同朋舎、一九八三）において簡単な紹介をしているのみで、他の言及を聞かない。

本書の著者である胡泉は、本書の冒頭の序文において、以下のように述べている。

王陽明先生経説散見於伝習録、語録者、照五経四書次序分成四巻、名為経説弟子記。少加按語、見与講学書旨印合、且与経説拾餘相発明也。咸豊三年夏五、高郵胡泉自識。

胡泉は字杖仙、江蘇省高郵（今の江蘇省高郵市）の人。嘉慶二年（一七九七）生、同治七年（一八六八）没。道光三十年（一八五〇）孝廉方正に挙げられる。劉恭冕「清故蕭県学教諭詔挙孝廉方正胡君墓志」には、彼について以下のように記している。(34)

・・・君博覧載籍、・・・於明王文成全書用力尤深、・・・箸有陽明書疏証四巻、陽明経説一巻、経説弟子記四巻、大学古本薈参一巻、儀徴優貢生劉毓崧序而行之。又駁朱子晩年定論、辨白水詩存各若干巻、蔵於家。・・・

この墓誌において述べられているように、彼には多くの陽明学に関する著作があるが、一方で『駁朱子晩年定論』

という著作があることからして、陽明学を盲信するタイプの学者ではなかったことが窺える。』

なお序文には咸豊三年（一八五三）とあるが、本書の封面に「咸豊八年十二月」とあることから考えて、咸豊三年に脱稿し、同八年（一八五八）に刊刻されたものと思われる。

本書の内容はこの序文に記されたとおりのものであり、王守仁が『伝習録』において経書に言及したもの[35]を各経書ごとに分類、配列し、必要に応じて「泉按・・・」として按語を加えている。この按語は島田虔次が「極めて有用な指摘が多い」（前掲書二百八十頁）と賞賛しているように、胡氏の研究者としての鋭いセンスを示すものである。以下に、その一例を挙げてみたい。

胡泉は本書巻四の「孟子説」において、『伝習録』下巻第七十八条（銭徳洪録）の「問夭寿不貳。先生曰、学問功夫、於一切声利嗜好、俱能脱落殆尽。・・・」の条を引いた後、以下のように述べる。

> 泉按、陽明先生答顧東橋書解尽心三節、与朱註正相反。不以夭寿貳其為善之心。若曰死生夭寿、皆有定命、吾但一心於為善、脩吾之身、以俟天命而已。是其平日尚未知有天命也。云云、与銭氏録此一条相反。愚謂、此一条謹遵朱註、足見王学仍是学朱。

ここにおいて胡泉は、この条と「答顧東橋書」における王守仁の意見が相反することを述べた後、この条における王守仁の見解が朱註を踏襲したものであり、「足見王学仍是学朱」としている。ここで注意したいのは、彼が王守仁の学説を尊重しつつも、その学説のうち、朱子に淵源する部分があることを隠そうとはしていないことである。このような胡泉の学的傾向については彼の伝記について述べたところでも触れておいたが、明末清初の『朱子晩年定論』

を巡る議論がやかましかった頃には考えられないことであり、胡泉のスタンスが、近代的な研究者のそれに近づいていることを示している。咸豊八年ともなれば、すでに清末の危機の時代を迎えており、朱王の別が党派的な熱気を持って語られる時代ではなくなっていた。そのような時代背景のもと、ようやく冷静な視点からの陽明学研究が始められようとしていたのであり、本書はそのことを示す象徴的な存在と言えるだろう。

注

（1）銭徳洪、本名寛、字徳洪で知られる。改字は洪甫、号は緒山、浙江省餘姚の人。嘉靖十一年（一五三二）の進士。『明儒学案』巻十一に伝有り。

（2）陳栄捷『王陽明伝習録詳註集評』（台湾学生書局、一九八三）の考証による。

（3）前述のごとく、王畿も名目上は編纂責任者であったが、彼が積極的に編纂に関わった証拠はない。

（4）前述のごとく若干の出入がある。

（5）日本での訳注のなかには江戸時代の儒者である三輪執斎の『標註伝習録』に依るものもあるが、内容的にはほとんど変わりはない。

（6）『王陽明伝習録詳註集評』所収。

（7）附録二の（二）を参照。なお、以下の諸本のうち、①②の資料は水野実防衛大学校教授より賜ったものである。特に感謝の意を表する次第である。

（8）それらについては前記『陽明先生遺言録』の訳注において一部を指摘した。

（9）後述のごとく、おそらく「全書本」『伝習録』のことと思われる。

（10）なお、このような日本における「楊本」を底本とする和刻本の受容と影響については、吉田公平「日本における『伝習録』」

(『東北大学教養部紀要』第三十九号、一九八三。吉田公平『日本における陽明学』、ぺりかん社、一九九九に所収)を参照されたい。

(11) 陳来「『遺言録』与『伝習録』」(『中国文化』第九期、一九九三。『中国近世思想史研究』、商務印書館、二〇〇三に所収)。

(12) 「較」は「校」の避諱改字。附点者金声は字は正希、号は赤壁、安徽省休寧の人。崇禎元年(一六二八)の進士。庶吉士を授けらる。明朝滅亡後は義勇軍を組織し清軍と戦うも捕らえられ、屈せずして死す。『明史』巻二百七十七に伝有り。また『明儒学案』では巻五十七(諸儒学案)に列せられる。校訂者銭啓忠は字は沃心、浙江省鄞県の人。金声と同じく崇禎元年(一六二八)の進士。南康府推官を授けられ白鹿洞書院を主教し、『二程語録』・『伝習録』・『近渓語録』を刊刻する。後、山東提学副使に至る。『浙江通志』巻百七十五に伝有り。『明儒学案』巻五十七(諸儒学案)においては金声と併称されている。

(13) 本節の執筆に当たっては、水野実防衛大学校教授より、資料のご提供を賜った。貴重な資料をご提供下さったことに対し、特に感謝の意を表する次第である。また、再調査の際、多大な便宜を与えて下さった難波征男福岡女学院大学教授に対しても感謝の意を表したい。

(14) なお、王畿が師の著作の編纂に関わっていないことの意味は、従来あまり論じられたことがないが、大きな問題を含んでいるように思う。ここで結論のみを言うなら、王畿には、そのようなことを行う必要性がなかったのではないだろうか。弟子によって行われる師の著作の編纂は、いつの時代、どこの国においても、自己が師の思想の正統な継承者であることを示すために行われるものだが、当時、守仁の門下において最大の影響力を持っていた王畿には、その必要が無かったと考えられるのである。

(15) 本書が『伝習録』と並んで広く流布していたことについては、嘉靖三十三年(一五五四)に編纂された叢書である『明世学山』に、『伝習録』と『則言』から各十条をピックアップした『伝習則言』という書が収録されたことも傍証として挙げられる。同書については水野実、永冨青地「『伝習則言』小考」(『汲古』第四十二号、二〇〇二)を参照。また、『陽明先生則言』上巻の内容に関しては、水野実、永冨青地「『陽明先生則言上』訳注」(一)(二)(三)~(連載中)(『走水評論』第六十号、『走水論叢』第一、二号、一九九六~)を参照されたい。

(16)『江西通志』巻五十四「選挙六」。
(17)『浙江通志』巻五十八「水利七」。
(18)『湖広通志』巻二十八「職官志」。
(19)呉震「王陽明佚文論考─就京都大学所蔵王陽明著作而談」(『学人』第一輯、一九九一)。水野実、永冨青地「「陽明王先生語要」(『諸儒理学語要』の基礎的研究)」(一)(二)〜(連載中)(『防衛大学校紀要(人文科学篇)』第七十五、七十七号、一九九七〜)。なお、本節の資料は水野実防衛大学校教授より賜ったものである。特に感謝の意を表する次第である。
(20)鄒守益、字謙之、号東廓、江西省安福の人。正徳六年(一五一一)の進士。『明儒学案』巻十六に伝有り。
(21)呉震「王陽明佚文論考─就京都大学所蔵王陽明著作而談」(『学人』第一輯、一九九一)による。
(22)『遺言録』巻下四十三条。
(23)浙江省会稽山にある洞窟。陽明はここで講学を行っていた。
(24)本項執筆に当たって、吉田公平「銭緒山の「伝習続録」編纂について」(『哲学年報』第三十一号、一九七二)、同「銭緒山の『王文成公全書』所収「文録続編」の編纂について」(『東北大学教養部紀要』第四十一号、一九八四)、陳来、周晋、姜長蘇、楊立華「関于『遺言録』『稽山承語』与王陽明語録佚文」(『清華漢学研究』第一輯、清華大学出版社、一九九四)、水野実、永冨青地、三沢三知夫「陽明先生遺言録」(一)〜(五)(『防衛大学校紀要(人文科学篇)』第七十〜七十四輯、一九九五〜一九九七)の諸論文から裨益を受けた。特に感謝の意を表する次第である。
(25)『稽山承語』第三十四条。
(26)本書については、水野実、永冨青地「『従吾道人語録』の研究─王守仁の遺言「日省録」」(『防衛大学校紀要(人文科学篇)』第八十輯、二〇〇〇)を参照のこと。
(27)本節執筆に当たり、陳来、周晋、姜長蘇、楊立華「関于『遺言録』『稽山承語』与王陽明語録佚文」(『清華漢学研究』第一輯、清華大学出版社、一九九四)、水野実、永冨青地、三沢三知夫「『稽山承語』朱得之述」(一)〜(三)(『アジアの文化と思想』第五〜七号、一九九六〜一九九八)の諸論文から裨益を受けた。また、本節および前節の資料は水野実防衛大学校教授より賜ったものである。特に感謝の意を表する次第である。

(28)　張良才重校刊本については本書第二章第二節を参照のこと。

(29)　『伝習録』の成立に関しては、本書第一章第一、二節を参照のこと。

(30)　したがって、『王陽明伝習録詳註集評』では、以下一条ずつ「全書本」と条数がずれる。本稿では、陳栄捷の数え方には従わず、本来の「全書本」の条数に拠っている。

(31)　銭徳洪による編集の際に記録者の名前の取り違えなどが起きたことについては、陳来『有無之境』第十二章第四節「著述辨疑」などを参照。

(32)　なお、現存する『伝習録』諸本の中で、本書刊刻の六年後の嘉靖三十二年（一五五三）に刊行された「宋本」は本書に類似した内容を持っており、本書からの影響が考えられる。「宋本」『伝習録』については、第一章第三節を参照されたい。

(33)　このような傾向は銭徳洪において特に強く見られる。

(34)　閔爾昌纂録『碑伝集補』巻二十七、『清代碑伝全集』、上海古籍出版社、一九八七。

(35)　ごくわずかに弟子の文集からのものがある。

第二章　王守仁著作の編纂・出版——『王文成公全書』成立以前の王守仁の詩文集

第一節　現存最古の王守仁の詩文集——『居夷集』について

中国国家図書館、台湾故宮博物院および上海図書館に所蔵されている『居夷集』は、現存する最古の王守仁の詩文集である。本書については今日に至るまで実物を見た上での研究が全くなされなかったため、以下において詳しく見ていくこととしたい。

一

『居夷集』に関する早い時期における言及としては、黄綰の「陽明先生存稿序」における王守仁の著作についての、「僅足存者、唯文録伝習録居夷集而已」(1)（僅かに存するに足る者は、唯だ文録、伝習録、居夷集のみ）という文及び、銭徳洪の「答論年譜書」第八書における、「徐珊嘗為師刻居夷集、蓋在癸未年。及門則辛巳年九月、非龍場時也」(2)（徐珊、嘗て師の為に居夷集を刻す、蓋し癸未の年に在りしならん。門に及ぶは則ち辛巳の年九月にして、龍場の時に非ざるなり）が挙げられる。

近代以後の、本書に関する言及としては、管見の限り三島復の『王陽明の哲学』における以下の文が有るのみである。(3)

嘉靖二年、徐珊、陽明の為めに居夷集を刻すること、年譜附録五に見ゆ、これ龍場駅にありし時作りし詩文の集なるべし。謝廷傑刻本全書中の文録外集一を按ずるに、居夷詩として去婦歎五首以下并せて凡そ百十一首あり、恐らく居夷集の一部たりし者なるべし。

以上の内容から見て、三島氏が本書を実見せず、銭徳洪の「答論年譜書」第八書によっているのは明らかと言えるだろう。

二

『居夷集』は、現在では中国国家図書館、台湾故宮博物院、上海図書館に各一部が所蔵されている。最初に中国国家図書館蔵本について述べてみることとしたい。中国国家図書館蔵本に関しては、『北京図書館古籍善本書目』に以下のように記されている。(4)

居夷集三巻　明王守仁撰　明嘉靖三年丘養浩刻本　二冊　十行二十字　白口　左右双辺

また、『国立中央図書館善本書目増訂二版』（同館刊、一九八六）にも『居夷集』が著録されているが、実際に調査してみたところ、同書は現在では台湾故宮博物院に所蔵されていることを確認することが出来た。以下、故宮博物院蔵本をA本、国家図書館蔵本をB本と呼ぶこととする。B本の版式や行格はA本と同様であり、版木の磨滅もA本よりはるかに少ないが、字画はA本より鈍く、やや不自然に感じられる。両テキストの間の字句の異同は、後掲の対照表から明らかなように僅かに二字のみであり、恐らくB本はA本のほぼ忠実な覆刻本であり、A本の版木の磨滅後、それにならって作られたものだと思われる。

上海図書館蔵本（図七）については、『中国古籍善本書目』に、以下のように記されている。(5)

居夷集三巻　明王守仁撰　明嘉靖三年丘養浩刻本　清馬紹基校並跋

ここからも判るように、上海図書館蔵本には、清人馬紹基の校語と跋文が附されている。(6)巻末に筆で記された彼の跋文の末尾には、「乾隆四十九年正月望後、元和後学、香谷馬紹基、校於南寧府平塘分署」（乾隆四十九年正月望後、元和の後学、香谷の馬紹基、南寧府平塘分署にて校す）とあり、それが記されたのが乾隆四十九年（一七八四）であることが判明する。なお、上海図書館蔵本の丘養浩序の後には三行の識語が記されているが、その末尾には「甲寅十二月、孫毓修謹注」とあり、(7)本書が少なくとも彼ら二人の校訂を経ている事を物語っている。以下、上海図書館蔵本をC本と呼ぶこととする。また、C本とA・B両本との間で、版式や行格の違いは見られない。

次に上海図書館蔵本の本文について述べると、後掲の対照表に示したようにA・B両本とは文字の異同が幾つか存在するが、特に巻一の「気候図序」での異同が注目される。そこでは、C本において「三百六十世」と「一万八百年」とあるそれぞれ五文字を、A・B両本では前後をそのままにしてそれぞれ「十二世」・「三十年」と三文字にしているため、不自然な空格が生じている。この事から見て、現存する三本のうち、C本が最も旧く、恐らく嘉靖三年の原刊本であり、A本がそれに次ぎ、B本が最も新しいと考えられる。従って、本書は明代において少なくとも三度開版されている事になり、当時において広く読まれていたことが判明するのである。

三

『居夷集』の構成は、各本とも以下の通りである。

「叙居夷集」（丘養浩）
目録
本文
［韓柱跋］（仮題）
［徐珊跋］（仮題）

上記の丘養浩の序及び韓柱・徐珊の跋は本書の成立を考える上で特に重要であるため、次にその全文を掲げておくこととしたい。なお、これらの序跋について、各本の間に字句の相違は存在しない。

「叙居夷集」

居夷集者、陽明先生被逮責貴陽時所著也。温陵後学丘養浩刻以伝諸同志。或曰、先生之学、専以孔孟為師、明白簡易、一洗世儒派分枝節之繁、微言大訓、天下之学士宗之。而独刻此焉、何待。則解之曰、先生之資、明睿澄徹。於天下実理、固已実見而実体之。而養熟道凝、則於貴陽時独得為多。冥会遠趨、収衆淆以折諸聖。任道有餘力、而行道有餘功。固皆居夷者之為之也。古聖人歴試諸難、造物者将降大任之意、無然乎哉。養浩生也後、学不知本、政不足以率化。先生輙合而教之。歳月如適、典刑在望。愧無能為新主簿之可教、而又無能為元城之録也。引以言。同校集者、韓子柱廷佐、徐子珊汝佩、皆先生門人。嘉靖甲申夏孟朔、丘養浩以義書（居夷集なる者は、陽明先生、貴陽に逮責せられし時に著はす所なり。温陵の後学丘養浩、刻して以て諸れを同志に伝へんとす。或ひと曰く、先生の学は、専ら孔孟を以て師と為し、明白簡易、一たび世儒の派分枝節の繁を洗ひ、微言大訓、天下の学士、之れを宗とす。而して独り此れを刻するは、何をか待つ、と。則ち之れに解して曰く、先生の資、明睿澄徹なり。天下の実理に於て、固より已に実に見て而も実に之れを体せり。而れども養熟道凝するは、則ち貴陽の時に於て独り得ること多しと為す。冥会遠趨し、衆淆を収めて以て諸聖を折す。道に任じて餘力有りて、道を行ひて餘功有り。固より皆な夷に居りし者の之れを為すなり。古の聖人の諸難を歴試するは、造物者、将に大任を降さんとするの意、然ること無からんや。養浩生るるや後にして、学は本を知らず、政は以て率化するに足らず。先生、輙ち合せて之れを教ふ。歳月適（せま）るが如く、典刑は望に在り。無能にして新主簿の教ふべきと為りて、又た無能にして元城の録と為るを愧づるなり。引、言を以てす。同（とも）に集を校する者は、韓子柱廷佐、徐子珊汝佩、皆な先生の門人なり。嘉靖甲申の夏孟朔、丘養浩以義書す）。(8)

［韓柱跋］（仮題）

夫文以載道也。陽明夫子之文、由道心而達也。故求之躍如也、究之奥如也、体之拡如也、愛之美也、伝之愛也。

此居夷集所由刻也。刻惟茲者、見一班也。学之者求全之志、烏乎已也。門人韓柱百拝識（夫れ文は以て道を載するなり。陽明夫子の文は、道心に由りて達するなり。故に之れを求めて躍如たるなり、之れを究めて奥如たるなり、之れを体して拡如たるなり、之れを愛して美なり、之れを伝へて愛なり。此れ居夷集の由りて刻する所なり。惟だ茲（こ）れのみを刻するは、一班を見るなり。之れを学ぶ者、之れを全うするを求むるの志、烏乎（なん）ぞ已まんや。門人韓柱、百拝して識（しる）す）。

［徐珊跋］（仮題）

居夷集刻成、或以為陽明夫子之教、致知而已、諸文字之集不伝可也。珊謂天有四時、春秋冬夏、風雨霜露、無非教也。地載神気、風霆流形、庶物露生、無非教也。夫子居夷三載、素位以行、不願乎外。蓋無入而不自得焉。其所為文、雖応酬寄興之作、而自得之心、溢之言外。故其文閎以肆、純以雅、婉曲而暢、無所怨尤者。此夫子之知、発而為文也。故曰、篤其実而藝則伝。賢者得以学而至之、是為教。則是集也、無非教也。不伝可乎。如求之言語文字之間、以師其縄度、是則荒矣、不伝可也。集凡二巻。附集一巻、則夫子逮獄時及諸在途之作。併刻之、亦以見無入不自得焉耳。門人徐珊頓首拝書（居夷集の刻成るや、或るひと以為へらく、陽明夫子の教は、致知のみ、諸（もろもろ）の文字の集は伝へずして可なり、と。珊謂はく、天に四時有りて、春秋冬夏、風雨霜露、教へに非ざるは無し。地、神気を載せて、風霆流形、庶物露生、教へに非ざるは無し。夫子、夷に居ること三載、位に素して以て行ひ、外を願はず。蓋し入るとして自得せざるは無からん。其の文を為す所、応酬寄興の作と雖も、自得の心、之れが言外に溢る。故に其の文は閎以て肆に、純以て雅に、婉曲にして暢びやかに、怨尤する所の者無し。此れ夫子の知、発して文と為るなり。故に曰く、其の実を篤くして藝（う）うれば則ち伝はる、と。賢者得て以て学びて之れに至れば、是れ教へ為り、則ち是の集や、教へに非ざるは無し。伝へずして可ならんや。之れを言語文字の間に求め、以て其の縄度を師とするが如きは、是れ則ち荒なり、伝へずして可なり、と。集凡そ二巻。附集一巻は、則ち夫子逮獄の時及び諸の途に在りしの作なり。併せて之れを刻するは、亦た以て入るとして自得せざるは無きを見るのみ。門人徐珊、頓首拝して書す）。

上記の序跋のうち、丘養浩の「叙居夷集」に「温陵の後学丘養浩、刻して以て諸れを同志に伝へんとす」、「同（とも）に集を校する者は、韓子柱廷佐、徐子珊汝佩、皆な先生の門人なり」とあることからも明らかなように、本書の刊行者は丘養浩であり、韓柱・徐珊の二人は校訂者ということになる。丘養浩については『閩書』巻八十五に詳細な伝記が記されている。同書に、「丘養浩、字以義、・・・二十四成進士、是為正徳辛巳歳。授餘姚令。・・・嘉靖乙酉召入為御史」（丘養浩、字は以義、・・・二十四にて進士と成る、是れ正徳辛巳の歳為り。餘姚の令を授けらる。・・・嘉靖乙酉、召され入りて御史と為る）とあることから、弘治十一年（一四九八）の生まれであることが判る。[9] 従って、彼は成化八年（一四七二）の生まれである王守仁より二十六歳の年少ということになる。「叙居夷集」において彼は王守仁から教えを受けたと述べているが、それは正徳十六年から嘉靖四年にかけての餘姚赴任中のことと断定して問題なかろう。この時期、王守仁は紹興に家居していたが、生れ故郷の餘姚にたびたび帰省したことが記録にも残されているためである。なお、銭徳洪は正徳十六年九月に王守仁が餘姚に帰省した折に入門しているが、それも丘養浩の餘姚在任中のことである。

徐珊の経歴については、『四庫全書総目』巻三十二に著録されている、彼の詩文集である『卯洞集』の項に、「珊、号三渓、餘姚人。官辰州府同知」（珊、号三渓、餘姚の人。官は辰州府同知たり）とあり、湖広省辰州府（現湖南省沅陵県）の同知にまで至った事が判る。[10] また、『浙江通志』巻百三十七、選挙十五、明挙人の「嘉靖元年壬午科」の項にも

「徐珊、餘姚人」とあるが、注目すべき事に同年の挙人として、「韓柱、餘姚人、福建僉事」として韓柱の名も挙げられているのである。(11) 徐珊、韓柱は同郷であると共に、同年（嘉靖元年［一五二二］）の挙人ということになる。彼ら二人が『居夷集』の校訂に当ったのは、この縁によるものであろうか。

また、徐珊は銭徳洪とも深い関係にあった。王畿の手になる銭徳洪の伝記である「刑部陝西司員外郎特詔進階朝列大夫致仕緒山銭君行状」には、王守仁が正徳十六年（一五二一）に餘姚に帰郷した折の事について、「夫子還姚、君相率諸友范引年管州鄭寅徐珊呉仁柴鳳等数十人、闢龍泉中天閣、請夫子升座開講」（夫子（王守仁）の姚に還るや、君（銭徳洪）、諸友の范引年、管州、鄭寅、徐珊、呉仁、柴鳳等数十人を相ひ率ひて、龍泉の中天閣を闢（ひら）き、夫子の座に升りて開講せんことを請ふ）と記されており、彼が銭徳洪と同時に王守仁に入門した友人の一人であることが判る。(12) 後述のように、後年、銭徳洪が彼を『居夷集』の刊行者と誤認したのには、この事が関係している可能性が有ると思われる。

なお、彼の死については、『明儒学案』巻二十八の「孝廉冀暗斎先生元亨」の項に次のようなエピソードが伝えられている(13)（［　］内は割り註）。

癸未南宮発策、以心学為讖。餘姚有徐珊者、亦陽明之門人、不対而出。先生之対、与徐珊之不対、一時両高之。而珊為辰州同知、侵餉縊死［時人為之語曰、君子学道則害人、小人学道則縊死］、人羞称之。所謂蓋棺論定者、非耶（癸未［嘉靖二年、一五二三］南宮にて策を発し、心学を以て讖りを為す。餘姚に徐珊なる者有り、亦た陽明の門人にして、対へずして出づ。先生（冀元亨）の対ふると、徐珊の対へざるとは、一時、両つながら之れを高しとす。而れども珊、辰州の同知と為るや、餉を侵して縊死し［時人、之れが為に語りて曰く、君子、道を学べば則ち人を害し、小人、道を学べば則ち縊死す、と］、人、之れを称するを羞づ。謂ふ所の棺を蓋ひて論定まる者なるや非や）。

不正により自殺したというのだから、それ自体は不名誉なことではあるが、彼が当時において決して無名の人物ではなかった事は窺えるであろう。

なお、「叙居夷集」末尾の紀年から判るように、本書は嘉靖三年に刊刻されているが、次に挙げる王守仁の早期に刊行された詩文集の刊行年代からも判るように、従来知られていた王守仁の詩文集のうち、現存しない鄒守益編の文録を含めても、本書は最古のものということになり、本書の価値が極めて高いことは歴然としている。

○王守仁の早期に刊行された詩文集の刊行年代

丘養浩編『居夷集』　嘉靖三年（一五二四）刊

鄒守益編『陽明先生文録』　嘉靖六年（一五二七）刊（現存せず）

黄綰編『陽明先生文録』　嘉靖十二年（一五三三）刊

特に注目すべき点としては、王守仁が亡くなったのが嘉靖七年（一五二八）であるため、本書は彼の生前に刊行された現存唯一の文集であるということが挙げられる。因みに、現存する刊行年が明らかな王守仁の文集のうち、本書の次に刊刻されたものは嘉靖十二年（一五三三）刊の黄綰編『陽明先生文録』であるが、本書に遅れること九年ということになる。

また、徐珊が本書について「集凡そ二巻、附集一巻」と述べている事も重要である。従って、本書は正しくは全二巻、附集一巻ということになる。

丘養浩の序及び徐珊の跋において、特に龍場配流期の詩文のみを刊行することの必要性を強調しているのも興味深い。実は、後掲の対照表からも判るように、本書は龍場期の王守仁の心境を物語る多数の詩文を収めてはいるものの、後年「年譜」において語られるような、所謂「龍場の大悟」に関する詩文は、一切収められてはいない。それにもかかわらず、彼らがこの時期の詩文を刊刻することの必要性を強調していることから、この時期には、弟子達の中で王守仁の龍場配流期が特別な意味を持つというコンセンサスが成立していたことが判るのである。

四

次に、『居夷集』本文の内容と、『王文成公全書』との異同を見ていきたい。なお、『居夷集』諸本間の相違については上部の［　］内、『王文成公全書』での収録巻数は下部の［　］内にそれぞれ示してある。

『居夷集』	『王文成公全書』
居夷集巻之一　門人韓柱徐珊校	
○「弔屈平賦」	○「弔屈平賦　丙寅」［十九］
正徳丙寅守仁以罪	正徳丙寅某以罪
○「何陋軒記」	○「何陋軒記　戊辰」［二十三］
吾不為然也	吾不謂然也
箕於叢棘之間	居於叢棘之間
益孚比	益予比

因名軒曰何陋	因名之曰何陋
譎偽無所不至	譎詐無所不至
○「君子亭記」	○「君子亭記　戊辰」［二十三］
前栄、架楹為亭	前営、駕楹為亭
外堅而直	外節而直
嫌於自名也	謙於自名也
○「遠俗亭記」	○「遠俗亭記　戊辰」［二十三］
［本文に異同無し］	
○「気候図序」	○「気候図序　戊辰」［二十二］
運分而為三百六十世［C本のみ］	運分而為十二世
世分而為一万八百年［C本のみ］	世分而為三十年
無氷則書	無水則書
春無氷則書	春無水則書
為使者曰	謂使者曰
是故思馳聘者	是故思馳騁者
○「送憲副毛公致仕帰桐江書院序」	○「送毛憲副致仕帰桐江書院序　戊辰」
	［二十二］
欲仕則遺其母	欲仕則違其母

欲養則遺其父
○「龍場生問答」
［本文に異同無し］
○「象廟記」
有鼻之祠
毀於有鼻
流沢之遠也且也
○「恩寿双全詩後序」
亦孰非侍君［A本は全書に同じ］
○「臥馬塚記」
丙缺門若
縋綣嘶抹
面勢還拱
植樹咆蔚
○「賓陽堂記」
日易陽之属
人其甘為小人
○「重修月潭寺建公館記」

欲養則違其父
○「龍場生問答　戊辰」［二十四］
○「象祠記　戊辰」［二十三］
有庳之祠
毀於有庳
流沢之遠且久也
○「恩寿双全詩後序　戊辰」［二十二］
亦孰非侍御君
○「臥馬塚記　戊辰」［二十三］
内缺門若
縋綣嘶秣
面勢環拱
植樹蓊蔚
○「賓陽堂記　戊辰」［二十三］
日乃陽之属
賓其甘為小人
○「重修月潭寺建公館記　戊辰」［二十三］

翻隼翔鵠	翻集翔鵠
有所瞻依	有所瞻依
餘姚王守仁記（文末）	［無し］
○「瘞旅文」	○「瘞旅文　戊辰」［二十五］
正徳四年秋七月	正徳四年秋月
明早遣人	明日遣人
嗚呼傷哉	嗚呼痛哉
○「玩易窩記」	○「玩易窩記　戊辰」［二十三］
穴山麓為窩	穴山麓之窩
○「重刊文章軌範叙」	○「重刊文章軌範序　戊辰」［二十二］
［本文に異同無し］	
○「五経臆説序」	○「五経臆説序　戊辰」［二十二］
輙為之訓什	輙為之訓釈
非誠旨	而非誠旨
○「答友人」	○「答人問神仙　戊辰」［二十一］
歯漸揺揺	歯漸揺動
又能経月	又常経月
然其呼吸動静	然則呼吸動静

受気始先、殆
○「答毛憲副書」
亦非守仁使之也
未嘗辱守仁、守仁
守仁亦嘗講之
守仁之居此
居之太然
守仁也受教多矣
○「与安宣慰書」
守仁得罪朝廷
守仁益用震悚
敬受米一石
○「又」
不敢以擅改
縦遂幸免於一時
有所違越
○「又」
故且隠息其議

受気之始、此殆
○「答毛憲副　戊辰」〔三十一〕
亦非某使之也
未嘗辱某、某
某亦嘗講之
某之居此
居之泰然
某也受教多矣
○「与安宣慰　戊辰」〔三十一〕
某得罪朝廷
某益用震悚
敬受米二石
○「二　戊辰」〔三十一〕
不可以擅改
縦幸免於一時
有所違。是
○「三　戊辰」〔三十一〕
故且隠忍其議

諸君以次潜回［C本のみ］
守仁非為人作説客者
○「論元年春王正月」
其改月与時也、何
前漢律暦志
居夷集巻之一終

居夷集巻之二　　門人韓柱徐珊校
『居夷集』
○「去婦嘆」
［本文に異同無し］
○「羅旧駅」
布谷鳥啼村雨暗
○「沅水駅」
［題目、本文とも異同無し］
○「鐘鼓洞」
年来夷険還忘卻
○「平渓館次王文済韻」

諸軍以次潜回
某非為人作説客者
○「論元年春王正月　戊辰」［二十四］
則其改月与時、已何
前漢律暦至

『王文成公全書』［全て巻十九「居夷詩」］
○「去婦嘆五首」

○「羅旧駅」
市谷鳥啼村雨暗
○「沅水駅」

○「鐘鼓洞」
来年夷険還忘卻
○「平渓館次王文済韻」

蛮煙瘴霧承相待

○「清平衛即事」～「七盤」

［題目、本文とも異同無し］

○「始至龍場無所止結草庵居之」

霊籟響朝湍

匏樽映瓦豆

罯称宛茨迹

○「始得東洞遂改為陽明小洞天」［逸詩、後述］

○「移居陽明小洞天」

夷坎仍掃灑

掊飲皆汚樽

○「謫居粮絶請学于農将田南山永言寄懐」～「諸生来」

［題目、本文とも異同無し］

○「西園」

熒熒夏花発

○「水浜洞」

［題目、本文とも異同無し］

○「無寐」（第一首）

蛮煙瘴霧承相往

○「清平衛即事」～「七盤」

○「始至龍場無所止結草庵居之」

霊瀬嚮朝湍

汚樽映瓦豆

罯称茅茨迹

○「始得東洞遂改為陽明小洞天三首」

夷坎仍灑掃

杯飲皆汚樽

○「謫居粮絶請学于農将田南山永言寄懐」～「諸生来」

○「西園」

熒熒夜花発

○「水浜洞」

○「無寐二首」

〔本文に異同無し〕	
○「無寐」（第二首）	○「其二」
〔本文に異同無し〕	
○「諸生夜坐」～「別友」	○「諸生夜坐」～「別友」
〔題目、本文とも異同無し〕	
○「贈黄太守澍」	○「贈黄太守澍」
鹿麋能友于	鹿麋能友予
○「寄友用韻」	○「寄友用韻」
〔題目、本文とも異同無し〕	
○「秋夜」	○「秋夜」
遙窮出晴月〔C本のみ〕	遙穹出晴月
露凝松佳冷	雲凝松佳冷
○「採薪」	○「採薪二首」
〔本文に異同無し〕	
○「龍岡漫興」	○「龍岡漫興五首」
〔本文に異同無し〕	
○「答毛拙庵見招書院」・「老桧」	○「答毛拙庵見招書院」・「老桧」
〔題目、本文とも異同無し〕	

○「却巫」
自笑孫僑非大夫
○「過天生橋」～「雪夜」
［題目、本文とも異同無し］
○「元夕」
去年今夕臥燕台
○「家僮作紙灯」・「白雲堂」
［題目、本文とも異同無し］
○「来仙洞」
応咲山人久未帰
○「木閣道中雪」
［題目、本文とも異同無し］
○「元夕雪用蘇韻」
［本文に異同無し］
○「暁霽用前韻書懐」
［本文に異同無し］
○「次韻陸僉憲元日喜晴」
栢府楼台啣倒景

○「却巫」
自笑孫僑非丈夫
○「過天生橋」～「雪夜」
○「元夕二首」
去日今夕臥燕台
○「家僮作紙灯」・「白雲堂」
○「来僊洞」
応笑山人久不帰
○「木閣道中雪」
○「元夕雪用蘇韻二首」
○「暁霽用前韻書懐二首」
○「次韻陸僉憲元日喜晴」
栢府楼台啣倒影

○「元夕木閣山火」～「村南」
［題目、本文とも異同無し］
○「山途」
［本文に異同無し］
○「白雲」
［題目、本文とも異同無し］
○「答劉美之見寄次韻」
勲業久辞滄海夢
万死寧期尚得身
○「寄徐掌教」・「書庭蕉」
［題目、本文とも異同無し］
○「送張憲長左遷鎮南大参次韻」
［本文に異同無し］
○「南庵次韻」
［本文に異同無し］
○「又」
［本文に異同無し］
○「観傀儡用韻」

○「元夕木閣山火」～「村南」
○「山途二首」
○「白雲」
○「答劉美之見寄次韻」
勲業已辞滄海夢
万里寧期尚得身
○「寄徐掌教」・「書庭蕉」
○「送張憲長左遷滇南大参次韻」
○「南庵次韻二首」（第一首）
○「南庵次韻二首」（第二首）
○「観傀儡次韻」

［本文に異同無し］

○「徐都憲同遊南庵次韻」

［題目、本文とも異同無し］

○「即席次王文済少参韻」

（「誅求満地促官逋」まで）

荊西寇盗紓籌策

○「即席次王文済少参韻」（「蹇以反身」以降）

病筆不能多反

守仁頓首

○「夜寒」

容鬢還羞鏡裏看

○「冬至」

［題目、本文とも異同無し］

○「春日花間偶集示門生」

簷下小柳晴更新

○「次韻送陸文順僉憲」～「次韻陸僉憲病起見寄」

［題目、本文とも異同無し］

○「次韻胡少参見過」

○「徐都憲同遊南庵次韻」

○「即席次王文済少参韻二首」

荊西寇盗紓籌策

○「贈劉侍御二首」

病筆不能多及

某頓首

○「夜寒」

客鬢遠羞鏡裏看

○「冬至」

○「春日花間偶集示門生」

簷下小桃晴更新

○「次韻送陸文順僉憲」～「次韻陸僉憲病起見寄」

○「次韻胡少参見過」

賞心願不在枝頭	賞心原不在枝頭
○「雲中桃次韻」	○「雲中桃次韻」
飄零須勝委風塵	飄零須信委風塵
○「舟中除夕」	○「舟中除夕二首」
［本文に異同無し］	
○「本浦山夜泊」	○「淑浦山夜泊」
本浦山辺泊	淑浦山辺泊
○「過江門崖」	○「遇江門崖」
［本文に異同無し］	
○「辰州虎渓竜興寺聞楊名父将到留韻壁間」	○「辰州虎渓竜興寺聞楊名父将到留韻壁間」
［題目、本文とも異同無し］	
○「武陵潮音閣懐原明」	○「武陵潮音閣懐元明」
［本文に異同無し］	
○「閣中坐雨」～「僧斎」	○「閣中坐雨」～「僧斎」
［題目、本文とも異同無し］	
○「徳山寺次壁間韻」	○「徳山寺次壁間韻」
雲捲春峰善巻台［C本のみ］	雲捲青峰善巻台
○「沅江晩泊」	○「沅江晩泊二首」

［本文に異同無し］

○「夜泊江思湖憶元明」～「三山晩眺」　　○「夜泊江思湖憶元明」～「三山晩眺」

［題目、本文とも異同無し］

○「鵞羊山」　　○「鵞羊山」

謾憶開雲住薜蘿　　遙憶開雲住薜蘿

○「泗洲寺」～「再過濂渓祠用前韻」　　○「泗洲寺」～「再過濂渓祠用前韻」

［題目、本文とも異同無し］

居夷集巻之二終

附居夷集巻之三　　門人韓柱徐珊校

正徳丙寅冬十一月、守仁以罪下錦衣獄。省愆内訴、時有所述。既出而録之。［この文は、『全書』では「咎言」の題目の後に位置する］

『居夷集』　　『王文成公全書』

○「咎言」　　○「咎言　丙寅」［十九］

謂予足之何傷　　謂累足之何傷

天命何尤兮　　天命何憂兮

○「不寐」　　○「不寐」［「別友獄中」まで巻十九「獄中詩十四首」に一致］

煙震日澒洞
○「有室七章」
朝既昌矣
○「読易」～「別友獄中」
［題目、本文とも異同無し］
○「答汪抑之」
良無忠信資
旅宿蒼峡底
○「陽明子之南也其友湛元明歌九章以贈崔子鐘和之以五詩於是陽明子作八詠以答之其一」
歌之傷我心
○「其二」～「其八」
［題目、本文とも異同無し］
○「南遊三首」（第一首）
賦南遊以申約也
○「南遊三首」（第二首）
［本文に異同無し］

煙霞日悠永
○「有室七章」
明既昌矣
○「読易」～「別友獄中」
○「答汪抑之三首」［「天心湖阻泊既済書事」まで巻十九「赴謫詩五十五首」に一致］
良心忠信資
旅宿蒼山底
○「陽明子之南也其友湛元明歌九章以贈崔子鐘和之以五詩於是陽明子作八詠以答之」
歌以傷我心
○「其二」～「其八」
○「南遊三首」
賦南遊申約也
○「其二」

○「南遊三首」（第二首）	○「其三」
［本文に異同無し］	
○「憶昔答喬白岩因寄儲柴墟」	○「憶昔答喬白巌因寄儲柴墟三首」
［本文に異同無し］	
○「二」	○「其二」
［本文に異同無し］	
○「三」	○「其三」
［本文に異同無し］	
○「一日懐抑之也抑之之贈既嘗答以三詩意若有歉焉是以賦也」（第一首）	○「一日懐抑之也抑之之贈既嘗答以三詩意若有歉焉是以賦也」
［本文に異同無し］	
○「一日・・・賦也」（第二首）	○「其二」
美人難可忘	美人難自忘
○「一日・・・賦也」（第三首）	○「其三」
［本文に異同無し］	
○「夢与抑之昆季語湛崔皆在焉覚而有感因紀以詩」（第一首）	○「夢与抑之昆季語湛崔皆在焉覚而有感因紀以詩三首」
［本文に異同無し］	

○「夢与・・・以詩」（第二首）
子午当其窟
○「夢与・・・以詩」（第三首）
［本文に異同無し］
○「因雨和杜韻」～「臥病静慈写懐」
［題目、本文とも異同無し］
○「移居勝果」［本文に異同無し］
○［無し］
○［無し］
○［無し］
○［無し］
○「草萍駅次林見素韻奉寄」～「玉山
東岳廟遇旧識厳星士」
［題目、本文とも異同無し］
○「広信元夕蒋太守舟中夜話」
畏地相求見古風
○「夜泊石亭寺呈陳婁諸公因寄儲柴墟都憲及都憲及喬
白巌太常諸友」

○「其二」
子午当其屈
○「其三」
○「因雨和杜韻」～「臥病静慈写懐」
○「移居勝果寺二首」（第一首）
○「移居勝果寺二首」（第二首）
○「憶別」
○「泛海」
○「武夷次壁間韻」
○「草萍駅次林見素韻奉寄」～「玉山
東岳廟遇旧識厳星士」
○「広信元夕蒋太守舟中夜話」
遠地相求見古風
○「夜泊石亭寺用韻呈陳婁諸公因寄儲柴墟喬太常諸友用韻」

［本文に異同無し］

○「過分宜望鈴岡廟」

共伝峰頭樹［C本のみ］

○「雑詩三首」（第一首）

［本文に異同無し］

○「雑詩三首」（第二首）

［本文に異同無し］

○「雑詩三首」（第三首）

［本文に異同無し］

○「袁州府宜春台四絶」

特修江藻拝祠前

有温泉。右三先生祠

駕鉄船。右孚恵廟

○「夜宿宣風館」

［題目、本文とも異同無し］

○「謁濂渓祠萍郷道中」

［本文に異同無し］

○「宿萍郷武雲観」

○「過分宜望鈴岡廟」

共伝峰頂樹

○「雑詩三首」

○「其二」

○「其三」

○「袁州府宜春台四絶」

持脩江藻拝祠前

有温泉

駕鉄船

○「夜宿宣風館」

○「萍郷道中謁濂渓祠」

○「宿萍郷武雲観」

［題目、本文とも異同無し］
「醴陵道中風雨夜宿泗州寺次韻」
風雨偏従険道当［A本は『全書』に同じ］
○「長沙答周生」
［題目、本文とも異同無し］
○「渉湘于邁岳麓是遵仰止先哲因懐友生麗沢興感伐木
　寄言」（第一首）
昔賢此蔵修
衡雲開暁望
○「渉湘・・・寄言」（第二首）
［「勿愧点与回」までが第二首］
○「渉湘・・・寄言」（第三首）
［「陟岡採松柏」以下が第三首］
○「遊岳麓書事」
橘洲僧寺浮中流
歯角虧盈分則然
○「答趙太守王推官次来韻」
［本文に異同無し］

○「醴陵道中風雨夜宿泗州寺次韻」
風雨偏従険道嘗
○「長沙答周生」
○「渉湘于邁岳麓是遵仰止先哲因懐友生麗沢興感伐木寄言
　二首」
普賢此蔵脩
衡雲間暁望
○「其二」（前半）
［第二首と第三首の切れ目無し］
○「其二」（後半）
［第二首と第三首の切れ目無し］
○「遊岳麓書事」
橘洲僧寺浮江流
歯角盈虧分則然
○「次韻答趙太守王推官」

○「天心湖沮泊既済書事」　　○「天心湖阻泊既済書事」

［題目、本文とも異同無し］

附居夷集巻之終

以上から判るように、内容的には、銭徳洪により編纂された『王文成公全書』の「居夷詩」はもちろん、「獄中詩十四首」・「赴謫詩五十五首」も、表中で指摘した四首（「移居勝果寺二首」［第二首］・「憶別」・「泛海」・「武夷次壁間韻」）以外は順序も含め、殆ど完全に『居夷集』と一致していることがわかる。しかしながら、銭徳洪がこれらの詩を収録したのは、『王文成公全書』が初めてではない。嘉靖十五年（一五三六）に彼を中心として刊行された、所謂「姑蘇本」『陽明先生文録』において、既にこれらの詩は『王文成公全書』と同じ順序で収録されており、上記の『居夷集』には含まれていない四首もそこには収録されているのである。

従って、「居夷詩」・「獄中詩十四首」・「赴謫詩五十五首」の成立については、以下のような推論が成り立つと考えられる。つまり、「姑蘇本」編纂の際、銭徳洪は『居夷集』からこれらの詩を引用し、彼自身の資料から四首を挿入し、『全書』においてもその構成を踏襲したのである。

個別の字句の異同については、上記対照表で明らかだが、特に注目されるのは、『居夷集』には佚詩が一首含まれていることである。この詩は従来全く知られていないものなので、以下にその全文と訓読を挙げる。なお、本文はC本により、A・B両本との異同を註記した。

「始得東洞遂改為陽明小洞天」（佚詩）

群峭会龍場、戟雉四環集。
邇覯有遺観、遠覧頗未給。
尋渓渉深林、陟巘下層隰。
東風［A・B両本は「「東峰」に作る」］叢石秀、独往凌日夕。
厓穹洞蘿偃、苔骨経路渋。
月照石門開、風飄客衣入。
仰窺嵌竇玄、俯聆暗泉急。
愜意恋清夜、会景忘旅邑。
熠熠岩鶻翻、凄凄草虫泣。
点詠懐沂朋、孔嘆阻陳楫。
躊躇且帰休、毋使霜露及。

群峭、龍場に会し、戟雉、四（よも）より環（めぐ）り集まる。
邇（ちかづ）きて覯（あ）へば遺観有り、遠覧すれば頗る未だ給せず。
渓を尋ね深林を渉り、巘を陟りて層隰を下る。
東風に叢石秀で、独り往きて日夕を凌ぐ。
厓穹、洞蘿偃（ふ）し、苔骨、路を経て渋し。
月照して石門開き、風飄として客衣入る。

仰窺すれば嵌竇玄に、俯聆すれば暗泉急なり。
意を愜（こころよ）くして清夜を恋ひ、景に会して旅邑を忘る。
熠熠として岩鶻翻（ひるがへ）り、凄凄として草虫泣く。
点、詠じて沂朋を懐かしみ、孔、陳楫に阻まるるを嘆ず。
躊躇すれども且く帰休せんとす、霜露をして及ばしむること毋れ。

対照表に明示したように、本詩と『全書』の「始得東洞遂改為陽明小洞天三首」とは、題はほぼ一致するものの、全くの別詩である。なぜこのようなことになったかは、以下のように考えられる。銭徳洪が文録を編纂した際、恐らくは不注意から本詩の本文が脱落したが、題のみが残り、それが次の「移居陽明小洞天」の題とされてしまったのである。また、本詩の内容から見て、銭徳洪が意識的に削除した可能性は少ないと思われる。

五

以上のことから、次のように結論づけることができる。『居夷集』は嘉靖三年（一五二四）に、当時餘姚の知県であった丘養浩によって刊行された、王守仁の現存最古の詩文集である。王守仁の門人である韓柱と徐珊の二人は校訂者であり、銭徳洪が本書の刊行者を徐珊としたのは、彼が友人であったための記憶の誤りであると考えられる。また、従来の推測とは異なり、『王文成公全書』巻十九のうち、「居夷詩」以外の「獄中詩十四首」・「赴謫詩五十五首」も本書を元としているのである。

従来、本書については、黄綰および銭徳洪の断片的な言及によって書名が知られるのみであったが、王守仁の詩文集のうち、刊本の形で世に問われたものの嚆矢として、王守仁の著作の成立及び流布を考える上で極めて重要な存在と言えるであろう。

第二節　『陽明先生文録』の編纂と出版

一

前節で見た『居夷集』は、現存する最古の王守仁の詩文集とはいえ、収録されているのは貴州滞在中の詩文のみに限られていた。より本格的な詩文集として記録に残されているものとしては、「年譜三」（『全書』巻三十四）の嘉靖六年の項に、「四月、鄒守益刻文録於広徳州」の見出しのもとに記されているのが最古のものである。以下、その記事の全文を記す。

守益録先生文字請刻。先生自標年月、命徳洪類次、且遺書曰、所録以年月為次、不復分別体類、蓋専以講学明道為事、不在文辞体製間也。明日、徳洪掇拾所遺請刻。先生曰、此便非孔子刪述六経手段。三代之教不明、蓋因後世学者繁文盛而実意衰、故所学忘其本耳。比如孔子刪詩、若以其辞、豈止三百篇。惟其一以明道為志、故所取止此。例六経皆然。若以愛惜文辞、便非孔子垂範後世之心矣。徳洪曰、先生文字、雖一時応酬不同、亦莫不本於性情。況学者伝誦日久、恐後為好事者攙拾、反失今日裁定之意矣。先生許刻附録一巻、以遺守益、凡四冊。

この記録によれば、広徳（現安徽省広徳県）で刊行されたこの文録（以下、「広徳本」と略称）は鄒守益が編纂したものので、時間順に配列され、「全四冊」であったという。そのうち附録が一巻ということになるため、この場合の「四冊」は本文三巻、附録一巻の計四巻のことと思われるが、この広徳本は残念ながら現存しない[14]。

二

「広徳本」に続く、現存する本格的な『文録』の最古のものとしては、嘉靖十二年（一五三三）黄綰序刊の『陽明先生文録』（以下、「黄綰本」と略称）が挙げられる。本書については、従来、京都大学文学部所蔵の五巻本[15]（図八）が知られており、鈴木隆一「王文成公全書の合刻について」や呉震「王陽明佚文論考—就京都大学所蔵王陽明著作而談」などの論文がある。しかしながら、これは恐らく、完全な形で残されたものでない。鈴木論文が指摘しているように、葉徳輝が『郎園読書記』の巻九において、本書に言及している[16]。そこにおいては、「陽明先生文録十四巻　嘉靖癸巳門人黄綰序刻本」とあり、さらに「前五巻皆与人書、別無雑箸、後九巻詩文記序書牘碑誌雑箸、分類編次而無奏疏公牘文字」（前五巻は皆な人に与ふるの書にして、別に雑箸無く、後九巻は詩文記序書牘碑誌雑箸、分類編次して奏疏公牘の文字無し）とあるので、本来十四巻本だったことに疑問の余地はない。管見の限り、日本国内に完全な十四巻本は現存しないようだが、その原形を窺うことのできるものとしては、東京大学東洋文化研究所所蔵の『陽明先生文録』十七巻本がある[17]。本書は『東京大学東洋文化研究所漢籍分類目録[18]』に「嘉靖二十六年張良才重校刊本」とあるものだが、京大本同様、嘉靖十二年（一五三三）黄綰の序を持ち、巻五までの内容が京大本と全く同じであり、本節末尾の諸本構成対照表の「黄綰本」の部分に［　］で示したように、巻十四までの構成も葉徳輝の記述にほぼ合致している。巻十五～十七の奏疏の三巻のみ葉徳輝の記述に合致しないが、これについては張良才の跋文に「爰重加校而補其奏疏二十三篇、彙為文録」（爰に重ねて校を加へて其の奏疏二十三篇を補ひ、彙めて文録と為す）とあることから、巻十四までの部分については「黄綰本」の再刊本であるとみなして問題がないと考えられる。しかしながら、この点についてはなお議論の余地が存すると思われるので、ここでは嘉靖十二年本であることが確実な巻五までについてのみ、他の諸本との比較を行なうことにする。

三

上記「黄綰本」の次に刊行されたのが、嘉靖乙未（十四年）黄綰序と嘉靖丙申（十五年）鄒守益序を持つ『陽明先生文録』（文録五巻、外集九巻、別録十巻）である。(19) 本書については普通、「年譜附録一」(20) の嘉靖十四年の条に「十四年乙未、刻先生文録於姑蘇」（十四年乙未、先生の文録を姑蘇に刻す）とあることから「姑蘇本」と呼ばれているので、ここではその通称に従うことにする。但し、現存する全ての「姑蘇本」に嘉靖丙申（十五年）の鄒守益序がある以上、「年譜附録」及び銭徳洪の「刻文録叙説」(21) の記年により本書を嘉靖乙未（十四年）刊行とする通説が誤りであり、嘉靖十五年刊行とすべきことについては、既に前記呉震論文において指摘されている。

四

「姑蘇本」に続いて刊行されたのが嘉靖庚戌（二十九年）秋九月の閭東の「重刻陽明先生文集序」を冠する『陽明先生文録』である(22)（図九）。本書は国内では早稲田大学図書館の他に京都大学文学部にも所蔵されており、早大本と同内容である。吉田公平「銭緒山の『伝習続録』編纂について」においては歴史語言研究所蔵本を利用しているが、歴史語言研究所蔵本には巻末に『伝習録』・『伝習続録』・『陽明先生遺言録』・『稽山承語』といった語録類が附刻されている。以下、本書については佐藤一斎以来の呼び方に従って「閻東本」と呼ぶことにする。[23]

閻東は「重刻陽明先生文集序」冒頭での題銜は「巡按陝西観察御史内江後学閻東」となっており、『汝南志』巻九では「閻東、内江人、進士。嘉靖二十三年知新蔡。・・・以内召去。歴官僉都御史」[24]（閻東は、内江の人、進士。嘉靖二十三年知新蔡たり。・・・内召を以て去る。僉都御史を歴官す）とし、新蔡県（河南省）の知県だった時に田賦の不公正を是正したと賞賛している。更に、『内江県志』巻四では「字啓明、嘉靖甲辰進士。・・・陞提学御史」[25]（字啓明、嘉靖甲辰の進士。・・・提学御史に陞る）と記し、『明清進士題名碑録索引』[26]においても「嘉靖二十三年甲辰科（一五四四）第三甲・・閻東（第三十二名）四川省内江、民籍」としている。王守仁が進士に合格したのは弘治十二年（一四九九）なので、守仁より四五十歳若く、恐らく私淑の弟子かと思われる。

五

なお、上述の三種の版本の後、嘉靖三十七年（一五五八）に胡宗憲によって『陽明先生文録』が刊行されている。その版式を以下に示す。胡宗憲本『陽明先生文録』（内閣文庫蔵本）、文録五巻、外集九巻、別録十巻、嘉靖三十七年刊本。十九・三×十三・四糎。半葉九行、行十九字。四周双辺、白口、単魚尾。書首冠嘉靖三十六年（一五五七）胡宗憲序他、巻末有嘉靖三十七年（一五五八）唐堯臣跋他。本書は内容的には「姑蘇本」の重刻本である。また山下龍二「王文成公全書（伝習録）の成立」においては、「現行『伝習録』中巻の「書」も『文録』に含まれ、しかも年月の註記がある」（百八十七頁）ことを本書の特色としているが、「黄綰本」以来の諸本は全て同様であり、これを胡宗憲本の特色とすることはできない（但し、「黄綰本」・張良才本では巻三「答欧陽崇一」の干支が黒い四角で消されており、「閻東本」も同じく巻三の「答欧陽崇一」の干支の記載が無い）。また山下論文が「答周道通」の干支を甲辰とするのは甲申の誤植である。胡宗憲本について唯一注目されるのは、総目の後に銭徳洪の「刻文録叙説」を掲げていることであろう。現在「刻文録叙説」があまりにもよく知られているため誰も注目しないようだが、実際の『文録』に「刻文録叙説」が掲載されたのは胡宗憲本が始めてなのである。

六

上記の諸本のうち、「黄綰本」、「姑蘇本」、「閭東本」は隆慶六年（一五七二）に『王文成公全書』が出現する前に刊行された特に重要な陽明の文集と言うことができると思われるが、それでは、この三者はどのような関係にあるのであろうか。この点について従来あまりまとまった考察はないようだが、呉震論文では、「黄綰本」と『王文成公全書』とを比較して、前者にあって後者に無い十三の書簡を「逸文」としているので、「黄綰本」を他の諸本と関係を持たない、孤立した存在ととらえているかと思われる。

一方、前記吉田論文では、「閭東本」の内容は、「姑蘇本」に語録類を附刻したものであるとしているので、附刻された語録類以外は「姑蘇本」と同じということになる。

この両者の見解は、いずれも「閭東本」に対する誤解から発していると考えられる。つまり、「閭東本」の本文は文録・外集・別録の三つから成っているが（但し正確には外集は諸本構成対照表で判るように「陽明先生文録総目」に含まれているので、文録の一部である）、このような区分自体は「姑蘇本」や『全書』本とほとんど同じなので、吉田論文のように本文は「姑蘇本」のままと考えられがちであり、呉震論文のように『全書』本との比較を行えば、その中に含まれる（と考えられる）「閭東本」との比較は不必要ということになるわけである。

しかし、実際はどうだろうか。呉震論文が「黄綰本」と『王文成公全書』との比較によって指摘した十三の「逸文」

は、下記のごとく「閻東本」に全て含まれており、その上、「与張羅峰閣老」は「黄綰本」では干支の記載が無かったのに対し、「閻東本」ではそれが明記されているのである。

○「黄綰本」の「逸文」（呉震論文による。［　］内は永冨）

巻之二　与黄宗賢　癸未　［閻東本では巻之二］
巻之二　寄薛尚謙　癸未　［閻東本では巻之二］
巻之二　答方思道僉憲　甲申　［閻東本では巻之二］
巻之二　与王公弼二　乙酉　［閻東本では巻之二］
巻之二　与王公弼三　乙酉　［閻東本では巻之二］
巻之三　答欧陽崇一　三　丁亥　［閻東本では巻之三］
巻之三　答欧陽崇一　四　丁亥　［閻東本では巻之三］
巻之三　与黄宗賢　丁亥　［閻東本では巻之三］
巻之三　答伍汝真僉憲　丁亥　［閻東本では巻之三］
巻之四　与張羅峰閣老（年代記載なし）［閻東本では外集巻之五、丁亥の干支記載有り］
巻之四　与張羅峰閣老　二　丁亥　［閻東本では外集巻之五］
巻之四　与霍兀厓宮端　二　丁亥　［閻東本では外集巻之五］
巻之四　寄何燕泉二　戊子　［閻東本では外集巻之五］

また一方で、「黄綰本」と共通する文が多く含まれているということの事実は、吉田論文の、「閭東本」は「姑蘇本」に語録を附刻したものとする考えに問題があることを示すものである。また、本節末尾の諸本構成対照表を見れば判るように、「閭東本」は公移の部分が「姑蘇本」の倍にもなっているのである。

それでは、「閭東本」はどのようにして成立した版本なのであろうか。上記の「黄綰本」の「逸文」が全て「閭東本」に含まれていることが偶然とは考えにくいので、閭東は先行する二つの版本である「姑蘇本」と「黄綰本」を比較対照して、「姑蘇本」に漏れていたものを意識して収めたと思われる。但し、「閭東本」の基本的な構成が「姑蘇本」によっていることも明らかである。諸本構成対照表からも明らかなように、この両本の構成は、公移の部分を除けば殆ど同じなのである。特に注目されるのは、両本とも、文録・外集・別録の順に並んでいることで、これは『全書』本が文録・別録・外集の順であるのと大きな違いである。

七

以上からも判るように、「姑蘇本」における銭徳洪の王守仁の書簡類に対する取捨選択に恐らく閭東は不満を持っていたと考えられる。それが顕著に現われているのが、公移の部分である。諸本構成対照表を見ていただければ判るように、公移の部分では、「姑蘇本」(『全書』本も同じ)の一巻分と同じ期間の公移が「閭東本」では一巻に収まり切らずに、二巻、時には三巻分にもなっているのである。もちろん、周知の如く銭徳洪はやがて削除されたこれらの公移の一部を続編に収録したのだが、全ての公移をほぼ時間順に排列した「閭東本」の方が、はるかに判り易くなっている。しかも「姑蘇本」や『全書』の別録の公移には、ほとんどの場合日附が記されていないか、不完全にしか記されていないのを「閭東本」によって補うことができるのである。以下に、『全書』本の別録と続編に収録されている公移の日附のうち、「閩東本」によって補うことができるものを挙げておく（［　］内が「閩東本」によって補った日附である。また、『全書』と「閩東本」で日附が異なるものについては、併記した）。

全書本巻之十六　別録八

巡撫南贛欽奉勅論通行各属　正徳十二年正月［二十日］
選揀民兵［正月二十六日］
十家牌法告諭各府父老子弟［二月初一日］
案行各分巡道督編十家牌［三月初五日］
告諭各府父老子弟［三月］
剿捕漳寇方略牌［正徳十二年］正月［二十二日］
案行広東福建領兵官進剿事宜［二月二十二日］
案行漳南道守巡官戴罪督兵剿賊［二月二十二日］
案行領兵官搜剿餘賊［三月十六日］
奨励福建官巡漳南道広東守巡嶺東道領兵官［三月二十九日］
告諭新民［四月初二日］
兵符節制［正徳十二年］五月［初五日］
預整操練［五月十三日］
選募将領牌［六月初二日］

批留嶺北道楊璋給由呈［六月初九日］
批広東韶州府留兵防守申［八月二十八日］
征剿横水桶岡分委統哨牌［十月初十日］
案行分守嶺北道官兵戴罪剿賊［十月二十一日］
捜剿餘党牌［十月二十三日］
奨励湖広統兵参将史春牌［十一月初四日］
牌行招撫官　正徳十三年二月［初八日］
批留兵捜捕呈［七月十九日］
批将士争功呈［十月十一日］
進剿浰賊方畧［八月二十二日］
刻期進剿牌　正徳十三年正月［初二日］
批汀州知府唐淳乞休申［三月十五日］
告諭［五月初一日］
仰南安贛州府印行告諭牌［五月二十一日］
禁約権商官吏［五月十一日］
批贛州府賑済石城県申［五月十二日］
議処河源餘賊［五月十四日］
告諭父老子弟　正徳十四年二月［初一日］

全書本卷之十七　別錄九

寬恤禁約［六月二十七日］

調取吉水県八九等都民兵牌［七月初一日］

預備水戰牌［七月初四日］

牌行江西二司安葬寧府宮眷［七月二十二日］

咨両広総督都御史楊停止調集狼兵［七月二十三日］

犒賞福建官軍［八月十四日］

釈放投首牌［九月初一日］

案行江西按察司停止献俘呈［九月二十六日］

咨兵部査験文移［十月初二日］

欽奉詔書寛宥脅從［十二月十六日］

襄崇陸氏子孫　正德十五年正月［初四日］

告諭安義等県漁戸［三月］

行龍川県撫諭新民［三月十八日］

優奨致仕県丞龍韜牌［八月初九日］

批按察使伍文定患病呈［正德十五年四月二十八日］

批臨江府耆民建立生祠呈［正德十五年五月初十日］

批吉安府救荒申［五月］

批撫州府同知汪嵩乞休呈［七月十九日］
批提学僉事邵鋭乞休呈［七月二十二日］
礼取副提挙舒芬牌［八月二十三日］
南贛協約［閏八月］
旌奨節婦牌［九月初九日］
興挙社学牌［九月十三日］
頒定里甲雑辦［九月十五日］
批江西布政司設県呈［十月初二日］
議処官吏稟俸［十月初十日］
咨六部伸理冀元亨［十月十五日］
奨励主簿于旺［十月二十六日］
申諭十家牌法［十月二十六日］
申諭十家牌法増立保長［十一月初八日］
頒行社学教条［十一月］
清理永新田糧［十一月十九日］
批寧都県祠祀知県王天与申［十一月十九日］
暁諭安仁餘干頑民牌　正徳十五年二月［十二月初八日］
批江西都司掌管印信［十二月二十一日］

牌行崇義県査行十家牌法［正月初十日］
牌諭都指揮馮勲等振旅還師［二月二十三日］
批瑞州知府告病申［正徳十六年五月初二日］
賑恤水災牌［五月初五日］
仰湖広布按二司優恤冀元亨家属［五月二十日］
批江西按察司故官水手呈［六月初七日］
仰南康府勧留教授蔡宗兗［六月］
批江西布政司礼送致仕官呈［六月二十五日］

全書本巻之十八　別録十
湖兵進止事宜　十月［十八日］
牌諭安遠県旧従征義官葉芳等　十一月［初二日］
批南康県生員張雲霖復学詞［十一月初七日］
箚附永順宣慰司官舎彭宗舜冠帯聴調［十二月二十九日］
批広西布按二司請建講堂呈［正月十三日］
批立社学師耆老名呈　嘉靖七年正月［十四日］
批嶺西道立営防守呈　二月［初五日］
犒送湖兵［倶三月初十日］
批嶺西道撫処盗賊呈［三月十九日］

分派思田土目辦納兵糧　四月［初一］
牌行霊山県延師設教　六月［二十日］
牌行委官陳逅設教霊山［六月二十日］
牌行委官季本設教南寧［六月二十一日］
批嶺東道額編民壮呈　六月［二十六日］
裁革文移［六月二十八日］
批右江道調和寨目呈［七月初二日］
批南寧府表揚先哲申［七月十二日］
批増城県改立忠孝祠申［七月十五日］
経理書院時宜　八月［十一日］
征勦八寨断藤橋牌　七年三月［十三日］
戒諭土目　五月［一日］
牌行委官林応驄督諭土目　五月［初九日］
牌委指揮趙璇留勦餘賊　六月［二十五日］
犒労従征土目　八月［一日］
綏柔流賊　五月［初三日］
告諭村寨［五月初五日］
全書本巻之三十　続編五

調用三省夾攻官兵　七月十五日［八月十五日］
批攻取河源賊巣呈　三月二十三日［五月十三日］
再批攻勦河源賊巣呈　八月二十一日［八月十一日］
議処添設県所城堡巡司咨　五月三十日［五月二十日］
督責哨官牌　六月初七日［六月初八日］
行右江道招回新民牌　五月初六日［五月初一日］
批左江道紀験首級呈　五月二十八日［五月二十六日］

全書本巻之三十一上　続編六

咨南京兵部議処献俘舟隻　九月初二日［九月初三日］
委按察使伍文定紀験残孽　九月二十日［正徳十四年九月十二日］
行袁州等府査処軍中備用銭糧牌　十月初六日［七月初六日］
行江西布按二司清査軍前取用銭糧［十二月二十日］
行江西布政司清査没官房産　十一月二十日［十月］
批湖広兵備道設県呈　十六年［正徳十五年四月二十一日］
行江西按察司清査軍前解回糧賞等物　六月十九日［六月十六日］

八

以上からも明らかなように、「閭東本」の最大の特色はその膨大な公移の部分にある。それでは、他の諸本では見ることのできない、「閭東本」のみにみられる、公移の佚文にはどのようなものがあるのだろうか。以下にその一覧表を挙げておく（［　］内は題下に記された日附。なお、ここでは題目のみを挙げたが、本文については附録三に全文を掲載してある。参照されたい）。

「閭東本」公移佚文
別録巻之八　公移一
巡撫南贛征剿横水桶岡等巣賊始末共四十四条
其八労賞知府季斆指揮馮翔［七月初四日］
其九批広東嶺南道調用徭人呈［七月二十七日］
其十批広東嶺南道地理兵糧呈［七月二十八日］
其十五安委江西分巡嶺北道紀録功次［九月十九日］
其二十一牌行統兵官協謀捜剿［年月日の記載無し］
其二十三案行江西嶺北道剋期会剿［年月日の記載無し］
其二十八案行湖広郴桂兵備摘兵捜扒［年月日の記載無し］
其二十九犒賞湖広官兵［十一月十五日］
其三十牌行監軍巡守官分屯把截［十一月十五日］
其三十一犒恤統兵土舎［十一月二十一日］
其三十二牌行統兵知府伍文定把截奔賊撫処降民［十一月二十五日］

其三十三牌行江西袁州府提問失期官員［十二月初九日］
其三十四犒賞統兵致仕宣慰彭世麒［十二月十六日］
其三十五批広東嶺南道調摘兵壮呈［閏十二月二十二日］
其三十六案行嶺北道慶賀湖広鎮巡司等官［閏十二月二十九日］
其三十八批嶺北道新設県治事宜呈［年月日の記載無し］
其四十牌行南安府撫緝新民［二月初八日］
其四十一奨労広東兵備等官［七月初六日］
其四十四欽奉陞廕勅諭通行各属［七月初一日］

別録巻之九　公移二

征剿浰頭巣賊始末

其四牌行信豊県主簿等把截鼠道［正月初八日］
其五牌行督哨官［正月初十日］
其六牌行督理粮餉官［正月十一日］
其七牌委参謀生員黄表［正月十三日］
其八牌行指揮金英等把截鼠道［正月十三日］
其九牌行河源始興翁源長楽四県官分探遁賊［正月二十日］
其十奨労知府陳祥邢珣等［二月二十八日］
其十一牌仰留屯官兵［二月二十八日］

其十二牌行龍南県陞奨百長王受等〔二月二十九日〕
其十三牌督恵州府建立県治巡司及留屯官兵〔三月十五日〕
其十四牌委贛州府推官危寿〔三月初五日〕
其二十五案行広東布按二司添設県治〔十月十九日〕
其二十九案行福州等六府行十家牌法〔二月十六日〕
其三十一牌委参随何図撫諭新民〔四月初二日〕
其三十二案行嶺北道禁革商塩〔四月十三日〕
欽奉勅諭査処福州叛軍共二条
其一牌行福州等八府〔六月初八日〕
別録巻之十　公移三
平寧藩叛乱上共八十八条
其二牌行南昌吉安袁州臨江撫州建昌饒州広信南安九江南康瑞州十二府集兵策応〔年月日の記載無し〕
其四牌委福建都布按三司照処本地叛軍〔六月二十五日〕
其六牌行贛州府調発官兵〔六月二十一日〕
其八案行広東布政司共勤国難〔年月日の記載無し〕
其十案行福建漳南道預備赴調兵船〔年月日の記載無し〕
其十一咨巡撫湖広都御史秦呉共勤国難〔年月日の記載無し〕
其十二咨都御史李共勤国難〔年月日の記載無し〕

其十五牌行南安府調発官兵［六月二十四日］
其十六牌諭臨江府知府戴徳孺等合勢進剿［六月二十五日］
其十七示諭吉安府城内外居民［六月二十六日］
其十九牌行吉安府揀練官兵［六月二十六日］
其二十一牌行吉安安福守禦千戸所調兵策応［六月二十七日］
其二十五牌行豊城県知県顧佖遵照方略［六月二十九日］
其二十七牌行広東龍川等県調取民兵［七月初二日］
其二十八牌行贛州南安府寧都等県選募民兵［七月初三日］
其三十一牌差百戸楊鋭督発建昌官兵［七月初六日］
其三十二牌行統兵知府徐璉面受進剿方略［七月初六日］
其三十三牌行通判陳旦往進賢等県督発民兵［七月初六日］
其三十八牌行贛州府権処軍糧［七月初十日］
其三十九牌行吉安永新千戸所解送軍器［七月十一日］
其四十牌行南贛吉臨四府及万安泰和吉水新淦豊城五県預備犒労行軍［七月十一日］
其四十一牌行指揮麻璽策応豊城［七月十一日］
其四十二牌行通判談儲統領吉水官兵［七月十一日］
其四十三牌行餘干県知県馬津預備戦船［七月十二日］
其四十四牌行臨江府戴徳孺解送軍器戦船［七月十二日］

其四十五牌行饒州府解送軍旗戦船［七月十三日］
其四十七牌差千戸劉祥督発福建官兵［七月十五日］
其五十一牌行主簿余旺督運兵糧［七月十九日］
其五十三牌行劉守緒把守武寧渡［七月二十一日］
其五十九牌行撫州府知府陳槐掣兵設伏［七月二十五日］
其六十牌行建昌府知府曾璵会兵夾剿［七月二十五日］
其六十一牌行進賢県知県劉源清会兵夾剿［七月二十六日］
其六十二牌行安義靖安二県知県焚焼墳廠［年月日の記載無し］
其六十三咨総督両広右都御史楊停止原調官兵［七月二十六日］
其六十四案行福建按察司停止原調兵快［年月日の記載無し］
其六十五牌行知県劉源清楊材追剿逆党［七月二十七日］
其六十六案行河間等府通州等州停止見調軍兵［八月十三日］
其六十八牌行統兵各哨官查報功次［八月十五日］
其七十牌行南昌府追征寧府私債［八月二十九日］
其七十三牌行南昌府委官護送許副使喪柩［九月］
其七十四牌行上元県護送馬主事喪柩［九月］
其七十七案行江西布按二司官戴罪護印［九月初三日］
其七十八案行江西都司官戴罪護印［九月初三日］

其七十九案行知府鄭瓛戴罪護印〔九月初三日〕
其八十一牌行撫州等府県選取督解官員〔九月初三日〕
其八十四案行各府州県衛掌印官従宜発落罪犯〔九月初四日〕
其八十五用手本御馬監太監張〔九月初六日〕

別録巻之十一　公移四

平寧藩叛乱下共三十七条

其三牌委随行献俘各官〔九月二十五日〕
其六呈奉欽差総督軍務鈞帖〔九月二十七日〕
其七准答安辺伯朱留査功次手本〔九月二十七日〕
其十案行江西按察司交割逆犯知会兵部及欽差等官〔年月日の記載無し〕
其十一咨報兵部交割逆犯〔年月日の記載無し〕
其十二牌行副使陳槐督解逆犯〔十月十一日〕
其十五案仰江西布按二司預備官軍糧草〔年月日の記載無し〕
其十七咨整理兵馬兵部侍郎王接済官軍糧草〔年月日の記載無し〕
其十八牌行江西按察司査収随軍糧賞〔十月十五日〕
其十九牌差千戸楊基追回起運官兵糧米〔十月十七日〕
其二十案行江西布政司査報各衛充運遇変銭糧〔十月二十七日〕
其三十四案仰南昌湖東湖西九江各道頒行十家牌式〔四月十五日〕

其三十八牌行通判林寛選委義勇［年月日の記載無し］

別録巻之十二　公移五

提督軍務兼理巡撫批行事宜共五十条

其三案行湖西道処置豊城水患［六月初九日］

其十牌行嶺北道集兵操練［閏八月二十七日］

其三十三案行南昌道選揀兵士［正月三十日］

其四十牌行江西臨江府賑恤水災［正月初七日］

其四十二案行嶺北道停革亀角尾抽分［五月二十日］

留処江西時宜

其四十六奉勅赴京案照［六月十六日］

其四十七案照江西都布按三司并南昌府［六月十八日］

其四十八牌行南昌府防守銭糧文巻［六月十九日］

別録巻之十三　公移六

総督両広平定思田始末共八十七条

其二牌行江西都司操閲軍馬［年月日の記載無し］

其三牌行江西布政司備辦糧賞［年月日の記載無し］

其四牌行江西按察司監視行罰［十月十二日］

其七批吉安勤王有功張焔等詞［十一月初五日］

其十一案仰広東嶺東嶺南嶺西海南海北及広西桂林蒼梧左江右江等道行十家牌法［十一月二十一日］
其十三批嶺西道税法呈［十一月二十四日］
其十六批海南道策謀巣賊［十二月初二日］
其十八批広州府起蓋漏沢園申［十二月初九日］
其二十牌差千戸梅元輔省諭田州思恩［十二月十七日］
其二十三批湖州府預備軍餉［十二月二十六日］
其二十六牌行南康府収買回軍馬匹［嘉靖七年正月初二日］
其二十七牌行南寧府収買回軍刀鎗［正月初二日］
其三十一批桂林道称獲賊首呈［正月二十一日］
其三十二批放回富州広南屯兵呈［正月二十一日］
其三十三牌行通判陳思敬約束帰順目民［正月二十四日］
其三十五案行広西布政林富安插帰順目民［二月二十五日］
其三十六牌委化州知州安插帰順目民［年月日の記載無し］
其三十七牌委該道沿途督発湖広回兵［年月日の記載無し］
其三十八牌行南寧府犒賞湖広回兵［年月日の記載無し］
其四十批嶺南道估修三水県城池呈［三月初八］
其四十二批広東兵備議処新寧賊峒呈［三月十八日］
其四十四批嶺西道呈［三月十九日］

其四十五批広西布政司呈［七年三月二十一日］
其四十八牌行田州土目暫管岑氏八申［年月日の記載無し］
其四十九牌仰思恩府土目分管各城頭［年月日の記載無し］
其五十五梧州府同知舒栢査理南寧府軍餉銀両［年月日の記載無し］
其五十六又仰同知舒栢査理賓州軍餉銀両［年月日の記載無し］
其五十七批海南道銓東立功官員呈［年月日の記載無し］
其五十八批嶺西道優処貧戸呈［四月二十一日］
其六十牌行同知桂鏊収貯軍餉［五月初三日］
其六十三批平楽府計処賊情申［五月十八日］
其六十四牌行思明府官孫黄朝比例冠帯［六月初七日］
其六十五箚附永順宣慰司官舎田栄有成冠帯督兵［六月初十日］
其六十六箚附保靖永順宣慰司官舎彭飛遠王相冠帯［六月初十日］
其七十六告諭賓州軍民［七月二十五日］
其八十批賓州建立書院申［八月十三日］
其八十六牌行広西副総兵李璋更調土兵時宜［年月日の記載無し］
別録巻之十四　公移七
征剿八寨断断藤峡共四十五条
其二牌行水順宣慰司統兵致仕宣慰使彭明輔進剿方畧［年月日の記載無し］

其三牌行保靖宣慰司宣慰彭九霄進剿方畧［年月日の記載無し］
其五牌行湖広督兵僉事汪溱都指揮謝珮［年月日の記載無し］
其七牌行左江道守巡官布発旗号［三月二十三日］
其九牌行南寧府支給糧餉［四月十九日］
其十二牌行指揮孫継武捜捕逋賊［年月日の記載無し］
其十三牌仰千戸丁文盛等捜捕逋賊［年月日の記載無し］
其十七牌仰委官季本［倶五月初九日］
其二十六牌行賓州預処兵屯［六月十五日］
其三十三牌行署田州府事知州林寛給発軍賞［年月日の記載無し］

以上の公移の佚文は実に百五十条に及ぶ。これらの公移は守仁の生涯を再構成する上で、不可欠の一次資料であるだけに、その量の多さには驚かされる。

また、同じ内容の文でも、「閭東本」と『全書』を比較することにより、『全書』では削除が多いことが明瞭になる。そのうち、顕著な例としては、『全書』巻十八の「分派思田土目辦納兵糧」（思田の土目を分派して兵糧を辦納せしむ）と「閭東本」別録巻十一の「仰田州龍寄等各目分管各甲」（田州・龍寄等の各目をして各甲を分管せしむるを仰ぐ）がある。『全書』では、田州の土民を「甲」に分割し、それぞれに年貢を割り当てることを記した後、まず凌時甲の割り当てを記している。ところがそのあと、完冠砦の陶甲の名だけを挙げて終わっているため、意味不明となっている。しかし「閭東本」では、陶甲以下の全ての甲について、きちんと割り当てを列挙しており、どちらが公移の原形を止めているかは一目瞭然である。

従来、銭徳洪による『王文成公全書』の編集態度には殆ど疑念が抱かれたことがなかった。しかし、このような例が存在する以上、『全書』の公移を資料として利用する際、「閭東本」との比較は不可欠であると考えられる。

一般に『全書』の紀年は正確なものとされてきたが、公移以外についても、必ずしもそうではないことを「閭東本」によってたしかめることができる。わかりやすい例としては、『全書』巻五の「寄薛尚謙」には癸未と記されているが、実はこの書簡は「閭東本」で見ると、本来「寄薛尚謙　二」〔乙酉〕であったものを、『全書』において「寄薛尚謙」の文を削除して、「二」の文を「寄薛尚謙」として題だけ残す際に、干支を変更しなかったため、前の書簡の干支が残ってしまったというわけなのである。ちなみに、この「寄薛尚謙」の紀年は、「黄綰本」も「閭東本」に一致している。

このように、特に公移について豊富な内容を持つ「閭東本」は、後述の如く、同書を底本とする版本が何回も刊刻されている[27]。また、日本においても、「閭東本」の公移の部分が利用されたことがある。それが明治十年代に東京の磯部太郎兵衛によって出版された排印本『陽明先生全書』である[28]（以下、「磯部本」と略称）。

本書は嘉靖癸巳（十二年、一五三三）の黄綰序を持つこと、巻三の「答欧陽崇一」と巻四の「与張羅峰閣老」に干支の記載が無いこと、何より巻十四までの構成が張良才本と同じである（巻十五〜十七は一致しない）ことから、巻十四までは張良才本または「黄綰本」に依ることがわかる。巻十五〜三十一（奏疏・公移）は「閭東本」に依っており、語録は『陽明先生語録』に依っている。また、年譜は李贄編のものを利用している。但し、残念ながら誤字が極めて多く、例えば年譜において「李贄曰」（李贄曰く）を「李贅曰」（李贅曰く）とするなど、大小無数の誤字が存在する。

従って、利用の際には「閭東本」に遡って調べる必要があると思われる。(29)

諸本構成対照表

閭東本	全書本	黄綰本	姑蘇本
（〈 〉は中央図書館蔵本）		（〈 〉は張良才本）	
陽明先生文録総目	目録		総目
巻之一［書一］	巻之四	巻之一	文録巻之一
巻之二［書二］	巻之五	巻之二	文録巻之二
巻之三［書三］	巻之六	巻之三	文録巻之三
巻之四［序記説］	巻之七	〈巻之六〉	文録巻之四
巻之五［雑著］	巻之八	〈巻之九〉	文録巻之五
外集巻之一［賦騒詩］	巻之十九	〈巻之十一〉	外集巻之一
外集巻之二［居夷詩］	巻之十九	〈巻之十二〉	外集巻之二
外集巻之三［詩］	巻之二十	〈巻之十三〉	外集巻之三
外集巻之四［詩］	巻之二十	〈巻之十四〉	外集巻之四
外集巻之五［書］	巻之二十一	巻之四	外集巻之五
外集巻之六［序］	巻之二十二	巻之五	外集巻之六
外集巻之七［記］	巻之二十三	〈巻之七〉	外集巻之七

外集巻之八［説雑著］	巻之二十四	〈巻之八〉	外集巻之八
外集巻之九［墓誌伝碑賛箴祭文］	巻之二十五	〈巻之十〉	外集巻之九
陽明先生別録総目			
巻之一［奏疏一］	巻之九	〈巻之十五～十七〉	別録巻之一
巻之二［奏疏二］	巻之十	［奏疏］	別録巻之二
巻之三［奏疏三］	巻之十一	〈諸本と不対応〉	別録巻之三
巻之四［奏疏四］	巻之十二		別録巻之四
巻之五［奏疏五］	巻之十三		別録巻之五
巻之六［奏疏六］	巻之十四		別録巻之六
巻之七［奏疏七］	巻之十五		別録巻之七
巻之八［公移一］	巻之十六		別録巻之八
巻之九［公移二］	巻之十六		別録巻之八
巻之十［公移三］	巻之十七		別録巻之九
巻之十一［公移四］	巻之十七		別録巻之九
巻之十二［公移五］	巻之十七		別録巻之九
巻之十三［公移六］	巻之十八		別録巻之十
巻之十四［公移七］	巻之十八		別録巻之十

〈附刻〉
〈『伝習録』〉　巻之一
〈『伝習続録』〉　巻之一・巻之三
〈『陽明先生遺言録』〉
〈『稽山承語』〉　［巻之二は閭東本文録に散在、巻之二十一は十六～三続編、巻之三十二以下は附録］

第三節　王杏編『新刊陽明先生文録続編』について

前節で述べた、『全書』刊行以前における主要な三点の詩文集が刊行された後、隆慶六年（一五七二）に『全書』が刊行されるまでの間にも、各地で様々な王守仁の詩文集が刊刻されている。

本節においては、次節において取り上げる『良知同然録』とともに最も地方色の強い王守仁の詩文集である王杏編『新刊陽明先生文録続編』について述べていきたい。

王守仁の文集のうち、『文録続編』と題されるものとしては、従来から、隆慶六年（一五七二）に『王文成公全書』が刊刻された際、その巻二十六から巻三十一として出版されたものが知られていた。(30) しかしながら、上海図書館には、それとは全く異なる『文録続編』である『新刊陽明先生文録続編』が所蔵されている。本書については、従来言及されることがなかったが、『全書』に含まれない王守仁の詩文を含み、内容上独特の特色と資料価値を有する点からも、貴州という、従来王学の伝播において必ずしも重視されてこなかった地方における出版物である点からも、我々が王守仁の佚詩文を収集し、明代後期における王学の地方における伝播を探る上で、注目すべき存在と言えるだろう。

今日まで王学研究者の間において本書に注目するものが皆無であり、学界において王学研究の際の底本として広く利用されている『王陽明全集』においても本書が利用されていないことに鑑み、本稿においては特に本書の成立、刊刻の過程、内容的特色と文献的価値について考察・分析を行い、あわせてそこにおいて見られる『王文成公全書』未収の佚文十八篇、佚詩二首の翻刻、解説を行った。本稿が、王学研究者が『新刊陽明先生文録続編』に注目するきっかけとなれば幸いである。

本書は全三巻、二一・〇×一二・七糎、四周単辺、黒口、双魚尾、上魚尾下に巻数を記し、下魚尾上に丁数を記している。半葉九行、行十九字。各巻巻前に「新刊陽明先生文録続編総目」があり、各巻に収められている詩文の篇題を著録している。また、各巻の巻首第一行には「新刊陽明先生文録続編巻之一（二、三）」とあり、次の行においては二字下げで篇題が記されている（図十）。編撰者銜名は無く、各巻巻尾の最終行には「新刊陽明先生文録続編巻之一（二、三）終」とある。さらに、巻三末には「貴州都司経歴趙昌齢／耀州知州門人陳文学／鎮安県知県門人葉悟校刊」と三行に分けて校刊者の姓名が記され、全巻末には「書文録続編後」と題された、嘉靖乙未（十四年、一五三五）の紀年を持つ王杏の跋文を有する。

まず、本書の刊行に関する唯一の一次資料である、前記「書文録続編後」を見ていきたい。そこでは、本書の刊刻について、次のように述べられている。

貴州按察司提学道奉梓陽明王先生文録、旧皆珍蔵、莫有睹者。予至、属所司頒給之、貴之人士家誦而人習之、若以得見為晩。其聞而慕、慕而請観者、踵継焉。・・・予因貴人之懐仰而求之若此、嘉其知所向往也。并以文録所未載者出焉以遺之、俾得見先生垂教之全録、題曰文録続編。於乎読是編者能以其心求之、於道未必無小補。否則、是編也猶夫文也、豈所望於貴士者哉。先生処貴有居夷集、門人答問有伝習録、貴皆有刻、茲不贅云。時嘉靖乙未夏六月、後学王杏書於貴陽行台之虚受亭（貴州按察司提学道、奉りて陽明王先生文録を梓すに、旧（も）と皆な珍蔵して、睹る者有ること莫し。予至り、所司に属して之れを頒給せしむるや、貴の人士、家ごとに誦して人之れを習ひ、見るを得るを以て晩しと為すが若し。其の聞にして慕ひ、慕ひて観るを請ふ者、踵継す。・・・予、貴人の懐仰して之れを求むること此の若きに因りて、其の向往する所を知るを嘉（よみ）するなり。并せて文録に未だ載せざる所の者を以て焉れを出して以て之れを遺し、先生の教へを垂るるの全録を見るを俾（たす）け得、題して曰く、文録続編、と。於乎（ああ）是の編を読む者、能く其の心を以て之れを求むれば、道に於て未だ必ずしも小補無きにあらざるなり。否（しか）らざれば則ち、是の編や猶ほ夫（か）の文のごときなり、豈に貴の士に望む所の者ならんや。先生の貴に処るや居夷集有り、門人の答問に伝習録有り、貴に皆な刻有ること、茲に贅せずと云ふ。時に嘉靖乙未（十四年、一五三五）夏六月、後学王杏、貴陽の行台の虚受亭にて書す）。

本跋文の作者王杏については、『貴州通志』（鄂爾泰等撰、乾隆六年刊、『四庫全書』史部十一）巻十九の記載によって、浙江省奉化の人であることが判明する。また、『王文成公全書』巻三十五「年譜附録一」には、「（嘉靖十三年）五月、

巡按貴州監察御史王杏、建王公祠於貴陽（五月、巡按貴州監察御史王杏、王公の祠を貴陽に建つ）」としるされ、さらに続けて、

是年杏按貴陽、聞里巷歌声藹藹如越音、又見士民歳時走龍場致奠、亦有遙拝而祀於家者、始知師教入人之深若此。門人湯冔、葉悟、陳文学等数十人、請建祠以慰士民之懐。乃為贖白雲庵旧址立祠、置贍田以供祀事。杏立石碑記（是の年、杏、貴陽を按ずるに、里巷の歌声、藹藹たること越音の如くなるを聞き、又た士民、歳時に龍場に走りて奠を致し、亦た遙かに拝して家に祀る者有るを見、始めて師の教への人に入るの深きこと此の若くなるを知る。門人湯冔、葉悟、陳文学等数十人、祠を建て以て士民の懐を慰めんことを請ふ。乃ち為に白雲庵の旧址を贖（あがな）ひて祠を立て、贍田を置きて以て祀事に供す。杏、石碑を立てて記す）。

とあることから、王杏が嘉靖十三年（一五三四）に巡按貴州監察御史であり、任地に赴任後、当地の王門の弟子たちの要請により、貴陽において王公の祠を修建したことがわかる。(31) しかも、『新刊陽明先生文録続編』各巻末尾に現われている本署の校刊に関係した人物のうち、「耀州知州門人陳文学」と「鎮安県知県門人葉悟」の二人が、いづれも王杏に王公の祠を作るよう要求した人々のうちの指導者として名が現われていることから、彼ら二人が貴州における王守仁の門人のうちの中核であることが判明するのである。

次に、王杏の跋文中の、本書の編集・刊刻に関する叙述を分析してみたい。

まず注意すべきなのは、王杏が本跋文において、「貴州按察司提学道、奉りて陽明王先生文録を梓す」と述べていることである。ここで述べられている、貴州按察司提学道が刊刻した『陽明王先生文録』に関しては、各種の蔵書目

録に記載がないばかりか、その他の明清の文献においても一切記録が残されていない。但し、『江西通志』巻七十九に、王守仁に師事した貴州按察使の胡堯時が、「凡陽明著作在貴州者悉刊行之」との記載が見られることから、この『文録』を刊刻したのは、恐らく胡堯時であると思われる。(32) 王杏が本跋文を記した嘉靖乙未（十四年、一五三五）以前において刊刻された王守仁の文集として、今日までに知られていたのは、以下の三種のみである。

嘉靖三年（一五二四）　丘養浩編『居夷集』刊
嘉靖六年（一五二七）　鄒守益編『陽明先生文録』刊（現存せず）
嘉靖十二年（一五三三）　黄綰編『陽明先生文録』刊

上記の三点のうち、丘養浩編『居夷集』は、この跋文においても、『文録』・『居夷集』・『伝習録』と併称されており、また同書が王守仁の貴州滞在中の詩文のみに限った、いわば断代的なものであることから考えて、本跋で述べられている『文録』と同一のものである可能性はないと考えられる。また、他の二種も貴州で刊刻されたものではなく、従って、本跋で述べられている『文録』は明確に貴州において刊刻された事が述べられている点から見て、従来全く知られていなかった貴州刊刻の文集である可能性が高いのである。今日に至るまで、王守仁の文集に関しては、銭徳洪を中心とする、浙江省附近のグループによって編纂されてきたもののみが注目されてきたが、王守仁の薫陶を受けた弟子たちは各地においてそれとは別に王守仁の文集の編纂を行っていたのである。この跋文は、そのことを示すものとして、特に注目される。

王杏の跋文によれば、彼が貴州に赴任した時には、当地には貴州按察司提学道が刊刻した『陽明王先生文録』が存在していたものの、あまりに珍重されてしまったため、かえって見がたいものとなっていた。「旧皆珍蔵、莫有睹者」の八字は、当初刊刻された『陽明王先生文録』の伝本がはなはだまれであったことを如実に示すものと言えよう。一方、下文において、「予至るや、所司に属して之れを頒給せしむ」と述べられているのは、王杏が赴任後、旧本の版木の管理者に命じて印刷、頒布せしめたものと理解すべきだろう。また、その後の、「貴の人士、家ごとに誦して人之れを習ひ、見るを得るを以て晩しと為すが若し。其の聞にして慕ひ、慕ひて観るを請ふ者、踵継す」という文から、王杏による再版によって、『陽明王先生文録』が漸く貴州において流伝するようになったことが判るのである。

按察司提学道刊本『陽明王先生文録』を印刷、頒布したことが貴州の人士によって歓迎されたことから、王杏は特に『陽明王先生文録』に未収録の王守仁の作品を集めて一書となし、それを刊刻したが、それこそが本書、『新刊陽明先生文録続編』なのである。以上のことから判るように、『新刊陽明先生文録続編』は、貴州刊刻の『陽明王先生文録』の補編であり、「文録に未だ載せざる所の者を以て焉れを出して以て之れを遺し」という一文は、王杏が単に本書の刊刻において重要な役割を果たしたのみならず、本書の編纂の際に、王守仁の詩文の資料をも提供していたことを示している。

上文において述べたように、本書の巻三末の正文の後には、「貴州都司経歴趙昌齢／耀州知州門人陳文学／鎮安県知県門人葉悟校刊」と三行に分けて校刊者の姓名が記されている。趙昌齢はその生平は未詳だが、その銜名から、貴州都司に奉職していたことが判る。陳文学と葉悟は、前文において述べたように、いづれも王杏に王公の祠を作るよう要求しており、貴州における王門の弟子の中の中心的人物である。「耀州知州門人」と題する陳文学は、字は宗魯、貴州省貴陽の人。若くして王守仁に師事している。正徳十一年（一五一六）の郷試に挙げられる。前述の『貴州通志』巻三十八に伝記がある。また、『王文成公全書』巻二十九には「贈陳宗魯」詩が収められている。「鎮安県知県門人」

と題される葉悟の伝記資料は未詳だが、王守仁の「鎮遠旅邸書札」（『王文成公全書』未収。『貴陽志資料研究』一九八四年第四期。『王陽明全集』巻三十二に所収）において、「湯伯元陳宗魯葉子蒼易輔之、・・・列位秋元諸友、不能尽列、幸意亮之（湯伯元、陳宗魯、葉子蒼、易輔之、・・・列位の秋元の諸友、尽くは列すること能はず、幸（ねが）はくは意もて之れを亮せよ）」の一文があり、後述のごとく、本『新刊陽明先生文録続編』においても「寄葉子蒼」と題する書簡が存在することから見て、この葉子蒼が葉悟のことと思われる。以上の王杏の跋文及び三名の校刊者の姓名から見て、本書の編纂・刊刻は、地方官である王杏と、貴州出身の王門の弟子たちとの協力の下になされたものと言えるだろう。

王杏の跋文において語られている貴州刊本『陽明王先生文録』の状況から見て、この『新刊陽明先生文録続編』も、当時の貴州においてある程度流布していたと考えられる。しかしながら、明清以来の各種の公私蔵の蔵書目録において均しく本書の名が見えず、王門後学の著作においても本書に関する記載が一切見られない事から考えて、本書の当時における流伝は、それほど広くはなかったものと思われる。上海図書館蔵本は、現在までに知られる限りにおいて唯一の伝本であり、巻頭には「同治元年壬戌九月晦日、読於崇川寓舎。時患黄病。鶴寿主人記（同治元年（一八六二）壬戌九月晦日、崇川寓舎にて読む。時に黄病を患ふ。鶴寿主人記す）」と墨書されている。また、表紙・巻首・巻末に、中国現代のジャーナリスト・蔵書家である黄裳による識語がある。まず表紙には「新刊陽明先生文録続編三巻、嘉靖黔中刊黒口本、趙次候蔵書、壬辰（一九五二）七月黄裳小燕」と朱書されており、本書が当時、趙次候から黄裳へと受け継がれたことを示している。

また、表紙の識語には、

此黒口本陽明文録続編三巻、佳書也。世未有以之著録者。通行之本、大抵皆重刊彙編本耳。余前得居夷集三巻、

嘉靖甲申刊于黔中者。時先生尚存。此集則刊於棄世後七年、亦貴州刊本。刀法朴茂、別具古趣。大抵名人文集多伝彙刻全書、而単刊者反易湮没。是更足増重者。匆匆題識、未暇取校、不知尚有逸出全集之外者否。壬辰二月二日、黄裳（此の黒口本陽明文録続編三巻は、佳書なり。世に未だ之れを以て著録せる者有らざるなり。通行の本は、大抵、皆な重刊、彙編本のみ。余、前に居夷集三巻、嘉靖甲申（三年、一五二四）黔中にて刊する者を得たり。時に先生尚ほ存す。此の集は則ち世を棄つるの後七年に刊し、亦た貴州刊本なり。刀法朴茂、別に古趣を具（そな）ふ。大抵、名人の文集は多く彙刻の全書を伝へて、単刊せる者は反つて湮没し易し。是れ更に増重するに足る者なり。匆匆に題識し、未だ取りて校するに暇あらず、尚ほ全集の外に逸出せる者有りや否やを知らず。壬辰（一九五二）二月二日、黄裳）。

と墨書されている。[33] 彼の指摘はさすがに鋭く、本書が孤本であること、貴州刊本であること、『全書』に収録されていない単行されたものであることなど、佚文の問題を除く本書の特色をよく押さえている。また、巻末の黄裳の識語に「壬辰二月初二日、海上所収、黄裳百嘉之一」とあることから、本書が黄裳の入手した百部の嘉靖刊本の一つであることも判る。

次に、本書の内容についてみていきたい（◎は佚文・佚詩を示す）。

「新刊陽明先生文録続編総目」（巻之一）　『王文成公全書』

巻之一

文類

大学古本序	巻七
大学問	巻二十六
送林布政陞任湖広都御史序	巻二十二（送別省吾林都憲序）
潘氏四封録叙	巻二十二
贈王堯卿	巻七
陳直夫先生南宮像賛并序	巻二十五
鴻泥集叙	巻二十九
澹然子叙	巻二十九
田州石刻	巻二十五
東林書院記	巻二十三
示弟立志説	巻七

書類

与安之書	巻四
答陸元静書	巻二（答陸元静書　又）
◎与尚謙尚遷子修書	無し
答徐成之書	巻二十一
又	巻二十一（答徐成之　二）
◎与薛子修書	無し

答士鳴書	巻五（与楊士鳴　三）
◎答懋貞少参	無し
◎答文鳴提学	無し
答何子元　来書附	巻二十一
答以乗憲副書	巻六
答陸元静書	巻二
寄李道夫	巻四
◎寄雲卿	無し
寄邦英邦正	巻四（寄聞人邦英邦正　二）
答甘泉書	巻四
答方叔賢	巻四
◎答汪仁峯	無し
寄劉原道	巻五
答賓陽太守	巻五（答路賓陽）
与門人書	巻五（与黄勉之）
◎寄貴陽諸生	無し
答人論学書	巻二（答顧東橋書）
答陸元静	巻二（答陸原静書　又）

又　巻六（寄陸原静）
寄鄒謙之　巻六（寄鄒謙之　四）
与子莘侍御書　巻六（与馬子莘）
与啓範侍御書　巻二十一
与古庵書　巻六
◎寄葉子蒼　無し

「新刊陽明先生文録続編総目」（巻之二）

巻之二
書類
◎奉石谷呉先生書　無し
寄謙之　巻六
答友人書　巻六
寄南元善書　巻六（答南元善　二）
◎答王応韶　無し
◎答汪抑之　無し
◎又　無し
◎答陳文鳴　無し

答柴墟	巻二十一
又	巻二十一（答儲柴墟　二）
◎答徐子積	無し
跋類	
書湯大行	巻二十四（題湯大行殿試策問下）
書玄黙巻	巻八
書諸陽伯巻	巻二十四
◎書劉生巻	無し
書守諧巻	巻八
書朱子礼巻	巻八
書林司訓巻	巻八
書夢星巻	巻八
書趙孟立巻	巻二十八
書李白騎鯨	巻二十八
書三酸	巻二十八
書韓昌黎与大顛坐叙	巻二十八
雑著	
南岡説	巻二十四

客座私祝　巻二十四
王公伝　巻二十五（太傅王文恪公伝）
田州立碑　巻二十五
銘一首　巻二十八
箴一首　巻二十八
三箴　巻二十五
◎策問一道　無し
教条　巻二十六（教条示龍場諸生）
祭文
祭薛尚節文　巻二十五（祭国子助教薛尚哲文）
祭程守夫文　巻二十五（程守夫墓碑）
祭朱守忠文　巻二十五
祭席尚書文　巻二十五
祭呉東湖文　巻二十五
祭陳判官　巻二十八
祭劉仁徴主政　巻二十八
墓誌
◎蜀府伴読曹先生墓誌銘　無し

陽朔知県楊君墓誌銘　巻二十八
◎孺人詹母越氏墓誌銘　無し
故叔父易直先生墓誌　巻二十五
祭仕郎馬文重墓誌銘　巻二十五

詩類

五言絶句

用韻四絶　巻二十（山中示諸生　其二～其五）
与高貢士二首　巻二十（与商貢士二首）
九華山下柯秀才家　巻十九
無相寺　巻十九（無相寺三首第一首）
無相寺夜宿聞雨　巻十九（無相寺三首第二首・第三首）
芙蓉閣　巻十九（第一首と第二首の順が逆）
重遊無相寺次韻　巻二十
牛峯寺二絶　巻十九（又四絶句第一首・第二首）

七言絶句

贈守中北行二首　巻二十
題歳寒亭贈汪尚和　巻二十
与徽州程畢二子　巻二十

答人問良知二首	巻二十
答人問道	巻二十
寄石潭書并詩二絶	巻二十
謁伏波廟	巻二十（夢中絶句）
西湖睡中謾書	巻十九（西湖睡中謾書第二首）
泛海	巻十九
夜宿功徳寺次宗賢韻	巻二十
別方叔賢四絶	巻二十
宿浄寺	巻二十（宿浄寺四首第三首）
五言律詩	
澹然子四号	巻二十九（澹然子序）
楊邃庵待隠園次韻	巻二十
除夕伍汝真用待隠園韻即席次答	巻二十
観九華竜潭	巻二十
夜宿無相寺	巻十九
登雲峯	巻二十（双峯遺柯生喬）
帰途有僧自望華亭来迎且請詩	巻二十

「新刊陽明先生文録続編総目」（巻之三）

巻之三

詩類

五言律詩

七言律詩

贈熊彰帰　巻二十
送守中至龍盤山中　巻二十
龍蟠山中用韻　巻二十
瑯邪山中　巻二十（瑯琊山中三首第一首）
遊瑯琊用韻二首　巻二十（瑯琊山中三首第二首・第三首）
答朱汝徳用韻　巻二十
送惟乾二首　巻二十
別希顔二首　巻二十
山中示諸生　巻二十（山中示諸生五首第一首）
龍潭夜坐　巻二十
送徳観帰省二首　巻二十
送蔡希顔　巻二十（送蔡希顔三首第三首）
寄浮峯詩社　巻二十
棲雲楼坐雪二首　巻二十
送徽州洪佺承瑞　巻二十
病中大司馬喬公有詩見懐次韻奉答二首　巻二十
送諸伯生帰省　巻二十
寄馮雪湖二首　巻二十

喜雨三首　巻二十
聞曰仁買田霅上携同志待予帰二首　巻二十
祈雨二首　巻二十
借山亭　巻二十
桶岡和刑太守韻二首　巻二十
遊通天岩次鄒謙之韻　巻二十
又次陳惟濬韻　巻二十
坐忘言岩問二三子　巻二十
留陳惟濬　巻二十
栖禅寺雨中与惟乾同登　巻二十
陽明別洞三首　巻二十（回軍龍南・・・）
再至陽明別洞和刑太守韻二首　巻二十
夜坐偶懐故山　巻二十
懐帰二首　巻二十
送徳声叔父帰姚　巻二十
回軍九連山　巻二十
登閲江楼　巻二十
鄱陽戦捷　巻二十

書草萍駅二首　巻二十
西湖　巻二十
寄江西諸士夫　巻二十
宿浄寺二首　巻二十（宿浄寺四首第一首・第二首）
帰興　巻二十
即事謾述四首　巻二十
泊金山寺二首　巻二十
舟夜　巻二十
舟中至日　巻二十
阻風　巻二十
用韻答伍汝真　巻二十
過鞋山戯題　巻二十
望廬山　巻二十
元日霧　巻二十
二日雨　巻二十
三日風　巻二十
立春二首　巻二十
遊廬山開先寺　巻二十

又次壁間杜牧韻　巻二十
山僧　巻二十
江上望九華山二首　巻二十
書九江行台壁　巻二十
示諸生三首　巻二十
繁昌道中阻風二首　巻二十
江辺阻風散歩至霊山寺　巻二十
泊舟大同山渓間諸生聞之有挟冊来尋者　巻二十
岩下桃花盛開携酒独酌　巻二十
豊城阻風　巻二十
芙蓉閣　巻二十
重遊無相次旧韻　巻二十
勧酒　巻二十
重遊化城寺二首　巻二十
遊九華　巻二十
岩頭間坐謾成　巻二十
将遊九華移舟宿寺山　巻二十（将遊九華移舟宿寺山　其二）
登雲峯　巻二十（登雲峯二三子詠歌以従欣然成謡二首第二首）

登香炉峯次蘿石韻	巻二十
山中謾興	巻二十
挽潘南山	巻二十
和董蘿石菜花韻	巻二十
天泉楼夜坐和蘿石韻	巻二十
別諸生	巻二十
後中秋望月歌	巻二十
中秋	巻二十
南浦道中	巻二十
重登黄土脳	巻二十
過宿新城	巻二十（過新渓駅）
謁伏波廟二首　有序	巻二十（序は無し）
遊牛峯寺四首	巻十九
姑蘇呉氏海天楼次鄺尹韻	巻十九
尋春	巻十九
西湖酔中謾書	巻十九（西湖酔中謾書二首第一首）
憶別	巻十九
武夷次壁間韻	巻十九

四明観白水	巻二十（四明観白水二首第二首）
杖錫道中用張憲使韻	巻二十
夜宿香山林宗師房次韻二首	巻二十
又用曰仁韻	巻二十
五言古詩	
鄭伯興謝病還鹿門雪夜過別賦贈三首	巻二十
送蔡希顔	巻二十（送蔡希顔三首第一首第二首）
門人王嘉秀蕭琦告帰	巻二十
守文弟帰省携其手歌以別之	巻二十
游牛首山	巻二十
又次李僉事素韻	巻二十
月夜	巻二十（月夜二首第二首）
白鹿洞独対亭	巻二十
登雲峰二三子詠歌以従欣然成謡	巻二十（登雲峰二三子詠歌以従欣然成謡二首第二首）
帰懐	巻二十
与二三子登秦望	巻二十（嘉靖甲申冬二十一日・・・）
山中立秋日偶書	巻十九
送蕭子雍副憲之任	巻二十

秋日飲月岩新構別王侍御　巻二十
復過釣台　巻二十
方思道送西峰　巻二十
長生　巻十九
夜雨山翁家偶書　巻十九
登泰山五首　巻十九
贈陳宗魯　巻二十九
青原山次黄山谷韻　巻二十
別湛甘泉二首　巻二十
贈別黄宗賢　巻二十
四明観白水　巻二十（四明観白水二首第一首）
書杖錫寺　巻二十
梧桐江用韻　巻二十
別辰州劉易仲　巻二十
太息　巻二十

七言古詩

登小孤書壁　巻二十
舟過銅陵埜云県東小山有鉄舡因往観之　巻二十

　果見其彷彿因題石上
廬山東林寺次韻　巻二十
又次邵二泉韻　巻二十
江上望九華不見　巻二十
江施二生与医官陶埜冒雨登山人多咲之　巻二十
　戯作歌
登雲峯望始尽九華之勝因復作歌　巻二十
重遊開先寺戯題筆　巻二十
遊通天岩示鄒陳二子　巻二十
酔後歌用燕思亭韻　巻二十九

長短句古詩

泰山高次王内翰司献韻　巻十九
滁陽諸友別　巻二十
九華歌　巻二十（弘治壬戌嘗遊九華・・・）
送邵文実方伯致仕　巻二十
記夢　巻二十
無題　巻二十
大秀宮次一峯韻　巻二十（火秀宮次一峯韻三首　其三）

心漁為銭翁希明別号題　巻二十
題施総兵所翁龍　巻二十九
遊九華道中　巻二十
賈胡行　巻二十
祈雨辞　巻十九
啾啾吟　巻二十
白湾　巻二十
熊峯少宰石公六月詩　巻二十（六月五章）
示憲児　巻二十

以上の構成からもわかるように、本書には現在の『王文成公全書』の巻数では、巻二、四から八、十九から二十六、二十八、二十九の諸巻に含まれる詩文が収録されていることがわかる。これらのうち、巻一から巻三は『全書』では語録である『伝習録』であり（巻二は書簡を再編集したもの）、巻二十六以下は『全書』刊刻の際に附加されたものであるから除外するとして、本書には『全書』の巻九から巻十八に相当する文が全く含まれていない。『全書』のこれらの諸巻に収められている文は、『全書』において奏疏・公移に分類されるものであり、『文録続編』の編者である王杏は、それらの文が王守仁の思想を知る上では無用であるとして、意識して収録しなかったものと思われる。

次に、本書に含まれる詩文のうち、『王文成公全書』においてみることのできない佚文・佚詩を挙げる。その際、各編の末尾に補説として簡単な説明を加えてある。

佚文・佚詩

巻一

書類

「与尚謙尚遷子修書」

別去即企望還朝之期、当有従容餘月之留也。不意遂聞尊堂之訃、又継而遂聞令兄助教之訃、皆事変之出於意料之外者。且令兄助教之逝、乃海内善類之大不幸、又非特上宅一門之痛而已。不能走哭、傷割奈何。況在賢昆叔姪、当父子兄弟之痛、其為毒苦、又当奈何。季明徳往、聊寄一慟。既病且冗、又兼妻疾、諸餘衷曲、略未能悉。

［補説］

尚謙は薛侃、字尚謙、号中離、広東省掲陽の人。正徳十二年（一五一七）の進士。『明儒学案』巻三十・『明史』巻二百七に伝有り。子修は薛宗鎧、号子修、掲陽の人、薛侃の従子。嘉靖二年（一五二三）の進士。明史巻二百九に伝有り。尚遷も彼らの一族と思われる。薛侃の父・兄の死を悼む書簡である。なお、本書簡は前記九大本『陽明先生文録』にも収録されている。

「与薛子修書」

承遠顧、憂病中別去、殊不尽情。此時計已蒞任。人民社稷、必能実用格致之力、当不虚度日月也。心之良知、是謂聖人之学、致此良知而已矣。謂良知之外尚有可致之知者、侮聖言者也。致知焉尽矣。令叔不審何時往湖湘。帰途経貴渓、想得細論一番。廷仁回省、便輒附此、致間闊。心所欲言、廷仁当能面悉、不縷。

［補説］

薛子修は前出の薛宗鎧。本書簡においては、薛宗鎧に対して、実際の行政のなかで格物致知の学・良知学説を生かすことを勧めている。

「答懋貞少参」

別後懐企益深。朋友之内、安得如執事者数人、日夕相与磨礱砥礪、以成吾徳乎。困処中忽承箋教、洒然如濯清風、独惟進与。雖初学之士、便当以此為的、然生則何敢当此。悚愧中、間嘆近来学術之陋。謂前輩三四公能為伊洛本源之学、然不自花実而専務守其根、不自派別而専務守其源、如和尚専念数珠而欲成仏、恐無其理。又自謂慕古人体用之学、恐終為外物所牽、使両途之皆不到。足以知執事之致力於学問思辨、重内軽外、惟曰不足、而不隳於空虚渺茫之地、無疑矣。生則於此少有所未尽者、非欲有所勗、将以求益耳。

夫君子之学、先立乎其大者、而小者不能奪。故子思之論脩徳凝道、必曰尊徳性而道問学。而朱子論之、以為非存心無以致知、而存心者又不可以不致知。執事所謂不自花実派別而専務守其根源、不知彼所守者、果有得於根源否爾。如誠得其根源、則花実派別将自此而出、但不宜塊然守此、而不復有事於学問思辨耳。君子之学、有立而後進者、有進而至於立者、二者亦有等級之殊。蓋立而後進者、卓立後有所進、所謂三十而立、吾見其進者。進而至於立者、可与適道而至於可与立者也、蓋不能無差等矣。夫子謂子貢曰、賜也、汝以予為多学而識之者与。又曰、蓋有不知而作之者、我無是也。多聞択其善者而従之、多見而識之、知之次也。執事之言、殆有懲於世之為禅学者而設夫、亦差有未平与。若夫両途之説、則未知執事所指者安在。道一而已矣、寧有両耶。有両之心、是心之不一也、是殆本源之未立与。恐為外物所牽、亦以是耳。程子曰、苟以外物為外牽、已而従之、是以己性為有内外也。又曰、自私則不能以有為為応迹、用智則不能以明覚為自然。今以悪外物之心而求照無物之地、是反鏡而索照也。又曰、君子之学、莫若拡然而太公、物来而順応。由是言之、心迹之不可判而両之也明矣。執事挺特沈毅、豈生昧劣所敢望於万一。然乃云爾者、深慕執事楽取諸人之盛心而自忘其無足取。且公事有暇、無吝一一教示。成之、文鳴如相見、亦乞為致此意也。

［補説］

懋貞は林希元、字懋貞、福建省晋江の人。正徳十三年（一五一八）の進士。本文は林希元と学問の本源と治学の方法について討論したものであり、ここにおいて守仁は、君子の学には「立ちて後、進む者」と「進みて立つに至る者」の二つの段階があり、前者の方がより高い段階であるとした上で、本源が確立されるならば、心は内と外に分裂するようなことはないとしている。

「答文鳴提学」

書来、非独見故旧之情、又以見文鳴近来有意為己之学、窃深喜望。与文鳴別久、論議不入吾耳者三年矣。所以知有意於為己者、三年之間、文鳴於他朋旧書札之間甚簡、而僕独三至焉。今又遣人走数百里邀候於途、凡四至矣。所以於四至之書、而知其有為己之心者、蓋亦有喩。人有出見其隣之人病、惻焉、煦煦訊其所苦、導之求医、詔之以薬餌者、入門而忽焉忘之、無他、痛不切於己也已。疾病則呻吟喘息、不能旦夕、求名医、問良薬、有能已者、不遠秦楚而延之。無他、誠病疾痛切、身欲須臾忘、未能也。是必文鳴有切身之痛、将求医薬之未得、謂僕蓋同患而方求医与薬者、故復時時念之、茲非其為己乎。兼来書辞、其意見趣向、亦自与往年不類。是殆克治滋養、既有所得矣。惜乎隔遠、無因面見講究、遂請益耳。夫学而為人、雖日講於仁義道徳、亦為外化物、於身心無与也。苟知為己矣、寝食笑言、焉往而非学。譬如木之植根、水之濬源、其暢茂疏達、当日異而月不同。曾子所謂誠意、子思所謂致中和、孟子所謂求放心、皆此矣。此僕之為文鳴喜而不寐、非為文鳴喜、為吾道喜也。願亦勉之、使吾儕得有所矜式、幸甚幸甚。病歯兼虚下、留長沙八日。大風雨絶往来、間稍霽、則独与周生金者渡橘州、登岳麓。嘗有三詩奉懐文鳴与成之、懋貞、録上請正。又有一長詩、稿留周生処、今已記憶不全、兼亦無益之談、不足呈也。南去儔類益寡、麗沢之思、惄如調飢、便間無吝教言。秋深得遂帰図、岳麓五峯之間、倘能一会甚善。公且豫存之意、果爾、当先時奉告也。

[補説]

文鳴は陳鳳梧、字文鳴、号静斎、江西省泰和の人。弘治九年（一四九六）の進士。湖広提学僉事等を歴任。己のためにする学問の大切さを教えたもの。

「寄雲卿」

尊翁厭世、久失吊慰。雲卿不理於讒口、乃得帰、尽送終之礼、此天意也。哀疚寂寥、益足以為反身修徳之助、此天意也、亦何恨、亦何恨。君子之学、惟求自得、不以毀誉為欣戚、不為世俗較是非、不以栄辱乱所守、不以死生二其心。故夫一凡人誉之而遽以為喜、一凡人毀之而遽以為戚者、凡民也。然而君子之自責則又未嘗不過於厳也、自修則又未嘗不過於力也、夫然後可以遺栄辱、一死生。学絶世衰、善儔日寡、卓然雲卿、自愛自愛。雨風半日之程、無縁聚首、細扣新得、動心忍心、自当一日千里。嘗謂友朋言、道者在黙識、徳在黙成、顔子以能問於不能、有若無、実若虚、犯而不較、此最吾儕準的。雲卿進修之功、想亦正如此矣。秋半乗考満、且反棹稽山京口、信宿其期也。不尽不尽。

［補説］

父を亡くした弟子に対して悔やみを述べるとともに、それによって学問を廃することの無いように励ましている。

「答汪仁峯」

遠承教箚、見信道之篤、趨道之正、喜幸何可言。自周程後学厭道、晦復四百餘年。逃空寂者、聞人足音、跫然喜矣、況其親戚平生之歓乎。朱陸異同之辯、固某平日之所以取謗速尤者。亦嘗欲為一書以明陸学之非禅見、朱説之猶有未定者。又恐世之学者、先懐党同伐異之心、将観其言而不入、反激怒焉。乃取朱子晩年悔悟之説、集為小冊、名曰朱子晩年定論、使具眼者自択焉、将二家之学、不待辯説而自明也。近門人輩刻之雩都、士夫見之、往往亦頗有啓発者。今復得執事之博学雄辞、闡揚剖析。烏獲既為之先登、懦夫益可魚貫而前矣。喜幸何可言。承以精舍記見責、未即奉命、此守仁之罪也、悚息悚息。然向雖習聞執事之高名、而於学術趨向之間、尚有未能悉者。今既学同道合、同心之言、自不容已矣。兵革搶攘中、筆箚殊未暇。乞休疏已四上、不久帰投山林、当徐為之也。盛价立俟回書、草草作此、不尽不尽。

［補説］

本書簡は、『朱子晩年定論』の刊行の際の王守仁の心境を述べたものとして、『新刊陽明先生文録続編』に収録された書簡の中でも特に注目される一篇である。従来、『朱子晩年定論』の刊行の際の心境を王守仁自身が記したものとしては、「与安之」(『王文成公全書』巻四)のみが利用されてきたが、本書簡はそれと同等の価値を持つものであり、今後『定論』の研究において大いに利用されるべきものであろう。

特に、「与安之」においては「門人輩近刻之雩都、初聞甚不喜」(門人の輩、近ごろ之れを雩都に刻し、初め聞くや甚だ喜ばず)と、刊刻に必ずしも賛成ではなかったかのように述べているのに対し、ずっと刊行に前向きの姿勢を示しているのは興味深い。思うに、『朱子晩年定論』刊刻の際、王守仁自身も、この二つの心境の中で揺れていたのではなかろうか。しかしながら、『全書』においては、「与安之」は収録されているものの、「答汪仁峯」は収録されず、したがって「年譜」の正徳十三年(一五一八)七月の「刻朱子晩年定論」の項においても、「与安之」のみが引用されることとなった。そもそも『文録続編』は、隆慶六年(一五七二)に『王文成公全書』が刊刻される三十七年も前の嘉靖乙未(十四年、一五三五)に公刊されている。それにもかかわらず、銭徳洪が本書簡を『全書』において、採録も引用もしていないのはなぜだろうか。もちろん、『文録続編』が当時としては辺境に位置する貴州において刊行されたものであることから、その存在を知らなかった可能性もなくはない。しかし、朱子学者との間に多くの摩擦を引き起こした『朱子晩年定論』に対して、守仁自身が刊刻に必ずしも賛成ではなかったという姿勢を示すべく、『全書』収録の際に選択が行われた可能性も否定できないように思う。いずれにせよ、本書簡は、『朱子晩年定論』刊行の際の王守仁の心の振幅を示す貴重な資料なのである。

「寄貴陽諸生」

諸友書来、間有疑吾久不寄一字者。吾豈遂忘諸友哉、顧吾心方有去留之擾、又部中亦多事、率難遇便、遇便適復不暇、事固有相左者、是以闊焉許時。且得吾同年秦公為之宗主、諸友既得所依帰、凡吾所欲為諸友勧励者、豈能有出於秦公之教哉。吾是可以無憂於諸友矣、諸友勉之。吾所以念諸友者、不在書劄之有無。諸友誠相勉於善、則凡昼之所誦、夜之所思、孰非吾書劄乎。不然、雖日致一書、徒取憧憧往来、何能有分寸之益於諸友也。為仁由己、而由人乎哉。諸友勉之。因便拾楮、不一。

［補説］

王守仁が貴州の省都貴陽を去った後に弟子たちから寄せられた書簡に対し、彼らが師とすべき人物として、彼と同年（弘治十二年、一四九九）の進士である秦礼を推薦し、さらに学問に励むよう勧めたもの。

「寄葉子蒼」

消息久不聞。徐曰仁来、得子蒼書、始知掌教新化、得遂迎養之楽、殊慰殊慰。古之為貧而仕者正如此、子蒼安得以位卑為小就乎。苟以其平日所学薫陶接引、使一方人士得有所観感、誠可以不媿其職。今之為大官者何限、能免窃禄之譏者幾人哉。子蒼勉之、毋以世俗之見為懐也。尋復得鄒監生郷人寄来書、又知子蒼嘗以区区之故、特訪寧兆興、足仞相念之厚。兆興近亦不知何似。彼中朋友、亦有可相砥礪者否。区区年来頗多病、方有帰図。人還、匆匆略布間闊、餘俟後便再悉也。

［補説］

地方の教育官に就任した葉氏にあてた書簡であり、そのなかで、葉氏が地位の低さを気にせず、自己が普段学んだ内容を政治において生かし、その職に恥じるところがないよう、激励している。葉子蒼は、前述の他の弟子と共に守仁の祠堂を建設するよう王杏に要求し、更には本書の刊刻に関わった葉悟のことと思われる。

巻之二

書類

「奉石谷呉先生書」

生自壬子歳拝違函丈、即羈縻太学、中間餘八九年、動息之所懐仰、寤寐之所思、及其不在函丈之下者、有如白日。然而曾無片簡尺牘致起居之敬而伸仰慕之私者、其敢以屢黜屢辱、有負知己之故、遂爾慙沮哉。実以受知過深、蒙徳過厚、口欲言而心無窮、是以毎毎伸紙執筆、輙復不得其辞而且中止者、十而二三矣。坐是情愈不達而礼益加疎、姑且逡巡、日陥於苟簡澆薄、将遂至忽然之地而不自覚。推咎所因、則亦誠可閔也。蜀士之北来者、頗能具道尊候、以為動履益康、著述益富、身間而道愈尊、年高而徳弥邵。聞之無任忻慰慶躍。嗟乎、古之名儒碩徳如先生者、曾亦多見也。夫今之人、動輙嘆息咨嗟、以為曾不得如古之名儒碩徳者処之廟堂、以輔吾君。至如先生、乃復使之優游林下、烏在其能思古之人也。居先生門下、為先生謀、則不宜致嘆於此。立吾君之朝、為斯世謀、則斯言也、実天下之公論、雖以俟後賢無惑也。生近者授職刑部雲南司、才疎事密、惟日擾擾於案牘間而已。於同僚侯守正之行、思其閑暇時、猶不能略致起居之問、今且日益繁冗、是将終不得通一問也。是以姑置其所願陳者、以需後便、且爾先伸数載間闊之懐、以請罪于門下。伏惟大賢君子不以久而遂絶、不以微而見遺、仍賜収録、俾得復為門下士、豈勝慶幸感激哉。香帕将遠誠万一、伏惟尊照。不備。

［補説］

壬子の年（弘治五年、一四九二）に手紙を受け取りながら、長らく返事を書かないでいた呉石谷へ宛てた書簡。「近者授職刑部雲南司」とあることから、本書簡は弘治十三年（一五〇〇）、守仁二十九歳の折りに記されたものであることがわかり、文中に「中間餘八九年」とあるのとも合致する。

「答王応韶」

昨承枉顧、適茲部冗、未獲走謝。向白岩自関中回、亟道執事志行之高、深切企慕、惟恐相見之晩。及旌節到此、獲相見、又惟恐相別之速。以是汲汲数図一会、整所欲請。亦承相亮、両辱枉教、辯難窮詰、不復退譲。蓋彼此相期於道義、将講去其偏、以求一是、自不屑為世俗諛媚善柔之態、此亦不待相喩而悉也。別去深惟教言、私心甚有所未安者。欲候面請、恐人事纏繞、率未有期。先以書告、其諸講説之未合、皆所未暇。惟執事自謂更無病痛、不須医薬、又自謂不待人啓口、而已識其言之必錯。在執事之為己篤実、決非謬言以欺世、取給以禦人者。然守仁窃甚惑之。昔者夫子猶曰、五十以学易、可以無大過。又曰、丘也幸、苟有過、人必知之。未聞以為無過也。子路人告之以其過則喜、未聞人之欲告以過而拒也。今執事一過之、一反焉、此非浅陋之所能測也。舜好問而好察邇言。邇言者、浅近之言也、猶必察焉。夫子嘗曰、不逆詐。又曰、不以人廃言。今不待人之啓口、而已識其必錯者、何耶。又以守仁為郷医、未暁方脈、故不欲聞其説。夫医術之精否、不専係於郷国、世固有国医而誤殺人者矣。今徒以郷医聞見不広、於大方脈未必能通暁、固亦有得於一証之伝、知之真切者、寧可概以庸医視之。茲不近於以人廃言乎。雖然、在守仁則方為病人、猶未得為郷医也。手足痿痺而弗能起、未能遠造国都、方将求郷医而問焉。驟聞執事自上国而来、意其通於医也、而趨就之。乃見執事手足若有攣拳焉、以為猶吾之痿痺也、遂疑其病、固宜執事之咲而弗納矣。伏惟執事誠国医也、則願出一匕之薬以起其痿痺。誠亦攣拳乎、則願相与講其受病之源、得無亦与痿痺者同乎、而将何以瘳之。汎汎揚舟、載沈載浮。既見君子、我心則休。幸執事之亮此情也。

［補説］

王応韶、名は雲鳳、号は虎谷、応韶は字。山西省和順の人。成化二十年（一四八四）の進士。官は右僉都御史、順撫宣府に至る。本書簡は自己の過ちを認めようとしない王応韶に対して、医術のたとえを引きつつ、翻意を促したもの。

「答汪抑之」

昨承枉教、甚荷至情。中間定性之説、自与僕向時所論者無戻。僕向之不以為然、殆聴之未審也。然訓旨条貫、似於前日精采十倍。雖僕之不審於聴、亦兄之学日有所進歟。惟未発之説、則終不敢以為然者。蓋喜怒哀楽、自有已発未発、故謂未発時無喜怒哀楽則可、而謂喜怒哀楽無未発則不可。今謂喜怒哀楽無未発已発、固已発未発亦已発。而必欲強合於程子動亦定静亦定之説、則是動亦動、静亦動也。非惟不得子思之旨、而於程子之意、似亦有所未合歟。執事聡明絶人、其於古人之言、求之悉矣。独此似猶有未尽者。宜更詳之、勿遽云云也。

［補説］

汪抑之、名は俊、号は石潭、抑之は字。江西省弋陽の人。弘治六年（一四九三）の進士。官は礼部尚書兼国史副総裁に至る。『明史』巻百九十一、『明儒学案』巻四十九（諸儒学案）に伝あり。王守仁とは親しく交わりを持ったが、学説を同じくしなかった。この書簡においても、王守仁は彼の定性に関する説については同意しつつも、その未発説に対しては批判を加えている。

「又」

所不避於煩瀆、求以明道也。承喩論向所質者、乃疑思問耳、非敢遽有之也。乃執事謙退不居之過。然又謂度未能遽合、願且置之、恐従此多費議論、此則大非僕之所望於吾兄者也。子思曰、有弗問問之、弗得弗措也。有弗辯辯之、弗明弗措也。既曰疑思問矣、而可憚於議論之費耶。横渠有云、凡致思到説不得処、始復審思明辯、乃為善学。若告子則到説不得処遂已、更不復求。老兄之云、無乃亦是病歟。所謂不若拠見成基業者、雖誠確論、然詳老兄語意、似尚不以為然者。如是而遂拠之不疑、何以免於毫釐之差、千里之謬乎。始得教、亦遂欲罷去不復議、顧僕於老兄不宜如此。已昏黒、将就枕、輙復云云、幸亮此情也。

［補説］
汪抑之に対して、意見の違いがあるにせよ、議論を断念しないよう呼びかけた書簡。

「答陳文鳴」

別後企仰日甚。文鳴趨向端実、而年茂力強、又当此風化之任、異時造詣、何所不到、甚為吾道喜且幸也。近於名父処見所寄学規、深嘆用意精密、計此時行之已遍。但中間似亦有稍繁。必欲事事責成、則恐学者誦習之餘、力有弗逮。若但施行、無所稽考、又恐凡百一向廃墜、学者不復知所尊信。何若存其切要者数条、其餘且悉刪去、直以瑣屑自任為過、改頒学者、亦無不可。僕意如此、想高明自有定見、便中幸加斟酌、示知之。僕碌碌度日、身心之功、愈覚荒耗。所謂未学而仕、徒自賊耳。進退無拠、為之奈何。懋真、成之亟相見、必大有所講明。凡有新得、不惜示教。因鄭汝華去、草率申問。

［補説］

陳文鳴、名は鳳梧、号静斎、文鳴は字。江西省泰和の人。弘治九年（一四九六）の進士。官は右都御史に至る。陳文鳴が地方官に赴任した際、作成した学規に対して、王守仁が改善すべき点をアドバイスしたもの。

「答徐子積」

承示送別諸叙、雖皆出於一時酬応、中間往往自多新得、足験学力之進。性論一篇、尤見潜心之学、近来学者所未能道。詳味語意、大略致論於理気之間、以求合於夫子相近之説、甚盛心也。其間鄙意所未能信者、辞多不能具、輒以別幅写呈、略下註脚求正。幸不吝往復、遂以蹇劣見棄也。夫析理愈精、則為言愈難、立論愈多、則為繆愈甚。孔孟性善相近之説、自是相為発明、程朱之論詳矣。学者要在自得、自然循理尽性。有不容已、毫分縷析、此最窮理之事。言之未瑩、未免支離、支離判於道矣。是以有苦心極力之状、而無寛裕温厚之気。意屢偏而言多窒、雖横渠有所不免。故僕亦願吾兄之完養思慮、涵泳義理、久之自当条暢也。兄所言諸友、求清与僕同挙於郷、子才嘗観政武選、時僕以病罕交接、未及与語。葉君雖未相識、如兄言、要皆難得者也。微服中不答書、為致意。学術不明、人心陥溺之餘、善類日寡。諸君幸勉力自愛、以図有成也。嘗有論性書、録去一目。

［補説］
徐子積の執筆した叙文類に対して、おおむね賛同しつつ、見解の相違する点については別便で指摘することを約束している。

跋類

「書劉生巻」

仁者以天地万物為一体、医書以手足痿痺為不仁。大庾劉生慎請為仁之説。生儒而善医、吾嘗見其起危疾、療沈疴、皆応手而験。夫儒也、則知一体之仁矣。医也、則知痿痺之非仁矣。世之人仁義不行於倫理、而私欲以戕其天性、皆痿痺者也。生惟無以其非仁者而害其仁焉、求仁之功尽此矣、吾何説。生方以貢入京、自此将為民社之寄。生能以其素所験於医者而施之於政、民其有瘳乎。

［補説］
儒医である劉生よりの問いに対して、医術をたとえとして万物一体の仁についてわかりやすく説明している。

雑著

「策問一道」

問、自天子以至於庶人、自上古之聖神以至於後之賢士君子、未有不由師友能有成者。経伝之載詳矣、請試言之。夫師以伝道授業、必賢於己者也。孔子之師、萇粥之流也、果賢於孔子歟。無友不如己、而文王之友四人、果皆文王所不若歟。果文王所不若也、則四人者為友不若己矣。民生於三事之如一、弟子於師、心喪三年。若子貢之徒於孔子、是已未聞。孔子之喪蕢郯、若是也。友不可以有挟、若献子之友五人者是矣。而孔子於原壌、以杖叩脛焉、無乃近於有挟乎。不保其往、待物之洪、而取瑟之歌不已甚。犯而不較、与人之厚、而責善之道無乃虧。後世若操戈入室、已無足責。而施帳登堂者、於師生之道、果無愧乎。擠井下石、已非所倫、而弾冠結綬者、於朋友之誼、果已尽乎。立雪坐風、厳和不同、而同称善教何居。分金投杖、避譲不同、而同称善交何説。今師友之道淪廃久矣、欲起而振之、以上有承於洙泗、下無忝於濂洛、若之何而可。諸君辱在不佞、方有責於師友之間、不可以不講也。

［補説］

科挙の試験問題の形で、師友の関係を古代のようにする為の方策を訊ねたもの。

墓誌

「蜀府伴読曹先生墓誌銘」

弘治十八年三月己亥、蜀府伴読曹先生卒。又三年始克葬、是為正徳戊辰之冬、緩家難也。将葬、其子軒謀所以誌其墓者。於時、餘姚王守仁以言事謫貴陽。軒曰、是可以托我先人於不朽矣。以其妹婿越榛状来請。貴陽之士従守仁遊者詢焉、皆曰信、乃為誌之。先生始以明詩経挙於郷、入試進士、中乙榜、選教夔之建始。建始之学名存実廃、先生至、為立学宮、設規条、啓新滌穢、口授身率、士始去誕諺、循帖知学、科第勃興、化為名庠。改教成都華陽、化之如建始。部使者以良有司薦、将試之州郡。先生聞曰、是非吾所能也。会以満考至、部懇求補、遂以為蜀恵王伴読。先生入則論経史、開諭徳義、出咨否可備替。献王甚尊寵敬信之、欲加之秩、請於朝。固辞不可、乃止。及嗣王立、復加之、辞益至。王使私焉。曰、聞府之進秩者、皆先容而獲。今王以義挙、而使者以賄成之、辱上甚矣、其敢不承於先王。王嘆曰、純士、勿強之。先生以知遇之厚、無弗尽、愉曲有陰嫉之者。居久之、乃以老求去。王曰、君忘先王耶。先生再拝謝曰、臣死不朽、殿下之及此言、将顧諟明、命正厥事、臣孰敢非正之供、奚事儢臣。不然、臣死且無日、況能左右是図。不得已、許之。家居五年、寿七十有一。卒之五月、以藩府旧労進階登仕郎。先生之先為呉人也、永楽間、曾大父迪功郎炯始来自蘇之長洲、戍貴陽、家焉。炯生伏乙、伏乙生二子栄、昌。昌娶秦氏、生先生及弟。両方齓而相継以歿、掬於大父之側室王伯栄是庇。王卒、先生去官喪焉。伯栄既耄、先生奉以之官、不欲、留養、不許。乃大備羞耇慎終之具而後行。謂其子曰、吾聞絞紟衾冒、死而後制。然吾四方之役也、可異乎。亦為之具。嗚呼、若先生、乃可以為子諒篤行之士、今亡矣。配孺人劉氏、子五人、輊幹蠱、軾先卒、轍旌義民、軒庠生、力学有聞、軏業挙。女五人、適知県尤善輩、皆名家。孫男女六人。先生之世徳、於是乎証。先生諱霦、字時望、号戇庵。墓在貴陽城東祖塋之次。銘曰、於維斯人、此士之方。彼藩之良、淵塞孔将。不寧維藩、可以相邦。靡曰其下、厥聞既起。靡曰其逝、其儀孔邇。我行其野、我践其里。其耇若穉、其昆若嗣。於維斯人、不愧銘只。

［補説］

正徳戊辰（三年、一五〇八）、貴陽滞在中の王守仁が曹先生の子の曹軒より依頼を受けて、曹先生の墓誌銘を記したもの。曹先生は本文中にもあるように、名は霦、字時望、号戇庵。貴州省貴陽の人。蜀恵王の伴読をつとめ、弘治十八年（一五〇五）に亡くなっている。

「孺人詹母越氏墓誌銘」

予年友詹恩蓋臣既卒之明年、予以言事謫貴陽、哭蓋臣之墓、有宿草矣。登其堂、有母孺人之殯在、重以為蓋臣傷。見蓋臣之弟恵及其子雲章、則如見蓋臣焉。恵将挙葬事、因以乞銘於予。不及為蓋臣銘、銘其母之墓、又何辞乎。按状、孺人姓越氏、高祖為元平章、曾祖鎮江路総管、入国初、来居貴陽。父存仁翁生孺人、愛之、必為得佳婿。時蓋臣之祖止菴、亦方為蓋臣父封評事公求配、皆未有当意者。一日、止菴携評事過存仁飲、見孺人焉。両父遂相心許之、故孺人帰於評事。評事公好奇、有文事、累立軍功、倜儻喜遊。嘗自滇南入蜀踰湘、歴呉楚斉魯燕趙之区、動逾年歳。孺人閫処、釐外内之務、家政斬然。評事公出則資馬僕従、入則供具飲食、以交四方之賢、孺人蚤夜承之無怠容。恩亦随挙進士、歴官大理寺正公。孺人卒、受恩封焉。嗚呼、孺人相夫為聞人、訓其子以顕於時、可謂賢也矣。両子、恩先卒、恵方為郡庠生。女一、適挙人張宇。孫三、雲表、雲章、雲行。雲章以評事公軍功、百戸優給、人謂孺人之沢未艾也。墓従評事公兆於城西原。銘曰、母也惟慈、妻也惟順。嗚呼孺人、慈順以訓。生也惟従、死也惟同。城西之祔、帰於其宮。

［補説］
貴陽に流され、亡くなった友人である詹恩、字蓋臣の墓に詣でた際、その母である越氏の墓誌銘を依頼され、執筆したもの。文中に登場する詹恩の祖父、止菴は詹英、字は秀実、止菴は号。貴州の人。

巻之三

詩類

五言律詩

「送人致仕」

人生貴適意、何事久天涯。栗里堪栽柳、青門好種瓜。冥鴻辞網罟、塵土換烟霞。有子真騏驥、帰歟莫怨嗟。

［補説］
辞職して、帰郷することになった人を慰める詩。

七言律詩

「龍岡謾書」
子規昼啼蛮日荒、柴扉寂寂春茫茫。北山之薇応咲汝、汝胡侷促淹他方。綵鳳葳蕤臨紫蒼、予亦鼓棹還滄浪。只今已在由求下、顔閔高風安可望。

［補説］
龍場に流された際、龍岡書院を構えた地である龍岡の風物を詠んだ詩。なお、『王文成公全書』巻十九にも「龍岡新構」と題する詩があり、当地の様子が詠われている。

以上の分析からもわかるように、本書は『王文成公全書』やその他の王守仁の著作に収められていない多くの佚文・佚詩を収めており、特にその中に王守仁の貴州在住中の作品や、貴州出身の弟子・友人にあてた詩文が多く含まれていることは注目され、本書の内容上の特色となっている。これらの内容は、単に我々に王守仁の貴州在住中の思想及び生活の状況を示すのみならず、王守仁と貴州の弟子・友人との間の関係、更には王守仁の思想の貴州における伝播の状況を知る上でも重要な価値を持つものとなっている。このほかにも、本書には『朱子晩年定論』の刊行の事情を示す書簡なども含まれており、王守仁の思想を解明する上での重要資料となっているのである。

第四節　宋儀望編『陽明先生文粋』について

明代、嘉靖年間から隆慶年間にかけて流布していた王守仁の詩文集の一つに、『陽明先生文粋』を挙げることができる。本書については、そこに収録されている『伝習録』の部分について僅かに言及されるのみで、その全体像について語られることは今日まで無かった。本稿においては、その基本的な内容の紹介を行なっていきたい。

本書の版本は、管見の限り十三部が現存しており、以下のように分類することができる。

一、嘉靖三十二年（一五五三）刊本　台湾中央図書館（二部）、南京図書館、日本内閣文庫蔵
二、嘉靖三十六年（一五五七）刊本　台湾中央図書館、天津市人民図書館、青海省民族学院図書館蔵
三、嘉靖年間河南府刻藍印本　中央民族学院図書館蔵
四、隆慶六年（一五七二）刊本　十行二十字本　浙江図書館、湖南省図書館、日本内閣文庫、東京都立中央図書館蔵
五、隆慶六年（一五七二）刊本　九行十八字本　南京図書館蔵

以下、本稿においては、内閣文庫所蔵の二部について述べていきたい。

内閣文庫所蔵の二部は、それぞれ嘉靖三十二年（一五五三）序刊のもの（以下「嘉靖本」）および隆慶六年（一五七二）

序刊のもの（以下「隆慶本」）である。それぞれの書誌学的データは以下の通り。

「嘉靖本」（残欠本、一、二、九、十、十一、十二の各巻が現存）四周双辺（十九・七×十三・七糎）、半葉十行、行二十字。巻首第一行題「陽明先生文粋巻二」、第一行の下に「元冊」（巻九に「貞冊」）とあり、これによって本来「元、亨、利、貞」の四冊本であったことが伺える。白口、上に白魚尾（図十二）。

「隆慶本」（全十一巻）四周双辺（十九・一×十四・〇糎）、半葉十行、行二十字。巻首第一行題「陽明先生文粋巻一」、第一行の下に「元冊」（巻三には「亨冊」、巻六「利冊」、巻九「貞冊」）とあり、嘉靖本の四冊本の形をそのまま継承している。各巻第二行の下に「吉郡宋儀望選編」の七文字があり、これは嘉靖本にはないものである。版心は嘉靖本と異なり、上に黒魚尾。

現存する部分についてみる限り、「嘉靖本」と「隆慶本」の内容に大きな違いは見られない。また、東京都立中央図書館蔵本は「隆慶本」である。

次に、本書の序跋によって、本書の成立の事情を探っていきたい。

「刻陽明先生文粋序」（【　】内は隆慶本のみ）

陽明先生文粋若干巻、始刻于河東書院。蓋余企諸人士相与講先生之学、故集而編之云。或曰、先生之文、燦如日星、流若江河。子既檄刻其集布之矣。茲編之選、則何居焉。宋儀望曰、道有体要、学有先後。先生之学、以致良知為要。而其所謂文章功業云云、是特其緒餘耳、非学者所汲汲也。故余推本先生之学、取其序大学古本或問等篇、他如門人所刻伝習録、答諸君子論学等書、要皆直吐胸中所見、砭人膏肓、啓人蔽錮、尽発千古聖賢不伝之秘。窃以為、士而有志於学聖人者、則舎此何適矣。若是、則伝習録乃門弟子所撰記、故集不載。今子亦類而編之、何也。曰、先生之学、著為文辞、吐為述答、実則一而已、而又焉往而非先生之文也。曰、先生録中所云致良知一語、則以為超然独悟。豈吾夫子之学、固猶有歉於此耶。曰、善乎而之問之也。昔者聞之、上古之時、人含淳朴、上下涵浸於斯道、而不自知。是以宓羲氏始画八卦、而未有文字。自堯舜有精一執中之訓、而万世心学之伝、無有餘蘊矣。乃成湯文武周公数聖人者、其於斯道、又各自有所至。書伝所載、可攷而知也。及至周末、聖人之学大壊。学者各以其所見為学、紛紛藉藉、流入於異端、而不待知者、不可勝紀。於是吾夫子、始与群弟子相与講明正学。今攷其指帰、大抵一以求仁為至。夫仁者以天地万物為一体、欲立立人、欲達達人。心之本体固如此耳。外是即功業如五伯、要不免於失其本心。然当時伝夫子之学者、惟顔曾氏与子思孟子数人而已。是故曰忠恕、曰慎独、曰集義、養気、是数子之学、又各自有所得。要之莫非所以求仁也。是又数子之所以善学孔子也。嗚呼、観乎此、則可以論先生之学矣。先生之学、求仁而已矣。求仁之要、致良知而已矣。何者、心一而已。自其全体而言、謂之仁。自其全体之明覚而言、謂之知。是故舎致知則無学矣。孟子巧知譬、則巧聖譬、則力致良知以学聖巧之至也。嗚呼、此非達天徳者、其孰能知之。若是、則子於先生之学奚若。曰、吾吉有三君子、皆先生門人、而予従而受学焉。学而未能是、則先生之罪人也。

嘉靖癸丑孟秋、後学廬陵宋儀望謹叙。

【按是編往予手自校選刻于河東、嗣後刻于大梁洛陽間。顧海内学士多以不得先生刻本為恨。今年春予視学閩中、乃重校刻之、期与八閩人士共勉焉。隆慶六載閏二月宋儀望続題于正学書院。】

陽明先生文粋巻七末

［文録跋］（仮題）

右陽明先生文集、海内雖多板行之、然書帙繁多、四方同志、未易便得。茲所刻文粋十一巻、皆以切於学者日用工夫、故校而編之。其答問諸篇中或不専於論学者、則不嫌於断章截取、亦薛王二公所編則言之意也。惟同志者諒焉。

宋儀望識。

陽明先生文粋巻八末

［詩録跋］（仮題）

宋儀望曰、詩之道、蓋難言哉。体天地之撰、類万物之情、極鬼神之変。自三百篇以下、多淫辞矣、而奚可以言詩。陽明先生諸体詩、要皆涵詠性情、敷暢物理、読之使人興起忘倦。茲篇之選、則以其専於論学者、故附見焉。学者観此而有得焉、則於斯道也、其殆庶幾乎。噫、此豈可与浅見俗聞者道哉。

陽明先生文粋巻十一末（徐愛序の後）

［伝習録跋］（仮題）

宋儀望曰、陽明先生伝習録三巻、為先生門人徐曰仁、陸原静、薛尚謙所録、即孔門弟子記魯論之意、大有功於学者。茲併編之文粋巻中、庶四方同志得便覧焉。右序則曰仁叙所刻伝習録本旨、其所得蓋深遠矣、故並刻云。

「陽明先生文粋跋」［（　）内は小字］

刊陽明先生文粋者、我代巡宋公、按歴河東、百度惟新、雅造士類、相与諸士講明正学。慮諸士不能遍識也、刊先生文集。慮諸士不能知要也、択先生序大学古本、大学問諸篇及伝習録、答諸君子論学諸篇、訂為四本、名曰文粋、示（良弼）校刊。（良弼）捧誦之、拝首揚言曰、吁、休哉、陽明先生発明斯道之正伝、我宋公嘉恵後学之盛心也。余（小子）不類、敢僭言乎。夫道也者、原於天、率於性、統於心、夫人皆有之也。堯舜禹之精一執中、湯之建中、武之建極、皆是道也、皆是心也。三代衰、王道熄、覇道倡、孔子、子思、孟子相継講明斯道、曰求仁、曰忠恕、曰集義、養気、皆是道也、皆是心也。孔孟歿、聖学晦而邪説横、諸儒訓詁、破裂斯道。夫道之不明、闡之者晦之也。我陽明先生云致良知、所以発前聖賢之所未発。夫良知者、天命之性粋然至善、虚霊明覚之謂也。致良知者、随事随物、精察此心之天理以致其本然之良知、所謂拡然太公、物来順応之也。使天下之人皆知此道具於吾心、切近精実、能於此心而致其良知焉、則天下之人各明其心、各見其性、治天下可運於掌上。聖賢事業、不在茲乎。当是時、固多遵信先生之説而講明之也。其詆侮悔謗之者、未知先生之心也。先生独見而詳説之、何暇計哉。我宋公独得先生之心印、身体而精察之。観其法度明勅、心之惻怛之昭宣也。紀綱之振粛、心之裁制之敷布也。儀度之雍容、心之品節之発越也。善悪之剖析、心之好悪之明決也。文章之燦爛、心之英華之顕著也。至於孝以事親、忠以事君、又心之切近而精実者也。躬行心得之餘、又刊是集、以与諸士講明斯道、以致其良知焉。先生云、誠得豪傑同志之士、扶持匡翼、共明良知之学於天下、使天下之人皆知自致其良知、以相安養、去其自私自利之蔽、其我公之謂乎。（弼）忝属末、承命、不能文、贅其鄙説於簡末。

属下銭塘後学姚（良弼）頓首拝跋。

以上の序跋のうち、序を記した宋儀望は、字望之、号鳴山、晩号華陽。江西省吉安府永豊県（今の江西省永豊県）の人。嘉靖二十六年（一五四七）の進士。万暦年間に官大理卿に到る。張居正に忤い引退。年六十五にして卒す。聶豹に師事する。著に『華陽館文集』十七巻続集二巻がある。『明史』巻二百二十七、『明儒学案』巻二十四（江右王門学案）に伝がある。

一方、跋を記した姚良弼は字夢賢。浙江省銭塘県（今の浙江省杭州市）の人。嘉靖十四年（一五三五）の進士。官、雲南副使に至っている。

本書が嘉靖癸丑（三十二年、一五五三）に始めて刊刻された河東書院は、『山西通志』（『四庫全書』所収）に、「河東書院在（太原）城北五里。巡塩御史張士隆建、呂柟記。内有書楼、馬理記。万暦八年張居正奏毀天下書院、御史李廷観改祀堯舜禹三聖廟、迄今勝概猶存」とある太原近郊の著名な書院である。

宋儀望の「刻陽明先生文粋序」によれば、彼は初め河東書院において本『文粋』を編集、刊行したが、その後、「大梁洛陽間」において再刊したことが判る。

そして本書が三度目、隆慶六年（一五七二）に刊行された閩とはいうまでもなく福建省のことであるから、本書は山西省、河南省、福建省という、浙江省を中心とする長江中下流域において発展を遂げた陽明学の、周辺地域において繰り返し刊刻されたことが明らかになる。なお、隆慶六年に宋儀望が跋文を記している正学書院は、嘉靖年間に王宗沐によって江西省南昌に建てられた書院であり、河東書院の例と併せて考えるならば、王学関係の出版が、書院と密接な関係を持っていたことを推測できるのである。

本書編纂の目的については、巻七末の［文録跋］（仮題）において、宋儀望が「陽明先生文集、海内雖多板行之、然書帙繁多、四方同志、未易便得。茲所刻文粋十一巻、皆以切於学者日用工夫、故校而編之。其答問諸篇中、或不専於論学者、則不嫌於断章截取。亦薛王二公所編則言之意也」と述べているように、それまでに刊刻された王守仁の文集を入手しがたい地方の同志の便宜を図るためのものであった。また、ここで「薛（侃）王（畿）二公所編則言」に言及しているのも興味深い。『陽明先生則言』については本書第一章を参照されたいが、薛侃および王畿によって嘉靖十六年（一五三七）に携帯の利便を第一として刊刻された王守仁の語録であり、その簡便を旨とする編纂方針が、明らかに本『文粋』に影響を与えていることが見て取れるのである。

なお、本書が始めて刊行された河東（山西省領内の中、黄河以東の地区を指す）の地において、宋儀望は、嘉靖三十二年（一五五三）春に、「巡塩河東」としての河東巡察の際、「姑蘇本」を底本として『河東重刻陽明先生文録』を刊刻したことを「河東重刻陽明先生文集序」において彼自身が記している（本章第五節参照）。従って、これら二書は同年に河東の地で刊行されたことになるのである。また、巻末の姚良弼の跋においては、宋儀望の河東の地における活動について、「慮諸士不能遍識也、刊先生文集。慮諸士不能知要也、択先生序大学古本、大学問諸篇及伝習録、答諸君子論学諸篇、訂為四本、名曰文粋」と、『文集』（『河東重刻陽明先生文録』）と『文粋』には、それぞれ「遍識」と「知要」という目的があったと述べられている。

次に、「隆慶本」によって本書の内容を見ていきたい。

「刻陽明先生文粋序」（嘉靖癸丑［三十二年、一五五三］、宋儀望。隆慶本はそのあとに隆慶六年［一五七二］の序が続く）

陽明先生文粋巻一（雑著十三編）　『王文成公全書』

大学古本序　『全書』巻七

大学問　『全書』巻二十七

修道説　『全書』巻七

博約説　『全書』巻七
示弟立志説　『全書』巻七
礼記纂言序　『全書』巻七
尊経閣記　『全書』巻七（稽山書院尊経閣記）
親民堂記　『全書』巻七
山陰学記　『全書』巻七（重脩山陰県学記）
朱子晩年定論序　『全書』巻七
紫陽書院集序　『全書』巻七
象山文集序　『全書』巻七
別湛甘泉序　『全書』巻七

陽明先生文粋巻二（答書一首）
答人論学書（来書云、近時学者）　『全書』巻二（答顧東橋書）

陽明先生文粋巻三（答書四首）
答羅整菴少宰書（某頓首啓）　『全書』巻二
答欧陽崇一書（来書云、師云）　『全書』巻二（答欧陽崇一）
答聶文蔚書（春間遠労）　『全書』巻二（答聶文蔚）

二（得書見近来）　『全書』巻二

陽明先生文粋巻四（答書二首）
答周道通書（呉曾両生至）　『全書』巻二（啓問道通書）
答陸元静書（来書云、下手）　『全書』巻二

陽明先生文粋巻五（答書十二首）
答黄宗賢応原忠（昨晩言似太多）　『全書』巻四
答汪石潭内翰（承批教連日）　『全書』巻四
答王虎谷（承示別後）　『全書』巻四
与王純甫（純甫所問）　『全書』巻四（与王純甫二）
答王天宇書（書来見平日）　『全書』巻四（答天宇書）
二（来書云、誠身）　『全書』巻四
与薛尚謙（沿途意思如何）　『全書』巻四
答倫彦式（往歳仙舟）　『全書』巻五
与楊仕鳴（差人来）　『全書』巻五
与陸原静（某不孝不忠）　『全書』巻五（与陸原静二）
答舒国用（来書足見）　『全書』巻五

寄薛尚謙（承喩自咎）　『全書』巻五

陽明先生文粋巻六（答書十一首）

寄鄒謙之（比遭家多難）　『全書』巻六

二（承示踰俗）　『全書』巻六

三（教札時及）　『全書』巻六

四（正之帰備）　『全書』巻六

五（張陳二生来）　『全書』巻六

答欧陽崇一（去冬十二月）　佚文（嘉靖十二年黄綰序刊『陽明先生文録』に「答欧陽崇一　三」として初出）

二（遠労問恵）　佚文（嘉靖十二年黄綰序刊『陽明先生文録』に「答欧陽崇一　四」として初出）

答友人問（問、自来儒先）　『全書』巻六

与黄勉之（来書云、以良知之教）　『全書』巻五（与黄勉之二）

答南元善（世之高抗）　『全書』巻六

与陳惟濬（聖賢論学）　『全書』巻六

陽明先生文粋巻七（雑著三十八首）

与辰中諸生（絶学之餘）　『全書』巻四
答徐成之（先儒所謂）　『全書』巻四
与黄宗賢（僕近時与朋友）　『全書』巻四（与黄宗賢五）
与王純甫二（変化気質）　『全書』巻四（与王純甫）
寄希淵二（方今山林枯槁之士）　『全書』巻四
与戴子良（学之不明）　『全書』巻四
寄李道夫（比聞列郡之始）　『全書』巻四
与陸原静（博学之説）　『全書』巻四（与陸原静）
与希顔台仲明徳尚謙原静（入仕之意）　『全書』巻四
寄門人邦英邦正（謂挙業）　『全書』巻四（寄門人邦英邦正二）
寄諸弟（本心之明）　『全書』巻四
答方叔賢（大学旧本之復）　『全書』巻四
復唐虞佐（撤講慎択）　『全書』巻四
与席元山（大抵此学）　『全書』巻五
答甘泉（世傑承来）　『全書』巻五
与唐虞佐（学於古訓）　『全書』巻五（与唐虞佐侍御）
答方叔賢（承示大学）　『全書』巻五
与陸原静（齎奏人回）　『全書』巻五（与陸元静）

答劉内重（程子云、所見）　『全書』巻五
答季明徳（承示立志）　『全書』巻六
与王公弼（書中所云、斯道）　『全書』巻五
二（来書比旧）　『全書』巻六（与王公弼）
三（来書提醒）　『全書』巻六（与王公弼二）
答以乗憲副（此学不明）　『全書』巻六
答安福諸同志（得虞卿及諸同志）　『全書』巻六（寄安福諸同志）
見斎説（辰陽劉観時）　『全書』巻七
書魏師孟巻（心之良知）　『全書』巻八
書石川巻（先儒之学）　『全書』巻八
書王天宇巻（聖誠而已矣）　『全書』巻八
書王嘉秀請益巻（仁者以天地）　『全書』巻八
書孟源巻（聖賢之学）　『全書』巻八
書陳世傑巻（堯允恭克譲）　『全書』巻二十四
書諸陽伯書（心之体性也）　『全書』巻八（書諸陽巻）
書中天閣勉諸生（雖有天下）　『全書』巻八
書林司訓巻（林司訓年）　『全書』巻八
［文録跋］（仮題、宋儀望）

陽明先生文粋巻八（雑詩五十二首）	
読易（囚居）	『全書』巻十九
陽明子之南也・・・作八詠今録四首（洙泗説）	『全書』巻十九（陽明子之南也・・・作八詠　其三）
其二（此心還）	『全書』巻十九（其四）
其三（器道不可）	『全書』巻十九（其五）
其四（静虚）	『全書』巻十九（其六）
憶昔答喬白巌・・・儲紫墟二首（憶昔与君）	『全書』巻十九（憶昔答喬白巌・・・儲紫墟）
（毫鼇何所辯）	『全書』巻十九（其二）
夢与抑之・・・紀以詩一首（起坐憶）	『全書』巻十九（夢与抑之・・・紀以詩三首　其二）
長沙答周生（旅倦）	『全書』巻十九
観傀儡次韻（処処相逢）	『全書』巻十九
春日花間偶集示門生（閒来聊与）	『全書』巻十九
霽夜（雨霽）	『全書』巻十九
睡起写懐（江日熙熙）	『全書』巻十九
再過濂渓祠用前韻（曾向図書）	『全書』巻十九
別方叔賢二首（自是）	『全書』巻十九（別方叔賢四首の第二首）
（休論寂寂）	『全書』巻十九（別方叔賢四首の第三首）

送蔡希顔一首（何事）	『全書』巻二十（送蔡希淵三首の第三首）
与徽州程畢二子（句句）	『全書』巻二十
次欒子仁韻送別四首（従来）	『全書』巻二十
書悟心篇答張太常一首（悟心編）	『全書』巻二十（書悟心篇答張太常二首の第一首）
坐忘言巌問二三子（幾日）	『全書』巻二十
書汪進之極巌二首（一竅）	『全書』巻二十
有僧・・・以励吾党（莫怪）	『全書』巻二十
無題（巌頭有石人）	『全書』巻二十
睡起偶成（四十餘年）	『全書』巻二十（睡起偶成の第一首）
次謙之韻（珍重江船）	『全書』巻二十
碧霞池夜坐（一雨）	『全書』巻二十
秋声（秋来）	『全書』巻二十
林汝桓以二詩寄次韻為別（堯舜）	『全書』巻二十
月夜二首（万里中秋）	『全書』巻二十
夜坐（独坐）	『全書』巻二十
天泉楼夜坐和蘿石韻（莫厭）	『全書』巻二十
詠良知四首示諸生（箇箇人心）	『全書』巻二十
示諸生二首（爾身各各）	『全書』巻二十（示諸生三首の第一首）

（人人有路）　『全書』巻二十（示諸生三首の第二首）

答人問良知二首（良知即是）　『全書』巻二十

答人問道（饑来喫飯）　『全書』巻二十

別諸生（綿綿聖学）　『全書』巻二十

棲雲楼坐雪二首（此日棲雲）　『全書』巻二十（棲雲楼坐雪二首の第二首）

帰興（一糸無補）　『全書』巻二十

重遊化城寺二首（愛山日日）　『全書』巻二十（重遊化城寺二首の第一首）

守文弟帰省携其手歌以別之（爾来我心）　『全書』巻二十

［詩録跋］（仮題）

陽明先生文粋巻九（伝習録一）　『全書』巻一（伝習録上巻、徐愛録）

陽明先生文粋巻十（伝習録二）　『全書』巻一（伝習録上巻、陸澄録）

陽明先生文粋巻十一（伝習録三）　『全書』巻一（伝習録上巻、薛侃録）

［伝習録序］（門人徐愛序曰、門人有私録陽明先生之言）（仮題、徐愛）

［伝習録跋］（仮題、宋儀望）

「陽明先生文粋跋」（姚良弼）

以上からも明らかなように、本書は佚文の二篇を除くと、現在の『全書』においては、巻一、二、四、五、六、七、八、十九、二十、二十七に収録された諸篇から成っている。このうち、本書編纂の際、河東の地で宋儀望が所持していたことが明らかな「姑蘇本」には、本書巻九から十一の「伝習録」（『全書』巻一）および本書巻一の「大学問」（『全書』巻二十七）以外の諸篇はすべて含まれている。

一方、本書が始めて刊刻された嘉靖三十二年（一五五三）においては、既に南大吉本『伝習録』や『陽明先生語録』が刊刻されており、宋儀望はそれを参照可能であった。また、「大学問」は前記『則言』に収録されていることからして、宋儀望がそれに依っていることは明らかである。従って、本書の底本は、「姑蘇本」文録、南大吉本『伝習録』および『陽明先生語録』、『陽明先生則言』であると推測できる。ただし、佚文の二篇は「黄綰本」文録および「閭東本」文録にしか収録されていないため、宋儀望は恐らくそのどちらかをも参照していたと思われる。(34)

以上からも判るように、本書は陽明学の余り普及していない地方にあって、その普及を目的としてくりかえし刊刻された詩文集であり、その目的に添った、簡便な内容となっているのである。

なお、本書の内容のうち、『伝習録』の部分に関しては、第一章を参照されたい。

第五節　宋儀望編『河東重刻陽明先生文録』について

前節において述べた『陽明先生文粋』が刊刻されたのと同じ年（嘉靖三十二年、一五五三）に、同じ人物（宋儀望）によって編纂され、同じ場所（河東書院）において刊刻された王守仁の文集がある。それが本節において述べる、『河東重刻陽明先生文録』である。本書は、複数が現存していることからして、当時においてはそれなりの部数が刊行されたものと思われるが、近代以後の研究において利用された形跡はない。

『中国古籍善本書目』によれば、嘉靖三十二年に刊行された本書は中国の上海図書館、安徽省図書館（残欠本）、四川大学図書館に所蔵されている。また、日本国内においては、早稲田大学図書館および国会図書館に『中国古籍善本書目』に著録されていない隆慶六年（一五七二）重刊本が所蔵されている。

始めに、上海図書館蔵本によって、嘉靖癸丑（三十二年、一五五三）刊本について述べてみたい。

上海図書館蔵本（以下、「嘉靖本」と略）は、全十二冊。十九・一×十四・三糎。左右双辺、白口、単魚尾。半葉十行、行二十字（図十二）。その構成は以下の通りである。

「河東重刻陽明先生文集序」（嘉靖癸丑［三十二年、一五五三］、宋儀望）
「陽明先生文録序」（嘉靖乙未［十四年、一五三五］、黄綰）
「陽明先生文録序」（嘉靖丙申［十五年、一五三六］、鄒守益）
「陽明先生文録総目」
本文（文録五巻、外集九巻、別録十巻。内容は「姑蘇本」と一致する）

とくに注目されるのは、「嘉靖本」の本文の内容が本章第二節において述べた、嘉靖乙未（十四年）黄綰序と嘉靖丙申（十五年）鄒守益序を持つ、『陽明先生文録』（いわゆる「姑蘇本」）と完全に一致することである。また、本文の行格や字体もこの『陽明先生文録』に酷似している。なお、「嘉靖本」の序の中、黄綰序と鄒守益序も「姑蘇本」に所収のものと内容、行格ともに一致している。

それでは次に、本書に収録されている宋儀望序により、本書の成立の事情を述べてみたい。

「河東重刻陽明先生文集序」

文林郎河南道観察御史廬陵後学宋儀望譔

陽明先生文集、始刻于姑蘇、蓋先生門人銭洪甫氏詮次之云。自後或刻于閩、于越、于関中、其書始漸播於四方学者。嘉靖癸丑春、予出按河東。河東為堯舜禹相授受故地、而先生之学、則固由孔孟以泝堯舜。於是間以窃聞先生緒言、語諸人士、而若有興者。未幾、得関中所寄先生全録、遂檄而刻之。宋儀望曰、嗟乎、先生之学、蓋難言之矣。昔者孔子設教於洙泗之間、其与群弟子論説、如答問仁問孝問政之類、各随其人品高下而成就之。而求仁之学、惟顔氏之子為庶幾焉。其餘雖穎悟如賜、果如由、多藝如求、皆不許其為仁。故曰、惟命与仁、子蓋罕言之。当時従者亦且疑其為隠、而夫子他日又欲無言。夫子豈誠不欲言之人、人願学者、有及有不及耳。顔氏既歿、斯道益孤。其後迺得曾氏、遂以所著大学一篇授之。厥後子思孟子亦各発明其学、無有異同。然自二子之後、伝其学者、往往流為異端而不自知。秦漢以還、斯道不絶如綫。至宋、程氏陸氏又起而倡明之。当其時、同志諸君子又多持其所見、競立門戸者不可勝数。嗚呼、聖人之学、是何明之之難、而晦之之易也。陽明先生英邁特起、鋭志斯道、更歴変故、造詣益深、於是始以聖人為必可至。一日取大学古本、深加研究、遂発明其格物致知之説、而超然有悟於致良知之一語。既而本之吾心、験之躬行、考之往聖、質之鬼神、建諸天地、然後知良知之用、徹動静、合体用、貫始終、常精常明、常感常寂、常戒慎恐懼、常太公順応。蓋至是、而先生之学始沛然決之黄河、而無復有疑矣。先生嘗曰、心之良知、是謂聖人。人之不能致其良知者、以其無必為聖人之志也。是故舎致知、則無学矣。舎聖人、則無志矣。故其与門弟子語、倦倦以致良知為訓、而不復有他説。何者、良知之学、先生超然独契、発千古聖人不伝之秘、不啻若獲宝於淵、復金於塗、而遂欲以公之人人。故学者一聞其説、莫不恍然有悟。而不知先生之学、実未嘗以一悟而遂可至於聖人。孔子在当時、発奮忘食、下学而上達。而門弟子乃謂其為天縦。夫子至是、始有莫我知之歎矣。嗚呼、今之譚先生之学者、其果尽能身体力行、如夫子所云者乎。予故曰、先生之学、蓋難言之矣。先生既歿、毅然任斯道而不変者、皆傑然為世名儒。然亦有号称脱悟、乃或少変其師説、以自立門戸、甚者往往自軼於縄墨。而後進之士、遂妄加訾議、而卒視聖人為不可及。嗚呼、是則可懼也已。今之読先生之書者、果能求先生之心、体先生用功之実、譬之衣服飲食飽煖、自知若是、則将終身従事、猶懼渉汪洋而茫無涯涘也。彼人之至不至、訾不訾、又何与於我哉。是則先生之学也、是則重刻先生之集之意也。是為序。

嘉靖癸丑秋七月。

宋儀望の序文は、その冒頭において、「陽明先生文集、始刻于姑蘇」と、前述の「姑蘇本」こそ王守仁の始めての文集としている。もちろん、本章において述べたごとく、それ以前にも王守仁の文集はいくつか出版されてはいるものの、必ずしもそのことが周知されてはいなかったようである。宋儀望はこれらの文集の存在を知らず、「姑蘇本」こそ始めての王守仁の文集と信じていたのだろう。

宋儀望は嘉靖三十二年（一五五三）春に、巡塩河東としての河東（山西省領内の中、黄河以東の地区を指す）巡察をおこなったが、その際、「未幾得関中所寄先生全録、遂檄而刻之」と述べているように、本書の刊行を行なったのである。ここで述べられている「全録」が「姑蘇本」であり、それを底本として刊刻したことは本書の内容から見て間違いない。

以上の経緯からも判るように、「嘉靖本」は、山西省という、陽明学の普及が遅れた、いわば辺境の地での陽明学の普及のために刊刻されたものである。そのような目的のためには、既存の文集の重刻という形は安直ながらも有効なものであったと思われる。特に本書の場合、刊行者たる宋儀望は「姑蘇本」を所有していたものと思われるから、速やかな刊行が可能となったと考えられるのである。

また、本書の書名である『河東重刻陽明先生文録』は、本書が河東において二度刊刻されたという意味ではなく、「河東において重刻された（「姑蘇本」）文録」の意であろう。前節において述べたように、本書が刊刻された嘉靖三十二年（一五五三）においては、宋儀望は河東書院において、より簡便な詩文集である『陽明先生文粋』をも刊行している。従って、本書が刊刻されたのも、河東書院においてのことと推測されるのである。

次に、隆慶六年（一五七二）重刊本である早稲田大学図書館蔵本について見ていきたい。

早稲田大学図書館蔵『河東重刻陽明先生文録』（以下、「隆慶本」と略）は、全十冊、十九・一×十二・九糎。四周双辺、黒口、単魚尾。半葉十行、行二十字。その構成は以下の通りである。

「陽明先生文録序」（嘉靖乙未［十四年、一五三五］、黄綰）
「刻陽明先生全集序」（隆慶六年［一五七二］、邵廉）
「陽明先生文録序」（嘉靖丙申［十五年、一五三六］、鄒守益）
「河東重刻陽明先生文集序」（嘉靖癸丑［三十二年、一五五三］、宋儀望）
「隆慶六年宋儀望序」（仮題、隆慶六年［一五七二］、宋儀望）
「陽明先生文録総目」
本文（文録五巻、外集九巻、別録十巻。内容は「姑蘇本」と一致する）

「隆慶本」も「嘉靖本」同様、本文の内容は嘉靖乙未（十四年）黄綰序と嘉靖丙申（十五年）鄒守益序を持つ『陽明先生文録』と完全に一致する。但し、「嘉靖本」が左右双辺、白口なのに対して、「隆慶本」は四周双辺、黒口と違いが見られ、字様などにも若干の違いが見られる。また「隆慶本」の序の中、黄綰序と鄒守益序および宋儀望「河東重刻陽明先生文集序」も「嘉靖本」に所収のものと内容的には同一であるが、序の部分においては「嘉靖本」が本文同様に半葉十行、行二十字なのに対して、「隆慶本」では半葉八行、行十六字と違いを見せている。「隆慶本」は「嘉靖本」を翻刻した際、版式や字様を少し変えており、翻刻の際、版式や字様などにはあまりこだわらなかったものと思われる。

それでは次に、本書のみに収録されている、邵廉序と［隆慶六年宋儀望序］（仮題）を見ることにより、「隆慶本」の成立の事情を探ってみたい。

「刻陽明先生全集序」

天生出類之才、必従而誘属之、使能尋究道原、立功立言、以垂照後世。当代若陽明先生者、非所謂出類之才耶。其功業以匡時、著述以捄世、具在是編。今其門人論述者、皆以為非其至也、而独掲其所謂良知。喈夫、古聖蹈迪在門、闡述万世、孰踰孔孟氏哉。論語一書、轍跡所至、君相大夫交際、寓主隠約、覯接淹速、径曲汙隆、門人問答、進退川流、即徳容光斯照。故其自叙曰、無行不与二三子。曰述而不作、曰好古敏求、忘食忘憂。其在門之士、知足知聖者、曰見礼知政、聞楽知徳、未嘗外著述也。曰賢於堯舜、曰綏来動和、未嘗外事功也。其答問仁曰克復、曰敬恕、曰認四教、曰文行忠信。至孟子推尊孔氏、亦曰仕止久速、曰進退辞受而已。乃性与天道、雖穎悟之傑、且嘆其不可得聞。而中人以下、夫子以為不可語上。蓋欲学者潜修而黙識爾。夫人心之良、譬之佳種、根苗秀実。概之一穀、而芟柞培漑、概之一事、而成徳達才。国医治病、温寒燥湿、惟変所適。聖門教旨、諒同斯矣。

明朝承元、斯道晦蝕、習浮踵陋。志士僅抱遺文、璞玉礦金、閟而不顕。陽明先生掲致良知之学示人、本本元元、如起沉痾、如呼大寐、良以捄世而康済生民、計安社稷。先生之実学、孔門之宗派也。沿流之弊、或執霊明以為用、而忘戒懼之為功、或自謂無意必弗信、果以為体、而不知恣肆而無忌。是於先生之全書、譬之食而不知其味。程子屋脊過之喩、良若有慨於斯。今也余不敢謂知先生之学、今論宗旨、昭昭乎若掲日月行矣。顧念諸君子尊先生如孔孟氏、而略行事著述、或有異於孔氏自叙与其徒之闡述也。此則今督学宋公授刻先生全書意也。謹序。

隆慶六年、歳在壬申季春望日、南豊後学邵廉書。

「隆慶六年宋儀望序」(仮題)

是集予往按河東刻之。今復承乏視学閩中、適司諫南豊邵君守建寧。予過建、辱君過従署中、相与劇談陽明先生之学。司諫君曰、今所刻陽明全集、直与孟子七篇相表裏。蓋仏家所謂正法眼蔵也。願請前集翻刻之、以恵八閩士子、如何。予謝曰、是不穀之志也。然必辱高序、庶幾来哲知吾二人所用心云。司諫君曰、諾。遂書之以識歳月。

時隆慶六載、歳在壬申仲春廿有八日、宋儀望題。

以上の二序文のうち、「隆慶六年宋儀望序」(仮題)は、宋儀望の「河東重刻陽明先生文集序」のすぐ後に二字下げで記されている。

邵廉は字虚道、号圭斎、江西省南豊県の人。嘉靖四十四年(一五六五)の進士。官職は福建省建寧県(福建省三明市

建寧県）の知県から知成都に至る。万暦十一年（一五八三）免職。著に『圭斎集』がある。

宋儀望は嘉靖三十二年（一五五三）に『河東重刻陽明先生文録』を刊刻した後、福建学政として福建省に赴任中、知建寧の邵廉のすすめにより、隆慶六年（一五七二）に、福建省における陽明学普及のため「嘉靖本」を重刻したのである。従って、「隆慶本」は山西省同様に陽明学の後進地域である福建省における陽明学の普及のために刊刻されたものということになる。

「隆慶本」において特に注目されるのは、本書の刊刻が、王守仁著作の集大成である『王文成公全書』の刊刻と同年のことであるという事実である。陽明学の先進地域である浙江省において、王守仁著作の集大成がなされるような時期にあっても、地方においてはなお「姑蘇本」文録ですら眼にするのが困難な情況があった。『河東重刻陽明先生文録』の存在は、我々に当時におけるそのような情報の偏在を教えてくれるものなのである。

第六節　孟津編『良知同然録』について

明代においては、『居夷集』や『新刊陽明先生文録続編』などにおいて見られたように、地方における開版も盛んであった。本節においては、それらと同様に地方で刊刻された王守仁の詩文集である『良知同然録』の内容と特色を分析していきたい。

台湾国立中央図書館に所蔵されている『良知同然録』（不分巻）については、大陸・日本の目録類には一切記載が無く、天下の孤本と称してよいと思われる。同書については、現在に至るまで研究は一つもなされていない。今回、その概略と佚詩を示し、大方の用に供する次第である。本書は、二十二・三×十五・二糎。半葉十行、行二十一字。四

周双辺、白口、単魚尾。巻首有嘉靖丁巳（三十六年、一五五七）孟津序（序冒頭有落丁）。巻尾有嘉靖丁巳（三十六年、一五五七）麻瀛後叙。

なお、本書は現在、『王陽明選集』に影印本として収録されている（中国子学名著集成第三十九、中国子学名著集成編印基金会、一九七八）。

本書は目録で上冊・下冊に分かれていることから、本来二冊であったと思われるが、現状は四冊である。以下、『全書』との比較によって、その構成を示す（［ ］内は永冨の注）。

『良知同然録』	『全書』
［孟津序］（仮題）	
「良知同然録篇目上冊」	
「大学古本序」	巻七、同題
「大学問」	巻二十六、同題
「脩道説」	巻七、同題
「尊経閣記」	巻七、「稽山書院尊経閣記」
「親民堂記」［抄］	巻七、同題
「山陰学記」	巻七、「重修山陰県儒学記」
「書魏師孟巻」	巻八、同題
「答南元善書」［抄］	巻六、「答南元書」

「答羅整菴少宰書」	巻二、同題
「答顧東橋書」［抄］	巻二、同題
「答聶文蔚書」	巻二、「答聶文蔚」
「（答聶文蔚書）二」［抄］	巻二、同題
「答倫彦式宮諭書」	巻五、「答倫彦式」
「答欧陽崇一書」	巻二、「答欧陽崇一」
「寄鄒謙之書」	巻六、「寄鄒謙之」
「博約説」	巻七、同題
「書孟伯生巻」	巻八、「書孟源巻」
「示弟立志説」	巻七、同題
「示楚中諸生」［抄］	巻四、「与辰中諸生」
「中秋坐月」	巻二十、「月夜二首」・「夜坐」・「碧霞池夜坐」
「天泉楼夜坐和董蘿石韻」	巻二十、「次謙之韻」
「坐忘言巌問二三子」	巻二十、同題
「有僧坐巌中三年詩以励吾党」	巻二十、「有僧坐巌中已三年詩以励吾党」
「霽夜」	巻十九、同題
「睡起写懐」	巻十九、同題
「龍潭夜歩」	巻二十、「龍潭夜坐」

「来僊洞」	巻二十、「山中示諸生五首」第一首
「春日花間偶集示門生」	巻十九、同題
「送蔡希顔」	巻二十、「送蔡希顔三首」第三首
「観傀儡次韻」	巻十九、同題
「思親」	巻二十、「月下吟三首」第一首
「帰興」	巻二十、同題
「別諸生」	巻二十、同題
「示諸生二首」	巻二十、「示諸生三首」第一首
「(示諸生二首)又」	巻二十、「示諸生三首」第二首
「詠良知四首示諸生」	巻二十、同題
「答人問良知二首」	巻二十、同題
「答人問道」	巻二十、同題
「林下睡起」	巻二十、「山中懶睡四首」第二首・第一首
「寄滁陽諸生」［佚詩一・二］	
「睡起写懐」	巻二十、「睡起偶成」
「書極巌二首」	巻二十、「書汪進之太極巌二首」
「憶滁陽諸生」［全四首、第四首は佚詩三］	巻二十、「山中示諸生五首」第二首・第三首・第四首

「良知同然録篇目下冊」　巻九、同題
「申明賞罰以励人心疏」　巻十二、同題
「擒獲宸濠捷音疏」　巻十三、同題
「四乞省葬疏」　巻十三、同題
「乞便道帰省疏」　巻十三、同題
「辞封爵普恩賞以彰国典疏」［「篇目」には記載無し］　巻十三、同題
「再辞封爵普恩賞以彰国典疏」　巻十三、同題
［「篇目」では「再辞封爵普恩賞以彰国典事」］
「辞免重任乞恩養病疏」　巻十四、同題
「赴任謝恩遂陳膚見疏」　巻十四、同題
「奏報田州思恩平復疏」　巻十四、同題
「処置平復地方以図久安疏」［抄］　巻十四、同題
「八寨断藤峡捷音疏」　巻十五、同題
「乞恩暫容回籍就医養病疏」　巻十五、同題
「良知同然録後叙」

上記の『全書』との対照から判るように、『良知同然録』所収の詩文は、『全書』の巻二・四・五・六・七・八・十

二・十三・十四・十五・十九・二十・二十六にわたっている。当時『全書』はまだ編纂されていないので、『良知同然録』の編者孟津は、以上の内、『全書』巻二十六所収の「大学問」以外の内容を含む、当時刊行されていた『陽明先生文録』三種（「姑蘇本」・「閩東本」・「胡宗憲本」）のいずれかをもとに、書名の如く王守仁の良知学説を理解する上で重要と思われる詩文を選録したものと思われる。[35] 上冊では、良知学説理解の為に必須の文献である「大学古本序」を冒頭に、そしてそれを補完するものとして、薛侃によって嘉靖十六年（一五三七）に刊刻された『陽明先生則言』などによって見ることが可能であった「大学問」を二番目に置いている。その後に置かれた文の選択も、今日から見ても妥当なものばかりで、編者の選択眼の確かさを窺わせる。また抄録されている散文が五編あるが、学説理解に関係しない部分が削られている。散文の後に詩が収められているが、滁陽の人々にあてられたものが重点的に収められているのは、後述の如く滁陽の人である編者孟津の配慮によるものであろう。また下冊では疏のうち特に重要なものが収められている。

次に［孟津序］と「良知同然録後叙」を示す。但し、前述の如く［孟津序］は冒頭の部分に落丁が有るため、題は永冨による仮題である。

［孟津序］（仮題）

（上文缺）検制修斉之理、固者守夫塗轍而莫究夫宰割経綸之施。吾惧乎学之日遠於良知也。迺為緝同然録、以授吾両庠之来学、使翕然興起之餘、得斯録而各知求諸其心焉。以此而成身、以此而淑人、以此而施諸家国天下、庶幾乎一体同然之義、而聖学之要因是以復明。否則将吾亦不免焉、以身謗師門也、何以録為。遂梓之、以告夫四方同志。歳在嘉靖丁巳夏五月端陽日、門人南滁孟津書于赤壁之舟中。

「良知同然録後叙」

余髫時獲東廓鄒先生為之楷範、備聞陽明良知之学。然淪於故習、猶以良知良能並挙、於孟氏為疑。及究下文孩提之童無不知愛親、及其長也無不知敬兄、則知良知自足而良知為本体無疑矣。継而毎遇同志、虚心延訪、言論藉藉、益増明発。復取陽明先師伝習録以及文録、夙夜潜玩、恍然若有得其要領者。始之所以自淑、中之所以淑人、良知無餘蘊矣。壬子官杞、予為中州外簾。取其志於良知者薦之、迺得李子向陽、温邑人也。詢之、曰、予従学于両峯孟公之門。癸丑入覲、一接両峯、傾蓋如故。両峯議論容与、汪溢無涯、予益為之心服。迺詢諸霊済。諸君子咸曰、両峯子、陽明先師老友也。其薫炙更久、漸磨更深、領悟更切、其所得詎可量哉。於是乎蘭芬相合、締交益親、毎隔千里、越数祀而心心若一也。予時道経黄岡、再見我両峯公。襟度暢達、高朗虚徹、其議論猶非旧可幾也。予嘆服者久之、遂問其近日所得如何。両峯曰、予近集良知同然録為二冊、而先生心学之微、経綸之迹備於是矣。欲鋟梓以告同志。予応曰、諾。誠所謂人心同然者也。故叙之以諗夫同志。

嘉靖丁巳孟夏吉旦、賜進士第戸部広東司主事後学宣城麻瀛頓首撰。

序・後叙ともに嘉靖丁巳（三十六年、一五五七）のものであることから、本書はこの年に刊行されたものとしてよいであろう。なお、麻瀛は宣城（安徽省）の人、嘉靖二十九年（一五五〇）の進士である(36)（孟津については未詳）。

次に、佚詩三首の全文を挙げる。

佚詩一（「寄滁陽諸生」第一首）

一別滁山便両年、夢魂常是到山前。
依稀山路還如旧、只奈迷茫草樹煙。

佚詩二（「寄滁陽諸生」第二首）
帰去滁山好寄声、滁山与我最多情。
而今山下諸渓水、還有当時幾派清。

佚詩三（「憶滁陽諸生」第四首）
滁陽姚老将、有古孝廉風。
流俗無知者、蔵身隠市中。

一読明らかなように、三首とも滁陽（安徽省）の自然や、その人情を懐かしむものである。「年譜一」（『全書』巻三十二）によれば、王守仁は正徳八年（一五一三）十月より翌九年（一五一四）四月まで同地に滞在したが、「年譜一」に「於是従遊之衆自滁始」とあるように、彼の本格的な講学は当地で始まったといってよい。それだけに後々まで懐かしく思い起こされたであろうし、滁陽の人である孟津には、当地の人々にあてられた王守仁の手稿を見る便宜があったのであろう。以上を要するに、『良知同然録』とその佚詩とは、この地の人々と王守仁の交流の象徴なのである。

本書に収められた佚詩からも窺えるように、王守仁がその生涯において滞在した様々な土地では、その地の人々と守仁との交流を示す多くの詩文や、王守仁の言行が記録されていたであろう。しかしながら、それらの記録は、やがて銭徳洪を中心とした弟子達のグループによって文献の整理が進められていく過程において、多くが淘汰されていくこととなったものと思われる。今後、各地で独自に編纂された詩文集の研究を進めることにより、地方における王守仁の教学の実像を明らかにすることが期待されるのである。(37)

第七節　董聡刊『陽明先生全録』について

本章第二節において述べた閭東編『陽明先生文録』が嘉靖二十九年に刊刻された数年後に、江西省の贛州において、それを底本とした王守仁の文集『陽明先生全録』が刊刻された。本節ではこの『陽明先生全録』の内容と刊行の経緯について述べてみたい。

『陽明先生全録』は正録五巻、外録九巻と別録十三巻からなる二十七巻本であり、管見のものは台湾中央図書館の蔵本である。版式は、版框十九・一×十四・七糎、半葉十行、行二十字。四周双辺（一部左右双辺）、白口、単魚尾、版心下方に刻工名の記載がある。また、全体の構成は以下の通り。

「贛梓陽明先生全録引」（嘉靖三十五年［一五五六］、王春復）
「陽明先生全集序」（嘉靖丁巳［三十六年、一五五七］、談愷）
「陽明先生文録序」（嘉靖乙未［十四年、一五三五］、黄綰）
「陽明先生文録序」（嘉靖丙申［十五年、一五三六］、鄒守益）
「陽明先生文録叙説」（紀年なし、銭徳洪）

目録
陽明先生文録巻之一［書一、始正徳己巳至庚辰］
陽明先生正録巻之二［書二、始正徳辛巳至嘉靖乙酉］
陽明先生正録巻之三［書三、始嘉靖丙戌至于戊子］
陽明先生正録巻之四［序、記、説］
陽明先生正録巻之五［雑著］
陽明先生外録巻之一［賦騒六首、帰越詩三十六首、山東詩六首、京師詩八首、獄中詩十四首、赴謫詩五十五首］
陽明先生文録巻之二［居夷詩一百十一首］
陽明先生外録巻之三［廬陵詩六首、京師詩二十四首、帰越詩五首、滁州詩三十六首、南都詩四十八首、贛州詩三十一首］
陽明先生外録巻四［江西詩一百二十首、居越詩四十一首、両広詩二十二首］
陽明先生外録巻之五［書］
陽明先生文録巻之六［序］
陽明先生外録巻之七［記］
陽明先生外録巻之八［説、雑著］
陽明先生外録巻之九［墓誌銘、墓表、墓碑、伝、碑、賛、箴、祭文］
陽明先生別録巻之一［奏疏一］
陽明先生別録巻之二［奏疏二］

陽明先生別録巻之三［奏疏三］
陽明先生別録巻之四［奏疏四］
陽明先生別録巻之五［奏疏五］
陽明先生別録巻之六［奏疏六］
陽明先生別録巻之七［奏疏七］
陽明先生別録巻之八［公移一］
陽明先生別録巻之九［公移二］
陽明先生別録巻之十［公移三］
陽明先生別録巻之十一［公移四］
陽明先生別録巻之十二［公移五］
陽明先生別録巻之十三［公移六］

次に、本書のみに収録されている序文である、王春復と談愷の序から本書の成立について探っていきたい。

「贛梓陽明先生全録引」
陽明先生承絶学之後、慨然発明良知之旨、以風示学者。四方従遊之士、所至以百数。其時武宗之末。開府贛州、狡兎跳梁、経営蕩滌、師旅之興、無日休息、然百姓按堵無患、士之相継得其発明者、于茲為独盛。今上方三十年、春復受命来守是邦。南野欧陽公受以全書曰、贛無先生文集、缺非細故也。且有意於愚之一言、而命胡生直愈生献可来校。愚亦謀所以為梓木之費、董生聡者、承而独任焉。未幾、愚以憂去。又及而復除、再補董生之梓、然後告成、南野公又奄然没矣。嗟乎、先生之後、主盟斯文者公也。而尚加意於春復之不肖。既心許之矣、為之引曰、天下之言学者、知与理而已矣。知本乎心、理散於物、二者判然、而内外不相干渉、学者之大患也。昔者孟子著皆備之訓、程氏明一体之義、其言要約而易従、然学者尚不能反観而内省、学之難明也久矣。夫顔子嘆高堅、子貢飲江河、使無夫子善誘之教、其亦終於高堅江河焉已也。然則学者之於高堅江河焉、無足怪也。先生良知之言、開示詳明、独立標準、所謂皆備与一体之意、了然於其中、而無待於勉強附会。使天下学者皆在知而不在物、在内而不在外、在本而不在末、在致一而不在万殊、以入無紀。蓋嘗論之、乾道正性命而物則之義著焉。蒸民立爾極而秉彝之道昭焉。秉之為言執也、言心為天地万物之主、皆能執之而不乱。此物則之大者也。故順天地万物之理則心安、不順天地万物之理則心有不安。安与不安之際、其名曰知。出之可以酬酢万変、与乾道同其変化而不窮、知其小乎哉。人之患在乎心役於物、而非役乎物者也。故常謂物為大而心為小、故常有不安之心。夫以其常役於物、而致其常有不安之心、不能反其不安之故、而求諸物以自済。此知之所以常困、而用之所以有窮。愚則曰、心以主宰為則、能自為主而已矣。能自為主者、不役於物者也。不役於物、故能理万物。如君者不役於民、故能理万民。此理之自然、無足多者。孟子所以先立乎其大、程氏所以独戒用智而自私也。不明乎此、愈労愈遠。故曰、学者之於高堅江河焉、無足怪也。先生立言立功、皆得於凝定致一之余。況乎贛之人思其業而家祀之、書又可以無伝也、信乎。然董生欲梓是書、初不量其有餘力、可謂好者。嗚呼、好如董生者少矣。

　嘉靖三十五年正月朔、贛州府知府晋江後学王春復書。

「陽明先生全集序」

予筮仕即知有陽明先生。同年戚南玄数過予、述先生之言所謂致良知者。予聞而疑之。復言其徒相与立会講学、促予同事。予謂、先生之学具在聖経、今之学者不患不能言、患不能行爾、予不敏、請以先生之言見之於行。因謝不往。既而得先生文録読之、有曰、為名与為利、雖清濁不同、然其利心則一。又曰、心体本自弘毅、不弘者蔽之也、不毅者累之也。故燭理明、則私欲自不能蔽累。私欲不能蔽累、則自無不弘毅矣。至哉斯言、真可師法。於是私淑之心油然而生。時在民曹、有為先生之言者、議論高明、多自文録中来、夷考其行、則先生之所不歯者、予聞而益疑。先生有言、世之講学有二。有講之以口耳者、有講之以身心者。噫、此所謂講之以口耳者、非耶。予仕至虔台、瞻先生遺像、粛然起敬。検諸故牘、得郷約諸法。下有司、行之歳餘、四境寧謐、翕然向風、真先生之遺教也。既遷両広、亦先生旧遊之地、素称弗靖。予師先生之意、以文告暁之、以恩徳懐之、不得已而加之以兵。功甫成、得致仕帰養。過虔州、董生聡梓先生全集成、請予為序。予雖未及先生之門、知先生久矣、能無言乎。夫人之当大任者、蘊之為道徳、筆之為文章、措之為事業、人皆能言之、而全者寡矣。先生真践実履、循道拠徳。其発於文章、如安辺務疏、如与安宣慰書、如江西両広諸疏、経済之略、于是乎見。豈特文詞藝焉而已哉。其挙業之学、如山東甲子試録、宇宙間可多得耶。其在虔州、有閩広之捷、有横水桶岡之捷、有浰頭之捷、其大者擒宸濠、定江西。其在両広、平田州、平思恩、征断藤峡、征八寨。経行之地、家祀而人祝之。先生事業、曠世所希見者。世之為先生之言者、徒以口耳相高、道徳何如、文章何如、事業何如、甚有仮此以務名利者。昔子夏之学流為荘周、程氏之学流為異端、吾懼其言之不止、為先生之罪人者衆也。先大父中丞公与文僖公為同年、董生聡、文僖公之曾孫也、於予有通家之誼。観其梓先生全集、是知所向方者。其曰正録、曰外録、曰別録、銭子徳洪所訂正、蓋専以講学知先生者。以予鄙見、当如先生之言、但以年月為先後可也。海内同志、或有知予言者。

嘉靖丁巳六月庚子、錫山談愷書于白沙舟中。

これら二序文の作者および序中に登場する人物の経歴は以下の通りである。

王春復は字学楽、号堣斎、福建省晋江の人。嘉靖十七年（一五三八）の進士。贛州府知府として流賊討伐に功あり、雲南按察副使、さらに広西布政参政に抜擢され、貴州按察使に至る。学は羅欽順（整菴）、欧陽徳（南野）より受ける。著に『四書周易疑略』がある。『閩中理学淵源考』巻六十九に伝あり。

談愷は字守教、号十山、無錫の人。嘉靖五年（一五二六）の進士。贛賊、海寇の討伐で名を揚げ、兵部右侍郎を拝す。両広に移り、そこでも山賊の討伐に成功し、功により右都御史を加えられる。『孫武子注』などの著がある。

胡直は字正甫、号廬山、江西省泰和の人。嘉靖三十五年（一五五六）の進士。官は福建省按察使に至る。学は欧陽徳（南野）、羅洪先（念菴）より受ける。『明儒学案』巻二十二（江右王門学案七）に伝あり。

董越は号文僖、江西省贛州府寧都の人。成化五年（一四六九）の進士。著に『董文僖公集』四十二巻がある。

戚賢は字秀夫、号南山。晩年、南玄と号す。全椒（現安徽省全椒県）の人。嘉靖五年（一五二六）の進士。官は吏科給事中に至るが、権臣を弾劾して山東布政司都事に左遷される。学を王守仁に受ける。『明史』巻二百八に伝あり。

これらの序文によれば、嘉靖三十年（一五五一）に、かつて王守仁が治めた地である江西省贛州府の知府となった王春復は、欧陽徳（南野）から贛州において王守仁の文集を刊刻することの意義を説かれ、王守仁の「全書」を授かった。欧陽徳はさらに、胡直および兪氏を派遣して校正を担当させるなどの配慮を示している。一方、その刊刻の経費は董聡が負担することとなった。董聡は、「陽明先生全集序」によれば成化五年（一四六九）の進士である董越の曾孫ということであり、恐らく地元の有力者だったと推測される。

それでは本書の底本は何だったのだろうか。本『全録』には、本章第二節六において挙げた「黄綰本」、「閭東本」

に共通する佚文すべてが含まれるが、本書においてはそれらのすべてが「閭東本」と同一の巻に収められ、さらに「黄綰本」では干支が記されていない「与張羅峰閣老」に、「閭東本」と同じく「丁亥」の干支が記されている。さらにより決定的な証拠としては、本書に収められた公移は、その内容、分巻ともすべて「閭東本」に一致しているが、前述のごとく、本書以前に出版された王守仁の詩文集において、これほどの量の公移を収録したものは「閭東本」しか存在しない。以上のことからして、本書の底本が嘉靖二十九年に刊刻された閭東編『陽明先生文録』であったことは明らかである。

それにしても、当時すでに複数あった王守仁の文集の中から、王春復らが「閭東本」を底本とした意図はどこにあったのだろうか。それは、「陽明先生全集序」において談愷が、「先生真践実履、循道拠徳。其発於文章、如安辺務疏、如与安宣慰書、如江西両広諸疏、経済之略、于是乎見。豈特文詞藝焉而已哉。其挙業之学、如山東甲子試録、宇宙間可多得耶。其在虔州、有閩広之捷、有横水桶岡之捷、有浰頭之捷、其大者擒宸濠、定江西。其在両広、平田州、平思恩、征断藤峡、征八寨。経行之地、家祀而人祝之。先生事業、曠世所希見者」と述べているような、行政官としての王守仁の手腕への深い関心であったと思われる。かつて王守仁の公移を文集から大幅に削除した銭徳洪などとは異なり、有能な行政官であった王春復や談愷にとっては、王守仁の学の真髄は、むしろこれらの公文書の中にこそ見て取れるものだったのである。

本『全録』はまた、「陽明先生文録叙説」を掲載していることでも注目される存在である。本書に掲載されているそれは、『全書』などにおいて見ることのできる「刻文録叙説」のいわば初稿というべき存在であり、「刻文録叙説」とは大きく異なっている。以下に、その全文を示すとともに、『全書』掲載の「刻文録叙説」との相違点を挙げておいた。

「陽明先生文録叙説」（【　】内は『全書』との相違点）

門人銭徳洪曰【『全書』は「門人銭」の三字が無い】、昔同門鄒守益謫判広徳【『全書』は「嘉靖丁亥四月、時鄒謙之謫広徳」に作る】、以所録先生文稿請刻。先生止之曰、不可。吾党学問幸得頭脳、須鞭辟向裏【『全書』は「向」を「近」に作る】着己、務求実得【『全書』は「着己」の二字が無い】、一切繁文枝辞【『全書』は「枝辞」を「靡好」に作る】、不過一時酬対之作【『全書』はこの八字が無い】、伝之恐眩人耳目、不録可也。守益請復不已【『全書』は「守益」を「謙之」に作る】。先生乃取近稿三之一、標掲年月、命徳洪編次、復遺書曰、所録以年月為先後【『全書』は「先後」を「次」に作る】、不復分別体類者、蓋専以講学明道為事、不在文辞体製之間也【『全書』は「之」の字が無い】。明日、徳洪掇拾所遺、復請刻。先生曰【『全書』は「生」の字が無い】、此愛惜文辞之心也。昔者孔子刪述詩書【『全書』は「詩書」を「六経」に作る】、若以文辞為心、如唐虞三代自典謨而下、豈止数篇而已耶【『全書』は「而已耶」の三字が無い】。正惟一以明道為志、故所述可以垂教万世而無弊【『全書』は「而無弊」の三字が無い】。吾党志在明道。復以愛惜文辞為心【『全書』は「文辞」を「文字」に作る】、便不可与入聖人之道矣【『全書』は「与入聖人」を「入堯舜」に作る】。徳洪復請不已。乃許数篇、次為附録、以遺守益【『全書』は「守益」を「謙之」に作る】、今之広徳板是也。

先生読文録、謂学者曰、此編以年月為次、使後世学者知吾前後所学進詣不同【『全書』は「前後所学」を「所学前後」に作る】。又曰、某此意思、頼諸賢信而不疑、須口口相伝、広布同志、庶幾不堕。若筆之於書、乃是異日事、必不得已、然後為此耳。又曰、講学須得与人人面授、然後得其所疑、時其浅深而語之。纔渉紙筆、便十不能尽一二。

戊子年冬、先生時在両広、聞謝病帰【『全書』は「聞」の字が無い】、将下梅嶺【『全書』は「梅嶺」を「庾嶺」

に作る】。徳洪与王畿乃自銭塘逆流而迎【『全書』は「王畿」を「王汝中」に作り、その後に「聞之」の二字が有り、「逆流而」の三字が無い】。至龍游聞訃。遂趨広信訃告同門、約以襄事後遣人裒録遺言【『全書』は「以襄事、後」を「越三年」に作る】。明日又進貴渓、扶喪還玉山。至草萍駅、戒童僕指記書篋【『全書』は「童僕指」の三字が無い】、帰置于別室【『全書』はこの五字が無い】。故諸所紀録文稿幸免散逸【『全書』は「所紀録文」の四字が無い】。自後同門各以所録見帰【『全書』は「見帰」を「見遺」に作る】。既七年壬辰、徳洪居呉、乃与黄省曾校定篇類【『全書』は「乃与黄省曾校定」を「始較定」に作る】、尚恐或有遺逸也【『全書』はこの七字が無い】。乃撰購遺文一疏【『全書』は「乃撰」を「復為」に作る】、遣安成王生以告閩越、洪都、嶺表、蒼梧、荊湘之同志者、又獲所未備【『全書』は「以告閩越、～荊湘之同志者」を「自閩粵由洪都入嶺表、抵蒼梧、取道荊湘、還自金陵」に作る】。然後謀諸同門侍御聞人銓【『全書』は「同門」を「提学」に、「銓」を「邦正」に作る】、入梓以行。文録之有外集、別録、遵附録例也。

先生之学凡三変、其為教也亦三変。読文録者当自知之【『全書』はこの八字が無い】。少之時馳騁於辞章、已而出入二氏、継乃居夷、処困豁然有省格致之旨【『全書』は「省格致」を「得於聖賢」に作る】。純於学術是三変而至道也【『全書』は「純於学術」の四字が無い】。居貴陽時、首与学者為知行分合之辨【『全書』は「知行分合之辨」を「知行合一之説」に作る】。自滁陽後、多教学者静坐有得【『全書』は「有得」の二字が無い】。江右已来【『全書』は「已来」を「以来」に作る】、始単提致良知三字【『全書』はこの後に「直指本体」の四字が有る】、令学者言下直悟本体【『全書』は「直悟本体」を「有悟」に作る】。是亦三変而神於教也【『全書』は「是」と「亦」の間に「教」の字が有り、「而神於教」の四字が無い。また、『全書』はこの後に「読文録者当自知之。先生嘗曰、吾始居龍場、郷民言語不通、所可与言者、乃中土亡命之流耳。与之言知行之説、莫不忻忻有入。久之、并夷人亦翕然相向。

及出与士夫言、則紛紛同異反多、扞格不入。何也、意見先入也。徳洪自辛巳冬始見先生於姚、再見於越、於先生教、若恍恍可即、然未得入頭処。同門先輩有指以静坐者。遂覓光相僧房、閉門凝神浄慮、倏見此心真体、如出蔀屋而覩天日、始知平時一切作用皆非天則自然。習心浮思、炯炯自照、毫髪不容住著。喜馳以告先生。曰、吾昔居滁時、見学者徒為口耳同異之辯、無益於得。且教之静坐、一時学者亦若有悟。但久之、漸有喜静厭動、流入枯槁之病。故邇来只指破致良知工夫。学者真見得良知本体昭明洞徹、是是非非莫非天則、不論有事無事、精察克治、倶帰一路、方是格知実功、不落却一辺。故較来無出致良知話頭無病。何也。良知原無間動静也。徳洪既自喜学得所入、又承点破病痛。退自省究、漸覚得力」の三百三十五字が有る】。

良知之説発于正徳辛巳歳【『全書』は「「于」を「於」に、「歳」を「年」に作る】。蓋先生再罹寧藩之変、張、許之難、而学更一番精神【『全書』は「更一番精神」を「「又一番證透」に作る】。故正録書凡三巻。第二巻断自辛巳、志始也【『全書』は「辛巳」の後に「者」の字が有る】。格致之辨莫詳於論学一書【『全書』は「論学」を「答顧華玉」に作る】。而抜本塞源之論、直写千古同体万物之旨【『全書』は「直写」を「写出」に作る】、末世習俗相沿之弊【『全書』はこの前に「与」の字が有る】。百世以下読之【『全書』は「以下」を「以俟」に作る】、当有洒然一快者矣【『全書』はこの八字を「当為一快」に作る】。

或議先生自滁以後、文字似不如前。先生曰、吾欲与学者講明此意、憂不得取肝肺剖露与人看。豈復暇錬字句、擬章法耶。又曰、古人為文、不過達意。意達而言可止矣。若作意組織為工、専以悦人為心、是与俳優相似、誠可醜也。後世儒者有志於道而作文、意思未能尽脱、亦習心未除耳。

門人有溺志於文辞字画者。先生嘆曰、此所謂玩物喪志耳。以吾経綸参賛之体、局於一藝、是以隋侯之珠弾鳥雀、豈不誠可惜耶。草木之花、千葉者無実、其花繁者、其実鮮矣【『全書』にはこの二段落が無く、代わりに「「先生嘗曰、吾良知二字、自龍場已後便已不出此意」から「然後取零砕文字都焼了、免致累人」に至る千八字が有る】。

徳洪事先生於越七年【『全書』は「於」を「在」に作り、この後に「自帰省外無日不侍左右。有所省豁、毎得於語黙作止之間、或聞時訕議、有動於衷則益自奮励以自植。有疑義即進見請質、故楽」の五十字が有る】。於先生一切文辞【『全書』は「先生」を「面炙」に作る】、倶不収録。毎見文稿出示、比之侍坐時精神鼓舞、欲然常見其不足【『全書』は「欲然」を「歉然」に作り、「其」の字が無い】。以是知古人書不能尽言【『全書』は「能」の字が無い】、言不能尽意【『全書』は「能」の字が無い】、非欺我也。不幸先生既没、儀容杳隔【『全書』はこの四字が無い】、謦欬寂聞【『全書』は「寂」を「無」に作り、この後に「儀刑日遠」の四字が有る】、毎思印証、茫無可即。然後取遺稿次第読之【『全書』はこの後に「凡所欲言而不能者、先生皆為我先発之矣」の十七字が有る】、雖其言之不能尽意、引而不発、躍如也。由是自滁以後文字、雖片紙隻字不敢遺棄。四海之遠、百世之下、有同此懐者乎、苟取正録、順其日月以読之、不以言求而惟以神会、必有沛然江河之決、莫之能禦者矣。

外集之文事辞勝、故不次於正録、使読正録者専心一意、明潔耳目、以求学問旨的、然後泛及外集別録、則亦莫非此意之旁溢矣。嘗読潘氏四封録序有曰、某不為応酬文辞者餘四年矣。考其時則辛未年也、故読已巳以前稿、文雖工、多出於応酬、故簡録不敢尽。辛未以後、雖或為応酬而発、則亦莫非精一所寓。雖欲刪之、不可得矣。噫、言不可以偽為如此夫【『全書』にはこの段落が無い】。

別録成、同門有病其太繁者。徳洪曰、若以文字之心観之、其所取不過数篇。若以先生之学見之行事之実観【『全書』は「之」を「諸」に作り「観」の字が無い】、則雖瑣屑細務、皆精神心術所寓、所以経時賛化【『全書』は「所以」の二字が無い】、範囲曲成【『全書』はこの四字が無い】、以成天下之事業。千百年来儒者有用之学、於此亦可概見【『全書』は「概見」を「見其梗概」に作る】、又何病其太繁乎。

昔門人有読安辺八策者。先生曰、是疏所陳亦有可用、但当時学問未明【『全書』は「未明」を「未透」に作る】、中多激忿抗厲之気【『全書』は「多」を「心」に作る】。若此気未除、欲与天下共事、恐於事未必有済【『全書』はこの後に「陳惟濬曰、昔武宗南巡」から「刻既成、懼読者之病于未察也。敢敬述以求正。乙未年正月」に至る九百四字が有る】。

以上見てきたように、本「陽明先生文録叙説」は、『全書』等に掲載される「刻文録叙説」とは大きく異なっているわけだが、そもそも本「陽明先生文録叙説」はいつ頃記されたものなのだろうか。この点については佐野公治氏の考察がある。[38] 佐野氏はその執筆年代を銭徳洪が丁憂のため帰郷した嘉靖十四年前後のことと推定されており、妥当な見解と思われる。一方、「刻文録叙説」は、従来、その末尾に「乙未年（嘉靖十四年、一五三五）正月」とあることから嘉靖十四年のものとされてきたが、佐野氏はそれは「刻文録叙説」末尾に引用されている「復聞人邦正書」の紀年であり、「陽明先生文録叙説」から「刻文録叙説」への改稿自体はかなり後のものであるとされている。事実、本章第二節において述べたように、「刻文録叙説」を始めて掲載した文集が嘉靖三十七年刊の「胡宗憲本」『陽明先生文録』であることから考えても、「陽明先生文録叙説」が「刻文録叙説」に書き改められたのは、嘉靖三十年代半ばとするのが妥当であろう。

また、本「陽明先生文録叙説」は、前述のごとく、嘉靖十四年前後のものであるため、銭徳洪の初期の見解を保存している点でも貴重である。ここにおいて彼は「己巳以前稿、文雖工、多出於応酬、故簡録不敢尽」と、「己巳」（正徳四年、一五〇九）以前の王守仁のすべての詩文を収録することに消極的な姿勢を見せているが、第三章において見るように、やがて彼自身によってこのような姿勢は、より包括的な全集を目指すものへと変更されることとなる。従って、この文は「刻文録叙説」では削除されているのである。

さらに、「刻文録叙説」では削除された段落において、銭徳洪は「外集之文事辞勝、故不次於正録、使読正録者専心一意、明潔耳目、以求学問旨的、然後泛及外集別録、則亦莫非此意之旁溢矣」と、正録、外集、別録の区分を提唱しているのは注目される。本『全録』に先行する王守仁の文集のうち、「姑蘇本」は文録、外集、別録と区分しており、本書の底本たる「閭東本」も、内容は大幅に増補されているとはいえ、同様に文録、外集、別録と区分している。ところが、本『全録』においては、董聡等はこの三分法を堅持し、しかも底本である「閭東本」と異なり、正録、外録、別録として、「文録」を銭徳洪の考え同様に「正録」と改めているのは注目される。一方で、「陽明先生全集序」においては談愷が「董生聡、文僖公之曾孫也、於予有通家之誼。観其梓先生全集、是知所向方者。其曰正録、曰外録、曰別録、銭子徳洪所訂正、蓋専以講学知先生者。以予鄙見、当如先生之言、但以年月為先後可也。海内同志或有知予言者」と、王守仁の詩文をこのように三分する本書の編集方針を、王守仁自身の考え通りにすべての詩文を時間順に配列すべきだと主張している。

「正録」という呼称自体は、「刻文録叙説」において削除されていることからも判るように、やがて銭徳洪自身によっても廃棄されるに至る。本書の刊行された翌年には、このような呼称を削除した「刻文録叙説」を巻頭に冠した「胡宗憲本」が刊行されているのである。本『全録』が「閭東本」を底本としつつも正録、外録、別録という区分を行なっているのは、このような過渡期の産物と言えるだろう。

本書の本文の内容は、始めにも述べたように閭東本によるものであるが、本書が繰り返し重刻されていることから、閭東本の影響が意外に大きかったことが判る。すなわち、本書はまず嘉靖四十三年（一五六四）に「刻陽明先生手東序」および「陽明先生与晋渓書」を「正録」巻五に、そして巻末に「別録」巻十四を増補して刊刻されている(39)。さらに、崇禎七年（一六三四）には陸問礼によっても重刻されており、閭東本の影響が明朝最末期にまで及んでいたことが確認できるのである。

第八節　銭徳洪編『朱子晩年定論』について

一

王守仁が朱子学から思想的に自立していく過程における、『朱子晩年定論』のもつ思想的重要性はよく知られている。正徳十五年（一五二〇）における羅欽順（号整菴）との論争において、王守仁は最終的に『朱子晩年定論』に含まれた書簡が必ずしも「晩年定論」ではなかったことを認めたうえで、自己の学問の朱子学からの独立を宣言したのである。以上の経緯については、『王文成公全書』巻二所収の「答羅整菴少宰書」に詳しいが、いずれにせよ『朱子晩年定論』の出版は、陽明学確立の大きな契機となったといいうるのである。しかしながら、従来『朱子晩年定論』に関する文献学的研究はほとんどなされてこなかった。本稿は、その空隙を埋めるための一つの試みである。

先ほど、今日まで『朱子晩年定論』に関する文献学的研究がほとんどなされなかったと述べたが、その大きな要因としては、従来『朱子晩年定論』の版本としては、『王文成公全書』に附載されたもの一種しか知られていなかったことが挙げられるだろう。

始めに、その『王文成公全書』に附載された朱子晩年定論（以下「「全書本」」と略）について簡単に触れておきたい。まず、「全書本」の構成は以下の通り。

「朱子晩年定論」（『王文成公全書』巻三附録）
［銭徳洪序］（仮題、紀年なし、銭徳洪）
［王守仁序］（仮題、正徳乙亥［十年、一五一五］、王守仁）
本文
［袁慶麟識語］（仮題、正徳戊寅［十三年、一五一八］、袁慶麟）

次に、これらの序文類のうち、本書刊刻の事情に触れている部分を引用しておく。

［銭徳洪序］（仮題）
定論首刻於南贛。朱子病目静久、忽悟聖学之淵微、乃大悔中年註述誤己誤人、遍告同志（『王陽明全集』は「淵微」を「淵藪」に作るが、誤りである）。師閲之、喜己学与晦翁同、手録一巻、門人刊刻之。・・・隆慶壬申、虬峰謝君廷傑刻師全書、命刻定論附語録後。・・・。

［袁慶麟識語］（仮題）
朱子晩年定論、我陽明先生在留都時所採集者也。掲陽薛君尚謙旧録一本、同志見之、至有不及抄写、抽之而去者。衆皆憚於翻録、乃謀而寿諸梓。謂、子以歯、当志一言。・・・戊寅夏、持所著論若干巻、来見先生。・・・及読是編、始釈然。・・・。

正徳戊寅六月望、門人雩都袁慶麟識。

以上から判る『朱子晩年定論』刊刻の事情は以下の通りである。本書は元来、王守仁が正徳十年（一五一五）南京滞在中に編纂したものだが、その後、薛侃（号尚謙）による写本が門人たちの間で伝写されるようになった。そして刊刻を求める声におされる形で、雩都（現在の江西省贛州市附近の地名）の袁慶麟によって、正徳十三年（一五一八）に単行本として刊行されたのである。なお、袁慶麟は字徳彰、始め諸生として科挙の学に励むも、後それを捨てて王守仁に師事した人物である。(40) そしてその後、隆慶壬申（六年、一五七二）に謝廷傑によって『王文成公全書』が刊刻された際、巻三（伝習録下巻）の末尾に附録として収められるに至ったわけである。

以上述べたことからも判るように、正徳十三年（一五一八）に本書がはじめて刊刻されてから、隆慶六年（一五七二）に『王文成公全書』に本書が収録されるまでの半世紀以上にわたり、本書は単行本の形で世上に流布していたことになる。従って、明代における『朱子晩年定論』流行の実態を知るためには、単行本『朱子晩年定論』の研究が是非とも必要なのである。

二

現存している明代に刊刻された単行本『朱子晩年定論』としては、管見の限り、『中国古籍善本書目　子部』（巻上、八〇頁）に著録された以下の書が唯一のものである。

朱子晩年定論二巻　明王守仁撰　明嘉靖三十七年懐玉書院刻本　（安徽省博物館蔵）

筆者は二〇〇六年八月十五日に安徽省博物館を訪れたが、幸い同館関係者のご厚意により同書を実見することができた。以下、その内容を見ていくこととしたい。

本書は、全三巻。十九・九×十四・〇糎。白口、単魚尾、半葉九行、行十九字（図十三）（なお、前掲の『中国古籍善本書目　子部』が「二巻」としているのは誤りである）。

次に、本書の序類のうち、「全書本」に含まれていないものについて、その全文を見ていくこととしたい。

「懐玉書院重刻朱子晩年定論引」

嘉靖戊午冬、懐玉書院工告成。広信知府鑑塘周君俶建議飭工、延師贍士、百慮周集。故士楽有寧宇以安其学。既将入覲、以其事属其僚黄君紋。已而考績以最聞、擢雲南按察司副使。鑑塘寓書黄君曰、吾将遠別、不得視諸生成。所貽俸餘若干、為我置書於局、使院生日親先哲、猶吾教也。時中庵読朱子晩年定論有感、謀諸巾石呂子曰、書院復朱子草堂之旧。書生登朱子堂、瞻朱子稟餼、進之以朱子之学、可乎。夫諸生所誦読朱子者、中年未定之説也、而不知其晩年之悟之精且徹也。予昔聞知行之説、自謂入道次第、進無疑矣。今読定論、寧知致知者、致吾心本然之知。其与守書冊、泥言語、討論制度、較計権術、意趣工夫迥然不同也。昔聞存省之説、自謂動静交脩、功無間矣。今読定論、寧知本然之知随触発、無少停息、即寂之中、感在寂、即感之中、寂在感耶。夫学莫先於識性之真、而功莫切於順性之動。知不求於口耳影響、而求諸吾心之本然、是得性之真矣。静而常覚、動而常止。譬之四時、日月流而不息、不見造化声臭之形。是顕微無間、順性之動而無違也。斯朱子定論発吾道之微、幾榻造聖之規範也。以是而進諸生、亦足以慰鑑塘之教乎。巾石子曰、富哉、善推鑑塘公之心也。朱子晩年病目静座、洞悟性真。惜其門人無有受其意而昌其説者。今得陽明先生、而朱子之学復顕明於天下。以是而授諸生、則鑑塘之心、匪徒足以淑院生、将達之天下後世無窮矣、不亦善乎。於是黄君命上饒丞章子経糾工鋟梓、置板院局、以恵諸士、乞洪書其事。洪嘗増刻定論於南畿。因茲請、乃復為引其端云。

嘉靖己未夏仲端陽日、後学餘姚銭徳洪書。

「増刻朱子晩年定論序」

後学餘姚銭徳洪譔

適道者如適京師然。所入之路雖不能無遅速之殊、然能終期於必到者、定志於先也。苟無定志、中道気衰、怠且止矣、烏能望其必至耶。洪業挙子時、従事晦翁先生之学、自謂入聖塗轍必在是矣。及扣師門、恍若有悟、始知聖人之道坦夷直截、人人易由。乃疑朱子之説契悟未尽、輙生忽易之心焉。二十餘年、歳月既去、毛髪更矣、而故吾如昨、始歉然知懼。遭歴罪獄、動忍憂惕、始於師門指受、日見親切。復取晦翁之書読之、乃知其平時所入不無意見之偏、但其心以必造聖人為志、雖千廻百折、不敢怠止。稽其実、其立朝也、以開悟君心為切、其涖政也、以民受実恵為功、其接引後学也、惟恐不得同躋聖域為懼。及其晩年病目、静座有得、則尽悔平時注述誤已誤人、与其門人、務求勇革、勿避譏笑、且使遍告同志。其胸中磊犖、真如日月之麗天、其過其更、人人得而仰覩。噫、若是而可以忽易観之哉。宜其推重於当時、伝信於後世。是信之者、非徒信其言也、信其人之有徴也。但世之信先生者、皆有求為聖人之志矣乎。其格物窮理之説、似有近吾詞章記誦之習、而注疏章句之便、又足以安其進取利禄之心。遂執其中年未定之説、号於人曰、吾能忠於朱門也云云。若是而欲立朱子之門墻、麾斥且不暇矣、而况欲為其効忠耶。苟有出是者、亦不過執其持敬力行之説、以為矜名競節之規、亦未聞有終疑其所入而得其悔者、是亦未有必為聖人之志、安於一善止也、又烏足以為深信朱子耶。

朱子晩年定論、吾師嘗有乎録、伝刻於世久矣。史生致詹読之、若有契焉、欲翻刻以広恵同学。洪為増録、得二巻焉。蓋吾師取其晩年之悔、以自徴其学不畔於朱説。洪則取其悟後之言、徴朱子之学不畔於聖人也。使吾党之疑朱子者勿以意見所得輙懐忽易之心、信朱子者毋安於其所悔、以必求其所情、庶不畔於聖人、是謂真信朱子也已。

嘉靖壬子夏五月。

「懐玉書院重刻朱子晩年定論引」から判明する本書刊行の経緯は以下の通りである。嘉靖戊午（三十七年、一五五八）冬、懐玉書院が広信（江西省広信府。現在の江西省上饒市）に完成したが、懐玉書院の設置に大きく貢献した知府の周俶は、離任後、後事を黄紋に託していった。その後、彼は書簡を黄紋に送り、自己の俸禄を使って諸生のために有用な書物の刊行を依頼した（周俶は字初卿、成都の人。嘉靖辛丑［二十年、一五四一］の進士。応天府尹を歴任している［『万姓統譜』巻六十二］）。依頼を受け黄紋は上饒丞の章子経に刊行の実務を託するとともに、以前『朱子晩年定論』を南畿において刊刻したことのある銭徳洪に序文の執筆を依頼し、彼は嘉靖己未（三十八年、一五五九）に依頼に応じたのである。従って、本書の刊刻は嘉靖三十八年ということになり、『中国古籍善本書目　子部』が本書の刊刻を「嘉靖三十七年」とするのは誤りである。

また、単行本『朱子晩年定論』は、前述の袁慶麟による正徳十三年の原刻本、銭徳洪による南畿刻本、そして今回の懐玉書院重刻本と、少なくとも三度にわたり刊行されていることとなり、本書が当時において一定の需要を有していたことを窺うことができる。(41)

一方、嘉靖壬子（三十一年、一五五二）の紀年を持つ「増刻朱子晩年定論序」は、「懐玉書院重刻朱子晩年定論引」より七年前のものであることから、銭徳洪が南畿において『朱子晩年定論』を刊刻した際のものと思われる。そこにおいては、史致詹が刊刻を志した際、銭徳洪が二巻を「増録」したことが記されている（「増録」の内容については後述）。また、この序文において銭徳洪が王守仁の原本と「増録」本との違いについて、「吾師取其晩年之悔、以自徴其学不畔於朱説。洪則取其悟後之言、徴朱子之学不畔於聖人也」としているのは興味深く、朱子学側に配慮が必要とされた王守仁と、隆盛に向かう王学の中心人物であった銭徳洪との置かれた立場の違いを窺わせるに足るものといえるだろう。

また、以上の本書刊行の経緯の中、特に注目されるのは、本書の刊刻が、懐玉書院と大きな関係を有しているという事実である。懐玉書院は、張元冲によって立てられた書院であり、王畿、銭徳洪を迎えて講義を行っており、また、銭徳洪は当地で王守仁の年譜を執筆しているという、王門と極めて深いつながりを持つ場所なのである（懐玉書院については『明儒学案』巻十四を参照のこと）。書院と出版とが密接な関係を有することは従来から指摘されてきたことではあるが、本書の刊刻もその顕著な一例とすることができるだろう。

三

次に、本書の構成を見ていきたい。なお、巻中、巻下に収録された朱熹の文については、読者の便宜のため、題目の下に冒頭の数文字を記し、下方に『晦庵先生朱文公文集』における巻数を併記した。

「懐玉書院重刻朱子晩年定論引」（嘉靖巳未、銭徳洪）
「朱子晩年定論序」（王守仁。冒頭に「陽明子序曰」の五字がないほかは、「全書本」の［王守仁序］（仮題）と一致する）
「増刻朱子晩年定論序」（嘉靖壬子、銭徳洪）

「朱子晩年定論巻之上」（内容は「全書本」本文と一致する）

陽明先生原録
後学成都周俶重刻
臨安黄紋校正

「袁慶麟識語」（仮題、正徳戊寅、袁慶麟。「全書本」末尾の［袁慶麟識語］（仮題）と一致する）

「朱子晩年定論巻之中」

後学　餘姚銭徳洪増録
成都周俶重刻
臨安黄紋校正

「与張敬夫」（人自有生）　『晦庵先生朱文公文集』巻三十
同上（可欲之謂善天機）　『晦庵先生朱文公文集』巻三十二（「答張敬夫問目」）
「答呂伯恭」（朋友亦正自）　『晦庵先生朱文公文集』巻三十二
「答劉子澄」（襄陽之役）　『晦庵先生朱文公文集』巻三十五
「答黄叔張」（天地之間自有）　『晦庵先生朱文公文集』巻三十八
「答許順之」（此間窮陋夏秋）　『晦庵先生朱文公文集』巻三十九
「答何叔京」（脱然之語乃）　『晦庵先生朱文公文集』巻四十
「答石子重」（向来見理自不分）　『晦庵先生朱文公文集』巻四十二

「答游誠之」（心体固本静然）　『晦庵先生朱文公文集』巻四十五
「答呂道一」（三復来示詞義）　『晦庵先生朱文公文集』巻四十六
「答任伯起」（示論静中私意）　『晦庵先生朱文公文集』巻四十四
「答胡伯逢」（男女居室人事之至）　『晦庵先生朱文公文集』巻四十六
「答呂子約」（大抵此学以尊徳性）　『晦庵先生朱文公文集』巻四十七
「答王子合」（心猶鏡也但）　『晦庵先生朱文公文集』巻四十九
「答林伯和」（大抵見善必為）　『晦庵先生朱文公文集』巻四十九
「答陳膚仲」（来書云今日反復）　『晦庵先生朱文公文集』巻四十九
「答程正思」（異論紛紜不必深辨）　『晦庵先生朱文公文集』巻五十
「答周舜弼」（曾子一段文意雖）　『晦庵先生朱文公文集』巻五十
「答呉伯豊」（学問臨事不得力）　『晦庵先生朱文公文集』巻五十二
「答汪長孺」（示喩功夫長進）　『晦庵先生朱文公文集』巻五十二

「朱子晩年定論巻之下」
後学　餘姚銭徳洪増録
成都周倣重刻
臨安黄紋校正

「答李叔文」（向来所説性善）　『晦庵先生朱文公文集』巻五十二

「答劉季章」（所喩為学之意甚善）『晦庵先生朱文公文集』巻五十三
「答方賓王」（別紙所喩甚善）『晦庵先生朱文公文集』巻五十六
「答鄭子上」（告子却不知有所謂天則）『晦庵先生朱文公文集』巻五十六
「答宋沢之」（大抵今之学者之病）『晦庵先生朱文公文集』巻五十八
「答陳与叔」（川流不息天運也）『晦庵先生朱文公文集』巻五十九
「答劉履之」（衰朽益甚思与朋友）『晦庵先生朱文公文集』巻五十九
「答康炳道」（所謂致知者正是）『晦庵先生朱文公文集』巻五十四
「答劉朝弼」（承示以文編感相）『晦庵先生朱文公文集』巻六十四
「答劉公度」（来書深以不得卒業）『晦庵先生朱文公文集』巻六十四
「答或人」（示喩為学次第甚慰）『晦庵先生朱文公文集』巻六十四
「易寂感説」（易曰無思也無為也）『晦庵先生朱文公文集』巻六十七
「太極説」（静而常覚動而常止者心之妙也）『晦庵先生朱文公文集』巻六十七
「学校貢挙私議」（古者学校選挙之法始於郷党）『晦庵先生朱文公文集』巻六十九
「読唐志」（欧陽子曰三代而上治）『晦庵先生朱文公文集』巻七十
「諭諸生」（古之学者八歳而入小学）『晦庵先生朱文公文集』巻七十四
「諭諸職事」（嘗謂学校之政不患法制）『晦庵先生朱文公文集』巻七十四
「瓊州学記」（昔者聖王作民君師）『晦庵先生朱文公文集』巻七十九

院生董良材陳維新監刻
潘応奎徐諫之
李道福程一麟校録

「定論巻之下終」

以上の内容からも判るように、本書の最大の特徴としては、王守仁自身によって収録された「原録」の「晩年定論」は上巻のみで、中巻、下巻においては銭徳洪が「増録」した「定論」が収められていることを挙げることができる。また、本書の各巻頭、巻末に記載のある関係者の中、程一麟は宋儒程端蒙、程珙の末裔であり、嘉靖年間に、程端蒙、程珙が建てた徳興県十都の二賢書院に彼ら二人を合祀することを巡撫に願い出たが、その文は銭徳洪が記している（『江西通志』巻二十二）。

今日までの一般的な理解としては、正徳十五年における羅欽順との論争において、王守仁が『晩年定論』の編纂上の誤りを認め、自己の学が朱子学から独立したものであると宣言した時点で、本書はいわば不用のものとなったとされているようである。しかし、その後も長期にわたり、本書は思想界に大きな波紋を投げかけ続けていたのである。その諸相については吉田公平「『朱子晩年定論』」（『陸象山と王陽明』第三章、研文出版、一九九〇）に詳しいが、事実、上記のごとく嘉靖期に入ってからも、本書は増補され、新たな読者を得ていたのである。しかも注目すべきは、本書の増補が銭徳洪によってなされていることである。王畿と並ぶ、王守仁の二大弟子の一人である彼によってこのような増補がなされたという事実は、本書が羅欽順との論争後も、王門の弟子たちによっていかに重視されたかを物語るものと言えるだろう。また、第一章において述べたように、王守仁の遺著の編纂作業に殆ど興味を示さなかった王畿とは異なり、銭徳洪にとって王守仁関係の文献の編纂は、王門における自己の正当性を主張するためのものであった。『晩年定論』の増補も、彼によるそのような行動の一環と見なすことができるだろう。

以上述べてきたことからも明らかなように、本書は、王門における『朱子晩年定論』の受容と展開を考える上で欠かせない資料であり、今後多くの研究者によって利用されることが望まれるものなのである。(42)

第九節　王宗沐編『陽明先生与晋渓書』について

王守仁の詩文については、上記からも明らかなように、その生前から一部は刊刻されていたが、特にその死後において、様々な形でまとめられることとなった。そのなかでも、上海図書館に所蔵される『陽明先生与晋渓書』は、彼が王瓊という一個人にあてた書簡のみを収録するものであり、このような形式でまとめられた王守仁の著作は現存の資料中において他に例を見ない。本書に関しては現在に至るまで全く言及されたことがないが、その特異な形式において、王守仁の著作の中においても、特に注目すべきものの一つということができる。

本稿においては、主としてそこに含まれる佚文について探っていくこととする。

本書は、不分巻、表紙に題箋無し。版框十八・六×十三糎、行十八字、半葉九行。四周双辺、白口、単魚尾、魚尾上に「陽明手柬」、下に丁数の記載があり、刻工名は記されていない（図十四）。また、全体の構成は以下の通り。

「刻陽明先生手柬序」（嘉靖癸亥〔四十二年、一五六三〕、王宗沐）

「陽明先生与晋渓書」（本文）
「刻陽明先生与晋渓書後跋」（嘉靖甲子〔四十三年、一五六四〕、王禎）
「重刻陽明王先生手柬後語」（隆慶壬申〔六年、一五七二〕、陳文燭）

次に、上記の序跋類から、本書の成立の事情を探ってみたい。

「刻陽明先生手柬序」

余舟行次湘江、於篋中検嘗手録陽明先生与晋渓公柬一帙、秉燭読之、因廃書而嘆。嗟乎、古人建立功名、信不易哉。陽明先生以千古天挺之才、早膺閫寄、然猶藉晋渓公乃得就。観其往来箚中所云、是先生恃有知己処中、言聴計従、以故得安其身而畢其志。先生往見之疏中、覧者亦以為叙奏之常格固当、而豈知其中誠然委曲如是也。事不能背時而独立、功不得違勢而独彰。故鴻毛遇風而巨魚縦壑者、順也。登高伝呼而建瓴下水者、拠也。嗟乎、古之豪傑、率以不遇知己、不知而不用、或用之而未尽、或尽之而終讒。当其中軸見疑、孤遠勢隔、則書生竪子一言、而白黒立変、罪不可逭、其何功之図哉。是可嘆也。余嘗従縉紳後、見道晋渓公者、不及其実。過晋中、頗攬鏡其平生行事奏疏、固已傾心焉。今観其虚心専己、用一人以安国家、可謂社稷之臣、即陽明先生亦称其有王佐之才。余懼其泯没、因寄友人王宗敬於婺州、使刻以伝同好。後世其無有聞晋渓公而興者耶、則是稿似微而不可忽也。王公名瓊、晋之太原人。陽明先生名守仁、越之餘姚人云。時嘉靖癸亥三月、臨海王宗沐書于湘江舟中。

〔訓読〕

余、舟行して湘江に次（やど）り、篋中に於て嘗て手録せる陽明先生、晋渓公に与ふるの柬一帙を検し、燭を秉りて之れを読み、因りて書を廃して嘆ず。嗟乎（ああ）、古人、功名を建立するは、信（まこと）に易からざるかな、と。陽明先生は千古天挺の才を以て、早（つと）に閫寄に膺ず、然れども猶ほ晋渓公に藉りて乃ち就（な）すを得たり。其の往来の箚中に云ふ所を観るに、是れ先生、知己の中に処（を）ること有るを恃み、言聴かれ計従はれ、故を以て其の身を安んじて其の志を畢（を）へるを得るなり。先生往見の疏中、覧る者、亦た以て叙奏の常格にして固より当れると為せども、豈に其の中、誠然委曲、是の如くなるを知らんや。事、時に背きて独り立つ能はず、功、勢ひに違ひて独り彰かなるを得ず。故に鴻毛、風に遇ひて巨魚、壑に縦（ほし）いままにするは、順なり。高きに登り伝呼して瓴を建てて水を下すは、拠なり。嗟乎、古の豪傑、率ね知己に遇はざるを以て、知られずして用ひられず、或いは之れを用ふれども未だ尽さず、或いは之れを尽せども終（つひ）に譏（そし）らる。其の中軸に当りて疑はれ、孤遠して勢ひ隔てらるれば、則ち書生竪子の一言にして、白黒立ちどころに変じ、罪、逭（のが）るべからず、其れ何の功をか之れ図らんや。是れ嘆ずべきなり。余、嘗て縉紳の後に従ひて、晋渓公を道（い）ふ者を見るに、其の実に及ばず。晋中を過りて、頗る其の平生の行事奏疏を攬鏡するに、固より已に心を傾く。今、其の虚心にして己を専らにし、一人を用ひて以て国家を安んずるを観るに、社稷の臣と謂ふべくして、即ち陽明先生も亦た其の王佐の才有るを称せらる。余、其の泯没を懼れ、因りて友人王宗敬に婺州に寄せて、刻して以て同好に伝へしむ。後世、其れ晋渓公を聞きて興る者有ること無からんや、則ち是の稿、微なれども忽せにすべからざるに似たるなり。王公、名は瓊、晋の太原の人。陽明先生、名は守仁、越の餘姚の人と云ふ。時に嘉靖癸亥の三月、臨海の王宗沐、湘江の舟中に書す。

「刻陽明先生与晋渓書後跋」

右書壹拾伍首、乃我師敬所先生旧所手録。陽明先生在南贛時、上司馬晋渓公而与之商確一方戎務、以共底厥績者也。

夫晋渓、陽明二公、均具王佐之才、古社稷之臣、当朝人物之選也。其徳業聞望、炳人心目、奚止此書之所建白与所許可已哉。而我師所録惟是。誠以賢才難得、而為天下用才者尤難。功不易成、而重社稷之功、能終始成就者、尤不易也。陽明先生以千古豪傑之才、従事於南贛軍戎之務者数載。向非晋渓公握本兵於内、重厥功而専委任、則未必不為疑忌者中阻、安能得竟其志以底於有成哉。是故陽明之功、大司馬王公之功也。陽明先生之功、人皆知之。而晋渓公用賢不及宰輔休休之量、実人所未知者。我師秉燭湘舟、閲書読之、不能不有感于衷、而懐仰于二公相知相遇之殷也。是以惧其泯没、而命禎刻之、且以伝之同好、兼之有聞晋渓公、而興之望以属後之人。吾師誠心二公之心、於此書有深契焉、而又以信天下之人之心無弗同也。然則茲刻也、豈直以彰二公之美盛而已邪、其意自有在也。禎不敏、幸夙承于吾師之教、敢厠数語而志之末簡。

嘉靖甲子夏、門人南昌王禎頓首拝書。

［訓読］

右書、壹拾伍首、乃ち我が師、敬所先生の旧（も）と手録する所なり。陽明先生、南贛に在りし時、司馬晋渓公に上りて之れと与に一方の戎務を商確し、以て厥（そ）の績を共底にする者なり。夫れ晋渓、陽明二公は、均しく王佐の才を具へ、古の社稷の臣、当朝の人物の選なり。其の徳業聞望、人の心目を炳（あき）らかにすること、奚（なん）ぞ此の書の建白する所と許可する所とのみに止まらんや。而して我が師、録する所は惟だ是なり。誠に賢才は得ること難く、而して天下の為に才を用ふる者は尤も難し。功は成し易からず、而して社稷の功を重んじ、能く終始成就する者は、尤も易からざるを以てなり。陽明先生、千古豪傑の才を以て、南贛軍戎の務に従事すること数載。向（さき）に晋渓公、本兵を内に握り、厥の功を重んじて委任を専らにするに非ざれば、則ち未だ必ずしも疑忌せる者の中阻を為さざるにあらず、安ぞ能く其の志を竟（を）へて以て成す有るに底（いた）るを得んや。是の故に陽明の功は、大司馬王公の功なり。陽明先生の功は、人皆な之れを知る。而れども晋渓公の賢を用ふること及ばざるの宰輔の休休たるの量は、実に人の未だ知らざる所の者なり。我が師、湘舟に燭を乗り、書を閲して之れを読み、衷より感ずること有らざる能はずして、二公の相ひ知り相ひ遇ふの殷（さかん）なるを懐仰せるなり。是を以て其の泯没を惧れて、禎に命じて之れを刻さしめ、且つ以て之れを同好に伝へ、之れを兼ぬるに晋渓公を聞く有りて、之れを興して以て後の人に属するを望む。吾が師の誠心と二公の心とは、此の書に於て深く契ふ有りて、而して又た以て天下の人の心の同じからざる無きを信（まこと）にするなり。然らば則ち茲の刻や、豈に直（ただ）に以て二公の美盛を彰らかにするのみならんや、其の意、自ら在ること有るなり。禎、不敏なれども、幸ひに夙に吾が師の教へを承け、敢て数語を厠（まじ）へて之れを末簡に志す。

嘉靖甲子の夏、門人南昌の王禎、頓首して拝書す。

「重刻陽明王先生手柬後語」

国朝文儒以功業顕者、輒称新建王公云。方公撫南贛時、所上司馬王公書、凡十五章。嗟乎、士為知己者用、又為知己者死。即新建公多才、頼司馬公居中、知而用之、乃得尽其力以成厥功。不然、祷金縢而草憲令、昔之聖賢尚避居而離憂、況遠臣乎。毎観後世処功名之際、遭讒被廃、有傷心流涕者。此太史公伝管夷吾、不多其功而多鮑叔能知人也、其旨微矣。往季癸亥、中丞王公得前書読之、慨然有志於新建公之為人、梓於婺州。頃撫淮、命燭校而新之。主上以大計寄公、又公卿師師如也。則所称知己以建無窮之業、奚啻一司馬公已邪。語曰、千金之裘、非一狐之腋也。三代之際、非一士之知也。窃於今日交有望焉。新建公名守仁、餘姚人。司馬公名瓊、太原人。中丞公名宗沐、臨海人。

明隆慶壬申王正既望、漢陰後学陳文燭頓首拝撰。

[訓読]

国朝の文儒の功業を以て顕はれたる者は、輙ち新建の王公を称すと云ふ。公、南贛を撫する時に方（あ）たりて、司馬王公に上る所の書、凡そ十五章なり。嗟乎、士は己を知る者の為に用ひられ、又た己を知る者の為に死す。即（たと）ひ新建公、多才なるも、司馬公、中に居り、知りて之れを用ひるに頼りて、乃ち其の力を尽して以て厥の功を成すを得たり。然らずんば、金縢に祷りて草憲の令となり、昔の聖賢すら尚ほ居を避けて憂を離る、況や遠臣をや。毎に後世の功名に処するの際を観るに、讒に遭ひ廃せられ、傷心流涕する者有り。此れ太史公の伝に管夷吾、其の功を多とせずして鮑叔の能く人を知るを多とするなり、其の旨、微なり。往季癸亥、中丞王公、前書を得て之れを読み、慨然として新建公の人と為りに志す有り、婺州に梓す。頃（このごろ）淮を撫し、燭に命じて校して之れを新たにせしむ。主上、大計を以て公に寄せ、又た公卿も師師如たるなり。則ち称する所の知己以て無窮の業を建つるも、奚ぞ啻（ただ）に一司馬公のみならんや。語に曰く、千金の裘は、一狐の腋に非ざるなり、と。三代の際、一士の知るのみに非ざるなり。窃かに今日の交りに於て望みを有す。新建公、名は守仁、餘姚の人。司馬公、名は瓊、太原の人。中丞公、名は宗沐、臨海の人。

明隆慶壬申、王正の既望、漢陰の後学陳文燭、頓首して拝撰す。

以上から判明する本書の成立は、以下の通りである。

嘉靖癸亥（四十二年、一五六三）三月に、湘江において、王守仁の再伝の弟子である王宗沐は、守仁の王瓊にあてた手紙の写しを読み、弟子の王禎に刊刻を命じた。

命を受けた王禎は、翌嘉靖甲子（四十三年、一五六四）に本書を刊刻した。更に隆慶壬申（六年、一五七二）には、王宗沐は陳文燭に命じて、新たに校訂の上、重刻せしめている。

以上に名前の出た人物のうち、王瓊は、字徳華、号晋渓、山西省太原の人。天順三年（一四五九）に生まれる。成化二十年（一四八四）の進士。嘉靖十一年（一五三二）卒。『明史』巻一九八に伝有り。陰険な人物として『明史』における評価は必ずしも芳しくはないが、「年譜一」（『王文成公全書』巻三十二）正徳十一年（一五一六）の項に、「是時汀漳各郡皆有巨寇。尚書王瓊特挙先生（是の時、汀、漳の各郡、皆な巨寇有り。尚書王瓊、特に先生を挙ぐ）」とあるように、当時兵部尚書の地位にあった王瓊は、江西省南部における叛乱の鎮圧に王守仁を推挙し、中央にあって彼の行動に一貫して支持を与えている。『陽明先生与晋渓書』における王守仁の王瓊あての書簡は、すべてこの時期に記されたものである。

王宗沐は、字新甫、号敬所、浙江省臨海の人。嘉靖二年（一五二三）に生まれる。嘉靖二十三年（一五四四）の進士。欧陽徳（南野）を師とする。官は刑部左侍郎に至る。万暦十九年（一五九一）卒。『明儒学案』巻十五（浙中王門学案五）、『明史』巻二百二十三に伝が有る。

陳文燭は、字玉叔、湖北省沔陽の人。嘉靖四十四年（一五六五）の進士。大理評事を授けらる。著に『五岳山人集』がある。『湖広通志』（『四庫全書』所収）巻五十七に伝が有る。

以上からも判るように、本書は初刻本刊行後、わずか八年後に重刻されていることから、当時において一定の需要があったことが判るのである。

内容的に見ると、これらの序跋類において、王守仁による江西省南部における叛乱の鎮圧において、中央にあって兵部尚書の地位にあった王瓊の支持が不可欠であったことが異口同音に述べられているのが興味深い。この点に関しては、今日、王守仁の伝記研究においてもほとんど注目されることがないが、当時においては、王門の弟子たちの間で、一定のコンセンサスを得ていたと思われるのである。

　また、本書の初刻本の刊刻が、『王文成公全書』刊刻の隆慶六年（一五七二）に先立つ嘉靖四十三年（一五六四）であることから、本書の内容の『全書』に対する影響の有無が問題となる。そのような観点から見ると、『全書』巻二十七（「続編二」）所収の「与王晋渓司馬」が、題目・内容とも、本書に類似していることが判る。しかも、「続編」自体の成立も、『全書』と同じ隆慶六年であり、『陽明先生与晋渓書』の初刻に遅れること八年であることから、『全書』の「与王晋渓司馬」が、『陽明先生与晋渓書』から影響を受けた可能性は高いのである。(43) この点を明らかにするため、以下に『陽明先生与晋渓書』と、『全書』の対照表を掲げておいた。『全書』においては、各書簡の切れ目を段落で示すのみで、書簡ごとの名称がないため、便宜上①、②、③・・・で示した。なお、対照の便宜のため、『陽明先生与晋渓書』の下の［　］内には冒頭の数文字を掲げ、『全書』と内容上の異同がある場合には、『全書』の該当の書簡の下に［　］で示している。また、◎は佚文を示すものである。

『陽明先生与晋渓書』	「与王晋渓司馬」（『全書』巻二十七「続編二」）
第一書［侍生王守仁］	①［冒頭に「侍生王守仁頓首再拝、啓上太保大司馬晋渓老先生。大人尊丈執事」の二十七字がなく、「伏惟」の二字がある］
第二書［守仁近因］	②
第三書［前月奏捷］	③
第四書［生於前月二十日］	④

第五書［守仁始至贛］　⑤
第六書［即日伏惟］　⑥［末尾に「外具用兵事宜一通、極知狂妄。伏冀曲賜採択、并垂恕察。幸甚幸甚」の二十六字がない］
第七書［君子之於天下］　⑦［冒頭に「生惟」の二字がある］
第八書［近領部咨］　⑧［「復何求哉」以下に異同あり］
第九書［邇者南贛］　⑪
第十書［憂危之際］　⑫［末尾に「奏稿二通瀆覧」の六字がない］
第十一書［自去冬畏途多沮］　⑬⑨［末尾の「不勝愴慄」の後、五十五字が無く、「輙有私梗」から独立して⑨となる］
第十二書［守仁不肖］　⑩［末尾に「外奏稿揭帖奉呈」の七字がない］
◎第十三書［畏途多沮］　なし
第十四書［屢奉啓］　⑭
第十五書［比兵部］　⑮［末尾に「帰省疏已蒙曲成、得蚤下一日、挙家之感也。懸切懸切」の二十一字がない］

上記の対照表からも明らかなごとく、一部を除いて『陽明先生与晋渓書』と『全書』の「与王晋渓司馬」は、書簡の内容・順序とも一致している。このような一致が偶然とは考えにくく、『全書』の該当する部分が『陽明先生与晋渓書』の影響を受けている可能性は高いと考えられる。(44)

以上のことから、『陽明先生与晋渓書』は、『全書』の編纂に影響を与えた、今日ではほとんど忘れられているさまざまな刻本の一つとして位置づけることが可能と思われるのである。

最後に、『全書』に未収録であったり、大きな異同、出入がある書簡を見ていきたい。また、［　］内は、佚文のみでは文意が通じにくい部分について、『全書』との共通部分を補ったものである。

「第八書」（「復何求哉」以下）

伏惟老先生終始曲成、使得保全首領、帰延餘息於林下、免致覆餗、為大賢君子知人之玷、生死骨肉、当何如図報耶。情隘詞迫、伏祇矜宥、幸甚幸甚。奏稿三通奉瀆。

［訓読］

伏して惟（おも）んみるに老先生は終始曲成し、首領を保全し、帰りて餘息を林下に延（の）べ、覆餗を致すを免れるを得しめんとす、大賢君子、人の玷を知るを為す、生死骨肉、当に何如ぞ報ひを図るべきや。情隘れ詞迫る、伏して祇（ただ）矜宥す、幸甚幸甚。奏稿三通、奉瀆す。

［補説］

王瓊が王守仁の辞職・帰郷の願いを聞き入れるよう、強く訴えている部分である。

「第十一書」末尾（「不勝愴慄」以下、「輙有私梗」以前）

奏稿二通瀆覧。又一通係去冬中途被沮者、今仍令原舍齎上。惟老先生面賜尊裁、可進進之、不可進已之。恃深愛、敢瀆冒至此、死罪死罪。附瀆［輙有私梗、仰恃知愛、敢以控陳］。

［訓読］

奏稿二通瀆覧す。又た一通は去冬中途にて沮まるる者なるに係（よ）りて、今、仍（しきり）に原舎をして齎上せしむ。惟んみるに老先生面賜尊裁、進むべくんば之れを進め、進むべからずんば之れを已む。深愛を恃み、敢て瀆冒して此に至る、死罪死罪。附瀆は［輒ち私梗有れども、仰ぎて知愛を恃み、敢て以て控陳す］。

［補説］

王守仁が王瓊にあてた書簡が中途で妨害されたことがあることを示すものである。王守仁と中央の官僚との険悪な関係を示すものと言え、それだけに王瓊に頼る気持ちが文面からにじみ出ている。

［第十三書］［佚文］

畏途多沮、不敢亟上啓。感恩佩徳、非言語可尽。所恨羸病日増、近復吐血潮熱、此身恐不能有図報之地矣。伏望終始曲成、使得苟延餘喘於林下、亦仁人君子不忍一物失所之本心、当不俟其哀号控籲也。情隘勢迫、復爾冒干、伏惟憫宥。不具。

［訓読］

途の多沮なるを畏れ、敢て亟（すみや）かに上啓せず。感恩佩徳、言語の尽すべきに非ず。恨む所は羸病日に増し、近ごろ復た吐血潮熱す、此の身、恐らくは図報の地有ること能はざらん。伏して望むらく終始曲成し、苟（いやし）くも餘喘を林下に延ぶるを得しむれば、亦た仁人君子の一物も失ふを忍びざる所の本心にして、当に其の哀号控籲を俟たざるべきなり。情隘（せま）り勢ひ迫り、復た爾（しか）く冒干す、伏して惟んみるに憫宥せんことを。具はらず。

［補説］

王瓊の助力に感謝するとともに、持病の悪化を訴え、辞職の許可を求めている。

以上からも明らかなごとく、『全書』において省略された部分は、いずれも王守仁の王瓊に頼る気持ちが強く表れたものである。『明史』における評価や、前記の序跋類からも明らかなように、王瓊に対する世評は必ずしも芳しいものではなく、それだけに『全書』の実質的な編纂者である銭徳洪には、王守仁の王瓊に対するそのような態度をあまり公にすることを憚る気持ちがあったものと思われる。

いずれにせよ、本書は王守仁の著作の中においても特異な位置を占めるものとして、今後多くの王学研究者によって利用されることが望まれるのである。

なお、本書の内容のうち、「刻陽明先生手東序」および「陽明先生与晋渓書」については、無窮会神習文庫および名古屋大学文学部他蔵『陽明先生全録』（嘉靖四十三年［一五六四］刊）の「正録」巻五においても収録されている。詳しくは佐野公治「名古屋大学蔵『陽明先生全集』について」（『名古屋大学中国哲学論集』第一号、二〇〇二）および佐野公治他「口語訳　王晋渓に与えた王陽明の書簡」（一）～（二）（『名古屋大学中国哲学論集』第一～二号、二〇〇二～二〇〇三）を参照されたい。

また、名古屋大学文学部蔵『陽明先生全録』の存在については、佐野公治博士より御示教を賜った。特に感謝の意を表する次第である。

第十節　銭徳洪・薛侃編『陽明先生詩録』について

以上第九節までにおいて、『全書』成立以前における王守仁の詩文集についてみてきたが、書簡のみをまとめた『陽明先生与晋渓書』を例外として、それらにおいて王守仁の詩は文集のうちに包摂されるか、あるいは末尾に附載される形で構成されていた。そのような中、王守仁の詩のみを集めた唯一現存する別集が、本節で取り上げる嘉靖九年（一五三〇）刊の九州大学文学部蔵『陽明先生詩録』四巻である。本書は成立年代から言えば、現存の王守仁の別集の中では『居夷集』の次に位置するものであるが、詩のみの別集であるため、論述の都合上、第二章の末尾に置くこととした。

本書は近代以前における王守仁の唯一の詩集として注目すべき存在である。本書に続く王守仁の単行された詩集としては、日本において明治十三年（一八八〇）に長坂熊一郎によって刊行された『王陽明先生詩鈔』二巻（塚原某［苔園］評点）および明治四十三年（一九一〇）に青木嵩山堂から刊行された『王陽明詩集』四巻（近藤元粋［南州］点）を挙げることができるが、本書刊行後、実に三百五十年が経過している[45]。なお、『名古屋市蓬左文庫漢籍分類目録』（一九七五、第一一八頁）には日本江戸中期刊本の『陽明先生詠学詩』一巻が著録されているが、同書は本来「楊嘉猷本」『伝習録』の和刻本に附載されていたものであり、単行された詩集ではない。

また、本書の刊行は王守仁没後二年半の嘉靖九年（一五三〇）のことであり、この後に刊行される文録類（嘉靖十二年「黄綰本」・嘉靖十五年「姑蘇本」等）に先立つものであり、この点からも注目に値する。本書は、全四巻。十八・五×十二・八糎、四周単辺、花口、無魚尾、半葉十行、行十八字。

次に、本書に附された序跋類および本書の内容について見ていきたい。また、本書と『全書』とで分類を異にする詩については、分類異同表において明示した。

［銭寛序］（仮題）

右録以履歴為次者、蓋以見吾夫子情随所遇、辞以時発也。以滁陽後為正、而前附之、見吾夫子所学益精、辞益粋、誠之不可掩也。読是録者、以意逆志、而有会焉、而興焉、而求其所以精、得其所以粋、無以其辞焉而已矣、則是録之伝、庶其不繆矣乎。

嘉靖庚寅歳五月望日、門人銭寛謹識于銭塘勝果寺之中峯閣。

「陽明先生詩集後序」

先生既没、吾友寛也検諸笥、得詩数巻焉、畿也裒諸録、得詩数巻焉。侃受而読之、附姪鎧鋟諸梓。同志或吾尤曰、古人之学、尚行而已矣。今人之学、尚言而已矣。吾師勤勤懇懇、以明古之学。記博而詞工、未始以為訓也。子是之図、非師意也。且詩者言之華、非古也。律者詩之変、尤非古也。子是之図、非師意也。侃曰、詩之教、性情而已矣。離性情而言詩、非古也。由性情而出焉者、謂之非古可乎。夫性者良知之体也、情者良知之用也。是故吾師之学、致良知而已矣。良知致、則性情正。性情正、若種之藝生矣。誠松也、芽甲花実、無非松矣。誠穀也、芽甲花実、無非穀矣。謂松而花稷、謂穀而実蕢、非然也。是故知先師之学、則知先師之心、知先師之心、則知先師之応迹矣。誦其言、察其用、可以観、可以悟、可以神明其徳矣。而又可釈夫詩乎。如以詩焉而已、則誠非師意矣。

嘉靖庚寅夏至日、門人薛侃謹識。

「陽明先生詩録　正稿」　『全書』
［「総目」には「詩録巻之一」とある］
◎滁州稿　正徳壬申年官徐［「総目」では滁］州太僕寺少卿　巻二十、「滁州詩三十六首」
［二十三題三十六首］
◎南都稿　甲戌年転南京鴻［「総目」では「鴻」］臚寺卿　巻二十、「南都詩四十七首」
［二十九題四十五首］
◎贛州稿　丙子年陞贛州僉都　巻二十、「贛州詩三十六首」
［二十四題三十六首］

［「総目」には「詩録巻之二」とある］
◎江西稿　己卯年奉勅往福建処叛軍至豊城遭寧藩之変趨還吉安集兵　巻二十、「江西詩」
平之尋陞副都巡撫是省
［八十五題百三十一首］
◎居越稿　辛巳年帰越　巻二十、「居越詩三十四首」
［二十五題三十一首］
◎両広稿　嘉靖丁亥起平思田之乱　巻二十、「両広詩二十一首」

［十三題十六首］

「陽明先生詩録　附稿」

［「総目」には「詩録巻之三」とある］

◎帰越稿　弘治壬戌年以刑部主事告病帰　　巻十九、「帰越詩三十五首」

［七題十四首］

◎山東稿　弘治甲子主試山東　　巻十九、「山東詩六首」

［二題六首］

◎京師稿　乙丑丙寅［「総目」では「丙寅」の二字無し］年起復兵部　　巻十九、「京師詩八首」

［一題八首］

◎獄中稿　正徳丙寅年上疏忤逆瑾　　巻十九、「獄中詩十四首」

［十五題四十首］

◎赴謫稿　丁卯年赴貴陽竜場駅　　巻十九、「赴謫詩五十五首」

［二十五題三十四首］

［「総目」には「詩録巻之四」とある］

◎居夷稿　丁卯戊辰己巳年　　巻十九、「居夷詩」

［八十八題百十首］

◎盧陵稿　己巳年補盧陵尹　　巻二十、「盧陵詩六首」

［二題三首、末尾に「右獄中、赴謫、居夷三稿、見居夷集。温陵丘養浩刊于嘉靖甲申年。門人韓柱、徐珊所校」の三十三字がある］

◎京師稿　辛未年補吏部主事　　巻二十、「京師詩二十四首」

［十二題二十四首］

［「総目」には「正附二稿計二百五十二題五百一十三章」とある］

◎『詩録』・『全書』分類異同表

	『詩録』	『全書』
登蟂矶次莫泉心劉石門韻二首	南都稿	江西詩
登閲江楼	贛州稿	南都四十七首
九華山下柯秀才家	江西稿	帰越詩
夜宿無相寺	江西稿	帰越詩
題四老囲棋図	江西稿	帰越詩
無相寺	江西稿	帰越詩
無相寺夜宿聞雨	江西稿	帰越詩
示諸生	江西稿	居越詩

芙蓉閣（第二首）	江西稿	帰越詩
芙蓉閣（第三首）	江西稿	帰越詩
啾啾吟	獄中稿	江西詩
答汪抑之	獄中稿	赴謫詩
陽明子之南也其友湛元明歌九章以贈崔子鐘和之以五詩於是陽明子作八詠以答之　其一	獄中稿	赴謫詩
其二	獄中稿	赴謫詩
其三	獄中稿	赴謫詩
其四	獄中稿	赴謫詩
其五	獄中稿	赴謫詩
其六	獄中稿	赴謫詩
其七	獄中稿	赴謫詩
其八	獄中稿	赴謫詩
南遊三首	獄中稿	赴謫詩
憶昔答喬白巖因寄儲柴墟	獄中稿	赴謫詩
二	獄中稿	赴謫詩
三	獄中稿	赴謫詩
一日懐抑之也抑之之贈既嘗答以三詩意若有	獄中稿	赴謫詩

歎焉是以賦也
夢与抑之昆季語湛崔在焉覚而有感因紀以詩　　獄中稿　　赴謫詩
青原山次黄山谷韻　　廬陵稿　　江西詩

以上の序跋からも明らかなように、本書所載の詩は、銭徳洪（寛はその名）および王畿が収集したものであり、それを薛侃が嘉靖庚寅（九年、一五三〇）の年に、その従兄弟である薛宗鎧に命じて刊行させたものである。また、本書において所収の詩が王守仁の滁陽滞在を境として「正録」と「附稿」に区分されているのが、銭徳洪の意見によるものであることも明らかである。(46) 従って、本書の編纂の主導権は銭徳洪の手にあったものと考えられる。事実、本書とその後、銭徳洪が編纂した嘉靖十五年（一五三六）刊「姑蘇本」文録および『全書』を比較してみると、「正録」と「附稿」といった区分こそなされていないものの、多くの共通点が認められ、銭徳洪による詩文集の集大成である『王文成公全書』の巻十九・二十の「外集」における詩録の稿は、明らかに本書をもとにしたものであることが判る。(47)

しかしながら、本書の内容を詳細に検討してみると、『全書』では王守仁が自分を「某」としている部分が本書では「守仁」とされているなど、明らかに『全書』に比べ王守仁によって記された詩の原貌を留めているものが多く含まれていることがわかるのである。

また、本書巻四の「廬陵稿」の末尾に、編者による「右獄中、赴謫、居夷三稿、見居夷集。温陵丘養浩刊于嘉靖甲申年。門人韓柱、徐珊所校」という注が附されていることも重要である。本章第一節において述べたように、銭徳洪は晩年「答論年譜書」第八書において、「徐珊嘗為師刻居夷集、蓋在癸未年」(48)（徐珊、嘗て師の為に居夷集を刻す、蓋し癸未の年に在りしならん）と、『居夷集』の編者は徐珊であり、刊行年は癸未年（嘉靖二年、一五二三）と誤認するに至るが、この注によって、銭徳洪も含む『陽明先生詩録』の編者たちは、少なくとも本書が編纂刊刻された嘉靖九年（一五三〇）の時点では、『居夷集』の編者は丘養浩であり、その刊刻年は嘉靖甲申年（三年、一五二四）だと認識していたことが判るのである。

以上からも判るように、『陽明先生詩録』は前近代における唯一の王守仁の単行された詩集であるばかりでなく、王守仁の著作の編纂の過程を窺わせる点でも、貴重な存在となっているのである。

注

（1）嘉靖十二年（一五三三）刊『陽明先生文録』巻首。

（2）隆慶六年（一五七二）刊『王文成公全書』巻三十六。なお、癸未の年は嘉靖二年（一五二三）、辛巳の年は正徳十六年（一五二一）である。

（3）三島復『王陽明の哲学』「附録」、同書五六四～五六五頁、大岡山書店、一九三四。

（4）『北京図書館古籍善本書目』二三四七頁、書目文献出版社、一九八七。

（5）『中国古籍善本書目　集部上』二三四七頁、上海古籍出版社、一九九六。

（6）馬紹基については、『清代官員履歴档案全編』（中国第一歴史档案館蔵、秦国経主編、華東師範大学出版社、一九九七）六二四頁に収録された乾隆五十六年（一七九一）十月の档案に、「馬紹基、江蘇蘇州府元和県監生。年五十三歳。現任広西万承土州州同」（馬紹基、江蘇蘇州府元和県の監生。年五十三歳。現任は広西万承土州の州同）とあることから、逆算により乾隆四年（一七三九）の生まれであることが判明する。また、校語には彼が『全集』と呼ぶ版本（異同から見て、恐らく『王文成公全書』であろう）との異同が記されている。

（7）孫毓修は江蘇省無錫の人。字星如・恂如、号留庵、別号緑天翁等。光緒三十二年（一九〇六）前後より商務印書館で高級編訳として勤務。民国十一年（一九二二）没。従って識語の「甲寅」は民国三年（一九一四）である。

（8）嘉靖甲申夏孟朔とは、嘉靖三年（一五二四）四月一日である。
（9）明何喬遠『閩書』、『四庫全書存目叢書』拠福建省図書館蔵明崇禎刻本影印、同書史部第二百六冊、荘厳文化事業有限公司、一九九六。なお、正徳辛巳の歳は正徳十六年（一五二一）、嘉靖乙酉は嘉靖四年（一五二五）であり、逆算により弘治十一年（一四九八）の生まれであることが判る。
（10）清永瑢・紀昀等撰、『景印文淵閣四庫全書』第一冊、台湾商務印書館、一九八六。
（11）『浙江通志』巻百三十七、清嵇曾筠等監修・沈翼機等編纂、『景印文淵閣四庫全書』第五百二十二冊、台湾商務印書館、一九八六。
（12）明王畿撰、丁賓編『龍渓王先生全集』巻十九、内閣文庫蔵、万暦四十七年（一六一九）刊。
（13）清黄宗羲撰、中華書局、一九八五。
（14）鄒守益編『陽明先生文録』は現存しないものの、九州大学文学部所蔵の『陽明先生文録』によって、その内容を推測することが可能である。なお、九州大学文学部所蔵の『陽明先生文録』と、そこから推測される「旧本」（鄒守益編『陽明先生文録』）については、水野実・永冨青地「九大本『陽明先生文録』詳考」（『陽明学』第十一号、一九九九）を参照のこと。
（15）黄綰本『陽明先生文録』（京都大学文学部所蔵本）、五巻、嘉靖十二年刊本。十九・七×十四・〇糎。半葉十行、行二十字。左右双辺、白口、単魚尾。書首冠嘉靖十二年（一五三三）黄綰序。なお、以上のデータは実測値だが、呉震氏前掲論文のものと若干の相違がある。
（16）民国十七年従子啓勲等上海澹園排印本。
（17）張良才重校刊本『陽明先生文録』（東京大学東洋文化研究所蔵本）、十七巻、嘉靖二十六年刊本。十九・五×十四・一糎。半葉十行、行二十字。左右双辺、白口、単魚尾。書首冠嘉靖十二年（一五三三）黄綰序。全書之末有嘉靖二十六年（一五四七）范慶跋。
（18）汲古書院、一九九六改訂版。
（19）姑蘇本『陽明先生文録』（東京大学東洋文化研究所蔵本）、文録五巻、外集九巻、別録十巻、嘉靖十五年刊本。十九・〇×

十四・〇糎。半葉十行、行二十字。左右双辺、白口、単魚尾。書首冠嘉靖十四年（一五三五）黄綰序、嘉靖十五年（一五三六）鄒守益序。

(20)『王文成公全書』巻三十五。

(21)『王文成公全書』巻首。

(22)閭東本『陽明先生文録』（早稲田大学図書館蔵本）、文録五巻、外集九巻、別録十四巻、嘉靖三十四年刊本。十九・九×十四・三糎。半葉十行、行二十字。左右双辺、白口、単魚尾。書首冠嘉靖二十九年（一五五〇）閭東序、嘉靖十四年（一五三五）黄綰序、嘉靖十五年（一五三六）鄒守益序。巻末有嘉靖三十四年（一五五五）孫昭跋。

(23)佐藤一斎は附刻された語録類をも利用していることから、彼の見た「閭東本」は歴史語言研究所所蔵本と同内容であることが判る。

(24)『汝南志』巻九、二十二丁表～裏。明李本固纂修、万暦三十六年（一六〇八）序刊、尊経閣文庫蔵。

(25)『内江県志』七二八頁。清彭泰士修、清朱襄虞等纂、曾慶昌続纂修。一九九二年巴蜀書社用民国三十四年刊本景印。『中国地方志集成』四川府県志輯二十三。

(26)上海古籍出版社、一九八〇。

(27)本章第七節および第三章第三節を参照のこと。

(28)磯部本『陽明先生全書』（東京大学総合図書館蔵本）、文録十巻、外録（ママ）四巻、別録七巻、続録十巻、語録三巻、年譜三巻、明治十□年磯部太良兵衛出版印、排印本。十三・四×八・六糎。半葉十五行、行三十五字。四周双辺、花口、単魚尾。書首冠嘉靖十二年（一五三三）黄綰序。

(29)なお、「磯部本」は明治十六年に再版の際に「正誤」冊が附され、誤植を訂正している。「磯部本」については『王陽明全集』第五巻（難波江通泰編、明徳出版社、一九八五）の「解説」に簡単な紹介があるが、題箋によって書名を『王陽明先生全書』としている。また同書は、『全書』と「磯部本」の異同を指摘しているところがある。

(30)その刊行の経緯については、『王文成公全書』巻二十六の「続編」冒頭に冠せられた銭徳洪の序文に詳しい。

(31) このことについては、『貴州通志』においても記述が見られる。

(32) 胡堯時、字は子中、江西省泰和県の人。嘉靖五年(一五二六)の進士。貴州按察使を歴任。王守仁に師事し、貴州において陽明書院を修建した。また、王守仁の著作の貴州にあるものは、悉く刊行したという(『江西通志』[『四庫全書』所収]巻七十九)。

(33) 黄裳旧蔵の『居夷集』(現上海図書館蔵)は現存する三種の『居夷集』のうちの一つである。本書に関する詳細については、本章第一節を参照されたい。

(34) 「黄綰本」および「閭東本」の佚文については、本章第二節を参照のこと。

(35) なお『全書』巻二は『伝習録』中巻であるが、上記の『陽明先生文録』三種では「文録」中に収められている。

(36) 『明清進士題名碑録索引』による。但し『寧国府志』(嘉靖十五年序刊、『天一閣蔵明代方志選刊』第二十三冊所収)巻八下では甲午(嘉靖十三年、一五三四)の進士とする。

(37) 『良知同然録』の資料については水野実防衛大学校教授の御好意により閲覧が可能となった。特に感謝の意を表する次第である。

(38) 佐野公治「名古屋大学蔵『陽明先生全集』について」『名古屋大学中国哲学論集』第一号、二〇〇二。

(39) 佐野公治前掲論文を参照のこと。

(40) 『江西通志』(『四庫全書』所収)巻九十四。

(41) 銭徳洪による南畿刻本の刊刻は、「年譜附録一」(『王文成公全書』巻三十五)によれば、嘉靖二十九年(一五五〇)のことである。本書附録二(一)を参照。但し、後述の如く「増刻朱子晩年定論序」の紀年が嘉靖三十一年であることから見て、実際の刊刻は同年のことと思われる。

(42) 安徽省博物館における調査の全過程において、安徽大学外国語学院の陳雪女士から大変お世話頂いた。特に感謝の意を表する次第である。また、改修工事中であるにも関わらず、調査を快く許可して下さった胡欣民安徽省博物館館長、面倒な調査に辛抱強くご同行下さった難波征男福岡女学院大学教授にも感謝の意を表する次第である。

(43)「続編」の成立については、『全書』巻二十六（「続編一」）冒頭の銭徳洪の序文に詳しい。

(44) ただし、前述のごとく本書「第八書」に該当する部分においては、本書と『全書』の間に異同があり、銭徳洪が本書と別系統の資料も参照していた可能性がある。この点については、後日を期すこととしたい。

(45) 以上二書については、附録二（三）「王守仁著作和刻本序跋」を参照のこと。

(46) 守仁は正徳八年（一五一三）十月より翌年四月まで滁陽で馬政を監督した。本章第六節を参照のこと。

(47) 本書の編纂の経緯に関しては、水野実、永冨青地「九大本『陽明先生詩録』小考」（『汲古』第三十五号、一九九九）を参照されたい。また、本節の資料は水野実防衛大学校教授より賜ったものである。特に感謝の意を表する次第である。

(48) 隆慶六年（一五七二）刊『王文成公全書』巻三十六。癸未の年は嘉靖二年（一五二三）である。

第三章　『王文成公全書』の成立と出版

第一節　「続編」と「世徳紀」の成立

第二章においてみたように、『文録』は現存諸本で見る限り、「文録」のみの段階（「九大本」、「黄綰本」、「張良才本」）から、「文録」・「外集」・「別録」（「姑蘇本」、「閭東本」、「胡宗憲本」）の段階へと進み、内容的にも大幅な増加を見せた。しかし、『王文成公全書』においては、これらの後に、更に「続編」・「年譜」・「世徳紀」が増補されている。これらの部分は、どのようにして成立し、『王文成公全書』に加えられたのであろうか。以下、この点を考えてみたい。なお、「年譜」については、『全書』刊行以前に二度にわたり単行本として出版されており、『全書』収録までの過程が複雑なため、別に一章を設けて論ずることとした。

「続編」・「世徳紀」の成立に関する最も詳細な記録としては、『王文成公全書』巻二十六の「続編」冒頭に冠せられた銭徳洪の序文を挙げることができる。やや長文にわたるが、重要なものであるため、以下にその全文を引用することとする。

徳洪葺師文録、始刻于姑蘇、再刻于越、再刻于天真、行諸四方久矣。同志又以遺文見寄、俾続刻之。洪念昔葺師録、同門已病太繁、茲録若可緩者。既而伏読三四、中多簡書墨跡、皆尋常応酬瑣屑細務之言、然而道理昭察、仁愛惻怛、有物各附物之意。此師無行不与、四時行而百物生、言雖近而旨実遠也。且師没既久、表儀日隔、苟得一紙一墨、如親面覿。况当今師学大明、四方学者徒喜領悟之易、而未究其躬践之実。或有離倫彝日用、楽懸虚妙頓、以為得者。読此能無省然激衷。此吾師中行之証也、而又奚以太繁為病邪。同門唐子堯臣僉憲吾浙、嘗謀刻未遂。今年九月、虬峯謝君来按吾浙、刻師全書、検所未録、尽刻之、凡五巻、題曰文録続編。師胤子王正億嘗録陽明先生家乗凡三巻、今更名世徳紀、併刻於全書末巻云。隆慶壬申一陽日、徳洪百拝識。

末尾の紀年、隆慶壬申とは隆慶六年（一五七二）、まさしく『全書』刊刻のその年であり、これらの諸編と『全書』との密接な関係を象徴している。また、文中に現れる人物のうち、唐堯臣は、字廷俊、江蘇省晋寧州の人、嘉靖四十年（一五六一）の郷試第一である。本序によれば、彼は浙江省の地方官であった折りにこれらの諸篇を刊刻しようとしたが、かなわなかったという。また、「謝君」とあるのは、もちろん『王文成公全書』の刊行者である謝廷傑のことである。

次にこの序文の内容についてみてみると、前半において、「姑蘇本」刊刻の際の、教学に有益なもののみを出版するという考え方への反省が見られるのは興味深い。この反省の裏には、王守仁没後四十年あまり、一時期の弾圧から勢力を回復しつつある王学の隆盛により、師の片言隻句をも欲せられるようになっていたことが窺われる。隆慶年間には特に守仁の名誉回復の傾向が著しく、隆慶元年（一五六七）には守仁に新建候の地位、文成の謚が追贈され、翌二年（一五六八）には嗣子、正億に対して伯爵の地位の世襲が認められているのである。

このような状況のもと、それ以前に削られた文の復活がなされたのであり、その顕著な例としては、閭東本の項で述べた公移を挙げることができる。「続編六」（『全書』巻三十一）においては、計五十六条もの公移が復活させられているのである。

また、「世徳紀」について言えば、王守仁の学派は長らく弾圧のもとにあり、その嗣子たる王正億もつぶさに辛酸をなめていた。彼が一族の名誉の為に伝記史料を編纂していたことは大いに考えられることである。しかしながら、そのような状況の下では、それを単独で刊行することなど不可能であったろうから、稿本のままで残っていたことは、充分あり得ることと思われるのである。従って、すでに父王守仁、そして自身の名誉回復がなされ、刊行に問題が無くなった今、隆慶六年において、『全書』の巻末にそれが附されることは、正億にとっても、望外の喜びであったと思われる。

以上述べてきたように、「続編」が『全書』に収録されたことは、師の総ての詩文を見たいという王門の隆盛によるものであり、一方、「世徳紀」の収録は、王守仁の一族の名誉回復を示すものであったのである。

第二節　『王文成公全書』の成立

隆慶年間に刊行された『王文成公全書』は王守仁の著作の一応の集大成であり、長期に渡り王守仁の著作の保存と伝播の両面において大きな役割を果たしてきた。今日、王学研究の上での底本となりつつある上海古籍出版社の『王陽明全集』にしても、要するに『王文成公全書』に「補録」一巻を補い、若干の序跋を加えたものなのである。そのような意味において、『王文成公全書』の影響力は、今日に至っても衰えてはいないと言えるだろう。

しかしながら、『王文成公全書』自体の成立に関しては、今日に至るまであまり注意が払われてきたとは言えない。唯一の纏まった研究である、山下龍二博士の『陽明学の研究（展開編）』（現代情報社、一九七一）も、貴重な成果ではあるが、『四庫全書総目提要』の誤りを指摘するに止まり、必ずしも全面的なものとは言えなかった。

本節においては、主として内閣文庫蔵の隆慶壬申（六年、一五七二）刊『王文成公全書』初刻本によって、『王文成公全書』の成立について考察していきたい。(1) 内閣文庫蔵本は、十九・二×十三・五糎。四周双辺、白口、単魚尾。半葉十行、行二十字である。『王文成公全書』の編纂、出版の過程に関する最も基本的な資料は、同書の巻頭に附された「王文成公全書序」である。以下、同序の関連箇所を見ていくこととする。

王文成公全書三十八巻、其首三巻為語録、公存時徐子曰仁輯。次二十八巻為文録、為別録、為外集、為続編、皆公薨後銭子洪甫輯、最後七巻為年譜、為世徳紀、則近時洪甫与汝中王子輯而附焉者也。隆慶壬申、侍御新建謝君奉命按浙、首修公祠、置田以供歳祀。已而閲公文、見所謂録若集各自為書、懼夫四方正学者或弗克尽読也、遂彙而寿諸梓、名曰全書、属階序。

・・・於時曰仁最称高第弟子、其録伝習、公微言精義率已具其中。乃若公他所為文、則是所謂製殊語異、莫非道之用者、彙而梓之、豈唯公之書於是乎全、固読焉者所由以覩道之全也。謝君之為此、其嘉恵後学不已至歟。雖然、謝君所望於後学、非徒読其書已也。凡読書者以身践之、則書与我為一以言視之、則判然二耳。・・・夫能践之以身、則於公所垂訓、誦其一言而已足、参諸伝習録而已繁、否則雖尽読公之書無益也。階不敏、願相与戒之。謝君名廷傑、字宗聖。其為政崇節義、育人才、立保甲、厚風俗、動以公為師。蓋非徒読公書者也。賜進士及第特進光禄大夫柱国少師兼太子太師吏部尚書建極殿大学士知制誥知経筵事国史総裁致仕後学華亭徐階序。

同序によれば、隆慶壬申（六年、一五七二）に侍御である謝廷傑が按察使として浙江省に赴任した際、各種の王守仁の文集が編まれており、学者がそのすべてを読むことができないのを恐れて、それらを集めて刊刻に附して『全書』と名附け、徐階に序文を依頼したという。

謝廷傑は新建の人、字は宗聖、嘉靖三十八年（一五五九）の進士、『両浙海防類攷』四巻などの著作がある。一方、序文の執筆を依頼された徐階は松江華亭の人、字子升、号存斎、嘉靖二年（一五二三）の進士。官位については本序の末尾に詳しい。王守仁の再伝の弟子であり、『明史』巻二百十三、『明儒学案』巻二十七（南中相伝学案三）に伝がある。

本序では、冒頭において『王文成公全書』の執筆者について、以下のように述べている。

巻一～三	語録	徐愛
巻四～三十一	文集・外集・続編	銭徳洪
巻三十二～三十八	年譜・世徳紀	銭徳洪・王畿

言うまでもなく、ここで徐階が述べているのはごくおおざっぱなものであり、巻一から巻三にかけての語録（『伝習録』）一つを取ってみても、徐愛が関わっているのは実際には巻一（『伝習録』上巻）のみであるほどだが、概略であるだけに銭徳洪の存在感が強く印象づけられるものとなっている。特に、最後に挙げた「世徳紀」などは、前節にお

いて述べたように守仁の世子、王正億の手になるものでありながら、その事実については一顧だにされていないのである。そもそも、今まで見てきたように、『全書』に収録された諸編の殆どが、一度は刊刻されている中で、「続編」および「世徳紀」のみが稿本のままであった事を考え合わせるならば、これらを『全書』に含めるべく積極的な働きかけを行ったのは銭徳洪であった可能性が高く、徐階にとっても、『全書』における銭徳洪の関与が強く印象づけられていたものであろう。

また、『全書』に対する序文でありながら、謝廷傑・徐階ともに、本書を読むことより、躬行の方を重視しているのも興味深い。このような見解は、『伝習録』の徐愛序を始め、多くの王学関係の編纂物において述べられているものであり、多くの弟子たちが抱いていたものと思われる。

本序においては『全書』の編纂に関係した人物としては謝廷傑が挙げられているのみであるが、その後に記された「刻王文成公全書姓氏総目」には、より詳細な本書に関わった人物のリストが記されている。以下がその冒頭である。

「刻王文成公全書姓氏総目」
欽差提督軍務巡撫浙江等処地方都察院右副都御史戸部左侍郎汶上郭朝賓
欽差提督軍務巡撫浙江等処地方都察院右副都御史新昌鄔璉
巡按浙江監察御史新建謝廷傑
欽差巡按浙江等処監察御史汾州張更化
欽差巡按浙江等処監察御史曹州馬応夢
浙江等処承宣布政使司左布政使新添姚世熙

封丘郭斗
蒲圻謝鵬挙
左参政晋江史朝宜
霊壁劉継文
右参政平涼周鑑
左参議広安蘇松
右参議清江徐雲程
［以下二十四名、計三十七名。すべて浙江省の関係者］

ここで挙げられている人々は、その官職からも明らかなように、すべて隆慶六年当時において浙江省で官にあったものである。これは前述の「王文成公全書序」における、徐階の「隆慶壬申、侍御新建謝君奉命按浙、首修公祠、置田以供歳祀。已而閲公文、見所謂録若集各自為書、懼夫四方正学者或弗克尽読也、遂彙而寿諸梓、名曰全書、属階序」との言を裏附けるものであり、本書の初刻本が浙江省において刊行されたものであることを明示している。

一方、現在多くの所蔵機関に収められている、万暦年間における重刻本には「刻王文成公全書姓氏総目」はなく、代わりに「編輯文録姓氏」が記されている。以下、その全文を挙げる。

編輯文録姓氏
門人餘姚徐愛、銭徳洪、孫応奎、厳中、掲陽薛侃、山陰王畿、渭南南大吉、安成鄒守益、臨川陳九川、泰和

欧陽徳、南昌唐堯臣

校閲文録姓氏

後学吉水羅洪先、滁陽胡松、新昌呂光洵、秀水沈啓原

彙集全書姓氏

提督学校巡按直隷監察御史豫章謝廷傑

督刻全書姓氏

応天府推官太平周恪、上元県知県莆田林大黼、江寧県知県長陽李爵

ここにおいては、「編輯文録姓氏」及び「校閲文録姓氏」が王守仁の門下で占められてはいるものの、「彙集全書姓氏」と「督刻全書姓氏」に示された人名は、謝廷傑自身も含め、王学史上においては無名の人物達である。従って、刊行の実情について言えば、銭徳洪を中心とした門下によって編纂、校閲された各種語録・文録を（銭徳洪の名が、夭折した一番弟子、徐愛の次に記されていることに注意）、謝廷傑が資金を提供し、周恪、林大黼、李爵が刊刻の実務に当たったと言うことになるであろう。なお、この万暦重刻本刊刻の時点においては謝廷傑の官職は「提督学校巡按直隷監察御史」であり、周恪の「応天府推官」と合わせて考えるなら、万暦重刻本は南京において刊行されたものと考えられる。

また、万暦重刻本の影印本が一九三六年に「四部叢刊初編集部」の一冊として上海商務印書館より刊行され、今日に至るまで王学研究の基本資料として用いられていることは周知の事実である。(2)

以上、『全書』の成立についてみてきたが、『文録』の編纂に始まり、『全書』の刊行に至るまで、その全過程において、銭徳洪は主導的な役割を果たしてきた。その過程においては、『居夷集』のように明記されず吸収された編著もあり、「閭東本」の項において見たように、銭氏の主観によって削除された文も多かった。『王文成公全書』は確かに比較的優れた王守仁の別集ではあるが、それを盲信するのみでは、王守仁の著作の全貌に迫ることはできないだろう。『王陽明全集』を含め、近代においてすら、王陽明の『全集』の編纂を意図したものはすべて銭徳洪による『全書』を乗り越えられずにいるのが現状ではないだろうか。

第三節　『王文成公全書』出版以降の詩文集について

隆慶六年（一五七二）に『王文成公全書』が刊行された後も、明清期を通して王守仁の詩文集は数多く出版されている。それらは今日殆ど注目されることがないが、同時期に刊刻されたさまざまな語録同様、陽明学の普及に一定の役割を果たしている。ここではそれらの詩文集を年代順に見ていくこととしたい。

一　徐秉正序『陽明先生文録』について―「閭東本」のダイジェスト版―

本書は万暦二十一年（一五九三）に刊行された、「閭東本」のダイジェスト版と称すべき存在である。それ故、本書の資料的価値はさほど高いとは言えないが、当時の出版事情や読者の嗜好について考える際に、興味深い材料を与えてくれるものとなっている。本書は現在、中国科学院図書館及び中央民族学院図書館に所蔵されている。

まず、中国科学院図書館に所蔵される本書の内容についてみていきたい。

「重刻陽明先生文集序」（嘉靖庚戌〔二十九年、一五五〇〕、閻東）
「陽明先生文録総目」
「重刻陽明先生文録序」（万暦癸巳〔二十一年、一五九三〕、徐秉正）
文録巻之一　書一　始正徳己巳至庚辰
文録巻之二　書二　始正徳辛巳至嘉靖乙酉
文録巻之三　書三　始嘉靖丙戌至戊子
文録巻之四　序　記　説
文録巻之五　雑著
外集巻之一　賦　騒　詩
外集巻之二　居夷詩一百十一首
外集巻之三　廬林詩六首　正徳庚午年三月遷廬陵作・京師詩二十四首　正徳庚午年十月陞南京刑部主事辛未年入覲調北京吏部主事作・帰越詩五首　正徳壬申年陞南京太僕寺少卿便道帰越作・滁州詩三十六首　正徳癸酉年到太僕寺作・南都詩四十七首　正徳甲戌年四月陞南京鴻臚寺卿作・贛州詩三十二首　正徳丙子年九月陞南贛僉都御史以後作
外集巻之四　江西詩一百二十首　正徳己卯年奉勅往福建処叛軍至豊城遭宸濠之変趨還吉安集兵平之八月陞副都御史巡撫江西作・居越詩三十四首　正徳辛未年帰越後作・両広詩二十一首　嘉靖丁亥起平思田之乱
外集巻之五　書
外集巻之六　序

外集巻之七　記
外集巻之八　説　雑著
外集巻之九　墓誌　伝　碑　賛　箴　祭文
別集巻之一　奏議
別集巻之二　奏疏
別集巻之三　奏疏
附
伝習録（南大吉本）
伝習続録

以上からもわかるように、本書は文録五巻・外集九巻・別集三巻・附録二巻からなっている。また、本書の内容についてみてみると、文録・外集は全く前章において述べた「閭東本」と同じとなっている。奏疏については、『全書』・「閭東本」とも別録に収められており、本書では別集としている。内容的には本書の別集は、それらの諸本の奏疏を本数を減らして収録しており、いずれによったかは定かではないが、文録・外集・別集の順序から見て、文録・外集・別録の順序の「閭東本」の奏疏を節録したものと考えるのが穏当であろう。[3] この「閭東本」のダイジェスト版という性格は附録にも現れている。『全書』には附録はなく、冒頭に三巻本の『伝習録』が収められているが、「閭東本」では、附録として『伝習録』・『伝習続録』・『陽明先生遺言録』・『稽山承語』が収録されている。本書は、明らかにそれらのうち、はじめの二つのみを取ったものであろう。

実は、本書の版式は、半葉十行、行二十字であり、「閩東本」と一致する。また、冒頭の閩東の序も、「閩東本」のそれと完全に一致している。

それでは次に、「閩東本」になくて本書に存在する唯一のものである「重刻陽明先生文録序」を見ていきたい。以下にその主要部分を挙げる。

「重刻陽明先生文録序」　豫章後学徐秉正撰

陽明先生文録黔故有刻、顧歳久、版漶漫不可読。侍御陳公按黔之明年、懼斯文之将墜、而欲明其説於世也、因謀附剞劂、而参知蔡君、副憲蕭君復相与従臾而手讎之。又明年、刻成。二君謂予濫竽文事、宜有序。予惟先生之文至矣、侍御公序之詳矣、予不佞、何能為辞。・・・先生以命世之才崛起姚江。方弱冠時、即毅然有志於道。及壮而為四方遊、間関険阻、九死百折。一旦豁然、真体洞徹、然後直啓千聖久扃之鑰、拈出良知二字、以詔天下後世而示之趨。今観其書、辨析印証、歌詠諷諭、与夫序記疏表雑著等篇、大者万言、小者百千餘言、蓋犂然備矣。然大較折衷諸子之同異、会通於聖人之旨、而壹以是為標的。俾持循者不迷於荊榛、而可以躡履窔奥、是洙泗之羽翼而濂洛関閩之流派也。先生没幾百年、無論海内、即如黔士、迄今日興起於学、而此道不至晦蝕泯泯、此豈有威令法制可駆而使哉。要以先生遺言若掲日月然、学者因之、有所就正劘切、以無盭於道。此貴陽一脈所以至今耿耿、直与中原吾党聞先生之風而興起者並峙而称焉。嗟嗟、其功盛姚遠矣。夫所為貴言者、謂可訓世教耳。有言若此、其於世教何如、則安可滅弗伝也。噫嘻、此侍御公与二君重刻茲録意也。予不佞、亦欲藉手於斯、与諸君子共之、遂不辞而為之序。万暦癸巳春正月。

これによれば、『陽明先生文録』（「閭東本」系統の版本と思われる）は磨滅がひどくなったため、侍御の陳公が参知の蔡君・副憲の蕭君に命じて補修を行わせ、出版することとなり、徐秉正に序文を依頼したという。彼については詳細を知り得ないが、豫章は江西省の省都南昌附近の地名であり、江西省における有力な門人の一人であったと思われる。また、この序文が記された万暦癸巳とは、万暦二十一年（一五九三）である。

以上のことからもわかるように、本書は「閭東本」系統の版本の摩滅を受けて刊刻されたわけであり、本書は第二章においてとりあげた董聡刊『陽明先生全録』同様、「閭東本」の影響が明末にまで及んでいたことを示すものなのである。

二　呉達可編『文成先生文要』について

『文成先生文要』は、万暦三十一年（一六〇三）に呉達可によって刊行された王守仁の文集（ただし、語録である『伝習録』を含む）である。現在、中国科学院図書館に所蔵される本書は天下の孤本であり、陽明学の地方への伝播を考える上で興味深い実例を提供するものとなっている。本書は、全四巻。白口、単魚尾。半葉九行、行十八字。版心下に刻工名の記載がある（図十五）。

本書の構成は、以下の通りである［（　）内は読者の理解のために永冨が附したもの、それ以外は原文にある。また、これのみでは内容がわかりにくいため、本項の末尾に本書の目録を掲げた。参照されたい］。

「題陽明先生文選序」（万暦癸卯［三十一年、一六〇三］、呉達可）

文成先生文要巻之一　伝習録　門人徐愛銭徳洪述

文成先生文要巻之二（書簡）
文成先生文要巻之三（序・記・説・雑著・書簡）　祭文　詩
文成先生文要巻之四　奏疏
［跋文］（仮題、陸典）

以上の構成からも察せられるように、編集は極めて雑駁であり、特に巻三などは、集められる限りの内容を総て詰め込んだという感じすらするほどである。従って、編集の緻密さにおいて、本書は『王文成公全書』はもちろん、他の現存する王守仁の文集と比しても、遜色があることは否めない。しかし、それだけに当時の各地方において、王守仁の詩文がどのようにして流布していったかを考える上で興味深い材料を提供しているように思われる。

以下、本書の内容を、より詳細に見ていくこととしたい。まず、本書の編集意図を知るために、序の全文を以下に挙げる。

「題陽明先生文選序」

陽明先生昔年令廬陵、撫南贛、江右蓋過化地也。故経綸運量、平定籌略、惟江右為最著。而学術之相信者、無論及門私淑、亦惟江右諸賢為最深。余来按江藩、巡歴贛郡、触目感衷、皆先生莅政譚道処。因索其遺編読之、近于散渙無紀、而板刻且以年久湮損矣。遂語贛令、宜亟新之。贛邑陸令、偕瑞金堵令、窮日夜力、蒐羅選択、校梓成集、而請序于余。余惟先生良知之学、大本大要、一掃支離蕪漫之習。今且人人信、人人服矣。聖学尽性経世之説、塘南王先生発揮已尽、余復何言。惟是以無善無悪論心体、此先生与門人天泉証道語也、而継之以有善有悪意之動。知善知悪是良知、為善去悪是格物。虚実相乗、修悟合一、補偏救弊、其旨深矣。顧後之宗其説者、藉口無善二字、流弊遂入于猖狂無忌而不自知、夫豈先生立言之意哉。余走東塘南、謂不若以無声無臭論心体為直截穏当、塘南首肯焉。先生之学授之東廓鄒先生、東廓授之訥谿周先生。余固訥師親炙弟子也。淵源所自、敢有異同、亦詎敢謂謬戻之見能闡発蘊奥之万一、聊以先生当年苦心独得語設為疑問、以請質于有道云爾。時万暦癸卯季冬望後三日、荊谿後学呉達可書于洪都公署中。

本序の作者呉達可は、字は叔行、号は安節、南京（南直隷）常州府宜興県の人。万暦五年（一五七七）の進士。『明史』巻二百二十七に伝がある。本序は彼が江西省の省都南昌で記したもので、万暦癸卯（三十一年、一六〇三）には彼は、江西省の長官として当地に在任中だった。

本序によれば、彼は江西省に赴任中に、王守仁の遺文が散逸していくのを惜しみ、陸氏・堵氏に命じて王守仁の遺文を収集させたという。彼によれば、王守仁の学説は鄒守益（号東廓）、周怡（号訥谿）へと伝えられていった。そして、彼自身はこの周怡の弟子なのである。彼はこの序文において無善無悪説を激しく攻撃しているが、それは、このような師承関係を考え合わせるならば、当然のことといえるであろう。王時槐・鄒守益は言うまでもなく江右学派の大儒であり、江右学派こそ無善無悪説を激しく排撃した黄宗羲から「姚江之学、惟江右為得其伝」と評された、無善無悪説に最も批判的な学派だったのである。また、周怡は『明儒学案』においては「南中学案」に列せられるが、やはり篤実な学風で知られる人物であった。

また、この序文からは、彼がこの学脈こそ王学の正統であることを示すために本書の編纂を行ったことが明らかに見て取れる。明末において、王門各派の学者は競って王守仁の文集を編纂した。言うまでもなく、その頂点に位置するのが銭徳洪を事実上の主編とする『王文成公全書』であるが、これらの文集は、単に師の学説を残すために編まれたのではなく、各編者が、自分こそ王学の正統であることを示すために編纂を行ったのであり、本序はそのことを端的に示すものであるといえよう。

跋文は破損がひどく、文意がとれないところが多いが、文末に「(前数字破損)浙語渓後学陸典(後数字破損)」とあることから、序文にある陸氏と同一人物によるものと思われる。

また、跋文には「・・・切要釐為五巻、前三巻(数字欠)、後二巻則奏稿公移、・・・語録、文録、別集、外集、続編、悉刪去之、・・・」とあり、続編まで含まれている王守仁の文集は『王文成公全書』しかないことから、編者が『王文成公全書』を見ていたことがわかる。

しかしながら、編者呉達可は、『全書』より規模と内容の両面において遙かに劣る本書を刊行することしかできなかった。その理由としては、もちろん資力などの物理的要素も重視されるべきであろうが、それ以上に、一般の読者のニーズに合わせたことが考えられるのではないだろうか。一般の読者にとっては、全集を目指した「閩東本」はもちろん、『全書』にしても大部に過ぎ、なおかつ閲覧の機会が得難かったと考えられるのである。従って、特別の便宜がない一般の読者層にとっては、本書程度の内容でも、大いに有用だったはずなのである。前近代の王学信奉者、さらには一般の読書人にとって、『王文成公全書』は決して見やすい存在ではなかったのであり、殆どの人々は、このような今では忘れ去られた選集によって王学にアプローチしていた。そのことを我々は再認識すべきであろう。

『文成先生文要』内容一覧表

文成先生文要巻之一
　伝習録　門人徐愛銭徳洪述
文成先生文要巻之二
　答徐成之
　答汪石潭
　答王純甫
　答王天宇
　答羅整菴
　答友人問
　答季徳明
　答欧陽崇一
　答聶文蔚
　与陸原静
　（同）二
　（同）三
　答周道通
　与黄勉之
　答顧東橋書

文成先生文要巻之三

書中天閣
書正憲扇
答何子元
答鄒謙之
答毛憲副
与安宣慰
（同）二

祭文

瘞旅
祭浰頭山
祭士兵
祭徐曰仁
祭孫中丞
祭薛尚哲
祭朱守忠
祭楊士鳴

詩

寄西湖友［倶京師］

贈陽伯

故山

憶鑑湖友

読易［倶獄中］

別友獄中

答湛元明崔子鐘［倶赴謫］

(同)又

(同)又

憶昔答喬白岩因寄儲柴墟

(同)又

夢与抑之昆季語湛崔皆在焉覚而有感因紀以詩

(同)又

臥病静慈写懐

移居勝果寺二首

憶別

雑詩

袁州府宜春台二絶

萍郷道中謁濂渓祠

初至龍場無所止結草庵居之［倶居夷］
始得東洞遂改為陽明小洞天一首
謫居糧絶将田南山
観稼
艾草次胡少参韻
鳳雛次韻答胡少参
諸生
龍岡漫興四首
却巫
元夕
白雲
観傀儡次韻
春日花間偶集示門生
霽夜
僧斎
睡起写懐
再過濂渓祠用前韻
別方叔賢三首［倶京師］

白湾六首
香山次韻
贈別黄宗賢
梧桐江用韻〔倶滁州〕
林間睡起
山中懶睡
答朱汝徳用韻
山中示諸生
(同)又
(同)又
(同)又
(同)又
龍潭夜坐
送徳観帰省
送蔡希顔
滁陽別諸友
与徽州程畢二子〔倶南都〕
寄張東所次前韻

別余縉子紳
送劉伯光
次欒子仁韻送別三首
書悟真編答張太常二首
丁丑二月征漳冦進兵長汀道中有感［在贛］
回軍九連山道中短述
通天巌
遊通天巌次鄒謙之韻
坐忘言巌問二三子
示憲児
遊通天巌示鄒陳二子
鄱陽戦捷［倶江西］
書草萍駅
登雲峰二三子咏歌以従欣然成謡二首
有僧坐巌中已三年詩以励吾党
楊邃庵待隠園次韻
（同）又
豊城阻風

書汪進之太極巌二首
睡起偶成
送邵伯実方伯致仕
啾啾吟
帰興二首［倶居越］
（同）又
次謙之韻
碧霞池夜坐
秋声
月夜二首
詠良知四首示諸生
示諸生三首
答人問良知二首
答人問道
別諸生
中秋
西安雨中諸生出候因寄徳洪汝中并示書院諸生
徳洪汝中方卜書院盛称天真之奇并寄及之

寄石潭二絶
長生
平八寨
文成先生文要巻之四
奏疏
陳言辺務疏
諫迎仏疏
申明賞罰以厲人心疏
攻治盗賊二策疏
議夾勦方略疏
横水桶岡捷音疏
浰頭捷音疏
添設和平県治疏
飛報寧王謀反疏
擒獲宸濠捷音疏
徴収銭糧稽遅待罪疏
辞封爵普恩賞以彰国典疏
（同）再

文成先生文要巻之五

奏疏

公移

批広東嶺南道将士争功呈
批嶺南道議処河源餘賊呈
欽奉勅諭協勦広東清遠等処賊
批福建漳南道議処深田巣賊呈
告諭各巣賊党
申諭十家牌法
（同）又
（同）又
（同）又
平寧藩叛乱牌行贛州府集兵策応
案行吉安府権処兵糧
咨南京兵部集謀防守
示軍民
案仰南安等十二府及奉新県募兵策応
牌差致仕県丞龍光調取吉水県民兵
牌行奉新県知県劉守緒等撲勦伏兵
告示在城官民
示諭江西布按三司従逆官員

告示七門従逆官員

牌行撫州府知府陳槐掣兵設伏

犒賞福建官軍

牌仰沿途各府州県衛所駅逓巡司等衙門慰諭軍民

叙遅留宸濠反間遺事

咨六部伸理冀元亨

仏郎機銘

告諭安仁餘干東郷三県頑民

総督両広犒諭官男彭一等

剳附永順宣慰司官舎彭宗舜冠帯聴調

批広西布按二司請建講堂呈

行広西布按二司議所処江古諸処猺賊

批嶺西道顧募防守呈

牌仰土目蔡徳政統率各土目

牌行霊山県延師訓士

牌行広東布政司犒賞儒士岑伯高

牌行委官督諭土目

牌行兼管柳慶地方参将沈希儀

牌行副総兵張佑督勦縁茅諸巣

行左江道綏柔流賊

三　李贄編『陽明先生道学鈔』について

『陽明先生道学鈔』は、李贄（李卓吾）の編になる王守仁の文集である。本書に関しては、従来、李贄の編著としての観点から語られることはあったが、王守仁の文集としての観点から言及したものは管見の限りでは存在しない(4)。

『陽明先生道学鈔』は、『中国古籍善本書目　子部』においては、北京大学図書館、故宮博物院図書館、中国歴史博物館、四川省図書館の各蔵本が著録されている。一方、日本国内においては、東洋文庫および九州大学文学部に所蔵されている。なお、九大蔵本は序文が欠落しているため、周彦文『日本九州大学文学部書庫明版図録』（文史哲出版社、一九九六）においては「此書不知誰人所編」（同書一一二頁）としているが、李贄編本である。本稿では、北京大学図書館蔵本を底本として検討していきたい。

本書は、二十二・一×十五・〇糎。四周単辺、白口、単魚尾。半葉九行、行十八字である。また、本書は『続修四庫全書』九百三十七巻に影印本が収録されている（上海古籍出版社）。

次に、同書所収の序文から、その成立について考えてみたい。

「陽明先生道学鈔序」

温陵李贄曰、余旧録有先生年譜、以先生書多不便携持、故取譜之繁者刪之、而録其節要、庶可挟之以行遊也。雖知其未妥、要以見先生之書而已。今歳庚子元日、余約方時化、汪本鈳、馬逢暘及山西劉用相、暫輟易、過呉明貢。擬定此日共適吾適、決不開口言易。而明貢書屋正有王先生全書。既已開巻、如何釈手。況彼己均一旅人、主者愛我、焚香煮茶、寂無人声。余不起于坐、遂尽読之、於是乃敢断以先生之書為足継夫子之後。蓋逆知其従読易来也。故余於易因之藁甫就、即令汪本鈳校録先生全書、而余専一手抄年譜。以譜先生者、須得長康点睛手、他人不能代也。抄未三十葉、工部尚書晋川劉公以漕務巡河、直抵江際、遣使迎余。余暫閣筆起、随使者冒雨登舟。促膝未談、順風揚帆、已到金山之下矣。嗟嗟、余久不見公、見公固甚喜。然使余輟案上之紙墨、廃欲竟之全鈔、亦終不歓耳。於是遣人為我取書。今書与譜抵済上、亦遂成矣。大参公黄与参、念東公于尚宝、見其書与其譜、喜曰、陽明先生真足継夫子之後、大有功来学也。況是鈔僅八巻、百十有餘篇乎。可以朝夕不離、行坐与参矣。参究是鈔者。事可立辦、心無不竭於艱難禍患也何有。是処上処下処常処変之最上乗好手。宜共序而梓行之、以嘉恵後世之君子乃可。晋川公曰、然。余於江陵首内閣日、承乏督両浙学政。特存其書院祠宇、不敢毀矣。

万暦己酉春月、武林継錦堂梓。

この序によれば「今歳庚子」（万暦庚子〔二十八年、一六〇〇〕）、南京に滞在して『易因』の編纂中だった李贄は、呉明貢の家において「王先生全書」を読んで興味を覚え、本文を汪本鈳に記録させる一方、自身は年譜の作成に専念した。しかし完成前に工部尚書晋川劉公（劉東星）の招きによりいったんは編纂を中断したが、山東省済寧州（現山東省済寧市）において完成させたのである。

なお、汪本鈳は李贄の弟子であり、序においても触れられている李贄の晩年の著作である『易因』、『九正易因』の編纂にも深く関わった人物である。(5) また、劉東星は字子明、号晋川、山西省沁水の人。隆慶二年（一五六八）の進士。序にもあるように、工部尚書として河漕を監督し、功績を挙げた。この翌年、万暦二十九年（一六〇一）に六十四歳でなくなっている。
また、万暦己酉は万暦三十七年（一六〇九）であり、武林は杭州の別称である。ただし、李贄が獄内において自殺したのが万暦三十年（一六〇二）であることから、この紀年は杭州の継錦堂が本書を刊刻した年であり、李贄が本書を編纂したのは「今歳庚子元日」とある、万暦庚子（二十八年、一六〇〇）のことと思われる。
李贄は前述のごとく、文集本文の編纂については人任せにする一方、年譜については、「余専一手抄年譜。以譜先生者、須得長康点晴手、他人不能代也」と、並々ならぬこだわりと自負心を見せているのが注目される。なお、本書の年譜の部分に関しては、第五章第三節を参照されたい。

次に、本書の内容についてみていきたい。なお、全体の目録とは別に、各巻巻頭に巻ごとの目録が掲載されている。以下、各巻の内容は、全体の目録に拠り、本文と食い違いのある場合は明記した。また、各巻冒頭の（　）内の記載も、全体の目録の記載に従っている。

「陽明先生道学鈔序」（李贄）
「目録」
陽明先生道学鈔巻之一（論学書　共一十六篇）
答倫彦式　『王文成公全書』
与唐虞佐侍御　『全書』巻五
答友人　『全書』巻五
『全書』巻六

別三子序　『全書』巻七
贈林以吉帰省序　『全書』巻七
別湛甘泉序　『全書』巻七
従吾道人記　『全書』巻七
書黄夢星巻　『全書』巻八
答人問神仙　『全書』巻二十一
答徐成之　『全書』巻二十一
又答徐成之　『全書』巻二十一（答徐成之二）
答儲柴墟　『全書』巻二十一
又答儲柴墟　『全書』巻二十一（答儲柴墟二）
諭泰和楊茂　『全書』巻二十四
書欒恵巻　『全書』巻二十四
客座私祝　『全書』巻二十四

巻之二（雑著書　共二十二篇）

諫迎仏疏　『全書』巻九
寄楊邃庵閣老　『全書』巻二十一
又寄楊邃庵　『全書』巻二十一（楊邃庵閣老二）

批提学僉事邵鋭乞休呈　『全書』巻十七
批瑞州知府告病申　『全書』巻十七
優奨致仕県丞龍韜牌　『全書』巻十六
仰南康府勧留教授蔡宗兗　『全書』巻十七
褒崇陸氏子孫　『全書』巻十七
牌行南雄府保昌県礼送故官　『全書』巻十八
送黄敬夫先生僉憲広西序　『全書』巻二十九
書張思欽巻　『全書』巻八
羅履素詩集序　『全書』巻二十二
両浙観風詩序　『全書』巻二十二
山東郷試録序　『全書』巻二十二
并策二道（「問、仏老為天下害」、「問、古人之言曰」）　『全書』巻三十一下
書東斎風雨巻後　『全書』巻二十四
重刻文章規範序　『全書』巻二十二
竹江劉氏族譜跋　『全書』巻二十四
祭徐曰仁文　『全書』巻二十五
又祭徐曰仁文　『全書』巻二十五
祭楊仕鳴文　『全書』巻二十五

答方叔賢　『全書』巻二十一（答方叔賢二）

巻之三（龍場書　共六篇）

瘞旅文　『全書』巻二十五

答毛憲副　『全書』巻二十一

与安宣慰　『全書』巻二十一

又　『全書』巻二十一（与安宣慰二）

又　『全書』巻二十一（与安宣慰三）

象祠記　『全書』巻二十三

巻之四（廬陵書　止一篇）

廬陵県公移　『全書』巻二十八

巻之五（南贛書　共二十八篇）

綏柔流賊　『全書』巻十八

告諭村寨　『全書』巻十八

選揀民兵　『全書』巻十六

案行広東福建領兵官進剿事宜　『全書』巻十六

十家牌法告諭各府父老子弟	『全書』巻十六
兵符節制	『全書』巻十六
剿捕漳寇方略牌	『全書』巻十六
攻治盗賊二策疏	『全書』巻九
申明賞罰以励人心疏	『全書』巻九
議処河源餘賊	『全書』巻十六
添設清平県治疏	『全書』巻九（添設平和県治疏）
換勅謝恩疏	『全書』巻十
批広東韶州府留兵防守申	『全書』巻十六
批嶺東道額編民壮呈	『全書』巻十八
咨報湖広巡撫右副都御史泰防賊奔竄	『全書』巻十六
征剿横水桶岡分委統哨牌	『全書』巻十六
横水桶岡捷音疏	『全書』巻十
告諭浰頭巣賊	『全書』巻十六
申諭十家牌法	『全書』巻十七
批嶺西道立営防守呈	『全書』巻十八
批嶺北道攻守機宜呈	『全書』巻三十
申行十家牌法	『全書』巻三十一上

奨励湖広統兵参将史春牌　『全書』巻十六
牌行招撫官　『全書』巻十六
批将士争功呈　『全書』巻十六
辞免陞蔭乞以原職致仕疏　『全書』巻十一
祭浰頭山神文　『全書』巻二十五
浰頭捷音疏　『全書』巻十一
与王晋渓司馬書（目録のみ。本文に無し）

巻之六（平濠書　共二十八篇）
撫安百姓告示　『全書』巻三十一上
禁約釈罪自新軍民告示　『全書』巻三十一上
告示在城官兵　『全書』巻十七（告示在城官）
与当道書　『全書』巻二十七
預行南京各衙門勤王咨　『全書』巻三十一上
示諭江西布按三司従逆官員　『全書』巻十七
告示七門従逆軍民　『全書』巻十七
牌行各哨統兵官進攻屯守　『全書』巻十七
与王晋渓司馬書　共十五首今録十一首（実際は全首記録）　『全書』巻二十七

檎獲宸濠捷音疏	『全書』巻十二
書仏郎機遺事	『全書』巻二十四
開報征藩功次贓仗咨	『全書』巻三十一上
案行江西按察司停止献俘呈	『全書』巻十七
牌仰沿途各府州県衛所駅逓巡司衙門慰諭軍民	『全書』巻十七
告諭軍民	『全書』巻十七
乞寛免税糧急救民困以弭災変疏	『全書』巻十三
水災自劾疏	『全書』巻十三
批追徴銭糧呈	『全書』巻十七
再批追徴銭糧呈	『全書』巻十七
批南昌府追徴銭糧呈	『全書』巻十七
咨兵部査験文移	『全書』巻十七
告諭頑民	『全書』巻十七
徴収秋糧稽遅待罪疏	『全書』巻十三
行吉安府禁止鎮守貢献牌	『全書』巻三十一上
四乞省葬疏	『全書』巻十三
批江西布政司設県呈	『全書』巻十七
再辞封爵普恩賞以彰国典疏	『全書』巻十三

附

乞恩表揚先徳疏　『全書』巻二十八

巻之七（思田書　共十五篇）

赴任謝恩遂陳膚見疏　『全書』巻十四
奏報田州思恩平復疏　『全書』巻十四
処置平復地方以図久安疏　『全書』巻十四
田州石刻　『全書』巻二十五
辺方缺官薦才賛理疏　『全書』巻十五
議処官吏稟俸　『全書』巻十七
戒諭土目　『全書』巻十八
追補逋賊　『全書』巻十八
牌行委官林応総督諭土目　『全書』巻十八
牌委指揮趙璇留剿餘賊　『全書』巻十八
八寨断藤峡捷音疏　『全書』巻十五
処置八寨断藤峡以図久安疏　『全書』巻十五
牌行副総兵張佑捜剿餘巣　『全書』巻十八
祭永順宝靖土兵文　『全書』巻二十五

犒賞儒士岑伯高　　『全書』巻十八

巻之八

年譜上

年譜下

「陽明先生年譜後語」（紀年なし、李贄）

以上の内容からも判るように、本書には、『王文成公全書』の五～十八、二十一～二十五、二十七～三十一の各巻の文が収録されている。具体的に言うと、それらの文は『全書』においては書、序、記、説、雑著、奏疏、公移、続編に分類されているもので、語類および詩は本書には収録されていない。このうち、特に注意されるのは、本書の中に、『全書』の巻二十七～三十一の「続編」（「文録続編」）に収録されている諸篇が含まれていることである。本章においてみたごとく、「続編」に含まれる諸篇の多くは、隆慶六年（一五七二）に、『全書』に附刻される形で、始めて世に出たものなのである。また、李贄自身、「陽明先生道学鈔序」において、「・・・而明貢書屋正有王先生全書。・・・即令汪本鈳校録先生全書、・・・」と繰り返し述べていることからも、本書の底本が『王文成公全書』であることが判るのである。

また、全体の構成から見ると、巻四においては僅かに「廬陵県公移」の一篇、三葉のみが収録されているのは、他の巻との比較において不自然である。これは当時一部で行なわれた、短い巻を挿入することにより巻数を多くし、厚く見せかけるためのトリックかとも思われる。

本書は巻一、二が「論学書」、「雑著書」と分類され、巻三以降においては、王守仁の滞在地ごとにまとめられているが、このような編纂を行なったことについては、李贄自身が『続蔵書』巻一の「与汪鼎甫」において、「抄選一依年譜例、分類選集在京者、在龍場者、在南贛者、在江西者、在廬陵者、在思田者、或書答、或行移、或奏請謝、或榜文、或告示、各随処附入、与年譜并観、真可喜。士大夫携之以入扶手、朝夕在目、自然不忍釈去、事上使下、獲民動衆、安有不中窾者乎。唯十分無志者乃不入目、稍有知覚能運動、未有不発狂欲大叫者也」と述べている。「抄選」とは明らかに本書のことだが、本書の本文と年譜を併せて見ることに、彼が大きな効果を期待していることがよくわかるのである。

本書は、そのかなりの部分に李贄の手になる批点が附されている。また、李贄の批評も附されているが、年譜以外の部分については、それほど多くはない。

その一例を挙げるならば、本書巻七の「田州石刻」に対して、李贄は以下のような批評を附している。

李卓吾曰、先生於此有深慶矣。自不覚屐歯之折也（李卓吾曰く、先生、此に於て深く慶すること有り。自ら屐歯の折れるを覚らざるなり、と）。

このように、李贄の評語は多くの場合、軽いユーモアを交えたもので、それほど深刻なものではない。総じて、本書において李贄は、王守仁の文を、思想に関するものというよりも、むしろ文学作品として鑑賞しているのである。

四 『王文成公文選』について

第二章において見てきたように、王守仁の詩文集の編纂は、王守仁の門人のなかでは、銭徳洪を中心としてなされてきた。一方、王門において銭徳洪と並ぶ存在であった王畿は、師の詩文集の編纂においては、消極的な態度を取ってきた。その彼が単独の編者とされている唯一の詩文集こそ、ここで述べる『王文成公文選』なのである。

本書はまた、竟陵派の著名な文人である鐘惺の評、そして王学の掉尾を飾る思想家である李贄の刪訂した年譜を有するという、明後期の思想・文化を考える上で極めて注目すべき存在でありながら、わずかに『王陽明全集』にその序類を掲載するのみで、その内容に関する考察は、全く行なわれてこなかった。本節は、本書の内容の紹介とともに、その明代後期の思想界における位置づけを探ることを試みたものである。

本書は『中国古籍善本書目　集部』によると、中国国家図書館、中国人民大学図書館、中共中央党校、中国社会科学院文学研究所、河東師範大学図書館、黒龍江大学図書館、蘇州市図書館、安徽省図書館、鄭州市図書館、重慶市図書館の各所蔵機関に完本が、安徽省博物館、広東省社会科学院図書資料室、四川大学図書館に残欠本が所蔵されている。また、台湾においては国立中央図書館に所蔵されている。一方、日本においては、二松学舎大学図書館に二部が、国会図書館に一部が所蔵されている。さらに、本書はハーバード大学燕京図書館にも所蔵されている。『美国哈仏大学哈仏燕京図書館中文善本書志』（上海辞書出版社、一九九九）第六八九頁にその解題があり、参考になる。

以下、本項においては、中国国家図書館蔵本を底本として本書について述べていきたい。本書は、八巻。十九・〇×十三・五糎。四周単辺、無魚尾。半葉九行、行十九字。

次に、本書所収の序跋により、本書成立の経緯を考えてみたい。なお、以下の序跋類のうち、「王文成公文選序」、「鐘伯敬評王文成公文選序」、「重刻陽明先生文選」は、『王陽明全集』にも収録されている（「重刻陽明先生文選」は、『全集』では「重刻陽明先生文録後語」となっている）。但し、『全集』では、「王文成公文選序」のうち、中国国家図書館蔵本で言えば、鐘序四丁裏から五丁表に相当する部分が缺落しているため、文意が不通となっている。また、本書掲載の王畿作とされる「重刻陽明先生文選」は、『全集』所収の王畿「重刻陽明先生文録後語」と類似するが、これは「重刻陽明先生文録後語」が胡宗憲（梅林）の為のものであったのを、『王文成公文選』用に修正したための相違とすることができる。つまり、嘉靖三十六年（一五五七）に刊刻された「胡宗憲本」『陽明先生文録』のための王畿「後語」を、隆慶六年（一五七二）以降において、本『文選』が編纂された際、何者かが本書のために修正を加え、ふたたび利用したのである。

「王文成公文選序」（【　】内は『王陽明全集』では缺落）

経云、敷奏以言。蓋謂人之所性所学、無以自見、故託言而敷奏焉。然有言之則是、而考其行事則非者、豈其言不足以尽其人耶。非然也、殆聴言者之観察未審耳。夫人之立言、莫不仮辞仁義、抗声道徳、以窃附於君子之高。而苟非所有、則雖同一理、同一解、而精神詞気、已流為其人之所至、何也。蓋言者、性命之流露、而学問之精華也。学問雑則議論不純、性命乖則言詞多戻。有非襲取者之能相掩也。古之立言者不一家。相如之詞賦、班史之著述、固文人也。而文人之無論、即如申韓之刑名、管晏之経国、以及老荘之寓言、豈不以聖人賢者自視。而或流為惨刻、【或逃於幽玄、究竟適如其人而止、而与所謂仁義道徳者無加焉。此猶曰不同道也。乃若賈生之痛哭流涕、仲舒之天人相与、其自負何如也、亦尊之漢之儒首、至矣。謬】推王佐、得乎。等而上之、子輿氏願学孔子者也、亦歩亦趍、直承道統、而一間之未達、終属圭角之不融、寧可強哉。子輿氏猶不可強、況其下焉者乎。近之立言者、稍陟韓欧之境、輙号才人、略窺朱程之緒、便称儒者。而試求其言之合道否也、不矯為気節之偏、則溺於聞見之陋、不遁入玄虚之域、則陥於邪僻之私。曾得以浮詞改聴哉。独陽明先生之為言也、学継千秋之大、識開自性之真、辞旨藹粋、気象光昭、出之簡易而具足精微、博極才華而不離本体。自奏議而序記詩賦、以及公移批答、無精麤大小、皆有一段聖賢義理於其中、使人読之而想見其忠孝焉、仁恕焉、才能与道徳焉。此豈有他術而僥倖致此哉。蓋学問真、性命正、故発之言為真文章、見之用為真経済、垂之訓為真名理。可以維風、可以持世、而無愧乎君子之言焉耳。使実有未至、而徒以盗襲為工、亦安能不矯不溺、不遁不陥、而醇正精詳、有如是哉。李温陵平生倔強、至此亦帖然服膺、良有以也。世之論文者、動則曰、某宋文也何如、某漢文也何如、某戦国之文也又何如。不知文何時代之可争、亦惟所性所学者何如耳。予僭評此文、非謂先生之言待予言而明。蓋欲使聴言者読先生之言、而知立言者之言可飾、而所性所学不可飾也。一人之所性所学可飾、而千聖之所性所学不可飾也。斯不失聖経敷奏意矣。

竟陵後学鐘惺書。

「鐘伯敬評王文成公文選序」

古文人之宦遊其地也、風波所不免。而往往留一段風雅之事、令人思慕焉。予宦武昌九閲月、而労人被逐、宜矣。第念君臣政事之外、無一風雅事可述、幾為黄鶴白雲所笑。独於竟陵、得吾友鐘伯敬所評公、穀、国策、国語、前後漢、三国史、曁通鑑纂、衍義纂、昌黎選、東坡選、宋名家選、明文選、与夫王文成選諸遺書一十八種、帰途展玩、差為快耳。古今之書不知凡幾、而古今之評又不知凡幾。独沾沾於是、無乃陋乎。不知天下之事、豈容揀択而尽取之、亦随所遇、随所感、而偶託之以為名可耳。不然則古今之白雲黄鶴、亦不知凡幾矣。因謀之梓、聊以見予斯役也、雖不得於君、未始不得於友、雖不得於政事、未始不得於文章。或亦可解嘲於古文人也已。茲陽明之刻成、故述其意於首。

崇禎癸酉春二月、黄巌陶珽稚圭父題。

「重刻陽明先生文選」（【　】内は「重刻陽明先生文録後語」との異同）

道必待言而伝。夫子嘗以無言為警矣。言者、所繇以入於道之詮【「後語」は「繇」を「由」に作る】、凡待言而伝者、皆下学也。学者之於言也、猶之暗者之於燭、跛者之於杖也。有触発之義焉、有栽培之義焉、有印正之義焉【「後語」はこの六字がない】。而其機則存乎心悟。不得于心、而泥于言、非善于学者也。我陽明先師、倡明聖学、以良知之説覚天下、天下靡然従之。是雖入道之玄詮、亦下学。事載諸録者詳矣。吾党之従事于師説【「後語」は「師説」のうしろに「也」の字がある】、其未得之也【「後語」は「也」の字がない】、果能有所触発否乎。其得之也、果能有所栽培否乎。其得而玩之也、果能有所印正否乎。得也者、非得之於言、得之於心也。契之於心、忘乎言者也。猶之燭之資乎明、杖之輔乎行、其機則存乎目与足、非外物所得而与也。若夫玩而忘之、従容黙識、無所待而自中乎道。斯則無言之旨、上達之機。固重刻是選【「後語」は「固吾梅林公重刻是録」につくる】、相与嘉会【「後語」は「嘉会」を「嘉恵」につくる】、而申警之意也。不然、則聖学亡、而先師之意荒矣【「後語」はこのあとに「吾党勗諸」の四字がある】。

門人王畿謹序【「後語」はこの五字がない】。

「跋」

是集也、先大夫龍渓公手録以授及門。曷為而梓之、梓之以公同志、以存先賢之脈也。先賢之脈不存、則学問不明。学問不明、則世趨日下、而聖道泯矣。曷為乎言之、蓋学自精一垂統、至格致大備。及子輿氏没、而教化衰。漢晋以下、習于訓詁、艶于詞章。著作日繁、而違道日遠。逮至濂洛、始粋然続興。如周之主静、程之定性、則幾乎。第未能直悟本体、屏絶支離、以開来学、故不久復衰。至我文成公、歴艱履険、磨瑕滌垢、従九死一生中掲致良知三字以立教、海内方翕然嚮風。惜乎天不仮年、俾教化未敷、而讒娼疾行。是時世当疑信之際、道在顕晦之間。苟無継述之人、則已興之業、岌岌乎殆矣。惟我龍渓公首発師門之秘、広播天泉之伝、与緒山先生招来同志、剖析群迷、建天真為講舍、而四方則創者三十餘所。按遺稿為文録、而先後行世者千百有奇。于是私淑有人、誦法有言、而幾衰之緒、又孜孜然興矣。今浜海之民、咸称王氏、章句之儒、並言良知。斯道大明、而斯人少見、何以然也。蓋世方逐科名、趨功利、而未暇誦其言。不誦其言、則無従想見其人、羨慕其学、又烏知其中之文章勲業超絶千古、遂舍己之腐鼠而為之哉。頻年流寇洶湧、連師莫制。然跡其所為、謀術不及寧藩、険固不及思田。而甲兵之衆、為患之久、更不若横水、桶岡、三浰、八寨。昔先賢于彼皆旬月底定、未聞如今日之難也。繇今観之、則知向之佳猷奇績、是豈智術可襲。要非通乎幽明之理、純于性命之学、悪能至此。故読論学諸書、具見経済之源。而読征濠遺事、洞識名理之用。孰謂学問事功有非一哉。今天子治尚実、学士皆誦古。顧群書畢献、而斯集未奏。不独為吾王氏惜、而為天下惜。為天下惜小、而為斯道惜大。然則文成之学明、而斯道興矣。

裔孫王川百拝敬跋。

以上の序跋のうち、まず鐘惺の「重刻陽明先生文選」においては、「蓋言者、性命之流露、而学問之精華也」と、ことば、ひいては文章の優位というものを最大限に強調しているのは、注目に値する。もちろん、彼のこのような姿勢は文学者として当然のこととも言えるが、師の言行を記録することにさえためらいがちであった王門の弟子たちと比べる時、その差違はやはり大きなものといわなければならないだろう。彼のこのような姿勢が、「独陽明先生之為言也、学継千秋之大、識開自性之真、辞旨藹粋、気象光昭、出之簡易而具足精微、博極才華而不離本体」と、陽明についても、そのことばの美を率直に評価することとなるのである。また、「蓋学問真、性命正、故発之言為真文章、見之用為真経済、垂之訓為真名理。可以維風、可以持世、而無愧乎君子之言焉耳」と、王守仁の文章の「真」である所以を、「学問真、性命正」であるからこそとしているのも、同時代の袁宏道の性霊説を想起させるものがあるが、それも当然のことであり、末尾近くにおいては、「李温陵平生崛強、至此亦帖然服膺、良有以也」と、袁宏道に大きな影響を与えた李温陵（李贄）について、その王守仁に対する敬服を強調しているのである。このように、鐘惺は王守仁の文章をその思想性の故ではなく、文学としてのすばらしさのゆえにこそ、高く評価しているのであり、彼のこの姿勢は、本文における評においても一貫しているのである。また、彼はここで李贄の名を出しているが、本文の評においても、たびたび李贄の評を引用していることからして、彼にとって、明末有数の文筆家である李贄は意識せざるを得ない存在だったといえるだろう。なお、鐘惺は、字伯敬、号退谷、湖北省竟陵の人。万暦三十八年（一六一〇）の進士。天啓四年（一六二四）没。『明史』巻二八八に伝がある。

次に陶珽（『全集』が陶珽稺とするのは誤り）「鐘伯敬評王文成公文選序」では、彼が湖北省武昌において官職を逐われた後、湖北省竟陵において鐘惺の遺書十八編を入手し、その評の痛快さに感嘆したため、刊行を志したという。崇禎癸酉は崇禎六年（一六三三）である。陶珽は浙江省黄巌の人（『雲南通志』は雲南省姚安の人とする）。鐘惺と同じく万暦三十八年（一六一〇）の進士。官は武昌兵備道に至る。『続説郛』の編者であり、李贄の友人でもある。彼も鐘惺同様、明末の文人として著名な存在であった。

次に王畿作とされる「重刻陽明先生文選」は、文中において示したように、明らかに「重刻陽明先生文録後語」を修正の上、使用したものである。もちろん、王畿自身が自己の文章を修正の上使用した可能性も絶無ではない。しかしながら、本書が刊刻されたのは、上述の陶珽「序」からも判るように崇禎六年（一六三三）のことで、万暦十一年（一五八三）における王畿の死後、実に五十年後のことである。王門において最大の影響力を有する存在である彼の編纂した文集を、なぜ誰も出版しようとしなかったのだろうか。また、本書において繰り返し述べたように王守仁の著作の編纂に極めて消極的であった彼が、なぜ晩年にいたって突然、師の著作の編纂を志したのであろうか。

このような疑問は、最後の王川「跋」についても存する。王畿の曾孫である彼は、「先大夫龍渓公手録以授及門」と、王畿の門下に本書が伝わっていたとするが、王畿の門下において、本書の存在について触れたものは一人として存在しない。

これらの諸点から考えて、本書が王畿の編纂である可能性は低いものと考えられるのである。

以上、序跋によって本書の成立について考えてきたが、次に本書の内容を見ていきたい。

以下に本書の構成を示しておいた。なお、各巻の前にそれぞれ「王文成公文選目録」と題したそれぞれの巻の目録があり、巻一から巻六までの各巻の巻首には、「門人王畿編次／後学鐘惺評／曾孫王川訂」との記載がある。一方、巻七、巻八（年譜）の巻頭には、「門人王畿編述／後学李贄刪訂／後学鐘惺評点」とある。また、以下の本文の題目の下に、『王文成公全書』での巻数を参考のため記しておいた。

「王文成公文選序」（紀年なし、鐘惺）
「鐘伯敬評王文成公文選序」（崇禎癸酉〔六年、一六三三〕、陶珽）
「重刻陽明先生文選」（紀年なし、王畿）
「跋」（紀年なし、王川）

王文成公文選巻一

疏

諫迎仏疏　『王文成公全書』巻九

攻治盗賊二策疏　『王文成公全書』巻九
申明賞罰以励人心疏　『王文成公全書』巻九
擒獲宸濠捷音疏　『王文成公全書』巻十二
乞寛免税糧急救民困以弭災変疏　『王文成公全書』巻十三
徴収秋糧稽遅待罪疏　『王文成公全書』巻十三
四乞省葬疏　『王文成公全書』巻十三
再辞封爵普恩賞以彰国典疏　『王文成公全書』巻十三

王文成公文選巻二

疏

水災自劾疏　『王文成公全書』巻十三
乞恩表揚先世疏　『王文成公全書』巻二十八
赴任謝恩遂陳膚見疏　『王文成公全書』巻十四
奏報田州思恩平復疏　『王文成公全書』巻十四
処置平復地方以図久安疏　『王文成公全書』巻十四
八寨断藤峡捷音疏　『王文成公全書』巻十五

王文成公文選巻三

書

答倫彦式	『王文成公全書』巻五
与唐虞佐侍郎	『王文成公全書』巻五
答友人	『王文成公全書』巻六
答人問神仙	『王文成公全書』巻二十一
答徐成之	『王文成公全書』巻二十一
又答徐成之	『王文成公全書』巻二十一
答儲柴墟	『王文成公全書』巻二十一
答儲柴墟二	『王文成公全書』巻二十一
寄揚邃菴閣老	『王文成公全書』巻二十一
寄揚邃菴	『王文成公全書』巻二十一（「寄揚邃菴閣老二」）
答方叔賢	『王文成公全書』巻四
答毛憲副	『王文成公全書』巻二十一
与安宣慰	『王文成公全書』巻二十一
与安宣慰二	『王文成公全書』巻二十一
与安宣慰三	『王文成公全書』巻二十一
与陸元静	『王文成公全書』巻五
与黄宗賢	『王文成公全書』巻六

与辰中諸生　『王文成公全書』巻四
答佟太守求雨　『王文成公全書』巻二十一
復童克剛　『王文成公全書』巻二十一
与王晋渓司馬　『王文成公全書』巻二十七

王文成公文選巻四

序

別三子序　『王文成公全書』巻七
贈林以吉帰省序　『王文成公全書』巻七
別湛甘泉序　『王文成公全書』巻七
送黄敬夫先生僉憲広西序　『王文成公全書』巻二十九
羅履素詩集序　『王文成公全書』巻二十九
両浙観風詩序　『王文成公全書』巻二十二
重刻文章規範序　『王文成公全書』巻二十二（「重刊文章規範序」）
山東郷試録序　『王文成公全書』巻二十二
寿湯雲谷序　『王文成公全書』巻二十二

記

従吾道人記　『王文成公全書』巻七

象祠記	『王文成公全書』巻二十三
重脩文山祠記	『王文成公全書』巻七
濬河記	『王文成公全書』巻二十三
提牢庁壁題名記	『王文成公全書』巻二十九
何陋軒記	『王文成公全書』巻二十三
書後	
書黄夢星巻	『王文成公全書』巻八
書欒恵巻	『王文成公全書』巻二十四
書張思欽巻	『王文成公全書』巻八
書東斎風雨巻後	『王文成公全書』巻二十四
書仏郎機遺事	『王文成公全書』巻二十四
書与傅生鳳	『王文成公全書』巻八（「与傅生鳳」）
書李白騎鯨	『王文成公全書』巻二十八
書三酸	『王文成公全書』巻二十八
祭文	
祭徐曰仁文	『王文成公全書』巻二十五
又祭徐曰仁文	『王文成公全書』巻二十五
瘞旅文	『王文成公全書』巻二十五

祭浰頭山神文　『王文成公全書』巻二十五
祭永順宝靖土兵文　『王文成公全書』巻二十五

墓表

劉子青墓表　『王文成公全書』巻二十八

跋

竹江劉氏族譜跋　『王文成公全書』巻二十四

説

梁仲用黙斎説　『王文成公全書』巻七
矯亭説　『王文成公全書』巻七

碑

田州石刻　『王文成公全書』巻二十五

王文成公文選巻五

策

山東郷試策二道　『王文成公全書』巻三十一下（「山東郷試録」の「策五道」のうち、「問仏老為天下害・・・」と「問古人之言・・・」の部分）。

公移

廬陵県公移　『王文成公全書』巻二十八

批提学僉事邵鋭乞休呈	『王文成公全書』巻十七
批瑞州知府告病申	『王文成公全書』巻十七
優奨致仕県丞龍韜牌	『王文成公全書』巻十六
仰南康府勧留教授蔡宗兗	『王文成公全書』巻十七
褒崇陸氏子孫	『王文成公全書』巻十七
牌行南雄府保昌県礼送故官	『王文成公全書』巻十八
綏柔流賊	『王文成公全書』巻十八
選択民兵	『王文成公全書』巻十六（「巡撫南贛欽奉勅諭通行各属」）
勦捕漳寇方略牌	『王文成公全書』巻十六
議処河源餘賊	『王文成公全書』巻十六
告諭浰頭巣賊	『王文成公全書』巻十六
批将士争功呈	『王文成公全書』巻十六
告示在城官兵	『王文成公全書』巻十七（「告示在城官」）
預行南京各衙門勤王咨	『王文成公全書』巻三十一上
示諭江西布按三司従逆官員	『王文成公全書』巻十七
牌仰沿途・・・慰諭軍民	『王文成公全書』巻十七
告諭軍民	『王文成公全書』巻十七
批追徴銭糧呈	『王文成公全書』巻十七

再批追徴銭糧呈　『王文成公全書』巻十七
批南昌府追徴銭糧呈　『王文成公全書』巻十七
告諭頑民　『王文成公全書』巻十七
牌行委官林応総督諭土目　『王文成公全書』巻十八
牌委指揮趙璇留勦餘賊　『王文成公全書』巻十八

王文成公文選巻六

賦

黄楼夜涛賦　『王文成公全書』巻二十九
思帰軒賦　『王文成公全書』巻十九

古詩

有室七章　『王文成公全書』巻十九
守倹弟帰・・・予亦和之　『王文成公全書』巻十九
祈雨辞　『王文成公全書』巻十九

五言古詩

夜雨山翁家偶書　『王文成公全書』巻十九
不寐　『王文成公全書』巻十九
見月　『王文成公全書』巻十九

屋罅月	『王文成公全書』巻十九
答汪仰之二首	『王文成公全書』巻十九（「答汪仰之三首」第一、二首）
去婦嘆五首	『王文成公全書』巻十九
初至龍場無所止結草菴居之	『王文成公全書』巻十九
謫居糧絶・・・永言寄懐	『王文成公全書』巻十九
観稼	『王文成公全書』巻十九
採蕨	『王文成公全書』巻十九
猗猗	『王文成公全書』巻十九
渓水	『王文成公全書』巻十九
龍岡新搆二首	『王文成公全書』巻十九（「龍岡新搆二首」）
山石	『王文成公全書』巻十九
無寐	『王文成公全書』巻十九（「無寐二首」第一首）
艾草次胡少参韻	『王文成公全書』巻十九
諸生	『王文成公全書』巻十九
採薪二首	『王文成公全書』巻十九
別湛甘泉	『王文成公全書』巻二十（「別湛甘泉二首」第一首）
別易仲	『王文成公全書』巻二十
送蔡希顔	『王文成公全書』巻二十（「送蔡希淵三首」第一首）

長生　『王文成公全書』巻二十
贈陳宗魯　『王文成公全書』巻二十九
雑詩三首　『王文成公全書』巻十九

七言古詩

廬山東林寺次韻　『王文成公全書』巻二十
又次邵二泉韻　『王文成公全書』巻二十
遊九華道中　『王文成公全書』巻二十
芙蓉閣　『王文成公全書』巻二十
登雲峯・・・因復作歌　『王文成公全書』巻二十
重遊開元寺戯題壁　『王文成公全書』巻二十

五言律詩

化成寺　『王文成公全書』巻十九（「化成寺六首」第四、五、六首）
淑浦山夜伯　『王文成公全書』巻十九
古道　『王文成公全書』巻二十
還贛　『王文成公全書』巻二十
楊邃菴待隠園次韻五首　『王文成公全書』巻二十
除夕伍汝真・・・即席次答五首　『王文成公全書』巻二十
観九華龍潭　『王文成公全書』巻二十

春晴散歩　『王文成公全書』巻二十九

游泰山　『王文成公全書』巻二十九

七言律詩

西胡酔中謾詩　『王文成公全書』巻二十九（「西胡酔中謾書」）

獄中歳暮　『王文成公全書』巻十九（「歳暮」）

因雨和杜韻　『王文成公全書』巻十九

草萍駅次林見素韻奉寄　『王文成公全書』巻十九

玉山東岳廟遇旧識厳星士　『王文成公全書』巻十九

夜伯石亭寺・・・諸友二首　『王文成公全書』巻十九

夜宿宣風館　『王文成公全書』巻十九

萍郷道中謁濂渓祠　『王文成公全書』巻十九

興隆衛書壁　『王文成公全書』巻十九

七盤　『王文成公全書』巻十九

老檜　『王文成公全書』巻十九

南霽雲祠　『王文成公全書』巻十九

春晴　『王文成公全書』巻十九

陸広暁発　『王文成公全書』巻十九

白雲堂　『王文成公全書』巻十九

来僊洞　『王文成公全書』巻十九
元日雪用蘇韻二首　『王文成公全書』巻十九（「元夕雪用蘇韻二首」）
暁霽用前韻書懐二首　『王文成公全書』巻十九
次韻陸僉憲元日喜晴　『王文成公全書』巻十九
村南　『王文成公全書』巻十九
白雲　『王文成公全書』巻十九
書庭蕉　『王文成公全書』巻十九
送張憲長左遷顚南大参次韻　『王文成公全書』巻十九
徐都憲同遊南菴次韻　『王文成公全書』巻十九
即席次王文済少参韻二首　『王文成公全書』巻十九
贈劉侍御　『王文成公全書』巻十九
夜寒　『王文成公全書』巻十九
冬至　『王文成公全書』巻十九
雪中桃次韻　『王文成公全書』巻十九
辰州虎渓・・・留韻壁間　『王文成公全書』巻十九
武陵潮音閣懐元明　『王文成公全書』巻十九
霽夜　『王文成公全書』巻十九
僧斎　『王文成公全書』巻十九

再過濂渓祠用前韻	『王文成公全書』巻十九
贈熊彰帰	『王文成公全書』巻二十
瑯琊山中	『王文成公全書』巻二十（「瑯琊山中三首」第一首）
竜潭夜坐	『王文成公全書』巻二十
登閲江楼	『王文成公全書』巻二十
獅子山	『王文成公全書』巻二十
遊清涼寺二首	『王文成公全書』巻二十（「遊清涼寺三首」第一、二首）
寄張東所次前韻	『王文成公全書』巻二十
丁丑二月・・・道中有感	『王文成公全書』巻二十
聞曰仁買田・・・待予帰二首	『王文成公全書』巻二十
祈雨	『王文成公全書』巻二十（「祈雨」第二首）
回軍九連山道中短述	『王文成公全書』巻二十
書草萍駅	『王文成公全書』巻二十
宿浄寺	『王文成公全書』巻二十（「宿浄寺四首」第一首）
泊金山寺二首	『王文成公全書』巻二十
阻風	『王文成公全書』巻二十
帰興	『王文成公全書』巻二十（「帰興二首」第一首）
夜宿浮峯次謙之韻	『王文成公全書』巻二十

再遊延寿寺次旧韻　『王文成公全書』巻二十
碧霞池夜坐　『王文成公全書』巻二十
山中漫興　『王文成公全書』巻二十
天泉楼夜坐和蘿石韻　『王文成公全書』巻二十
南浦道中　『王文成公全書』巻二十
謁伏波廟二首　『王文成公全書』巻二十
夢中絶句　『王文成公全書』巻二十
次韻陸文順僉憲　『王文成公全書』巻二十
太子橋　『王文成公全書』巻二十

五言絶句

無相寺　『王文成公全書』巻十九（「無相寺三首」第三首）
山中示諸生　『王文成公全書』巻二十（「山中示諸生五首」第二、三、四、五首）
遊牛峰寺　『王文成公全書』巻十九（「遊牛峯寺四首」「又四絶句」の第一、二首）
潮頭巌次謙之韻　『王文成公全書』巻二十
宿浄寺　『王文成公全書』巻二十（「宿浄寺四首」第四首）
重遊無相寺次韻二首　『王文成公全書』巻二十（「重遊無相寺次韻四首」第一、四首）
九華山下柯秀才家　『王文成公全書』巻十九
双峯　『王文成公全書』巻十九

蓮花峯　『王文成公全書』巻十九
雲門峯　『王文成公全書』巻十九
芙蓉閣二首　『王文成公全書』巻十九

七言絶句

題四老囲棋図　『王文成公全書』巻十九
夜宿功徳寺次宗賢韻　『王文成公全書』巻二十（「夜宿功徳寺次宗賢韻二絶」）
遊牛峯寺二首　『王文成公全書』巻十九（「遊牛峯寺四首」「又四絶句」の第三、四首）
宿浄寺　『王文成公全書』巻二十（「宿浄寺四首」第三首）
遠公講経台　『王文成公全書』巻二十
太平宮白雲　『王文成公全書』巻二十
夜宿天池・・・大雨三首　『王文成公全書』巻二十
文殊台夜観仏灯　『王文成公全書』巻二十
雪望四首　『王文成公全書』巻二十
詠良知示諸生　『王文成公全書』巻二十（「詠良知四首示諸生」第四首）
袁州府宜春台　『王文成公全書』巻十九（「袁州府宜春台四絶」）

年譜

王文成公年譜（ママ）巻七

上　成化八年至正徳十六年

王文成公文選巻八

年譜

下　嘉靖元年至隆慶二年

年譜後録

陸澄辨忠讒以定国是疏

黄綰明軍功以励忠勤疏

霍韜地方疏

征濠反間遺事

墓誌銘

行状節略

年譜後人

以上に見るごとく、「年譜」を除く本書の各巻においては王守仁の詩文類が、その文体、詩体によって配列されているわけであるが、文体、詩体で見る限り、疏、書、序、記、書後、祭文、墓表、跋、説、碑、策、公移、賦、古詩、五言古詩、七言古詩、五言律詩、七言律詩、五言絶句、七言絶句と、ほぼ王守仁の執筆した文体、詩体を網羅しているといえるだろう。また、本書所収の詩文は、『全書』の巻数でいうならば、巻四〜九、十二〜十五、十六〜二十五、二十七～二十九、三十一上、下の諸巻に分類される。このうち、特に注意されるのは、本書の中に、『全書』の巻二十六～三十一の「続編」（「文録続編」）に収録されている諸篇が含まれていることである。第二章においてみたごとく、「続編」に含まれる諸篇は、隆慶六年（一五七二）に、『全書』に附刻される形で、始めて世に出たものなのである。従って、本書は『全書』を底本としていることが判るのである。

次に、本書の特色である鐘惺の評について見ていきたい。本書における鐘惺の評は、行間に附された批点、行間の評、欄外の評、そして各編文末の評の四種からなっている。このうち行間の評はごく少数で、しかも極めて短い。欄外評にしても一行四字、最も多いものでも八行なので、さほど長いものではない。その評は、多くの場合、深刻なものではなく、むしろ軽妙なものであるのは、この種の評の通例であろう。例えば、巻五の「告諭軍民」の欄外評で、「明欲打動北軍思帰之念、却借告諭語。出之妙甚、妙甚（明らかに北軍の思帰の念を打動せんと欲するに、却って告諭の語を借る。之れを出すこと妙甚し、妙甚し）」としているのなどはその一例であろう。

一方、文末の評もさほど長いものではないが、それでも欄外評に比べると、正面からの議論が見られる。例えば巻一冒頭の「諫迎仏疏」の文末評で、「此疏従孟夫子好勇好色好貨中化来。而辞旨和正、気象春容、非深於道、誠於愛君、善為説辞者、不能及此。故徳業文章、為我朝人物第一（此の疏は孟夫子の勇を好み色を好み貨を好むの中より化して来る。而して辞旨和正にして、気象春容、道を深くし、誠に君を愛するに於て、善く説辞を為す者に非ざれば、此れに及ぶ能はず。故に徳業文章、我が朝の人物の第一為り）」と王守仁の功績と文章を、「我が朝の人物の第一為り」と評しているのなどがそれである。

次に、巻末の年譜に触れておきたい。この年譜は、その巻頭に、「門人王畿編述／後学李贄刪訂／後学鐘惺評点」とあるが、年譜本文は、『陽明先生道学鈔』所収の李贄の手になる年譜とほとんど同じものである（但し、『陽明先生道学鈔』の年譜末尾に附されている李贄の「陽明先生年譜後語」は本書では省かれている)。おそらくは鐘惺が本書全体の体例に合わせて、「門人王畿編述」としたものと思われる。また、鐘惺による批点、行間注、欄外評が附されているのは本書の他の部分と同様である。年譜中の李贄の評語は『道学鈔』のものと同様、「卓吾子曰」、「卓吾曰」などとそのまま使われており、本書の刊刻が万暦三十年(一六〇二)の李贄自刎後かなり経ってのことと思われるにもかかわらず、その人気が相変わらずのものであったことを窺うことができる。

最後に、本書の持つ意味について考えてみたい。本書は王畿の編纂とされてきたが、上述のごとく、その可能性は低いものと考えられる。本書の価値は、むしろ、明末の、経書を含むすべての書が、文学としての価値から批評される雰囲気の中、王守仁の詩文も文学として受容されていたことを明示している点にこそある。そしてその際、李贄による文学評が明らかに意識されていたのだった。そのような意味において、本書は数ある王守仁の詩文集の中でも、最も明末の雰囲気を色濃く残すものだと言えるだろう。本書の編纂に実際に関係したのは、鐘惺、陶珽という、多くの書物の編纂及び出版に関わっており、読書人の嗜好を熟知した人々であった。従って、本書が明末における王学の受容を考える上で、極めて重要な位置を占めることが理解されるだろう。今後、明末思想の研究者による本書の利用が期待される所以である。

五　陳龍正編『陽明先生要書』について

『陽明先生要書』は、明末、崇禎乙亥(八年、一六三五)に陳龍正によって刊刻された王守仁の詩文集である。本書は、陳龍正輯、明崇禎乙亥(八年、一六三五)刻本および陳龍正、葉紹顒輯清初印本の二種の版本が現存する。本稿においては、故宮博物院図書館に所蔵されている陳龍正輯、明崇禎乙亥(八年、一六三五)刻本『陽明先生要書』によって本書の内容を見ていきたい。

本書は、八巻、附録五巻。四周単辺、白口、単魚尾。半葉九行、行十九字。各巻ごとに目録があり（巻五のみ上下の目録が一緒となっている）、また各巻巻頭に「陳龍正纂」とある。なお、冒頭の「序」（崇禎乙亥〔八年、一六三五〕、張采）、「要書序言」（崇禎壬申〔五年、一六三二〕、陳龍正）の後に、校正者として顧伯宿鐘星と施洪先湘文の名が挙げられている。

なお、故宮博物院図書館蔵本は、『四庫全書存目叢書』集部第四十九冊（荘厳文化事業有限公司、一九九七）に影印本として収録されている。

次に、本書所収の序文によって、本書成立の事情を見ていきたい。

「序」

采性有所懲、毎友人期講学、輒不応。則曰、且事躬行、曷用講。然于宋先生諸書及国朝諸先生語録、私窃櫛比、頗受規訓。至陽明先生集、以為功夫簡易真切、尤所参辨。則嘗慨先生之教明没各半者、不因忮人之詆訐、殆繇雷同者衆、和声附影、悞識見為良知、自背師旨。先生固云、無現成良知。又云、良知須実践。又云、宋儒制行足以取信、非空言動人。則知先生原精微謹慎、不欲以高明相詡。且其説非頓悟。初参二氏、継見節義、瀕危幾死而後得之。子弟即不必如先生玄証寂、如先生建言受杖謫、苟無乾惕憂患之心、而云良知如是、安可誣也。至于兵事、今人動引先生、似可依倣。不知先生学有体用、不以功業表見。即其既立功業以後、門人有問、皆黙而不答。則先生所云論治須求根源、不当従半中入手者、此意可謂明白指示。故采習読先生全書、時有論説。復一言蔽之云、先生教人致良知、而述先生之教者、正言良知、不言致。譬如衣在笥、食在案。終日説衣食、如不衣之食之、畢竟笥案間物、何与人事。采因随処指点、図有起発。若夫一伝、幾流為放曠、則先生自滁至南畿時、已深自悔、故教人惟以存天理去人欲為省察克治実功。而貽累師門者、実有其徒。擬取羅念菴与王龍渓一書参列簡末、令学者知守身修徳、不可虚飾。蓋以田間閒力、得輯録成緒、遂欲登板問世、質之勝己。而幾亭陳子投我印本書六冊、曰陽明要書、且属為序。開函時、自念識力不及陳子、従事歳月不及陳子。我所輯録、得毋作士衡三都賦否。亟加審諦、見其当篇所次、総序一首、凡例四首、小序八首。欿然曰、陳子進我、人苦不自知、我掩巻退矣。卒業、益歎陳子有功先生、并有功曰仁、緒山輩。蓋芟其枝複、条其目類、使凡観遺言者、注視即得綱領。復截去雷同、小疵大醇、一一標見。苟中無権度、何以能有如此称量。乃予所志幸者。予于先生序刻朱子晩年論定（ママ）、心不安其説、而陳子反復論其失当。予于先生答門人問吾与点也、謂似過駁伊川、而陳子亦不以為然。予嘗論先生五十七歳不没、学問当不止此、推之孔子七十以後尽然、而陳子亦以先生惜朱子者惜先生。其餘符契、触類殊多。又予挍先生年譜、于他書分載、錯綜互見者、約略為陽明言行考。而陳子巻後有遺言逸事一編、十同七八。予非敢攀陳子以自高、聊以志得失也。是集既行、絶学昭布、人知適帰、即可不有陽明、其殆陳子講学之書矣。

時崇禎乙亥中秋、婁東友弟張采頓首題。

「要書序言」

余沈潜紬釈于文成之書者踰年、恍乎登其堂而聆其謦欬也。惜其書乱而少次、繁而反晦、剖類而滋混。欲使人人読而取益焉、乃纂為要書。既成、為之言曰、孟子而後、聖賢負大経済者少矣、惟濂渓、明道有致太平之才。諸葛孔明而後、豪傑之識大本原者少矣、惟陽明先生終身在事功中、終身以修徳講学為事。奏功成者、学助之也。居功成者、学為之也。観聖賢者観其用。曾謂用如先生、而非豁然聞道者耶。致良知之宗、其言本于不慮、其旨本於誨繇。非直以不慮為良、以不慮而有別為良。至矣、莫可訾矣。貽訾者、独在無善無悪。然先生実有所見而云。蓋曰善本無善也。猶元公曰太極本無極也。欲人不倚善也、豈顧令不為善哉。承無極者、以体貼天理、以主敬、故百世而弥光。承無善者、以玩光景、軽行誼、資文過、則不再伝而裂爾。因其徒之失真、使後人致憾于提宗之未慎。先生之霊、其恫已夫。夫先生大悟者也、存誠者也。後人疑其教、而因疑其学。疑其学、而終慕其猷略与文章。至於慕其猷略文章、而先生微矣。天下無不悟而能誠、無不誠而能神。観先生之身也、口也、手也、耳目也、兵革銭穀也、潜魚棲鳥也、画堂貂冠也、炎風毒霧也、無不神也、皆心所為也。則駆策指引之間、先生亦悪乎往而不彰。儒者致用、無踰先生。然先生正君心者、念念蒼生者。体仁也者、致天下之太平也者、非任智也者、非定方隅之禍乱也者、則猶是精才而麤用、大才而小用、全才而偏用。疇謂講学封候、遂驚為儒生不世之遭矣乎。故天下艶先生之才与功、而識者更致惜其遇。天下伝先生之悟、而善学者以為不如法其身也。先生口談無善、身則夫須臾不為善。夫惟孳孳為善、庶可以談無善矣。嗚呼、三代而下、聖賢而奇才、豪傑而好学、微斯人、吾誰与帰。仮以数年、未之或知也。彼且曰、堯舜以上善無尽。

崇禎壬申五月丁巳、後学嘉善陳龍正惕龍父題。

これらの序類の作者のうち、張采は字受先、南京（南直隷）蘇州府太倉州（今の江蘇省蘇州府太倉県）の人。崇禎元年（一六二八）の進士。張溥と同里の友人であり、「婁東二張」と呼ばれた。江西省臨川県の知県となる。後、福王の時、礼部員外郎となった。著に『知畏堂集』、『太倉府志』がある。『明史』巻二百八十八に伝あり。

一方、陳龍正は、字惕龍、号幾亭、浙江省嘉善県（今の浙江省嘉興市嘉善県）の人。崇禎甲戌（七年、一六三四）の進士。中書舎人を授けられる。後、南京国子監丞に左遷される。明滅亡後、ほどなくして卒。学は呉子往、高忠憲らに師事。著に『幾亭集』六十四巻あり。『明史』巻二百五十八、『明儒学案』巻六十一（東林学案四）に伝がある。

これら二序文によれば、陳龍正は、年来「文成之書」（後述のごとく『王文成公全書』のことと思われる）を読んできたが、その煩瑣でわかりにくいことを惜しみ、その要点をわかりやすく分類した文集の出版を志し、張溥の友人である著名な文人、張采に序を依頼したのである。

一方、張采も、王守仁の文集に批評を附したものの編纂を行なってきたが、陳龍正に本書を見せられ、その内容に及ばないことから、出版を断念したという。彼の序文を見ると、部分的には王守仁の学説に賛意を表してはいるものの、全体としては朱子の学説に比べ、王守仁の学説に批判的なのが見て取れる。また、『朱子晩年定論』に対して批判的なことからも、彼の朱子学寄りの姿勢は明らかであろう。

また、これら両序文に共通するものとして、無善無悪説への激しい非難が含まれていることが挙げられる。これは陳龍正が東林党の高忠憲の学統に連なることを考えればむしろ当然とも言える。一方、特に陳龍正の論において、王守仁の事功を高く評価しているのは、明末の厳しい政治的軍事的状況の中、そのような人物を待望する彼の心境をあらわすものと言えよう。

次に、本書の内容を見ていきたい。なお、本文および附録の各巻数の下の（ ）内の内容および条数は、目録によるものである。

『陽明先生要書』構成
「序」（崇禎乙亥［八年、一六三五］、張采）
「要書序言」（崇禎壬申［五年、一六三二］、陳龍正）
「陽明要書凡例四条」

「陽明先生要書小序八篇」

本文

陽明先生要書巻一上（伝習録上、通計一百二十一条）

陽明先生要書巻一下（伝習録下、通計一百二十九条）

陽明先生要書巻二（書、五十八首）

陽明先生要書巻三（五言古詩、七言古詩、五言律詩、七言律詩、五言絶句、七言絶句）

陽明先生要書巻四上（奏疏上、二十五篇）

陽明先生要書巻四下（奏疏下、十三道）

陽明先生要書巻五上（文移、「廬陵告諭」十一条、「南贛公移告諭」四十条）

陽明先生要書巻五下（文移、「征藩公移告諭」二十一条、「江西公移告諭」十九条）

陽明先生要書巻六（策三道、序十八篇）

陽明先生要書巻七（記十三篇、説十三篇、題跋雑著共十八篇）

陽明先生要書巻八（墓表一篇、祭文四篇）

「陽明先生要書附録総目」（以下、附録は各巻頭に「陳龍正脩」とある）

陽明先生要書附録巻一（年譜上、自成化壬辰初生至正徳戊寅巡撫南贛凡四十七年）

陽明先生要書附録巻二（年譜中、自正徳己卯至辛巳凡三年）

陽明先生要書附録巻三（年譜下、自嘉靖壬午至戊子凡七年）

陽明先生要書附録巻四（遺言逸事、論学九条、赴謫、撫贛二条、征藩九条、用行、終命三条）

陽明先生要書附録巻五（辨証［序跋類］）

以上の構成からも判るように、本書の内容は極めて豊富であるが、『四庫全書総目提要』に、「取守仁全書摘其要語。前有小序八首及凡例四条。皆著其刪纂之大意（守仁の全書を取りて其の要語を摘む。前に小序八首及び凡例四条有り。皆な其の刪纂の大意を著す）」と言うように、本文の内容はすべてが『王文成公全書』によるものであり、特に目新しいものは見られない。本書において注目すべきは、むしろ附録巻四に収録された「遺言逸事」である。このように、文集、語録に漏れた王守仁の言動を記録しようという試みは中国においては本書がはじめてなのである。陳龍正がこのような試みを行なった理由としては、「要書序言」における、「惟陽明先生、終身在事功中、終身以修徳講学為事」、「嗚呼、三代而下、聖賢而奇才、豪傑而好学、微斯人、吾誰与帰」という彼の文からも判るように、王守仁の学説もさることながら、その人物に対して陳龍正が強い関心を持っていたことを挙げられるだろう。なお、この「遺言逸事」の内容については、本書序章を参照されたい。

六　施邦曜編『陽明先生集要』について

『陽明先生集要』は、崇禎八年（一六三五）に施邦曜によって刊刻された、理学、経済、文章の三分野に王守仁の詩文を分類した別集である。本書については、僅かにその『伝習録』の部分が取り上げられる他は、従来言及されたことがなかった。本項においては、本書の内容およびその刊行の経緯について述べていきたい。

本書は管見の限り、明崇禎八年（一六三五）刊本、清乾隆五十二年（一七八七）重刊本（済美堂蔵版）、光緒五年（一八七九）黔南重刊本の三種の版本が現存する。本項においては、これらのうち明崇禎八年（一六三五）刊本に属する山東師範大学図書館蔵本によって考察を進めていきたい（なお、『四部叢刊　集部』（上海商務印書館）においては、本書と同種の版本が影印されている）。本書は、二十一・八×十五・〇糎。四周単辺、白口、単魚尾。板心に刻工名がある。また、本書の各巻巻頭には目録があり、各巻巻首に「同邑後学施邦曜重編／江右後学曾桜参訂」の十七字、巻末に「臨海後学王立準較梓」の九字がある。

まず、本書の編者である施邦曜による序文から、本書の刊刻の事情を見ていきたい。

「陽明先生文集叙」

自古称不朽之業有三。曰立徳、立功、立言。然果如是之画為三等、如玄黄黒白之殊類乎。非也。蓋人未嘗生而有功、生而有言。惟此徳命於天、率於性。明此者謂之精、誠此者謂之一。惟明故誠、惟精故一、是謂聖賢之学。学至於誠則有以立天下之本、一則有以尽天下之変。徳也者、功従此托根、言従此受響者也。惟学之入徳未至、即身奏一匡之績、祗成雑覇之勲名。即文起八代之衰、終属詞章之小乗。故上下古今、伊周之後無功、六経之外無言。非無功与言也、徳之未至、即功与言不足称也。先生従学絶道喪之日、独悟良知之妙蘊。上接精一之心伝、就不睹不聞之中、裕経綸参賛之用。挙世所謂殊猷偉烈、微言奥論、不必分役其心而已。実有其理、将見富有。日新自然、応時而発。戡乱定変、人所視為非常之原者、先生唾手立辦。使世食其功、而絶不見搶攘之跡。斯名世之大業也。創義竪詞、人所称独擅制作之林者、先生未嘗過而問焉。不外日用之雅言、而備悉夫継往開来之緒、斯羽翼之真伝也。徳立而功与言一以貫之、此先生之独成其不朽哉。世於先生之学未能窺其蘊奥、故慕先生之功、若赫然可喜、誦先生之言、若澹然無奇。譬適滄茫者不望斗杓為準、与波上下、東西南北、揣摩向往、無一或是。而先生之為先生自若。人惟学先生之学、試升其堂焉、入其室焉、而後知先生之不可及也。後知不可及者、之其則不遠也。性命之中、人人具有一先生焉。人人具有一先生、而竟無一人能為先生、先生於是乎独成其不朽矣。

余以蚵蚾之質、仰羨蟾蜍之宮。毎読先生之書、不啻饑以当食、渇以当飲、出王与俱。然行役不常、苦其帙之繁而難携也。因纂其切要者、分為三帙、首理学、次経済、又次文章。便儲之行笈、時佩服不離、亦以見先生不朽之業、有所独重云。

同邑後学施邦曜頓首譔。

施邦曜、字は爾韜、浙江省餘姚県（今の浙江省餘姚市）の人。万暦四十一年（一六一三）の進士。官は員外郎に至る。後、魏忠賢に逆らい有名となる。天啓年間（一六二一〜一六二七）に福建省漳州府（今の福建省漳州市）の知府となる。その後、崇禎帝より刑部左副都御史に任命される。崇禎十七年（一六四四）、帝の死を知り、自害。『明史』巻二百六十五に伝あり。施邦曜による本書の編纂に関しては、『明史』にも、「邦曜、少好王守仁之学、以理学、文章、経済三分其書而読之、慕義無窮」と記載がある。

施邦曜は本「叙」において、それ以前の王守仁の文集について、「行役不常、苦其帙之繁而難携也」と不満を述べている。そのため彼は、「因纂其切要者、分為三帙、首理学、次経済、又次文章。便儲之、行笈時、佩服不離、亦以見先生不朽之業、有所独重云」と、王守仁の詩文のうち重要なものを三分野に分けて編纂し直すことにより、携帯に便利なものとなったと自讃している。

以上の彼自身の記述から、本書は嘉靖十六年（一五三七）に薛侃によって刊刻された『陽明先生則言』や、嘉靖三十二年（一五五三）に宋儀望によって刊刻された『陽明先生文粋』と同じく、携帯の際の利便性を考えて刊行されたものであることが判るのである。

次に、本書の内容を見ていきたい。

「王陽明先生集叙」（紀年なし、林釬）
「陽明先生三編序」（崇禎乙亥〔八年、一六三五〕、王志道）
「王文成集要三編序」（崇禎乙亥〔八年、一六三五〕、黄道周）
「王文成集序」（紀年なし、顔継祖）
「陽明先生文集叙」（紀年なし、施邦曜）

「年譜」

「陽明先生集要理学編」
巻一（伝習録一、伝習録二、伝習録三）
巻二（語録、大学問）
巻三（書）
巻四（書、序）

「陽明先生集要経済編」
巻一（奏疏、公移）

巻二（平横水桶岡）
巻三（平三浰）
巻四（平宸濠）
巻五（巡撫江西）
巻六（平思田）
巻七（平諸猺賊）

「陽明先生集要文章編」
巻一（書、序）
巻二（記、説）
巻三（書巻、誌、表、伝、論、箴銘、文、祭文）
巻四（賦、寄興詩、憂患詩、戦伐詩、道学詩）

本書の刊刻に関係した人物のうち、林釬は字実甫、福建省同安県（今の福建省廈門市同安県）の人。万暦四十四年（一六一六）の進士第三名。魏忠賢に逆らい一旦官を去るが、後、礼部侍郎、東閣大学士に至る。

王志道は字東里、福建省漳浦県（今の福建省漳州市漳浦県）の人。万暦四十一年（一六一三）の進士。官は左副都御史に至る。著に『黄如集』六巻あり。

黄道周は字幼平、福建省漳浦県（今の福建省漳州市漳浦県）の人。天啓二年（一六二二）の進士。編修を授けられる。

崇禎年間の始め、大学士周廷儒、温体仁を批判して官位を剥奪。後、官に復して右諭徳に至るが、ふたたび官位を剥奪され、広西に流される。順治三年（一六四六）、義勇軍を率いて清軍と戦うが破れ、捕らえられて殺される。著に『易象正』十四巻、『洪範明義』四巻、『榕壇問業』十八巻などがある。『明儒学案』巻五十六（諸儒学案下四）、『明史』巻二百五十五に伝あり。

顔継祖は福建省漳州府（今の福建省漳州市）の人。万暦四十七年（一六一九）の進士。崇禎年間の始め、時局を痛論した上疏によって帝に知られる。山東巡撫に昇進するが、崇禎十一年（一六三八）、僅かな兵で山東省徳州（今の山東省徳州市）の守備につき、翌年敗戦の責を負わされ、棄市せらる。著に『又紅堂詩集』七巻あり。『明史』巻二百四十八に伝あり。

曾桜は字仲含、江西省峡江県（今の江西省峡江県）の人。万暦四十四年（一六一六）の進士。官は南京工部右侍郎に至る。東林党の人々を庇ったことで知られる。唐王の時、工部尚書、内閣大学士となり、吏部をつかさどる。順治三年（一六四六）、福州が破れると自縊して死す。『明史』巻二百七十六に伝あり。

王立準は浙江省臨海県（今の浙江省臨海市）の人。福建省徳化県、平和県の知県、広東省連州の知州などを歴任。

これらの人物を見ると、施邦曜以外の序文を執筆した人物が、すべて福建省の出身者なのが目につく。前述のごとく、彼は天啓年間（一六二一～一六二七）に福建省漳州府（今の福建省漳州市）の知府となっているので、その際の人脈によるものであろう。このように、陽明学の先進地帯である長江中下流域から、地方へ赴任した官僚によって陽明学が伝わっていった例は、江西省出身の宋儀望などにおいても見られ、陽明学伝播の典型的パターンの一つといえるだろう。

また、上記の序類の中、紀年のある二つがいずれも崇禎乙亥（八年、一六三五）のものであることから、本書は同年の刊刻として問題あるまい。

本書の内容についてみると、前述のように、内容によって、「理学編」、「経済編」、「文章編」に分けられているのが最大の特徴である。また、本書の底本については、『全書』の「続編」に分類される「大学問」(本書「理学編」巻二、『全書』巻二十六〔「続編一」〕)や、「与王晋渓司馬書」(『全書』では「与王晋渓司馬」、本書「経済編」巻一、巻二、『全書』巻二十七〔「続編二」〕)が見られることから、底本は『全書』かとも考えられるが、「大学問」や「与王晋渓司馬書」は、『陽明先生則言』や、『陽明先生与晋渓書』などの単行された書物によって、嘉靖年間にはすでに見ることが可能となっていたことから、「全書本」以外の文集によっても本書の編纂は可能といわなければならない。本書の底本については、今後の課題としたい。

なお、本書所収の『伝習録』の部分については、第一章および附録一の(一)を参照されたい。

七　張問達編『王陽明先生文鈔』について

『王陽明先生文鈔』は、清朝の康熙二十八年(一六八九)に張問達によって刊刻された王守仁の詩文集である。本書には、清康熙二十八年(一六八九)金陵江寧府観成堂刻本および致和堂後修本の二種の版本が現存する。本項においては、前者に属する版本である東北大学狩野文庫蔵本によって本書の成立及び内容についてみていきたい。

本書は、全二十巻、十九・三×十三・三糎。四周単辺、白口、単魚尾。半葉九行、行二十三字。巻頭に編者張問達の序文があり、本書を編纂した経緯について述べられている。次に張問達序の全文を挙げておいた。

「序」

見知聞知之統、至孟子而息。千五百餘年、而周程諸子追尋其緒。又五百餘年、而陽明先生掲良知之学、使学者求理于吾心、而無復有逐物騖外、支離蕪蔓之病、而聖道于是乎復昭。蓋良知者、明徳也。致良知者、明明徳也。明徳具于吾心。外吾心而求物理、無所為物理也。舎物理而求吾心、吾心又何従見耶。此仁者所以天地万物為一体也。明明徳于天下、致良知而已矣。致良知之極、止至善而已矣。性無不善、故徳無不明。動于意而後有不善、人心惟危也。意雖有不善、而明徳之根于天良者、未嘗不知也。孟子曰、人之所不学而知者、良知也。致其本明之良知于意、則亦随其意所在之物、而正其不善、以止于至善。而知乃有拠、而意乃非虚。君臣父子、視聴言動、無不皆然、則物我無間、至誠無息矣。此之謂明善誠身、此之謂精一執中。聖門顔子、有不善、未嘗不知。知之、未嘗復行。蓋知行相為終始者也。不終、何以為始。不行、何以為知。知行合一、又何疑乎。

問達幼不自揆、見先生之文章而頌法焉、聞先生之功業而向往焉。積之二十年、而後窺見先生之学、其功業文章、皆良知之実用、根于心而無待于外。燦然如日月経天、而莫之掩也。沛然如江河行地、而莫之禦也。浩浩乎如太和元気之充周、時行物生、而不見化工之跡也。夫先生豈有異于人哉。操之于戒慎恐懼之微、而放之于天下国家之大。先知先覚、惟恐吾人不聞斯道。而万物一体之仁、汲汲終身。人徒見其大学古本之復、知行合一之説、格致誠正之論、与朱子微有異同、而遂詆之為禅。今先生之書具在、其果外人倫乎、遺事物乎。其空虚寂滅、無裨用世乎。動静体用之学、果有間于精一之旨、明明徳之伝乎。夫聖道之在天下万世、当与天下万世共明之、豈一人一世之所得私。況先生之学、百世以俟聖人而不惑者哉。蓋至于今日、而亦信従者衆矣。問達口頌心維、手鈔目識、窃附于私淑之後、以俟同志者考而正焉。亦以自見其生平学先生之学、尽于是焉爾。

時康熙貳拾捌年歳次己巳秋七月、江都後学張問達序。

本序の筆者である張問達は、康熙五年（一六六六）の進士。号天民。南京（南直隷）揚州府江都県（今の江蘇省揚州市）の人。著に『易経辨疑』六巻がある（『経義考』巻六十六）。また、本序が執筆された康熙二十八年は、西暦一六八九年である。

序文によると、彼は少年時代から守仁の功業、文章に関心を持ち、二十年にわたって研究を続けてきたのである。また、彼が、「人徒見其大学古本之復、知行合一之説、格致誠正之論、朱子微有異同、而遂詆之為禅」と、世間の人からの、大学古本の採用、知行合一説、格致誠正論などにおいて朱子の論説と異なることを理由とする王学に対する攻撃に言及していることが、本書の編纂された時期の思想界において王学の置かれた情況をよく示していると言えよう。それに対して張問達は、「今先生之書具在、其果外人倫乎、遺事物乎。其空虚寂滅、無裨用世乎」と、陽明の著作によって検証するならば、世間からの、「外人倫」、「遺事物」、「空虚寂滅」、「無裨用世」などの指摘は全く的はずれであると述べている。そして、そのことを証明するためにこそ、彼は本書を刊刻したのである。

また、本序においては、「夫聖道之在天下万世、当与天下万世共明之。豈一人一世之所得私。況先生之学、百世以俟聖人而不惑者哉。蓋至于今日、而亦信従者衆矣」として、学の公共性と、なお王学の信従者が多いことを反論の理由として挙げているのが目につく。既に清朝の統治も安定期に入った当時にあっても、なお王学に対する理解者が一定程度存在していたことを示す材料と言えるだろう。

次に、本書の構成を見ていきたい。また、巻数の下の（　）内の分類は、「目録」の記載によっている。

「序」（康熙二十八年［一六八九］、張問達）

「贈新建候制」

「参訂姓氏」

「陽明先生像記」

「参訂受業姓氏」

「凡例」

「王陽明先生文鈔目録」

本文（各巻巻頭に「後学江都張問達編輯」とある）

王陽明先生文鈔巻一（伝習録上）

王陽明先生文鈔巻二（伝習録下）

王陽明先生文鈔巻三（伝習録書）

王陽明先生文鈔巻四（大学或問）

王陽明先生文鈔巻五（奏疏）

王陽明先生文鈔巻六（奏疏）

王陽明先生文鈔巻七（奏疏）

王陽明先生文鈔巻八（序）

王陽明先生文鈔巻九（記）

王陽明先生文鈔巻十（書）

王陽明先生文鈔巻十一（書）

王陽明先生文鈔巻十二（書）

王陽明先生文鈔巻十三（経説、論、策、説）
王陽明先生文鈔巻十四（書巻、題、跋、雑著）
王陽明先生文鈔巻十五（箴、銘、碑、賛、墓誌、祭文）
王陽明先生文鈔巻十六（賦、詩）
王陽明先生文鈔巻十七（公移）
王陽明先生文鈔巻十八（公移）
王陽明先生文鈔巻十九（公移）
王陽明先生文鈔巻二十（年譜）

以上の内容のうち、巻一から三の伝習録の部分は、多くの佚文を含むことで知られるが、その内容に関してはすでに本書第一章において論じたので、それを参照されたい。また、各巻の細目は煩瑣となるため省略したが、「大学或問」（巻四所収、『全書』巻二十六では「大学問」）、「五経憶説」（巻十三所収、『全書』では巻二十六）、「示龍場諸生教条」（巻十四所収、『全書』巻二十六では「教条示龍場諸生」）などの『全書』では「続編」に収められ、『全書』によって始めて広く知られるようになった諸篇を含んでおり、本書は『陽明先生道学鈔』や『王文成公文選』同様に、『全書』をもとに編纂されたものと思われる。

本書の最大の特色は、編纂の際の、張問達の文体へのこだわりにある。本書の凡例において彼は、「疏稿、公移所載属司詳文、多不雅順。今尽刪削（疏稿、公移に載する所の属司の詳文は、多くは雅順ならず。今、尽く刪削す）」としているが、このような「不雅順」な文に対する彼の「刪削」は徹底していた。王守仁自身の文でさえ、彼はそのようなものは「雅順」な文へと修正の上、掲載している。このような傾向は、特に白話を多く含む『伝習録』の部分において徹底しており、ほとんどすべての会話が文語文となっているのである。従って、本書掲載の王守仁の詩文・言行録は、特に『伝習録』の部分において貴重な資料が多く含まれているとはいうものの、王守仁自身の資料としては利用に注意が必要とされるのである。

八　李祖陶編『王陽明先生文選』について

現在、東京大学中央図書館及び無窮会織田文庫に所蔵される『王陽明先生文選』は、清代における王守仁の文集の地方への伝播を考える上で興味深い材料を提供している。

東京大学中央図書館蔵本は十九・〇×十三・〇糎。行二十五字、半葉九行、黒口、単魚尾、四周双辺。版心に「明文選／陽明」とあることからも判るように、『金元明八大家文選』（道光二十五年刊刻）に収められており、行間に批点・評がある。

本書の内容は以下の通り。

「明史本伝」（王守仁伝）
「王陽明先生文選目録」
［李祖陶序］（仮題）
巻一（奏疏）
巻二（奏疏）

巻三（奏疏）
巻四（奏疏）
巻五（序・記）
巻六（書・説・書巻・跋・書事）
巻七（表・誌・文・公移）

本書の内容は、後述の［李祖陶序］に述べられているように、張問達編『王陽明先生文鈔』（「張本」）や兪嶙編『王陽明先生全集』（「兪本」）によるものである。以下、序の内容のうち、本書の刊刻の経緯に関する部分を挙げておく。

右録王陽明先生文六十八首、編次照江都張問達本、首奏疏、次序記、次書、次雑文、次公移、共為七巻。・・・按先生原集為文成合書、首語録、次文録、次別録。別録者、奏疏也。張本于奏疏刪節大甚、予拠兪本録之、而陽明全書竟未得見、為有憾云。上高李祖陶叙録。

「上高」は江西省上高県であるが、李祖陶については残念ながらその伝記をつまびらかにしない。しかしながら、巻一の巻首に「後学上高李祖陶邁堂評点、万安職員厳詳涵思校刻」とあることからすると、同じく江西省万安県の人である厳詳が本書の刊刻の実務に当たったのに対し、彼は評点を附したことになり、実質的な編纂者といえるだろう。また、この序文によると、本書の内容は主として「張本」に拠っているが、奏疏の部分については「張本」ではあまりに簡略なため「兪本」に拠ったことがわかる。

しかし、本序において何よりも興味深いのは、末尾に「而陽明全書竟未得見、為有憾云」と記されていることである。本書が刊刻されたと思われる江西省は、謝廷傑が隆慶六年（一五七二）に『全書』を刊行した地である浙江省と隣接しているにもかかわらず、彼らはついに『全書』を目にすることができなかったのである。当時における『全書』の普及度を考える上で、本書は興味深い材料を提供していると言えるだろう。

注

（1）『王文成公全書』の隆慶六年初刻本は、管見の範囲においては、内閣文庫の他に台湾中央図書館に所蔵されるのみである。但し、台湾中央図書館蔵本には巻頭の徐階「王文成公全書序」が缺落している。なお、隆慶六年初刻本に掲載されている「新建侯文成王公小像」は、万暦重刻本に掲載されている同題のそれとは全く異なるものである（図三）。

（2）『四部叢刊』影印本の底本が隆慶六年初刻本でないことについては、井上進『書林の眺望』（平凡社、二〇〇六）六〇頁に指摘がある。

（3）ちなみに『全書』は文録、別録、外集の順となっている。

（4）李贄の編著としての観点から本書に言及したものとしては、林海権『李贄年譜考略』（福建人民出版社、一九九二）などがある。

（5）『易因』、『九正易因』については拙稿「『九正易因』の成立をめぐって」（『論叢アジアの文化と思想』第四号、一九九五）を参照。

第四章　王守仁の兵学関係の著作について

王守仁が明代屈指の用兵家であることは良く知られている。しかしながら、彼がさまざまな武勲を立てる基礎となったその兵学思想については、「年譜一」の「(弘治)十年丁巳先生二十六歳寓京師」の項において、

是年先生学兵法。当時辺報甚急、朝廷推挙将才、莫不遑遽。先生念武挙之設、僅得騎射搏撃之士、而不可以収韜略統馭之才、於是留情武事、凡兵家秘書、莫不精究。毎遇賓宴、嘗聚果核列陣勢為戯(是の年、先生、兵法を学ぶ。当時、辺報甚だ急にして、朝廷、将才を推挙するに、遑遽ならざるは莫し。先生、武挙の設くるや、僅かに騎射搏撃の士を得るのみにして、以て韜略統馭の才を収むべからざるを念ひ、是に於て情を武事に留め、凡そ兵家の秘書は、精究せざる莫し。賓宴に遇ふ毎に、嘗て果核を聚めて陣勢を列して戯を為す)。

と、その熱心な学習ぶりを伝えてはいるものの、その結果として完成された彼の兵法思想については、残念ながら記されてはいない[1]。従って、我々が王守仁の兵学思想を探るためには、『王文成公全書』に収められていない彼の著作を見ることが必要となるのである。

王守仁の名を冠した兵学に関する著作のうち、現存するものとしては以下の三種がある。

①『兵志』（不分巻、明鈔本、上海図書館蔵）(2)
②『新鐫武経七書』（五巻、明天啓元年刊、尊経閣文庫蔵）
③『陽明兵筴』（五巻、明崇禎四年刊、尊経閣文庫蔵）

上記のうち、①の『兵志』は、王守仁が『戦国策』・『史記』・『左伝』から抜き書きしたもので、管見の限り、現存するものは上海図書館蔵の一点のみである。巻中に「此書為王陽明先生纂録、未有刊本。予／従清臣処借閲録之。其昌」（此の書は王陽明先生、纂録を為す、未だ刊本有らず。予、清臣の処より借りて之れを閲録す。其昌）との二行の題識が記されているが、この題識は、筆跡や末尾の「其昌」の署名および押印から見て、恐らく董其昌の手になるものと思われる。また、②は『武経七書』に対する注釈、③は後学が『王文成公全書』等から王守仁の軍事関係の文章や言行録を抜粋したものである。

以上のうち①は覚え書き的なもので、彼の著作物と見なすことはできないため、以下、②③について見ていきたい。

第一節　茅震東編『新鐫武経七書』について――王守仁の『武経』注釈――

一

『尊経閣文庫漢籍分類目録』には、『新鐫武経七書』について以下のように記されている。(3)

新鐫武経七書　七巻　周孫武等撰　明王守仁等評　明天啓朱墨版　八冊

本書は、版框二十一・二×十四・〇糎。半葉七行、行十七字。四周単辺、白口、無魚尾、有天啓元年（一六二一）序（図十六）。

『尊経閣文庫漢籍分類目録』において述べられているように明末に流行した朱墨二色刷であるが、印刷・保存状態とも素晴らしく、一級の善本と称するに足るものであろう。また、『中国古籍善本書目』によれば、北京市文物局・遼寧省図書館・哈爾浜市図書館・江西省図書館・河南省図書館の各所蔵機関にも所蔵されている[4]。大陸所蔵の各本についてはは別の機会に述べることとし、ここでは尊経閣文庫所蔵本について見ていきたい。なお、『孫子集成』において、本書の序文・凡例・目録及び巻一の孫子の部分のみ影印されているが、底本の選択が悪いためかひどい乱丁があるのみならず、版木の磨滅がひどく、頭注などはかすれて読めない部分が相当数あるため、利用には注意が必要である[5]。

また、本書に関する先学の言及としては、後述の陶湘『明呉興閔板書目』に著録されている他、日本の東正堂が「陽明先生批評武経」において、本書の諸序及び王守仁の総評のみを翻刻しているのが挙げられる[6]。「陽明先生批評武経」には正堂による序文が有り、以下のような説明がなされている。

正堂曰く此書は陽明先生が嘗て武経七書を読みて其所感を筆せると伝うるものにして、至つて珍本の一である。予は往年横浜上郎氏に於て一見せし時に、其批評のある部分だけを写しおきたるものである。批評に胡宗憲の附評がある。而して其評武経中孫子は殆んど其毎篇末にこれが総評を下せるも、呉子は僅に一所、其他も亦至少許である。従来陽明先生に此書あるを聞かざることなるも、上郎氏の伝る所は其本佐藤一斎の珍蔵に係るものである。二本ある、一は写本、一は唐本。巻中に政倫とゆふ押印ありて、写本にも其印章までを模写してある。政倫は池田芳烈公の末子にして嘗て熊沢蕃山先生の養嗣子として其禄を譲りたるものであるなどにより、一斎の初写本せしめし時も併して其印章をも写し留めたるものなれば、一斎の愛読せし知るべし。而し其唐本分は又後より其手に帰し即ち写本の寧ろ原本である。予は其政倫の印あるによつて、此書はまた蕃山先生よりの愛読せしものなるを疑ふのである。而して今此度の関東大震災に際し横浜上郎氏の独罹災を免るべき筈なきを思えば、此珍籍は必らず焼失の中に在り。

これによれば、正堂は横浜の個人宅で佐藤一斎の旧蔵にかかる本書、唐本一部、写本一部を閲覧の機会があり、そのうち陽明の批評のある部分のみを筆写していたことが判る。なお、正堂は、これら二本が焼失したと述べているが、事実、現存する一斎の蔵書が収められている都立中央図書館河田文庫の目録にも本書の名は見られず、国内に現存する『新鐫武経七書』は尊経閣文庫蔵本のみと思われる。

二

まず、尊経閣文庫蔵本により、本書の構成を示しておく。

「陽明先生批武経序」（天啓元年［一六二一］、徐光啓）

「叙」（天啓元年［一六二一］、孫元化）

［胡宗憲序］（仮題）（嘉靖二十二年［一五四三］、胡宗憲）

「小引」（紀年なし、茅震東）

「新鐫硃批武経七書凡例」

「姓氏」

「目録」

巻之一「孫武子」

巻之二「呉子」

巻之三「司馬法」

巻之四「李衛公」

巻之五「尉繚子」

巻之六「三畧」

巻之七「六韜」

次に、本書の冒頭に附された諸序により、本書の刊行の経緯を探ってみることとしたい。(7)

「陽明先生批武経序」

嘉靖中、有梅林胡公筮仕姚邑、而得武経一編、故陽明先生手批遺沢也。丹鉛尚新、語多妙悟。輒小加研尋。後胡公総制浙直、会値倭警、遂出曩時所射覆者為応変計、往往奇中、小醜遂戢。・・・時余被命練兵、有門人初陽

孫子、携一編来謁。且曰、此呉興鹿門茅先生参梅林公幕謀、獲此帳中秘、貽諸後昆、茲固其家蔵也。縁其世孫生生氏欲授剞劂、属請序於先生。余視陽明先生之手沢宛然。・・・時天啓元年、歳辛酉、重陽前一日。賜進士出身奉議大夫奉勅訓練新兵詹事府少詹事兼河南道監察御史徐光啓撰（嘉靖中、梅林胡公、姚邑に筮仕すること有りて、武経一編を得たり。故の陽明先生の手批の遺沢なり。丹鉛尚ほ新たに、語、妙悟多く、輒ち小（すこ）しく研尋を加ふ。後、胡公、浙直に総制たりて、会ゝ倭警に値ひ、遂に曩時に射覆する所の者を出して応変の計を為すに、往往奇中し、小醜、遂に戢（おさ）む。・・・時に余、練兵を命ぜられるに、門人、初陽の孫子、一編を携へて来謁すること有り、且つ曰く、此れ呉興の鹿門茅先生、梅林公の幕謀に参じ、此の帳中の秘を獲、諸れを後昆に貽る、茲れ固より其の家蔵なり。其の世孫、生生氏、剞劂に授けんと欲するに縁りて、序を先生に請ふを属す、と。余視るに陽明先生の手沢宛然たり。・・・時、天啓元年、歳は辛酉、重陽の前一日。賜進士出身、奉議大夫、奉勅訓練新兵詹事府少詹事兼河南道監察御史、徐光啓撰す）。

「叙」

・・・頃者将図北上、辞友人於苕水。偶従通家茅生生氏案頭見武経一編、不覚踴躍神動。輒展而閲之、則王文成公所手批而胡襄懋公参閲者也。・・・余遂欲請而読之、生生不許、曰、先大夫鹿門先生与襄懋公同榜、相友善、入其帳中賛謀画而得此、伝至今四世矣。相誡秘不示人。予曰、否否。・・・固請以附之剞劂。龍飛天啓改元年、辛酉歳之冬日。古疁孫元化撰並書（・・・頃者（このごろ）将に北上を図らんとし、友人に苕水に辞す。偶ゝ通家の茅生生氏の案頭に武経一編を見てより、覚えず踴躍神動す。輒ち展べて之れを閲すれば、則ち王文成公の手批せる所にして胡襄懋公の参閲せし者なり。・・・余、遂に請ひて之れを読まんと欲するに、生生許さずして、曰く、先大夫鹿門先生、襄懋公と同榜にして、相ひ友として善く、其の帳中に入りて謀画に賛じて此れを得、伝へて今に至るまで四世なり。相ひ誡しめて秘して人に示さず、と。予曰く、否なり否なり、と。・・・固く以て之れを剞劂に附すを請ふ。龍飛天啓改元の年、辛酉の歳の冬日。古暻の孫元化、撰して並びに書す)。

［胡宗憲序］(仮題)

姚邑故先生桑梓地。因得瞻先生之遺像、与其門下士及子若侄輩遊、而夙念少償可知也。一日購求先生遺書、先生猶子二千石龍川公出武経一編相示、以為此先生手沢存焉。啓而視之、丹鉛若新。・・・嘉靖二十有二年、歳在癸卯暮春之初。新安梅林山人胡宗憲漫識於舜江公署(姚邑は故と先生の桑梓の地なり。因りて先生の遺像を瞻(み)るを得、其の門下の士及び子若しくは侄輩と遊びて、夙念少しく償ひしこと知るべきなり。一日、先生の遺書を購求するに、先生の猶子、二千石の龍川公、武経一編を出して相ひ示し、以為(おもへ)らく、此れ先生の手沢の存するなり、と。啓きて之れを視るに、丹鉛、新たなるが若し。・・・嘉靖二十有二年、歳は癸卯暮春の初めに在り。新安の梅林山人胡宗憲、漫りに舜江の公署に於て識す)。

「小引」

世宗末年、浜海州郡、悉罹倭患。而吾浙特甚。時有梅林胡公、統戎討賊、約先高祖為幕僚。・・・已而携一武経評帰。又梅林公所得於陽明先生之門者也。淵源既遙、什襲亦久。方今東隅弗靖、九辺諸臣、旦夕蒿目。・・・所蔵書具在、不欲秘為家珍、敢畀梓匠、自附当事者之前箸。・・・防風茅震東生甫著。(世宗の末年、浜海の州郡、悉く倭患に罹る。而して吾が浙、特に甚し。時に梅林胡公有りて、戎を統べ賊を討ち、先高祖(茅坤)に約して幕僚と為す。・・・已にして一の武経評を携へて帰る。又た梅林公の陽明先生の門に得る所の者なり。淵源既に遙かに、什襲すること亦た久し。

方今、東隅靖かならず、九辺の諸臣、旦夕蒿目す。・・・蔵する所の書、具さに在り、秘して家珍と為すを欲せず、敢て梓匠に畀（たま）ひ、自ら当事者の前箸に附す。・・・防風の茅震東生生甫、書す。）

また、「姓氏」においては、本書の著述・出版に関係した人物の一覧が、以下のように挙げられている。

批評
王守仁　伯安　餘姚人
参評
胡宗憲　汝欽　績渓人
標題
孫元化　初陽　嘉定人
校訂
茅震東　生生　武康人
参閲
王承錦　絅父　餘姚人
閔昭明　伯弢　烏程人
潘栄銓　子儀　帰安人
施元熊　尚父　帰安人

以上の諸序及び「姓氏」から判るように、本書の稿本は守仁から彼の甥の龍川に伝えられ、その後、餘姚に赴任した胡宗憲がそれを譲り受けた。その時、胡宗憲の幕僚であった茅坤が一本を入手し、四代の孫の茅震東まで代々受継がれてきた。茅震東はたまたま同書の存在を知った孫元化に説得されて刊行を謀り、孫元化の仲介により、徐光啓に序文を乞うたものである。但し、本書の刊行を実際におこなったのは、参閲者として名を連ねているうちの一人、閔昭明ではないかと思われる。なぜなら、本書は明末に呉興（浙江省湖州府）の閔斉伋とその一族を中心として刊行された套印本の目録である陶湘『明呉興閔板書目』に著録されており、更に、同じく『明呉興閔板書目』に閔氏による刊本として著録されている李贄『孫子参同』の体裁が『新鐫武経七書』に酷似しており、同系列のものであることが一目瞭然であるためである。従って、本書の刊行は茅震東によって行なわれたにせよ、実際の印刷が閔氏の工房で行なわれたことは確実と思われるのである。閔氏による套印本は明末において大いに行なわれたものであり、本書が大陸において比較的多く現存していることからも、その流行を窺うことができる。

三

本書の特色は、何といっても王守仁の批評にある。その点について、「新鐫硃批武経七書凡例」には、以下のように記されている。

是書悉遵陽明先生手批原本、不同坊刻。・・・原評有在上、有在旁、雑出無定。今悉移置於上。其一篇総評向在題下者、今移置於篇尾。其係梅林先生者、則特加梅林曰三字、以別之（是の書は悉く陽明先生の手批の原本に遵ひ、

坊刻と同じならず。・・・原評に上に在る有り、旁らに在る有り、雑出して定まる無し。今、悉く上に移置す。其の一篇の総評の向（さき）に題下に在る者は、今、篇尾に移置す。其の梅林先生に係る者は、則ち特に梅林曰の三字を加へ、以て之れを別つ）。

ここからも判るように、尊経閣文庫本においては、王守仁の評は欄外に記された頭注と、各篇の末尾の総評の二種に整理されている。前述のように、本書の総評の部分は、東正堂が「陽明先生批評武経」において翻刻を行い、『王陽明全集』もそれをそのまま孫引きしている。(8)

しかしながら、「陽明先生批評武経」及び『王陽明全集』において翻刻された総評には、尊経閣文庫蔵本のそれと比較すると、恐らくは正堂の筆写の際の誤りに起因すると思われる相違点がかなり存在する。(9) 王学研究者の間で『王陽明全集』が王守仁の著作の底本とされる傾向があることに鑑み、本稿では［総評］の後に『王陽明全集』との校異を附した。また、本書の王守仁の頭注は、本稿において初めて翻刻されるものである。

『孫子』

「始計第一」

［経文］

校之以計而索其情。

［頭注］

校之以計而索其情、是兵家秘密蔵、即下文所謂権也、詭也（之れを校（くら）ぶるに計を以てして其の情を索（もと）むとは、是れ兵家の秘密蔵にして、即ち下文に謂ふ所の権なり、詭なり）。

〔経文〕

勢者因利而制権也。

〔頭注〕

権正対前経字而言（権とは正に前の経の字に対して言ふなり）。

〔総評〕

談兵者皆曰、兵詭道也、全以陰謀取勝。不知陰非我能謀、人不見、人自不能窺見我謀也。蓋有握算於未戦者矣。孫子開口便説、校之以計而索其情。此中校量計画、有多少神明妙用在。所謂因利制権、不可先伝者也（兵を談ずる者、皆な曰く、兵は詭道なり、全て陰謀を以て勝を取る、と。陰は我れ能く謀るに非ず、人見ずして、人自ら我が謀を窺ひ見ること能はざるを知らざるなり。蓋し未だ戦はずして握算有る者ならん。孫子、開口に便ち説く、之れを校ぶるに計を以てして其の情を索む、と。此の中の校量計画、多少の神明妙用有（在）り。謂ふ所の利に因りて権を制し、先には伝ふべからざる者なり）。

〔校異〕

○談兵者皆曰　　『王陽明全集』には「者」の字が無い。

○人自不能窺見　　『王陽明全集』は「自」を「目」に作る。

「作戦第二」

［経文］

凡用兵之法、馳車千駟、革車千乗、帯甲十万、千里饋糧。

［頭注］

兵衆用、繁如此。自不得久戦於外（兵衆の用、繁なること此の如し。自ら久しく外に戦ふを得ざるなり）。

［経文］

故不尽知用兵之害者、則不能尽知用兵之利也。

［頭注］

趨利者先遠害（利に趨く者は先づ害を遠ざく）。

［総評］

兵貴拙速。要非臨戦而能速勝也。須知有箇先着在。校之以計而索其情、是也。総之、不欲久戦於外以疲民耗国。古善用兵之将、類如此（兵は拙速を貴ぶ。要は戦いに臨みて能く速やかに勝つに非ざるなり。須らく箇の先着有（在）るを知るべし。之れを校ぶるに計を以てして其の情を索む、是れなり。総じて、久しく外に戦ひて以て民を疲れさせ国を耗（やぶ）るを欲せず。古の善く兵を用ふるの将、類（おほむね）此の如し）。

「攻謀第三」

○本篇に頭注は無い。

［総評］

兵凶戦危、聖人不得已而用之者也。故孫子作兵法、首曰未戦、次曰拙速、此曰不戦屈人兵、直欲以全国、全軍、全旅、全卒、全伍。全之一字、争勝於天下。上兵伐謀、第校之以計知勝之道而已。輔周則国必強、其在此将乎（兵は凶にして戦ひは危ふく、聖人は已むを得ずして之れを用ふる者なり。故に孫子、兵法を作るや、首（はじ）めに未戦を曰ひ、次に拙速を曰ひ、此に戦はずして人の兵を屈すと曰ふは、直ちに以て国を全うし、軍を全うし、旅を全うし、卒を全うし、伍を全うせんと欲すればなり。全の一字、勝を天下に争ふ。上兵は謀を伐つとは、第（た）だ之れを校ぶるに計を以てして勝ちを知るの道なるのみ。輔、周なれば則ち国、必ず強しとは、其れ此の将に在るか）。

［校異］

○第校之以計知勝之道而已　　『王陽明全集』は「知」を「而制」に作る。

「軍形第四」

○『王陽明全集』は篇名を「軍始第四」に作る。

○本篇に頭注は無い。

［総評］

修道保法、就是経之以五事。其勝也、無智名、無勇功、所謂不戦而屈人之兵也。此真能先為不可勝、以立于不敗之地者、特形蔵而不露耳（道を修め法を保つとは、就ち是れ之れを経（おさ）むるに五事を以てするなり。其の勝つや、智名無く、勇功無く、謂ふ所の戦はずして人の兵を屈するなり。此れ真に能く先づ勝つべからざるを為して、以て不敗の地に立つ者にして、特に形、蔵して露はれざるのみ）。

［校異］

○以立于不敗之地者　『王陽明全集』は「于」を「於」に作る。

「兵勢第五」

［経文］

奇正之変、不可勝窮也。

［頭注］

変動不居、周流六虚、此易理也。奇兵作用、悉本于此（変動して居らず、六虚に周流すとは、此れ易の理なり。奇兵の作用は、悉く此れに本づく）。

［経文］

木石之性、安則静、危則動、方則止、円則行。

〔頭注〕

動静方円、奇而不雑于正（動静方円は、奇にして正を雑へざるなり）。

〔総評〕

莫正於天地江海日月四時。然亦莫奇於天地江海日月四時者何。惟無窮、惟不竭、惟終而複始、惟死而復生故也。由此観之、不変不化、即不名奇。奇正相生、如環無端者、兵之勢也。任勢即不戦而気已呑。故曰、以正合、以奇勝（天地、江海、日月、四時より正しきは莫し。然れども亦た天地、江海、日月、四時より奇なる莫きは何ぞや。惟だ窮り無く、惟だ竭きず、惟だ終れども複た始まり、惟だ死すれども復た生きるが故なり。此れに由りて之れを観れば、変ぜず化せざれば即ち奇と名づけず。奇正の相ひ生ずること、環の端無きが如くなるは、兵の勢ひなり。勢ひに任ずれば即ち戦はずして気、已に呑む。故に曰く、正を以て合し、奇を以て勝つ、と）。

〔校異〕

○以奇勝　　『王陽明全集』には「以」の字が無い。

「虚実第六」

○本篇に頭注は無い。

［総評］

蘇老泉云、有形勢便有虚実。蓋能為校計索情者、乃能知虚寔、能知虚実者、乃能避実撃虚、因敵取勝。形兵之極、至於無形。微乎神乎、此乃其所以致人而不致於人者乎（蘇老泉云はく、形勢有れば便ち虚実有り、と。蓋し能く校計索情を為す者は、乃ち能く虚寔を知り、能く虚実を知る者は、乃ち能く実を避け虚を撃ち、敵に因りて勝ちを取る。兵を形（あらは）すの極は、無形に至る。微なるかな神なるかな、此れ乃ち其の人を致して人に致されざる所以の者か）。

［校異］

○乃能知虚寔　　『王陽明全集』は「寔」を「実」に作る。

「軍争第七」

○本篇に頭注は無い。

［総評］

善戦不戦、故於軍争之中、寓不争之妙。以迂為直、以患為利。今合為変、懸権而動。而必申之以避鋭撃惰、以治、以静、無邀、無撃、勿向、勿逆等語、所謂校之以計而索其情者、審也。匪直能以不争勝争、抑亦能不即危、故無失利（善く戦ふものは戦はず、故に軍争の中に於て、不争の妙を寓す。迂を以て直と為し、患を以て利と為す。今、合を変と為し、権を懸けて動く。而れども必ず之れを申ぶるに鋭を避けて惰を撃つを以てし、治を以てし、静を以てし、邀ふ無く、撃つ無く、向ふ勿く、逆ふ勿し等の語は、謂ふ所の之れを校ぶるに計を以てして其の情を索むる者にして、審（つまび）らかなり。直ちに能く不争を以て争ひに勝つに匪ず、抑、亦た能く危きに即かず、故に利を失ふこと無し）。

〔校異〕

○今合為変　『王陽明全集』は「今」を「分」に作る。

○無邀　『王陽明全集』は「邀」を「要」に作る。

「九変第八」

〔経文〕

将通於九変之利者、知用兵矣。

〔頭注〕

九者数之極、変者兵之用（九とは数の極、変とは兵の用なり）。

〔総評〕

従古有治人無治法。国家誠得通於九変之将、則於五利五危之幾、何不燭照数計、而又何覆軍殺将之足虞乎。智者能慮、雑於利害。此正通於九変処、常見在我者有可恃、而可以屈服諸侯矣（古より治人有りて治法無し。国家、誠に九変に通ずるの将を得れば、則ち五利五危の幾に於て、何ぞ数計を燭照せずして、又た何ぞ軍を覆し将を殺すの虞るに足らんや。智者能く慮り、利害を雑ふ。此れ正に九変に通ずるの処にして、常に我に見在せる者は恃むべき有りて、以て諸侯を屈服すべし）。

〔校異〕

○通於九変之将　『王陽明全集』には「通」の字が無い。

「行軍第九」

[経文]
鳥起者、伏也。獣駭者、覆也。塵高而鋭者、車来也。
[頭注]
相敵情有如燭照、得之幾先、非関揣摩（敵情を相（み）ること燭にて照すが如き有りて、之れが幾先を得れば、揣摩に関するに非ず）。

[総評]
処軍相敵、是行軍時事。行令教民、是未行軍時事。然先処軍而後相敵、既相敵而又無武進、所謂立于不敗之地而兵出万全者也（軍を処（お）き敵を相（み）る、是れ行軍の時の事なり。令を行ひ民を教ふ、是れ未だ行軍せざる時の事なり。然れども先づ軍を処きて後、敵を相、既に敵を相て又た武進無きは、謂ふ所の不敗の地に立きて兵、万全に出づる者なり）。
[校異]
○立于不敗之地　『王陽明全集』は「于」を「於」に作る。

「地形第十」

［経文］

掛形者、敵無備、出而勝之。

［頭注］

能就地形趨避、而無蹈亦敗、則戦必勝矣（能く地形に就きて趨避して、蹈むも亦た敗るること無くんば、則ち戦へば必ず勝つ）。

［総評］

今之用兵者、只為求名避罪一箇念頭先横胸臆。所以地形在目而不知趨避、敵情我献而不為覚察。若果進不求名、退不避罪、単留一片報国丹心、将苟利国家、生死以之、又何愁不能計険阨遠近、而料敵制勝乎（今の兵を用ふる者、只だ名を求め罪を避くるの一箇の念頭を為して先づ胸臆に横たふ。所以に地形、目に在れども趨避を知らず、敵情、我れに献ずれども覚察を為さず。若し果して進みて名を求めず、退きて罪を避けず、単に一片の報国の丹心を留むるのみなれば、将に苟も国家を利し、生死、之れを以てせんとす、又た何ぞ険を計り遠近を阨して、敵を料り勝ちを制する能はざるを愁へんや）。

［校異］

〇一箇念頭　　『王陽明全集』は「一箇」を「一個」に作る。

［九地第十一］

［経文］

是故散地吾将一其心。・・・死地吾将示之以不活。

［頭注］

通局開闔、真如常山之蛇、首尾撃応（局に通じ開闔すれば、真に常山の蛇の如く、首尾、撃てば応ず）。

［経文］

夷関折符、無通其使。

［頭注］

幾事不密、則害成此、易理也。故夷関折符、無通其使（幾事、密ならざれば、則ち害、此れを成すは、易き理なり。故に関を夷（とど）め符を折り、其の使ひを通ずる無からしむ）。

［総評］

以地形論戦、而及九地之変、九地中独一死地則戦。戦豈易言乎哉。故善用兵者之於三軍、携手若使一人。且如出一心、使人人常有投之無所往之心、則戦未有不出死力者。有不戦、戦必勝矣（地形を以て戦ひを論じて、九地の変に及ぶや、九地の中、独り一に死地なれば則ち戦ふ。戦ふこと豈に言ひ易きや。故に善く兵を用ふる者の三軍に於けるや、手を携へて一人を使ふが若し。且つ如し一心より出づれば、人人をして常に之れを往く所無きに投ずるの心有らしむれば、則ち戦ふや未だ死力を出さざる者有らざるなり。戦はざる有り、戦へば必ず勝つ）。

「火攻第十二」

〔経文〕

此安国全軍之道也。

〔頭注〕

安国全軍、便是常勝之家（国を安んじ軍を全うするは、便ち是れ常勝の家なり）。

〔総評〕

火攻亦兵法中之一端耳。用兵者不可不知、実不可軽発。故曰、非利不動、非得不用、非危不戦。主不可以怒而興師、将不可以慍而致戦。是為安国全軍之道（火攻も亦た兵法中の一端なるのみ。兵を用ふる者、知らざるべからざるも、実に軽ゝしく発すべからず。故に曰く、利に非ざれば動かず、得るに非ざれば用ひず、危きに非ざれば戦はず。主は怒りを以て師を興すべからず、将は慍りを以て戦いを致すべからず、と。是れ国を安んじ軍を全うするの道為り）。

〔校異〕

○以慍而致戦　『王陽明全集』は「慍」について、「慍、原本作『惶』、拠孫子十家注改（慍は、原本、『惶』に作るも、孫子十家注に拠りて改む）」とするが、尊経閣文庫蔵本は、もともと「慍」に作っている。

「用間第十三」

［経文］
愛爵禄百金、不知敵之情者、不仁之至也。
［頭注］
不愛爵禄、捐金反間、是一要着（爵禄を愛さず、金を捐（す）てて反間するは、是れ一の要着なり）。

［総評］
用間与乗間不同。乗間必間自人生、用間則間為我用。知此一法、任敵之堅壁完塁、而無不可破、横行直撞、直遊刃有餘了。総之、不出校之以計而索其情一語（間を用ふると間に乗ずるとは同じからず。間に乗ずるは必ず間、人より生じ、間を用ふれば則ち間、我が用を為す。此の一法を知れば、敵の堅壁完塁に任じて、破るべからざるは無く、横に行き直に撞き、直ちに刃を遊ばせて餘り有（了）り。之れを総じて、之れを校ぶるに計を以てして其の情を索むの一語を出でず）。
［校異］
○堅壁完塁　『王陽明全集』は「堅壁」を「堅堅」に作り、「堅堅、疑為『堅壁』之誤（堅堅は、疑ふらくは『堅壁』の誤り為るか）」とするが、尊経閣文庫蔵本は、もともと「堅壁」に作っている。

『呉子』
「図国第一」
［経文］
臣以見占隠、以往察来。

［頭注］
占隠察来二語、便是兵機（占隠、察来の二語、便ち是れ兵機なり）。
［経文］
民知君之愛其命惜其死、・・・退生為辱矣。
［頭注］
語合聖賢兵機、寔不外此（語、聖賢、兵機を合するは、寔に此れに外ならず）。
［経文］
夫道者、所以反本復始。
［頭注］
起語腐（起の語、腐れり）。
［経文］
君能使賢者居上、・・・則戦已勝矣。
［頭注］
先自治而復治人。不謂呉起見亦及此（先づ自ら治めて復た人を治む。謂（おも）はざりき、呉起の見、亦た此に及ぶとは）。

○本篇に総評は無い。

「料敵第二」

○本篇は頭注・総評とも無い。

「治兵第三」

［経文］

用兵之害、猶豫最大。三軍之災、生於狐疑。

［頭注］

与兵貴拙速合（兵は拙速を貴ぶと合す）。

○本篇に総評は無い。

「論将第四」

［経文］

師出之日、有死之栄、無生之辱。

［頭注］

有此五慎、有生之楽、無死之憂矣（此の五慎有れば、生の楽有りて、死の憂無し）。

［経文］
使其君臣相怨、上下相咎、是謂事機。
［頭注］
四機之中、事機尤要（四機の中、事機、尤も要なり）。
○本篇に総評は無い。

「応変第五」
［経文］
斬使焚書、分為五戦。
［頭注］
操刀必割、是有殺手人（刀を操らば必ず割く、是れ殺手有るの人なり）。
○本篇に総評は無い。

「励士第六」
［経文］

今使一死賊伏於曠野、・・・固難敵矣。

［頭注］

精悍無前（精悍なること前無し）。

［経文］

雖破軍皆無功。

［頭注］

激励之法、至此可不謂厳明乎（激励の法、此に至りて厳明と謂はざるべきか）。

［総評］

呉子握機揣情、確有成画、倶実実可見之行事。故始用於魯而破斉、継入于魏而破秦、晩入於楚而楚伯。身試之、頗有成効。彼孫子兵法、較呉豈不深遠、而実用則難言矣。想孫子特有意于著書成名、而呉子第就行事言之、故其効如此（呉子、機を握り情を揣るに、確かに成画有るも、倶に実実には之れを行事に見るべし。故に始め魯に用ひられて斉を破り、継いで魏に入りて秦を破り、晩に楚に入るに楚伯たり。身づから之れを試し、頗る成効有り。彼の孫子の兵法は、呉に較べて豈に深遠ならずや、而れども実に用ふれば則ち言ひ難し。想ふに孫子は特に書を著し名を成すに意有るも、呉子は第（た）だ行事に就きて之れを言ふのみ、故に其の効、此の如し）。

［校異］

○継入于魏　『王陽明全集』は「継」を「縦」に作り、「于」を「於」に作る。また、「縦、疑為継之誤（縦は、疑ふらくは継の誤り為るか）」とするが、尊経閣文庫蔵本は、もともと「継」に作っている。

○有意于著書　『王陽明全集』は「于」を「於」に作る。

『司馬法』

「仁本第一」

［経文］

戦道不違時、・・・所以兼愛其民也。

［頭注］

総之以仁為本之意居多、其猶有周家忠厚之遺乎（之れを総じて仁を以て本と為すの意、多きに居る、其れ猶ほ周家忠厚の遺有るか）。

［経文］

会之以発禁者九、・・・則滅之。

［頭注］

即周礼大司馬九伐之法（即ち周礼大司馬の九伐の法なり）。

○本篇に総評は無い。

「天子之義第二」

［経文］

周、力也、尽用兵之刃矣。

［頭注］

用兵之刃在周已然、況近代乎（兵の刃を用ふること周に在りて已に然り、況んや近代をや）。

［総評］

先之以教民、至誓師用兵之時、猶必以礼与法相表裏、文与武相左右、即賞罰且設而不用、直帰之克譲克和。此真天子之義、能取法天地、而観於先聖者也（之れに先んじて以て民を教へ、誓師用兵の時に至るも、猶ほ必ず礼と法とを以て相ひ表裏し、文と武とを相ひ左右すれば、即ち賞罰、且く設くれども用ひられず、直ちに之れを克譲克和に帰す。此れ真の天子の義にして、能く法を天地に取りて、先聖を観る者なり）。

「定爵第三」～「用衆第五」

○これらの諸篇には頭注・総評とも無い。

『李衛公』

「李衛公問対巻上」

［校異］

○『王陽明全集』は篇名を「李衛公問答」に作る。

〔経文〕

臣以正兵。

〔頭注〕

当奇而奇、是之謂正（当に奇なるべくして奇、是れを之れ正と謂ふ）。

〔経文〕

諸葛亮七擒孟獲、無他道也、正兵而已矣。

〔頭注〕

真能用正者、是謂真奇（真に能く正を用ふる者、是れ真の奇と謂ふ）。

〔経文〕

凡兵以前向為正、・・・則老生安致之来哉。

〔頭注〕

天意所属、偶然成功（天意の属する所は、偶然の成功なり）。

〔経文〕

善用兵者、無不正、無不奇、使敵莫測。

［頭注］

無不正、無不奇、即太宗所謂以奇為正、以正為奇。使敵莫測、即太宗所謂多正使敵視以為奇、吾奇使敵視以為正。無二道也（正しからざる無く、奇ならざる無しとは、即ち太宗の謂ふ所の奇を以て正と為し、正を以て奇と為すなり。敵をして測る莫からしむとは、即ち太宗の謂ふ所の正を多くして敵をして視て以て奇と為さしめ、吾が奇、敵をして視て以て正と為さしむなり。二道無きなり）。

［経文］

四頭八尾、触処為首。

［頭注］

正如率然首尾撃応（正に率然の首尾、撃てば応ずるが如し）。

［経文］

此所謂数起於五也。・・・環其四面、諸部連繞、此所謂終於八也。

［頭注］

数起於五、人為伍、并分於四。正四、奇為八、家処之（数は五より起こり、人は伍為り、并せて四に分かつ。正は四、奇は八為り、家に之れに処る）。

○本篇に総評は無い。

「李衛公問対巻中」

[経文]
若束髪事君、当朝正色、・・・雖有善間、安可用乎。
[頭注]
如李衛公言、覚孫子為譎（李衛公の言の如くんば、孫子の譎り為るを覚ゆ）。

「李衛公問対巻下」
[経文]
雖未知彼、苟能知己、・・・以待敵之可勝者、知彼者也。
[頭注]
分疏甚明、可作孫子註脚（分疏甚だ明かにして、孫子の註脚と作すべし）。

○『王陽明全集』には本篇に「李靖一書、総之祖孫呉而未尽其妙、然以当孫呉注脚亦可」との総評があるが、尊経閣文庫蔵本には存在しない。

『尉繚子』
「天官第一」～「戦威第四」
○これらの諸篇には頭注・総評とも無い。

「攻権第五」
［経文］
兵有去備徹威而勝者、以其有法故也。
［頭注］
去備徹威、似従而実捺（備へを去り威を徹するは、従ふに似て実は捺なり）。

○本篇に総評は無い。

「守権第六」・「十二陵第七」
○これらの諸篇には頭注・総評とも無い。

「武議第八」
［経文］
凡兵不攻無過之城、不殺無罪之人。

［頭注］

是為王者之師（是れ王者の師為り）。

［経文］

性専而触誠也。

［頭注］

性専触誠四字、可悟兵機兵勢（性は専にして触は誠の四字、兵機、兵勢を悟るべし）。

○本篇に総評は無い。

「将理第九」

○本篇に頭注は無い。

［総評］

将為理官、専重審囚之情、使関聯良民、亦得無覆盆之冤。可謂直追虞廷欽恤之旨（将に理官と為らんとして、専ら審囚の情を重んずれば、関聯の良民をして、亦た覆盆の冤無きを得さしむ。直ちに虞廷欽恤の旨を追ふと謂ふべし）。

［校異］

○直追虞廷欽恤之旨　『王陽明全集』は「追」を「進」に作る。

「原官第十」
○本篇には頭注・総評とも無い。

「治本第十一」
［経文］
雑学不為通儒。
［頭注］
非通儒、不能為此言（通儒に非ざれば、此の言を為すこと能はず）。

［総評］
武禁文賞、要知文武二者不可缺一（武もて禁じ文もて賞し、文武の二者は一も缺くべからざるを知るを要す）。

「戦権第十二」
○本篇には頭注・総評とも無い。

「重刑令第十三」
［経文］

将自千人以上、有戦而北、・・・発其墳墓、暴其骨於市。

［頭注］

刑重則難犯。立法不有不如此（刑重ければ則ち犯し難し。法を立つるに此の如くならざること有らず）。

○本篇に総評は無い。

「伍制令第十四」～「踵軍令第二十」

○これらの諸篇には頭注・総評とも無い。

「兵教上第二十一」

○本篇に頭注は無い。

［総評］

習伏衆神、巧者不過習者之門。兵之用奇、全自教習中来。若平居教習不素、一旦有急、駆之赴敵、有聞金鼓而色変、覩旌旗而目眩者矣。安望出死力而決勝乎（習へば伏し衆なれば神なり、巧みなる者は習ふ者の門を過ぎず。兵の奇を用ふるは、全て教習の中より来る。若し平居教習するに素あらざれば、一旦急有りて、之れを駆りて敵に赴かしむるに、金鼓を聞きて色変じ、旌旗を覩て目眩む者有らん。安ぞ死力を出して勝を決するを望まんや）。

［校異］

○覩旌旗　『王陽明全集』は「覩」を「睹」に作る。

「兵教下第二十二」・「兵令上第二十三」
○これらの諸篇には頭注・総評とも無い。

「兵令下第二十四」
［経文］
古之善用兵者、能殺士卒之半。
［頭注］
殺士卒之半、立言太奇惨。而以帰言之善用兵者、不已誣乎（士卒の半ばを殺すとは、立言太だ奇惨なり。而して以て言を之れ善く兵を用ふる者に帰するは、已に誣ふるにあらずや）。

［総評］
尉繚通巻論形勢而已（尉繚は通巻形勢を論ずるのみ）。

『三略』
「上略」
［経文］

四網羅之。

［頭注］

即攬英雄之術（即ち英雄を攬るの術なり）。

［経文］

佞臣在上、一軍皆訟。

［頭注］

先遠佞臣、然後可以攬英雄（先づ佞臣を遠ざけ、然る後、以て英雄を攬るべし）。

○本篇に総評は無い。

「中略」

○本篇に頭注は無い。

［総評］

皇帝王覇四条、総是論君臣相与之道、而化工特帯言之。中間直出攬英雄之心一語、末復以羅英雄一語結之、三略大義、瞭然心目矣（皇帝王覇の四条は、総て是れ君臣相与の道を論じて、化工して特に之れを帯言せるのみ。中間、直ちに英雄の心を攬るの一語を出し、末に復た英雄を羅すの一語を以て之れを結ぶ、三略の大義、心目に瞭然たり）。

［校異］

○羅英雄　『王陽明全集』は「羅」を「攬」に作る。

「下略」

○本篇に頭注は無い。

［総評］

開口便曰、沢及於民、賢人帰之。結尾仍曰、君子急于進賢。端的不出務攬英雄一語（開口便ち曰く、沢、民に及び、賢人、之れに帰す、と。結尾に仍ほ曰く、君子、賢を進むるに急なり、と。端的に英雄を攬るに務むの一語を出でず）。

［校異］

○急于進賢　『王陽明全集』は「于」を「於」に作る。

『六韜』

『文韜』

「文師第一」

○本篇に頭注は無い。

［総評］

看嘿嘿昧昧一語、而韜之大義已自了然（嘿嘿昧昧の一語を看るに、韜の大義、已に自ら了然たり）。

「盈虚第二」～「守国第八」

○これらの諸篇には頭注・総評とも無い。

「上賢第九」

［経文］

夫王者之道、如竜首、・・・故可怒而不怒、姦臣乃作、可殺而不殺、大賊乃発。

［頭注］

文王要去六賊七害、安得不怒不殺（文王、六賊七害を去るを要す、安ぞ怒らず殺さざるを得んや）。

○本篇に総評は無い。

「挙賢第十」

［経文］

多党者進。

［頭注］

後世党錮之禍、正坐此弊（後世党錮の禍、正に此の弊に坐（よ）る）。

○本篇に総評は無い。

「賞罰第十一」・「兵道第十二」

○これらの諸篇には頭注・総評とも無い。

『武韜』

「発啓第十三」

［経文］

無取於民者、取民者也。

［頭注］

須知実無取民之心、亦非欲取固与之説（須く知るべし、実に民より取るの心無しとは、亦た取らんと欲すれば固（しばら）く之れに与ふるの説に非ざるを）。

○本篇に総評は無い。

「文啓第十四」

○本篇には頭注・総評とも無い。

「文伐第十五」

［経文］

凡文伐有十二節、一曰、・・・徴已見、乃伐之。

［頭注］

若果詭譎至此、則亦奸人之雄耳。毋論不入文王之耳、抑亦難出太公之口（若し果して詭譎、此に至れば、則ち亦た奸人の雄なるのみ。文王の耳に入らざるは論毋く、抑、亦た太公の口より出づること難し）。

［総評］

以此十二節為文伐、毋乃更毒於武伐乎。兵莫憯於志、安在其為文。文王聖人、不必言矣。即尚父鷹揚、何遂陰謀取勝至此。明是後世奸雄附会成書（此の十二節を以て文伐と為さば、乃ち更に武伐より毒なること毋からんや。兵は志より憯（いた）ましきは莫し、安ぞ其れ文為ること在らんや。文王の聖人たること、言ふを必せざるなり。即（も）し尚父、鷹揚ならば、何ぞ遂に陰謀にて勝ちを取ること此に至らんや。明らかに是れ後世の奸雄の附会して書を成すなり）。

［校異］

○即尚父鷹揚　　『王陽明全集』は「鷹」を「薦」に作る。

○附会成書　　『王陽明全集』はこの後に「読者可尽信乎」の六字がある。

「順啓第十六」

［経文］

文王問太公曰、・・・惟有道者処之。

［頭注］

亦属膚浅庸談（亦た膚浅の庸談に属す）。

「三疑第十七」

○本篇は頭注・総評とも無い。

『龍韜』

「王翼第十八」～「奇兵第二十七」

○これらの諸篇には頭注・総評とも無い。

「五音第二十八」

［総評］

上古無有文字、皆由五行以制剛強。今兵家亦知法五行相剋以定方位日時、然而于審声知音則概乎未有聞也。非聡明睿智神武而不殺者、其孰能与於斯（上古、文字有ること無く、皆な五行に由りて以て剛強を制す。今、兵家も亦た五行の相剋に法りて以て方位日時を定むるを知る、然れども声を審らかにし音を知るに于いては則ち概（おほむ）ね未だ聞くこと有らざるなり。聡明睿智、神武にして殺さざる者に非ざれば、其れ孰か能く斯れに与らん）。

［校異］
○于審声知音　　『王陽明全集』は「于」を「於」に作る。

「兵徴第二十九」
○本篇に頭注は無い。

［総評］
望気之説、雖似鑿鑿、終属英雄欺人。如所云強弱徴兆、精神先見、則理寔有之（望気の説は、鑿鑿に似たりと雖も、終に英雄人を欺くに属す。云ふ所の強弱の徴兆、精神の先見の如きは、則ち理、寔に之れ有り）。

［校異］
○雖似鑿鑿　『王陽明全集』は「似」を「是」に作る。

「農器第三十」
○本篇に頭注は無い。

［総評］
古者寓兵於農、正是此意。無事則吾兵即吾農、有事則吾農即吾兵。以佚待労、以飽待饑、而不令敵人得窺我虚実。此所以百戦而百勝也（古者、兵を農に寓するは、正に是れ此の意なり。事無ければ則ち吾が兵は即ち吾が農、事有れば則ち吾が

農は即ち吾が兵なり。佚を以て労を待ち、飽を以て饑を待ちて、敵人をして我が虚実を窺ふを得しめざるなり。此れ百戦して百勝する所以なり)。

〔校異〕

○百戦而百勝也　『王陽明全集』は「也」の字がない。

『虎韜』

「軍用第三十一」

○本篇に頭注は無い。

〔総評〕

兵中器用之数、正不嫌於詳悉。可備考（兵中の器用の数は、正に詳悉を嫌はず。備へ考ふべし）。

以上が王守仁による『武経七書』に対する注釈のすべてであるが、何よりも印象的なのは、『孫子』「始計第一」の「校之以計而索其情」という経文に対する王守仁の並々ならぬ執着である。決して長文とは言えない上記の頭注・総評において、彼は実に七回にわたってこの文を引用している。(10) このような例は他になく、彼がいかにこの文を重視していたかが分かるのである。『孫子』のこの経文は、単に軍事偵察のみに止まらない、徹底的な事前の情報収集と、それに基づく冷静な現状分析の必要性を訴えるものであるが、上記の諸注に照らしてみても、王守仁はこの語の趣旨を正確に理解していたことが窺える。また、王守仁の実際の戦歴に照らしてみても、彼によって、この語がいかに強く意識されていたかを示す実例には事欠かない。その特に顕著な例としては、寧王宸濠の反乱の際の彼の行動を挙げることができる。その際、彼は全く不利な立場にあったが、宸濠の今後の行動について冷静に分析し、宸濠が北京・南京に直接進撃することが、官軍にとって最も不利であるとして、宸濠の側近に偽の書状を送ることによって君臣間の離間を計り、見事に成功しているのである。(11)

他にも、幾多の実戦を経験した王守仁ならではの冷静な解釈は、随所に見ることができる。特に、『呉子』の巻末の総評における、「呉子、機を握り情を揣るに、確かに成画有るも、倶に実実には之れを行事に見るべし。故に始め魯に用ひられて斉を破り、継いで魏に入りて秦を破り、晩に楚に入りて楚伯たり。身づから之れを試し、頗る成効有り。彼の孫子の兵法は、呉に較べて豈に深遠ならずや、而れども実に用ふれば則ち言ひ難し。想ふに孫子は特に書を著し名を成すに意有るも、呉子は第（た）だ行事に就きて之れを言ふのみ、故に其の効、此の如し」という孫呉の比較論などは、あくまで実戦的な『呉子』と、深遠だが必ずしも実戦的とは言えない『孫子』の違いを明確に述べており、机上の兵法論ではない、実戦に裏附けられた彼の冷静な分析力を示すものと言えるだろう。

勿論、以上のように言ったからとて、本書を実戦家による、冷徹な兵法書という面からのみ見ることは正しくない。本書においても王守仁は、儒家の仁政を第一とする考えを、決して放棄してはいないのである。『尉繚子』「兵令下第二十四」の「古之善用兵者、能殺士卒之半」という戦死者を多数出すことを肯定する経文に対して、「士卒の半ばを殺すとは、立言太だ奇惨なり。而して以て言を之れ善く兵を用ふる者に帰するは、已に誣ふるにあらずや」と猛然と反発しているのが、その何よりの証拠なのである。

以上を要するに、本書において、王守仁は儒家の立場に立ちつつ、出来る限り実戦的な兵法論を展開しているのであり、その点にこそ、他の人物によっては記され得ない、本書の魅力が存在すると言えるだろう。

なお、本書の遼寧省図書館蔵本の各巻巻頭の書影が、王栄国、王筱雯、王清原主編『明代閔凌刻套印本図録』（広陵書社、二〇〇六）の五十五頁から六十一頁にかけてカラー写真で収録されている。参照頂ければ幸いである。

第二節　樊良枢編『陽明兵筴』について

本書は後学が王守仁の軍事関係の文や言行録を集めたものであり、現在では尊経閣文庫に一本が所蔵されるのみである。

本書は、『尊経閣文庫漢籍分類目録』（侯爵前田家尊経閣文庫、一九三四）において、「陽明兵筴五巻　明王守仁撰　樊良枢評　明崇禎版　二冊」と著録されている。全五巻。二十二・〇×十五・八糎。四周双辺、白口、単魚尾。半葉九行、行十八字。

本書の構成は以下の通りである。

「陽明兵筴序」（紀年なし、楊鶴）
「陽明先生兵筴序」（崇禎四年辛未［一六三一］、何吾騶）
「陽明先生兵筴序」（崇禎庚午［三年、一六三〇］、樊良枢）
「陽明兵筴目録」（巻一～巻三）
巻之一（奏疏）
巻之二（奏疏）

巻之三（奏疏）
「陽明兵筴目録」（巻四）
巻之四（檄諭）
「陽明兵筴目録」（巻五）
巻之五（雑録・附録）
「刻陽明兵筴跋」（崇禎辛未［一六三一］、蒋向栄）

上記の序跋の紀年からみて、本書の刊刻は崇禎四年（一六三一）のことと考えられる。また、本書の各巻巻頭には「姚江陽明王守仁伯安甫著／豫章後学樊良枢尚黙甫評／西呉後学姚継崇元夫甫訂」とあり、跋文において「吾師密菴先生（樊良枢）、・・・独於文成集中、撮其為兵筴者、奏疏十三篇、檄諭二十五通。又摘兵学兵謀兵機兵量二十四則、自為評註、授之剞劂、以行於世」と述べられていることから、本書の編者は樊良枢であると考えられる。樊良枢は、字尚黙、江西省進賢の人。万暦二年（一五七四）の進士であり、何吾騶の「陽明先生兵筴序」に「吾師樊密菴先生、身接先生（王守仁）学脈者也」とあることから王学の信奉者であることがわかる。

本書の内容のうち、巻一から巻四の「奏疏」、「檄諭」は『王文成公全書』に見えるものであり、巻五の「雑録」は王守仁の軍事に関する言行録であるが、ほとんどが『全書』巻三十八の「征宸濠反間遺事」に収録され、「附録」の陸澄、霍韜による二疏も同じく『全書』巻三十八にある。従って、本書は新資料の発掘という観点からはあまり意義を持たないが、王守仁の軍事関係の資料集としては一定の意義を有する。特に前述の「雑録」に含まれる「兵学」七則・「兵謀」五則・「兵機」六則・「兵量」六則は、「征宸濠反間遺事」に含まれているとはいうものの、このように集められることにより、『伝習録』など他の王守仁の語録にはあまり見られない、軍事関係の語録となっている。このような王守仁の軍事関係の語録は他に例を見ないものであり、崇禎年間という、軍事的な危機が迫っていた時代において、王守仁の活動の軍事的な側面に関心が寄せられるようになったことを示すものと言えるだろう。

なお、本書の「雑録」については、永冨青地、水野実「『陽明兵筴』の基礎的研究」（一）〜（五）（『人文社会科学研究』第四十一〜四十五号、二〇〇一〜二〇〇五）を参照されたい[12]。

注

（1）『王文成公全書』巻三十二「年譜一」。なお、『王陽明全集』は「不可以」を「不能」に作るが、誤りである。

（2）『上海図書館善本書目』（上海図書館、一九五七）巻三、三丁表及び『中国古籍善本書目　子部上』（上海古籍出版社、一九九四）百二十一頁に著録。

（3）『尊経閣文庫漢籍分類目録』（侯爵前田家尊経閣文庫、一九三四）三百六頁。

（4）『中国古籍善本書目　子部上』百六頁。

（5）『孫子集成』第二巻、斉魯書社、一九九三。

（6）「陽明先生批評武経」、『陽明学』第百七十号、一九二四。

（7）以下の諸序は上記「陽明先生批評武経」においても翻刻され、さらに『王陽明全集』巻四十一において孫引きされているが、筆写の際の誤りによると思われる誤脱が極めて多くなっているため、使用には注意が必要である。

（8）但し、総評のうち、「梅林曰、・・・」とある部分は「凡例」にも言うように胡宗憲によるものであるため、『王陽明全集』では大部分を削除しているが、『孫子』用間第十三においてのみ、不注意のためか胡宗憲評が残されている。本稿では王守仁の評を見ることに主眼があるため、胡宗憲評はすべて削除した。

（9）もちろん、それらの相違点が佐藤一斎所蔵本と尊経閣文庫蔵本の版本の系統の違いによるものと考えることもできるが、後掲の［校異］を見れば判るように、そのほとんどが、正堂の筆写の際の誤りと解釈することが充分可能なのである。

(10) そのままの形で六回、「校計索情」で一回。

(11) この時の王守仁の行動については『王文成公全書』巻三十八の「征宸濠反間遺事」が基本史料となるが、『陽明兵筴』「兵謀」第一条が、軍事面の行動のみに絞って要領よく纏めている。永冨青地、水野実「『陽明兵筴』の基礎的研究」(二)(『人文社会科学研究』第四十二号、二〇〇二)を参照のこと。

(12) 本節の資料は水野実防衛大学校教授より賜ったものである。特に感謝の意を表する次第である。

第五章　王守仁の伝記に関する基礎的研究

第一節　最古の王守仁の伝記『王陽明先生図譜』について

現在、北京の中国科学院図書館に、『王陽明先生図譜』（以下、『図譜』と略称）と題する鈔本が所蔵されている。本書は、嘉靖三十六年（一五五七）に刊刻された刊本に基づくもので、内容的には『王文成公全書』所収の「年譜」の元となる『陽明先生年譜』に先立つものである。後述の如く、少数の先学によって言及されてはきたものの、今日に至るまで本格的な紹介がなされていない。本節においては、本書の内容が信頼するに足るものであることを立証した後、「年譜」に収められていない王守仁の佚事を示し、今後の王守仁の伝記研究の一助たることを目指すものである。

近代における『図譜』に関する言及としては、まず千九百三十年代から四十年代にかけて執筆された『続修四庫全書総目提要』の「王陽明先生図譜一巻影印本」の項に、

不著編者名氏。・・・是冊為旧抄本、記陽明言行、毎事各示以図。前有嘉靖丁巳臨海王宗沐序、称陽明没後甫三十年、其学亦稍稍失指趣、高弟安成東廓鄒公輩、相与絵図勒石、取先生平生経歴之所及、与功用之大旨、譜而

載之、所述行事、与明史本伝略有異同。原本流伝甚罕。近日上海書坊獲得旧本、取為影印。筆蹟似明人所書、而図則為後人所加（編者の名氏を著さず。・・・是の冊は旧（も）と抄本為り、陽明の言行を記し、事毎に、各〻示すに図を以てす。前に嘉靖丁巳の臨海の王宗沐の序有りて、陽明没後、甫（はじ）めて三十年、其の学も亦た稍稍指趣を失し、高弟、安成の東廓鄒公が輩、相ひ与に図を絵きて石に勒し、先生の平生の経歴の及ぶ所と、功用の大旨とを取り、譜して之れを載すと称し、述ぶる所の行事、明史本伝と略（ほ）ぼ異同有り。原本の流伝は甚だ罕なり。近日、上海の書坊、旧本を獲得し、取りて影印を為す。筆蹟は明人の書す所に似たれども、図は則ち後人の加ふる所為り）。

とあるのが最も早期のものである(1)。

日本においては、本書に注目することがかなり遅れ、管見の限りでは、島田虔次が「思想史（Ⅲ）」において、「王陽明の死後それほど遅くない嘉靖三十六年に刊行せられた『王陽明先生図譜』というものがある。これは、陽明没後三十年ほど経って後、陽明の学問や人物について人々の理解がやや多岐にわたったのを愁えた鄒守益らが、陽明の一生の事蹟を絵（石刻）にし、説明の文章を附した一種の絵本であるが、民国三十年に影印せられた（脱葉が多い）。その述べるところは、ほぼ年譜と矛盾するところがない。ともかく陽明の非常に早い伝記の一種として注目に値するものであろう。例えば、彼が幼年時代父親の目を盗んでガキ大将として遊び暮らしたことを述べたくだりに「体は甚だ軽捷で、窮崖喬木を攀援すること平地を履むが如くであった」と記している。この一節は、従来のどの伝記にも見られない」と述べているのが最も早いものと思われる(2)。

次に本書に言及したのが吉田公平である。吉田はまず「王陽明研究史」において、「王陽明先生図譜、一冊、明、鄒東廓編、嘉靖三十六年（一五五七年）冬十一月の王宗沐の序、中華民国三十年（一九四一年）の瞿鏡人の跋」と示した後、「王陽明の門人鄒東廓が中心となって編集したものである。絵図をそえて石に刻まれたものである。王宗沐が鄒東廓に請われて、嘉靖三十六年十一月に認めた序文は、彼の別集である『王敬所集』巻一にも収録されている。この図譜が、民国三十年に瞿鏡人の跋を得て印刷されたのである」と本書の内容を紹介している[3]。

吉田はその後、『図譜』の内容を王守仁の伝記研究において、積極的に活用している。まず「朱子学に挫折した体験について」においては、「そもそも王陽明の『年譜』は鄒東廓を総裁として編まれる計画であったが、鄒東廓が死去したこともあって、結果的には銭緒山一人の責任のもとに完成された。その際、銭緒山が鄒東廓の『王陽明先生図説』を基本資料としたことは疑いを容れない。その『王陽明先生図説』は挫折体験を全く記述していないところを考えると、とりたてて挫折体験を記述したのは銭緒山自身の意図によるものであろう」とし[4]、「陸象山の顕彰」においても、「大悟した翌年の三十八歳、席書が朱陸同異の弁を質問したところ、王陽明は直接この問題をとりあげず、大悟した所得を以て告げた、と『年譜』は記述している。鄒東廓の『王陽明先生図説』はこの席書との問答を記述していない」と、一次資料として本書を使用しているのである[5]。

また、吉田は、『伝習録』の註釈書において、随所に『図譜』の挿図を引用している[6]。

一方、以上述べてきた言及の他には、本書の内容、成立などに関する研究はなく、本書の存在は研究者の間においても十分に認識されているとは言えない。

本書の影印本としては、後述の『四庫未収書輯刊』所収本が刊行されるまでの長期にわたり、九州大学附属図書館六本松分館所蔵本（以下、「九大本」と略称）が、唯一のものであった。「九大本」については、『九州大学附属図書館教養部分館漢籍目録[7]』に、

王陽明先生図譜一巻　刊本

として著録されている。同書の内容は、以下の通りである。

「王陽明先生図譜序」（嘉靖丁巳［三十六年、一五五七］、王宗沐）

本文

「王陽明先生図譜跋」（中華民国三十年［一九四一］、瞿鏡人）

「顧方宦跋」（仮題）（紀年なし、顧方宦）

以上の序跋の中、王宗沐(8)の序文については後述の如く、中国科学院所蔵の鈔本にも掲載されているため、ここでは二つの跋文についてみていきたい。

まず瞿鏡人の跋では、陽明学の特徴について、「陽明之所謂知、即唯心論也。其所謂行、即唯物論也」（陽明の謂ふ所の知は、即ち唯心論なり。其の謂ふ所の行は、即ち唯物論なり）とまとめているのが興味深い。影印の事情については、「欲救時弊、固非師陽明莫由。此程守中君影印是書之微恉也」（時弊を救はんと欲さば、固より陽明を師とするに非ざれば由る莫し。此れ程守中君の是の書を影印するの微恉なり）と述べ、本書を影印したのが程守中であることを述べた後、「中華民国三十年春月、南通後学瞿鏡人、謹跋於上海寓廬」（中華民国三十年［一九四一］春月、南通の後学瞿鏡人、謹しみて上海の寓廬に於て跋す）と執筆の日時を記している。

次に顧氏の跋では、

陽明先生倡為良知之説、承学之士、若孫蒙泉之伝習録、聞北江之文録、黄学正之東閣私抄、皆能紀其所聞、推行海内。綜其宗旨、本於孟子、非臆説也。其図譜一冊亦当時弟子所輯述者、先生事略、具載於斯。明嘉靖間曾刊而行之、三百年来遺書零落。程君守中博疋者古、得其善本、将附影印、以広其伝。・・・（陽明先生、良知を為すの説を倡へ、学を承くるの士、孫蒙泉の伝習録、聞北江の文録、黄学正の東閣私抄の若きは、皆な能く其の聞く所を紀し、海内に推行す。其の宗旨を綜ぶるに、孟子に本づき、臆説に非ざるなり。其の図譜一冊も亦た当時の弟子の輯述する所の者にして、先生の事略、具に斯に載せらる。明の嘉靖の間に曾て刊して之れに行はるるも、三百年来、遺書零落たり。程君守中は博疋者古、其の善本を得、将に影印に附して、以て其の伝を広めんとす。・・・）

と刊行の事情を述べており、瞿氏の跋と同様に、本書の刊行者を程守中であるとしている。以上のことから、本影印本は、一九四一年頃、程守中によって刊行されたものであることが判る。

前に紹介した諸先学による言及は、影印本を利用したことを明記していること、またその内容が本影印本と一致していることからして、「九大本」、又はそれと同種の影印本を利用していると思われる。なお、現在では、「九大本」と同種の影印本をさらに影印したものが、『宋明理学家年譜』第十巻に収録されている（北京図書館出版社）。

一方、現存する鈔本としては、中国科学院図書館所蔵本が唯一のものである（以下、「科学院本」と略称。なお、「科学院本」は、現在では『四庫未収書輯刊』に影印されているが、鈔本を一頁に二丁ずつ影印したため、極めて見にくくなっているのは残念である[9]）。

同鈔本の内容は以下の通りである。

「王陽明先生図譜序」（嘉靖丁巳〔三十六年、一五五七〕、王宗沐）

本文

本書は、「九大本」と虫食いなどの位置が同一であるため、「九大本」の影印に際しての底本が科学院図書館蔵本であることを確認出来る。また、「九大本」と比較すると、「九大本」にあった二つの跋文が無い。前述の二跋文は、影印の際に附加されたものと思われる。

本書の「王陽明先生図譜序」には、「今没纔三十年、学亦稍稍失指趨。高弟安成東廓鄒公輩、相与絵画勒石、取先生平生経歴之所及与功用之大、譜而載焉」（今、没して纔かに三十年にして、学も亦た稍稍に指趨を失す。高弟、安成の東廓鄒公が輩、相ひ与に画を絵きて石に勒し、先生の平生の経歴の及ぶ所と功用の大とを取りて、譜して焉に載す）と、刊行の経緯が記されている。また、吉田公平が既に指摘しているように、本序は王宗沐の文集である『敬所王先生文集』の巻一にも「陽明先生図譜序」の題で収められており、『図譜』所載のものとほぼ一致するが、『敬所王先生文集』では文末の「時嘉靖丁巳冬十有一月長至、賜進士出身中順大夫江西按察司副使奉勅再提督学政臨海後学王宗沐書」（時に嘉靖丁巳冬十有一月長至、賜進士出身、中順大夫、江西按察司副使、奉勅再提督学政、臨海の後学、王宗沐書す）の四十三字が無い[10]。この種の序文を文集に収める際には、年月日を省くのが通例であり、『図譜』所載のものが本来の形であるだろう。従って、『図譜』自体も偽作である可能性は低いと考えられる。

以上に述べたことからも明らかなように、『図譜』は本来、嘉靖丁巳（三十六年、一五五七）頃、鄒守益等によって刊行されたと考えられる。事実、嘉靖三十八年（一五五九）の進士である周弘祖によって万暦年間に刊行された図書目録である『古今書刻』の巻上の江西吉安府の項に「王陽明年譜（鄒東廓著石刻）」とあり、万暦年間に本書が流布していたことが窺える。また、同じく『古今書刻』の江西贛州府の項には「王陽明武芸図」という書が著録されており、『図譜』以外にも王守仁に関する絵入りの書籍が刊行されていたことが判るのである。

このように、『図譜』が万暦年間に流布していたことは間違いないが、それでは本鈔本自体の成立はいつ頃のことであろうか。

この点で参考になるのが、先に引用した『続修四庫全書総目提要』の記述である。そこでは、本文は明代の筆跡、挿図は後代のものとしていた。実際、実物を見れば一見して明らかなように、筆写された本文と、木版である挿図が同時の成立とは考えられない。従って、本鈔本が最終的に現在のような形になったのは清代になってからとすべきだと考えるものである。つまり、本文の内容については嘉靖三十六年に刊行された原刊本のままと思われるものの、挿図は本来の姿を伝えるものとすることはできないのである。

次に、本書の伝記資料としての価値について考察を加えることとしたい。伝記資料として本書を扱う場合、誰もが関心を抱くのは、本書と『全書』所載の「年譜」との関係であろう。吉田はこの点について、「そもそも王陽明の『年譜』は鄒東廓を総裁として編まれる計画であったが、鄒東廓が死去したこともあって、結果的には銭緒山一人の責任のもとに完成された。その際、銭緒山が鄒東廓の『王陽明先生図説』を基本資料としたことは疑いを容れない」として、本書を「年譜」作成の際の基礎資料として位置付けているが、(11) この説の当否を考えて見たい。

年譜作成の経過に関しては、「年譜附録一」の「（嘉靖）四十二年癸亥四月先師年譜成」の以下の記述が最も詳細なものである。(12)

師既没、同門薛侃、欧陽徳、黄弘綱、何性之、王畿、張元冲謀成年譜、使各分年分地捜集成稿、総裁於鄒守益。越十九年庚戌、同志未及合併。洪分年得師始生至謫龍場、寓史際嘉義書院具稿、以復守益。又越十年、守益遺書曰、同志注念師譜者、今多為隔世人矣、後死者寧無懼乎。譜接龍場以続其後、修飾之役吾其任之。洪復寓嘉義書院具稿、得三之二。壬戌十月至洪都而聞守益訃、遂与巡撫胡松弔安福、訪羅洪先于松原。洪先開関有悟、読年譜若有先得者、乃大悦、遂相与校訂、促洪登懐玉、越四月而譜成（師既に没するや、同門の薛侃、欧陽徳、黄弘綱、何性之、王畿、張元冲、年譜を成すを謀り、各〻をして年を分ち地を分ち捜集して稿を成し、鄒守益に総裁せしむ。十九年を越ゑて庚戌、同志未だ合併するに及ばず、洪、年を分ちて師の始めて生れるより龍場に謫せらるるに至るを得、史際の嘉義書院に寓して稿を具へ、以て守益に復す。又た十年を越えて、守益、書を遺はして曰く、同志の師の譜に注念せる者は、今多く隔世の人と為り、後に死する者、寧ぞ懼るること無からんや。譜の龍場に接して以て其の後に続け、修飾の役は吾れ其れ之れに任ぜん、と。洪、復た嘉義書院に寓して稿を具へ、三の二を得たり。壬戌十月、洪都に至りて守益の訃を聞き、遂に巡撫胡松と与に安福に弔ひ、羅洪先を松原に訪ぬ。洪先、関を開きて悟る有り、年譜を読みて先づ得ること有る者の若くにして、乃ち大いに悦び、遂に相ひ与に校訂し、洪を促して懐玉に登らしめ、四月を越えて譜成れり）。

この銭徳洪の記述から、以下のことが判る。最初、「年譜」は鄒守益を総裁として、王守仁の弟子達が分担執筆することとなった。そのうち、銭徳洪は王守仁の誕生から龍場に至るまでの部分を担当し、嘉靖庚戌（二十九年、一五五〇）に初稿を守益のもとに送っている。その後、残りの部分についても銭徳洪が担当するよう、守益から依頼があったが、壬戌（嘉靖四十一年、一五六二）の鄒守益の死により、それらが守益のもとに送られることは遂に無かったのである。

『図譜』が完成したのは嘉靖三十六年（一五五七年）であるから、その執筆中、守益は徳洪から送られていた王守仁の誕生から龍場に至るまでの初稿を参照することは可能であった。従って、『図譜』の龍場に至るまでの部分のうち、『図譜』と「年譜」の記述が一致する部分に関しては、守益自身の資料によるものか、それとも徳洪からの資料によるものかは判断出来ない。もちろん、『図譜』のその部分の中、「年譜」と異なる記述、あるいは佚事がある場合には、それは守益自身の資料によるものと判断出来る。また、『図譜』の龍場以降の記述に関しては、守益自身の資料によることが確実であり、「年譜」にそれと一致する記述が有る場合には、嘉靖三十六年（一五五七年）に『図譜』が刊行された後、徳洪がそれを参照したものであることは明らかであろう。特に、嘉靖六年の吉安での弟子達とのやり取りは、ほぼ完全に『図譜』と「年譜」が一致するため、銭徳洪が「年譜」執筆に当たって『図譜』を参照したことは確実であると考えられる。

本文の具体的な分析に入る前に、『図譜』には王守仁の生涯の中、何れの年に関する記述が有るかを示しておきたい。また、本書は島田虔次が指摘しているように落丁が多いため、確認出来る部分については表中に示し、落丁などにより見出しを立てていないが記述の有る年については〈　〉で示してある。

成化十二年丙申（一四七六）	守仁五歳
成化十五年己亥（一四七九）	守仁八歳
成化十八年壬寅（一四八二）	守仁十一歳
成化十九年癸卯（一四八三）	守仁十二歳
成化二十二年丙午（一四八六）	守仁十五歳

弘治十二年己未（一四九九）　守仁二十八歳
弘治十五年壬戌（一五〇二）　守仁三十一歳
（弘治十五年の後半に落丁有り）
弘治十七年甲子（一五〇四）　守仁三十三歳
弘治十八年乙丑（一五〇五）　守仁三十四歳
正徳元年丙寅（一五〇六）　守仁三十五歳
正徳二年丁卯（一五〇七）　守仁三十六歳
正徳三年戊辰（一五〇八）　守仁三十七歳
正徳四年己巳（一五〇九）　守仁三十八歳
正徳五年庚午（一五一〇）　守仁三十九歳
正徳九年甲戌（一五一四）　守仁四十三歳
正徳十一年丙子（一五一六）　守仁四十五歳
正徳十三年戊寅（一五一八）　守仁四十七歳
正徳十四年己卯（一五一九）　守仁四十八歳
（正徳十五年の前半に落丁有り）
〈正徳十五年庚辰（一五二〇）　守仁四十九歳〉
（正徳十六年の前半に落丁有り）
〈正徳十六年辛巳（一五二一）　守仁五十歳〉

嘉靖六年丁亥（一五二七）　守仁五十六歳
嘉靖七年戊子（一五二八）　守仁五十七歳
嘉靖八年己丑（一五二九）　守仁没後一年

以上からも判るように、残念ながら特に晩年については落丁や記載のない年が多い。ここでは「年譜」に記されていない佚事、又は同じエピソードと思われるものでも、両者に著しい違いが有るものを挙げておくこととしたい。また、それぞれの文末に簡単な解説を加えておいた。

（成化）十五年己亥、先生八歳。大父竹軒翁授以曲礼、過目成誦。一日忽誦竹軒翁所嘗読書、翁驚問之、曰、公公読時、吾言雖不能出口、已黙記矣（十五年己亥、先生八歳なり。大父竹軒翁、授くるに曲礼を以てするに、目を過るや誦を成す。一日、忽ち竹軒翁の嘗て読書する所を誦し、翁、驚きて之れを問ふに、曰く、公公の読む時、吾が言、口より出づること能はずと雖も、已に黙記せり、と）。

「一日」以下は「年譜」では成化十二年、五歳のときのこととするが、改名によって話せるようになった話に続けるためであり、『図譜』の編年が正しいと思われる。

（成化）十九年癸卯、龍山公命就塾師、督責過厳、先生鬱鬱不懌。伺塾師出、率同学曠遊。体甚軽捷、窮崖喬木、攀援如履平地。公知之、鎖一室、令作経書義。一時随所援轍輙就、窃啓鑰以嬉。公帰稽課無所缺。久而察而

憂之。一日走長安街、弄一黄雀児。衆擁聴相語、因失之。遂撚相士鬚責償。相士償之、為之相曰、鬚払領、其時入聖境。鬚至上丹田、其時結聖胎。鬚至下丹田、其時聖果円。先生大笑、放其雀而帰。自是対書静坐、思為聖学、而未得所入。公怪、問曰、不聞書声。曰、要做第一等事。公曰、舎読書登第、又何事耶。対曰、読書登第、還是第二等事。為聖賢、乃第一等事（十九年癸卯、龍山公、命じて塾師に就かしむるに、督責過だ厳に、先生、鬱鬱として懌まず。塾師の出づるを伺ひ、同学を率ひて曠遊す。体甚だ軽捷にして、窮崖喬木、攀援すること平地を履むが如し。公之れを知り、一室に鎖し、経書義を作らしむ。一時、援毫する所に随ひて輙（すなは）ち就（おもむ）き、窃かに鑰を啓きて以て嬉ぶ。公帰りて課を稽するに缺く所無し。久しくして察して之れを憂ふ。一日、長安街を走るに、一の黄雀児を弄す。衆、擁して相の語を聴き、因りて之れを失す。遂に相士の鬚を撚（ひね）りて償を責む。相士、之れを償ひ、之れが為に相して曰く、鬚、領を払ふや、其の時、聖境に入る。鬚、上丹田に至るや、其の時、聖胎を結ぶ。鬚、下丹田に至るや、其の時、聖果円かなり、と。先生大ひに笑ひ、其の雀を放ちて帰る。是れより書に対して静坐し、聖学を為さんと思へども、未だ入る所を得ず。公、怪しみて、問ひて曰く、書声を聞かず、と。曰く、第一等の事を做さんと要す、と。公曰く、読書登第を舎て、又た何事ぞや、と。対へて曰く、読書登第、還つて是れ第二等の事なり。聖賢と為るは、乃ち第一等の事なり、と）。

最初の塾からのエスケープの故事が他書に見られないことについては、前述の島田論文に既に言及がある。次の相士の予言自体はほぼ「年譜」と一致するが、相士が予言を行なうまでの経過が「年譜」には全く記されていない。ここでの守仁の行動があまりに悪質なため、銭徳洪が削除したことはほぼ確実であろう。最後の龍山公（王華）との問答も、それ自体は「年譜」にほぼ同じ内容が記されているが、問答の相手が「塾師」とされている。王華の発言が世俗的であるため、やはり銭徳洪が入れ替えたものと思われる。

（弘治）十八年乙丑・・・徐愛字曰仁。居餘姚馬堰、娶先生女。為受学甚蚤、沈潜而篤信。記伝習録示同志。年三十一以没。嘗夢瞿曇拊其背曰、子与顔子同徳、亦与顔子同寿（十八年乙丑・・・徐愛、字は曰仁。餘姚の馬堰に居り、先生の女を娶る。学を受くるを為すこと甚だ蚤く、沈潜にして篤信なり。伝習録を記して同志に示す。年三十一を以て没す。嘗て夢む、瞿曇、其の背を拊して曰く、子、顔子と徳を同じくし、亦た顔子と寿を同じくせん、と）。

「年譜」では徐愛の登場は正徳二年（一五〇七）なので、『図譜』では二年早いことになる。また、徐愛のみた夢に関しては、「年譜」では全く言及されていない。銭徳洪がその仏教色を嫌ったものと考えられる。

正徳元年丙寅・・・瑾怒下于獄、矯詔廷杖五十。・・・獄中玩易賦詩。比行、湛甘泉若水、崔後渠銑、汪石潭俊、喬白巌宇、儲柴墟瓘咸有贈和次此。新関喜見諸弟有詩（正徳元年丙寅・・・瑾、怒りて獄に下し、矯りて廷杖五十を詔す。・・・獄中にて易を玩び詩を賦す。行く比ほひ、湛甘泉若水、崔後渠銑、汪石潭俊、喬白巌宇、儲柴墟瓘、咸な贈和して此れに次すること有り。新関、諸弟に詩有るを喜びて見る）。

「年譜」では廷杖の回数を四十回とする。獄中における詩の贈答に関しては「年譜」には全く記載が無く、『王文成公全書』巻十九「獄中詩十四首」にも詩の贈答をおこなった相手の名は記されていないため、『図譜』の記載は貴重である。

正徳二年丁卯春、先生以被罪未敢帰家、留寓銭塘勝果寺養病。瑾怒未得逞、遣四人謀致之死。一旦挟先生至山頂、吐実曰、我輩観公動止、何忍加害。公必有良策。使我得反報。先生曰、吾欲遯世久矣。明日吊我于江之浜。夜留題于壁、従間道登海舟。従者求弗得、与郷人沿哭于江。海舟紹興采柴者、往返如期。是夜飄入閩中。備海兵捕之、微服奔岸、乞食于僧寺。題僧壁云、険夷原不滞胸中、何異浮雲過大空。夜静海涛三万里、月明飛錫下天風。僧疑為京中訪事者、走報官。不得食而遁（正徳二年丁卯の春、先生、罪を被るを以て未だ敢て家に帰らず、留りて銭塘の勝果寺に寓して病を養ふ。瑾の怒り未だ逞（と）くを得ず、四人を遣はして之れに死を致さんと謀る。一旦、先生を挟みて山頂に至り、実を吐きて曰く、我が輩、公の動止を観るに、何ぞ害を加へるに忍びんや。公、必ず良策有らん。我をして反りて報ずるを得しめよ、と。先生曰く、吾れ世を遯れんと欲すること久し。明日、我を江の浜に吊せよ、と。夜、題を壁に留め、間道より海舟に登る。従者、求むれども得ず、郷人と江に沿哭す。海舟は紹興の柴を采る者にして、往返すること期の如し。是の夜、閩中に飄入す。海兵を備へて之れを捕へんとし、微服にて岸に奔り、僧寺に乞食す。僧壁に題して云く、険夷、原と胸中に滞らず、何ぞ浮雲の大空を過ぐるに異ならん。夜静かにして海涛三万里、月明らかにして錫を飛ばして天風を下す、と。僧、京中の事を訪ねる者為るを疑ひ、走りて官に報ず。食を得ずして遁る）。

この銭塘での故事については「年譜」にもあるが、『図譜』に比してはるかに簡略なものとなっている。また、『皇明大儒王陽明先生出身靖乱録』（『三教偶拈』第一冊）では、更なる小説的潤色が加えられているが、寺名など、『図譜』と一致する点が多い。『図譜』を基に脚色したものと思われる(13)。

（正徳）三年戊辰四月、萍郷謁濂渓祠。遊岳麓得齋、作吊屈平賦。泛沅湘、道常徳、辰州、以入龍場（三年戊辰

四月、萍郷にて濂渓祠に謁す。岳麓に遊びて霽（は）れるを得、屈平を吊するの賦を作る。沅湘に泛かび、常徳、辰州を道（ゆ）き、以て龍場に入る）。

濂渓祠を訪れた際の作である「萍郷道中謁濂渓祠」は、『全書』では巻十九の「赴謫詩五十五首」に収められているが、「赴謫詩」は正徳丁卯年（二年）に編年されているため、『図譜』と訪問時期が異なることになる。また、「吊屈平賦」も『全書』では同じく巻十九に収められているが、丙寅（正徳元年）に編年されているため、やはり『図譜』とは異なっている。その後の、龍場に至るまでの経由地については、「年譜」には全く記されていないため、貴重である(14)。

龍場古夷蔡之外、・・・夷人卜蠱神進毒。神曰、天人也。彼不害爾、爾何為害彼。乃相率羅拝。先生和易誘諭之。・・・嘗語学者曰、吾年十四五時、有志聖学。顧於先儒格致之説、無入頭処、遂至因循。後読二氏書、於吾儒反若径捷、便欣然究竟其説。然措諸日用、猶覚闕漏矣。帰及居夷処困、恍見良知頭、直是痛快、不覚手舞足踏。此学数千百年、想天機亦要発明出来（龍場は古の夷蔡の外、・・・夷人、蠱神に毒を進むるを卜す。神曰く、天人なり。彼、爾を害せざるに、爾、何ぞ彼を害するを為す、と。乃ち相ひ率ひて羅拝す。先生、和易にて之れを誘ひ諭す。・・・嘗て学者に語りて曰く、吾れ年十四五の時、聖学に志すこと有り。先儒の格致の説を顧みるに、入頭の処無く、遂に因循に至る。後、二氏の書を読むに、吾儒より反りて径捷の若く、便ち欣然として其の説を究竟す。然れども諸れを日用に措くに、猶ほ闕漏を覚ゆ。帰りて夷に居り困に処するに及び、恍として良知の頭を見、直ちに是れ痛快、手の舞ひ足の踏むを覚えず。此の学は数千百年、想ふに天機も亦た発明し出し来たるを要す、と）。

前半のエピソードは全く「年譜」には見えない。(15)なお、このエピソードも、ほぼ同様の形で『皇明大儒王陽明先生出身靖乱録』に現われている。また、後半の守仁の発言も『全書』には見えていない。守仁が自身の学問的遍歴を語ったものとして重要である。

（正徳）四年乙巳、毛憲副科聘至貴州書院主教事。安宣慰餽米肉、給使令、辞之。復贈金帛鞍馬、亦不受。初、朝議設衛於水西。城成中止、而駅伝尚存。安悪其披腹心、欲去之。先生遺書申朝廷威信令甲、乃寝。宋氏首長阿買札、叛宋氏為患。復以書諷之。安慄然、率所部平之、地方以寧。書院旧有妖、門者以告。先生蔵灯按劔、坐後堂以候。二鼓、黒気撞門而入、抜剣腰斬之。大喊踰墻、血淋淋去、妖遂息。遷知廬陵県、再過周濂渓祠（四年乙巳（己巳の誤り）、毛憲副科、聘して貴州書院に至りて教事を主らしむ。安宣慰、米肉を餽り、使令に給せしめんとするも、之れを辞す。復た金帛鞍馬を贈るに、亦た受けず。初め、朝議にて水西に設衛す。城成れども中止して、駅伝、尚ほ存す。安、其の腹心を披くを悪み、之れを去らんと欲す。先生、書を遺はして朝廷の威信、令甲を申べ、乃ち寝む。宋氏の首長阿買札、宋氏に叛きて患と為る。復た書を以て之れを諷す。安慄然として、所部を率ゐて之れを平げ、地方以て寧し。書院に旧と妖有り、門者以て告ぐ。先生、灯を蔵し劔を按じ、後堂に坐して以て候つ。二鼓、黒気門を撞きて入り、剣を抜きて之れを腰斬す。大いに喊びて墻を踰え、血淋淋として去り、妖、遂に息む。知廬陵県に遷り、再び周濂渓祠を過ぐ）。

「安宣慰餽米肉」から「地方以寧」に至るまでの事件を「年譜」は総て前年のこととしている。次の書院の怪事は「年譜」には見られない。怪力乱神にわたるのを嫌って削除したものだろう。なお、最後の部分から、「再過周濂渓祠

用前韻」が本年の作であることが判明する。(16)

（正徳）五年庚午、・・・朝覲例送水手銀、卻不受。民白于郡守以懇、終卻之。龍山公聞而咲曰、別人要銭被人告、我児不要銭亦被人告（五年庚午、・・・朝覲の例として水手銀を送るに、卻けて受けず。民、郡守に白（まを）して以て懇ろなれども、終に之れを卻く。龍山公、聞きて咲ひて曰く、別人は銭を要めて人に告げられ、我が児は銭を要めずして亦た人に告げらる、と）。

上京の際のこのエピソードも、「年譜」には全く見られない。

（正徳）九年甲戌、・・・弟守文来学。作立志説。答黄綰宗賢書曰、近与朋友論学、惟立誠二字。・・・取朱子悔悟語、作晩年定論（九年甲戌、・・・弟守文、来学す。立志の説を作る。黄綰宗賢に答ふるの書に曰く、近ごろ朋友と学を論ずるに、惟だ立誠の二字を説くのみ。・・・朱子の悔悟の語を取りて、晩年定論を作る）。

『全書』は「示弟立志説」（巻七所収）を乙亥（正徳十年、一五一五）に編年する。従って、守文の来学も同年の事となり、『図譜』とは異なる。また、「与黄宗賢　五」も『全書』は癸酉（正徳八年、一五一三）に編年する。『朱子晩年定論』の『全書』巻三の王守仁の序の紀年は乙亥（正徳十年）であり、「年譜」はその刊行を正徳十三年（一五一八）のこととする。

（正徳）十一年丙子、・・・先生初過万安、賊正劫百家灘、・・・（十一年丙子、・・・先生初め万安を過ぐるや、賊正に百家灘を劫し、・・・）

この万安到着以降の故事を『図譜』は正徳十一年（一五一六）の記事に続けるが、「年譜」は総て翌十二年のこととする。或いは『図譜』は書写の過程で「十二年丁丑」の語が脱落したかとも考えられる。但し、万安で賊が騒いだ場所を「百家灘」と明記しているのは『図譜』のみで、貴重である。

（正徳）十三年戊寅、浰頭大賊首池仲容、僭称金龍覇王、偽授都督将軍名目（十三年戊寅、浰頭の大賊首、池仲容、金龍覇王と僭称し、都督将軍の名目を授かると偽はる）。

池仲容の自称した王号などについては「年譜」に記載が無い。なお、この王号に関しては、やはり『皇明大儒王陽明先生出身靖乱録』においても言及されている。

（正徳）十四年己卯、先生至虔台、作三箴自儆。干戈倥偬中、日出射圃切磋、歌詩習射、若無事。門人王思中、鄒守益、郭持平、楊鳳、楊鸞、梁焯及冀元亨等偕至。軍中致書楊士徳、薛尚賢曰、・・・至是始出古本大学、為之序及脩道説。嘗曰、致知二字、在虔時終日論此。序文嘗三易稿。学無不可用之功。・・・然五十歩百歩耳（十四年己卯、先生、虔台に至りて三箴を作りて自ら儆（いまし）む。干戈倥偬の中にても、日に射圃に出でて切磋し、詩を歌ひ射を習ひ、事無きが若し。門人王思中、鄒守益、郭持平、楊鳳、楊鸞、梁焯及び冀元亨等、偕な至る。軍中にて書を楊士徳、薛尚賢に致して曰く、・・・是に至りて始めて古本大学を出し、之れに序及び脩道説を為る。嘗て曰く、致知の二字は、虔に在りし時、終日此れを論ず。序文は嘗て三たび稿を易ふ、と。学は用ふべからざるの功無し。・・・然れども五十歩百歩のみ）。

初めの故事は「年譜」に見えない。次の書（「与楊士徳薛尚賢」）は、「年譜」では正徳十三年（一五一八）のものとし、『全書』巻四では丁丑（正徳十二年、一五一七）に編年している。「大学古本序」、「脩道説」も、『全書』は戊寅（正徳十三年）のものとする。次の二句の中、「致知の二字は虔に在りし時、終日此れを論ず」は『全書』には見えず、佚文の可能性がある。一方、「序文は嘗て三たび稿を易ふ」は『全書』では巻五の「与黄勉之」に見えるが、甲申（嘉靖三年、一五二四）に編年されている。最後の「学は用ふべからざるの功無し」以下は、『全書』では巻六の「与陳惟濬」に見え、丁亥（嘉靖六年、一五二七）に編年されている。

（同年）劉養正為濠説以伊呂事業。先生正色曰、遇湯武則為伊呂、遇桓文則為管仲狐偃、遇桀紂則為飛廉悪来矣。養正大沮而去（劉養正、濠の為に説くに伊、呂の事業を以てす。先生、色を正して曰く、湯、武に遇へば則ち伊、呂と為り、桓、文に遇へば則ち管仲、狐偃と為り、桀、紂に遇へば則ち飛廉、悪来と為る、と。養正、大いに沮まれて去る）。

この故事は全く「年譜」には見られない佚事である。事実か否かはやや疑問の余地があるものの、王守仁に関する説話としては、極めて興味あるものと言えるだろう。

（同年六月）十八日、至吉安。伍知府文定以兵迎入。問糧餉幾何。曰、兌糧俱在舟。・・・郷官羅僑、羅循、劉遜等鼓忠義以萃（十八日、吉安に至る。伍知府文定、兵を以て迎え入る。糧餉幾何たるかを問ふ。曰く、兌糧倶に舟に在り、と。郷官の羅僑、羅循、劉遜等、忠義を鼓して以て萃まる）。

伍文定との問答は、「年譜」には見られない。また、その後の郷官達の名も「年譜」には無い。

（正徳十五年庚辰）元亨字惟乾、・・・其妻拘府獄、以礼自守、顛沛不少違、其僕亦乞食以給主母、久而弗倦。世皆義之（元亨、字は惟乾、・・・其の妻、府の獄に拘せられ、礼を以て自ら守り、顛沛、少しも違はず、其の僕も亦た乞食して以て主の母に給し、久しけれども倦まず。世、皆な之れを義とす）。

冀元亨の従僕についての記載は、「年譜」には見られないものである。

（同年）六月、按吉安。吉安郷士夫趨而会、乃宴于文山祠、復偕僉事李素及伍希儒、鄒守益游青原山。推官王暐具碑以請、和黄山谷韻、親登于石。論抗許泰等及馭辺兵顛末曰、這一段労苦、更勝起義師時（六月、吉安を按ず。吉安の郷士夫、趨きて会し、乃ち文山祠に宴し、復た僉事李素及び伍希儒、鄒守益と偕に青原山に游ぶ。推官王暐、碑を具して以て請ふに、黄山谷の韻に和し、親しく石に登る。許泰等に抗するを論じ辺兵を馭するの顛末に及びて曰く、這の一段の労苦は、更に義師を起すの時に勝れり、と）。

吉安での故事自体は「年譜」にも記載があるが、参加者が記されているのは『図譜』のみであり、同道した鄒守益の記憶が活かされている。また、最後の王守仁の発言も「年譜」には見られない佚言である。

(同年)通天巌、濂渓公所游。至是、夏良勝、鄒守益、陳九川宿巌中、肆所問。劉寅亦至。先生乗霽入、尽歴忘帰忘言。各巌和詩立就(通天巌は、濂渓公の游ぶ所なり。是に至り、夏良勝、鄒守益、陳九川、巌中に宿りて、問ふ所を肆(なら)ふ。劉寅も亦た至る。先生、霽に乗じて入り、尽く歴して帰るを忘れ言を忘る。各巌にて詩に和して立ちどころに就(な)る)。

通天巌で遊んだ折の詩は『全書』巻二十に幾つかが残されているが、いずれも日時が記されておらず、「年譜」にも記載が無いため、『図譜』のこの記述は貴重である。

(正徳十六年)先生開講于南昌。・・・立射圃亭肆諸生。諸生後立像其中(先生、南昌にて開講す。・・・射圃亭を立てて諸生に肆(なら)はしむ。諸生、後、像を其の中に立つ)。

南昌における講学中のこのエピソードも、『全書』には見られない。

(同年)九月、龍山公寿旦、適封爵使至、封公勲階爵邑如其子。四方縉紳門弟子咸觴為寿。公蹙然曰、・・・(九月、龍山公の寿の旦に、適、(たまたま)封爵使至り、公の勲階、爵邑を其の子の如く封ず。四方の縉紳、門弟子、咸な

觴を捧げて寿を為す。公、蹙然として曰く、・・・）

このエピソードは「年譜」にもあるが、十二月のこととしている。しかしながら、『全書』巻三十七の「海日先生墓誌銘」（楊一清撰）には、「公生正統丙寅九月」（公、正統丙寅の九月に生まる）と明記されており、『図譜』の記載の方が正しいものと考えられる。また、「年譜」では祝杯を挙げたのを守仁だとしている。なお、この後に龍山公の発言が続くが、その内容は「墓誌銘」に一致する。

（嘉靖七年、王守仁没後）副使張明道素疑先生之学為虚談。及巡南安山谷間、歴見像祀、始悔嘆曰、真是実学。刻先生祝寿図以伝後、当道立報功祠于学宮之側、春秋郡県挙祭典（副使張明道、素と先生の学の虚談為るを疑ふ。南安の山谷の間を巡るに及び、像祀を歴見し、始めて悔いて嘆じて曰く、真に是れ実学なり、と。先生の祝寿図を刻して以て後に伝へ、道に当たりて報功祠を学宮の側に立て、春秋、郡県にて祭典を挙ぐ）。

この張明道のエピソードも「年譜」には全く見られないものである。

（嘉靖）八年巳丑正月、先生喪過江西有司分道而迎。儲御史良材、趙提学淵哭之哀。或問之。曰、吾豈徒為乃公哭。邸士民哭声。・・・十一月二十九日、四方学者会葬于山陰蘭亭之紫洪山。正聡尚幼、王艮、黄弘綱、李珙等輪年護視其家（八年己丑正月、先生の喪、江西の有司、分道して迎ふるを過ぐ。儲御史良材、趙提学淵、之れを哭して哀し。或ひと之れを問ふ。曰く、吾れ豈に徒らに乃公の為に哭せんや。邸士民の哭声なり、と。・・・十一月二十九日、四方の学者、山陰蘭亭の紫洪山に会葬す。正聰、尚ほ幼く、王艮、黄弘綱、李珙等、輪年にて其の家を護視す）。

守仁の遺体の江西省到着を、「年譜」は嘉靖七年十二月のこととしている。また、儲良材等の発言も「年譜」には見られない。葬儀の日時、場所も「年譜」とは異なり、「年譜」では十一月十一日に洪渓に葬ったことになっている。正聰の後見人たちの名も、「年譜」には見られない。

以上において指摘したように、『図譜』には「年譜」には見られない多数の佚事を収録しており、陽明の伝記研究に多くの材料を提供している。その中でも、特に注目すべき点は、有名人の伝記に多く見られる潤色が、『図譜』においては、「年譜」ほど多く見られないことである。

一例として、陽明が占師に会ったきっかけについての描写は、『図譜』のほうが「年譜」に比してはるかに自然であり、こちらが本来のものであったと考えられる。また、祖父の読んでいた本を暗誦したことについて、「年譜」が五歳のときのこととするのが、改名の故事に続けるためのものであることも指摘しておいたが、このように関連した故事を同一年のこととして纏める傾向は銭徳洪において著しく、有名な格竹の故事についても、本来、十五六歳のことであったものを、銭徳洪が「年譜」の二十一歳の項に他の故事と纏めて掲載したため、混乱を来したものである(17)。暗誦と改名の故事との関係についても、そのような傾向がはっきり現われていると言えるだろう。

以上において述べてきたごとく、本『図譜』は王守仁の伝記研究に不可欠な材料を多数含んでいるが、後世に対する影響はどうだったであろうか。この問題は、二つの面に分けて考える必要がある。一つは、思想界に与えた影響である。この面では、本書の与えた影響は皆無であったと言いうる。「年譜」の編纂後、現在に至るまで王守仁の多くの伝記が編まれてきたが、[18] その総てが「年譜」に基づいており、『図譜』が参照されることは全く無かったのである。その理由としては、『全書』とそこに附載された「年譜」の権威を考えるべきであるが、今日では「科学院本」、あるいは同書に基づく『四庫未収書輯刊』本の利用が可能となっており、今後はそれらに基づく研究が期待されよう。また、本書の後世に対する影響としては、今一つ、文藝に対する影響を考える必要がある。この面では、既に指摘しておいたように、本書の『皇明大儒王陽明先生出身靖乱録』への影響は大きなものがある。その理由は、『図譜』の理想化されていない王守仁の姿が、彼の生涯を小説化するさい、極めて有用だったことであろう。

以上を要するに、『図譜』は王守仁の伝記研究に豊富な材料を提供するものであり、今後、各方面から検討されるべきものである。

第二節　銭徳洪撰羅洪先考訂『陽明先生年譜』について

前節においては、王守仁門下による年譜編纂の経緯に関して、主として「年譜附録」の「（嘉靖）四十二年癸亥四月先師年譜成」の項によりつつ、鄒守益の死に至るまでを見てきた。当然のことながら、王守仁門下の共同作業としての年譜編纂はその後も続けられた。ここでは、「年譜附録」のうち、鄒守益の死後に関する部分のみを掲げておく。[19]

・・・壬戌十月至洪都而聞守益訃、遂与巡撫胡松弔安福、訪羅洪先于松原。洪先開関有悟、読年譜若有先得者、乃大悦、遂相与校訂、促洪登懐玉、越四月而譜成。

これによれば、壬戌（嘉靖四十一年、一五六二）の鄒守益の死後、胡松とともにその葬儀に赴いた銭徳洪は、松原に羅洪先を訪ね、年譜の原稿を見せた。それを読んだ羅洪先は大いに喜び、銭徳洪とともに校訂を行うこととなり、銭徳洪を懐玉書院に招き、四ヶ月後に完成したことになる。

年譜編纂の目的に関して、銭徳洪は、

　師既没、吾党学未得正（『全集』作「止」）、各執所聞以立教。儀範隔而真意薄、微言隠而口説騰。且喜為新奇譎秘之説、凌猟超頓之見、而不知日遠於倫物。甚者認知見為本体、楽疏簡為超脱、隠幾智於権宜、蔑礼教於任性。未及一伝而淆言乱衆、甚為吾党憂。邇年以来、亟図合併、以宣明師訓、漸有合異統同之端。謂非良知昭晰、師言之尚足徴乎。譜之作、所以徴師言耳。

と、王守仁の死後、後学の間で起きた混乱について述べ、年譜の編纂は師の言葉に基づくものであり、このような状況を改善するためのものであるとしている[20]。一方、王畿は「慮学脈之無伝而失其宗也、相与稽其行実終始之詳、纂述為譜、以示将来」と、年譜編纂の目的は、王学の学脈が失われないよう、後世の人々に伝えることにあると述べている（「刻陽明先生年譜序」）。また、羅洪先も、「陽明先生年譜考訂序」において、

　洪先因訂年譜、反覆先生之学、如適途者顛仆沉迷泥淖中、東起西陥、亦既困矣、然卒不為休也。久之、得小蹊径、免於沾途、視昔之険道有異焉。在他人宜若可以已矣、然卒不為休也。久之、得大康荘、視昔之蹊径又有異焉。在他人宜若可以已矣、乃其意則以為出於険道而一旦至是、不可謂非過幸。彼其才力足以特立、而困為我者固尚衆

也。則又極力呼号、冀其偕来以共此楽。而顛迷愈久、呼同（『全集』作「号」）愈切。其安焉而弗之悟者、顧視其呶呶至老死不休、而翻以為笑、不知先生蓋有大不得已者惻於中。嗚呼、豈不尤異也乎。故善学者竭才為上、解悟次之、聴言為下。蓋有密証殊資、嘿持妙契、而不知反躬自求実際、以至不副夙期者、多矣。固未有歴渉諸難、深入真境、而触之弗霊、発之弗瑩、必有俟於明師面臨、至語私授、而後信久遠也。洪先談学三年、而先生卒未嘗一日得及門。然於三者之辨、今已審矣。学先生之学者、視此何哉、無亦曰是必有得乎其人、而年譜者、固其影也。

と、年譜の考訂作業を通して、王守仁の学問に対する理解を深めた経験について語っている。これらの言葉からも窺えるように、彼らにとって師の伝記を編纂することは、単にその生涯を年を追って見ていくことではなく、師の学説を後世に伝える重要な事業の一つであり、また、師の教えを体認するためのものだったのである。このような思いは、銭徳洪と羅洪先において、特に強く感じ取ることができる。例えば、羅洪先は銭徳洪に宛てた書簡の中で、年譜の考訂作業に関して、

復辱恵以年譜、即日命筆裁請。縁其中有当二三人細心商談者、而執事得先生真伝、面対口語、不容不才憶度、比別様叙作用不同。故須再請於執事、務細心端凝、曲尽当時口授大義、使他年無疑於執事可也。・・・此千載之事、非一時草草。然舍今不為、後一輩人更不可望矣。

昔象山先生学術、因朱門相軋、其年譜不満人意。毎見友人、於門生推尊処、輒有厭心。故区区於執事鋪序処不復留一字、只平平説去、令人自看、彼自有題評也。年譜大意欲明先生学術与事業之詳、故必根究的実、不敢稍加

文飾、以取罪過。蓋先生学問已明、待人自入、安能為人汲汲促之始知哉。只描写用工、節次不失針線、将来自有具眼人。此万世事、非一人之私也[21]。

と述べているが、年譜に手を加える際、王守仁の言葉をできるだけそのままに後世に伝えたいという羅洪先の気持も読み取ることができる[22]。一方、銭徳洪も、

師譜得兄改後、謄清再上。尚祈必尽兄意、無容遺憾、乃可成書[23]。

仲理冀元亨一段、如兄数言簡而核、後当倶如此下筆也。・・・兄即任意削之、不肖得兄挙筆、無不快意、決無護持疼痛也。教学三変諸処、倶如此例。若不可改、尽削去之。其餘所批、要収不可少処[24]。

などと、羅洪先の修正を全面的に受け入れようとする姿勢を示している。

なお、以上の引用からも窺えるように、年譜の原稿に対して、羅洪先はかなり細かく手を加えていたようだが、現在残されている年譜では、どの部分が羅洪先の考訂によるものかは示されていない。ただし、その一部については、羅洪先の銭徳洪に宛てた書簡や、「陽明先生年譜考訂序」から窺うことができる。例えば、銭徳洪に宛てた書簡において、彼は次のように述べている。

年譜一巻、反覆三日、稍有更正。前欲書者、乃合書日事。而観綱上言学、心若未安。今已入目、於目中諸書掲

標、令人触目、亦是提醒人処。入梓日以白黒地別之。二巻、三巻如挙良知之説、皆可掲標於目中矣、望増入。(25)

柏泉公七月発年譜来、日夕相対、得尽寸長。平生未嘗細覧文集、今一一詳究、始知先生此学進為始末之序、因之頗有警悟。故於年譜中手自披校、凡三四易稿。於兄原本、似失初制。誠為僭妄。弟体兄虚心求益、不復敢有彼我限隔耳。如己卯十一日始自京口返江西、遊匡廬、庚辰正月赴召帰、重遊匡廬、二月九江還南昌、又乙亥年自陳疏、乃己亥年考察随例進本、不応復有納忠切諫之語、亦遂挙拠文集改正之。其原本所載、本稿不敢濫入、豈当時先生有是稿未上歟。愚意此稿只入集、不応遂入年譜。不及請正、今已附新建君入梓、惟兄善教之。(26)

これによれば、羅洪先は年譜の標目、王守仁の事跡の考訂、文章の採録の基準から言葉使い、文字の訂正まで多くの点について意見を言っており、広範囲にわたり、入念に修正を加えているさまが窺える。また、「陽明先生年譜考訂序」においては、羅洪先が『陽明先生年譜』に加えた修正に関して、以下のように述べている。(27)

自始至卒、手自更正、凡八百数十条。其見聞可拠者、刪而書之。歳月有稽、務尽情実、微渉揚、不敢存一字。大意貴在伝信、以俟将来。

すなわち、羅洪先によって修正された箇所は八百数十箇所に上るのである。(28)

このように、銭徳洪、羅洪先などの多大な努力と多くの人々の協力によって、王守仁の門人たちが長年にわたり待ち望んでいた師の年譜はようやく完成することとなった。嘉靖四十三年に、羅洪先は銭徳洪に宛てた書簡において、

得呉堯山公書、知年譜已刻成。承陸北川公分恵、可以達鄙意矣。綿竹共四十部、此外寄奉龍渓兄十部、伏惟鑑入。雖然、今所伝者、公之影響耳。至於此学精微、則存乎人自得之、固不在有与無、多与少也。

と述べており、遂に刊行された年譜を手にした彼の喜びが表現されている[29]。その後間もなく、羅洪先は亡くなっているため、『陽明先生年譜』の考訂は彼の最後の仕事となったのである。

一方、銭徳洪の羅洪先に宛てた書簡においても、『陽明先生年譜』の刊行について次のように報告されている[30]。

去年帰自懐玉、黄滄渓読譜草、与見吾、肖渓二公互相校正、亟謀梓行。未幾、滄渓物故、見吾閩去、刻将半矣。六巻以後、尚得証兄考訂。然前刻已定、不得尽如所擬。俟番刻、当以兄考訂本為正也。中間増採文録、外集、伝習続録数十条、弟前不及録者、是有説、願兄詳之。

すなわち、銭徳洪が懐玉書院から戻った時、年譜の原稿を読んだ黄滄渓と陳見吾、王肖渓はすでにその出版を企画しており、間もなく開版まで実現させた。そのため、第六巻以降は羅洪先の考訂を入れることができるが、それ以前の部分は羅洪先の考訂を生かすことができなかったと言っているのである。書簡の最後には、銭徳洪の「是書復去、念庵以訃報、竟不及一見、痛哉痛哉」という後日の注記が記されており、該書簡はついに羅洪先の目に触れることはなかったものと思われる。

ここで注目すべきなのは、銭徳洪書簡に述べられている年譜の刊本は、羅洪先が入手したものとは明らかに異なるのである。

ものであったことである。つまり、年譜の編纂作業が終わって間もなく、すでに異なるテキストが出版されていたのである。

『陽明先生年譜』のテキストに関しては、焦竑『国史経籍志』、黄虞稷『千頃堂書目』巻十に、「陽明先生年譜十巻」として著録されており、祁承㸁『澹生堂蔵書目』巻五には「王文成公年譜四冊（三巻、年譜附録一巻、襄陽新本）」として著録されている。この十巻本および「襄陽新本」の詳細については、今のところ不明であるが、これらの記録によって、『陽明先生年譜』は明代において何度も刊行され、異なる系統のテキストが存在していたことが判るのである。

現在まで伝えられてきた明版の『年譜』の単行本としては、管見の限り、蓬左文庫に所蔵される「天真書院版」という刊記を有する七巻本（以下「天真書院本」とする）と、北京の中国国家図書館など所蔵の毛汝騏刊の三巻本（以下「毛本」とする）との二種類がある。二つのテキストは同じく銭徳洪編羅洪先考訂ではあるものの、巻数のみではなく、全書の構成、序跋文の種類、記事の内容、文章の文字などに至るまでかなりの相違が見られる。

「天真書院本」は、四周単辺、白口、単魚尾。半葉六行、行大字十七字、小字双行、行十七字。その構成は以下の通りである。

「刻陽明先生年譜序」（嘉靖癸亥〔四十二年、一五六三〕、胡松）
「陽明先生年譜序」（嘉靖癸亥〔四十二年、一五六三〕、銭徳洪）
「陽明先生年譜巻之一」（成化八年～正徳十年）
「陽明先生年譜巻之二」（正徳十一年～正徳十三年）
「陽明先生年譜巻之三」（正徳十四年～正徳十五年七月）

「陽明先生年譜巻之四」（正徳十五年八月～嘉靖二年）
「陽明先生年譜巻之五」（嘉靖三年～嘉靖五年）
「陽明先生年譜巻之六」（嘉靖六年～嘉靖七年六月）
「陽明先生年譜巻之七」（嘉靖七年七月～嘉靖八年）

巻一第一行の書名の下には「天真書院版」という五文字が記されており、天真書院で刊刻されたものであることが判る（図十七）。各巻の冒頭には、本書の刊行に関係した人物が記されている。

門人　餘姚　銭徳洪　編述
　　　山陰　王畿　補輯
後学　吉水　羅洪先　刪正
　　　滁上　胡松
　　　江陵　陳大賓
　　　掲陽　黄国卿　校正
　　　漳浦　王健　校刻

巻首の胡松「刻陽明先生年譜序」は、「毛本」にも掲げられている、両テキストに共通する唯一の序文であり、その中においては、本書の成立と刊刻とに関して以下のように述べられている。

・・・緒山銭子、先生高第弟子也。編有先生年譜旧矣、而猶弗自信。泝銭塘、踰懐玉、道臨川、過洪都、適吉安、就正於念庵諸君子。念庵子為之刪繁挙要、潤飾是正、而補其闕軼。信乎其文則省、其事則増矣。計為書■（墨丁となっている。「毛本」では「四」と記されている）巻。既成、則謂予曰、君滁人、先生蓋嘗過化、而今継居其官、且与討論。君宜叙而刻之。余謝不敢、而又弗克辞也。則以窃所聞於諸有道者、論次如左、俾後世知先生之才之全蓋出於其学。如此、必就其学而学焉、庶幾可以弗畔矣夫。嘉靖癸亥夏日、巡撫江西等処地方兼理軍務兵部右侍郎兼都察院右僉都御史滁上後学胡松序。

胡松、号は柏泉、江西巡撫の任にあり、羅洪先と深い交友関係を持っていた。『陽明先生年譜』の編纂・出版にも積極的に協力し、銭徳洪・羅洪先にとってはパトロン的な存在である。『念庵文集』巻四には『陽明先生年譜』の考訂に関する、羅洪先の彼に宛てた書簡が収められており、『年譜』の編纂・出版過程における彼の役割を窺うことができる。また、銭徳洪の羅洪先に宛てた書簡においても、「柏泉公読兄年譜、深喜経手自別、決無可疑、促完其後。昨乞作序冠首、兄有書達、幸督成之」と述べられており、以上のことから考えて、胡松の序文は恐らく銭徳洪と羅洪先の双方から依頼されて記されたものと思われる。

また、銭徳洪の「陽明先生年譜序」には、『年譜』の編纂、改訂および刊刻について以下のように述べられている。

嘉靖癸亥夏五月、陽明先生年譜成、門人銭徳洪稽首叙言曰、・・・譜之作、所以徴師言耳。始謀于薛尚謙、顧三紀未就、同志日且凋落、鄒子謙之遺書督之、洪亦大懼湮没、仮館於史公甫嘉義書院。越五月、半就。趨謙之、而中途聞訃矣。偕撫君胡汝茂往哭之、返見羅達夫、閉関方厳。及読譜、則喟然嘆曰、先生之学得之患難幽独中、蓋三変、以至于道。今之談良知者、何易易也。遂相与刊正。越明年正月、成于懐玉書院、以復達夫。比帰、復与王汝中、張叔謙、王新甫、陳見吾、黄滄渓、王肖渓互精校閲、曰庶其無背師説乎、命寿之梓。然其事則核之奏牘、其文則稟之師言、罔或有所増損。若夫力学之次、立教之方、雖因年不同、其旨則一。洪窃有取而三致意焉。噫、後之読譜者尚其志、逆神会解悟于微言之表、則斯道庶乎其不絶矣。僭為之序。嘉靖癸亥八月朔、門人餘姚銭徳洪百拝書。

ここで興味深いのは、本書の刊刻に関する記述である。つまり、本書は銭徳洪が懐玉書院から戻った後に、引き続き陽明の弟子達と「互精校閲」した上で刊刻されたのである。「校閲」に参加した陳見吾、黄滄渓、王肖渓とは、すなわち巻首の校正・校刻題名の中の陳大賓、黄国卿と王健のことであり、先に引用した銭徳洪「答論年譜書」第十首の「去年帰自懐玉、黄滄渓読譜草、与見吾、肖渓二公互相校正、亟謀梓行」云々と併せて考えるならば、このテキストは恐らく、銭徳洪の書簡に言及されている、前半部分においては羅洪先の考訂を充分生かせなかったものの系統に属するものであろう。

一方、「毛本」『陽明先生年譜』は『中国古籍善本書目』によれば北京図書館（現在国家図書館と改名）・浙江図書館・天一閣文物保管所・安徽省博物館に所蔵されているが、筆者が目にしたのは国家図書館の蔵本である。[31]本書は、左右双辺、白口、単魚尾。半葉九行、行大字十八字、小字双行、行十八字（図十八）。その構成は以下の通りである。

「刻陽明先生年譜引」（嘉靖甲子［四十三年、一五六四］、周相）

「刻陽明先生年譜序」（嘉靖癸亥［四十二年、一五六三］、胡松）
「陽明先生年譜考訂序」（嘉靖四十二年［一五六三］、羅洪先）
「陽明先生年譜上巻」（成化八年〜正徳十二年）
「陽明先生年譜中巻」（正徳十三年〜嘉靖三年）
「陽明先生年譜下巻」（嘉靖四年〜嘉靖八年）
「陽明王公年譜跋」（嘉靖癸亥［四十二年、一五六三］、陸穏）

また、巻頭の編著者題名は、「門人銭徳洪編次　後学羅洪先考訂」となっている。
前にも述べたように、「天真書院本」所載の胡松「刻陽明先生年譜序」は本書の巻頭にも掲げられており、また、「天真書院本」にない周相、羅洪先、陸穏などの序跋文が掲載されている。周相「刻陽明先生年譜引」の内容は以下のようである。

嘉靖戊子春正月、相以知臨川県被召、選試河南道監察御史。二月、奏疏請皇上稽古修徳、以答天春、端好尚、杜佞倖。咎渉浚恒、落職謫嶺表。時陽明先生正有討田州之役、閲得相報、亟檄促我曰、平田州易、集衆思善後難。相檄至輒行。又曰、俗心以謫官事事為俗吏、余謂此正俗吏之談、全不省如何是俗、如何是不俗、道眼能自得之。相被檄矍然、遂就道。及豊城、而報先生卒南安矣。本年十一月丁卯也。嗟乎、相将及門、卒不得一稟業、以聞性与天道之説。雖然、檄数語、固性与天道之説也。先生年譜成、胡柏泉檄漳州佐毛汝麒刻之。未登梓、柏泉以少司馬召、不竢。駕行、嘱相促之。訖工薦袠、展無檄我数語。偶脱之邪、抑誤謂邇言、漫脱之邪。因足之以確於緒山、龍渓、念庵。嘉靖甲子首夏九日、巡撫江西等処地方兼理軍務都察院右副都御史明郡後学周相識。

この文によれば、年譜の完成後、胡松は贛州佐の毛汝麒に刊刻を命じたが、完成しないうちに、少司馬に就任するために江西から離れることとなった。出発前に、胡松は監督の任を後任の周相に託しており、『中国古籍善本書目』が周相・毛汝麒刻本と題しているのもこの記録から判断したものと思われる。

一方、羅洪先「陽明先生年譜考訂序」は、『年譜』の編纂、考訂と刊刻について次のように述べている。

嘉靖戊申、先生門人銭洪甫聚青原、言年譜、僉以先生事業多在江右、而直筆不阿、莫洪先若、遂挙丁丑以後五年相属。又十六年、洪甫携年譜稿二三冊来、謂之曰、戊申青原之聚、今幾人哉。洪甫懼、始堅懐玉之留。明年四月、年譜編次成書、求践約。会滁易胡汝茂巡撫江右、擢少司馬、且行、刻期入梓、敬以旬日畢事。已而即工稍緩、復留月餘、自始至卒年、手自更正、凡入百数十条。其見聞可拠者、刪而書之。歳月有稽、務尽情実。微渉揚詡、不敢存一字大意。貴在伝信、以俟将来。而提督帰安陸汝成梓於贛。是時亦有南京少司馬命、年譜適伝洪先。因訂年譜、反覆先生之学。・・・洪先談学三年、而先生卒未嘗一日得及門。然於三者之辨、今亦審矣。学先生之学者、視此何哉。無亦曰、是必有待乎其人。而年譜者、固其影也。嘉靖四十二年癸亥七月朔、後学吉水羅洪先書。

胡汝茂とは即ち胡松のことである。これによると、年譜の完成直後、胡松は急ぎ刊刻しようとしたが、完成には至らなかったのである。その間、羅洪先は考訂、増刪に努め、その改訂稿は陸汝成により刊行された。陸汝成とは本書巻末に跋文を記した陸穏のことで、その跋文の内容は次の通りである。

陽明王公功在虔台、虔之人既已家祀而戸祝矣、又梓其文以伝、惟年譜未之有也。緒山銭公述其歳月大略、図其像於石、刻之吉州、然其文未備、学士大夫有餘憾焉。今念庵羅公始彙為書、提綱分目、列為三巻、而年譜始完。羅公居石蓮洞二十年於茲矣、学益深、而道益盛。是書成、亦竭終歳之力云。穏生也晩、不獲従王公遊、与之上下議論、以聞道徳性命之奥。曩因瘴疾接方外之士、講錬心習静之術、始知王公初年学仏老而悟聖道、其言非欺我也。及備員江右藩臬、窃聞王公剿賊往事、机宜神妙、非書生所窺。辛酉拝命虔台、謁王公於祠下、為之徘徊興起不忍去。時当多事、盗賊縦横於閩広江湘之間、道路為梗、其勢岌岌。穏鄙陋、弗称任使、安得復起王公、以聞経略之妙弘、済一時之艱危。・・・且撫且剿、致有今日成功。穏不敢自謂追美王公、以希前人之休烈、而羅公謂王公用兵後此再見者。其説果爾、穏雖不肖、位次王公之後、又有大賢如羅公者之言以伝、韓愈所謂有餘栄焉、非耶。譜成、羅公以書来、属穏梓之。以有留都新命、不及親董其事、転属郡佐毛君汝麒終之。毛亦吾浙之賢者也。嘉靖癸亥九月二日、呉興陸穏跋。

これによれば、羅洪先が陸穏に年譜の刊行を依頼したところ、陸穏は転任のため自らの手で完成させることが出来ないため、郡佐の毛汝麒に頼んで、刊行の事業を完成させたのである。周相、胡松、羅洪先、陸穏等の文章に記されている記事はそれぞれ微妙に異なっているが、これらの記事を総合して考えるならば、本書の刊刻には、羅洪先→胡松・陸穏→周相・毛汝麒が関わっていたことが窺える。即ち、「天真書院本」の刊行が銭徳洪と関わりの深い王守仁の弟子、陳大賓、黄国卿、王健を中心として行われたのに対して、「毛本」は、羅洪先と関わりの深い陸穏、周相、毛汝麒などの江西省の地方官によって刊行されたのである。先に引用した羅洪先の銭徳洪宛の最後の書簡において、

「知年譜已刻成。承陸北川公分恵、可以達鄙意矣」と述べられている陸北川とは陸隠のことであるから、羅洪先が死の直前に見た年譜の刊本は、「毛本」であることが明らかである。

内容的には、両本は記された記事の内容、記述の形式から、文章の詳略、文字の繁簡などに至るまで、相異点がかなり多く見られる。出版過程においてよく見られる文字の増減、異同の範囲を遙かに超えており、刊刻の際に、意識的に大幅な修正が行われていることが明らかである。先に述べた、陳大賓、黄国卿、王健らが刊行作業に取り組み始めた時点において、羅洪先の考訂の成果を見ていなかったことや、銭徳洪も含め、彼ら編纂に当たった人々が刊行にあたって更なる校正・増補を行ったことなども併せて考えるならば、ほぼ同時期に出版された両本に多くの相違点が存在する理由も理解しやすいであろう。

『陽明先生年譜』の単行本のテキストに関しては、もう少し複雑な問題点が残されている。例えば、銭徳洪は羅洪先宛の書簡において、第六巻以前の部分に羅洪先の考訂の成果を取り入れることが間に合わなかったことについて報告する際、再版する時に、必ず羅洪先の考訂本に従うことを約束しているが、この約束された再版が果たして実現したかどうかは、今のところ不明である。

また、『全集』巻三十六「年譜附録二」巻頭において、銭徳洪の弟子である沈啓原は、「啓原検旧譜、得為序者五、得論年譜者二十」として、銭徳洪「陽明先生年譜序」、羅洪先「陽明先生年譜考訂序」、王畿「刻陽明先生年譜序」、胡松と王宗沐の同題の序文、計五篇を収めている。しかしながら、現存の「天真書院本」に収められている序文は、胡松「刻陽明先生年譜序」と銭徳洪「陽明先生年譜序」の二篇のみである。毛本には胡松「刻陽明先生年譜序」、羅洪先「陽明先生年譜考訂序」の他、「年譜附録二」には見えない周相「刻陽明先生年譜引」および陸穏「陽明王公年譜跋」も収められている。一方、「年譜附録二」にある王畿と王宗沐の「刻陽明先生年譜序」は、現存の明本のどちらにも見えない。すなわち、『全集』本の年譜の増訂・刊刻を手伝っていた沈啓原が見た「旧譜」には、「天真書院本」と「毛本」には無い、王畿と王宗沐の「刻陽明先生年譜序」を冠した別のテキストも含まれており、一方において、周相「刻陽明先生年譜引」と陸穏「陽明王公年譜跋」を冠した「毛本」は含まれていない可能性も考えられるのである。

いずれにしても、銭徳洪撰羅洪先考訂の『陽明先生年譜』には複数のテキストがあったことは間違いないと思われる。しかしながら、従来の研究においては、この事実に着目するものはなかったようである。例えば、明徳出版社『王陽明全集』第九巻においては、上に引用した沈啓原の文章に見られる「旧譜」に関して、「嘉靖四十二年、懐玉書院において、銭緒山の手になる『王陽明年譜』のこと」と説明している。そのため、明徳出版社『王陽明全集』の年譜の解題においては、「天真書院本」に触れた後、

> この嘉靖版『年譜』七巻は王陽明誕生の成化八年（一四七二）から陽明没後一年の嘉靖八年（一五二九）十一月、陽明を洪渓に葬むるまでの記事を内容としており、『王文成公全書』（底本、永冨按、明徳出版本訳注の底本のこと）の巻三十二から巻三十四までの三巻に相当する。底本の『年譜』には、あと二巻（巻三十五と巻三十六）があり、隆慶六年に『王文成公全書』が刊行される時に増補されたごとくで、巻三十五は年譜附録一、巻三十六は年譜附録二である。・・・

と述べられており、『全書』本年譜は、七巻本の「天真書院本」に嘉靖九年から隆慶二年までの記事や、年譜旧序および「論年譜書」を加えたものとしているのである。また、「旧譜」に相当する部分の内容については、「底本の年譜

（『全書』本）は、旧譜（「天真書院本」）を大すじとして踏襲しながらも、やや冗長と思われるところは刪っている。いわば増訂年譜である」と、『全書』本年譜は「天真書院本」に由来するものであるかのように述べている。その影響を受けた銭明も、「陽明全書成書経過考」（『王陽明全集』所収）において、「増訂本（今『全書』の巻三十二より三十四まで）の内容は天真書院本と基本的に一致しており、ただ個別の箇所に繁略の違いがあるのみである。」としているのである。[32]

確かに『全書』本年譜は銭徳洪撰羅洪先考訂の『陽明先生年譜』から改編されたものであり、記事の内容や文章も、単行本との一致点が多く見られる。しかしながら、だからといって、『全集』本年譜は「天真書院本」に手を加えたものと断言することは、あまりに武断に過ぎると考えられる。以前の研究者が安易にこのような結論を出した原因としては、『全書』本年譜と「天真書院本」との本格的な校勘作業が行なわれていないことの他に、「天真書院本」と異なる、他のテキストの存在に気附いていなかったことが挙げられると思われる。

「天真書院本」および「毛本」を『全書』本と比較してみるならば、確かに「天真書院本」と「毛本」とが相違する箇所において、「天真書院本」のほうが『全書』本に近い場合もあるが、逆に、「毛本」の方がより『全書』本に近い場合もあり、一概には言うことができない。一方で、「天真書院本」と「毛本」が一致しているのも関わらず、『全書』本がそれらとは異なる例も存在するのである。即ち、『全書』本は直接「天真書院本」によって改編されたものではなく、「毛本」に拠っているのでもない。従って、『全書』本の年譜を編纂する際に、これら両本以外のテキストを参照したことが考えられるのである。しかしながら、現在、この問題についてこれ以上参照する材料がないため、推測に留めることとし、更なる資料の発見後、再論することとしたい。

第三節　李贄撰「陽明先生年譜」について

李贄撰「陽明先生年譜」は、李贄編『陽明先生道学鈔』の巻八として収録されている王守仁の年譜である。李贄編『陽明先生道学鈔』の成立については既に本書第三章第三節第三項において述べたが、同書は万暦二十八年（一六〇〇）に李贄によって編纂され、万暦三十七年（一六〇九）に杭州において刊刻されている。現存する『陽明先生道学鈔』の版本である、北京大学図書館、故宮博物院図書館、中国歴史博物館、四川省図書館、東洋文庫および九州大学文学部の各蔵本には、いずれも本「年譜」が収録されている。なお、本「年譜」に関して、『北京図書館古籍善本書目』(33)には、以下のように著録されている。

陽明先生年譜二巻　明李贄撰　明刻本　一冊　九行十八字白口四周双辺無直格

この記述から判断すると、『北京図書館古籍善本書目』の編者は、同書を単行本の『年譜』と判断したようだが、北京図書館（現国家図書館）蔵本を、『陽明先生道学鈔』所収の年譜と比較しても相違点は見あたらず、国家図書館蔵本は、恐らくは『陽明先生道学鈔』の第八巻のみの端本を、単行本と誤認したものと思われる。

以下、本節においては、北京大学図書館蔵本を底本として検討していきたい。本書は、二二・一×十五・〇糎。四周単辺、白口、単魚尾。半葉九行、行十八字である。また、本書は『続修四庫全書』九百三十七巻に李贄編『陽明先生道学鈔』の巻八として影印本が収録されている（上海古籍出版社）。一方、前述の国家図書館蔵本は、現在『宋明理学家年譜』第十一巻に影印本として収録されている（北京図書館出版社）。
李贄撰「陽明先生年譜」の内容は以下の通りである。

「年譜上」（成化八年～正徳十六年）
「年譜下」（嘉靖元年～隆慶二年）
附録
「年譜後録」
刑部首事陸澄辨忠讒以定国是疏（陸澄）
霍韜地方疏（霍韜）
先生征濠反間遺事（銭徳洪）
先生墓誌銘（湛若水）
先生行状節略（黄綰）
年譜後人（李贄）
「陽明先生年譜後語」（紀年なし、李贄）

本書の成立については、本書第三章第三節第三項において引用した「陽明先生道学鈔序」に詳しいので、ふたたび以下に示すこととする。

「陽明先生道学鈔序」

温陵李贄曰、余旧録有先生年譜、以先生書多不便携持、故取譜之繁者删之、而録其節要、庶可挟之以行遊也。雖知其未妥、要以見先生之書而已。今歳庚子元日、余約方時化、汪本鈳、馬逢暘及山西劉用相、暫輟易、過呉明貢。擬定此日共適吾適、決不開口言易。而明貢書屋正有王先生全書。既已開巻、如何釈手。況彼已均一旅人、主者愛我、焚香煮茶、寂無人声。余不起于坐、遂尽読之、於是乃敢断以先生之書為足継夫子之後。蓋逆知其従読易来也。故余於易因之藁甫就、即令汪本鈳校録先生全書、而余専一手抄年譜。以譜先生者、須得長康点晴手、他人不能代也。抄未三十葉、工部尚書晋川劉公以漕務巡河、直抵江際、遣使迎余。余暫閣筆起、随使者冒雨登舟。促膝未談、順風揚帆、已到金山之下矣。嗟嗟、余久不見公、見公固甚喜。然使余輟案上之紙墨、廃欲竟之全鈔、亦終不歓耳。於是遣人為我取書。今書与譜抵済上、亦遂成矣。大参公黄与参、念東公于尚宝、見其書与其譜、喜曰、陽明先生真足継夫子之後、大有功来学也。況是鈔僅八巻、百十有餘篇乎。可以朝夕不離、行坐与参矣。参究是鈔者。事可立辦、心無不竭於艱難禍患也何有。是処上処下処常処変之最上乗好手。宜共序而梓行之、以嘉恵後世之君子乃可。晋川公曰、然。余於江陵首内閣日、承乏督両浙学政。特存其書院祠宇、不敢毀矣。

万暦己酉春月、武林継錦堂梓。

ここに明らかにされているように、李贄は『陽明先生道学鈔』を編纂する以前から、王守仁の年譜を携帯に便利なように節略したものを常に携えていた。そして、万暦二十八年（一六〇〇）における『陽明先生道学鈔』の編纂においても、他の部分については弟子の汪本鈳に『王文成公全書』から抄録させる一方、年譜の部分については、「余専一手抄年譜。以譜先生者、須得長康点晴手、他人不能代也」と、自身で手抄を行ない、「他人は代はる能はざるなり」

と、並々ならぬ自負心を見せているのである。

また、本書の刊行の事情に関しては、巻末に置かれている「陽明先生年譜後語」にも、以下のように記されている。

　是年、予在済上劉晋川公署、手編陽明年譜自適。黄与参見而好之、即命梓行、以示同好。

ここで「是年」と言っているのは万暦二十八年（一六〇〇）であり、「済上」とあるのは山東省済寧である。以下述べられている刊行の経緯も、「陽明先生道学鈔序」とほぼ一致している。

本年譜の本文は、『王文成公全書』所載のものを簡略化したと思われ、特色のあるものではない。従って、本書においては、随所に挿入された「卓吾曰」で始まる評語が最も注目される。

例えば、正徳十二年の「四月班師」の項において、王守仁が雨乞いを行い、その成功を喜んだ民衆から、儀式を行った台に名を附けるようせがまれ、「時雨堂」と命名したという記事への評では、

　卓吾曰、太俗気矣、只是先生有這箇在也。

と一刀両断に切り捨てているのなどは、その口語体の評語ともあいまって、いかにも李贄らしいものとなっている。

しかしながら、年譜の本文に関しては、前述のごとく、本書は『全書』本の年譜のダイジェスト版と称すべきものである。本書は、王守仁の伝記研究のためよりも、むしろ李贄の思想研究においてこそ、価値を有するものとすべきなのである。

注

(1)『続修四庫全書総目提要(稿本)』第二十七冊(斉魯書社、一九九六)「王陽明先生図譜一巻影印本」の項。なお本提要に関しては、山根幸夫「『続修四庫全書総目提要』と『続修四庫全書』」(『汲古』第三十六号、一九九九)を参照のこと。なお、陳来「王龍渓、鄒東廓等集所見王陽明言行録佚文輯録」(『中国哲学史』二〇〇一年第一期。今、陳来『中国近世思想史研究』、商務印書館、二〇〇三、に所収)においては、『図譜』より五条の佚文資料を採録している。

(2)島田虔次「思想史(Ⅲ)」、『アジア歴史研究入門』第三巻所収、同書二七八〜二七九頁、同朋舎出版、一九八三。

(3)吉田公平「王陽明研究史」、『陽明学の世界』所収、同書四六六〜四六七頁、明徳出版社、一九八六。

(4)『陸象山と王陽明』所収、同書一六六〜一六七頁、研文出版、一九九〇。

(5)『陸象山と王陽明』所収、同書一九〇〜一九一頁、研文出版、一九九〇。なお、上記二例において吉田が『王陽明先生図説』としているのは、『王陽明先生図譜』の誤りである。

(6)吉田公平『伝習録』、角川書店、一九八八。

(7)同書八十七頁、同館編、一九七一。

(8)王宗沐については、第二章第九節を参照のこと。

(9)『四庫未収書輯刊』肆輯第十七冊、四六七〜四八五頁、北京出版社、二〇〇一。『四庫未収書輯刊』本は四百七十七頁下段から四百八十八頁にかけて乱丁がある。正しくは四百七十八頁上段、同下段、四百七十七頁下段とすべきである。

(10)『四庫全書存目叢書』集部第百十一冊、三十一頁、荘厳文化事業有限公司、一九九七年。なお、「嘉靖丁巳冬十有一月長至」は、嘉靖三十六年(一五五七)十一月の夏至。

(11)前掲「朱子学に挫折した体験について」、百六十六頁。

(12)「年譜附録二」、『王文成公全書』巻三十五。

(13)『図譜』と『出身靖乱録』の関係については第六章も参照のこと。

(14) 復路については、『年譜』に常徳、辰州を経由したことが記されているため、往路と同じコースをたどったことが判る。
(15) 但し、蓬左文庫所蔵の嘉靖癸亥（四十二年、一五六三）序刊の「天真書院本」『陽明先生年譜』には、このエピソードは記されており、『全書』所収の際に削られたものと思われる。なお、「天真書院本」『陽明先生年譜』と全書所収の「年譜」との異同に関しては、本章第二節を参照されたい。
(16) 『全書』巻十九「居夷詩」所収。
(17) 前掲「朱子学に挫折した経験について」を参照のこと。
(18) それらについては前掲「王陽明研究史」を参照のこと。
(19) 「年譜附録一」、『王文成公全書』巻三十五。
(20) 「陽明先生年譜序」、『王文成公全書』巻三十六「年譜附録二」。
(21) 羅洪先「与銭緒山論年譜」、『念庵文集』巻四。
(22) 羅洪先「論年譜書」第六首。『王文成公全書』巻三十六「年譜附録二」。
(23) 銭徳洪「答論年譜書」第三首。『王文成公全書』巻三十六「年譜附録二」。
(24) 銭徳洪「答論年譜書」第九首。『王文成公全書』巻三十六「年譜附録二」。
(25) 羅洪先「論年譜書」第三首。『王文成公全書』巻三十六「年譜附録二」。
(26) 羅洪先「論年譜書」第八首。『王文成公全書』巻三十六「年譜附録二」。
(27) 羅洪先「陽明先生年譜考訂序」、北京図書館蔵「毛本」『陽明先生年譜』巻首。
(28) 数字の「八百」は後述の「毛本」では「入百」となっているが、「八百」の方が正しいものと思われる。羅洪先と銭徳洪との間で交わされた年譜考訂に関する書簡などを見れば、羅洪先の改訂は百数十条を遙かに超えるものと思われる。一例としては、羅洪先『念庵文集』巻四所収「与銭緒山論年譜」においては、「先生未嘗一日離門生、故前後書門人集一句可省。奏議大長、且有成書、故須簡截、以便版帙。前後先生事実与前忘書者、今更補入。或又更詞、未曾請問、必亮不疑。初見年譜云庚辰正月在贛、九月始返南昌、非巡撫所宜、心疑之、意必有拠、不敢擅動。及査開先石刻与各詩、始知正月在舡、二月至省、

六月如贛、至吉安書青原碑、遂為改正。当時龍北山光曾約来言擒濠始末、未及践言而卒。昨念之、入其言与不肖身所親聞者、凡六十餘条、詩十八首、以告来世。年譜貴伝事実。如殺九十三人、略不見奏議中。蓋行事与告君各有体段、尽従奏議、翻作誑矣。当用詞語転斡、使人易見其情乃佳。先生事業莫微妙於破三洊、莫危於擒宸濠、故委曲描写、以動人之思。其学問莫要於致良知、故質直叙述、以俟人之悟。天泉橋上与龍渓兄分辨学術、当時在洛村兄所聞亦如此、与龍渓続伝習録所載不悖。此万世大関鍵、故一字不敢改移。養正贛州所語、已別作叙述一段、後諸友云莫若用不肖旧記一段、方見五十年前実事出於無意、遂自截入、更無自嫌。先生門人甚多、多不載名。如吉水不下十余人、今見録中者必可伝一概、漫写似覚大濫。如裘魯江原未納拝、不必強入。再査乙亥正月自陳疏、本属己亥考察、故随例進、已不応有他言。年譜中所載、乃納忠於武廟者、与題既不類比、査先生文集奏疏内絶無此疏。意者当時擬而未上歟。以無稿可拠、而乙亥又自有自陳疏、遂尽除之。若有所遺、他日増入集中可也」と述べられており、ここに挙げられている箇所だけでもかなりの量に上ることが窺えるのである。

(29) 羅洪先「論年譜書」第九首。『王文成公全書』巻三十六「年譜附録二」。

(30) 銭徳洪「答論年譜書」第十首。『王文成公全書』巻三十六「年譜附録二」。

(31) 『中国古籍善本書目　史部上』(上海古籍出版社、一九九一)には、「陽明先生年譜三巻　明銭徳洪撰　明嘉靖四十三年周相、毛汝麒刻本」と著録されている。なお、本書は現在、『宋明理学家年譜』第十巻に影印本として収録されている(北京図書館出版社)。

(32) 「増訂本(今『全書』巻三十二至三十四)在内容上与天真書院本基本一致、只是個別地方有繁簡之別」、『王陽明全集』、上海古籍出版社、一九九二。

(33) 書目文献出版社、一九八七。

第六章　王守仁に関する文学作品の研究

第一節　『三教偶拈』所収の馮夢龍『皇明大儒王陽明先生出身靖乱録』について

「墨憨斎新編」（墨憨斎は馮夢龍の筆名）の『皇明大儒王陽明先生出身靖乱録』は小説の体裁によって記された王守仁の伝記である。その資料的な価値については、守仁の幼年期のエピソードを引用した後、「『出身靖乱録』という書物は、要するに小説であるが、このエピソードはかならずしも作りごとではないように思われる。『靖乱録』には、全体として、あまりこしらえごとはみられない(1)」として伝記資料として積極的に活用する島田虔次のような立場と、「全体として、『靖乱録』という本は、その説は多くの場合『年譜』に基づいているが、脚色が多く、小説の悪習を免れていない(2)」として否定的にとらえる陳来のような立場に分かれるが、興味深い伝記というのが大方の見解であると思われる(3)。

本書は従来和刻本のみによってその存在が知られてきたが、現在では長沢規矩也双紅堂文庫旧蔵、東京大学東洋文化研究所所蔵の『三教偶拈』によって、『皇明大儒王陽明先生出身靖乱録』は本来は『三教偶拈』の第一巻であったことが確認されている(4)。

『三教偶拈』の影印本としては、以下の三種が刊行されている。

『古本小説叢刊』第四輯第五冊、劉世徳、陳慶浩、石昌渝主編、中華書局、一九九〇

『古本小説集成』第一批第五十冊、『古本小説集成』編委会編、上海古籍出版社、一九九〇

『馮夢龍全集』第三十冊、魏同賢主編、上海古籍出版社、一九九三

以上三種はいずれも長沢規矩也博士双紅堂文庫旧蔵、東京大学東洋文化研究所所蔵本によっており、基本的には同一のものである。但し中華書局本は序文の乱丁を直している。また上海古籍出版社の二種の本にはいずれも魏同賢による解説が附されており、短いが要領よくまとめられている。(5)

しかしながら、幕末以来、『三教偶拈』の再発見までの約百年、日中の全ての研究者は和刻本『皇明大儒王陽明先生出身靖乱録』のみによって本書について言及していたわけで、和刻本『靖乱録』の意義は大きなものがある。(6) 更に、後に述べるように和刻本『靖乱録』は幕末から明治にかけてたびたび摺りを重ねており、陽明学の普及の上でも一定の役割を果たしたと思われる。

それにもかかわらず、和刻本『靖乱録』に関して書誌学的な考察がなされたことはほとんど無かった。わずかに長沢規矩也が「王陽明先生出身靖乱録の出所」において、「弘毅館開雕とあり、刊年はなく、底本も何も記されず、基くところが不明であった（美濃判の大本三冊が前摺で、半紙判三冊本は後摺である）(7)」と述べているのと、中田勝が『王陽明靖乱録』の解説においてほぼ同内容のことを述べているにとどまり、不明の点が多く残されていた。以下、主として早稲田大学図書館所蔵の和刻本『靖乱録』によって、みていきたい。

早稲田大学図書館所蔵の和刻本『靖乱録』は以下の三種である。

①『皇明大儒王陽明先生出身靖乱録』三冊、弘毅館開雕、十六・三×十一・三糎。半葉十行、行二十一字。左右双辺、白口、無魚尾。図書記号ヌ9／438／1～3

②『皇明大儒王陽明先生出身靖乱録』三冊、弘毅館開雕、十六・一×十一・四糎。半葉十行、行二十一字。左右双辺、白口、無魚尾。図書記号ヌ9／724／1～3

③『皇明大儒王陽明先生出身靖乱録』三冊、嵩山堂蔵版、十六・〇×十一・四糎。半葉十行、行二十一字。左右双辺、白口、無魚尾。図書記号ヌ9／4511／1～3

以上三種はいずれも半紙判。同版のものと認められるが、版木の変形によって寸法に若干の変化が見られる。

①は紺色表紙。扉は無地に「明墨憨斎新編／王陽明出身靖乱録／弘毅館開雕」とあり、奥附に「藤川太郎校正蔵版／慶応紀元乙丑年晩夏／下谷池之端仲町通／東都書林岡村屋庄介」と記されている。慶応乙丑は慶応元年（一八六五）。岡村屋庄介は堂号は尚友堂、幕末の書物問屋五十六軒の一つであり、天明七年から明治六年まで出版を行ったことが確認されている[8]。

②は黄色表紙。扉は紺地に「明墨憨斎新編／王陽明出身靖乱録／弘毅館開雕」とあり、奥附は無い。

③は紺色表紙。扉は赤地に「明墨憨斎新編／王陽明出身靖乱録／嵩山堂蔵版」とあり、奥附に「和漢洋書籍出版所／発行者　青木恒三郎／大阪市東区博労町四丁廿七番邸／製本発売所　嵩山堂本店／大阪心斎橋筋博労町／売捌所　嵩山堂支店／東京市日本橋通一丁目／売捌所　嵩山堂支店／勢州四日市港堅町」と記されている。青木恒三郎は堂号

は嵩山堂、東京店を開いたのは明治になってからのことであり、明治十九年から大正二年まで出版を行ったことが確認されている。奥附の地名から見ても、本書は明治以後に刊行されたものである。

②には奥附は無いが、①の後摺と見て問題ないと思われる。従って、①、②、③の順に印刷されたと考えられる。長沢規矩也はその目睹した和刻本について、「弘毅館開雕とあり、刊年はなく、底本も何も記されず、・・・美濃判の大本三冊が前摺で、半紙判三冊本は後摺である」としていることから、②には美濃判の大型本もあったことが判る。また魏同賢は①を見たようで、和刻本の刊行年を前記の解説において「慶応紀元乙丑（一八六五）晩夏」と記している。

以上のことから、和刻本は遅くとも慶応元年（一八六五）には半紙判三冊で刊行され（①）、幕末から明治にかけて美濃判の大本三冊として印刷され（長沢規矩也目睹前摺本）、更に半紙判三冊の形で印刷（②）、明治になって版木が嵩山堂に渡り、嵩山堂においても印刷された（③）ことが判る。もちろん、慶応元年以前に既に刊行されていた可能性もあり、上記以外の版が存在する可能性もあるが、それにしても最低でも四回印刷されているのは、当時の書物としては、それなりの部数が刊行されたことを窺わせる。一部の先覚者を除けば、日本における陽明学の普及は朱子学に大きく遅れをとり、幕末、明治にかけて、ようやく庶民層にまで普及していった。和刻本『靖乱録』が摺りを重ねたのは、その一つの現われであるといえるだろう。

上記のごとく、和刻本『靖乱録』は本書の普及のうえで一定の歴史的価値を有するとは言え、資料的価値においては原本である『三教偶拈』に遠く及ばない。特に、和刻本においては東呉畸人七楽生（馮夢龍）の序文が省略されていたため、本書の著述の意図を知りがたい恨みがあった。本稿においては、『三教偶拈』によって、本書の内容および意義についてみていきたい。

『三教偶拈』の構成は以下の通り。

「七楽生序」（仮題、冒頭に落丁有り）
『皇明大儒王陽明先生出身靖乱録』
『済顛羅漢浄慈寺顕聖記』
『許真君旌陽宮斬蛟伝』

また、冒頭には長沢による識語がある。本文は、半葉十行、行二十字、無魚尾。各巻の巻頭・巻末に「主静書屋」とあることから、同書屋にて刊刻されたことがわかる。[9]

序文には前記のごとく冒頭に落丁が見られるが、本書の著述の意図、刊行の経緯に関する部分を以下に示す。

・・・是三教者、互譏而莫能相廃。吾謂、得其意、皆可以治世、而襲其迹、皆不免於誤世。・・・余於三教、概未有得、然終不敢有所去取其間。於釈教、吾取其慈悲。於道教、吾取其清浄。於儒教、吾取其平実。所謂得其意、皆可以治世者、此也。偶閲王文成公年譜、窃嘆謂、文事武備、儒家第一流人物、暇日演為小伝、使天下之学儒者、知学問必如文成、方為有用。因思向有済顛、旌陽小説、合之而三教備焉。夫釈如済顛、道如旌陽、儒者未或過之、又安得以此而廃也。東呉畸人七楽生撰。

末尾に「東呉畸人七楽生」とあるのは馮夢龍の別号であり、『皇明大儒王陽明先生出身靖乱録』巻頭の「墨憨斎新編」とある墨憨斎が同様であることと合わせ、本書が馮夢龍の手になるものであることは明らかである。ただし、序文において彼自身が「因思向有済顛旌陽小説、合之而三教備焉」と述べているように、本書のうち『済顛羅漢浄慈寺顕聖記』・『許真君旌陽宮斬蛟伝』に関しては、すでに存在した小説を剽窃したに過ぎず、彼自身の手になるものは『皇明大儒王陽明先生出身靖乱録』のみということになる。(10) また、この序文からは、彼が三教合一論を抱いていたことが読みとれる。彼は三教の間にいかなる差等をも設けてはいないのであり、林兆恩などと極めて近い立場といえるだろう。しかしながら、本書の執筆の動機は、明らかに「偶ゝ王文成公年譜を閲した」ことにあるのであり、王守仁の波乱に満ちた生涯が彼に与えたインパクトを窺うことができる。

また、彼が王守仁に与えた、「文事武備、儒家第一流人物」という評価も興味深い。彼はこのような評価のもと、王守仁の学者としての生涯と軍事上の活躍を、破綻無くまとめている。後にみるごとく、清代に成立した王守仁を描いた文学作品においては、彼の「文事」が完全に抜け落ちているのであり、伝記文学としては『靖乱録』はそれらよりも優れたものといえるだろう。

また、彼が続けて、「暇日演為小伝」といっているのも注意すべき点である。彼は明らかに、本書を演義小説として執筆しているのであり、本書と『年譜』との関係は、ちょうど『三国演義』と『三国志』のそれにあたる。従って、本節の冒頭において述べた、本書が史実に則っているか否かという議論には、実はあまり意味はないことになる。島田虔次のいうように、「『靖乱録』には、全体として、あまりこしらえごとはみられない」のは『年譜』によっている以上当然であるし、(11) 逆に陳来が、「脚色が多く、小説の悪習を免れていない」とするのも、そもそも本書が演義小説として書かれている以上、これも当然のことなのである。要するに、本書はあくまでも小説なのであり、我々は本書を王守仁の伝記文学として鑑賞すべきなのである。

先ほど本書と『三国演義』の対比を行ったが、事実、本書の中には明らかに『三国演義』の影響を見て取ることができる。たとえば、寧王宸濠の反乱の際の、宸濠の軍と官軍との戦いの以下のような描写がそれである。

賊攻城、輒投石撃之、或沃以沸湯、不敢近。賊擁雲楼瞰城中、将乗城。城中造飛楼数十、従高射賊、賊多死。夜復募死士縋城、焚其楼。賊又置雲梯数十、広二丈、高于城外、蔽以板、前後有門、中伏兵。城上束藁沃膏、燃其端、俟梯至、投其中、燥木著火即燎、賊多焚死。

この描写からは、『三国演義』における官渡の戦いの際の曹操軍と袁紹軍の攻防や、諸葛亮の北伐の際の魏軍との攻城戦の描写の影響が明らかに見られる。そもそも、明代中期の、すでに火砲が大量に使用されるような時代において、このような大時代的な攻城戦が起こりうるものだろうか。馮夢龍は、ここでは激しい攻城戦を類型的に描いているのに過ぎないのである。このことからも、本書にのみ見られ、「年譜」に見えない描写（例えば前述の島田が挙げている幼少期のエピソード）についてそれが事実か否かを論じることがいかに無意味かは明らかであろう。[12]

ここまで、本書を小説として考えるべき事を述べてきたが、それでは、本書の小説としての特徴はどこにあるのだろうか。

まず第一に挙げるべき点は、前述のごとく、王守仁の学者としての生涯と軍事上の活躍を、破綻無くまとめていることである。このことが、本書が少なからぬ読者を獲得してきた最大の要因といえるだろう。演義小説の文体による描写は、日中いずれの読者にとっても、極めてわかりやすいものであり、特に日本の幕末、明治期に繰り返し刊行されているのは、本書が陽明学の入門書として格好のものと見なされていたことを示すものなのである。

次に、本書がいわば偉人伝であるにもかかわらず、それを描く馮夢龍の筆が、必ずしも教条的になっていないことである。王守仁の幼少期の腕白ぶり、結婚式を忘れていたことなどは、等身大の人間としての王守仁を感じさせるものとなっている。この点は、王守仁以外の人物に関しても言えることであり、本書最大の敵役と言うべき寧王宸濠も、戦いに敗れ、妻である婁妃との別れに際しては、

宸濠知事不済、亦欲謀遁。与妻妃泣別曰、昔人亡国、因聴婦人之言。我為不聴賢妃之言、以至如此。婁妃咽哽不能出声、但云、殿下保重、勿以妾為念。言畢、与宮娥数人跳下湖中而死。宸濠心如刀刺。

と、涙を流して別れを惜しむ、人間的な感情を見せている。このことは妻である婁妃についても同じであり、後に述べる、清代の作品である『採樵図伝奇』は彼女を主人公とするが、そこではあまりに理想化され、ここでのような夫を思いやる優しい妻としての側面は取捨されてしまっているのである。

以上を要するに、本書は明代における演義小説の流行を背景として記された王守仁の伝記小説であり、伝記小説の伝統をふまえた事件や人間に対する、通俗的・類型的ではあるがわかりやすい描写こそが、長期に渡る本書の人気を支えていたのである。

第二節　蒋士銓『採樵図伝奇』における王守仁像

明代において王守仁の生涯を描いた文学作品としては、前節においてとりあげた、『三教偶拈』の第一冊である

『王陽明出身靖乱録』が有名である。しかしながら、清代の文学作品に表わされた王守仁像に関しては、蒋士銓の戯曲『採樵図伝奇』の例が紹介されるに止まっている。ここでは、本作品における王守仁の描写について見ていきたい。

『採樵図伝奇』は、蒋士銓によって記された、寧王宸濠の正妃である婁妃を主人公とする戯曲である『一片石』、『第二碑』に続くものである。蒋士銓は字は辛畭（または辛予、心餘）、あるいは苕生、号は清容、あるいは定甫、離垢居士、蔵園主人、鉛山倦客などと記す。浙江省長興県の人。乾隆二十二年（一七五七）の進士。官は国史修撰、記名御史に至る。雍正三年（一七二五）～乾隆五十年（一七八五）。現存する彼の戯曲は、上記を含め十六種に上る。(13)

『採樵図伝奇』の構成は、以下の通り。

「採樵図伝奇自序」（辛丑［乾隆四十六年、一七八一］、蒋士銓）

第一齣　出閣
第二齣　復衛
第三齣　題画
第四齣　聴歌
第五齣　召客
第六齣　双殉
第七齣　誓師
第八齣　密紉
第九齣　禽叛

第十齣　勒銘
第十一齣　私葬
第十二齣　学道

『採樵図伝奇』の執筆意図については、作者自身による「自序」に詳しいので、以下にその全文を示す。

吾郡上饒婁一斎先生、理学名儒。誕育賢女、結配非人、含恨而卒。其墓在江西省徳勝門外河干、湮没已久。予於辛未訪得碑址、先後作一片石、第二碑院本以表之。今復為採樵図十二齣、伝演本事。蓋題画以諫阻其夫之乱、故妃之隠志也。終以陽明立功遭忌、学道名山。一倡三歎、唯解人知之耳。辛丑中秋日、離垢居士書。

ここで記されている辛丑とは乾隆四十六年（一七八一）のことであり、『採樵図伝奇』が同年の作であることが分かる。また、この年は蒋士銓の死の四年前、彼が五十七歳の折りのものであることから、『採樵図伝奇』には、彼の晩年の思想が盛り込まれていると言うことができよう。

この「自序」において蒋士銓は、同郷の朱子学者である婁諒（一斎）の娘で、寧王宸濠の正妃であった婁妃の事績が埋没しているのを惜しみ、それを顕彰するために『採樵図伝奇』を記したと明言している。また、「自序」において婁一斎を「理学名儒」と褒め称えていることからもわかるように、蒋士銓は思想的には朱子学寄りであると言えるだろう。

『採樵図伝奇』は、婁諒が、寧王のもとに嫁いでいく婁妃に訓誨を与えるところから始まる（「出閣」）。寧王は、自己の出生の際の奇瑞と、側近に李士実、劉養正等の有能な士を得たことから皇位への野望を抱くに至る（「復衛」）。婁妃はこのことを知り、劉養正の描いた『採樵図』に詩を求められた際、寧王の野望を諫める句を記す（「題画」、この絵の題名が作品の題名となっている）。婁妃は更に農民たちに教える秧歌の歌詞により寧王を諫めようとする（「聴歌」）。一方、風流才子の唐寅は寧王に招かれたが、唐寅は寧王に謀反の意志があることを知り、発狂したふりをして、無事寧王の元から逃れることに成功した（「召客」）。寧王はその後、附近の官僚のうち、自分の意志に従わないものを次々殺害し、江西巡撫孫燧および同副使道許逵も寧王に諫言して殺される（「双殉」）。そして第七齣「誓師」において始めて王守仁が登場する。王守仁は曲を唱った後、次のように自己紹介する。

下官王守仁、餘姚人也、奉命出撫江西南贛地方。昨豊城県令顧佖密報、宸濠已反。為此提兵急下吉安、約知府伍文定参見。

そして伍文定とともに樟樹鎮に本営を置いた王守仁は天を祭って誓いを立てる。

皇天后土、百爾神祇在上、守仁躬冒矢石、誓不与賊倶生。若有二心、身如此酒(14)。

ここで王守仁が述べていることは、彼が餘姚の人であることは勿論、彼が寧王の叛乱勃発時には「江西南贛地方」に向かっていたこと、「豊城県令顧佖密報」によって叛乱の勃発を知ったこと、そのことを知ると同時に吉安に向かい伍文定と会見し天を祭り誓いを立てたことなど、すべて『王文成公全書』所収の「年譜」と一致している。この点で、後に述べる、同じく清代の文学作品である『大明正徳皇遊江南伝』が、これらすべての点で事実と反する描写を行っているのとは好対照であり、蒋士銓が本作品を歴史的事実に即したものとしたいという、自覚的な執筆態度を有していたことを示しているのである。

一方、第八齣「密紉」において、不本意ながらも寧王の反乱軍の艦隊に同乗させられた婁妃は、王守仁の挙兵を知り、以下のように自らに語りかける。

　那王守仁幼在辺陲、習于兵略。旌旗所指、草木生威。聞他削平大盗数十処、莫不破卵焚巣、犂庭掃穴。此刻将到樵舎、看来我夫妻性命只在頃刻也[15]。

王守仁の参戦により前途に絶望した婁妃は、長江に身を投げる決意をする。但し、婁妃がこの時点で王守仁の存在を知っていたという記録は無く、このように婁妃に述べさせたのは、彼女が叛乱の結末を正確に見通していたことを示すための、作者の虚構であろう。また、婁妃が自殺するのも、史実では鄱陽湖の決戦の後、寧王と涙の別れの後であり、寧王に別れも告げず自殺したとするのは事実ではない。

第九齣「擒叛」において王守仁は官軍の艦隊を率いて、寧王の艦隊に火攻をかけようとする。

　俺王守仁、督領水師、追殺宸濠、来到樵舎地方。你看、蘆花似雪、断港如棋、不免縦火延焼、賊艇定成灰燼。軍士們、将小船三十隻、装載柴薪油草、順風放火焼去[16]。

この作戦は見事に的中し、王守仁は寧王の艦隊を壊滅させ、その後、小港に潜んでいた寧王をとらえることに成功するのである。この王守仁による火攻は鄱陽湖の決戦の際に用いられている。また、その後、寧王をとらえる経緯も、ほぼ史実に忠実なものと言うことができるだろう。

続く第十齣「勒銘」からは、叛乱鎮圧の後日談となる。この齣では、王守仁は廬山の開先寺を訪れ、壁に剣で字を記して去る。この王守仁による開先寺訪問は史実であり、「年譜二」の「(正徳)十有五年庚辰先生四十九歳」の一月の項には、以下のように記されている。

以晦日重過開先寺、留石刻読書台後。詞曰、正徳己卯六月乙亥、寧藩濠以南昌叛、称兵向闕。破南康九江、攻安慶、遠近震動。七月辛亥、臣守仁以列郡之兵復南昌、宸濠擒、餘党悉定。当此時、天子聞変赫怒、親統六師臨討、遂俘宸濠以帰。於赫皇威、神武不殺、如霆之震、靡撃而折。神器有帰、孰敢窺窃。天鑑於宸濠、式昭皇霊、嘉靖我邦国。正徳庚辰正月晦、提督軍務都御史王守仁書、従征官属列於左。方明日、遊白鹿洞、徘徊久之、多所題識。(17)

従って、この齣の内容も、「年譜」で石刻とあるのを剣で壁に記したと誇張している以外は、ほぼ史実の通りと言うことになる。

長江に身を投じた婁妃の遺体は漁師たちによって埋葬され、そのことを聞きつけた婁諒の子孫がお参りに来る(「私葬」)。

最後の齣である「学道」では、王守仁は佞臣たちから誹謗を受け、嫌疑を避けるために九華山へと上る。

下官王守仁。孤立可危、群疑莫避、只得暫棄簪纓、往尋瓢笠。来此已是九華山了。(18)

身分を隠して九華山に上った王守仁だったが、老僧に変身した地蔵王菩薩にそれを見抜かれ、古来の功臣の末路を考えるようにと諭される。そして、彼が瞬時に姿を消したことでその正体を悟る。

呀、和尚霎時不見、我王守仁今日遇仙矣。(19)

こうして、王守仁が悟りを開き、俗世を去るところで、この『採樵図伝奇』は終わるのである。勿論、王守仁がここで俗世を去ったというのは戯曲に結末を附けるためのフィクションであるが、王守仁の九華山行きは史実であり、前述の「年譜二」の「(正徳)十有五年庚辰先生四十九歳」の一月の項に以下のように記されている。

正月赴召次蕪湖、尋得旨返江西。忠泰在南都、讒先生必反、惟張永持正保全之。武宗問忠等曰、以何験反。対曰、召必不至。有詔面見、先生即行。忠等恐語相違、復拒之蕪湖半月。不得已、入九華山、毎日宴坐草菴中。

但し、王守仁の九華山行きと廬山の開先寺参拝との関係は、史実では年譜に示されているように、九華山が一月中旬、開先寺が同月末日であり、『採樵図伝奇』では逆となっている。この点については、作者に特別な意図があってのことかは不明である。

『採樵図伝奇』の内容については以上であるが、作者が「自序」で述べたように執筆の意図が婁妃の顕彰にあったのであれば、本書の後半、九齣以降は婁妃の埋葬を描く十一齣以外は不要のはずである。それでは、後半、王守仁の奮戦と出世間を描く部分はなぜ必要だったのであろうか。その答えは、前述の「年譜二」の「(正徳)十有四年巳卯先生四十七歳在江西」の七月の項にある。そこでは、寧王が以下のように王守仁に語りかけているのである。

濠就擒、乗馬入、望見遠近街衢行伍整粛、笑曰、此我家事、何労費心如此。一見先生、輒託曰、婁妃、賢妃也。自始事至今、苦諫未納。適投水死、望遣葬之。比使往、果得屍。蓋周身皆紙縄内結、極易辯。婁為諒女、有家学、故処変能自全。

ここでは、寧王が王守仁に婁妃の埋葬を依頼し、王守仁が遺体を回収したところまでしか記されていないが、『江西通志』巻三十二には、

初、宸濠謀反、妃婁氏泣諫不聴。及宸濠被擒、於檻車泣語人曰、昔紂用婦人言而亡天下、我以不用婦人言而亡其国。守仁為求婁妃尸葬之。

とあり、王守仁が婁妃の遺体を埋葬したことを明記しているのである(20)。

そもそも、蒋士銓にとって婁妃への関心は、その墓の荒廃に対する憤りの念から始まっていた。『採樵図伝奇』に先だって執筆された『一片石』の「自序」には、以下のように記されているのである。

前明寧庶人婁妃沈江後、為南昌人私葬、二百年来、無有志者。乾隆辛未春夜、南昌蔡書存先生謂余曰、昔聞朱赤谷老人言、婁妃有墓、在城外隆興観側、今廃矣、碑趺尚存、惜無能復者。余頷之。明日、告青原方伯、意怏怏、急遣吏訪其処、遂立碑表識之。

従って、蔣士銓にとって、寧王から婁妃の埋葬を託され、それを実行した王守仁は婁妃を語る際に欠かせない人物であり、婁妃の物語を、王守仁の活躍とその出世間によって結ぶことは、最もふさわしい結末と考えられたと思われるのである。

以上の如く、『採樵図伝奇』における王守仁の造形は、いわば婁妃の物語の結びとして構想されたと言うべきものであるが、そこにおいて、思想家としての王守仁像が全く欠落していることは注目される。蔣士銓に思想に対する関心が欠落していたとは考えられない。現に本書の自序において彼は婁諒について、「理学名儒」という評価を下しているのである。

それでは、彼が王守仁について武人としての側面のみを強調しているのはなぜなのだろうか。その理由としてはやはり、清代に入るとともに、陽明学に対する評価の下落に伴い、王守仁の思想家としての評価も低下していったことが挙げられる。前述の如く婁諒を「理学名儒」として評価している蔣士銓にとって、陽明学に比して朱子学の評価が高いのは、むしろ当然のことであったろう。しかしながら、王守仁の武人としての活躍、特に寧王の叛乱の鎮圧の際のそれは、何人も否定できないものであったのである。このような、武人としてのみ王守仁をとらえる傾向は、この後、清末に到るまで、受け継がれることになるのであり、この点については、次節で詳しく見ていくこととしたい。

第三節　何夢梅『大明正徳皇遊江南伝』における王守仁像

清代の文学作品に表わされた王守仁像としては、前節において述べた『採樵図伝奇』を除けば、管見の限り、李漁『玉搔頭』および道光年間に全く無名の著者によって記された小説である『大明正徳皇遊江南伝』があるのみである。(21)ここでは後者によって、清代庶民の抱いていた王守仁のイメージを探っていきたい。

一

最初に、『大明正徳皇遊江南伝』の概要を述べておきたい。本書は全七巻、四十五回、牌記に「江左書林梓」とある。(22)巻頭の「游龍幻志序」の末尾に「道光壬辰仲夏、上澣樵西黄逸峰拜題」（道光壬辰の仲夏、上澣樵西の黄逸峰、拝して題す）、その後の作者による自序の末尾にも「道光壬辰季秋中浣、順邑虚荘何夢梅識」（道光壬辰季秋の中浣、順邑虚荘の何夢梅識）とあることから、本書は道光十二年（一八三二）秋に福建省順昌県の何夢梅によって記されたものであることが判る。黄逸峰、何夢梅とも、全くの無名の人物である。また、本書が倉卒の内に完成されたであろうことは、これら両序に続く挿図において王守仁の図に「黄守仁」と記されていることからも一目瞭然である。

本書は小説として、また王守仁の伝記資料として高い価値を有するものでは決してないが、既に清朝も終わりを迎えようとするこの時期において、下層の読書人、あるいはむしろ庶民層に近い人々が、王守仁にどのようなイメージを抱いていたかを探る上での興味深い材料であると考えられる。以下、本書の内容のうち、特に王守仁と関連する部分について述べていきたい。

二

正徳帝は、即位後まもなく劉瑾らと遊び惚け、官僚達を近づけなくなる。それを批判した左都御史の銑彦徽（史実では戴銑と薄彦徽）は逆に廷杖の刑を受けることとなり、彼を弁護するために皇帝に上書した王守仁も貴州龍場の駅丞に左遷されてしまう。以下、この場面を見ていきたい。

再説、王守仁係雲南臨安府石屏県人氏、由進士出身、秉性孤忠、不避権貴、武有孫呉之将略、文有諸葛之奇謀。因見此日上表陳言、主上不准、反貶他為龍場駅丞、不勝憤恨、只得収拾家眷、就日登程、直望貴州而去。不想劉瑾那廝久知守仁智勇兼備之士、素性忠耿之人、恐其在外含恨生端、留為後患、忽思一計、就欲謀害于他。乃暗命心腹勇士四人、預先去到半途僻静険［津］（律）[23]、将他満門截殺、方為斬草除根的妙計。誰想王守仁一路而来、比至銭塘江口、見人烟漸漸罕少、両岸尽是高山、極其険阻。前面去路、只容一舟可過。乃暗中思忖、忽然悟道、為何這裡有此要津、莫非奸党用謀、特遣我到此間、将吾計害不成。乃止住舟人、且慢進発、退回一箭之路、明日再行。是夜、輾転難眠、翻思覆想、心中忖道、前者劉瑾那廝、也曾屢屢命人説我拝他門下。奈我立志不従、触其心恨、故有今日之事。倘若不然、為何我与各御史大人一般上奏、主上既然大怒、将諸臣廷杖三十、削職為民、何独貶我為龍場駅丞。我想駅丞乃是一個無用的散員、況且現又有人在此、何雖用某前去。顕係劉瑾這班奸党預知此処危津、可以埋伏刺客、故特遣我来到此間、思欲将吾截殺、以絶後患耳。這等詭謀、豈能出吾之料哉。乃心生一計、上可以逃賤職、下可以保家人。趁此月暗星稀、佯狂上岸、詐作投江而死、以掩奸人耳目、豈不為佳。主意已定、併不対家人説知。写了一封書信、蔵在袖中。于是詐起瘋顛、糊言乱語、笑哭无常、逢人便罵。家人一時不知為計、左右諸人亦意他真病。一時未及提防、被守仁趁着夜色朦朧、抽身［上］（土）岸、走至江浜、棄冠履于道上、投大石于波間。遺詩一首、併書信一封、隠姓埋名、逃入武夷山去了。及至家人上舟巡到、看見遺物、皆謂守仁投江死了。一時驚動、人人到看、信以為真。是時浙江藩臬及郡守楊万瑛聞知、皆来設祭、家人婦人亦成服招魂。悲哀之声、驚聞数里。其遺詩曰、

人去穹泉不可追、擬教魂夢得相随。
百年臣子悲无極、夜夜江涛泣子胥。

其書内有云、拝請郡守楊大奇、凂他着兵船護送家眷回郷。楊万瑛是日就令兵船護送他家眷回雲南而去。這箇意思、想是守仁見自己脱身、猶慮奸徒害他家眷的意見。故後人有詩詞両句賛曰、

若非主事機謀広、已堕奸臣毒計中。

（第一巻、第四回、五十三～五十七頁）

前記のように、この文は王守仁が宦官批判の上奏文を提出した大臣たちに同情したため迫害を受け、龍場駅丞に左遷されることから始まっているが、「年譜」の「先生至銭塘、瑾遣人随偵。先生度不免、乃託言投江以脱之」（先生の銭塘に至るや、瑾、人を遣はして随ひて偵（うかが）はしむ。先生免れざるを度り、乃ち言を江に投ずるに託して以て之れを脱す）という僅か二十三文字の記録から敷衍して、王守仁の心情、劉瑾の計算、そして王守仁が暗殺者の魔手から見事に逃れる場面など、読者を楽しませるための様々な工夫が織り込まれている。銭塘江口の地勢から身の危険を直感し、劉瑾の陰謀を看破すると同時に脱出の計略を生み出し、さらに家族や召使いまで信じ込ませた演技力を発揮するなど、軍略家としての王守仁の智勇双全の判断力と行動力は、文中において活写されている。

第一節で述べた王守仁に関する伝記文学である『王陽明出身靖乱録』においても、銭塘での王守仁の行動について、同じく物語風に語られているが、そこでは話は主として王守仁を殺そうとする劉瑾の手先と、彼を助けようとする杭州人の沈玉、殷計との間のやり取りである。そのなかでの王守仁は、悪人に拉致され、感傷の涙を流したり等の人間的な弱みを見せており、また、石を川に投げ込んで逃げ出すという行動も、自殺を迫られた際の受動的な行動であった。それと比して、『大明正徳皇遊江南伝』における王守仁の人物像はより単純化された、いかにも英雄的な存在となっている。

「年譜」によれば、王守仁の最も重要な弟子の一人である徐愛は、王守仁が龍場へ向かう直前に正式に入門している。このことは王守仁の講学の歴史における重要事であり、『王陽明出身靖乱録』においても、その事実を物語の中に取り入れている。しかしながら、『大明正徳皇遊江南伝』においては、このことについて一切触れられていない。それればかりではない。「年譜」においては、自殺に見せかけて劉瑾の手から逃れた王守仁は武夷山まで逃げたが、結局のところ、親のことを心配して、銭塘に戻って龍場駅に赴き、そこで有名な「龍場の大悟」を成し遂げたのである。しかしながら、『大明正徳皇遊江南伝』においては、王守仁は逃亡の方法を考えた際に、すでに家族の安全まで考慮しており、彼の計画はすべて計算どおりにうまくいっている。そのため、当然ながら彼は戻る必要もなく、悠々と隠居生活を送っている。つまり、『大明正徳皇遊江南伝』の作者は王守仁が龍場に行く必要性を認めなかったのであり、このことは、思想家としての王守仁に関しては、『大明正徳皇遊江南伝』の書き手も読み手も興味を持たなかったことを示すものと言えるだろう。

なお、周知の如く、王守仁は浙江省餘姚の人であるが、ここで王守仁を雲南省の人としているのは、小説であるため故意に変更を加えたものであろう。また、刺客の数を四人としていることも注目される。実は、『大明正徳皇遊江南伝』以前に刺客の人数を四人としているのは、鄒守益の筆になる『王陽明先生図譜』のみなのである。『王陽明先生図譜』は、今日でこそ殆ど忘れられた存在となっているが、前述の『皇明大儒王陽明先生出身靖乱録』にも明らかに同書の影響が見られるなど、明清期においては一定の読者層を持っていたのであり、この刺客の数の描写は些細なことであるとはいえ、清代も末に近いこの時期においても、『図譜』がなお影響力を保っていたことを示す、貴重な資料と言えるだろう。

ここまでの部分は、小説的な脚色は見られるものの、基本的には公式の伝記である『王文成公全書』所収の「年譜」とほぼ同じであると言える。

三

その後、劉瑾等はますます勢力を振るうようになるが、やがて王寘藩（史実では王寘鐇）の反乱を鎮圧して都に凱旋してきた楊一清等によって宮中から駆逐され、劉瑾はかろうじて震濠（史実では宸濠）のもとへと逃れる。一方、遊び仲間であった劉瑾等を失い、無聊を覚えた正徳帝は、部下の将軍の帰郷に便乗して江南へと漫遊の旅に出る。お忍びの漫遊ではあったが、このことはやがて世間に知られるところとなり、それを好機と見た劉瑾・震濠によって正徳帝は蘇州において包囲されてしまう。

そのころ、正徳帝を連れ戻すべく南下を続けていた、先帝よりの顧命の大臣である梁儲は、安徽省の省境において不思議な老人に出会う。

（梁儲）一日偶従安徽界口経過、遠望見一隻小舟蕩槳而行、舟中坐着一个老叟、綸巾寉服、飄飄若仙。忽聞歌

声繚喨、遂住足聴之。其歌曰、

舟停緑水烟波内、家住青山壙野中。
偏愛渓橋春水漲、最怜岩岫暁雲濃。
小舟仰望吟秋月、短檻斜攲納晩風。
口舌場中無我分、是非海内鮮吾踪。
呼兄喚弟皆漁客、引友携朋尽野翁。
行令猜拳頻递盞、拆牌道字慢伝盅。
潜身避世粧痴蠢、隠姓埋名作啞聾。

歌畢、梁儲想道、聴其歌中、定是山林隠逸之士。聴其声音貫耳、似曾習熟之人。不若待彼舟来、便知詳悉。看看舟近、于是凝眸一看、仔細楡瞞。原来歌者非他、乃兵部主事王守仁也。梁儲斯時恰如獲宝、即便高声喚道、王兄王兄、你既是為天上鳳鸞、猶憶人間有当日同飛之燕雀否。守仁聞喚、亦挙目観瞻。認得是大学士梁儲儀容、大驚失色。急命移舟泊岸、相見嘻吁。守仁便問梁儲因何至此、梁儲亦問守仁何得復在人間。于是各述本末因由。梁儲説曰、当日得聞足下臨江自溺、我亦疑及兄台才雄志広、丈夫遇難、未必肯如此結局終身、今乃果然。説罷、共為一笑。守仁聞知劉瑾不在朝堂、奔逃異地、不勝歓喜。梁儲遂求守仁復出、[共]（其）尋聖主、俾得起復、鎮作朝綱、誅滅奸佞、以楽時清。守仁数次推辞、梁儲幾番求懇。王守仁感他一副為国憂民的肺腑、只得允従、徐命舟人回去、自己却同梁儲上岸、直望江南而去。

（第六巻、第三十九回、四五一～四五四頁）

一読明らかなように、この部分は完全な創作であり、他の王守仁の伝記文学において、類似するものを知らない。杭州に戻らず、龍場駅に赴くこともなかったという物語の設定上、王守仁の再登場には、このような劇的な出会いが必要だったのであろうか。

また、「山林隠逸之士」の歌からその人物の非凡さを知るという描写から、『三国演義』における諸葛亮（孔明）の投影を見ることは容易であり、ここにおいて王守仁は、完全に伝奇中の人物として消化されているのである。

四

梁儲と再会を果たした王守仁は、蘇州近郊の勤王の志厚い山賊達に助けられ、包囲を突破して蘇州に突入し、皇帝に面会する。その折、統兵大元帥に任命された守仁は、官軍の総大将として、劉瑾・震濠連合軍と戦うことになった。統兵大元帥としての王守仁は、総指揮官としての立場もあり、先頭にたって戦うよりも、部下からの進言を受け入れ、それにしたがって戦況を有利に導く、戦略家として描かれている。ここでは、そのような描写の一例として、賊軍の象部隊との戦闘を引用したい。象部隊との初戦において敗退した王守仁は、部下の進言により、銅で作った人形を用意して、再戦に備える。

到了次日、守仁伝令大小三軍、飽食［暖］（爰）装、以聴調遣。就喚周勇与李龍聴令、命你二人帯一万人馬、在於塞前分左右埋伏。倘見我兵得勝、賊兵到此、一斉殺出。又喚郭如龍兄妹聴令、命你二人帯了本部人馬、前去挑戦。若賊兵出来迎敵、許敗不許勝、且戦且走。倘遇我兵殺進、汝二人就可分兵左右退下。一声炮響、然後回兵殺上。分撥已畢、衆人領兵去了。守仁就留宋宝与両省督撫領着二万人馬、保護少主、緊守城池、遂自与万人敵等四人駆兵在後接応。即令軍士煆紅火炭、傾入銅人腹内。不一時間、把銅人煆得上下通紅、用車載了、然後提兵殺去。却説如龍兄妹二人帯了三千［人］（大）馬、前到賊営搦戦。奪鰲於是分兵両路殺去。二人接住交鋒、戦有十个回合。震濠命人将群象放去、如龍看見、回馬就走。奪鰲催兵赶殺。只見山後一彪人馬、掛着天朝旗号。奪鰲就群象赶起、群象好似猛虎一般、向前撲去。如龍兄妹見自己大軍殺到、就将兵分開左右退下、譲守仁之兵殺上。守仁見群象来近、一声砲響、即命軍士推出銅［人］（仁）。那象只当是軍兵、向前用象抜去。誰想抜的乃是銅人、群象被人焼着、欲脱不能得脱、乃大吼一声、好似山崩地裂一様、望後而走、把自己的軍馬自相践踏、死者不計其数。守仁駆兵将銅人推上、如龍兄妹亦回兵分左右殺来。劉瑾与奪鰲等嚇得魂飛魄散、大敗而走。王守仁随後追殺、奪鰲于是引着残兵逃入江寧而去。閉了城門。吩咐緊守城池。王守仁揮兵赶到、遂将江寧城中団団囲住。

（第七巻、第四十一回、四七四〜四七六頁）

この象部隊との戦闘と、新兵器によってそれを破るといった場面からは、『三国演義』における、諸葛亮による南蛮王孟獲との戦いの投影が明らかに見られ、先において見た、王守仁の再登場の場面と併せて考えるなら、本書に対する『三国演義』の影響を見て取ることができるであろう。

この後、討伐は順調に進み、劉瑾等は誅せられ、王守仁は皇帝と共に都に帰り、高位の官位を授けられ、物語は大団円を迎えることとなるのである。

五

以上の簡単な紹介からも明らかな如く、本書の内容は、冒頭こそほぼ史実に則っているものの、中盤以降、特に正徳帝が漫遊の旅に出かけてからの展開は、荒唐無稽なものとなっている。

しかしながら、冒頭において述べた如く、本書を執筆した当時の下級知識人、そして読者層における王守仁のイメージを探る上で、本書は興味深い材料を提供している。本書においては皇帝が山賊に助けられていることからも分かるように、『水滸伝』において見られるような架空の英雄たちの活躍が多く見られ、さらにそれらの人物は敵味方とも、魔術さえ駆使するのである。このように、大きく見れば『三国演義』の如き歴史物としての大枠を持ちつつも、内容的にはむしろ『水滸伝』・『西遊記』の如く、その大枠をさえ崩壊させかねない内容を含む本書において、それらの架空の英雄たちをとにもかくにも統括しうる人物として本書の作者が構想しうる人物は、王守仁しかあり得なかったであろう。そして、そのような作者の判断は、正徳帝の時代の大枠の中では、現代の我々から見ても、充分に首肯されるものなのである。

また、本書における王守仁の造形の中に、哲学者としての側面が全く欠落していることも興味深い。彼は徹頭徹尾、冒頭において述べられている如く、「武に孫呉の将略有り、文に諸葛の奇謀有る」軍人としてのみ活躍するのである。

以上の点から見て、清代も後半のこの時期において、下層の識字層における王守仁のイメージが、天才戦略家としてのそれであったことは、明らかだろう。人々は、思想家王守仁を忘れることはあっても、戦略家王守仁を忘れることは、決してなかったのである。

注

（1）島田虔次『朱子学と陽明学』百二十三頁、岩波書店、一九六七。

（2）「總而言之、『靖乱録』一書、其説雖多本于『年譜』、然生枝蔓葉、未免小説習気」陳来『有無之境―王陽明哲学的精神』

三百七十四頁、人民出版社、一九九一。

（3）このようななか、大西克己「『出身靖乱録』における陽明像」（『集刊東洋学』第七十四号、一九九五）は、本書を純粋に文学作品として取り扱っている。また、本書には中田勝による訳注『王陽明靖乱録』（明徳出版社、一九八八）が存在するが、白話に対する理解が不十分なため、誤訳が見られるのは残念である。

（4）『三教偶拈』については、長沢規矩也『双紅堂文庫展覧目録』（東京大学東洋文化研究所、一九六一。現在『長沢規矩也著作集』第四巻、汲古書院、一九八三に所収）を参照。

（5）これら二種の本における魏同賢の解説はほとんど同じものだが、『古本小説集成』本の方がやや詳しい。

（6）一九六八年に広文書局が影印したものも底本は和刻本である。

（7）『書誌学』第十二巻第二号、一九四〇。のち『長沢規矩也著作集』第四巻、汲古書院、一九八三に所収。

（8）以下、出版者に関しては、井上隆明『改定増補近世書林版元総覧』（青裳堂書店、一九九八）によった。

（9）『皇明大儒王陽明先生出身靖乱録』のみ、巻頭に「墨憨斎新編」とある。

（10）魏同賢が述べているように、『済顛羅漢浄慈寺顕聖記』は無名氏の『銭塘湖隠済顛禅師語録』、『許真君旌陽宮斬蛟伝』は鄧志謨の『新鐫晋代許旌陽擒蛟鉄樹記』によっている。

（11）なお、馮夢龍が拠った「王文成公年譜」とは、『王文成公全書』所収の「年譜」ではなく、『全書』に収められる以前に単行されていた二本のうちの毛汝騏刊の三巻本である。この点については第五章第二節を参照のこと。

（12）このような意味において、筆者は銭明「『王陽明全集』未刊詩詞彙編考釈」（『陽明学新探』所収、中国美術学院出版社、二〇〇二）二百七十三頁が本書所載の詩を佚詩として収録しているのには問題があると考える。

（13）蒋士銓の伝記に関しては、主として『蒋士銓戯曲集』（周妙中点校、中華書局、一九九三）巻頭の周妙中「蒋士銓和他的十六種曲」によった。また、以下における『採樵図伝奇』引用の際の底本及び頁数も、同書によっている。

（14）上記二ヶ所の引用は、いずれも四百二十四頁。

（15）四百二十五頁。

(16)　四百二十七頁。
(17)　『王文成公全書』巻三十三。
(18)　四百三十頁。
(19)　四百三十二頁。
(20)　婁妃の墓の位置については、同じ『江西通志』の巻百十に、「婁妃墓在新建徳勝門外、新建上饒両県漕倉盈字廒下。乾隆辛未、布政使彭家屏立碑志之」とある。
(21)　李漁『玉掻頭』について筆者は専論を準備中である。
(22)　『古本小説集成』所収の華東師範大学図書館蔵本による。上海古籍出版社影印。以下、本節においては同書を底本とする。また、『古本小説集成』本の巻頭に附された徐朔方の「前言」は僅か二頁の短文ながら本書について要領良く纏めており、以下の記述においても裨益を得るところが多かった点、あらかじめお断わりしておきたい。
(23)　（　）内が原文で、［　］内に文意によって訂正した文字を示した。以下同じ。

附録一

（一）施本『陽明先生集要』と兪本『王陽明先生全集』における『伝習録』の佚文

（二）香港中文大学所蔵『新刻世史類編』について

（三）王守仁の殿試合格の記録――『弘治十二年進士登科録』について――

附録二

（一）王守仁著作出版年表

（二）王守仁著作所在目録

（三）王守仁著作和刻本序跋

附録三　『王陽明全集』補遺

附録一

（一）施本『陽明先生集要』と兪本『王陽明先生全集』における『伝習録』の佚文

第一章で述べた『伝習録』の諸本のうち、佐藤一斎の言う「施本」および「兪本」は、相互に密接な関係を持つ版本であり、それぞれ七条の佚文を含む点でも注目される存在である。(1) しかしながら、これら両本については佐藤一斎および陳栄捷が佚文との関連において注目した外は、殆ど言及されることがなかった。ここでは両本と『全書』本との比較を行うことにより両本の性格を探り、さらに両本の佚文について、他の諸本との異同を挙げることにより、それらの佚文の持つ意味についても考えることとした。

まず、両本と『全書』本下巻との対照表を以下に掲げる。(2)

「施本」巻二	「兪本巻」二十二	『全書』本下巻
第一条	第一条	第一条
第二条	第二条	第二条
第三条	第三条	第三条
第四条	第四条	第四条

	第五条	第五条
第五条	第六条	第六条
	第七条	第七条
	第八条	第八条
第六条	第九条	第十条
第七条	第十条	第十一条
	第十一条	第十二条
	第十二条	第十三条
第八条	第十三条	第十四条
第九条	第十四条	第十五条
	第十五条	第十七条
第十条	第十六条	第十八条
	第十七条	第十九条
第十一条	第十八条	第二十条
第十二条	第十九条	第二十一条
	〔門人陳九川録〕	〔已下門人黄直録〕
第十三条	第二十条	第二十二条
第十四条	第二十一条	第二十三条

第十五条

第十六条
第十七条
第十八条
第十九条
第二十条
第二十一条
第二十二条

第二十三条
〔以下門人黄修易録〕
第二十四条

第二十五条

第二十二条	第二十四条
第二十三条	第二十五条
第二十四条	第二十六条
第二十五条	第二十七条
第二十六条	第二十八条
第二十七条	第二十九条
第二十八条	第三十条
第二十九条	第三十一条
第三十条	第三十二条
第三十一条	第三十三条
第三十二条	第三十四条
第三十三条	第三十五条
第三十四条	第三十六条
〔門人黄直録〕	〔已下門人黄修易録〕
第三十五条	第三十七条
第三十六条	第三十八条
第三十七条	第三十九条
第三十八条	第四十条

第六十二条	
第二十六条	
第二十七条	
第二十八条	
第二十九条	
〔以下門人黄省曾録〕	
第三十条	
第三十一条	
第三十二条	
第三十三条	

第三十九条	第四十一条
第四十条	第四十二条
第四十一条	第四十三条
第四十二条	第四十四条
第四十三条	第四十五条
第四十四条	第四十六条
第四十五条	第四十七条
〔門人黄修易録〕	〔已下門人黄省曾録〕
第四十六条	第四十八条
第四十七条	第四十九条
第四十八条	第五十条
第四十九条	第五十一条
第五十条	第五十二条
第五十一条	第五十三条
第五十二条	第五十四条
第五十三条	第五十五条
第五十四条	第五十六条
第五十五条	第五十七条

第三十四条	第五十六条	第五十八条
	第五十七条	第五十九条
	第五十八条	第六十条
	第五十九条	第六十一条
	第六十条	第六十三条
	第六十一条	第六十四条
	第六十二条	第六十五条
	第六十三条	第六十六条
第三十五条	第六十四条	第六十七条
	第六十五条	第六十八条
第三十六条	第六十六条	第六十九条
第三十七条	第六十七条	第七十条
第三十八条	第六十八条	第七十一条
	第六十九条	第七十二条
	第七十条	第七十三条
第三十九条	第七十一条	第七十四条
第四十条	第七十二条	第七十五条
第六十三条	第七十三条	第七十六条

第四十一条

第四十二条

第四十三条

第四十四条

第四十五条

第四十六条

第七十四条
第七十五条
第七十六条
第七十七条
第七十八条
第七十九条
第八十条
第八十一条
第八十二条
第八十三条
第八十四条
第八十五条
第八十六条
第八十七条
第八十八条
第八十九条
第九十条
第九十一条

第七十七条
第七十八条
第七十九条
第八十条
第八十一条
第八十二条
第八十三条
第八十四条
第八十五条
第八十六条
第八十七条
第八十八条
第九十条
第九十一条
第九十二条
第九十三条
第九十四条
第九十五条

第四十七条	第九十二条	第九十六条
第六十九条	第九十三条	第九十七条
	第九十四条	第九十八条
	第九十五条	第九十九条
第七十条（後半）	第九十六条	第百一条
	第九十七条	第百二条
	第九十八条	第百三条
	第九十九条	第百四条
	第百条	第百五条
第四十八条	第百一条	第百六条
第四十九条	第百二条	第百七条
第七十一条	第百三条	第百八条
	第百四条	第百九条
	第百五条	第百十条
第七十五条	第百六条	第百十一条
第七十二条（前半）	第百七条	第百十二条
第七十二条（後半）（佚文一）	第百八条	
第五十条	第百九条	第百十三条

	第百十条	第百十四条
第七十三条	第百十一条	第百十五条
	〔門人銭徳洪録〕	
	〔銭徳洪序〕（仮題）	〔銭徳洪序〕（仮題）
〔此後黄以方録〕		〔此後黄以方録〕
第五十一条	第百十二条	第百十六条
	第百十三条	第百十七条
第五十二条	第百十四条	第百十八条
第五十三条	第百十五条	第百十九条
	第百十六条	第百二十条
第五十四条	第百十七条	第百二十一条
	第百十八条	第百二十二条
	第百十九条	第百二十三条
第五十五条	第百二十条	第百二十四条
第五十六条	第百二十一条	第百二十五条
	第百二十二条	第百二十六条
	第百二十三条	第百二十七条
	第百二十四条	第百二十八条

第五十七条	第百二十五条	第百二十九条
第七十四条	第百二十六条	第百三十条
	第百二十七条	第百三十一条
第六十四条	第百二十八条	第百三十二条
	第百二十九条	第百三十三条
	第百三十条	第百三十四条
	第百三十一条	第百三十五条
第五十八条	第百三十二条	第百三十六条
	第百三十三条	第百三十七条
	第百三十四条	第百三十八条
第五十九条	第百三十五条	第百三十九条
	第百三十六条	第百四十条
第六十五条	第百三十七条	第百四十一条
第六十条	第百三十八条	第百四十二条
第六十一条	第百三十九条	第十六条
第六十六条	第百四十条	第九条
第六十七条	第百四十一条	第六十二条
第六十八条	第百四十二条	第八十九条

第七十条（前半）
第七十六条（佚文二）
第七十七条（佚文三）
第七十八条（佚文四）
第七十九条（佚文五）
第八十条（佚文六）
第八十一条（佚文七）
第百四十三条
第百四十四条
第百四十五条
第百四十六条
第百四十七条
第百四十八条
第百四十九条
「門人黄以方録」
第百条
「銭徳洪跋」（仮題）
「朱子晩年定論」
「施邦曜跋」（仮題）
「大学問」

各条の配列から見て、これら二本はいずれも先行する『全書』本に基づいていることは疑いない。しかしながら、「施本」が『全書』本に対し取捨選択を行い、『全書』本の内容の一部を棄てた上で佚文を増補しているのに対し、「兪本」は「施本」に基づきつつも、「施本」が省いた『全書』本の各条を再び復活させているのである。これは恐らく、「兪本」の編者が、先行の諸本に対する独自の特色を出そうとして行ったものと思われる。

次に、両本の佚文を見ていきたい。なお、（　）中の条数は「施本」によっている。

「佚文一」（第七十二条後半。第七十二条前半は『全書』本下巻、第百十二条に一致する。(3)）

請問郷愿狂者之辨。曰、郷愿以忠信廉潔見取于君子、以同流合汙無忤于小人。故非之無挙、刺之無刺。然究其心、乃知忠信廉潔、所以媚君子也、同流合汙、所以媚小人也。其心已破壊矣、故不可与入堯舜之道。狂者志存古人、一切紛囂俗染、挙不足以累其心、真有鳳凰翔于千仞之意。一克念、即聖人矣。惟不克念、故闊略事情、而行常不掩。惟行不掩、故心尚未壊、而庶可与裁。曰、郷愿何以断其媚世。曰、自其譏狂狷知之。而曰、何為踽踽涼涼。生斯世也、為斯世也。善斯可矣。故其所為、皆色取不疑、所以謂之似。然三代以下士之取盛名于時者、不過得郷愿之似而已。究其忠信廉潔、或未免致疑于妻子也。雖欲純乎郷愿、亦未易得。而況聖人之道乎。曰、狂狷為孔子所思。然至于伝道、不及琴張輩、而伝曾子。豈曾子乃狷者乎。曰、不然。琴張輩狂者之稟也、雖有所得、終止于狂。曾子中行之稟也、故能悟入聖人之道。

［訓読］

郷愿、狂者の辨を請問す。曰く、郷愿は忠信廉潔を以て君子に取られ、流れを同じくし汙に合するを以て小人に忤らふ無し。故に之れを非とすれども挙ぐる無く、之れを刺れども刺る無し。然れども其の心を究むれば、乃ち忠信廉潔は、君子に媚びる所以にして、流れを同じくし汙に合するは、小人に媚びる所以なるを知るなり。其の心、已に破壊す、故に与に堯舜の道に入るべからず。狂者は志、古人に存し、一切の紛囂俗染は、挙げて以て其の心を累はすに足らず、真に鳳凰千仞を翔くの意有り。一たび念に克てば、即ち聖人たらん。惟だ念に克たず、故に事情に闊略にして、行ひ常に掩はざるのみ。惟だ行ひ掩はざるのみ、故に心尚ほ未だ壊れずして、与に裁すべきに庶し、と。曰く、郷愿は何を以て其の世に媚びるを断ぜん、と。曰く、其の狂狷を譏るによりて之れを知る。而して曰く、何為れぞ踽踽涼涼たる。斯の世に生まるるや、斯の世を為すなり。善みせらるれば斯れ可なり、と。故に其の為す所、皆な色取りて疑はれず、所以に之れを似たりと謂ふ。然れども三代以下の士の盛名を時に取る者は、郷愿の似たるを得るに過ぎざるのみ。其の忠信廉潔を究むれば、或いは未だ疑ひを妻子に致すを免れざるなり。郷愿に純ならんと欲すと雖も、亦た未だ得易からず。而るを況んや聖人の道をや、と。曰く、狂狷は孔子の思ふ所為り。然れども道を伝ふるに至りては、琴張の輩に及ばずして、曾子に伝ふ。豈に曾子は乃ち狷者なるか、と。曰く、然らず。琴張の輩は狂者の稟なり、得る所有りと雖も、終に狂に止まる。曾子は中行の稟なり、故に能く聖人の道に悟入す、と。

〔語釈・出典〕

○郷愿　八方美人、偽善者のこと。愿は原に同じ。『論語』陽貨に「子曰、郷原徳之賊也」（子曰く、郷原は徳の賊なり、と）とあり、『孟子』尽心下に「（郷原）非之無挙也、刺之無刺也。同乎流俗、合乎汙世。居之似忠信、行之似廉潔」（郷原は）之れを非とすれども挙ぐる無く、之れを刺れども刺る無きなり。流俗に同じくし、汙世に合す。之れに居るに忠信に似、之れを行ふに廉潔に似る）とある。

○狂者　言うことばかり大きく、行動が伴わない者。『論語』子路に「子曰、不得中行而与之、必也狂狷乎。狂者進取、狷者有所不為也」（子曰く、中行を得て之れと与にせずんば、必ずや狂狷か。狂者は進み取り、狷者は為さざる所有るなり、と）とある。ここでは『孟子』尽心下の「何以謂之狂也。曰、其志嘐嘐然、曰古之人、古之人。夷考其行而不掩焉者也」（何を以て之れを狂と謂ふや、と。曰く、其の志嘐嘐然たり、古の人、古の人と曰ふ。其の行ひを夷考して焉れを掩はざる者なり）も踏まえている。

○同流合汙　世俗に迎合すること。「汙」は「汚」に同じ。『孟子』尽心下。

○非之無挙、刺之無刺　非難しようにもそれを指摘できず、攻撃しようにも攻撃する材料が無いということ。『孟子』尽心下。
○紛囂　ごたごたと騒がしいさま。
○俗染　世俗の悪習に染まったさま。
○闊略　疎いこと。
○裁　補正すること。
○狂狷　「狂」は狂者。「狷」は狷者。知識は不十分だが決めたことをかたくなに守るもの。『論語』子路。
○何為踽踽涼涼。～善斯可矣　どうして独りぼっちで人に重んぜられないのか。この世に生まれたら、世間なみにふるまって、人にほめられればいいではないか。郷愿が狂者をそしって言う語。『孟子』尽心下。
○色取　表面をとりつくろうこと。『論語』顔淵。
○三代　夏、殷、周。
○琴張　字子張。孔子の高弟。『孟子』尽心下に「如琴張曾皙牧皮者、孔子之所謂狂矣」（琴張、曾皙、牧皮の如き者は、孔子の所謂狂なり）とある。
○曾子　曾参。孔子の高弟。『論語』里仁に「子曰、参乎、吾道一以貫之。曾子曰、唯。～曾子曰、夫子之道、忠恕而已矣」（子曰く、参よ、吾が道は一以て之れを貫く、と。曾子曰く、唯、と。～曾子曰く、夫子の道は、忠恕のみ、と）とある。
○稟　天性。

［校異］（一）（「兪本」巻二十二、第百八条・「王本」巻二、第二百三十一条）
○請問郷愿狂者之辨　「王本」は「薛尚謙鄒謙之馬子莘王汝止、侍坐」の十四字が有る。
○見取于君子　「兪本」は「于」を「於」に作る。
○無忤于小人　「兪本」は「于」を「於」に作る。
○闊略　「兪本」・「王本」は「略」を「畧」に作り、「王本」は「闊」を「濶」に作る。
○至于伝道　「王本」は「于」を「於」に作る。
○而伝曾子　「兪本」は「伝」の後に「習」の字が有る。
○終止于狂　「王本」は「于」を「於」に作る。
［校異］（二）（『王文成公全書』巻三十四「年譜三」嘉靖二年二月）
○請問郷愿狂者之辨　「年譜三」はこの前に百五十四字有る。
○見取于君子　「年譜三」は「于」を「於」に作る。
○無忤于小人　「年譜三」は「于」を「於」に作る。
○闊略　「年譜三」は「濶畧」に作る。
○惟行不掩　「年譜三」は「行」を「其」に作る。
○自其議狂狷知之　「年譜三」は「狷」と「知」の間に「而」の字が有り、この後に「狂狷不与俗諧」の六字が有る。
○而曰　「年譜三」は「曰」を「謂」に作る。
○何為踽踽涼涼　「年譜三」はこの六字が無い。

○善斯可矣　「年譜三」はこの後に「此郷愿志也」の五字が有る。
○然三代以下　「年譜三」は「然」の字が無い。
○盛名于時　「年譜三」は「于」を「於」に作る。
○究其忠信廉潔　「年譜三」はこの前に「然」の字が有る。
○致疑于妻子　「年譜三」は「于」を「於」に作る。
○不及琴張　「年譜三」はこの前に「終」の字が有る。
○乃狷者乎　「年譜三」は「亦狷者之流乎」に作り、この後に「先生」の二字が有る。
○終止于狂　「年譜三」は「于」を「於」に作る。
なお「狂者志存古人」・「真有鳳凰翔于千仞」の二句は『王文成公全書』巻首の「刻文録叙説」にも有る（「刻文録叙説」は「凰」を「皇」に作る）。

［佚文二］（第七十六条）
先生自南都以来、凡示学者、皆令存天理去人欲以為本。有問所謂、則令自求之、未嘗指天理為何如也。黄岡郭善甫、挈其徒良吉、走越受学。途中相与辨論、未合。既至、質之先生。先生方寓楼饘、不答所問。第目摂良吉者再、指所饘盂、語曰、此盂中下、乃能盛此饘。此案下、乃能載此盂。此楼下、乃能載此案。地又下、乃能載此楼。惟下乃大也。

［訓読］
先生は南都より以来、凡そ学者に示すに、皆な天理を存し人欲を去るを以て本と為さしむ。謂ふ所を問ふもの有れ

ば、則ち自らをして之れを求めしめ、未だ嘗て天理を指して何如と為さざるなり。黄岡の郭善甫、其の徒、良吉を挈へて、越に走りて学を受く。途中、相ひ与に辨論すれども、未だ合せず。既に至りて、之れを先生に質す。先生、方に楼に寓して饘し、問ふ所に答へず。第だ良吉に目摂する者、再びし、饘する所の盂を指し、語つて曰く、此の盂中の下、乃ち能く此の饘を盛る。此の案が下、乃ち能く此の盂を載す。此の楼が下、乃ち能く此の案を載す。地も又た下、乃ち能く此の楼を載す。惟だ下、乃ち大なるのみ、と。

［語釈・出典］

○南都　南京。王守仁は南京鴻炉臚寺卿として正徳九年（一五一四）五月に南京に着任し、正徳十一年（一五一六）九月に離任した。「年譜一」（『王文成公全書』巻三十二）参照。

○黄岡　黄岡県。湖北省武昌県の東。

○郭善甫　郭慶、字善甫。

○良吉　未詳。

○走越　「走」は行くこと。「越」は浙江省紹興府。春秋時代、越国の首都が置かれていたことからこう呼ぶ。

○饘　濃いかゆ。

○第　ただ。

○目摂　厳しいまなざしで相手を射すくめること（『史記』刺客列伝）。

○盂　お椀。

○案　つくえ。

［校異］（一）（「兪本」巻二十二、第百四十四条・「王本」巻二、第二百三十三条）
「兪本」・「王本」に一致する。
［校異］（二）（『王文成公全書』巻三十三「年譜二」正徳十六年正月）
○先生自南都以来　「年譜二」はこの前に三百十七字有る。
○黄岡郭善甫、～惟下乃大也　「年譜二」はこの八十九字が無い。

［佚文三］（第七十七条）
一日市中閧而詬。甲曰、爾無天理。乙曰、爾無天理。甲曰、爾欺心。乙曰、爾欺心。先生聞之、呼弟子曰、聴之。夫夫哼哼、講学也。弟子曰、詬也、焉学。曰、汝不聞乎、曰天理、曰心。非講学而何。曰、既学矣、焉詬。曰、夫夫也、惟知責諸人、不知反諸己故也。

［訓読］
一日、市中閧がしくして詬る。甲曰く、爾、天理無し、と。乙曰く、爾、天理無し、と。甲曰く、爾、心を欺く、と。乙曰く、爾、心を欺く、と。先生之れを聞き、弟子を呼びて曰く、之れを聴け。夫の夫、哼哼たるは、講学なり、と。弟子曰く、詬りなり、焉くんぞ学ならんや、と。曰く、汝聞かずや、天理と曰ひ、心と曰ふ。講学に非ずして何ぞや、と。曰く、既に学なり、焉くんぞ詬る、と。曰く、夫の夫や、惟だ諸れを人に責むるを知るのみにして、諸れを己れに反るを知らざるが故なり、と。

［語釈・出典］
○閧　騒がしいさま。
○詬　ののしるさま。
○夫夫　この男（『礼記』檀弓上）。
○啍啍　口数の多いさま。
○反諸己　自分の身に反省してみること。『中庸』二十章に「反諸身不誠、不順乎親矣」（諸れを身に反りて誠ならざれば、親に順ならず）とある。

［校異］（一）（「兪本」巻二十二、第百四十五条・「王本」巻二、第二百三十四条）
○閧而詬　「兪本」は「閧」を「鬨」に作る。
［校異］（二）（『王文成公全書』）
『王文成公全書』に該当箇所は無い。

［佚文四］（第七十八条）
先生嘗曰、吾良知二字、自龍場以後、便已不出此意。只是点此二字不出、与学者言費卻多少辞説。今幸見出此、一語之下、洞見全体、真是痛快、不覚手舞足蹈。学者聞之、亦省卻多少尋討工夫。学問頭脳至此、已是説得十分下落。但恐学者不肯直下承当耳。又曰、某于良知之説、従百死千難中得来、非是容易見得到此。此本是学者究竟話頭、不得

已、与人一口説尽。但恐学者得之容易、只把做一種光景玩弄、孤負此知耳。

［訓読］

先生嘗て曰く、吾が良知の二字は、龍場より以後、便ち已に此の意を出でず。只だ是れ此の二字を点じ出さざれば、学者と言ひて多少の辞説を費（卻）す。今幸ひに此れを見出さば、一語の下に、全体を洞見す、真に是れ痛快にして、手の舞ひ足の蹈むを覚えざるなり。学者之れを聞けば、亦た多少の尋討の工夫を省（卻）く。学問の頭脳、此に至れば、已に是れ説（得）きて十分に下落あり。但だ学者の直下に承当するを肯ぜざるを恐るるのみ、と。又た曰く、某、良知の説に于て、百死千難の中より得来る、是れ容易に見得し此に到るに非ず。此れ本と是れ学者の究竟の話頭なり、已むを得ずして、人の与に一口もて説き尽す。但だ学者之れを得ること容易なれば、只だ把りて一種の光景と做して玩弄し、此の知に孤負するを恐るるのみ、と。

［語釈・出典］

○龍場　貴州省龍場駅。王守仁は正徳三年（一五〇八）春より正徳五年（一五一〇）三月までこの地に流謫された。「年譜一」（『王文成公全書』巻三十二）参照。

○点　指し示すこと。

○多少　多くの。

○洞見　はっきりと見て取ること。

○不覚手舞足蹈　喜びのあまり、知らず知らずに踊りだすこと。『孟子』離婁上に「則不知足之蹈之、手之舞之」

（則ち足の之れを蹈み、手の之れを舞ふを知らざるなり）とある。
○尋討　探し求めること。
○頭脳　要旨。要点。
○下落　落ち着き先。
○直下　そのまま。
○承当　引き受けること。
○百死　非常に危険な状態におること。『漢書』陳湯伝。
○千難　危険や困難の多い状態。
○話頭　話題。
○光景　風光、景色。
○玩弄　もてあそぶこと。
○孤負　そむくこと。

［校異］（一）（「兪本」巻二十二、第百四十六条・「張本」巻二、第六十二条）
○先生嘗曰　「張本」は「嘗」の字が無い。
○費卻多少　「兪本」は「卻」を「却」に作り、「張本」はこの字が無く、「多少」を「許多」に作る。
○見出此　「張本」は「見」を「点」に作り、この後に「意」の字が有る。
○真是痛快、～尋討工夫　「張本」はこの二十三字が無い。

○亦省卻　「兪本」は「卻」を「却」に作る。
○已是説得　「張本」は「是」の字が無い。
○但恐学者不肯直下承当耳　「張本」はこの十一字が無い。
○百死千難　「兪本」は「死」を「茯」に作る。
○非是容易見得到此　「張本」は「非」を「不」に作り、「得」と「此」の字が無い。
○究竟話頭　「張本」はこの後に「可惜湮没已久。学者蔽於聞見、無入頭処」の十六字が有る。
○但恐学者得之　「張本」は「但」を「只」に作る。
○只把做一種光景玩弄、孤　「張本」はこの十字が無く、「不肯実落用功」の六字が有る。
[校異]（二一）（『王文成公全書』巻首「刻文録叙説」第四条・巻三十三「年譜二」正徳十六年正月）
○先生嘗曰、～不肯直下承当耳　「年譜二」はこの九十九字が無い。
○龍場以後　「刻文録叙説」は「以後」を「已後」に作る。
○与学者言費卻　「刻文録叙説」は「与」を「於」に作り、「卻」を「却」に作る。
○見出此　「刻文録叙説」はこの後に「意」の字が有る。
○真是痛快　「刻文録叙説」は「真」を「直」に作る。
○亦省卻　「刻文録叙説」は「卻」を「却」に作る。
○尋討工夫　「刻文録叙説」は「工夫」を「功夫」に作る。
○某于良知　「刻文録叙説」・「年譜二」は「于」を「於」に作り、「年譜二」は「良知」の前に「此」の字が有る。

○非是容易～究竟話頭　「年譜二」はこの十七字が無い。
○究竟話頭　「刻文録叙説」はこの後に「可惜此理淪埋已久。学者苦於聞見障蔽、無入頭処」の二十字が有る。
○但恐学者　「年譜二」は「但」を「只」に作る。
○只把做一種　「年譜二」は「只」の字が無く、「刻文録叙説」、「年譜二」は「做」を「作」に作る。
○孤　「年譜二」はこの字が無く、「不実落用功」の五字が有る。
○此知耳　「年譜二」はこの後に百二十字有る。
［校異］（三）（『陽明先生遺言録』巻下、「先生嘗曰、～不肯直下承当耳」は第二十四条、「又曰」以下は第二十五条）
○自龍場以後　『遺言録』は「目龍場已後」に作る。
○費卻多少　『遺言録』は「卻」を「却」に作る。
○見出此　『遺言録』は「点出此意」に作る。
○一語之下、～尋討工夫　『遺言録』は「真是直截。学者聞之、亦省却多少求索、一語之下、洞見全体」に作る。
○直下承当　『遺言録』は「実去用力」に作る。
○某于良知　『遺言録』は「于」を「於」に作り、「良知」の前に「此」の字が有る。
○非是容易見得到此　『遺言録』は「非」を「不」に作る。
○究竟話頭　『遺言録』はこの後に「可惜此語淪落堙埋已久。学者苦於聞見障蔽、無入頭処」の二十二字が有る。
○但恐学者得之　『遺言録』は「但」を「只」に作る。
○只把做　『遺言録』は「只」の字が無く、「做」を「作」に作る。
○孤　『遺言録』はこの字が無く、「不肯実落用功」の六字が有る。

［佚文五］（第七十九条）

語友人曰、近欲発揮此、只覚有一言発不出。津津然含諸口、久乃曰、近覚得此学更無有他、只是這些子。旁有健羨不已者、則又曰、連這些子、亦無放処。今経変後、始有良知之説。

［訓読］

友人に語りて曰く、近ごろ此れを発揮せんと欲すれども、只だ一言も発し出ださざる有るを覚ゆ、と。津津然として諸れを口に含み、久しくして乃ち曰く、近ごろ此の学、更に他有ること無く、只だ是れ這の些子のみなるを覚（得）ゆ、と。旁らに健羨にして已まざる者有れば、則ち又た曰く、這の些子を連ねても、亦た放つ処無し。今、変を経るの後、始めて良知の説有り、と。

［語釈・出典］

○津津然　おもしろそうなさま。

○這些子　これら。

○健羨　貪欲なこと（『史記』太史公自序）。ここでは、その意味を求めるとやまないさま。

○連　～でさえ。

○放　安置すること。

［校異］（一）（「兪本」巻二十二、第百四十七条・「王本」巻二、第二百三十五条）

○健羨　「兪本」・「王本」は「缶羨」に作る。

［校異］（二）（『王文成公全書』巻三十三「年譜二」正徳十六年正月）

○語友人曰　「年譜二」はこの前に「間」の字が有り、その前に三百五十八字有る。

○含諸口　「年譜二」はこの前に「如」の字が有り、この後に「莫能相度」の四字が有る。

○只是這些子　「年譜二」はこの後に「了。此更無餘矣」の六字が有る。

○健羨　「年譜二」は「缶羨」に作る。

［佚文六］（第八十条）

一友侍、眉間有憂思。先生顧謂他友曰、良知固徹天徹地、近徹一身。人一身不爽、不須許大事。第頭上一髪下垂、渾身即是為不快。此中那容得一物耶。

［訓読］

一友侍するに、眉間に憂思有り。先生、顧みて他の友に謂ひて曰く、良知は固より天に徹し地に徹し、近くは一身に徹す。人、一身爽やかならざるは、許大の事を須ひず。第だ頭上の一髪もて下に垂れなば、渾身即ち是れ不快為り。此の中に那ぞ一物を容（得）れんや、と。

［語釈・出典］

○許大　多くの。このように多くの。
○第　只に同じ。
○那　どうして。

［校異］（一）（「兪本」巻二十二、第百四十八条・「王本」巻二、第二百三十六条・「張本」巻二、第七十五条・「白鹿洞本」[4]）
「兪本」・「王本」に一致する。
○一友侍　「白鹿洞本」、「張本」はこの後に「坐」の字が有る。
○眉間　「白鹿洞本」はこの後に「若」の字が有り、「張本」はこの二字が無く、「若」の字のみが有る。
○先生　「白鹿洞本」はこの後に「覚之」の二字が有る。
○謂　「白鹿洞本」は「語」に作り、「張本」はこの字が無い。
○良知固～徹一身　「白鹿洞本」、「張本」はこの十一字が無い。
○不爽　「白鹿洞本」、「張本」は「不得爽快」に作る。
○不須許大事　「白鹿洞本」、「張本」は「不消多大事」に作る。
○第頭上一髪下垂　「白鹿洞本」は「只頭上一根頭髪釣着」に作り、「張本」は「只一根頭髪釣着」に作る。
○渾身即是為不快　「白鹿洞本」、「張本」は「満身便不快活」に作り、「白鹿洞本」はその後に「了」の字が有る。
○此中那容得一物耶　「白鹿洞本」、「張本」はこの八字が無く、「白鹿洞本」は「是友聞之、矍然省惕」の八字、「張本」は「是友矍然省惕」の六字が有る。

［校異］（二）（『王文成公全書』）
『王文成公全書』に該当箇所は無い。

［校異］（三）（『陽明先生遺言録』巻下、第五十三条）
○一友侍　『遺言録』はこの後に「坐」の字が有る。
○眉間　『遺言録』はこの後に「若」の字が有る。
○先生　『遺言録』はこの後に「覚之」の二字が有る。
○謂　『遺言録』は「語」に作る。
○良知固〜徹一身　『遺言録』はこの十一字が無い。
○不爽　『遺言録』は「不得爽快」に作る。
○不須許大事　『遺言録』は「不消多大事」に作る。
○第頭上一髪下垂　『遺言録』は「只頭上一根頭髪釣着」に作る。
○渾身即是為不快　『遺言録』は「満身便不快活了」に作る。
○此中那容得一物耶　『遺言録』はこの八字が無く、「是友聞之、矍然省惕」の八字が有る。

［佚文七］（第八十一条）
先生初登第時、上辺務八事、世艶称之。晩年有以為問者。先生曰、此吾少時事、有許多抗厲気。此気不除、欲以身任天下、其何能済。或又問平寧藩。先生曰、当時只合如此做。但覚来尚有揮霍意。使今日処之、更別也。

［訓読］

先生初めて登第せる時、辺務八事を上り、世艶みて之れを称す。晩年以て問ひを為す者有り。先生曰く、此れ吾が少き時の事にして、許多の抗厲の気有り。此の気除かざれば、身を以て天下に任ぜんと欲すといへども、其れ何をか能く済はん、と。或ひと又た寧藩を平らぐを問ふ。先生曰く、当時只だ合に此の如く做すべし。但だ尚ほ揮霍の意有るを覚え来る。今日之れに処せしむれば、更に別なるならん、と。

［語釈・出典］

○登第　科挙に合格すること。王守仁が進士に挙げられたのは弘治十二年（一四九九）のことである。「年譜一」（『王文成公全書』巻三十二）参照。

○辺務八事　弘治十二年に復命した「陳言辺務疏」（『王文成公全書』巻九）のこと。「年譜一」参照。

○艶　うらやむこと。

○許多　多くの。

○抗厲　過度に厳しいさま。

○或又問　この質問をしたのは王畿（龍渓）である。校異（三）参照。

○平寧藩　正徳十四年（一五一九）、王守仁が寧王宸濠の反乱を平定したこと。「年譜二」（『王文成公全書』巻三十三）参照。

○揮霍　勢いの激しいさま。

[校異]（一）（「兪本」巻二十二、第百四十九条・「王本」巻二、第二百三十七条）
○寧藩　「王本」は「藩」を「藩」に作る。
[校異]（二）（『王文成公全書』）
『王文成公全書』に該当箇所は無い。
[校異]（三）（『龍渓王先生全集』巻二「滁陽会語」、「余嘗請問～更自不同」の部分）
○先生初～其何能済　「滁陽会語」はこの五十字が無い。
○或又問平寧藩　「滁陽会語」は「余嘗請問平藩事」に作る。
○先生曰　「滁陽会語」は「先師云」に作る。
○当時　「滁陽会語」はこの前に「在」の字が有る。
○但覚来尚有揮霍意　「滁陽会語」は「覚来尚有微動於気所在」に作る。
○別也　「滁陽会語」は「自不同」に作る。

上記の佚文のうち、まず注目されるのは、『全書』本以外の諸本に含まれる佚文と共通するものがかなり多いことである。第一章において述べたように、銭徳洪と王畿は師の没後すぐに王守仁の弟子達に師の講学に関する記録を送らせたものの、そのすべてを刊刻することはしなかった。しかし、それらの記録がすぐに散佚したのではないことは、これらの諸本の記録に共通する条が多いことから証明されよう。それぞれの弟子によって記された記録は、王門の共有財産として、かなりの期間保持されてきたのである。また、王畿の全集と共通する記録がありながらも、それが『全書』本に収められていない事実は、前述の如く、彼が『伝習録』や『文録』の編纂事業に極めて不熱心だったことを示すものであろう。彼にとって重要なことは師の教えを発展させ、それを自己の弟子に対して講学することだったのであり、銭徳洪の如く、師の教えを記録することによって自己の王門における正統性を主張しなければならない必然性は王畿にはなかったのである。また、この二本の佚文に、『伝習録』諸本や、『陽明先生遺言録』、『龍渓王先生全集』と共通するものが多いことは、これらの佚文の信頼性に対する疑問を払拭するに足るものであり、これらの佚文が、『全書』本所収の各条と同等の信頼性を持つものとして利用することを可能ならしめるものなのである。

(二) 香港中文大学所蔵『新刻世史類編』について

『香港中文大学図書館古籍善本書録』の史部編年類に、『新刻世史類編』四十五巻首一巻が著録され、以下のように記されている。(5)

明李純卿草創　明謝遷補遺　明王守仁覆詳　明王世貞会纂　明李槃増修

この目録の記載が正しいならば、王守仁は本書の刊刻に関係していることになる。以下、その点を中心に、本書について述べてみたい。

本書は、盤古から明朝に至る歴史を述べた一種の類書であり、随所に著名人の評論を引用している。

本書の諸序の後には、本書の関係者について以下のように列挙している。

「綱鑑世史類編姓氏」
臨淄　李純卿　草創
陽明　王守仁　覆詳
木斎　謝遷　補遺
鳳洲　王世貞　会纂
大蘭　李槃　増修
泗泉　余彰徳　梓行

前述の『香港中文大学図書館古籍善本書録』が、これにより本書の関係者を定めたことは明らかだろう。それでは、この記載は事実なのだろうか。

本書の冒頭に置かれた彭好による総序には、

……我師是編、復取二十一史及近世通紀大政紀照代曲則、参補詳訂凡数十年、而成一家言。……

とあるが、ここで言われている「我師」とは、李槃のことである。また、余応虬・余昌祚による「世史類編引」においても、

久矣史職之難矣、先生嘗憂之。……遂採考亭綱目、併輯名公著述、探玄珠于昆崙、則有臨淄之草創、検良玉於

県圃、則有木斎之補遺、駁雌黄于双字、則有陽明之覆詳、定品隲于諸言、則有弇州之会纂、而先生則学兼五志、美擅参長、拠所自得、録為大成。……

と、本書の執筆が先生（李槃）によるものであることを明言している。もちろん、巻頭に列挙された諸氏の名も挙げられてはいるが、あくまで引き合いに出されているに過ぎない。

「世史類編引」は更に続けて、以下のように本書の刊刻の経緯を述べる。

……余小子、避先生門墻有日矣。癸卯冬獲見先生手編、請寿諸梓以公海内、至丙午春始得畢業。……

ここで言われている「癸卯」とは万暦三十一年（一六〇三）、「丙午」とは同三十四年（一六〇六）のことであるが、李槃の長寿の祝いに彼の「手編」を刊刻したというのだから、本書の草稿が完全に李槃によるものであることは明白である。また、本書の刊刻は王守仁の死（嘉靖七年〔一五二九〕）の遙か後であり、王守仁が関わった可能性は全くない。

もちろん、このように言ったからとて、本書の中に王守仁の言が引用されている可能性もあるわけだが、本書を一覧した限りでは、それすらもない。つまり、本書において、王守仁の「覆詳」が謳われているのは全くの虚言であり、おそらくは本書の宣伝のために書肆である余彰徳か、刊刻の実務に当たった余応虬・余昌祚らがでっち上げたものと思われるのである。

従って、本書は王守仁自身の著作の文献学的研究においては全く無意味なものではあるが、明末の出版界における王守仁の位置を知る上では興味深い材料を提供していると言えるだろう。当時、李贄（卓吾）の名を騙った偽書が多数刊刻されたことは有名であるが、王守仁の名前にも同様の販売効果が期待されていたことがわかるからである。その意味において、本書の存在は陽明学と明末の出版文化との密接な関係を示す資料なのである。

（三）王守仁の殿試合格の記録——『弘治十二年進士登科録』について——

旧中国の士大夫にとって、人生における最初の節目が科挙の合格であることは言を待たないところである。従って、『年譜』類に合格の事実が特筆大書されるのはもちろん、『同年小録』・『登科録』などによって、その詳細を知りうる場合が多い。近世最大の思想家である朱熹についても、『紹興十八年同年小録』によってその科挙合格に関する経緯が知りうることは周知の事実である。

しかしながら、朱熹と並び称される近世儒学の巨人である王守仁については、その科挙合格の詳細が語られたことはなかった。本節は、王守仁の殿試合格の記録である『弘治十二年進士登科録』によって、王守仁の科挙合格に関する事実を探ろうとするものである。

従来、王守仁の科挙合格に関しては、「年譜一」（『王文成公全書』巻三十二）の弘治十二年の「挙進士出身」の項における、

是年春会試、挙南宮第二人、賜二甲進士出身第七人。観政工部（是の年の春、会試あり、南宮第二人に挙げられ、

二甲進士出身第七人を賜はる。工部を観政す）。

との記載によって語られてきた。

しかしながら、今回紹介する『弘治十二年進士登科録』により、王守仁の科挙合格に関するより詳細な内容を知ることができるのみならず、後述のごとく、「年譜一」の記載の誤りを指摘することができるのである。

最初に、『弘治十二年進士登科録』の内容について簡単に触れておきたい。同書に関しては、『上海図書館善本書目』（同館刊、一九五七）巻二において、「弘治十二年進士登科録一巻　明弘治刻本」と著録されている。本書は、二十三・一×十五・一糎。四周双辺、粗黒口、単魚尾。半葉十行、行二十二字。

本書はまず巻頭の「玉音」において、以下のように会試、殿試の次第を述べる。

弘治十二年三月十一日、太子少保礼部尚書臣徐瓊等於奉天門奏、為科挙事、会試天下挙人、取中三百名。本年三月十五日殿試（弘治十二年三月十一日、太子少保、礼部尚書臣徐瓊等、奉天門に於て奏して、科挙の事を為し、天下の挙人を会試し、三百名を取中す。本年三月十五日に殿試あり）。

ここで述べられている会試の日附である三月十一日、殿試の三月十一日は、従来、王守仁のいかなる伝記にも記されていないものである。

その後、本書は読巻官から供給官に至る殿試の関係者の名を記した後、この年の殿試の詳しいスケジュールを記している。その概略は以下の通りである。

三月十五日　殿試。
三月十八日　合格者発表。
三月十九日　礼部において宴を賜る。
三月二十一日　状元に朝服の冠帯および進士の宝鈔を賜る。
三月二十二日　状元、進士たちを率いて皇帝に恩を謝す。
三月二十三日　状元、進士たちを率いて孔子廟にお参りする。また、礼部が国子監に石碑を建てて合格者の一覧を記すよう奏請。

このように殿試の日程を記した後、同書は本題である、殿試合格者の記載に移る。その内容は以下の通り。

第一甲三名賜進士及第
第二甲九十五名賜進士出身
第三甲二百二名賜同進士出身

以上のごとく、本書の本文は、殿試合格者計三百人の名簿であるが、王守仁の名はこの名簿のどこに位置しているのであろうか。

この名簿では、第一甲三名として、まず倫文叙・豊熙・劉龍の名を挙げた後、第二甲に入る。第二甲冒頭の配列は以下の通りである。

①孫緒②林庭㭿③羅欽忠④楊廷儀⑤陸棟⑥王守仁

つまり、本書では、王守仁は「年譜一」(『王文成公全書』巻三十二)のいう「賜二甲進士出身第七人」ではなく、「第六人」に配列されていることになるが、それではいずれが正しいのであろうか。その点について考えるには、「年譜」と『弘治十二年進士登科録』の刊刻の時期を考慮に入れる必要がある。『弘治十二年進士登科録』の刊行の期日は記されていないが、殿試合格者の名簿としての速報性が要求される本書のような性格の書物は、弘治十二年(一四九九)の殿試終了後、さほど時間をおかずに刊行されたものと考えられる。それに対し、「年譜」の原型の成立は、『王文成公全書』によれば嘉靖四十二年(一五六三)のことで、弘治十二年の殿試終了後、実に六十四年もたっている。従って、どちらが事実を反映しているかは明らかであろう。「年譜」の記載は、「賜二甲進士出身第六人」に改められなければならないのである。

また、『弘治十二年進士登科録』における王守仁に関する記述には、他の書物においては見られないものがあるため、以下にその全文を掲載する(〔 〕内は割り注)(図十九)。

王守仁　貫浙江紹興府餘姚県、民籍。　国子生、治礼記。字伯安。行一。年二十八。九月三十日生。曾祖傑

［国子生］。祖天叙［贈右春坊、右諭徳］。父華［右春坊、右諭徳］。母鄭氏［贈宜人］。継母趙氏［封宜人］。具慶下。弟守義、守礼、守智、守信、守恭、守謙。娶諸氏。浙江郷試第七十名。会試第二名。

王守仁　貫は浙江紹興府餘姚県、民籍。国子生、礼記を治む。字は伯安。行は一。年二十八。九月三十日生れ。曾祖は傑［国子生］。祖は天叙［右春坊、右諭徳を贈らる］。父は華［右春坊、右諭徳］。母は鄭氏［宜人を贈らる］。継母は趙氏［宜人に封ぜらる］。具慶下（両親とも健在）。弟は守義、守礼、守智、守信、守恭、守謙。諸氏を娶る。浙江郷試は第七十名。会試は第二名。

ここで述べられている、郷試、会試の順位などは、いずれも「年譜」においては述べられておらず、王守仁の科挙受験に関する事実関係については、本書の出現を待って初めてその詳細が明らかになったと言えるだろう(6)。

注

（1）施邦曜編『陽明先生集要』（全十五巻、年譜一巻）「陽明先生集要理学編」巻一～二、崇禎八年（一六三五）刊刻、山東師範大学図書館蔵。兪嶙編『王陽明先生全集』（全二十二巻、年譜一巻）巻二十一～二十二、康熙十二年（一六七三）刊刻、内閣文庫蔵。

（2）両本のうち、『全書』本『伝習録』上巻に相当する部分については、『全書』本との間に特に注目すべき違いが見られないため、ここには挙げなかった。但し、『全書』本第二十四条に相当する箇所の後に、両本とも「千古聖人只有這些子。又曰、人生一世、惟有這件事」の二十字がある（陳栄捷「伝習録補遺」第一条、『王陽明伝習録詳註集評』、台湾学生書局、一九八八）。また、『全書』本『伝習録』中巻に収められた書簡類は、両書では「書」の部分に収められている。

（3）但し、「施本」には「罷。尚謙出曰、信得此過、方是聖人的血脈」の十六字が無い。

（4）「白鹿洞本」については『伝習録読本』による。現在、九州大学文学部に所蔵される「白鹿洞本」には、落丁のため本条は無い。

（5）『香港中文大学図書館古籍善本書録』、香港中文大学図書館系統編、中文大学出版社、一九九九。なお、『新刻世史類編』は日本内閣文庫にも所蔵されているが、『内閣文庫漢籍分類目録』（同文庫刊、一九五六）には「明李槃増修　王世貞会纂　謝遷補」と記されており、王守仁の関与については触れられていない。

（6）王守仁が科挙において『礼記』を選択したことについては、すでに鶴成久章「明代餘姚の『礼記』学と王守仁」（『東方学』第百十一輯、二〇〇六）に指摘がある。また、明代における『登科録』全般については、鶴成久章「明代の『登科録』について」（『福岡教育大学紀要』第五十四号第一分冊、二〇〇五）を参照のこと。

附録二

（一）王守仁著作出版年表

正徳十三年戊寅（一五一八）

七月、『古本大学』刊刻。

「七月、刻『古本大学』」（「年譜一」、『王文成公全書』巻三十二）

同月、『朱子晩年定論』刊刻。

「（七月）刻『朱子晩年定論』」（「年譜一」、『王文成公全書』巻三十二）

八月、薛侃編『伝習録』刊刻。

「八月、門人薛侃刻『伝習録』。侃得徐愛所遺伝習録一巻、序二篇、与陸澄各録一巻、刻于虔」（「年譜一」、『王文成公全書』巻三十二）

正徳十六年辛巳（一五二一）

一月、『象山文集』刊刻。

「（正月）先生刻『象山文集』、為序以表彰之」（「年譜二」、『王文成公全書』巻三十三）

嘉靖三年甲申（一五二四）

四月、丘養浩編『居夷集』刊刻。(1)

「『居夷集』者、陽明先生被逮責貴陽時所著也。温陵後学丘養浩刻以伝諸同志。……同校集者、韓子柱廷佐、徐子珊汝佩、皆先生門人。嘉靖甲申夏孟朔、丘養浩以義書」（丘養浩「序居夷集」）

ただし、銭徳洪は本書の刊刻を嘉靖二年（一五二三）のこととする。

「徐珊嘗為師刻『居夷集』、蓋在癸未年。及門則辛巳年九月、非龍場時也」（銭徳洪「答論年譜書」、『王文成公全書』巻三十六）

十月、南大吉編『伝習録』刊刻。

「……是録也、門弟子録陽明先生問答之辞、討論之書、而刻以示諸天下者也。……吉也従遊宮墻之下、其於是録也、朝観而夕玩、口誦而心求。蓋亦自信之篤、而窃見夫所謂道者、置之而塞乎天地、溥之而横乎四海。施諸後世無朝夕、人心之所同然者也。故命逢吉弟校続而重刻之、以伝諸天下。……嘉靖三年冬十月十有八日。賜進士出身中順大夫、紹興府門人渭北南大吉序」（南大吉「刻伝習録序」）

嘉靖六年丁亥（一五二七）

四月、鄒守益、『文録』を広徳州に於て刊刻。

「守益録先生文字請刻。先生自標年月、命徳洪類次、且遺書曰、所録以年月為次、不復分別体類、蓋専以講学明道為事、不在文辞体製間也。明日、徳洪掇拾所遺請刻。先生曰、此便非孔子刪述『六経』手段。三代之教不明、蓋因後世学者繁文盛而実意衰、故所学忘其本耳。比如孔子刪『詩』、若以其辞、豈止三百篇。惟其一以明道為志、故所取止。此例『六経』皆然。若以愛惜文辞、便非孔子垂範後世之心矣。徳洪曰、先生文字、雖一時応酬不同、亦莫不本於性情。況学者伝誦日久、恐後為好事者攙拾、反失今日裁定之意矣。先生許刻附録一巻、以遺守益、凡四冊」

（「年譜三」、『王文成公全書』巻三十四）

嘉靖七年戊子（一五二九）

王守仁歿。

嘉靖九年庚寅（一五三〇）

銭徳洪・薛侃編『陽明先生詩録』刊刻。（薛侃「陽明先生詩集後序」）

嘉靖十二年癸巳（一五三三）

黄綰編『陽明先生文録』刊刻。（黄綰「陽明先生存稿序」）

嘉靖十四年乙未（一五三五）

王杏編『新刊陽明先生文録続編』刊刻。

「貴州按察司提学道奉梓『陽明王先生文録』、旧皆珍蔵、莫有睹者。予至、属所司頒給、貴之人士家誦而人習之、若以得見為晩。其聞而慕、慕而請観者、踵継焉。……予因貴人之懐仰而求之若此、嘉其知所向往也。并以『文録』所未載者出焉以遺之、俾得見先生垂教之全録、題曰『文録続編』……時嘉靖乙未夏六月、後学王杏書於貴陽行台之虚受亭」（王杏「書文録続編後」）

嘉靖十五年丙申（一五三六）

「姑蘇本」『陽明先生文録』刊刻。（鄒守益「陽明先生文録序」）

ただし、「年譜附録」は嘉靖十四年（一五三五）刊刻とする。

「十四年乙未、刻先生『文録』於姑蘇。先是洪、畿奔師喪、過玉山、検収遺書。越六年、洪教授姑蘇、過金陵、与黄綰、聞人詮等議刻『文録』。洪作『購遺文疏』、遣諸生走江、浙、閩、広、直隷捜猟逸稿。至是年二月、鳩工成刻」（「年譜附録一」、『王文成公全書』巻三十五）

嘉靖十六年丁酉（一五三七）

薛侃編『陽明先生則言』刊刻。

「録既備、行者不易挟、遠者不易得。侃与汝中王子萃其簡切、為二帙、曰則言。……遂命鋟之。嘉靖丁酉冬十二月朔門人薛侃序」（薛侃「陽明先生則言序」）

嘉靖二十三年甲辰（一五四四）

曾才漢編「陽明王先生語要」（『諸儒理学語要』所収）刊刻。
「嘉靖甲辰、吾友曾明卿氏守茶陵、出其平日所鈔諸儒要言、於宋儒自廉渓公而下、得十人焉。於国朝自陽明公而上、得五人焉」（鄒守益「諸儒理学語要序」、『鄒東廓先生集』巻四）

同年
南大吉重刊本『伝習録』刊刻。
「嘉靖二十三年二月、徳安府重刊」（同書刊記）

嘉靖二十六年丁未（一五四七）
范慶編『陽明先生文録』刊刻。（范慶「陽明先生文録跋」）

嘉靖二十七年戊申（一五四八）
青原における年譜編纂会議において、羅洪先の担当部分決定。
「嘉靖戊申、先生門人銭洪甫聚青原、言『年譜』、僉以先生事業多在江右、而直筆不阿、莫洪先若、遂挙丁丑以後五年相属」（羅洪先「陽明先生年譜考訂序」、「毛本」『陽明先生年譜』巻頭）

嘉靖二十九年庚戌（一五五〇）
銭徳洪、年譜の担当部分を脱稿、鄒守益に送る。

「越十九年庚戌、同志未及合併。洪分年得師始生至謫龍場、寓史際嘉義書院具稿、以復守益」（「年譜附録二」、『王文成公全書』巻三十六）

同年

『山東甲子郷試録』重刻。

「重刻先生『山東甲子郷試録』。『山東甲子郷試録』皆出師手筆、同門張峰判応天府、欲番刻於嘉義書院、得吾師継子正憲氏原本刻之」（「年譜附録一」、『王文成公全書』巻三十五）

嘉靖三十年辛亥（一五五一）

孫応奎編『伝習録』刊刻。

「応奎因楽与成之、迺出先生旧所手授『伝習録』、俾刻置石鼓書院。……嘉靖三十年夏五月壬寅、同邑門人孫応奎謹序」（孫応奎「刻陽明先生伝習録序」）

嘉靖三十一年壬子（一五五二）

銭徳洪、『朱子晩年定論』を増補の上、刊刻。（銭徳洪「増刻朱子晩年定論序」）

ただし、「年譜附録」は嘉靖二十九年（一五五〇）刊刻とする。

「（二十九年庚戌正月）増刻先生『朱子晩年定論』。『朱子定論』、師門所刻止一巻、今洪増録二巻、共三巻、際令其孫致詹刻於書院」（「年譜附録一」、『王文成公全書』巻三十五）

嘉靖三十二年癸丑（一五五三）
宋儀望編『陽明先生文粋』刊刻。（宋儀望「刻陽明先生文粋序」）

同年
宋儀望編『河東重刻陽明先生文録』刊刻。（宋儀望「河東重刻陽明先生文集序」）

嘉靖三十三年甲寅（一五五四）
銭徳洪編『伝習続録』刊刻。
「……於是劉子帰寧国、謀諸涇尹丘時庸、相与捐俸、刻諸水西精舎、使学者各得所入、庶不疑其所行云。時嘉靖甲寅夏六月、門人銭徳洪序」（銭徳洪「続刻伝習録序」）

嘉靖三十四年乙卯（一五五五）
胡宗賢、『文録』、『伝習録』を杭二守、唐堯臣に命じて重刻させる。
「(三十四年)歳丁巳春、総制胡公平海夷而帰、思敷文教以戢武士、命同門杭二守、唐堯臣重刻先生『文録』、『伝習録』於書院、以嘉恵諸生」（「年譜附録一」、『王文成公全書』巻三十五）

同年

曾才漢編『陽明先生遺言録』刊刻。

「去年同門曾子才漢得洪手抄、復傍為采輯、名曰遺言、以刻行於贛」（『伝習録』下巻銭徳洪跋、『王文成公全書』巻三）

同年

銭徳洪編『伝習続録』刊刻。

「洪読之（『遺言録』）、覚当時采録未精、乃為刪其重複、削去蕪蔓、存其三之一、名曰伝習続録、復刻於寧国之水西精舎」（『伝習録』下巻銭徳洪跋、『王文成公全書』巻三）

同年

関東編『陽明先生文録』刊刻。（孫昭「書陽明先生文録後」）

嘉靖三十五年丙辰（一五五六）

（『伝習録』）補遺刊刻。

「乃復取逸稿、采其語之不背者、得一巻。其餘影響不真与文録既載者、皆削之、并易中巻為問答語、以附黄梅尹張君増刻之」（『伝習録』下巻銭徳洪跋、『王文成公全書』巻三）

嘉靖三十六年丁巳（一五五七年）

孟津編『良知同然録』刊刻。

「予時道経黄岡、再見我両峯公。襟度暢達、高朗虚徹、其議論猶非旧可幾也。予嘆服者久之、遂問其近日所得如何。両峯曰、予近集良知同然録為二冊、而先生心学之微、経綸之迹備於是矣。欲鋟梓以告同志。予応曰、諾。誠所謂人心同然者也。故叙之以諗夫同志。嘉靖丁巳孟夏吉旦、賜進士第戸部広東司主事、後学宣城麻瀛、頓首撰」（麻瀛「良知同然録後叙」）

同年
鄒守益編『王陽明先生図譜』刊刻。（王宗沐「王陽明先生図譜序」）

同年
董聡刊『陽明先生全録』刊刻。（談愷「陽明先生全集序」）

嘉靖三十七年戊午（一五五八）
胡宗憲編『陽明先生文録』刊刻。（唐堯臣「跋重刻陽明先生文録後」）

嘉靖三十八年己未（一五五九）
銭徳洪編『朱子晩年定論』刊刻。
「今得陽明先生、而朱子之学復顕明於天下。以是而授諸生、則鑑塘之心、匪徒足以淑院生、将達之天下後世無窮矣、不亦善乎。於是黄君命上饒丞章子経糾工鋟梓、置板院局、以恵諸士、乞洪書其事。洪嘗増刻定論於南畿。因茲請、乃復為引其端云。嘉靖己未夏仲端陽日、後学餘姚銭徳洪書」（銭徳洪「懐玉書院重刻朱子晩年定論引」）

嘉靖三十九年庚申（一五六〇）

鄒守益、年譜の自己担当分を銭徳洪に送る。銭徳洪、年譜の三分の二を完成。

「又越十年、守益遺書曰、同志注念師譜者、今多為隔世人矣、後死者寧無懼乎。譜接龍場以続其後、修飾之役吾其任之。洪復寓嘉義書院具稿、得三之二」（「年譜附録一」、『王文成公全書』巻三十五）

嘉靖四十一年壬戌（一五六二）

十月、鄒守益歿。銭徳洪、弔問の後、羅洪先を松原に訪ね、懐玉書院で四ヶ月かけて年譜を脱稿。

「壬戌十月至洪都而聞守益訃、遂与巡撫胡松弔安福、訪羅洪先于松原。洪先開関有悟、読年譜若有先得者、乃大悦、遂相与校訂、促洪登懐玉、越四月而譜成」（「年譜附録一」、『王文成公全書』巻三十五）

嘉靖四十二年癸亥（一五六三）

「天真書院本」『陽明先生年譜』刊刻。（銭徳洪「陽明先生年譜序」）

嘉靖四十三年甲子（一五六四）

「毛本」『陽明先生年譜』刊刻。（周相「刻陽明先生年譜引」）

同年
王宗沐編『陽明先生与晋渓書』刊刻。（王禎「刻陽明先生与晋渓書後跋」）

同年
『陽明先生全録』補刻本刊刻。（呉百朋跋）

嘉靖四十四年乙丑（一五六五）
徐大壮、谷中虚編『陽明先生則言』刊刻。（徐大壮「陽明先生則言序」、谷中虚跋）

嘉靖四十五年丙寅（一五六六）
銭徳洪編『文録続編』刊刻。
「四十五年丙寅、刻先生『文録続編』成。師『文録』久刻於世。同志又以所遺見寄、彙録得為巻者六。嘉興府知府徐必進見之曰、此於師門学術皆有関切、不可不遍行。同志董生啓予徴少師存斎公序、命工入梓、名曰『文録続編』、並『家乗』三巻行於世云」（「年譜附録一」、『王文成公全書』巻三十五）
ただし、銭徳洪は「続編」冒頭の序文においては、本書が隆慶六年（一五七二）に、『全書』に収録される形で刊刻されたとする。
「徳洪葺師『文録』、始刻于姑蘇、再刻于越、再刻于天真、行諸四方久矣。同志又以遺文見寄、俾続刻之。洪念昔葺師録、同門已病太繁、茲録若可緩者。既而伏読三四、中多簡書墨跡、皆尋常応酬瑣屑細務之言、然而道理昭察、仁愛惻怛、有物各附物之意。此師無行不与、四時行而百物生、言雖近而旨実遠也。且師没既久、表儀日隔、苟得一紙一墨、如親面覿。況当今師学大明、四方学者徒喜領悟之易、而未究其躬践之実。或有離倫彝日用、楽懸虚妙頓、以為得者。読此能無省然激衷。此吾師中行之証也、而又奚以太繁為病邪。同門唐子堯臣僉憲吾浙、嘗謀刻未遂。今年九月、虬峯謝君来按吾浙、刻師『全書』、検所未録、尽刻之、凡五巻、題曰『文録続編』。師胤子王正億嘗録『陽明先生家乗』凡三巻、今更名『世徳紀』、併刻於『全書』末巻云。隆慶壬申一陽日徳洪百拝識」（「続編」銭徳洪序、『王文成公全書』巻二十六）

隆慶六年壬申（一五七二）

謝廷傑刊『王文成公全書』刊刻。

「隆慶壬申、侍御新建謝君奉命按浙、首修公祠、置田以供歳祀。已而閲公文、見所謂録若各自為書、懼夫四方正学者或弗克尽読也、遂彙而寿諸梓、名曰『全書』、属階序」（徐階「王文成公全書序」）

同年

宋儀望編『河東重刻陽明先生文録』翻刻。（宋儀望「河東重刻陽明先生文集序」）

同年

王宗沐編『陽明先生与晋渓書』重刻。（陳文燭「重刻陽明王先生手柬後語」）

万暦二十一年癸巳（一五九三）

徐秉正序『陽明先生文録』刊刻。

「『陽明先生文録』黔故有刻、顧歳久、版漶漫不可読。侍御陳公按黔之明年、懼斯文之将墜、而欲明其説於世也、因謀附劂劂、而参知蔡君、副憲蕭君復相与従臾而手讎之。又明年、刻成。二君謂予濫竽文事、宜有序。予惟先生之文至矣、侍御公序之詳矣、予不佞、何能為辞。……予不佞、亦欲藉手於斯、与諸君子共之、遂不辞而為之序。万暦癸巳春正月」（徐秉正「重刻陽明先生文録序」）

万暦三十年壬寅（一六〇二）

楊嘉猷編『伝習録』刊刻。（焦竑「刻伝習録序」、白源深「重刻伝習録跋」）

万暦三十一年癸卯（一六〇三）

呉達可編『文成先生文要』刊刻。

「陽明先生昔年令廬陵、撫南贛、江右蓋過化地也。故経綸運量、平定籌略、惟江右為最著。而学術之相信者、無論及門私淑、亦惟江右諸賢為最深。余来按江藩、巡歴贛郡、触目感衷、皆先生莅政譚道処。因索其遺編読之、近于散渙無紀、而板刻且以年久湮損矣。遂語贛令、宜亟新之。贛邑陸令、偕瑞金堵令、窮日夜力、蒐羅選択、校梓成集、而請序于余。……時万暦癸卯季冬望後三日、荊谿後学呉達可書于洪都公署中」（呉達可「題陽明先生文選序」）

同年

『宋明四先生語録』本『陽明先生則言』刊刻。（呉勉学序）

万暦三十七年己酉（一六〇九）

李贄編『陽明先生道学鈔』刊刻。（李贄「陽明先生道学鈔序」）

天啓元年辛酉（一六二一）

茅震東編『新鐫武経七書』刊刻。

「嘉靖中、有梅林胡公筮仕姚邑、而得『武経』一編、故陽明先生手批遺沢也。丹鉛尚新、語多妙悟。輒小加研尋。後胡公総制浙直、会値倭警、遂出曩時所射覆者為応変計、往往奇中、小醜遂戢。……時余被命練兵、有門人初陽孫子、携一編来謁。且曰、此呉興鹿門茅先生参梅林公幕謀、獲此帳中秘、貽諸後昆、茲固其家蔵也。縁其世孫生生氏欲授剞劂、属請序於先生。余視陽明先生之手沢宛然。……時天啓元年、歳辛酉、重陽前一日。賜進士出身、奉議大夫、奉勅訓練新兵詹事府少詹事兼河南道監察御史、徐光啓撰」（徐光啓「陽明先生批武経序」）

崇禎三年庚午（一六三〇）

白鹿洞本『伝習録』刊刻。（陳懋徳「刻伝習録序」）

崇禎四年辛未（一六三一）

樊良枢編『陽明兵筴』刊刻。（何吾騶「陽明先生兵筴序」）

崇禎六年癸酉（一六三三）

『王文成公文選』刊刻。（陶珽「鐘伯敬評王文成公文選序」）

同年

王宗沐編『陽明先生与晋渓書』重刻。（陳文燭「重刻陽明先生手柬後語」）

崇禎七年甲戌（一六三四）

陸問礼編『陽明先生正録』刊刻。（陸問礼「重刻王陽明先生文録序」）

崇禎八年乙亥（一六三五）

施邦曜編『陽明先生集要』刊刻。（王志道「陽明先生三編序」、黄道周「王文成集要三編序」）

同年

陳龍正編『陽明先生要書』刊刻。（張采「序」）

崇禎十七年甲申（一六四四）

明朝滅亡。

清康熙十二年癸丑（一六七三）

兪嶙編『王陽明先生全集』刊刻。（兪嶙「王陽明先生全集序」）

清康熙二十四年乙丑（一六八五）

王貽楽編『王陽明全集』刊刻。（徐元文「原序」）

清康熙二十八年己巳（一六八九）

張問達編『王陽明先生文鈔』刊刻。（張問達「序」）

清道光六年丙戌（一八二六）

王貽楽編『王陽明先生全集』重刻。（郭輝翰「重刻王陽明先生全集序」）

清道光二十五年乙巳（一八四五）

李祖陶編『王陽明先生文選』（『金元明八大家文選』所収）刊刻。（同書封面）

清咸豊八年戊午（一八五八）

十二月、胡泉編『王陽明先生経説弟子記』刊刻。（同書封面）

同月、胡泉編『王陽明先生書疏証』刊刻。(同書封面)

(二) 王守仁著作所在目録[2]

陽明先生則言二巻　明嘉靖十六年薛侃刻本　北京図書館　安徽省図書館

陽明先生則言二巻　明嘉靖十六年銭中選校刊本　清華大学図書館　台湾中央図書館

陽明先生則言二巻　明嘉靖四十四年谷中虚刻本　南京図書館　台湾中央図書館(存巻上)

陽明先生則言二巻　明刻本　科学院自然科学史研究所

伝習則言一巻　明嘉靖刊本　明世学山之一　台湾中央図書館

明隆慶刊本　丘陵学山之一　台湾中央図書館

明隆慶刊本　百陵学山之一　台湾中央図書館

清活字本　学海類編子類之一　台湾中央図書館

伝習録三巻　明嘉靖三年南大吉刻本　上海図書館

伝習録三巻　続録二巻　明王守仁撰　徐愛等録　明嘉靖三年南大吉序　重刻本　北京大学図書館

伝習録三巻　続録二巻　明王守仁撰　明嘉靖三年南大吉序　明嘉靖三十四年閭東序刊陽明先生文録附録

伝習録三巻　続録二巻　明王守仁撰　明嘉靖三年南大吉序　明万暦二十一年徐秉正序刊陽明先生文録附録　歴史語言研究所
伝習録六巻　明王守仁撰　徐愛編　明嘉靖三年南大吉序　中国科学院図書館
伝習録二巻　明王守仁撰　明嘉靖二十三年徳安府重刊本　内閣文庫
伝習録七巻　明王守仁撰　明嘉靖三年南大吉序　明嘉靖三十年孫応奎序　東京都立中央図書館河田文庫
伝習録三巻　続録二巻　明嘉靖三十三年刻本　京都大学附属図書館
伝習録三巻　続録二巻　明王守仁撰　明刻本　東北師範大学図書館
伝習録三巻　明王守仁撰　明崇禎二年熊徳陽序　明崇禎三年陳懋徳序　白鹿洞蔵版　北京図書館
伝習録　明刊　黒口八行本　存伝習録下巻一至巻四　九州大学文学部
陽明先生語録三巻　明王守仁撰　明胡嘉棟輯　明万暦三十一年刻本　台湾中央図書館
陽明先生遺言録二巻　明曾才漢校輯　明嘉靖三十四年閭東序刊陽明先生文録附録　吉林省図書館
稽山承語一巻　明朱得之述　明嘉靖三十四年閭東序刊陽明先生文録附録　歴史語言研究所
陽明王先生語要（宋儒理学語要巻二）　明王守仁撰　明曾才漢輯　明嘉靖二十三年刻本　歴史語言研究所

王陽明先生経説弟子記四巻　明王守仁撰　胡泉輯　清咸豊八年刻本　東京大学総合図書館　京都大学人文科学研究所

良知同然録二巻　明王守仁撰　明嘉靖三十六年孟津刻本　台湾中央図書館

居夷集三巻　明王守仁撰　明嘉靖壬申（三年）温陵丘養浩刊本　北京図書館
居夷集三巻　明王守仁撰　明嘉靖壬申（三年）温陵丘養浩刊本　上海図書館
居夷集三巻　明王守仁撰　明嘉靖壬申（三年）温陵丘養浩刊本　台湾故宮博物院

文成先生文要四巻　万暦三十一年呉達可陸典等刻本　中国科学院図書館　浙江図書館　開封市図書館
文成先生文要五巻　明刻本　中国科学院図書館

陽明先生文粋十一巻　明王守仁撰　宋儀望編　明嘉靖三十二年姚良弼刻本
台湾中央図書館（二部）　南京図書館　内閣文庫（巻四～八缺）

陽明先生文粋十一巻　明王守仁撰　宋儀望編　明嘉靖三十六年孫昭大梁書院刻本
天津図書館　青海省民族学院図書館　台湾中央図書館
陽明先生文粋十一巻　明王守仁撰　宋儀望編　明嘉靖河南府刻藍印本　中央民族学院図書館
陽明先生文粋十一巻　明王守仁撰　宋儀望編　明隆慶六年刊本　十行二十字本

陽明先生文粋十一巻　明王守仁撰　宋儀望編　明隆慶六年刊本　九行十八字本

浙江図書館　湖南省図書館　内閣文庫　東京都立中央図書館

南京図書館

新刊精選陽明先生文粋六巻　明王守仁撰　明査鐸輯　明嘉靖四十五年涇川査氏里仁堂刻本

安徽省博物館

新刊精選陽明先生文粋六巻　明王守仁撰　明査鐸輯　明嘉靖四十五年唐龍泉刻本

天一閣文物保管所

陽明先生文録四巻　明王守仁撰　明刻本

九州大学文学部

陽明先生文録五巻　明王守仁撰　明嘉靖十二年黄綰刻本

京都大学文学部

陽明先生文録五巻外集九巻別録十巻　明王守仁撰　銭徳洪等編　明嘉靖十五年姑蘇刊公牘紙印本

台湾中央図書館

陽明先生文録五巻外集九巻別録十巻　明王守仁撰　銭徳洪等編　明嘉靖十五年姑蘇刊本

台湾中央図書館（二部、又別録巻九巻十欠一部有り）　ハーバード大学燕京図書館（存別録十巻）　北京図書館　北京大学図書館　上海図書館　内閣文庫　尊経閣文庫　東京大学東洋文化研究所　九州大学文学部

陽明先生文録十七巻語録三巻　明王守仁撰　明嘉靖二十六年范慶呉郡刻本

ハーバード大学燕京図書館　北京図書館　首都図書館　東京大学東洋文化研究所（語録三巻缺）

陽明先生文録五巻外集九巻別集十四巻伝習録三巻続録二巻遺言録二巻稽山承語一巻

明王守仁撰　明嘉靖三十四年閭東刊本　　　　　　　　　　　歴史語言研究所
同　伝習録以下缺　　　　　早稲田大学図書館　京都大学文学部　北京図書館　北京師範大学図書館
陽明先生文録五巻外集九巻別録十巻　明王守仁撰　明嘉靖三十六年胡宗憲刻本
　上海図書館　上海師範大学図書館　内閣文庫　蓬左文庫（「文録」、「外集」のみ）
陽明先生文録六巻　明王守仁撰　明嘉靖胡宗憲重刻本　二冊　　　　　北京大学図書館
陽明先生文録五巻外集九巻別録十巻　明王守仁撰　明刻本　　　　　北京図書館
陽明先生文録五巻外集九巻別集三巻伝習録三巻伝習続録二巻　明王守仁撰　明万暦二十一年徐秉正陳効刻本
　中央民族学院図書館　中国科学院図書館
河東重刻陽明先生文録五巻外集九巻別録十巻　明王守仁撰　明嘉靖三十二年宋儀望刻本
　上海図書館　四川大学図書館　安徽省図書館（残缺本）
河東重刻陽明先生文録五巻外集九巻別録十巻　明王守仁撰　明隆慶六年宋儀望重刻本
　早稲田大学図書館　国会図書館（残缺本）
陽明先生全録二十七巻　明王守仁撰　明嘉靖三十六年董聡刻本　台湾中央図書館　台湾故宮博物院（別録のみ）
陽明先生全録二十八巻　明王守仁撰　明嘉靖四十三年補刻本
首都図書館　北京教育学院図書館　浙江図書館　無窮会神習文庫　名古屋大学文学部（残缺本）

陽明先生正録五巻外録九巻別録十四巻　明王守仁撰　明崇禎七年陸問礼刻本　故宮博物院　九州大学文学部（残缺本）

新刊陽明先生文録続編三巻　明王守仁撰　明嘉靖十四年王杏刻本　上海図書館

王陽明遺書七巻　明刻本　北京図書館

陽明先生存稿二十四巻　明王守仁撰　明嘉靖十五年刻本　北京大学図書館

王陽明集五巻外集九巻伝習続録二巻　明王守仁撰　明刻本　北京大学図書館

王陽明先生文集二巻　明王守仁撰　明万暦十三年　孔学易刻本　湖南省図書館

陽明先生要書八巻附録五巻　明王守仁撰　陳龍正輯　明崇禎八年刻本
中国科学院図書館　故宮博物院　天津市図書館　臨海県博物館　四川省図書館　貴州省博物館　静嘉堂文庫（巻四、五補写）　尊経閣文庫

陽明先生要書八巻附録五巻　明王守仁撰　陳龍正、葉紹顒輯　明崇禎八年広州刊清初印本
台湾中央図書館　復旦大学図書館　南京図書館　中山大学図書館　東京大学総合図書館　二松学舎図書

館　京都大学人文科学研究所　東京大学東洋文化研究所

陽明先生集要十五巻年譜一巻　明王守仁撰　施邦曜輯　明崇禎八年王立準刻本　山東師範大学図書館　九州大学文学部

陽明先生集要十五巻年譜一巻　明王守仁撰　施邦曜輯　清乾隆五十二年重刊本（済美堂蔵版）　国会図書館

陽明先生集要十五巻年譜一巻　明王守仁撰　施邦曜輯　二松学舎大学図書館

陽明先生集抄十六巻　明王守仁撰　明李騰芳輯　明崇禎刻本　華東師範大学

陽明先生文選四巻　明王守仁撰　趙友琴輯　明万暦趙友琴刻本　北京図書館

王文成公文選八巻　明王守仁撰　鍾惺評　明崇禎六年陶珽刊本　台湾中央図書館　ハーバード大学燕京図書館　京都大学文学部　九州大学文学部　東京大学東洋文化研究所　二松学舎大学図書館（二部）　北京図書館　人民大学図書館　中共中央党校　中国社会科学院文学研究所　河東師範大学図書館　黒龍江大学図書館　蘇州市図書館　安徽省図書館　鄭州市図書館　重慶市図書館（以上完本）　安徽省博物館　広東省社会科学院図書資料室　四川大学図書館（以上残缺本）

陽明先生道学鈔七巻附年譜一巻　明王守仁撰　李贄編　汪本鈳校録　明万暦三十七年武林継錦堂刻本

台湾中央図書館　ハーバード大学燕京図書館　北京大学図書館　故宮博物院　四川省図書館　京都大学
文学部　北京図書館（年譜のみ）

陽明先生道学鈔七巻附年譜二巻　明王守仁撰　年譜明缺名撰　明万暦三十七年武林継錦堂刻本
東洋文庫　尊経閣文庫

陽明先生道学鈔七巻　明刊本　無序跋
九州大学文学部

陽明先生文集（陽明先生道学鈔）十六巻　明王守仁撰　清康熙二十四年序刊
九州大学附属図書館

王陽明全集十六巻　清康熙十九年王貽楽序　清道光六年重刻
京都大学附属中央図書館

陽明先生文集十六巻年譜二巻　存十五巻　一至七　九至十五　年譜下　明王守仁撰　清王貽楽輯
河南省図書館

陽明先生文集十六巻年譜二巻　明王守仁撰　清陶潯霍道光刻本
静嘉堂文庫

王陽明先生全集十六巻附年譜二巻　明王守仁撰　清陶潯霍批評　年譜李贄撰　清道光六年星沙文徳厚等刊本麗順蔵版
新潟大学附属図書館

王陽明先生全集十六巻附年譜二巻　明王守仁撰　清陶潯霍批評　年譜李贄撰　清道光六年星沙文徳厚等刊本湖南湖潭
王文徳補刊　新潟大学附属図書館　東京大学東洋文化研究所

王陽明先生文鈔二十巻附序目一巻二十冊　明王守仁撰　清張問達編　清康熙二十八年金陵江寧府観成堂
東北大学狩野文庫

王陽明先生文鈔二十巻　明王守仁撰　清張問達編　清康熙二十八年序刊（致和堂、後修）
　東京都立中央図書館特別買上文庫
王陽明先生文鈔十六巻　明王守仁撰　清張問達編輯　清康熙写本　八冊　北京大学図書館
王文成公全書三十八巻　明王守仁撰　明隆慶六年謝廷傑杭州刊本[3]　内閣文庫　台湾中央図書館
王文成公全書三十八巻　明王守仁撰　謝廷傑編　明万暦謝氏応天府刊本
　台湾中央図書館（二部、うち一部は年譜のみ）　ハーバード大学燕京図書館　蓬左文庫　京都大学文学部
　静嘉堂文庫（二部）　尊経閣文庫　北京図書館　北京大学図書館　上海図書館
王文成公全書三十八巻　明王守仁撰　明隆慶六年謝廷傑刻万暦三十五年左宗郢等重修本
　山西師範学院図書館　武漢大学
王文成公全書三十八巻　明王守仁撰　明万暦二十四年刻本　北京市文物局　広西壮族自治区図書館
王文成公全書三十八巻　明王守仁撰　清文淵閣四庫全書本　台湾故宮博物院
王文成公全書三十八巻　明王守仁撰　清四庫全書薈要本　台湾故宮博物院
王文成公全書三十八巻　明王守仁撰　清刊本
　東洋文庫　東京都立中央特別買上文庫　新潟大学図書館　大阪府立図書館　神戸大学附属図書館（缺巻三十二、三十三）
王陽明先生全集二十二巻年譜一巻　明王守仁撰　清兪嶙編　清康熙十二年序刊本　東洋文庫　内閣文庫
王陽明先生全集二十二巻年譜一巻　明王守仁撰　清兪嶙編　清康熙十九年序刊（敦厚堂）

王陽明先生全集二十二巻巻首一巻　明王守仁撰　清兪嶙編　清康熙兪嶙刻本
九州大学附属図書館　東京都立中央特別買上文庫
王陽明先生全集二十二巻　明王守仁撰　清兪嶙編　是政堂刻本
北京大学図書館
王陽明先生全集二十二巻附年譜一巻伝習録語録一巻　明王守仁撰　清兪嶙編　清康熙十二年是政堂刻本
京都大学文学部
王陽明先生全集二十巻王陽明先生年譜一巻　明王守仁撰　清康熙十二年序刊本
東洋文庫
王陽明先生全集十六巻年譜二巻　明王守仁撰　清兪嶙編　清道光六年刊本（文徳堂蔵版）
大阪府立図書館
王文成公全集十六巻　明王守仁撰　清道光六年湖南湘潭王文徳重刊本
大阪府立図書館
王陽明先生全集十五巻附年譜目録　明王守仁撰　清道光六年序刊（重刻）
東洋文庫
王陽明集一巻　明兪憲編　明隆慶五年序刊本　盛明百家詩前編之一
東北大学狩野文庫
王陽明先生文選七巻　清道光二十五年李祖陶刻本　金元明八大家文選所収
歴史語言研究所　北京大学図書館　内閣文庫
陽明文選三巻　明王守仁撰　明末刊本　皇明十大家文選之一
東京大学東洋文化研究所　無窮会織田文庫
王陽明先生文鈔十二冊　明王守仁撰　清胡泉輯　清咸豊胡氏稿本
台湾中央図書館
北京大学図書館

王陽明先生書疏証四巻　明王守仁撰　清胡泉輯　清咸豊八年刊本　東京大学綜合図書館　九州大学文学部

陽明先生詩録四巻　明王守仁撰　明嘉靖九年薛宋鎧刊本　九州大学文学部　内閣文庫（残缺本）

陽明先生与晋渓書不分巻　明王守仁撰　明隆慶六年王宗沐刻本　上海図書館

朱子晩年定論三巻　明王守仁撰銭徳洪増補　明嘉靖三十八年懐玉書院刻本　安徽省博物館

兵志不分巻　明王守仁撰　明写本　上海図書館

新鐫武経七書五巻　周孫武等撰　明王守仁等評　明天啓元年茅震東刻本（朱墨版）
北京市文物局　遼寧省図書館　哈爾浜市図書館　江西省図書館　河南省図書館　尊経閣文庫

陽明兵筴五巻　明王守仁撰　明崇禎四年樊良枢刻本　尊経閣文庫

陽明先生保甲法一巻　明王守仁撰　清活字本　学海類編集餘二事功之一　台湾中央図書館

陽明先生郷約法一巻　明王守仁撰　清活字本　学海類編集餘二事功之一　台湾中央図書館

十家牌法一巻兵符節制一巻征藩功次一巻　清順治刊本　説郛続巻九之一　台湾中央図書館　歴史語言研究所

陽明理学集三巻　明王守仁撰　古訓粋編所収　東京大学東洋文化研究所

王伯安文抄一巻　明王守仁撰　元明十四家文帰所収　東京大学東洋文化研究所

王陽明祈雨台記　一冊　大正二年東京西東書房（石印）　東北大学漱石文庫

明賢尺牘　明王守仁等書　墨跡　四冊　北京大学図書館

伝記

陽明先生年譜七巻　明銭徳洪撰羅洪先考訂　明嘉靖四十二年　天真書院版　蓬左文庫

陽明先生年譜三巻　明銭徳洪撰羅洪先考訂　明嘉靖四十三年　周相・毛汝麒刻本　北京図書館

重修陽明先生年譜二巻　明銭徳洪撰　明張国輔补編　明刻本　上海図書館

王文成伝一巻　明鄭鄤撰　明写本　上海図書館
王陽明先生図譜不分巻　明薛侃撰　清写本　中国科学院図書館
王陽明先生図譜不分巻　明薛侃撰　影印本　九州大学附属図書館六本松分館

(三) 王守仁著作和刻本序跋(4)

○史部　詔令奏議類　奏議

王陽明奏議選四巻　明王守仁撰　桑原忱(鷲峰)編　高木毅(越橋)校
明治四年刊(大阪、河内屋茂兵衛等)

「王陽明奏議選序」

吾曾謂王文成公之立功固不易矣。而其所以能処於君臣之際者有非公不能者也。夫公以理学之名儒、一旦当軍旅之任、平数十年難平之諸賊、擒逆藩之宸濠其功、烈之隆、求之於古名将不多譲也。雖然、公臨陣出奇、応敵制勝、則天資之英特、加之以道学之精理、以不忍於人之心為不得已之挙尽人情、愜時変、経権得宜、以故義理所諭、恩威所加、使敵勢不得伸而衆軍益奮揚、則其成功也、在公固非所難也。独顧自古姦臣専権于内而大将能立功于外者未之有也。当時世宗之昏於難悟、宦官之兇威日熾、満朝亦有君之党与有能者擯、有功者妬、而公在其際専一方之兵権而主不疑、立該世之功而人不妬、是公之功所以能成而所以処之者非公不能也。曾謂宋李文正識見精然、与公同其才量亦将使李公得行其志、掃蕩金虜而挽回宗社、固有餘矣。惜乎為昏主姦臣所阻、不得成其功也。若使王文成当李公之時亦能処之有道也。清人魏冰叔有云、王文成之奏疏与李文正相匹、而精詳則過之。嗚呼、是其所以有勝於李文正者歟。公奏議数巻指事剴切、論理精確、譲而不隠功、矯而不失正、可以見公所以能処于時者也。頃者摘其数十篇附梓、将与同志倶之以冀使読者知公立功之所由云。元治改元歳次甲子孟夏於紀南田辺撰。就峰学人桑原忱。越橋逸人書。

［跋］（仮題）

夫豪傑之士必経歴艱難、而後志節確、議論卓。或不能闊歩当路、而独筆勲績於竹帛、後世以為模範。伯安蕩平劇賊巣穴、剿抉寧府異謀、而横被詆毀、以為離重任、唱朝議、無人臣礼、雖不為陽明慨之。毅毎読陽明奏議、輒嘆曰、陽明唯胆略蓋世、故其識見磊落、膚功持危、故其妬忌愈多。而伯安豪胆傑眼、今猶凛然存。文章伝播如此、豈非後人慕蘭之深然。慨其遭罹多難而不能大展驥足也。就峰先生就其本集、特抜其奏議、将上梓、齎志溘逝。書肆相議以継其志、請毅校閲。顧念毅学識浅短、亦非左袒陽明以張門戸者。然至其功業偉烈、欽仰尤深。於呼、此書之行、海内豪傑之士、相共攘臂興起閲之、侃侃為国家奮筆輸写肝胆、則陽明山人蘊奥或後續矣。方今海宇膺一新之運、内無寧府之巨猾、外無劇賊之深患、毅不敢祈其後樹伯安勲績、而不能不望其操尚。攀附古人、不徒為道学者流矣已。明治已未孟秋、越橋逸人高木毅謹跋。

〇子部　儒家類

伝習録三巻伝習附録一巻　標注本　明王守仁撰［徐愛］編三輪希賢校（附）楊家猷編

正徳二年刊

「新刻伝習録成告王先生文」

維日本正徳二年歳次壬辰九月尽日、希賢敢昭告于大明新建侯文成王公曰、道無古今、心無彼我。恭惟先生得心伝於同然、指聖功於良知、徳業輝於当世、餘訓流於万邦。嗚呼盛哉、我京尹篠山源君景仰其徳、篤信其学、政務餘暇、使希賢講伝習録、且考定刻行之。希賢固辞不得、叨奉厳命、発軔於去歳八月、畢功於今月今日。謹考支干月日、悉皆正当先生誕辰、而暦号亦与先生存日同。実和漢万世未曾有之一遇矣。其偶然与、将有数存焉与、則斯道之興、似有所俟也。謹以清酌茶菓、奠伝習録新刻本、虔告功畢於我文成公。伏冀先生之道大明乎天下、至治之沢徧蒙乎生民。日東平安書生三輪希賢謹告。

伝習録三巻附欄外書　明王守仁撰［徐愛］編（附）佐藤［坦］（一斎）

明治三十年刊（活版）

［序］（仮題）

余於此録、就三輪執斎刻本読之、歳月已久、朱緑漫然。今改鈔之、時天保紀元臘月也。

［跋］（仮題）

天保元年庚寅、臘月念六日、江都佐藤坦大道、書於愛日楼南軒。

○集部　別集類

王陽明文粋四巻　明王守仁撰　村瀬誨輔（石庵）編　文政十一年刊（大阪、河内屋茂兵衛等）

「王陽明文粋序」

　明宋儀望輯陽明文粋、在乎専張其学、而不関其文、曰、文是緒餘耳。余於斯編、在乎専択其文、而不関其学。其学有所不醇也。是之謂同其名、而選之之旨則異矣。夫陽明嘗抗議取嫉権奸、謫于炎荒、瘴氛侵其外、欝憂攻其内、与虺蛇群、与鴃舌交、衡困已極、始悟良知之学、自謂得洙泗正旨、猶有未醇。然其学要務実践、是以其門多卓行之士矣。且其発文辞者、不必辞之工、不必意之奇、而至其理之所当然、亹亹懇懇、自発其所蘊蓄、藹然為一家之文、而其温如玉、其錬如金、其精密如析蚕糸、則亦有諸家之所不可及者存焉。余因採各種選本、除其主学者、得八十餘首、分為四巻。方望渓与李剛主書曰、自陽明以来、極詆朱子者、多絶世不祀、具可指数、如習斎西河、亦余所目撃也。望渓之発此言、抑有所激歟、将阿所好歟。及明季潰乱、其孫先通為李賊所害、固非其学之罪也。而李賊之強鷙、為之所屠戮者、奚啻幾百万、可謂尽為其学之罪也哉。又証之皇国、詆排程朱者、往往有之、未必尽絶其嗣、天豈殊域而異其命耶。亦見望渓之論不通矣。惟夫陽明困躓其始、後屢立戡賊功、竟秉衡南京、参賛密勿、年五十有七、終其天命、贈爵新建侯。而仰慕其学者、至于天真安福等地、凡三十餘所、皆建祠以祀諸、豈其徒爾乎哉。嗚呼、使陽明其学尽出乎醇、則其文之為文、蓋未止於此也。歳次著雍摂提格菊花節後学村瀬誨輔序。

王陽明先生詩鈔二巻　明王〔守仁〕撰　塚原某（苔園）評点
明治十三年刊（長坂熊一郎）

「緒言」

　得于心而発於言、煥然可観者謂之文。文也者公器。父不可以与其子、而師不可以授其弟子也。則非彼剽襲盗窃、摘華拾英而自喜者可能到焉。況其詩之陶写性情、能言之為、猶鳥声虫音、雲色霞光之随化而移成、自然音響状態也。豈可矯飾彫絵以為之哉。此集者一言為法、大賢所為、与造化同工、自然成章者、似学而不可造焉。然学者読此等之詩、玩味稍久、則庶幾乎得于心而忘言也、故此集之所以抄刻也。

明治庚辰第四月、六十六翁松本万年書于番町止敬塾松風清処。

王陽明詩集四巻　明王守仁撰首（明史本伝）一巻　近藤元粋（南州）点

明治四十三年刊（活版、大阪、青木嵩山堂）

「緒言」

古来君子之名噪于後世、而徴之于史乗、則名実全相反者不少焉。如明王伯安、蓋其最甚者也。伯安以学術、其名嘖嘖于後世矣、而人或不知其善詩文也。能知善詩文矣、而或不知其有功業也。今就明史本伝徴之、伯安畢生勤労、掃蕩積年逋寇、平定孽藩逆乱、雖非無雑戦国策士詐術、要之其功蹟赫赫于史乗中、在明三百年間、幾無匹儔也。予因謂伯安為人警敏、処群小危疑之際、智慮無遺、固足徴其資質高明也。雖然性喜功名、慕禄爵之念、常不能忘于懐。及至於其有功無賞、頗不禁憤憤之情、而尚不能掛冠決然無退也。是以借荘禅頓悟之説、聊以自慰安焉。是其学術無定見可知也。且生平有欲強圧前賢之弊、桂萼所謂事不師古、言不称師、欲立異以為高、則非朱熹格物致知之論。知衆論之不予、則為朱熹晩年定論之書。号召門徒、互相倡和数語。雖出於仇人之口、洵可謂中其弊矣。史家之讃此、亦不可誣矣。然則伯安之学術、実無足観者也。而其文則議論宏贍、辞藻温麗、卓然自成一家之言。詩亦往往出新意奇語、而格調清澹閑肆可喜者、不為少矣。然而世人或不知其詩文、甚焉則併不知其功業、而徒附和其学術焉。是豈不名実相反之甚哉。余往年編明清八家文、選取伯安之文、上木以問于世。後常有欲選其詩之志。而坊間所伝王陽明全集、輯録不完、故未果其志也。頃日又得其全書而閲之、則其詩完備焉。然比之文、其数不啻什一。於是全載其詩、分為四巻、更録鄙評于欄外、以附之聚珍版。只其集中属学術者、迂腐不足取、元当勇割。雖然其詩無幾許、故悉存録焉、亦足以徴其有名而無実也。今書告成、乃聊為名実之辯、且論其詩之不可軽視、弁之巻首。明治四十三年春三月、南州外史近藤元粋識。

注

（1）現存する版本によれば、本書はその後、少なくとも二回再版されている。本書第二章第一節を参照。

（2）本目録作成に当たり、所蔵機関が多数にわたる場合は、一部を省略した。また、大陸および台湾所蔵の清末の刊本については、数量が多くなりすぎるため一部を除き省略した。

（3）『国立中央図書館善本書目　増訂二版』（同館刊、一九八六）は、本書の刊行年を隆慶二年とする。但し、この刊行年は「誥命」の紀年によるもので、実際の刊行年は隆慶六年である。

（4）本項の作成に当たり、長沢規矩也『和刻本漢籍分類目録　増補補正版』（汲古書院、二〇〇六）から多大な裨益を受けた。特記して感謝の意を表する次第である。

附錄三《王陽明全集》補遺

（一）佚文補遺

1　閩東編《陽明先生文錄》所收佚文

巡撫南贛征勦橫水桶岡等巢賊始末　共四十四條

其八　勞賞知府季斆指揮馮翔　七月初四日

據嶺北道副使楊璋呈：將督營知府季斆、指揮馮翔等擒斬功次賞格開報到院。爲照各官運謀設策，屢挫賊鋒，各營將士俱能用命效力，奮勇擒斬。論績計庸，相應勞賞，以勵功能。爲此牌仰本府官吏，即將發去賞功銀兩及銀牌、羊酒，遵照後開等第，照名給賞。其陣亡射傷兵夫，亦各依數查給優恤。各官務要益竭忠貞，協謀併勇，大作三軍之氣，共收萬全之功。仍將給賞優恤過姓名數目具由回報，以憑查考。

其九　批廣東嶺南道調用傜人呈　七月二十七日

據兵備僉事王大用呈稱：賊首龐政深等積年稔惡，叛服無常。傜官徐璧等自願統領新民及委百戶麥貴等督同併力擒捕。看得該道兵快悉已調征，選募驍勇又皆未集，賊勢復爾猖狂，據理豈宜坐視。照得所屬向化傜人既已革心，當能效力。若使統馭得宜，亦與官兵何異。仰該道即將向化傜民悉行查出，選委膽略諳曉傜情屬官，起集分統，量加犒賞，使知激勵。仍行稍發機兵，遙爲聲勢，指授方略，相機勦捕。雖固一時權宜，或亦可以濟事。但事變無常，兵難遙度。該道自宜酌量緩急，須要措置得宜，以靖地方。其選募驍勇，一面上緊整理，務在速成，以濟實用。呈繳。

其十　批廣東嶺南道地理兵糧呈　七月二十八日

據兵備僉事王大用呈繳：韶州府查過應繳應截賊巢及堪支錢糧合用兵夫等項，並南雄府畫圖貼說呈詳。看得韶州府知府姚鵬所具賊巢地理兵糧事宜，皆有條理，頗得機要。足見本官平日既肯用心，臨事又能縝密。仰該道即行本官，悉照所議，一面整飭齊備，候三府會議，至日刻期行事。其南雄府不見開有賊巢要路，及兵糧事理，亦欠分曉。該道仍要再與區畫停當，並將商稅銀兩盡與查筭明白，併呈繳。

其十五　案委江西分巡嶺北道紀錄功次　九月十九日

節該欽奉敕諭：生擒盜賊，鞫問明白，就行斬首示衆。斬獲賊級，行令各該兵備守巡官，即時紀驗明白，備行江西按察司造冊，奏繳查照，陞賞激勸。欽此欽遵。查得先准兵部咨，內開湖廣、廣東、江西三省起調官軍兵快夾剿郴、桂、上猶等處輋賊，已該本院備將南、贛二府兵糧事宜及合用本省巡按御史紀功等項緣由具奏去後。今照進兵在邇，各賊四散出掠，官兵擒斬，已有陸續解到。功次所據紀錄，官員若候命下前往，未免緩不及事。為此仰抄案回道，照依案驗，備奉敕諭內事理，行委兵備副使楊璋不妨本等職事，照舊軍前贊畫庶務，將陸續解到功次一面紀錄，仍呈巡按衙門，查照本院具題事理，前往紀錄施行。

其二十一　牌行統兵官協謀搜剿

據參議云云。為此牌仰指揮郟文等，仍屯穩下，督同指揮馮翔，分領兵快，與知府伍文定協謀，合力搜剿稽蕪等賊。

知府季斆退屯義安，分兵守把沙村等隘，遙與聶都守隘推官徐文英聲勢相應，務遏諸賊南奔要路，相機搜剿。各官俱要勵志奮勇，毋徒退縮以自全，毋以小挫而自餒。務奮澠池之翼，以收桑榆之功。如復仍前畏縮違誤，軍令具存，難再輕貸。

其二十三　案行江西嶺北道剋期會剿

仰抄案回道，會同分守官，一面監督各哨兵馬，即將未獲賊徒，行令務在十一月初一日移兵江西嶺北等處分布夾攻，一面備行湖廣參將史春，遵照原行進兵夾剿，不得後期誤事。倘致參錯，責有所歸。

其二十八　案行湖廣郴桂兵備摘兵搜扒

據知府邢珣云云。爲此仰抄案回道，備呈撫鎭等衙門，查照施行。一面轉行統兵參將史春，將原調官兵內摘發三四千人，前來桂東連界大山内，逐一搜扒。必使各山果無噍類，然後班師。仍嚴飭前項官兵，止於連界大山搜扒，不得過境深入，重爲地方之患。毋得違誤。

其二十九　犒賞湖廣官兵　十月十五日

據湖廣兵備副使陳璧差舍人王廷璽稟稱，該省土兵已於本月十一日俱至桂東。隨據湖廣守備武岡指揮王翰呈稱，剋期於十一月十三日進剿等因。參看得湖廣官兵既已約定十一月初一日進剿，自合依期速進。今本省官兵攻破桶岡已將半月，始聞各兵前來。揆之初約，實已後期。但念各兵千里遠涉，亦已勞頓。若能悉力搜剿，尚有可冀之功。且宜略棄小過，先行犒勞。及照郴、桂地方原係本院所屬，相應差官押束。爲此除差贛州衛指揮同知明德齎執令旗令牌前往監押外，牌仰郴州兵備道官吏，即將發去牛酒照數查給，用見本院慰恤犒勞之意。各官務要嚴飭兵衆，遵照該省巡撫軍門及本院號令約束，各於當境界内藏賊山坳去處搜扒。務使地方解倒懸之苦，百姓有安堵之休。共勤忠貞之節，以收廓清之功。如或參錯乖繆，致有疏虞，國典具存，決不輕貸。仍取犒賞過緣由並各土兵頭目人等姓名數目，各具依准隨牌繳來。

其三十　牌行監軍巡守官分屯把截　十一月十五日

訪得桶岡峒殘賊見今俱逃上章山内。若湖廣官兵從彼四路并入，其勢必復遁回所據。賊奔要路，惟茶寮、茶坑、竹瓦窰等處最當兵鋒，除本院親率帳下見屯茶寮，分遣守備指揮郟文督同指揮謝昶、馮廷瑞等屯新地，知府唐淳屯霹靂坑，知府邢珣屯葫蘆洞，知縣張戩屯竹瓦窰，縣丞舒富屯茶坑，知府伍文定屯大水、小水，知府季斅屯聶都，各人嚴加把截，相機行事外，其茶坑、竹瓦窰等處，合遣方面重臣往彼監督，庶使兵威振揚，土兵不致生事。爲此牌仰兵備副使楊璋、分守參議黄宏，即便前去地名茶坑、聶都等處監督。各項官兵，務要設奇埋伏，以邀奔賊。仍令厚集營陣，振揚兵威，以待湖廣土兵。止令於連界賊遁各山搜扒，不得過境深入，重爲民患。毋得違誤，致有疏虞。國典具存，罪亦難逭。

其三十一　犒恤統兵土舍　十一月二十一日

據兵備副使陳璧呈稱：會同指揮王翰、知府何詔遵，將指揮明德齎到犒賞牛酒銀兩，眼同給受。當即申明軍門號令，嚴督本哨漢土官民軍兵在于本省界内山箐深密嚴寨去後，設法搜扒，期在盡絶，及禁束不許一兵一卒越過江西境界。並將本哨原領兩江口土兵頭目人等姓名開報到院。看得前項土兵頭目人等赴夾攻之期雖亦稍遲，涉艱險之路則已甚遠。宜錄勤勞，量行犒恤。爲此牌仰郴、桂兵備道官吏，即便公同差去指揮明德，將本院發去牛酒銀兩，查照後開數目，逐名分給，用宣本院慰勞之意，以勉各役報效之忠。仍各嚴加戒飭，務於本省界内賊遁大山搜扒，不得過境侵擾良民。獲有多功，重賞不吝。苟違節制，軍法具存。備開給賞過緣由繳牌。

其三十二　牌行統兵知府伍文定把截奔賊撫處降民　十一月二十五日

照得湖廣官兵見今攻剿朱廣、魚黃等處，賊必東奔。聶都地方，正當衝要。先該本院行委知府季斆分兵把截，近因本官稟稱朱雀等坑輋人何文秀等俱各告招，已經行令從宜處置，勢難輕動。兼且賊奔要路非止聶都一處，必須委官協把。又據百長朱文清稟稱，新溪等巢告招輋人劉汝貴等三十二名自願隨兵殺賊立功，亦合委官撫處。為此牌仰知府伍文定，分兵前往聶都等處，督同推官徐文英，嚴加把截，相機擒捕。一面拘集朱文清等鄉兵，先將投招劉汝貴等從宜處置，督令殺賊立功。或將老幼婦女責令附近村寨領養，免致土兵人等殺害。候獲有功次，通行開具花名，一併解赴軍門，以憑議處安插。承委官員務要周細詳慎，區畫停當，毋致疏虞。

其三十三　牌行江西袁州府提問失期官員　十二月初九日

據袁州府萍鄉縣申稱：知縣高桂到任兩月，查追各年未完錢糧，清理軍伍。又稱城垣倒塌，修補未完等項緣由，申報到院。卷查前事，已經調取高桂等前來軍門領兵殺賊。隨准兵部咨，奏奉欽依，各官之中敢有抗違者，即以軍法從事。又經通行催取去後。今據前因，參看得知縣高桂既奉明文調取殺賊，自合依期星夜前赴軍門聽用為當。乃敢故違軍令，繁文抵搪。且本院於七月行縣調取，抗違兩月之上，不行前來。至十月初一日，本院親督各哨盡剿輋賊。本官已是違期，卻至本月十六日方纔具申遮飾。若使調用各官俱若高桂傲慢違抗，豈不有誤軍機。合就處以軍法，但今師已克捷，姑從輕提問，以警將來。為此牌仰本府官吏，即便行提犯人高桂正身到官，問擬應得罪名，具招申報發落，毋得容延，取罪不便。

其三十四　犒賞統兵致仕宣慰彭世麒　十二月十六日

據哨探指揮明德報稱：湖廣廣東魚皇洛、平石等處賊巣悉破，地方已寧等因。照得統兵致仕宣慰彭世麒，素稱儒雅，久著勳勞。養高林下，猶深報國之誠。同苦行間，復建平徭之績。合行犒奬，以勵忠勤。爲此今差舍人任光領賫後項禮物前去本官處親行犒勞，用見嘉樂之意。仍仰本官益敦鄒魯詩書之習，以爲湖湘忠義之倡。惟爲善之不替，庶永譽以無窮。

其三十五　批廣東嶺南道調摘兵壯呈　閏十二月二十二日

據兵備僉事王大用呈：看得三省會剿調摘各處兵壯，蓋亦事不容已。若使該縣官吏果能先事爲備，多方設法，在城在鄉，俱行起集排門父子兵夫操演，振揚威聲，盜賊聞風，自然不敢輕犯。今乃無事則袖手坐視，及至賊已入境搶掠，方纔選兵，此亦何能有濟。所據各該官吏俱合拏問，但既稱正在用人之際，姑記其罪。仰該道急與查處，仍行鄰道及附近府縣，一體多方設法，嚴謹督捕，務期剿獲，以贖前罪。如再因循怠慢，徒以兵少爲辭，致有疏虞，定行從重拏究不恕。呈繳。

其三十六　案行嶺北道慶賀湖廣鎭巡司等官　閏十二月二十九日

照得湖廣、郴、桂等處所轄畬賊，連年糾合廣東、江西賊衆劫掠鄉村，攻打縣堡，遠近荼毒，神人痛憤。近因奏奉欽依三省合兵征剿，三月之内，巣穴掃蕩，賊黨盡擒，共收克捷之功，用樹安攘之績。是皆湖廣巡撫監軍懷遠略而行之以慎密，出奇謀而鎭之以安靜，及各守巡兵備等官同心協力、竭忠奮勇之所致。自此各省人民悉解倒懸之苦，偕享衽席之安。推功仰德，禮宜行慶。爲此仰抄案回道，即於賞功所動支後開銀花綵緞禮物，差官領賫前去湖廣，送赴欽差巡撫都御史秦、鎭守太監杜及巡按紀功監察御史王，並方布政、惲副使等官，少將本省慶賀之意，以見同舟共濟之情。

其三十八　批嶺北道新設縣治事宜呈

據副使楊璋備將橫水事宜開款呈詳：

一、大兵撤後，餘孽不無再集。查得縣丞舒富才頗有爲，擒賊功多。合無將上猶、大庾、龍泉三縣機兵打手鄉兵各點集一千名，專爲統領，于新立縣所住劄，將已破賊巢不時巡視。如有餘黨復集，即便擒拏。

看得橫水雖建縣治，工未易就。近照本院議，於桶岡、橫水兩處先立隘所，行仰該道將附近虛設隘夫及各村寨並通賊人戶，悉行查編。隘夫各一千餘名，計亦足以防剿餘賊。若復於三縣各點機快千名，不無糧餉費多。但欲委官往來巡視，亦須用兵防護。每縣止點三百名，分作三班，跟隨委官舒富，於橫水、桶岡等處巡視。遇有殘黨嘯聚，即便兼督隘夫剿撲，有功照例陞賞。機兵行糧，准於各縣所餘餉內支給，每日人各一升。候縣治已建，地方寧謐，再行呈處。

一、建立縣治雖候命下，而土木興造必須委任得人。查得南安府推官徐文英在任年久，幹事勤能。合無三縣各撥人夫三百名，專委本官總督，採辦木植、燒造磚瓦，會計城池衙門與夫工力匠作，逐一計處呈詳。

看得地方兵困之餘，量宜寬恤，而推官徐文英亦有公務相妨。查得橫水見編隘夫一千餘名，今盜賊新平，各夫未有追襲之役，合將三縣人夫分作三班，委官統領。每縣輪班兩月，就委縣丞舒富不妨往來巡邏，兼督一應採辦木植、燒造磚瓦等役，就令本隘各夫相兼並作。況本官又有跟隨機快三百名，無事之時，亦可通融役使，如此則民不重困，事亦易集。

一、二府舊俗，田地自不耕種，皆佃與龍泉、泰和、萬安等縣流移人戶。至于盜賊之興，前項之人指引出劫，合夥分贓，害不可言者。合無痛加禁約。如田多人少者，止許佃與本地之人。如違，田主佃戸一體坐罪發遣。

看得所議深切時弊，實乃弭盜之源。仰即出給告示，嚴加禁絶。今後但有異府各縣之人潛住本處村寨佃種者，即係奸細之徒。但有容留潛將田土佃種者，即係窩藏流賊奸細之人。體訪得出或被人告發，即便擒拏到官，斷治如律。

一、新設縣治界乎三縣之中，道路俱被峯人鑿峻，往來甚阻。合無三縣各委官帶人夫百名、石工數名，將前項道路開通。仍於適均去處先建公館一所，及鋪舍各一座，庶車馬流通，盜無所容。

看得所議委官起夫，漸次開通，就委縣丞舒富兼督。候道路既平，即將各夫解放。其設立公館、鋪舍等項，悉照詳施行。

一、新設縣治，三縣該剖圖分，累年被賊騷擾佔據，錢糧皆其包納。其餘人民俱以兵馬之擾，搬運之勞，困苦已極。況今添設縣治，未免仍于三縣取辦。合無將三縣正德十二年該割圖分，連正德十三年稅糧差役盡行蠲免，候十四年一體納糧當差。

看得所建縣治未經奏准，各縣錢糧縱復奏蠲，恐未允免除。合用人夫量行撥起外，其餘不急事務，該道悉行查革，以甦民困。蠲免錢糧，候設縣之後，另行議奏。

一、縣治既設，學校當先。合行提學副使，將三縣之中見在增廣，考其尤者，撥于新縣，以充廩膳。起送民間俊秀，以充增附。

看得議選生徒，良亦先務，然亦須兼存塡實之意。仰先行提督學校官，於三學之内，但有願於新設縣治起蓋房屋、佔籍移居者，即便聽撥新學。仍於其中略考文藝，以充廩膳增附之數。如此則既庶既富，而學校之教可興矣。

其四十　牌行南安府撫緝新民　二月初八日

據縣丞舒富稟：招撫過新民二百餘徒，乞于橫水、思順等處安插。已經行仰照議施行外，看得招來新民安插漸多，恐有貪功譎詐之徒潛去，激誘生變，致亂大謀，合先禁約。爲此牌仰知府季斆，將該府招出新民，自行時加撫緝，毋令得與外人交接，致有驚疑。其思順、橫水等處，尤要嚴禁。所屬一應官兵人等，不得輒往問訊，傳遞消息，造作語言。惟當專責縣丞舒富悉心經理，一應事機，俱聽從宜區處。敢有假以公差報效等項名色，擅去新民安插地方有所規圖者，定行拏赴軍門，治以軍法。該府行遵照施行。

其四十一　獎勞廣東兵備等官　七月初六日

據廣東兵備僉事王大用等會呈：督領官兵前後擒斬賊犯高快馬、李斌等共一千四百餘名顆。及據嶺東道僉事顧應祥等呈：督領官軍前後俘斬賊犯吳珮等一千一百七十餘名顆口到院。爲照僉事王大用、顧應祥等備效勤勞，懋收克捷，可謂克稱委任，不負所學。都指揮王英、歐儒及知府姚鵬、同知阮仲義、通判鄒紱、莫相、知縣李增、李蕚，或領兵督哨，或進剿防截，類皆身親行陣，且歷險難。俱各獎勞，以表勤能。爲此仰抄案回府，即便查照後開獎勞數目，動支商稅銀兩，差人分送各官，用見本院嘉獎之意，以明師旅激揚之典。

其四十四　欽奉陞廕敕諭通行各屬　七月初一日

六月二十九日節該欽奉敕諭：爾奏上猶等縣桶岡、橫水、左溪等巢賊首藍天鳳、謝志山等盤據險阻，荼毒數郡，僭擬王號，圖謀不軌，基禍種惡，已非一日。今幸奉行成筭，督同兵備分守等官，調集官兵，分哨並進，擒斬首惡並從賊三千二百五十四名顆，俘獲賊屬男婦二千三百三十六名口，奪獲被虜人口及頭畜贓仗數多。渠魁皆已授首，黨惡亦無遺類等因。朕惟姦茲盜賊，恃險聚衆，稔惡歲久。雖嘗設法招撫，愈肆桀驁。及用兵攻剿，又未見成功。乃今僅兩月之間，克殄此數十年未熄之患。自非爾運籌定議，親臨巢穴，申嚴號令，調度有方，何以致此捷奏來聞。朕心嘉悦，除有功官員人等命該部查議陞賞外，玆特陞爾前職，廕一子爲錦衣衛，世襲百戶。仍降敕奬勵，以旌爾勞。尙念盜賊甫平，居民未盡安堵，爾尤宜竭心殫慮，從宜撫處，以靖地方。務使黔黎樂業，永保無虞，庶不負朝廷委任至意。欽此欽遵。擬合通行。爲此仰抄案回司道，着落當該官吏，照依案驗，備奉敕諭內事理，並行各道守巡兵備等官，轉行府衛所州縣等衙門，一體欽遵施行。

（以上錄自早稲田大學圖書館藏閭東編《陽明先生文錄》別錄卷八公移一）

征剿浰頭巢賊始末

其四　牌行信豐縣主簿等把截竄道　正月初八日

牌仰主簿譚聚璉，督同義官何廷珂、王紱、張嶽謙、張檣、鍾漢鼎等官兵，前去守把江尾、陂頭、樟木等隘賊行要路。如遇奔賊，就便嚴督，相機截殺，獲功解報。官兵人等敢有不遵軍令、臨陣退縮者，許令本官以軍法從事。本官務要奮勇竭力，悉心守把，毋得怯懦怠忽，致令奔走。定依軍法斬首，決不輕恕。

其五　牌行督哨官　正月初十日

照得本院親率諸軍前去剿除龍南、龍川、浰頭等處叛賊。除將各營官兵分布哨道，指受方略，刻期進剿外，所據督哨官員擬合行委。爲此牌仰守備郟文、知府邢珣，即便前去浰頭等處賊巢，催督前項各營官兵，務要依期夾剿，不得違誤。其所擒斬俘獲並奪回男婦贓物牛馬等項，俱仰先行解赴軍門，以憑批發，紀功兵備，實驗紀錄。各營官兵敢有臨陣退縮、逗留不進者，即以軍法從事。各官務要悉心竭智，往來嚴督，圖爲萬全之策，以收克捷之功。如或逡巡怠忽，致有疏虞，國典具存，罪難輕貸。

其六　牌行督理糧餉官　正月十一日

牌仰委官主簿于旺，協同龍南縣知縣盧鳳督理該縣糧餉馬夫一應軍務，官吏里老、隸卒義民、總小甲人等若有回抗不聽約束者，就便遵照本院欽奉敕諭內事理，許以軍法從事。仍仰知縣盧鳳勵志虛心，協和幹理，毋得因循怠忽，及彼此參錯，致有失誤，罪不輕貸。

其七　牌委參謀生員黃表　正月十三日

牌仰生員黃表齎執令旗令牌，前往上下坪等處，督同百長王受、謝鉞、黃金巢並該地方義官里老、總小甲謝俊玉、丘隆、謝鵬、李積玉等父子鄉兵，守把賊奔要路，相機進剿。兵夫人等但有臨陣畏縮退避者，仰即照本院欽奉敕諭內事理，許以軍法從事。本生亦要悉心催督，不得違誤，致有疏虞及因而擾人，罪不輕恕。

其八　牌行指揮金英等把截竄道　正月十三日

牌仰指揮金英，即便統領石背兵夫三百名前去太平堡等處，督同陰陽官廖思欽等兵，守把賊奔要路，相機進剿，獲攻解報。兵夫人等但有臨陣畏縮退避者，仰即遵照本院欽奉敕諭內事理，許以軍法從事。本官務要悉心竭力，毋得怠忽疏虞，自取軍法重究。

其九　牌行河源始興翁源長樂四縣官分探遁賊　正月二十日

查得河源、始興等縣地方俱係賊奔要路，已經牌仰委官把截，相機擒捕。近該本院親率諸軍剋期進剿，前項巢穴，悉已焚蕩。首賊雖已盡擒，而餘黨尚多奔遁，探得皆逃河源、始興等處藏躲。各縣掌印捕盜巡司官吏平素因循怠弛，不行嚴加把截，本當拏赴軍門，治以軍法，但今緊關用人之際，姑且記罪督捕。爲此牌仰該縣官吏作急選差乖覺人役，分投爪探各賊潛遁何處，星夜前來稟報。一面嚴督官兵人等，不分遠近，相機擒捕解報，務使根株悉拔，噍類無遺。如或坐視玩寇，貽患地方，定依軍法拏赴軍門斬首，決不輕貸。

其十　獎勞知府陳祥邢珣等　二月二十八日

據知府陳祥、邢珣等呈：解拏斬浰頭賊人賊級並俘獲賊屬贓仗等項數目開報，所據各官遵照方略，奮勇協攻。一月之間，渠魁授首，巢穴掃蕩。忠勤備著，功勞可嘉，合行獎勞。爲此牌仰惠州、贛州府官吏，即支在庫官錢，買辦後開儀物備用鼓樂，就差本府同知徐大用、夏克義率領官吏師生，送至惠州府知府陳祥、通判徐璣、龍川等縣典史姚思衡、巡檢張行、驛丞何春、贛州府知府邢珣、推官危壽等，以勵敢勇之風。

其十一　牌仰留屯官兵　二月二十八日

牌仰典史梁儀等與同百戶周芳、巡檢張行、驛丞何春管領留屯官兵人等守禦浰頭地方，務要申嚴號令，整肅行伍，關防出入，禁止侵擾。謹風火以備災，除糞穢以防疾。如有殘賊出沒，就選精銳驍勇，相繼擒捕，獲功解報，不得貪利窮追。其餘兵衆仍須固守營場，不許輕率妄動。其白沙等處安插新民，務禁下人，不許驚擾。若彼或有人來，即與慰勞撫喻。各兵班滿之際，務候本院差官前來點閘犒賞，或就彼放回，或引至贛州發遣。中間敢有拒抗不聽約束，輕則量照軍令究治，重則綁解軍門斬首。仍仰各官俱要協和行事，一應機宜，須聽典史梁儀照數收貯，扣查給散。事畢造冊，通行繳報查考。

其十二　牌行龍南縣陞奬百長王受等　二月二十九日

照得本院親統官兵剿平浰賊，但恐撤兵之後，餘黨仍復嘯聚。除浰頭已留屯官兵，責仰盧珂等把守。爲照牛岡、高砂、上蒙等隘，俱係賊行要路。查得老人葉秀芳等原在牛岡隘把截，近因臨陣畏縮，致賊奔逃，當照軍法究治革退。遂令伊弟葉秀聰頂替，充爲百長，協同老人黃啓濟管領兵夫，仍在原隘守把。及照百長王受、謝鉞、王金巢等俱係誠心向善，出力報效，近復屢有戰功。合將王受、謝鉞陞爲千長，王金巢陞爲百長，以旌其功。就仰王受統領新民總甲謝遜、劉粗眉、溫仲秀等兵夫，與同謝鉞等在於高砂等隘把截，其劉遜等俱要稟聽王受節制。中間若有不依約束者，輕則量刑責治，重則綁解軍門，治以軍法。如遇殘賊出沒，各役務要密切約會盧珂等併力夾攻，獲功解報，照例給賞。爲此牌仰龍南縣官吏，即便備行出給印信帖文，付與千長王受、謝鉞，百長王金巢，老人黃啓濟，百長葉秀聰，總甲劉遜、劉粗眉、溫仲秀等，各執照管束各手下兵夫新民，各照分地方住劄守把，有警互相策應，毋分爾我，致有違誤。仍加省諭，不許縱容下人生事。今後新民里老人等，俱不許擅受詞狀斷理，敢有故違者，不論應否曲直，告者受者，悉行拏送軍門，照依軍法斬首。每月朔望，各具不違結狀，赴縣投遞查考。仍行嶺北道守巡兵備守備官查照施行。

其十三　牌督惠州府建立縣治巡司及留屯官兵　三月十五日

據副使楊璋、僉事朱昂會呈：於和平建立縣治，浰頭移設巡司，已經批仰設道，會行各該府縣，查照所議施行。今照本院住軍浰頭已將兩月，前項工程尚未見委何官督理，其浰頭巡司雖經本院親督匠作起蓋官廳，其餘公廨營房等項皆未完備，及照盧珂等新民至今未見復業，陳英等兵夫至今未見解到。本院回軍曾未兩日，訪得留屯各兵已漸逃回，止存贛州官軍兵快在彼守禦。今四出殘賊難保必無，似此疏墮懈弛，萬一乘間嘯聚，虎兕出柙，誰任其愆。爲此牌仰本府官吏，即將前項事情逐一上緊整理，毋得彼此相推，徒事文移往復，苟求遮飾。每月仍將建設縣隘等項見委某官管理、曾否興工築造、及浰頭巡司公廨營房之類有無添修完備、隘夫人等曾否編發着役、屯守各兵有無見在逃回，俱要備開申報，以憑查考。如再因循懈怠，縱無疏虞，定行拏治參究，決不輕貸。

其十四　牌委贛州府推官危壽　三月初五日

照得本院近因浰賊猖熾，親督諸軍掃蕩巢穴，而山深林密，漏殄殘黨，難保必無。已經行令各官計處防禦去後。今照本院回軍在邇，雖已分布有緒，必須調度得人。看得推官危壽持身謹確，處事詳慎。先經領兵剿賊，深入賊穴，擒斬數多。即今見署龍南縣印，就合併委提調。爲此牌仰本官，不妨縣事，往來各隘經理整督。其葉秀聰等兵夫，務要拘集，於南埠結屋屯劄守把，不許仍在縣城潛住。劉遜等兵夫亦要隨同王受等住劄，不得四散分住，事無統紀。各隘兵夫不時常與點閘，間或犒賞，以示懲戒激勵。如有殘賊出沒，即便督令各役併力夾剿。其招撫新民張仲全等見在白砂安插，亦要時常撫諭，務使誠心向化。遇有殘賊，亦就督令出力報效，毋得自存猜忌，招致罪累。仍戒各隘兵夫，亦不得輒有侵擾，致生驚疑。該縣通賊奸細磊積，吞併之徒，罪在可誅，未盡查究。本官亦且暫行戒諭，容令改革。如有長惡不悛者，遵照軍令，輕則量行責治，重則斬首示衆。本官務要殫心竭力，以副委任。一應事機，尚有計議未盡，悉聽從宜區處，具由呈繳。

其二十五　案行廣東布按二司添設縣治　十月十九日

准兵部備咨該本院題該本部覆題設縣治以保安地方事。卷查先經會同欽差巡按廣東監察御史毛鳳各另具本奏請定奪間，續准戶部咨內開，煩爲會同兩廣撫按會委各道守巡等官，督同各該府縣掌印正官，上緊親詣前項地方，再行從公相度堪以營建處所。其工作人匠夫役等項責令何處出辦，應用材木磚瓦等料動支何項銀兩收買，人匠工食於何處支給，坐委何衙門官員專一董理，務要查明議處穩便，具結回報。各撫按衙門另行會奏，以憑上請。其選官給印等項，候營建略有次第，備由咨來。本部具奏，移咨吏禮二部，銓官鑄印施行等因。爲照前項添設縣治，已該兵部覆議相應，別無違礙，擬合通行。爲此仰抄案回司，即行該道守巡等官，作急選委府縣佐貳能幹官員，先將添設縣治事宜詳加議處。原議竹木於和平、浰頭各山採辦，及於龍川縣並河源縣惠化都起夫應用外，其磚石灰瓦等料及各色匠作工食，備細估計，通該價銀若干，扣除清出賊佔典賣田價若干可支，餘於惠州府庫堪動官銀補給，務要輳處停當，便就委官分理。速將城池衙門學校倉廒牢獄鋪舍街道等項作急築造，務使堅固經久，毋得虛應故事。其餘分割都圖及編僉隘夫、添設隘所事宜，悉憑本院所奏，徑自施行。先取該道委官職名估計數目呈報，以憑稽考。仍呈總督總鎮鎮守巡按衙門知會。

其二十九　案行福州等六府行十家牌法　二月十六日

本院奉命巡撫福建等處地方，思欲禁革奸弊，安養小民，以期無負委託之重。顧才力短淺，知慮不及，雖切愛民之心，未有及民之政。照得本院舊撫南、贛、汀、漳等處，訪得所屬軍民之家，多有窺圖小利寄住來歷不明之人，同爲奸宄①。兼之有司訓養無方，淫侈競作，而民僞日滋，禮教不興，而風俗日壞。頑梗之不率，賊盜之繁多，皆原於此。已經行仰各府所屬各縣在城居民，每家各置一牌，備寫門戶籍貫及人丁多寡之數，揭於各家門首，以憑官府查考。仍團編十家爲一牌，開列各戶姓名，背寫本院告諭，日輪一家，沿門按牌審查動靜。但有面目生疏之人、蹤跡可疑之事及違犯戒諭者，即行報官究理。或有隱匿，十家連罪。如此庶居民知所趨向，而奸僞無所潛容。施行既久，人所稱便。所據福州等府屬縣民俗大抵相同，應合通行編置。及照汀、漳二府雖已先行刊給曉諭，猶恐有司虛文搪塞，頑民罔知遵守，亦各再行申督禁諭。爲此仰抄案回府，即行屬縣，分着落各該掌印官，將領去告諭依樣翻刊，戶給一張。及照十家牌式，逐巷隨村，挨次編置，務在一月之內了事。仍於各縣耆老中推選年高有德爲衆所服者五六人，官府優加禮待，委令每日沿街曉諭，稽考不舉行者，即時送官責治。該府亦要嚴加督察各屬，期於着實施行，毋使虛應故事。仍令各將編置過緣由，依限差人繳報，以憑查考。非獨因事以別勤惰，且將旌罰以示勸懲。

①當作究

其三十一　牌委參隨何圖撫諭新民　四月初二日

訪得和平地方居民因見招撫新民盧源等在彼安插，不思各民已是向化之人，卻乃各將房屋毀棄，田地拋荒，挈帶妻子，投城住坐，以致新民各懷疑忌，欲行奔遁。該縣官吏不聞禁約處置，又不申稟本院。本當究治，姑記查處。爲此仰參隨何圖前去龍川縣會同掌印官，即便拘集前項居民，坐委佐貳官一員，公同押領，前去原住地方，各令選擇便利高要去處，結寨團住。仍各推保衆所信服寨長一名，時常鈐束寨丁，謹守法度，各務農耕，毋致失業，驚擾各寨。仍置大鼓一面，梆鈴數付，每夜輪流寨丁支更巡邏，以防不測。及仰撫諭所招新民誠心改行，各安生理，毋得妄生驚擾，彼此扇惑。如有故違，定行拏赴軍門，治以軍法，決不輕貸。

其三十二　案行嶺北道禁革商鹽　四月十三日

准戶部咨該本院題該本部覆查，議得南、贛盜賊已平，而廣東事情緩急未定。其前項龜角尾所立抽分、亦經題奉欽依裁革。合咨本官及咨督察院轉行巡按江西、廣東監察御史，將廣東海北二提擧司鹽，許南、贛二府發賣，其袁、臨、吉三府不許輒擅行賣。如有違者，不拘有引無引，鹽追入官，人犯照例問發。前項抽分商稅去處，亦查照先奉欽依事理，即爲停革，不許私稅，以便客商。正德十四年二月初三日太子少保戶部尚書石等具題，奉聖旨：是欽此欽遵。擬合就行。爲此仰抄案回道備云，該部題奉欽依内事理，東西二河鹽商所販鹽引，止許於南、贛發賣，不許違例越下袁、臨、吉三府。如有犯者，着巡司地方人等挨拏，照例問罪沒官。其抽分商稅，凡在停革之例者，悉行查革。仍將禁革商鹽緣由申報查考。

欽奉敕諭查處福州叛軍　共二條

其一　牌行福州等八府　六月初八日

照得當職節該欽奉敕：福州三衛軍人進貴、葉元保等脅衆謀反，隨該鎮巡等官設法擒獲。今特命爾不妨提督原任，前去彼處地方，將前項事情用心查議處置。軍衛有司官員平時不能撫處通行查究，情輕者就便拏問，情重者差人解京問理干礙方面。官參奏提問罰治事干鎮巡官，指實陳奏。凡可以兼濟軍民，有益地方，行之久遠無弊者，隨宜斟酌施行。一應事宜敕内該載不盡者，聽爾便宜處置。欽此。除欽遵外，爲照福建所轄八府一州五十三縣，道路遼遠，一時未能通歷所據地方利弊。各該守令在任既久，必能周知。合行采訪，庶可從宜區處。爲此牌仰本府官吏，即將本府並所屬地方，凡有利所當興、弊所當革，可以行之久遠者，務要用心咨訪停當，從實簡切開具印信揭帖。就仰掌印官親賫前赴省城都察院，面議可否，以憑施行。毋得違延，取究不便。

（以上錄自早稻田大學圖書館藏閻東編《陽明先生文錄》別錄卷九公移二）

平寧藩叛亂上　共八十八條

其二　牌行南昌吉安袁州臨江撫州建昌饒州廣信南安九江南康瑞州十二府集兵策應

照得本院云云。爲此仰本府官吏照牌事理，並行附近衛所，各要起集驍勇精壯父子鄉兵機快軍餘人等，多備鋒利器械，委官管領，操演武藝，固守城池，聽候本院公文調發，相機防剿。仍一面多方差人四散爪探緩急聲息，飛報本院知會，毋得失誤，罪及未便。

其四　牌委福建都布按三司照處本地叛軍　六月二十五日

照得本院於正德十四年六月初五日奉敕前往福建公幹，已於本月初九日自贛州啓行，由水路於本月十五日行至豐城縣地名黃土腦。節據地方總甲人等稟報，本月十四日江西省城突然變亂，及聞撫巡三司等官俱遭拘執殺害，人心十分洶洶。本院原未曾帶有官軍，勢難輕進。除就近暫回吉安地方住劄，一面分投差人爪探的確，及仰臨江等府衛起集鄉兵，固守城池，以候調發進剿外，所據兵部前後咨到福建一應事情公文，俱已查照備寫明白。若候撫臨之日發行，未免遲誤，擬合先行查處。爲此牌仰都布按三司，即將發去後項公文，各仰遵照，作急查處停當，聽候本院處置。江西地方稍有次第，前來覆議，會奏施行，毋得違誤。仍呈鎭巡等衙門知會。

其六　牌行贛州府調發官兵　六月二十一日

案照已經行仰贛州府速將原操官兵取赴校場操練，聽候調發去後，今照前因，合行調用。爲此牌仰本府官吏，即將見在兵快人等，各帶鋒利器械，委官統領，就於官庫錢糧支給行糧，並顧船裝送，不分雨夜，兼程前赴軍門調用。如或遲誤，定以軍法論處，決不輕貸。其餘各縣未到兵快，亦就分差催調，通赴校場操練，聽候調遣，毋得遲誤不便。

其八　案行廣東布政司共勤國難

節該云云具奏外，仰抄案回司，會同都按二司，轉行各道，並呈鎭守撫按等衙門，各一體查照，知會施行。

其十　案行福建漳南道預備赴調兵船

節該云云，濟事。爲此仰抄案回道，即將前項見在上杭校場操練精壯兵快人等大約四五千名，並取漳州銃手李棟等一起，各帶隨身鋒利器械，責委謀勇官員統領，就於汀、漳官庫錢糧支給各兵行糧，計算日期，兼程不分雨夜，直抵本院住劄吉安府，隨兵進剿。仍備行瑞金縣查支官錢，預先僱辦船隻，伺候裝送。經過去處敢有兵快人等擅取民間一草一木，或在途延緩及不聽約束者，就仰領兵官照依軍法論處。其用船隻裝送去處，若該縣臨期失誤，亦就指名參呈，以憑拿赴軍門斬首，決不輕貸。仍將支過各兵行糧、起程日期、委官職名先行呈繳。

其十一　咨巡撫湖廣都御史秦呉共勤國難

節該云云，方克濟事。爲此合咨貴院，煩爲選取驍勇精壯、曾經戰陣軍兵，及土官素抱忠義、不與逆黨交遊者，大約一二万名，選委謀勇膽略方面官員分領。仍煩貴院親督，兼程前來，共勤國難。諒貴院素稟忠孝之節，久負剛大之氣，聞此必奮袂而起，秉鉞長驅。當在郭汾陽之先，肯居祖士遠之後哉。紛擾之中，莫罄懇切，惟高明速圖之。

其十二　咨都御史李共勤國難

節該云云，奏外。照得南畿係朝廷根本重地，今寧府逆謀既著，北趨不遂，必將圖據南都。若不早爲之，所誠恐噬臍無及。爲此合咨貴院，煩爲選取所屬驍勇精壯、曾經戰陣軍兵，及民間義勇約二三萬名，選委謀勇膽略官員分領，會約鄰近郡省，合勢刻期，仍煩貴院親督，兼程前來，共勤國難。諒貴院忠孝自許，剛大素聞，當茲主憂臣辱之時，必將奮袂而起，秉鉞長驅，自有不容已者矣。紛擾之中，莫罄懇切，惟高明速圖之。

其十五　牌行南安府調發官兵　六月二十四日

案照已經行仰南安府起集驍勇兵快，委官管領操演，聽候調發防剿，擬合行取。爲此牌仰本府官吏，即將原開單内曾經戰陣兵快及取峰山弩手一百餘名，各備隨身鋒利器械，就於庫内官錢給作行糧，行委推官徐文英統領。仍顧船裝送，不分雨夜，兼程前赴軍門，聽候調用。此係急剿謀叛，事關宗社安危，非比尋常賊情。毋得稽遲時刻，斷以軍法處斬。兵快人等，敢有在途延緩不聽約束者，就仰遵照本院欽奉敕諭事理，即以軍法從事。

其十六　牌諭臨江府知府戴德孺等合勢進剿　六月二十五日

屢據差人稟報，足見本官忠誠爲國。今逆黨上悖天道，下失人心。勤王之師，四面已集。忠孝豪傑，憤激響應，成擒不久。仰府縣整集兵馬，聽候本院指日東下，面授約束，合勢進剿。軍民人等，但有私通逆黨，陰來游說及違犯號令退縮觀望者，仰照本院欽奉敕諭事理，即以軍法從事。嗚呼，主憂臣辱，主辱臣死。凡有血氣，孰無是心。仍諭概縣父老子弟，使各知悉，同舉伐叛之師，共收勤王之績。

牌行袁州知府徐璉等、瑞州通判胡堯元等、新淦知縣李美等、奉新知縣劉守緒等、豐城知縣顧佖等、靖安知縣萬士賢等、新昌知縣王廷等、撫州知縣陳槐等、高安知縣應恩等、萬載知縣張邦國等、寧州同知張偉等、進賢知縣劉源清等同。

其十七　示諭吉安府城内外居民　六月二十六日

示諭府城内外，但有南昌府縣人民在此生理住居年久，鄰里保管不致容留奸細者，聽其照舊居住，毋得擾害。若有奸徒潛來投住，能擒拿送院者，即行給賞。地方人等受賄容隱者，治以軍法。

其十九　牌行吉安府揀練官兵　六月二十六日

近因江西省城變亂，已經發放該府行令廬陵、吉水等縣，起集鄉兵，保障地方。一面揀選精兵，委官管束聽調去後。今據各兵以次漸到，各行陸續調發。爲此牌仰吉安府官吏，即將已到兵快人等通行揀閲操練，分委謀勇膽略官員統領，送赴軍門，以憑陸續發往豐城、臨江等處屯劄防守，聽候本院刻期進剿。毋得稽遲不便。

其二十一　牌行吉安安福守禦千戸所調兵策應　六月二十七日

照得先因省城變亂，已經行仰吉安等府並各屬縣選調精兵聽候調用去後。今照前項兵快雖已陸續齊集，但恐分布不敷，必須添調策應。爲此牌仰本所官吏，即將見在旗軍揀選驍勇慣戰之人，約吉安所六百，安福所五百名，各備鮮明器械，選委勇謀膽略官一員統領，就於該府安福縣官庫錢糧查給行糧，不分雨夜，兼程直抵軍門，聽候調遣。毋得稽遲時刻，定以軍法從事。

其二十五　牌行豐城縣知縣顧佖遵照方略　六月二十九日

據豐城縣云云。爲此牌仰本縣官吏照牌事理，即行知縣顧佖遵施行，毋得違錯。

其二十七　牌行廣東龍川等縣調取民兵　七月初二日

照得江西變亂，已經行仰吉安等府及行湖廣、福建等省，起調鄉兵及土漢官兵去後。查得廣東龍川等縣所轄和平等處義官陳英、鄭志高、盧琢及百長林義、關三並新民盧源、陳秀堅、謝鳳勝、吳富等寨，各有曾經戰陣精兵。今茲逆黨倡亂，民遭荼毒，亦合調取，以赴國難。爲此牌仰龍川縣官吏，即將前項部下驍勇兵夫各行量調三分之一，共計二三千名，各備鋒利器械，選委謀勇官員統領，就與縣庫官錢給與口糧，不分雨夜，兼程前赴軍門，聽候親統征剿。此係征剿謀反重務，非比尋常賊情，毋得稽遲。仍仰委官嚴加約束兵夫人等，沿途不許擾民間一草一木，違者許以軍法論處。

其二十八　牌行贛州南安府寧都等縣選募民兵　七月初三日

訪得寧都、興國、瑞金、雩都、信豐、南康等縣各有大家巨族，人丁衆多，兼亦素有膽略。今茲逆黨倡亂，民遭荼毒，正各民效忠奮義之日，亦合調取，以赴國難。爲此牌仰本府官吏，即便分投差人前去各該縣分着落各掌印官，速於該縣大族人家堪出人丁二百者，止令出五十。務選驍勇精壯，各備鋒利器械，就於各戶推選衆所信服、堪爲百長總小甲者管領。各縣查將在庫官錢給與行糧，另委相應謀勇官員總統，不分雨夜兼程，無拘前後，各另前赴軍門，以憑調用。此係征剿謀反重務，非比尋常賊情。果能立有功勞，當即封官拜將，亦非比尋常賞格。敢有違抗，捏故推搪，致誤軍機，定照軍法論處，決不輕貸。

其三十一　牌差百戶楊銳督發建昌官兵　七月初六日

案經通行各府起集鄉夫保障地方，一面調選驍勇精兵聽候調發去後。爲照所調官兵未到，尤恐行文未至，或道路阻塞。本院已於本月初八日領兵前往豐城、市汊等處住劄，刻日進攻省城。若不差官督催，不無愈加遲誤。爲此牌仰百戶楊銳前往建昌府，着落當該官吏，即將本府並屬調集兵快，務選驍勇慣戰，各備器械，該府縣掌印官親自統領，於各官庫不拘何項錢糧支作行糧，無分雨夜，兼程前進。期在本月十四、十五俱赴軍門，面受約束，併勢追剿。該府印信就能幹佐貳官掌管行令，嚴加守禦，毋致疏虞取罪。此係急剿謀逆重務，非比尋常賊情，不許時刻稽遲。兵快人等敢有違犯節制、觀望不行前進者，就仰遵照本院欽奉敕諭內事理，即以軍法從事，毋得姑息不便。

牌差百戶任金善往饒州，百戶劉杲往廣信，百戶劉雄往撫州同。

其三十二　牌行統兵知府徐璉面受進剿方略　七月初六日

案照已經行袁州等府起調機快前赴軍門聽候征剿去後，今照官兵俱已齊集，相應委官監統。爲此牌仰知府徐璉，即將前項兵夫編成隊伍，整搠器械，親自統領，星夜前赴臨江、豐城地方，以憑面受方略，刻期並進。仍詳察險易，相度機宜，不得爾先我後，力散勢分。及要多方差人爪探聲息，不時飛報軍門知會。其軍兵及領兵官員人等，敢有逗留觀望退縮誤事者，仰照本院欽奉敕諭事理，即以軍法斬首示衆。仍諭下人，不得貪圖陞賞，妄殺平民，冒報功次。國典具存，法難輕貸。承委官員務要竭忠盡命，以效勤勞，苟或違誤，罪亦難逭。

其三十三　牌行通判陳旦往進賢等縣督發民兵　七月初六日

據南昌府通判陳旦稟稱：原蒙巡撫衙門委催拖欠錢糧在外，因聞前變，前赴軍門投到等因。所據本官頗有幹辦，及照進賢等縣各有驍勇義兵，尚未調用，合就行委起調。爲此牌仰通判陳旦、知印熊環前去進賢等縣，督同各縣掌印等官。除調集在官兵快仍仰各縣官自行統領前來隨征外，其城郭鄉村內外尚有大家巨族，人丁衆多，素被寧府侵害，思欲報讐泄憤者，諭令多選驍勇精壯子弟佃僕人等，或二三百名，或五六百名，每縣大約計四五千名，各備鋒利器械，選委謀勇官員分領，查支在庫官錢給與行糧，就便督同各縣掌印官一併督發，不分雨夜，兼程前赴豐城、市汊等處，面稟軍門，約束刻期進攻，毋得稽違時刻。仍一面曉諭官吏監生生員里老人等，各起父子鄉夫固守城池，一面分投差人爪探，但有奸細之徒潛入境内，就便擒拿，遵本院欽奉敕諭内事理，即以軍法從事。兵快及領兵人等敢有違反節制畏避退縮者，亦就論以軍法處治。承委官員各要效忠竭力，以副委任，苟或故違，罪不輕貸。

其三十八　牌行贛州府權處軍糧　七月初十日

據贛州府申稱：動調官兵進剿逆賊，費用錢糧浩大，本府再無別項支用，欲借於民，尤恐激竄，乞查照原額，委官抽稅，以救燃眉之急，候征剿完日停止一節，實係目前三軍存亡所關。況本院所屬南贛、汀漳、南韶、惠湖、郴桂等處，原係盜賊淵藪。雖經調兵剿除，而漏網竄伏不時竊發。倉卒起調，將何供應。且今寧王逆謀，已行北上。本院集兵一千餘萬，粘蹤追襲，糧賞皆藉各府支應。中間多稱倉庫空虛，無從措辦。隨該本院具本奏聞，仍遵敕旨便宜事理，於龜角尾照舊抽分外，爲此仰抄案回府，即委佐貳能幹官員暫於原設廠内，將東西二關往來客商鐵鹽等項貨物，查照原定則例，照舊抽取稅銀，以助軍餉支用。仍嚴禁吏書及隸快人等，不許作弊生事，侵欺稅銀。亦不許客商私通橋子，縱放船隻，及聽信奸詐牙行包攬赴廠投遞報單，希圖匿稅。承委官員必須親臨驗船大小及貨物多寡，令其從實開報納稅，毋得虧損，致生嗟怨。仍照舊規，每五日開報稽考。仍通沿路巡檢司等衙門，不得生事阻絕未便。

其三十九　牌行吉安永新千戶所解送軍器　七月十一日

照得本院調集各處官軍，親統追剿逆賊。所有軍中合用防牌弓箭鎗刀等項，訪得吉安等千戶所俱有，收貯在官，擬合取用。爲此牌仰官吏，即將本所見在防牌弓箭鎗刀等項器械，不拘製造解京之數，盡行查出，無分雨夜，差人解赴軍門，以憑給用，事畢發回收貯，毋得遲違時刻不便。

其四十　牌行南贛吉臨四府及萬安泰和吉水新淦豐城五縣預備犒勞行軍　七月十一日

照得近因寧府反叛，已該本院通行各處，起調漢土官兵追剿，俱由南安、贛州、萬安、泰和、吉安、吉水、新淦、臨江、豐城等處經過，必須犒勞，以勵人心。爲此仰府縣官吏即便查照先年用兵則例，支給在庫官錢，預先買辦牛酒等項，聽候所調各處官兵到日，就行分別等第犒勞，毋得臨期有誤。

其四十一　牌行指揮麻璽策應豐城　七月十一日

據豐城知縣顧佖稟稱：兵力不敷，請兵策應。已經調發龍泉、安福、永新等縣並及吉安千戶所機快軍兵陸續防剿去後。今照發去官兵必須選委謀勇膽略官員統領，庶幾調度得宜。爲此牌仰指揮麻璽即便前去，會同通判楊昉，督同千戶蕭英等，將防守軍兵先行訓飭操演。務要行伍整肅，號令嚴明，進退齊一，聽候本院督臨，克期分哨並進。軍兵人等所過，毋令侵擾，敢有違犯退縮者，許以軍法從事。各官仍要同心併力，協和行事，共效忠貞，以紓國家之難。

其四十二　牌行通判談儲統領吉水官兵　七月十一日

牌仰通判談儲，即便統領吉水縣調集官兵一千五百員名，跟隨本院前去江西追剿逆賊。務要申嚴號令，整肅行伍。兵快敢有違犯節制，畏避退縮者，許照本院欽奉敕諭事内理，以軍法從事。其該縣印信，就仰縣丞任禮署掌。嚴加防禦，固守城池，俱無違錯。

計開：領哨官。

義官三員：蕭連朴、李尙禮、李良蔡，永豐巡檢劉以貴，管理糧餉主簿何池。

其四十三　牌行餘干縣知縣馬津預備戰船　七月十二日

照得本院調集各處官軍前去追剿逆賊。所有裝兵船隻，止顧有民船，緣狹小，不堪水戰。本院不久沿江前進，惟恐臨期有誤。訪得餘干縣所屬龍津驛河埠灣泊俱係運糧及民間大船，約有六七百號，在彼空閑，俱應起撥。爲此仰知縣馬津等，即便親至前項河埠，盡將官民船隻，責令各船運軍船戶，裝載調到軍兵，跟隨本院前往剿賊。中間若有運軍不齊，亦聽隨宜顧募慣便水手代駕，仍各給與口糧。毋違時刻，定以軍法論處。

其四十四　牌行臨江府戴德孺解送軍器戰船　七月十二日

照得本院調集各處官軍追剿逆賊，所有裝兵船隻狹小不堪水戰，及照軍中合用弓箭鎗刀防牌等項器械。訪得臨江府所轄樟樹埠頭俱有袁州等處運糧並民間船隻數多，庫内收有前項軍器，應合取用起撥。爲此仰臨江府官吏即行知府戴德孺，速將在庫軍器，不拘解京之數，盡行差人星夜送赴軍門，給與各軍應用。並將前項埠頭灣泊官民船隻，責令各船運軍船戶裝載官兵，跟隨本院前去剿賊。中間若運軍不齊，亦聽隨宜顧募慣便水手代駕，仍撥小漁船百隻，聽候差用，仍各給與口糧。毋違時刻，定以軍法處論。

其四十五　牌行饒州府解送軍器戰船　七月十三日

照得本院調集各處官兵追剿逆賊，所有軍前合用防牌鎗刀弓箭器械及木鐵等匠，應合取用。及照裝兵船狹小，不堪水戰。訪得饒州府縣收有前項軍器及各色匠數多，並運糧新舊及民間船隻約有六七百號，俱在河下空閑，亦合起撥。爲此仰府官吏即行掌印官，速將見收軍器，無拘解京之數，盡行差人不分雨夜解赴軍門，給軍應用，事畢發回。仍拘慣造器械鐵匠木匠等役各二三十名，各帶隨用家火，官辦熟鐵一二千斤、煤炭數十担，亦差的當人員管領。及另選委能幹官員，速將官民船隻通行責令運軍，並各船戶裝載官兵，速到南昌省城，跟隨本院前去沿江剿殺前賊。中間若各運軍不齊，亦就顧募慣便水手代駕，各給口糧。毋得稽違時刻，定以軍法論處。

其四十七　牌差千戶劉祥督發福建官兵　七月十五日

案照已於六月二十一日備行漳南道，即將見在上杭操練兵快並取漳州銃手李揀等，委官統前赴本院督發進剿，未報。續又牌仰布政司選募海滄打手，就仰布政席書、僉事周期雍自行統赴軍門，相機擒剿去後，亦未見到，合再立限督催。為此今差千戶劉祥賚牌前去福建布政司分巡該道，着落官吏即將前項見在兵快四五千名並將海滄打手一二萬名作急調取到官，令其各帶隨身鋒利器械等項，查取在庫不拘何項錢糧，給與行糧並僱募之資，就仰左布政使席書統領，毋分雨夜，定限本月二十九日直抵江西省城，隨軍前進。如違時刻，定以軍法論處。此係叛逆謀危宗社重務，非比尋常賊情。軍兵人等敢有違犯節制者，許以軍法從事。其軍中合用火藥等項，亦仰支給官錢買辦應用，不得臨期失誤。仍查本院差來本道並布政司官舍的於何日到彼，有無在途延緩緣由，各另呈報。

其五十一　牌行主簿余旺督運兵糧　七月十九日

牌仰部糧主簿余旺即回吉安府，速將原部寧都縣糧里曾元興等九名原寄各府倉廒收囤兌淮糧米七千七百石，盡數用船裝載，無分雨夜，督同各役正身運赴江西省城河次，以憑支給官兵行糧等用。中間糧里人等敢有違延誤事及不聽約束者，就仰本官照依軍法，輕則量情責治，重則綁赴軍門斬首，決不輕貸。完日通行造冊繳報。

其五十三　牌行劉守緒把守武寧渡　七月二十一日

照得本院原調奉新縣劉守緒統領民兵把守武寧渡，今因策應入城，搶擄妄殺，不無違犯軍令。本當重治，姑記過類處。爲此牌仰本官即便統領原管兵快，速赴前渡守把，不許一人一馬擅自渡江入城。敢有潛躱在城並一應違犯軍令者，斬首示衆。牌具不違依准，並離城定營地方時刻，火速繳來。

其五十九　牌行撫州府知府陳槐掣兵設伏　七月二十五日

據各哨探報，逆黨近在地方王家渡屯住，去離江西程途不遠。雖經本院先已督發官兵四路相機夾剿，但城守未備，而張疑設伏，亦爲緊要。所據知府陳槐部下兵快合行掣取，爲此牌仰本官即將原統兵快中分一半掣入省城，以憑面授方略，別有指使。分掣之際，務在密跡潛形，毋得張皇，致有驚動。牌具依准繳來。

其六十　牌行建昌府知府曾璵會兵夾剿　七月二十五日

牌仰知府曾璵即便挑選部下驍勇精兵一千餘名，會同各哨官兵相機夾剿叛賊，張疑設伏，候警急應，毋得違遲時刻，定以軍法從事。軍兵人等敢有臨陣退縮，違犯號令，仰遵本院欽奉敕諭事理，照依軍法斬首。

其六十一　牌行進賢縣知縣劉源清會兵夾剿　七月二十六日

牌仰知縣劉源清即便挑選部下精兵七八百名，星夜前去吳城等處，會同各哨官兵，相繼夾剿逆賊，張疑設伏，候警急應，毋得稽遲時刻，定以軍法從事。兵快人等敢有違犯節制及畏避退縮者，斬首示衆。

其六十二　牌行安義靖安二縣知縣焚燒墳廠

仰知縣王軾、萬士賢即便會兵前去，速將新舊墳、雙嶺二廠藏賊房屋樹木等項用火焚燒，以免逆賊復據。毋得違誤時刻，定以軍法從事。

其六十三　咨總督兩廣右都御史楊停止原調官兵　七月二十六日

案照已經通行吉安等府調選官兵，委官統領，督追叛逆。續該本院看得前項事情係國家大難存亡所關，誠恐兵力不敷，隨即備咨南京兵部及欽差總督兩廣都察院右都御史楊、欽差巡撫蘇松等處都察院右都御史李、欽差巡撫湖廣都察院右副都御史秦吳並福建三司等官，煩為選取驍勇兵快，選委謀勇官員監統，兼程前來，共勤國難去後。節據知縣顧佖等差報，寧王已下南京，留有逆黨萬餘固守城池。隨該本院分布哨道，親督刻期，於七月二十日寅時攻破省城，各賊奔潰。分兵搜擒逆黨，以次審決。一面分哨四路並進，或當其前，或躡其後。隨於七月二十六日在於鄱陽湖大戰，遂已擒獲寧賊，逆黨悉就翦平。除奏聞外，看得逆賊已獲，逆黨已盡，所據原調各省官兵應該停止。為此合行移咨貴院，煩為查照，希將起調軍兵人等俱行停止。如已起行，即便差官追回施行。

咨巡撫應天、蘇松都御史李、咨巡撫湖廣都御史秦吳、咨南京兵部同。

其六十四　案行福建按察司停止原調兵快

案照云云。為此仰抄案回司，即便遵照，速將所調兵快打手人等俱行停止，免致往返，徒勞跋涉，毋得違誤。仍行巡按衙門知會。

案行福建漳南道、浙江布政司，牌行吉安府轉行鄰界衡州等府同。

其六十五　牌行知縣劉源清楊材追剿逆黨　七月二十七日

牌仰進賢、安仁二縣劉源清、楊材，各統部下驍勇精兵，星夜前去進賢等處追剿逆黨陳賢、秦榮、屠典寶等。務在日下名名獲報，以靖地方，毋得稽遲時刻。兵快人等敢有違犯節制、畏避退縮者，仰照本院欽奉敕諭内事理，即以軍法從事。承委各官務要竭忠效力，以副委任。苟或故違，致有疏虞，國典具存，罪不輕貸。

其六十六　案行河間等府通州等州停止見調軍兵　八月十三日

案照先因寧王圖危宗社，興兵作亂，已經具奏請兵征剿，及通行各該官司調兵併勢追襲去後。隨該本院催督吉安、贛州等處官軍分布哨道，親督刻期，於七月二十日攻破省城。當即發兵分路收南康、九江等處，一面設伏張疑，誘襲寧王。已於本月二十四日在鄱陽湖連日大戰，至二十六日，遂已擒獲寧王，餘黨亦就誅戮。除具本奏捷外，近訪得南北直隸、順天、應天、河間、通州、海州、涿州等處一帶官司，即今仍起調軍兵追襲，若不通行差人阻遏，非但徒勞跋涉，亦恐騷擾地方。爲此仰抄案回府州，着落當該官吏，即便遵照，火速將見調軍兵俱行停止，放散寧家，毋得拘留，妨誤生業未便。

其六十八　牌行統兵各哨官查報功次　八月十五日

牌仰各哨統兵官將哨下官軍兵快人等前後擒斬功次，分別首從及各地名日期，並奉本院批發隨征報效人員，俱要查明，開造草冊，送院覆查相同，以憑轉發類造，奏繳施行。毋得查造不實，及將非奉批發報效之人一槪濫造在冊。查究得出，定行照例追問如律，決不容恕。

計開：

二十日破城，二十四日戰王家渡，二十五日戰八字腦，二十六日戰樵舍，二十七日戰吳城，二十八日戰沿江諸處。

吉安府知府伍文定，贛州府知府邢珣，臨江府知府戴德孺，袁州府知府徐璉，撫州府知府陳槐，饒州府知府林珹，建昌府知府曾璵，廣信府知府周朝佐，瑞州府通判胡堯元、童琦，贛州衛指揮俞恩，泰和縣知縣李楫，萬安縣知縣王冕，奉新縣知縣劉守緒，安義縣知縣王軾，新淦縣知縣李美，吉安府通判談儲，吉安府推官王暐，吉安府通判鄒琥，臨川縣知縣傅南喬。

其七十　牌行南昌府追征寧府私債　八月二十九日

據二哨領兵贛州府知府邢珣呈，將盤出寧府各縣人民借去銀兩花戶並保人姓名開報到院。參照所開前銀俱係沒官之數，合行追究。爲此拈單仰府官吏，即便行拘各民到官，照數追取足色銀兩還官，不許縱容欺騙，亦不許分外加增擾害。完日取具印信庫收，並官吏不違，依准隨牌繳報查考。

其七十三　牌行南昌府委官護送許副使喪柩　九月

照得江西按察司副使許逵被寧賊殺害，續該本院統兵攻復省城，當給銀兩買棺裝殮。隨據伊男許某告稱扶柩還鄉，所據護送人員，擬合行委。爲此仰南昌府官吏，即於見在府衛官內定委一員，送至原籍交割云云，毋得稽遲未便。

其七十四　牌行上元縣護送馬主事喪柩　九月

據福建興化府莆田縣民馬順告稱，伊父馬思聰由進士任南京戶部主事，本年六月內奉命差至江西催儹錢糧時，被寧王謀反拘執，囚禁而死。後蒙將父屍買棺裝殮。今欲扶柩回籍，緣路途遙遠，況父家小見在原任，無力俱各不能還鄉，告乞脚力口糧等因。看得本官因公奉差，遭亂被執監故是實，除行南昌府縣應付差人遞送回籍外，仰上元縣官吏即便照例起關，應付本官脚力船隻，差人護送還鄉。其本官應得俸糧柴薪馬夫等銀，就使查明，照數給與。或應該僉與長行水手，亦就查給，毋得稽滯。

其七十七　案行江西布按二司官戴罪護印　九月初三日

照得江西省大務繁，都布按三司不可一日缺官掌理。今亂平之後，各官俱係戴罪，未經復職。其新除參議周文光考滿，僉事王崇仁尚未到司，所有各衙門印信錢糧並朝覲進表等項一應重務，缺官管理。除題知外，爲此仰抄按回司，即行布政使胡濂、按察使楊璋暫且戴罪護印管理本司庶務，副使唐錦戴罪仍行管理學校，僉事王疇戴罪暫且管理南昌道。各官不得以緣事之故，輒退避苟且，玩愒日月，隳廢職務，反益罪愆。候參議官周文光等到任及有官之日，各將印信倉庫等項交代，仍與左布政使梁宸、參議王綸、程杲、劉斐、副使賀鋭、僉事賴鳳、潘鵬及首領等官俱令本衙門知在，不許私自回籍。

其七十八　案行江西都司官戴罪護印　九月初三日

照得云云。爲此仰抄案回司，即行都指揮馬驥暫且戴罪護印，管理本司事務。候有官之日，仍將印信交代。

其七十九　案行知府鄭𤩽戴罪護印　九月初三日

仰抄案回司，即行知府鄭𤩽戴罪署掌印信，管理府事。候參奏明文至日施行，毋得懈怠苟且，隳廢職業不便。

其八十一　牌行撫州等府縣選取督解官員　九月初三日

照得先因寧王云云。本院擬於本月十一日親自督解赴闕，所據押解官員必須得人，擬合通行選取。爲此牌仰本府着落當該官吏，即行後開官員，速備衣裝，並帶堪任信老成人役數名，查支在庫官錢，照名給作往回盤費。定限本月初九日前赴軍門。此係重務立等事理，毋得稽遲。

計取撫州府知府陳槐、進賢縣知縣劉源清，安義縣知縣王軾，廣昌縣知縣余瑩。

其八十四　案行各府州縣衛掌印官從宜發落罪犯　九月初四日

照得各府州縣衛所奉有部院撫按二司等衙門委問勘合批詞，或各衙門自理詞訟，問有徒罪以上人犯，俱應申呈上司，參詳發落。但省城亂平之後，撫按缺官，二司並巡守等官俱各戴罪，前項應詳人犯無憑請奪，今但從宜處置通行。爲此仰抄案回司，轉行南昌等府縣衛所，遇有申詳人犯，除死罪充軍、重犯監候請奪外，徒罪以下擺站瞭哨納米或折納工價工食等項，俱行該府掌印官秉公持憲，詳審發落。候有上司至日，類行照驗，仍照舊規申呈詳奪。其杖罪以下應該納贖的決，各衙門徑自發落。各不許倚法爲奸，出入人罪，自取罪愆。

其八十五　用手本御馬監太監張　九月初六日

據南康府申奉欽差提督軍務御馬監太監張劄付內開，訪得宸濠已該都御史王擒獲，克復南昌府城等語，不曾親到江西，又無堪信文移，止是見人傳説，遽難憑據。會同欽差提督軍務平賊將軍充總兵官左軍督府左都督朱議照，係干反逆重情，況係宗藩人衆，中間恐有撥置，同謀逆黨，尚有漏網未盡，抑恐前言虛傳未的，將來爲患非細等因，備申到職，卷查先爲飛報地方謀反重情事云云。本職親自量帶官兵，徑從水路，於本月十一日啓行解赴京師，及具本專差舍人金昇先期赴京奏知外，今申前因，爲照寧賊果已就擒，同謀黨惡果已盡獲，餘孽果已掃蕩，其妃媵千礙眷屬見今起解，家資錢糧並僞造軍器等項，俱該本職公同原經奏留巡按兩廣監察御史謝源、伍希儒及都布按三司並各該府縣領兵等官眼同封貯在府，聽候命下之日定奪外，合用手本前去，煩請查照施行。

（以上錄自早稻田大學圖書館藏閭東編《陽明先生文錄》別錄卷十公移三）

平寧藩叛亂下　共三十七條

其三　牌委隨行獻俘各官　九月二十五日

仰推官陳輅、縣丞王彥肅督領殺手人等管押寧王水陸人夫船隻轎馬並日逐飲食動靜等項，務要晝夜嚴加防範，毋致傷損。及有疏虞，罪有所歸。

仰知縣余瑩、千戶王欽督領官兵管押郡王將軍各水陸人夫船隻轎馬並日逐飲食動靜等項，務要晝夜嚴加防範，毋致傷損。及有疏虞，罪有所歸。

仰知縣劉守緒、指揮孟俊管押衆犯各水陸人夫船隻轎馬並日逐飲食動靜等項，務要晝夜嚴加防範，毋致傷損。及有疏虞，罪有所歸。

仰典史區澄、參隨周祥、生員劉旦管押宮人各水陸人夫船隻轎馬並日逐飲食等項。

仰指揮斯泰、該吏李景專一管理見解男婦衣服刑具等項，毋得違誤。

仰主簿張恩專管馬匹草料等項，毋得違誤。

仰指揮高睿、教官艾珪專管本院出入門禁賓客往來及各官關文等項，毋得違誤。

仰指揮陳偉、參隨官龍光分撥本院隨帶參隨官吏並各重犯官兵人等夫船轎馬，務要公平均一，毋得違誤。

仰指揮劉鏜與同承差劉昂專管旗號器仗及卷箱等項，毋得違誤。

其六　呈奉欽差總督軍務鈞帖　九月二十七日

正德十四年九月二十六日酉時奉欽差總督軍務鈞帖云云。仰提督南贛汀漳兼巡撫江西等處右副都御史王照依制諭内事理，即便轉行所屬司府衛所州縣驛遞等衙門，一體欽遵施行等因。奉此卷查，先爲飛報地方謀反重情事，先該寧王圖危宗社，興兵作亂，當即具本奏聞，請兵征剿。隨該本職看得寧王虐焰熏張，恐其徑往南都，驚動京輔，當就退保吉安，設策牽制。一面調集各府官兵，親自統領，於七月二十日攻破省城，本月二十四等日在鄱陽湖連日與賊大戰，至二十六日遂將寧王俘執。及其謀黨李士實、劉養正、王春等，賊首吳十三、淩十一、閔念四、吳國七、閔念八等，俱已前後擒獲。餘黨蕩平，地方稍靖。已於本月三十等日具本奏捷，並行南京兵部内外守備等衙門及沿途一帶直抵北直隸各官司，知會止兵去訖，續爲獻馘，以昭聖武事云云。本職擬於九月十一日親自解赴闕下，隨將前項緣由奏聞訖。後因傳報大駕南征，京邊各官軍四路隨進，地方愚民妄相驚擾逃竄，往往溺水自縊。本職屢次親行撫諭，尚未能息。殊不知朝廷出兵專爲除剿寧賊，救民水火之中。況統兵將帥皆係素有威望老臣宿將，紀律嚴明，遠近素所稱服。縱使復來，亦自無擾害。況今寧賊已擒，地方已靖，京邊官軍亦豈肯無事遠涉。愚民無知，轉相驚惑，深爲可憫。誠恐沿途一帶居民亦多聽信傳聞不實之言，而北來京軍尚或未知寧王已就擒獲。又於九月初四日分投差官各從水陸前去，沿途曉諭軍民，及一面迎候北來官兵，煩請就彼轉回。本職亦將寧王並逆黨，親自量帶官兵，徑從水路照依原擬日期啓行解赴京師，已至廣信地方外，今奉前因，合就呈報通行。爲此除依奉鈞帖内事理施行外，今備緣由，合行具呈，伏乞照驗施行。

其七　准答安邊伯朱留查功次手本　九月二十七日

准欽差提督軍務充總兵官安邊伯朱手本開稱：即查節次共擒斬叛逆賊首級若干、內各處原奏報有名若干、無名若干、有名未獲漏網並自首及得獲馬騾器械等項各若干、連獲功官軍衛所職役姓名，備查明白，俱各存留江西省城，聽候審驗。仍查宸濠餘黨有無奔潰及曾否殄滅盡絶緣由，通行明白，作急開報，以憑遵奉鈞帖，備由回奏，及督併各營官軍粘蹤襲剿施行等因。照得寧王宸濠及其餘黨李士實、劉養正、王春等，賊首淩十一、吳十三、閔念四、吳國七、閔念八等，已該本職調集官兵親自統領追襲，前後俘執擒獲，見今督解赴闕，以昭聖武。其餘脅從之人，又該本職備奉欽降黃榜曉諭，俱赴所在官司投首安撫外，所有各哨擒斬首從賊人賊級並俘獲贓仗馬騾等項，俱經發送紀功，巡按兩廣監察御史謝源、伍希儒審驗紀錄造冊，徑自奏繳定奪去後。今准前因，合用手本前去，煩查照施行。

其十　案行江西按察司交割逆犯知會兵部及欽差等官

照得云云審處。除行浙江按察司云云施行外，仰抄案回司，着落當該官吏一體查照，並呈本部及欽差提督軍務御馬監太監張、欽差總督軍務充總兵官安邊伯朱各知會施行。

其十一　咨報兵部交割逆犯

照得云云審處。爲此除行浙江按察司備呈欽差提督贊畫機密軍務御用監太監張，煩請會同監軍御史公同當省都布按三司，將見解逆首宸濠及逆黨劉吉等各犯並宮眷馬匹等項逐一查交明白，轉解施行外，合咨知會施行。

其十二　牌行副使陳槐督解逆犯　十月十一日

照得當職督解寧王等犯行至杭州地方，適遇欽差提督贊畫機密軍務御用監太監張奉命前來江西體勘宸濠等反逆事情，及查理庫藏宮眷等事。當准鈞帖開稱，宸濠等待親臨地方覆審明白具奏軍門定奪等因。爲照本職因疾從便在於杭州城内請醫調治，候稍痊痾，仍回江西省城，或仍前進沿途迎駕外，所據原解前項逆犯，雖經按仰浙江按察司備呈太監張，會同監軍御史公同該省都布都按三司，將宸濠並其黨類及各宮眷馬匹等項查交明白，另委相應官員管押，帶回省城，聽候駕臨之日，轉解軍門審處。但路途遙遠，恐致疏虞，或生他變，必須才能風力官員相幫督押。今照江西按察司新任副使陳槐見在軍門公幹，合就行委兼同委官督解。爲此將前項逆犯發仰兼同督押解回江西省城，聽候轉解軍門定奪，毋得違誤及疏虞未便，先將起程日期申報查考。

其十五　案仰江西布按二司預備官軍糧草

准欽差整理兵馬糧草等項兵部左侍郎兼都察院左僉都御史王咨，爲委官分理庶務事云云，擬合就行。爲此仰布按二司，即將前項官軍經過住劄府州縣地方合用糧料草束及廩給拽船人夫，作急坐委本司佐貳能幹官員，並行該道巡邏等官，分投前去整理，務要齊備，聽候至日應用。如有不敷，亦就上緊設法，多方處置，毋致臨期有誤未便。

其十七　咨整理兵馬兵部侍郎王接濟官軍糧草

據江西按察司呈云云，查照先准戶部咨内開題，准將正德十三年兌運糧米俱准停留，如或用兵日久，本處軍餉供億不敷，前項糧米亦准動支應用外。爲照豆料草束非江西地方所產，每年止籍湖、浙客商販賣。近因寧府變亂，商賈不通，雖經節行布按二司設法給銀，差人分買，尙果缺乏。今聖駕將臨，軍馬衆多，遠近人心惶惶，事益難處。合行移咨貴職，煩爲憫念殘破之地瘡痍重疊，勢難復支。請即轉行湖、浙等省，差能幹官員上緊收買豆料草束，顧船裝運江西省城，聽候接濟。待事畢之日，或設法追銀解補，或准作正支銷。如此則人心稍定，地方免召意外之虞，軍餉有咨，軍馬得濟，臨期不乏。

其十八　牌行江西按察司查收隨軍糧賞　十月十五日

照得本院督解寧王宸濠並其黨與，已至浙江杭州地方。適遇欽差提督贊畫機密軍務御用監太監張奉命前來江西，體勘宸濠反逆等情。當准揭帖，隨將各犯案仰浙江按察司備呈太監張，就仰原委官兵解回江西省城，聽候轉解軍門審處外，所據原帶各項賞功銀牌花紅綵緞及糧餉等項，應合隨軍解回。爲此除差原解縣丞等官龍光等，仍將前項銀牌糧餉等項解回江西按察司，照數查收貯庫，待候逆犯轉解啓程之日，隨軍支用。牌仰本司官吏，即便查照施行，仍具收過數目緣由印信結狀及庫收隨牌申繳。

其十九　牌差千戶楊基追回起運官兵糧米　十月十七日

令差百戶楊基前往南直隸地方，同原委主簿于旺，即將原運官兵人等日用糧米裝回江西省城河下，聽候官兵起解人犯之日，仍發隨軍支給。仍仰南昌、新建二縣差人公同看守。

其二十　案行江西布政司查報各衛兌運遇變錢糧　十月二十七日

准欽差提督漕運都察院右副都御史臧咨，據南京留守中衛運糧甲餘徐祿等狀告，蒙派江西南昌等縣兌改正糧四千九百石零，於本年五月二十二日官軍四十七員名到吳城水次，至六月十四日兌完，各縣糧米俱遺下耗米並行糧未曾兌領，在彼守兌。至六月十六日，忽被王府承奉熊太監帶領流賊千餘齊擁上船，就將指揮綁縛，截回江西去訖。有祿等奔命躲避，乞賜憐憫，轉達搶擄情苦等因。又據百戶何鈺呈旗甲梁承宗等狀告，跟隨指揮盛勳領兌南昌等縣糧一萬九百九十石零，至六月十四日，先將兌完糧米起運，止留下載船裝米八百石零，差委百戶田榮帶領承宗等守兌行糧及輕齎銀兩。至十六日午時，亦同留守中衛糧船被賊擄去官銀一百四十三兩四錢四分，南昌縣輕齎銀九百三十六兩五錢零，進賢縣行糧一千八十三石，並官軍田榮等六員名，俱被搶擄去訖，止有承宗與董勝上岸逃命，乞賜轉達等因。續據湖廣蘄州衛指揮王驥呈報，黃州、武昌二衛兌領糧米入船被賊劫虜，武昌左衛指揮丁鉞呈本衛百戶高鎔下運軍被賊搶擄二十八名，沔陽衛指揮張銘呈本衛軍船遇賊截虜，武昌衛指揮李璁呈本衛軍船旗甲俱被虜去，九江衛指揮陳勳呈本衛千戶王濟兌完金谿等縣船糧被賊綁打劫虜等情，各呈到院議照案候間。今照江西首惡被擒，地方寧靖，誠恐各該領運官軍或乘機侵欺，或在家延住，合行查催。為此備咨貴院，煩請分委廉幹官員前去江西吳城等水次，嚴督原兌有司糧里並江西等總兌糧官軍人等，查勘船糧擄劫若干，搶去輕齎銀兩若干，虜去運軍餘丁若干，數内侵欺乘機盜去若干，其見在倉糧截留聽用若干，催趕前進若干，中間原被搶虜糧銀有無見在、應否給領起運，通煩查處明白，備由咨報。又准欽差提督漕運鎮守淮安地方總兵官鎮遠侯顧手本，為查催運糧事云云。煩行江西司府州縣等官查明回示。案查先該本院看得前項糧米交兌，正是寧王反逆之時節。審被虜運軍報稱，中間有官軍兌運已畢，稍泊吳城、湖口等處者，亦有糧長裝糧在水次交兌未全者，多被賊黨執虜等情。查究間續准戶部覆題開稱，強賊往來，大肆侵劫，所據京儲重務相應議處，合無移咨巡撫並漕運等衙門，將正德十三年兌軍已行裝運、賊勢不相及者，即便差人嚴督儹運，赴京交納。未曾交兌者暫免赴運，不遠者差人趕回，俱留彼處堅完城内另廒收貯，極力防守。如用兵日久，本處軍餉不敷，亦准動支應用。如有因而乘機侵埋者，撫按衙門准自查究施行。事寧之日，造冊奏繳，仍造青冊送部查考等因。題奉欽依備咨前來，已經案仰江西布政司欽遵，即行掌印並原委司府管糧監兌等官，速將各該糧米逐一清查，要見何處水次，在前交兌已經裝運起程若干，相應嚴督儹運。其未曾交兌者，暫免起運，准留本處收貯防守。收留之時，查照漕運則例加耗折收。但恐未經篩晒並濕潤等項，不無折耗，難以放支。合照舊規，每石再加濕潤米一斗三升。其被虜糧米亦要查係何府縣糧米，該何衛所官軍交兌，務要的實明白。定限一月以裏，類造手冊，呈報本院，以憑奏報。仍刊給告示曉諭運糧官軍並管糧等官及糧里等，不許乘機通同侵盜埋沒，捏作被賊刼虜。如違，許合各該地方呈首拿問。首告之人，重加給賞。受賄買和並知而不舉，事發一體重治不恕。去後未報。今准前因，擬合就行。爲此仰抄案回司，作急委官催督查報，仍一面徑自備呈漕運衙門本院查照施行。如再違延，先將首領官吏提問，掌印官別議不恕。

其三十四　案仰南昌湖東湖西九江各道頒行十家牌式　四月十五日

照得本院初撫南贛地方，看得盜賊充斥，風俗弊坏。因念禦外之策，必以治内爲先；安民之術，須以化俗爲本。遍訪民情，博詢物議，爰立十家牌式，行令二府所屬各縣。不論在城在鄉軍民，每家各置一牌，備寫門戶籍貫及人丁多寡之數，有無寄住暫宿之人，揭於各門首，以憑官府查考。仍編十家爲一牌，開列各戶姓名，背寫本院告諭，日輪一家，沿門曉諭，因而審察各家動靜。但有面目生疏之人、蹤跡可疑之事及違條犯教不聽勸諭者，即行報官究理。或有隱匿，十家連罪。行之未久，盜賊稍息，人頗稱便。今本院繆膺重寄，兼撫是方。看得南昌等十一府所屬，其間民風土俗雖與南贛間有不同，但近經寧王之變，加以師旅饑饉之災，盜賊繁興，狡僞潛匿，究觀流弊，亦不相遠，前項十家牌式，合就通行編置。爲此仰抄案回道，即行該管各府州縣，着落各掌印官，照依頒去牌式，沿村逐巷，挨次編排，務在一月之内了事。該道亦嚴加督察，期於着實施行，毋得虛應故事。仍令各將編置過人戶名姓造冊繳院，以憑查考。非獨因事以別勤惰，且將旌罰以示勸懲。

其三十八　牌行通判林寬選委義勇

牌仰通判林寬，於九姓良善之中挑選義勇武藝及沿湖諸處起集習水壯健之人，身自督領。密取各賊鄰族，隨同知因鄉道，四路爪探。或躡賊蹤，或截要路，或歸防縣治，張疑設伏，聲東擊西。一應事機，俱聽從宜施行。合用糧餉，已行按察司量行給發。有功人員，從重給賞。本官務要悉心委命，殺賊立功，以靖地方。毋得輕忽縮懦，復致疏虞，軍法具存，決難再逭。

（以上錄自早稻田大學圖書館藏閭東編《陽明先生文錄》別錄卷十一公移四）

提督軍務兼理巡撫批行事宜　共五十條

其三　案行湖西道處置豐城水患　六月初九日

爲處置地方水患事，查得先據分巡南昌道副使顧應祥呈豐城縣申稱，被水衝倒地名毛家壋等處，係干重務，欲行動支官錢修理緣由，備呈到院。看得前項決堤，若不及時修築，秋水再泛，民害益深。該道所議悉中事宜，已經批仰即先行該縣知縣顧佖動支見在庫銀，坐委縣丞沈廷用專理其事。一面督工分投修築，一面備行本府知府吳嘉聰親詣該縣查照所議，督同顧佖再加詢訪計議，務在周悉停當，備由呈報施行。近該本院撫臨該縣，督同巡守該道副使顧應祥、參議周文光、知縣等官顧佖等，看得前項決堤漸侵縣治，委係緊急民害。但正當水衝，欲便築塞，必須依倣水簾桅之法，用大船數十裝載磚石沙土，阻遏水勢，方可施工。已將水簾桅等法面與知縣顧佖等備細指說，督令遵照施行間，隨據袁州衛運糧指揮余恭呈爲攢運糧儲事開稱：本衛原額運糧淺船一百九十二隻內，除見運及已賣完糧並漂流船隻外，見在不堪裝運淺船一十四隻，實難修艌，乞要變賣價銀，以備釘造船隻下年裝運等因。據此爲照豐城縣，即今見要破損大船塞阻水勢。所據前項船隻，合行查處變賣，以濟急務。爲此一仰江西分巡湖西道抄案，仰抄案回道，着落當該官吏，照依案驗內事理，即便會同巡守南昌道官，將袁州衛不堪裝運淺船查明的有若干，就便督同該衛官旗人等從公估計每隻值價若干，差官押解，前去該縣裝載沙石，修築決堤。就行該縣見貯官庫銀兩內照數動支，給與各船旗軍，以爲釘造船隻之費。如此則築堤者易於興工，而賣船者速於得價，以爲彼此兩得其濟。所賣船隻不許多估虧損及容姦人作弊侵克。旗甲已賣運船曾否告鳴官司，賣銀完糧，惟復私自變賣銀兩及漂流船隻，有無所在官司文憑可據，亦就通行開查，具由回報，俱毋違錯。抄案官吏俱依准呈來。

一、仰江西分巡南昌道，除行分巡湖西道會將袁州衛不堪裝運淺船查明云云開查具由回報外，仰抄案回道，着落當該官吏，照依案驗内事理，即會本道分守官查照督理，上緊完報施行，俱毋違錯。抄案官吏具依准呈來。

一、仰南昌府豐城縣，除行分巡湖西道會同守巡南昌該道官將袁州衛不堪裝運淺船云云及容作弊侵克外，仰抄案回縣，着落當該官吏，照依案驗内事理，即行知縣顧佖，速差能幹官員帶領人夫前來樟樹地方，接駕前項淺船到縣。照依該道估定價値，於官庫銀内支給各船旗軍收領，取具領狀附卷，就便擇日起衆。催督委官縣丞沈廷用遵照本院面授水簾桅等法，興工修築。務將前船銜結勾連，多用串關扇束縛堅牢，足障水勢，以便施工，毋爲摧蕩，虚費財力，俱毋違錯。抄案官吏具依准呈來。

其十　牌行嶺北道集兵操練　閏八月二十七日

先該本院行仰本道，將原調上下輪班操演機快各留該縣委官管束，遵照本院原定伍法，時常操習武藝，看守城池，毋容懈弛。若奉本院明文調取，便就依期速赴軍門聽候去後。今照所轄地方盜賊不時竊發，所據原散兵快人等，應該通取赴教場操演。爲此牌仰本道官吏，即將寧都等各縣原定上下班次兵快通令整備鮮明器械，取赴贛州教場，大閲武藝，考較勤惰。俱限九月十五日齊到，敢有遲違，治以軍法。

其三十三　案行南昌道選揀兵士　正月三十日

照得南昌等處盜賊不時竊發，欲行起調各處軍兵剿捕，但春作方興，兼且往來道路，未免驚擾。所據羊房校尉籍左衛軍旗人等，先因從逆投首，遇蒙恩宥釋放。近經本院奏請免其罪戮遷徙，見在省城屯住。相應選用，令其立功報效。爲此仰抄案回道，即將前項軍旗校尉人等盡數查點，挑選膂力強壯者，送赴軍門指授操演，以憑調遣，殺賊立功贖罪。其軍民人等中間若有膂力膽略出衆，願從殺賊報效者，亦聽揀選聽用。毋得違錯不便。

其四十　牌行江西臨江府賑恤水災　正月初七日

據臨江府新喻縣申稱：今年自春入夏，淫雨連綿，田地衝成江河，沙石積成丘陵，即今四野一空，秋成絶望，要將本縣在倉稻穀賑濟緣由。爲照臨江一府被水縣分恐亦非止新喻，合就通行。爲此牌仰本府官吏，即便分委佐貳等官及行所被水各縣掌印佐貳等官，將在倉稻穀用船裝載，或募人夫挑擔，親至鄉村踏勘水災。驗果貧難下戶，就便量給升斗，暫救目前之急。就各申嚴十家牌諭，通加撫慰開導，令各相安相恤。各官務要視民如子，務施實惠，不得虛文搪塞，徒費錢糧，無救民患。若其間事勢可緩，或行或止，徑自因時斟酌施行，不必拘定一議。

其四十二　案行嶺北道停革龜角尾抽分　五月二十日

照得先因南贛等處盜賊生發，調兵征剿，而糧餉缺乏。隨該本院奏奉欽依於龜角尾抽分廠，將東西二關往來客貨照例抽稅，以助軍餉。續准戶部咨稱，地方事寧，商稅相應停止。已行嶺北道遵照禁止，訖正德十四年六月內。爲因江西反叛，本院駐兵吉安，通行各府州縣調兵征剿，費用錢糧浩大，當即遵照欽奉敕諭，一應軍馬錢糧事宜，俱聽便宜區畫事理，案行贛州府照舊委官抽分，以助軍餉。今照反逆已平，盜賊亦頗停息，所據抽稅，合且查革。若日後果有緊急軍情，再行議處。爲此仰抄案回道，即將龜角尾抽分自本年六月初五日爲止，就行查革。仍出告示，曉諭客商人等知悉。

其南安折梅亭抽分係先年奏准事例，該府仍舊抽税，以助軍餉。毋容侵剋，務禁下人不許騷擾客商。仍將贛州府自奉本院明文抽分起，並以前在庫商税銀兩，通行查明。已用若干，見在若干，就拘銀匠辨驗成色，責令吏庫人等秤封收貯，非奉本院明文，分文不許擅支。敢有故違，定行拏究，決不輕貸。

留處江西時宜

其四十六　奉敕赴京案留　六月十六日

照得當職於正德十六年六月十六日奉敕行取赴京，即日起行。所有撫屬大小衙門呈申一應公文，合行處置。爲此仰抄案回司，凡遇所屬撫衛申呈及兩京部院咨行公文，或差人領賫到來，即便收，候新任巡撫至日，類送查照。其福建、廣東、湖廣各官呈申俱仰賫至贛州嶺北道投下，亦候新任提督開送定奪。各給收照付原差回銷，俱毋違錯。

其四十七　案照江西都布按三司並南昌府　六月十八日

照得當職云云，啓行。仰抄案回司府，即將本院未完事件及暫發監問人犯果有重大事情，就呈巡按衙門區處。若事情輕小，徑自查審發落，毋令久禁人難。仍候提督巡撫至日，通行呈報查考。

其四十八　牌行南昌府防守錢糧文卷　六月十九日

照得當職近奉敕旨行取赴京，所有本院衙門見有軍機錢糧各項勘合詞訟等項文卷，爲因居住未定，陸續盤檢，亂雜向未清理。即今暫收大廳左廂房内，及合用什物，亦收衙内。必須撥人防守，庶免疏失。爲此牌仰本府官吏，即行南、新二縣，各差地方總小甲或均徭皂隷數名，晝夜看守。仍差官不時巡察防範，及將應閉門戶，亦即封鎖停當。每日取各巡察官員並地方人等，不致違誤疏失。結狀在官，聽候新任巡撫到日，查考施行。

（以上錄自早稲田大學圖書館藏閭東編《陽明先生文錄》別錄卷十二公移五）

總督兩廣平定思田始末　共八十七條

其二　牌行江西都司操閱軍馬

照得本爵奉敕總制四省軍務，征剿叛賊。所據各屬軍馬錢糧，相應查處調發。爲此牌仰本司官吏，即行掌印官督同領操官，將見在軍門通行整搠齊備，聽候本爵親臨視閲，以憑臨時調發。軍官人等敢有雜亂喧嘩違犯軍令者，遵照敕諭事理，治以軍法，決不輕貸。仍行鎭巡衙門，至日俱赴教場，聽候本爵督同閲視施行。

其三　牌行江西布政司備辦糧賞

照得云云。爲此牌仰本司官吏，即查在庫錢糧計有若干，務要盡數開報，以憑查支應用。仍先動支銀兩買辦花紅銀牌等項，聽候犒賞。至日供事大小員役敢有雜亂喧嘩違犯節制者，遵照敕諭事理，治以軍法，決不輕貸。

其四　牌行江西按察司監視行罰　十月十二日

照得云云。爲此牌仰本司官吏，即查在庫錢糧計有若干，務要盡數開報，以憑查支應用。本司將帶刑具，監視行罰。至日供事員役敢有雜亂喧嘩違犯節制者，遵照敕諭事理，治以軍法，決不輕貸。

其七　批吉安勤王有功張焰等詞　十一月初五日

據千百戶丁紀、張焰、陳煉、蔣溥等告稱，自奉查功以來，俸糧未支。看得各官原在軍門效力勤王，有功無罪。止因讒嫉，致令虧枉。仰該所即行遵奉詔書事理，各行支俸，管事詞繳。

其十一　案仰廣東嶺東嶺南嶺西海南海北及廣西桂林蒼梧左江右江等道行十家牌法　十一月二十一日

照得本院往年巡撫南贛地方，看得盜賊充斥，風俗弊壞。因念禦外之策，必以治內爲先；安民之術，須以化俗爲本。遍訪民情，博詢物議，爰立十家牌式，行令二府所屬各縣。不論在城在鄉軍民，每家各置一牌，備寫門戶籍貫及人丁多寡之數，有無寄住暫宿之人，揭於各家門首，以憑官府查考。仍編十家爲一牌，開列各戶姓名，皆寫本院告諭，日輪一家，沿門曉諭，因而審察各家動靜。但有面目生疏之人、蹤跡可疑之事及違犯教條不聽勸諭者，即行報官究理。或有隱匿，十家連罪。行之未久，盜賊稍息，人頗稱便。今本院繆膺重寄，兼撫兩省。看得所屬地方，其間民風土俗亦與南贛相去不遠。前項十家牌式，合就通行編置。爲此仰抄案回道，即行該管各府州縣，着落各掌印官，照依頒去牌式，沿途逐巷，挨次編排，務在一月之内了事。該道亦要嚴加省察，期於着實施行，毋得虛應故事。仍令各將編置過人戶名姓造冊繳報，以憑查考。非獨因事以別勤惰，且將旌罰以示勸懲。

一、仰廣東南雄、廣州、潮州、韶州、肇慶、雷州、廉州、惠州、潯州、平樂、瓊州、高州十府，廣西梧州、桂林、柳州、南寧、慶遠、太平八府官照。

一、仰廣西布按二司同。

其十三　批嶺西道税法呈　十一月二十四日

據僉事李香呈，看得立税征商，本非善政，從權濟急，似可暫行。仰該道仍行各該地方，務須歷訪居民之意，備詢行旅之情。若果於事無擾，於商有便，可照議施行。不然，則毋以一時之獲，遂貽一方之怨。慎之慎之。

其十六　批海南道策謀巢賊　十二月初二日

據副使范嵩呈，賊首王那整等督令指揮徐爵密運謀策計誘擒拏緣由。看得設守備以防奸，出奇謀以擒賊，固在經營有素，尤貴委任得人。依擬施行，務求實效。繳。

其十八　批廣州府起蓋漏澤園申　十二月初九日

據廣州府申，稱起蓋東門北門二處漏澤園緣由。看得掩骼埋胔，仁政之一。況近奉恩詔，正宜舉行。仰府照議動支銀兩，委官修理，事完繳報。

其二十　牌差千戶梅元輔省諭田州思恩　十一月十七日

今差千戶梅元輔、舍人王義、百戶鄧瓚、舍人趙楠齎捧令旗令牌，并齎軍門牌諭一封，前往田州、思恩地方，交付與土目盧蘇、王受等省令開讀，與部下各兵夫知會。仰各官舍一到地方，交付牌諭訖，當時即回，毋得在彼遲留，生事擾人。如違刻限，定依軍法斬首，決不輕貸。仍仰所過有司驛遞，即時應付馬匹夫船口糧，星夜前去。毋致遲誤，自取軍法重究。

其二十三　批湖州府預備軍餉　十二月二十六日

據梧州府申，看得軍士方殷，而錢糧匱竭若此，誠爲可慮。仰廣東布政司即於庫貯軍餉銀內動支五萬，委官先解梧州府秤收貯庫，以備軍前支給。及照各軍糧米，每月不下數千，而梧州見在倉糧，已稱不滿一萬。仍仰該司備將各處收貯糧米盡數查出，陸續運送軍門，以濟目前之急。俱毋遲誤，開數查考。繳。

其二十六　牌行南康府收買回軍馬匹　嘉靖七年正月初二日

照得軍門缺欠馬匹，答應不敷。訪得放回各處官舍頭目人等，各將馬匹貨賣，經旬不售。相應收買，似於官民兩便。爲此牌仰本府，即便動支軍餉銀兩，將見賣馬匹盡行收買。非但接濟回兵之缺乏，亦可少蘇里甲之困苦。承委人員務要兩平估買，毋致偏虧。仍將用過銀兩、買過馬匹數目開報查考。

其二十七　牌行南寧府收買回軍刀鎗　正月初二日

照得軍門隨征官舍人等，防護器械，俱各缺乏。訪得放回各處土舍頭目人等俱乏盤費，各有刀鎗在市貨賣，相應收買。爲此牌仰本府官吏，即便動支軍餉銀兩，將出賣刀鎗盡行平價收買。及查該府見收在庫器械，揀選鋒利堪用者，解赴軍門，以憑給發應用，毋得違誤。

其三十一　批桂林道稱獲賊首呈　正月二十一日

據參政龍誥呈獲稱①賊首莫銀等緣由。看得各官不費兵糧，計擒首惡，足見用心之勤、機事之密。除候事完具奏外，仰行布政司，先支在庫無礙官銀，將各官每員具禮幣羊酒銀十兩，行仰桂林府學教官率領合屬師生人等，送付各官收領，用見本院獎勞之意。其亦領牌領銀、設法獲功人役，悉准查照原許銀數，通行給賞。毋靳小費，致失大信。開數繳報查考。

①獲稱：當作稱獲。

其三十二　批放回富州廣南屯兵呈　正月二十一日

據知府楊美璜、雲南右指揮同知蘇昂呈調到土舍目兵緣由。看得所呈，足見該府衛官勤勞王事、夾輔共濟之義。其土舍頭目人等，悉能奉命趨事，亦有可嘉。但思恩、田州地方漸就平復，兩廣狼達土漢官兵俱已放歸復業，而富州、廣南遠在異省，各兵乃尚屯守不懈，其爲勞苦，尤爲可念。況今春氣萌動，東作方興。公文至日，仰該府衛官即將各兵通行放回，及時耕種，毋廢農作。地遠事隔，各兵不能略加犒賞，以少慰其勤勞。該府衛官仍各諭以本院惓惓之意。批呈繳來。

其三十三　牌行通判陳志敬約束歸順目民　正月二十四日

據武緣等處稟報，盧蘇、王受等帶領手下目民人等出赴軍門投撫，今已見在應墟等處住劄。惟恐手下目民人等萬一或有騷擾鄉村，反致使貽累蘇、受。爲此牌仰南寧府通判陳志敬前去省諭盧蘇、王受等，務要嚴束下人，經過地方，毋得侵犯人家一草一木。上緊星夜前赴軍門，面聽約束。毋得在途遲疑，驚動遠近，自取罪悔。仍仰禁緝所過各鄉村居民人等，亦毋得記惡，因而有所侵侮。別生事端，定以軍法重治。

其三十五　案行廣西布政林富安插歸順目民　二月二十五日

先該禮部右侍郎方奏，節奉聖旨田州應否設都御史在彼云云。除具題外，爲此案仰本官公同副總兵張佑，將前項復業各土目人等，不時往來於思、田二府，加意撫恤省諭，令各及時修復生理。仍將該府城池廨宇等項，通行查估。堪修緝者即便修緝，應改移者即便改移，須創建者即便創建。合用木石磚瓦釘灰等項，各速買辦措備。一面擇日興工，趁時修理。務在堅固經久。委用官員選擇呈取人夫，照前催調打手人等應役，不必干預目民。仍要嚴禁下人，不許騷擾貽患。本官合用廩給及打手工匠人等口糧工食，俱於南寧府軍餉糧米内支應。其餘事情，俟命下之日施行。仍將土目人等復業日期緣由並各夷情土俗，本爵料理不及、區畫未盡，應須呈稟者，俱仰密切呈報，毋得違錯。

案行副總兵張佑同。倶二月二十五日

其三十六　牌委化州知州安插歸順目民

照得思、田二府土目盧蘇、王受等率衆數萬，俱赴軍門，自縛投降，就經省發，各歸復業。本院見臨該府，看得城池廨宇等項倶該修復，必須選委精力才幹官員專理，庶克濟事。看得廣東高州府化州知州林寬識見通敏，心計周密，且精力強健，舊任江西南康通判，曾經軍門委用，著有成效，合就行取。爲此牌仰本州官吏，即行知州林寬，將該州印信暫行佐貳官掌管，選帶跟隨人役，不分星夜，兼程前赴軍門，以憑委用施行。

其三十七　牌委該道沿途督發湖廣回兵

照得先因田州等處變亂，該前軍門奏調湖廣永順、保靖二宣慰司官舍目兵前來征剿。即今各夷自縛歸降，地方悉以平復。況春氣萌動，東作方興，應合放回休息，及時耕種。但兵衆在途約束不嚴，未免騷擾，應合行委各道分巡官接程督押出境。爲此除委參政龍誥督至湖廣交界地方發遣各兵出境外，牌仰本官即便公同湖廣統兵官，統督永、保二司宣慰官舍管領所部目兵，回還休息農種。在途各要嚴加鈐束，各兵經過城市鄉村，遵守朝廷法度、軍門號令，不許纖毫騷擾人民。敢有違法，指實呈稟，以憑從重參奏處治。本官督至梧州，交與分巡蒼梧道僉事李傑，督至廣西省城，交與分巡桂林道僉事申惠，一體督至全州，發遣各兵出境，徑就回還，各具回報先行各官查照施行，毋違錯。仍行巡按御史知會。

其三十八　牌行南寧府犒賞湖廣回兵

照得先因徵調湖廣永、保二司土官目兵，坐委僉事汪溱、都指揮謝珮統領，聽調剿殺。今各夷自縛投順，地方安妥，各官即目①督兵回還。間關山海，王事勤勞，應合慰勞。其跟隨人役，亦合一體犒賞。爲此牌仰南寧府官吏照依此處查計開數，於軍餉銀内支出，分送各官，少慰勤勞，及給與跟隨人員收領，以充犒賞。

①目，當作日。

其四十　批嶺南道估修三水縣城池呈　三月初八

據參政胡璉等呈勘估修理三水縣城池緣由。看得本官綜理精密，稽功省費。但其三次傾塌，皆由風雨，事出不測，至其修築不堅之罪，亦居然難掩。該縣既申稱各匠債負貧苦，姑准量增工食，每丈二錢。諭令從此加意堅築，若再有傾塌，仍將所增工食追出還官。監工官不行用心督理，一體究治。批至，通將各匠決責二十，以警其怠。備行該縣，查照施行。

其四十二　批廣東兵備議處新寧賊峒呈　三月十八日

據副使徐度呈，廣海衛並新寧縣矬峒都民彭道立等連名告，合無請乞調發狼兵數千，遣官督押前來，及行布政司，暫發銀三四千兩應用。看得各處賊情，多因招撫稍定，即便棄置，不復乘時計處。俟其勢焰復熾，卻乃議撫議剿，急迫無措。此當今之通患也。仰該兵備官即便會同該道守巡官，上緊再行議處。應撫應剿，火速施行。一面呈奪合用錢糧，一准行布政司照數支取，開數查考。繳。

其四十四　批嶺西道呈　三月十九日

據僉事李香呈，各獞既有願效之誠，宜如所議，將各獞量行犒賞，密加撫諭存恤，以連屬其志。雖目今未即調用，而異時終有可資。該道所轄稔惡猺村，本院原有剿除之意。近該道呈申，各猺皆已分給告示，欲出投撫。若復掩其不備，輒行剿撲，則虧失信義，後難行事。惟殺害李松一巣，自知罪大，不肯出投，亦不過五六千人。況住近沿江，若乘水漲之月相機襲捕，似亦非難，不必興師動衆，震驚遠邇。該道且宜密切圖之，別有機宜，密行呈稟。

其四十五　批廣西布政司呈　七年三月二十一日

據廣西布政司呈，庫内止有鹽利折糧各五千兩，設若地方有警，將何支給。乞俯念邊方支費浩大，將前項鹽利銀兩，除湖兵支用外，其嘉靖四年起至六年止未發銀四万八千八百餘兩，酌量於梧州府庫支發，以備不足。看得歲額糧米雖有停徵之日，尙有可徵之時。發補鹽利既爲接濟歲用不足，自聽該司通融支費。況當軍門連年兵耗之後，梧州庫藏所餘不滿五萬之數。今各道守巡兵備等官軍餉缺乏，請給無時，費出不貲，尤難逆計。該司所呈銀兩，非但既往者已莫補支，雖於見在者尙難措給。如前所呈科擧等費，自有額辦，皆已准於南寧、梧州府庫照數動支。今再准行梧州府鹽利銀内動支一萬一千兩，通將連年請給過銀兩開數繳報，以憑查考。繳。

其四十八　牌行田洲土目暫管岑氏八甲

爲照田州八甲兵糧，議立岑氏之後，未奉明旨，必須選委土目，暫行管理，庶不有誤辦納。爲此牌仰土目黃寶、羅愿，將後開八甲兵糧等項暫行管理，依期完納。一應事情，悉聽本府流官知府調度，候岑氏子孫授職之日，照舊交還，聽其自行理辦，仍赴本府交納，悉聽知府節制。其八甲舊朔勒砦英、橫懶歸仁一甲亦就撥與本目，永遠食用，照數辦納兵糧。本目務要守法奉公，不許踰分躐等，別生弊端。但有變亂是非，違犯號令，就仰該府將撥與原食甲分革去，拿赴軍門，治以軍法，決不輕貸。

計開

拱田子戎剝蔭半甲

每年納夏稅秋糧米一十三石二斗四升九合三勺

每調出兵四十六名

每年表用箋銀五分

三年大貢用銀一兩四錢七分

須知冊一本赴廣西用銀一分八釐

須知冊二本赴京用銀一錢四分

甲周甲

每年納夏稅秋糧米六十三石二斗五升

每年調出兵二百五十四名

每年表箋用銀二錢六分九釐六毫二絲五忽

三年大貢用銀七兩七錢零二釐

須知冊一本赴廣西用銀八分六釐二毫五絲

須知冊二本赴京用銀六錢八分二釐五毫
控溝畫田子甲
每年納夏稅秋糧米六十三石二斗五升
每調出兵二百五十四名
每年表箋用銀二錢六分九釐六毫二絲五忽
三年大貢用銀七兩七錢零二釐
須知冊一本赴廣西用銀八分六釐二毫五絲
須知冊二本赴京用銀六錢八分二釐五毫
羅博龍威甲
每年納夏稅秋糧米六十三石二斗五升
每調出兵二百五十四名
每年表箋用銀二錢六分九釐六毫二絲五忽
三年大貢用銀七兩七錢零二釐
須知冊一本赴廣西用銀八分六釐二毫五絲
須知冊二本赴京用銀六錢八分二釐五毫
凡耶共一甲
每年納夏稅秋糧米七十四石四斗七升一合
每調出兵二百九十名

每年表箋用銀三錢零七釐
三年大貢用銀九兩一錢九分
須知冊一本赴廣西用銀一錢
須知冊二本赴京用銀八錢二分五釐

洞里他雙共一甲

每年納夏税秋糧米六十三石二斗五升
每調出兵二百五十名
每年表箋用銀二錢六分九釐六毫二絲五忽
三年大貢用銀七兩七錢零二釐
須知冊一本赴廣西用銀八分六釐二毫五絲
須知冊二本赴京用銀六錢八分二釐五忽

水冊槐並半甲

每年納夏税秋糧米四十石
每調出兵一百五十六名
每年表箋用銀一錢六分一釐
三年大貢用銀四兩八錢三分四釐
須知冊一本赴廣西用銀五分三釐
須知冊二本赴京用銀四錢二分

怕牙那馬甲

每年納夏稅秋糧米一百一十石三斗三升七合五勺

每調出兵一百八十二名

每年表箋用銀四錢四分

三年大貢用銀一十二兩八錢

須知冊一本赴廣西用銀一錢五分

須知冊二本赴京用銀一兩一錢八分

每年納官猪等例銀六兩五錢

每年納官禾六十担

每年納供皂隷禾七担

育半甲

每年納夏稅秋糧米四十四石一斗三升五合一勺

每調出兵九十二名半

每年表箋用銀一錢七分五釐

三年大貢用銀五兩零二分五釐

須知冊一本赴廣西用銀六分

須知冊二本起①京用銀四錢七分

每年納官猪等例銀二兩六錢

每年納官禾二十担
每年納供皂隷禾七担半
已上俱屬州管理
土目黄實②名下食
舊朔勒呰英一甲
每年納夏税秋糧米四十九石四斗四升二合二抄
每調出兵二百名
每年表箋用銀二錢
三年大貢用銀六兩零一分二釐五毫
須知冊一本赴廣西用銀六分六釐一毫五絲
須知冊二本赴京用銀五錢三分二釐五毫
土目羅愿名下食
横懶歸仁一甲
每年納夏税秋糧米一十七石九斗五升九合三勺
每調出兵六十七名
每年表箋用銀七分
三年大貢用銀二兩零六分
須知冊一本赴廣西用銀二分四釐

須知冊二本赴京用銀一錢八分

①起，當作赴。
②黄實，上文作黄寶。

其四十九　牌仰思恩府土目分管各城頭

照得思恩、田州二府各設流官知府，治以土俗，其二府原舊甲分城頭云云。其襲授調發，必皆經由於知府。其官職土地，皆得各傳其子孫。除具題外，爲照各甲城頭既已分析，若不先令各目暫行分管，誠恐事無統紀，別生弊端。爲此牌仰思恩府土目韋賢等，遵照後開甲分每歲應該納辦兵糧，查照開數，依期上緊完納出辦。一應供設征調等項事情，悉聽知府調度約束。本目仍要守法奉公，正己律下，愛養小民，保安境土。毋得放縱恣肆，踰分干紀，自取罪累，後悔無及。候奏請命下，仰各欽遵施行。

計開

興隆七城頭兼都陽十二城頭

每年納夏稅秋糧米八百一石一斗

每調出兵四百一十二名

每年表箋用銀二兩七錢六分六釐九毫七絲

三年大貢用銀七十七兩四錢五分五釐七毫三絲

須知冊一本赴廣西用銀九錢二分二釐四毫五絲

須知冊二本赴京用銀七兩三錢七分八釐四毫六絲

每年春秋祭祀猪羊等物該銀九兩二錢二分四釐五毫
每年納官禾
迎接詔敕使客往來供應廩給夫馬等項出銀三十八兩
右仰興隆巡檢司署土巡檢事土目韋貴①准此
白山七城頭兼丹良十城頭
每年納夏税秋糧米六百八十七石五斗五升
每調出兵三百六十名
每年表箋用銀二兩四錢七分五釐七毫一絲
三年大貢用銀六十九兩三錢二分三毫九絲
須知冊一本赴廣西用銀八錢二分五釐三毫五絲
須知冊二本赴京用銀六兩六錢零一釐七毫八絲
每年春秋祭祀猪羊等物用銀八兩二錢五分三釐五毫
每年納官禾
迎接詔敕使客往來供給廩給夫馬等項出銀一十七兩
右仰白山巡檢司署土巡檢事土目王受准此
定羅十二城頭
每年納夏税秋糧米九百九十七石五斗一升三合
每調出兵五百二十名

每年表箋用銀一兩七錢四分七釐五毫六絲
三年大貢用銀四十八兩九錢三分二釐四絲
須知冊一本赴廣西用銀五錢八分二釐六毫
須知冊二本赴京用銀四兩六錢六分八絲
每年春秋祭祀猪羊等物用銀五兩八錢二分六釐
每年納官禾
迎接詔敕使客往來供給廩給夫馬等項出銀二十二兩
右仰定羅巡檢司署土巡檢事土目徐五准此

安定六城頭
每年納夏稅秋糧米八百四十五石七升
每調出兵四百五十名
每年表箋用銀八錢七分三釐七毫八絲
三年大貢用銀二十四兩四錢六分六釐二絲
須知冊一本赴廣西用銀二錢九分一釐三毫
須知冊二本赴京用銀二兩三錢三分四絲
每年春秋祭祀猪羊等物用銀二兩九錢一分三釐
每年納官禾
迎接詔敕使客往來供給廩給夫馬等項出銀一十二兩

右仰安定巡檢司署土巡檢事土目潘良准此
古零通感那學下半四保四城頭
每年納夏稅秋糧米四百四十三石一斗七升九合六勺
每調出兵二百四十名
每年表箋用銀五錢八分二釐五毫二絲
三年大貢用銀一十六兩三錢一分六毫八絲
須知冊一本赴廣西用銀一錢九分四釐二毫
須知冊二本赴京用銀一兩五錢五分三釐三毫六絲
每年春秋祭祀猪羊等物用銀一兩九錢四分二釐
每年納官禾
迎接詔赦使客往來供給廩給夫馬等項出銀八兩
右仰古零巡檢司署土巡檢事土目覃益准此
舊城十一城頭
每年納夏稅秋糧米四百九十石八斗四升
每調出兵二百六十名
每年表箋用銀一兩六錢一釐九毫三絲
三年大貢用銀四十四兩八錢伍分四釐三毫八絲
須知冊一本赴廣西用銀五錢三分四釐五絲

須知冊二本赴京用銀四兩二錢七分一釐七毫四絲
每年春秋祭祀猪羊等物用銀五兩三錢四分五釐
每年納官禾
迎接詔赦使客往來供給廩給夫馬等項出銀二十二兩
　右仰舊城巡檢司署土巡檢事土目黃石准此
那馬十六城頭
每年納夏稅秋糧米一千八十六石八斗八升五合五勺九抄一圭
每調出兵五百九十三名
每年表箋用銀二兩三錢三分八絲
三年大貢用銀六十五兩二錢四分二釐七毫二絲
須知冊一本赴廣西用銀七錢七分六釐八毫
須知冊二本赴京用銀六兩二錢一分三釐四毫四絲
每年春秋祭祀猪羊等物用銀七兩七錢六分八釐
每年納官禾
迎接詔赦使客往來供給廩給夫馬等項出銀三十二兩
　右仰那馬巡檢司署土巡檢事土目蘇關准此
下旺一城頭兼南海十城頭
每年納夏稅秋糧米一百八十四石五斗

每調出兵一百名
每年表箋用銀一兩六錢一釐九毫三絲
三年大貢用銀四十四兩八錢五分四釐三毫八絲
須知冊一本赴廣西用銀五錢三分四釐五絲
須知冊二本赴京用銀四兩二錢七分一釐七毫四絲
每年春秋祭祀猪羊等物用銀五兩三錢四分五毫
每年納官禾
迎接詔赦使客往來供給廩給夫馬等項出銀二十二兩
右仰下旺巡檢司署土巡檢事土目韋文明准此
都陽中團一城頭兼順山六城頭
每年納夏稅秋糧米一百三十六石四斗六升五合
每調出兵六十五名
每年表箋用銀一兩零一分九釐四毫九絲
三年大貢用銀二十八兩五錢四分三釐五毫九絲
須知冊一本赴廣西用銀三錢三分九釐八毫五絲
須知冊二本赴京用銀二兩七錢一分八釐三毫八絲
每年春秋祭祀猪羊等物用銀三兩三錢九分八釐五毫
每年納官禾

迎接詔赦使客往來供應廩應夫馬等項出銀一十四兩

右仰都陽巡檢司署土巡檢事土目黄留准此

①韋貴，上文作韋賢。

其五十五　梧州府同知舒栢查理南寧府軍餉銀兩

照得近來思、田二府擾亂，該前軍門調發各處官兵，俱在南寧府駐劄防守，各處解到軍餉銀兩，俱發該府收貯支用。今照地方事已平復，軍兵悉皆放回，合行委官清查。爲此牌仰梧州府同知舒栢速往南寧府，吊取自嘉靖四年十月起至嘉靖六年十一月終止一應文卷到官清查。要見舊管若干，新收解到若干，支給過若干，實在若干。又自十二月初起今至①四月終止，俱要清查明白，造冊繳報，以憑施行。中間若有侵欺借貸、抵換隱瞞、事有可疑等項情弊，應拿問者就便拿問，應參究者呈來施行。承委官員務秉至公，毋得循情代爲揑飾，有負委托，罪亦難逭。

①今至，二字疑誤。據『其五十六』，當作「至今年」。

其五十六　又仰同知舒栢查理賓州軍餉銀兩

照得近來思、田二府擾亂，該前軍門前後調發各處官兵，俱在賓州住劄防守。其各處解到軍餉銀兩，俱發該州官庫收貯支用。今照地方事已平復，軍兵悉皆發回，合行委官清查。爲此牌仰梧州府同知舒栢，即便前去賓州，吊取自嘉靖四年十月起至嘉靖六年十二月二十六日止一應文卷到官，逐一清查。要見舊管若干，新收各處解到若干，奉某衙門明文用過若干，實在若干。又自十二月二十七日本院撫臨地方起至今年六月二十二日止，俱要清查明白，造冊繳報，以憑查封施行。中間若有侵欺借貸等項情弊，應拿問者就便拿問，應參究者呈來施行。承委官員務秉至公，以副委托。

其五十七　批海南道鈐束立功官員呈

據副使范嵩呈稱，立功官員俱發分守兵備等官，分發各處關隘立功，私逃者問罪。看得各處立功官員類多用計逃避，有名無實，誠有如該道所議者，合准所議。今後立功官俱發各道兵備守備官處統領鈐束，聽其酌量各官才能強弱，分發緊要關隘地方，督兵防守截捕，着實立功。仍要不時點閘，但有私逃回家及用計偷避者，即便提問責令，從新立功。庶幾法不虛行，人知懲創。仍備行各該衙門知會施行。此繳。

其五十八　批嶺西道優處負戶呈　四月二十一日

據參政應大猷呈稱，福慶州陳山雞等六戶共糧五十石零，被賊殺占，抛荒遞年，負累排年，李鑑替賠要行全折京銀，以甦民困緣由。看得該州所申田糧既勘係賊占抛荒，負累排年，賠納是實。准議。備行布政司，將該州前米定折京價銀兩徵解，仍行該州查照施行。繳。

其六十　牌行同知桂鏊收貯軍餉　五月初三日

牌仰思恩府署印同知桂鏊，即將發去軍餉銀一千兩照數收貯庫內，就便督同韋貴等用心經理一應軍務，毋得怠墮。訪得賊寨米穀甚多，若遇各處土民人等，或有挑擔前來糶賣者，毋拘多寡，就量收買，儲積思恩、上林等處，以備修理城池廨宇支用。仍要嚴禁下人，不得因而侵漁騷擾。通候事完之日，開報查考。

其六十三　批平樂府計處賊情申　五月十八日

據平樂府申，荔浦縣賊首閉公定、韋公護等，乞調兵征剿。看得前項賊情，先已屢行仰司及該道各官密切計處，相機行事去後，今復據申前因，仰該道守巡等官查照先今牌批事理，上緊密切行事。中間若有機宜須稟報軍門者，星夜火速飛報，毋得因仍坐視，畏難苟安，致有疏失，罪終有歸。此繳。

其六十四　牌行思明府官孫黃朝比例冠帶　六月初七日

據左江道僉事吳天挺呈，據思明府族目黃志盛等狀告，先蒙軍門行取官男黃澤防守武緣，年老有疾，又蒙行取應襲官孫黃朝督兵前來南寧，聽調更替。乞將黃朝給與冠帶，庶使夷民知有定主等情。查得黃朝年壯循禮，亦經督兵，征剿古田、思恩有功。若非寵異，無以示信，合請照依向武州黃仲金父在亦給冠帶事宜，令替黃澤鈐束目兵聽調緣由，呈詳到院。參看得黃朝比例冠帶，既經該道查勘，相應合行給與。爲此牌仰官男黃朝遵照本院欽奉敕諭內便宜事理，就便冠帶，望闕謝恩。候該襲之時，另行具奏。本官男務要竭忠效命，以報國恩。毋得恃強淩弱，倚衆暴寡。苟違法制，罪罰難逃。戒之敬之。

其六十五　劄付永順宣慰司官舍田榮有成冠帶督兵　六月初十日

據湖廣上湖南道僉事汪溱呈，據宣慰司宣慰彭明輔並指揮彭飛呈稱，遵依會勘得施溶州田貴身故，並無兒男，官舍田榮領兵隨征，係田貴同祖親堂兄弟。及審田家洞長官田有旺，先年調征田州，軍前陣亡，別無兒男，官舍田有成領兵隨征，係田有旺同父親弟，別無違礙。前項知州長官應該各舍承襲，乞要比例賜給冠帶，統束目兵。爲照土官襲替，必經該管官司委官結勘，以杜詐冒。今各舍雖稱應襲，未經結勘，但見今領兵殺賊，似亦相應俯從，呈詳到爵。爲照土舍田榮、田有成各領兵隨調剿賊，勤勞王事，固朝廷之所嘉悅。況經該道查勘應襲之人，且近於潯州、平南諸處多有斬獲，功勞可嘉。合就遵照本爵欽奉敕諭内便宜事理，給與冠帶。一以便其行事，二以酬其勞績。爲此劄仰永順宣慰司施溶州官舍田榮、田家同①長官司官舍田有威先行冠帶，望闕謝恩。仍須秉節持身，正己律下，申嚴約束，而使兵行所在，無犯秋毫，作興勇敢，而使兵威所加，有如破竹，益竭忠眞②，以圖報稱。

①同，疑當作洞。

②眞，疑當作貞。

其六十六　劄付保靖永順宣慰司官舍彭飛遠王相冠帶　六月初十日

據湖廣上湖南道僉事汪溱呈，據保靖宣慰司宣慰彭九霄及指揮張恩呈稱，依奉查勘得隨司辦事長官彭昂舊年奉調征進田州，斬獲賊級，解驗班師，因患煙瘴身故。土舍彭飛遠領兵隨征，係彭昂嫡長男。及照宣慰彭明輔、指揮彭飛遠呈稱，查勘施溶洞長官汪勝霖去年奉調田州，箭傷身故。土舍汪相領兵隨征，係汪勝霖嫡長男，前項長官應該本舍應襲。爲照土舍襲替，必經該管官司委官結勘，以杜詐冒。今各舍雖稱應襲，未經結勘。但見今領兵聽調殺賊，欲比照土舍彭宗舜事例，賜給冠帶，似亦相應俯從，呈詳到爵。爲照土舍彭飛遠、汪相各領兵隨同宣慰彭九霄等遠來聽調勦賊，勤勞王事，固朝廷之所嘉與，況又經該道審勘應襲兒男，且近於潯州平南諸處多有斬獲，功勞可嘉，合就遵照欽奉敕諭内便宜事理，給與冠帶。一以便其行事，一以酬其勞績。爲此劄仰保靖宣慰司隨司辦事官舍彭飛遠、永順宣慰司施溶洞長官舍汪相先行冠帶，望闕謝恩。仍須正己律下，申嚴約束，使兵行所在，無犯秋毫，兵威所加，有如破竹，益竭忠貞，以圖報稱。

其七十六　告諭賓州軍民　七月二十五日

照得近因思、田二府多事，該前總鎭等官奏調三省漢土官兵前來賓州屯住防守。軍民大小，男不得耕，女不得織，而湖兵安歇之家，騷擾尤甚。今雖地方幸已平靖，湖兵亦已放回，然瘡痍未起，困苦未蘇。況自三月不雨，至於五月，農田龜坼，佈種大遲。即今正値青黃不接，民多缺食，誠可憫念。當委判官楊耀遍歷城郭内外，查報停歇湖兵之家，大小共計一千四家，合就量行賑給。已經牌仰賓州官吏行委判官楊耀，將大家給米一石，小家給米六斗。就於該州倉貯軍餉等米内照數支給，略見本院存恤之意。其餘軍民不能遍及，須諭以本院心雖無窮，而錢糧有限。況今八寨既平，地方已無盜賊之患。比之豐亨豫大之日雖未足，而方之兵戈擾攘之時已有餘。各宜安心生理，勤儉立家，毋縱驕奢，毋習游惰。務爲守法良善之民，共享太平無事之樂。故諭。

其八十　批賓州建立書院申　八月十三日

據賓州申稱，張指揮宅居一所，廳房樓屋，宜作書院。看得該學諸生乞要建立書院，以爲藏修之地。其一念進德向學之美，正宜鼓舞作興，合就准行。但其間以師尊本院爲辭，則吾豈敢當哉。仰分巡該道再加議處施行。繳。

其八十六　牌行廣西副總兵李璋更調土兵事宜

據鎭守廣西地方副總兵李璋呈開，廣西省城猺獞密邇，屢年大征，皆係老弱就誅，而豪強竄伏。捷書方聞，警報隨至，明驗有徵，覆轍當戒。顧今日之事，大征未敢輕議，而鵰剿實所當行。除將見在官軍打手正捌聽候外，及照原擬防守省城東蘭、南丹、那地三州土兵，今皆逃回。正參呈催調間，據廣西布政司呈奉軍門批據，將那地州土兵免其秋調，專在柳州聽參將沈希儀調用，備行南丹州，前赴廣西省城，聽調殺賊。自今八月初一日爲始，至下年八月初一日止，卻調東蘭州土兵依期更替等因。照得南丹一州兵力素弱，恐難濟事。東蘭每年出兵二千，更番防守省城，此係土官韋虎林先年告求實授，自願報效，比與秋調不同。合無再令韋虎林精選三千，前赴省城，聽本職會同三司並該道守巡等官從長酌量，相機鵰剿。仍乞行桂林道守巡官監督軍務，紀驗功次。合用錢糧，乞於軍餉銀內量支發，仰布政司收貯聽支，事完造冊繳報等因到院。照得各州土兵征調頻數，本非良法，非但耗費竭財，抑且頓兵剉銳。必須各州輪年調發，一以省供饋之費，一以節各兵之勞。庶幾土人稍有休息之期，而官府亦獲精銳之用。已經行仰該司遵照備行南丹州官族莫振亨，即就揀選勇敢精銳目兵三千名，躬親統領，照依刻定日期前赴廣西省城，聽調殺賊。果能輸忠報效，立有奇功，即與具奏，准襲該州官職。自今八月初一日為始，至下年八月初一日止，卻調東蘭州土兵依期更替。自今各州目兵軍門斷不輕易調發，致令奔疲勞苦。亦決不姑息隱忍，縱令驕惰玩弛。但有稽抗遲誤，違犯節制，輕則量行罰治，重則拏究，革去冠帶，又重則貶級削地，又重則舉兵誅討。斷不虛言，通行各土官兵目知悉，俱仰改心易慮，毋蹈前非，自貽後悔去後。今據所呈，為照本院軍令既出，難再輕改，失信下人。但本官呈稱鵰剿缺兵，固亦一時權宜，況稱原係本州先年自願報效，不在秋調之數，亦合姑從所請，暫准取調。為此牌仰本官，即便會同鎮守太監傅倫行，仰該州土官韋虎林，照數精選目兵，前赴省城，聽各官調遣剿賊。待一兩月間事畢，隨即撤放回州。遵照軍門批行事理，依期更班聽調，不許久留失信。其所呈鵰剿事宜，悉聽會同三司掌印守巡兵備等官依擬施行。事完之日，通將獲過功次、用過錢糧數目開報查考，俱毋違錯。仍行總鎮、總兵、鎮巡等衙門知會。

（以上錄自早稻田大學圖書館藏閭東編《陽明先生文錄》別錄卷十三公移六）

征剿八寨曜曜藤峽　共四十五條

其二　牌行水順宣慰司統兵致仕宣慰使彭明輔進剿方略

據分守潯、梧等處左參將署都指揮僉事張經等會呈開稱，斷藤峽、牛腸、六寺、磨刀等處徭賊云云，合就遵奉敕諭事理，量調官軍，協同湖兵乘釁剿撲。爲此牌仰宣慰使彭明輔，即便統率所領目兵，分哨進剿牛腸諸賊。冠帶廕襲官男彭宗舜，親督頭目彭明弼、彭杰等，領湖兵八百，隨同領哨指揮馬文瑞、千戶李宗、武管等官兵二百五十名，用鄉道黎散、陸英、黃方保引路，從龍村沖舊灣上岸四十五里，徑衝牛場賊巢前路而入。頭目向永壽、嚴謹等領兵四百名，隨同領哨指揮王勳、百戶蔣綸、聶弘禮等官兵二百五十名，用鄉道韋英、戴禮勝、鍾讚等引路，從龍村埠上岸六十里，徑衝賊巢後路而入。未至信地三日之前，停軍中途，候約參將張經與同守巡各官議集。先將進兵道路之險夷遠近、各巢賊徒之多寡強弱及所過良民村分之經由往復，面同各鄉道人等備細講明。務要彼此習識通曉，然後刻定日時，偃旗息鼓，寂若無人，密至信地，乘夜速發。務使迅雷不及掩耳，將各稔惡賊魁盡數擒剿，以除民害，以安地方。仍要禁約目兵人等，所過良民村分，毋得侵擾一草一木。有犯令者，當依軍法斬首示衆。本官素懷忠義，當茲委用，務要殫心竭力，以益輸報國之誠。事完之日，通將功次解報紀功官處紀驗，以憑奏聞旌賞。俱毋違錯，自貽悔累。

其三　牌行保靖宣慰司宣慰彭九霄進剿方略

牌仰致仕宣慰使彭九霄，即便統率所領目兵分哨進剿六寺、磨刀等寨諸賊。就内分委頭目彭志明等領兵二百，隨同領哨指揮唐宏、百戶胡儀等官兵二百五十名，用鄉道李賢引路，至龍村埠上岸五十里，徑衝六寺賊巢後路而入。又委頭目彭九皋等領湖兵二百，隨同原哨指揮卞琚、千戶黃政等官兵二百五十名，用鄉道韋扶錦引路，至龍村埠上岸四十五里，徑衝六寺賊巢前路而入。又分委頭目彭輔等領湖兵二百，隨同領哨指揮張縉、千戶鄧瑛等官兵二百五十名，用鄉道李芳引路，至龍村埠上岸五十里，徑衝磨刀賊巢後路而入。又委頭目李英等領湖兵二百，隨同領哨千戶劉宗本、百戶王神兒等官兵二百五十名，用鄉道黃雲通引路，至龍村埠上岸四十五里，徑衝磨刀賊巢前路而去。未至信地三日之前，停軍中途，候約參將張經與同守巡各官集議。先將進兵路道之險夷遠近、各巢賊徒之多寡強弱及所過良民村分之經由往復，面同各鄉道人等備細講明。務要彼此習識通曉，然後剋定日期，偃旗息鼓，寂若無人，密至信地，乘夜速發。務使迅雷不及掩耳，將各稔惡賊魁盡數擒剿，以除民害，以安地方。仍要禁約目兵人等，所過良民村分，毋得侵擾一草一木。有犯令者，當依軍法斬首示衆。本官素懷忠義，當兹委用，務要殫心竭力，以益輸報國之誠。事完之日，通將功次解報紀功官處紀驗，以憑奏聞旌賞。俱毋違錯，自貽悔累。

其五　牌行湖廣督兵僉事汪溱都指揮謝珮

牌仰督兵僉事汪溱，會同都指揮謝珮及廣西左江道守巡、守備等官，監督永順宣慰彭明輔統兵進剿牛腸諸賊云云，當依軍法斬首示衆。本官既有監督責任，兼復素懷忠義。隨地報效，乃其本心，豈分異省，有所不盡。當兹委託，務大展才猷，以祛患安民。一應機宜牌内未盡者，公同各官計議，從便施行。事完之日，通將獲過功次開報紀功官處紀驗，以憑奏報。俱毋違錯。

其七　牌行左江道守巡官布發旗號　三月二十三日

牌仰左江道守巡官，即將發去號色旗號等項，公同參將張經收發各哨官兵人等及各良民村分應用。俱候事完之日，照數取回，差人解赴軍門交納，以備別用，毋違。

計開

黃布號色八千六百　良民村分旗一百

軍令五百張　黃招安旗一百

其九　牌行南寧府支給糧餉　四月十九日

照得本院見委柳州府同知桂鏊前去思恩等處督兵剿除流賊，所有糧餉合行支給。爲此牌仰本府官吏，即於軍餉銀内動支六百兩秤付本官收領，前去軍前支用。就仰本官即便星夜前往督促各兵，務將各寨稔惡賊徒盡數剿滅，以絶禍根。毋得容情放縦，致貽後患。就將解到賊徒賊級即與紀驗明白，事完之日，通送紀功御史衙門覆驗奏報，俱毋違錯。

其十二　牌行指揮孫繼武捜捕逋賊

牌仰指揮孫繼武等督率該所土舍梁甫、韋玠、韋錦、覃洪、覃璋，各起集土兵人等，前去洛春、高徑、大潘等處捜捕各賊。仍行曉諭各良善云云。毋自取悔。

其十三　牌仰千戸丁文盛等捜捕逋賊

牌仰千戸丁文盛督率招至馬廷器等，起集管下兵款人等，前去渌里等處捜捕各賊。仍行曉諭各良善云云，毋自取悔。各官及舍目兵夫人等獲有功次，俱仰解送右江道兵備官處紀驗明白，一體給賞。

其十七　牌仰委官季本　俱五月初九日

牌仰原任監察御史今降揭陽縣主簿季本齎執令旗令牌，前去會同總兵監軍等官，公同署思恩府事同知桂鏊、身督領兵頭目王受等閲視各營。但有云云，決不虛言。

其二十六　牌行賓州預處兵屯　六月十五日

照得本院不日進駐賓州督調軍馬，誠恐該州居民房屋稀少，跟隨官兵無處屯住。爲此牌仰本州官吏，即於州城内外寬平穩便去處量搭營房，多或百餘間，少或數十間，聽候本院至日分撥官兵人等屯住，毋得違誤。

其三十三　牌行署田州府事知州林寛給發軍賞

牌仰署田州府事知州林寛，即便會同南寧府掌印官，將該府見貯魚鹽軍餉糧米内照依後開數目分給各目收領食用，以見本院體恤之心。仍開給散過數目，繳報查考。

（以上録自早稲田大學圖書館藏閭東編《陽明先生文録》別録卷十四公移七）

2　王杏編《新刊陽明先生文録續編》所收佚文

與尚謙尚遷子修書

別去即企望還朝之期，當有從容餘月之留也。不意遂聞尊堂之訃，又繼而遂聞令兄助教之訃，皆事變之出於意料之外者。且令兄助教之逝，乃海内善類之大不幸，又非特上宅一門之痛而已。不能走哭，傷割奈何。況在賢昆叔侄，當父子兄弟之痛，其爲毒苦，又當奈何。季明德往，聊寄一慟。既病且冗，又兼妻疾，諸餘衷曲，略未能悉。

與薛子修書

承遠顧，憂病中別去，殊不盡情。此時計已涖任。人民社稷，必能實用格致之力，當不虚度日月也。心之良知，是謂聖人之學，致此良知而已矣。謂良知之外尚有可致之知者，侮聖言者也。致知焉盡矣。令叔不審何時往湖湘。歸途經貴溪，想得細論一番。廷仁回省，便輒附此，致間闊。心所欲言，廷仁當能面悉，不縷。

答懋貞少參

別後懷企益深。朋友之內，安得如執事者數人，日夕相與磨礱砥礪，以成吾德乎。困處中忽承箋教，灑然如濯清風，獨惟進與。雖初學之士，便當以此爲的，然生則何敢當此。悚愧中，間嘆近來學術之陋。謂前輩三四公能爲伊洛本源之學，然不自花實而專務守其根，不自派別而專務守其源，如和尚專念數珠而欲成佛，恐無其理。又自謂慕古人體用之學，恐終爲外物所牽，使兩途之皆不到。足以知執事之致力於學問思辨，重內輕外，惟曰不足，而不隳於空虛渺茫之地，無疑矣。生則於此少有所未盡者，非欲有所勖，將以求益耳。

夫君子之學，先立乎其大者，而小者不能奪。故子思之論脩德凝道，必曰尊德性而道問學。而朱子論之，以爲非存心無以致知，而存心者又不可以不致知。執事所謂不自花實派別而專務守其根源，不知彼所守者，果有得於根源否爾。如誠得其根源，則花實派別將自此而出，但不宜塊然守此，而不復有事於學問思辨耳。君子之學，有立而後進者，有進而至於立者，二者亦有等級之殊。蓋立而後進者，卓立後有所進，所謂三十而立，吾見其進者。進而至於立者，可與適道而至於可與立者也，蓋不能無差等矣。夫子謂子貢曰：賜也，汝以予爲多學而識之者與。又曰：蓋有不知而作之者，我無是也。多聞擇其善者而從之，多見而識之，知之次也。執事之言，殆有懲於世之爲禪學者而設夫，亦差有未平與。若夫兩途之說，則未知執事所指者安在。道一而已矣，寧有兩耶。有兩之心，是心之不一也，是殆本源之未立與。恐爲外物所牽，亦以是耳。程子曰：苟以外物爲外牽，已而從之，是以己性爲有內外也。又曰：自私則不能以有爲爲應跡，用智則不能以明覺爲自然。今以惡外物之心而求照無物之地，是反鏡而索照也。又曰：君子之學，莫若擴然而太公，物來而順應。由是言之，心跡之不可判而兩之也明矣。執事挺特沈毅，豈生昧劣所敢望於萬一。然乃云爾者，深慕執事樂取諸人之盛心而自忘其無足取。且公事有暇，無吝一二教示。成之、文鳴如相見，亦乞爲致此意也。

答文鳴提學

書來，非獨見故舊之情，又以見文鳴近來有意爲己之學，竊深喜望。與文鳴別久，論議不入吾耳者三年矣。所以知有意於爲己者，三年之間，文鳴於他朋舊書札之問甚簡，而僕獨三至焉。今又遣人走數百里邀候於途，凡四至矣。所以於四至之書，而知其有爲己之心者，蓋亦有喩。人有出見其鄰之人病，惻焉，煦煦訊其所苦，導之求醫，詔之以藥餌者，入門而忽焉忘之，無他，痛不切於己也已。疾病則呻吟喘息，不能旦夕，求名醫，問良藥，有能已者，不遠秦、楚而延之。無他，誠病疾痛切，身欲須臾忘，未能也。是必文鳴有切身之痛，將求醫藥之未得，謂僕蓋同患而方求醫與藥者，故復時時念之，玆非其爲己乎。兼來書辭，其意見趨向，亦自與往年不類。是殆克治滋養，既有所得矣。惜乎隔遠，無因面見講究，遂請益耳。夫學而爲人，雖日講於仁義道德，亦爲外化物，於身心無與也。苟知爲己矣，寢食笑言，焉往而非學。譬如木之植根，水之濬源，其暢茂疏達，當日異而月不同。曾子所謂誠意，子思所謂致中和，孟子所謂求放心，皆此矣。此僕之爲文鳴喜而不寐，非爲文鳴喜，爲吾道喜也。願亦勉之，使吾儕得有所矜式，幸甚幸甚。病齒兼虛下，留長沙八日。大風雨絕往來，間稍霽，則獨與周生金者渡橘州，登岳麓。嘗有三詩奉懷文鳴與成之、懋貞，錄上請正。又有一長詩，稿留周生處，今已記憶不全，兼亦無益之談，不足呈也。南去儔類益寡，麗澤之思，惄如調飢，便間無吝教言。秋深得遂歸圖，岳麓五峰之間，倘能一會甚善。公且豫存之意，果爾，當先時奉告也。

寄雲卿

尊翁厭世，久失吊慰。雲卿不理於讒口，乃得歸，盡送終之禮，此天意也。哀疚寂寥，益足以爲反身修德之助，此天意也，亦何恨，亦何恨。君子之學，惟求自得，不以毀譽爲欣戚，不爲世俗較是非，不以榮辱亂所守，不以死生二其心。故夫一凡人譽之而遽以爲喜，一凡人毀之而遽以爲戚者，凡民也。然而君子之自責則又未嘗不過於嚴也，自修則又未嘗不過於力也，夫然後可以遺榮辱，一死生。學絕世衰，善儔日寡，卓然雲卿，自愛自愛。雨風半日之程，無緣聚首，細扣新得，動心忍心，自當一日千里。嘗謂友朋言：道者在默識，德在默成，顏子以能問於不能，有若無，實若虛，犯而不較，此最吾儕准的。雲卿進修之功，想亦正如此矣。秋半乘考滿，且反棹稽山、京口，信宿其期也。不盡不盡。

答汪仁峰

遠承教劄，見信道之篤，趨道之正，喜幸何可言。自周、程後學厭道，晦復四百餘年。逃空寂者，聞人足音，跫然喜矣，況其親戚平生之歡乎。朱、陸異同之辯，固某平日之所以取謗速尤者。亦嘗欲爲一書以明陸學之非禪見，朱說之猶有未定者。又恐世之學者，先懷黨同伐異之心，將觀其言而不入，反激怒焉。乃取朱子晚年悔悟之說，集爲小冊，名曰《朱子晚年定論》，使具眼者自擇焉，將二家之學，不待辯說而自明也。近門人輩刻之雩都，士夫見之，往往亦頗有啓發者。今復得執事之博學雄辭，闡揚剖析。烏獲既爲之先登，懦夫益可魚貫而前矣。喜幸何可言。承以精舍記見責，未即奉命，此守仁之罪也，悚息悚息。然向雖習聞執事之高名，而於學術趨向之間，尚有未能悉者。今既學同道合，同心之言，自不容已矣。兵革搶攘中，筆劄殊未暇。乞休疏已四上，不久歸投山林，當徐爲之也。盛价立俟回書，草草作此，不盡不盡。

寄貴陽諸生

諸友書來，間有疑吾久不寄一字者。吾豈遂忘諸友哉，顧吾心方有去留之擾，又部中亦多事，率難遇便，遇便適復不暇，事固有相左者，是以闊焉許時。且得吾同年秦公爲之宗主，諸友既得所依歸，凡吾所欲爲諸友勸勵者，豈能有出於秦公之教哉。吾是可以無憂於諸友矣，諸友勉之。吾所以念諸友者，不在書劄之有無。諸友誠相勉於善，則凡晝之所誦，夜之所思，孰非吾書劄乎。不然，雖日致一書，徒取憧憧往來，何能有分寸之益於諸友也。爲仁由己，而由人乎哉。諸友勉之。因便拾楮，不一。

寄葉子蒼

消息久不聞。徐曰仁來，得子蒼書，始知掌教新化，得遂迎養之樂，殊慰殊慰。古之爲貧而仕者正如此，子蒼安得以位卑爲小就乎。苟以其平日所學薰陶接引，使一方人士得有所觀感，誠可以不媿其職。今之爲大官者何限，能免竊祿之譏者幾人哉。子蒼勉之，毋以世俗之見爲懷也。尋復得鄒監生鄉人寄來書，又知子蒼嘗以區區之故，特訪寧兆興，足仞相念之厚。兆興近亦不知何似。彼中朋友，亦有可相砥礪者否。區區年來頗多病，方有歸圖。人還，匆匆略布間闊，餘俟後便再悉也。

（以上錄自上海圖書館藏王杏編《新刊陽明先生文錄續編》卷一書類）

奉石谷吳先生書

生自壬子歲拜違函丈，即羈縻太學，中間餘八九年，動息之所懷仰，寤寐之所思，及其不在函丈之下者，有如白日。然而曾無片簡尺牘致起居之敬而伸仰慕之私者，其敢以屢黜屢辱，有負知己之故，遂爾慚沮哉。實以受知過深，蒙德過厚，口欲言而心無窮，是以每每伸紙執筆，輒復不得其辭而且中止者，十而二三矣。坐是情愈不達而禮益加疏，姑且逡巡，日陷於苟簡澆薄，將遂至忽然之地而不自覺。推咎所因，則亦誠可閔也。蜀士之北來者，頗能具道尊候，以爲動履益康，著述益富，身閒而道愈尊，年高而德彌卲。聞之無任忻慰慶躍。嗟乎，古之名儒碩德如先生者，曾亦多見也。夫今之人，動輒嘆息咨嗟，以爲曾不得如古之名儒碩德者處之廟堂，以輔吾君。至如先生，乃復使之優游林下，烏在其能思古之人也。居先生門下，爲先生謀，則不宜致嘆於此。立吾君之朝，爲斯世謀，則斯言也，實天下之公論，雖以俟後賢無惑也。生近者授職刑部雲南司，才疏事密，惟日擾擾於案牘間而已。於同僚侯守正之行，思其閑暇時，猶不能略致起居之問，今且日益繁冗，是將終不得通一問也。是以姑置其所願陳者，以需後便，且爾先伸數載間闊之懷，以請罪于門下。伏惟大賢君子不以久而遂絶，不以微而見遺，仍賜收錄，俾得復爲門下士，豈勝慶幸感激哉。香帕將遠誠萬一，伏惟尊照。不備。

答王應韶

昨承枉顧，適茲部冗，未獲走謝。向白岩自關中回，亟道執事志行之高，深切企慕，惟恐相見之晚。及旌節到此，獲相見，又惟恐相別之速。以是汲汲數圖一會，整所欲請。亦承相亮，兩辱枉教，辯難窮詰，不復退讓。蓋彼此相期於道義，將講去其偏，以求一是，自不屑爲世俗諛媚善柔之態，此亦不待相喩而悉也。別去深惟教言，私心甚有所未安者。欲候面請，恐人事纏繞，率未有期。先以書告，其諸講說之未合，皆所未暇。惟執事自謂更無病痛，不須醫藥，又自謂不待人啓口，而已識其言之必錯。在執事之爲己篤實，決非謬言以欺世，取給以禦人者。然守仁竊甚惑之。昔者夫子猶曰：五十以學易，可以無大過。又曰：丘也幸，苟有過，人必知之。未聞以爲無過也。子路人告之以其過則喜，未聞人之欲告以過而拒也。今執事一過之，一反焉，此非淺陋之所能測也。舜好問而好察邇言。邇言者，淺近之言也，猶必察焉。夫子嘗曰：不逆詐。又曰：不以人廢言。今不待人之啓口，而已識其必錯者，何耶。又以守仁爲鄉醫，未曉方脈，故不欲聞其說。夫醫術之精否，不專係於鄉國，世固有國醫而誤殺人者矣。今徒以鄉醫聞見不廣，於大方脈未必能通曉，固亦有得於一證之傳，知之真切者，寧可概以庸醫視之。茲不近於以人廢言乎。雖然，在守仁則方爲病人，猶未得爲鄉醫也。手足痿痹而弗能起，未能遠造國都，方將求鄉醫而問焉。驟聞執事自上國而來，意其通於醫也，而趨就之。乃見執事手足若有攣拳焉，以爲猶吾之痿痹也，遂疑其病，固宜執事之笑而弗納矣。伏惟執事誠國醫也，則願出一匕之藥以起其痿痹。誠亦攣拳乎，則願相與講其受病之源，得無亦與痿痹者同乎，而將何以瘳之。泛泛揚舟，載沈載浮。既見君子，我心則休。幸執事之亮此情也。

答汪抑之

昨承枉教，甚荷至情。中間定性之說，自與僕向時所論者無戾。僕向之不以爲然，殆聽之未審也。然訓旨條貫，似於前日精采十倍。雖僕之不審於聽，亦兄之學日有所進歟。惟未發之說，則終不敢以爲然者。蓋喜怒哀樂，自有已發、未發，故謂未發時無喜怒哀樂則可，而謂喜怒哀樂無未發則不可。今謂喜怒哀樂無未發已發，固已發未發亦已發。而必欲強合於程子動亦定、靜亦定之說，則是動亦動，靜亦動也。非惟不得子思之旨，而於程子之意，似亦有所未合歟。執事聰明絶人，其於古人之言，求之悉矣。獨此似猶有未盡者。宜更詳之，勿遽云云也。

又

所不避於煩瀆，求以明道也。承喻論向所質者，乃疑思問耳，非敢遽有之也。乃執事謙退不居之過。然又謂度未能遽合，願且置之，恐從此多費議論，此則大非僕之所望於吾兄者也。子思曰：有弗問問之，弗得弗措也。有弗辯辯之，弗明弗措也。既曰疑思問矣，而可憚於議論之費耶。橫渠有云：凡致思到說不得處，始復審思明辯，乃爲善學。若告子則到說不得處遂已，更不復求。老兄之云，無乃亦是病歟。所謂不若據見成基業者，雖誠確論，然詳老兄語意，似尙不以爲然者。如是而遂據之不疑，何以免於毫釐之差，千里之謬乎。始得教，亦遂欲罷去不復議，顧僕於老兄不宜如此。

已昏黑，將就枕，輒復云云，幸亮此情也。

答陳文鳴

別後企仰日甚。文鳴趨向端實，而年茂力強，又當此風化之任，異時造詣，何所不到，甚爲吾道喜且幸也。近於名父處見所寄學規，深嘆用意精密，計此時行之已遍。但中間似亦有稍繁。必欲事事責成，則恐學者誦習之餘，力有弗逮。若但施行，無所稽考，又恐凡百一向廢墜，學者不復知所尊信。何若存其切要者數條，其餘且悉刪去，直以瑣屑自任爲過，改頒學者，亦無不可。僕意如此，想高明自有定見，便中幸加斟酌，示知之。僕碌碌度日，身心之功，愈覺荒耗。所謂未學而仕，徒自賊耳。進退無據，爲之奈何。懋真[①]、成之亟相見，必大有所講明。凡有新得，不惜示教。因鄭汝華去，草率申問。

①真，當作貞。

答徐子積

承示送別諸敘，雖皆出於一時酬應，中間往往自多新得，足驗學力之進。性論一篇，尤見潛心之學，近來學者所未能道。詳味語意，大略致論於理氣之間，以求合於夫子相近之說，甚盛心也。其間鄙意所未能信者，辭多不能具，輒以別幅寫呈，略下注腳求正。幸不吝往復，遂以蹇劣見棄也。夫析理愈精，則爲言愈難，立論愈多，則爲繆愈甚。孔孟性善相近之說，自是相爲發明，程朱之論詳矣。學者要在自得，自然循理盡性。有不容已，毫分縷析，此最窮理之事。言之未瑩，未免支離，支離判於道矣。是以有苦心極力之狀，而無寬裕溫厚之氣。意屢偏而言多窒，雖橫渠有所不免。故僕亦願吾兄之完養思慮，涵泳義理，久之自當條暢也。兄所言諸友，求清與僕同舉於鄉，子才嘗觀政武選，時僕以病罕交接，未及與語。葉君雖未相識，如兄言，要皆難得者也。微服中不答書，爲致意。學術不明，人心陷溺之餘，善類日寡。諸君幸勉力自愛，以圖有成也。嘗有論性書，錄去一目。

（以上錄自上海圖書館藏王杏編《新刊陽明先生文錄續編》卷二書類）

書劉生卷

仁者以天地萬物爲一體，醫書以手足痿痹爲不仁。大庾劉生愼請爲仁之說。生儒而善醫，吾嘗見其起危疾，療沉疴，皆應手而驗。夫儒也，則知一體之仁矣。醫也，則知痿痹之非仁矣。世之人仁義不行於倫理，而私欲以戕其天性，皆痿痹者也。生惟無以其非仁者而害其仁焉，求仁之功盡此矣，吾何說。生方以貢入京，自此將爲民社之寄。生能以其素所驗於醫者而施之於政，民其有瘳乎。

（錄自上海圖書館藏王杏編《新刊陽明先生文錄續編》卷二跋類）

策問一道

問：自天子以至於庶人，自上古之聖神以至於後之賢士君子，未有不由師友能有成者。經傳之載詳矣，請試言之。夫師以傳道授業，必賢於己者也。孔子之師，萇、郯之流也，果賢於孔子歟。無友不如己，而文王之友四人，果皆文王所不若歟。果文王所不若也，則四人者爲友不若己矣。民生於三事之如一，弟子於師，心喪三年。若子貢之徒於孔子，是已未聞。孔子之喪萇、郯，若是也。友不可以有挾，若獻子之友五人者是矣。而孔子於原壤，以杖叩脛焉，無乃近於有挾乎。不保其往，待物之洪，而取瑟之歌不已甚。犯而不較，與人之厚，而責善之道無乃虧。後世若操戈入室，已無足責。而施帳登堂者，於師生之道，果無愧乎。擠井下石，已非所倫，而彈冠結綬者，於朋友之誼，果已盡乎。立雪坐風，嚴和不同，而同稱善教何居。分金投杖，避讓不同，而同稱善交何說。今師友之道淪廢久矣，欲起而振之，以上有承於洙泗，下無忝於濂洛，若之何而可。諸君辱在不佞，方有責於師友之間，不可以不講也。

（錄自上海圖書館藏王杏編《新刊陽明先生文錄續編》卷二雜著）

蜀府伴讀曹先生墓志銘

弘治十八年三月己亥，蜀府伴讀曹先生卒。又三年始克葬，是爲正德戊辰之冬，緩家難也。將葬，其子軒謀所以志其墓者。於時，餘姚王守仁以言事謫貴陽。軒曰：是可以託我先人於不朽矣。以其妹婿越榛狀來請。貴陽之士從守仁游者詢焉，皆曰信，乃爲誌之。先生始以明詩經舉於鄉，入試進士，中乙榜，選教夔之建始。建始之學名存實廢，先生至，爲立學宮，設規條，啓新滌穢，口授身率，士始去誕諺，循帖知學，科第勃興，化爲名庠。改教成都華陽，化之如建始。部使者以良有司薦，將試之州郡。先生聞曰：是非吾所能也。會以滿考至，部懇求補，遂以爲蜀惠王伴讀。先生入則論經史，開諭德義，出咨否可備替，獻王甚尊寵敬信之，欲加之秩，請於朝。固辭不可，乃止。及嗣王立，復加之，辭益至。王使私焉。曰：聞府之進秩者，皆先容而獲。今王以義舉，而使者以賄成之，辱上甚矣，其敢不承於先王。王嘆曰：純士，勿強之。先生以知遇之厚，無弗盡，險曲有陰嫉之者。居久之，乃以老求去。王曰：君忘先王耶。先生再拜謝曰：臣死不朽，殿下之及此言，將顧諟明，命正厥事，臣孰敢非正之供，奚事僊臣。不然，臣死且無日，況能左右是圖。不得已，許之。家居五年，壽七十有一。卒之五月，以藩府舊勞進階登仕郎。先生之先爲吳人也，永樂間，曾大父迪功郎炯始來自蘇之長洲，戍貴陽，家焉。炯生伏乙，伏乙生二子榮、昌。昌娶秦氏，生先生及弟。兩方齓而相繼以歿，掬於大父之側室王伯榮是庇。王卒，先生去官喪焉。伯榮既耄，先生奉以之官，不欲，留養，不許。乃大備羞耇慎終之具而後行。謂其子曰：吾聞絞紟衾冒，死而後制。然吾四方之役也，可異乎。亦爲之具。嗚呼，若先生，乃可以爲子諒篤行之士，今亡矣。配孺人劉氏，子五人：輊幹蠱，軾先卒，轍旋義民，軒庠生，力學有聞，軏業舉。女五人，適知縣尤善輩，皆名家。孫男女六人。先生之世德，於是乎證。先生諱霖，字時望，號戇庵。墓在貴陽城東祖瑩之次。銘曰：於維斯人，此士之方。彼藩之良，淵塞孔將。不寧維藩，可以相邦。靡曰其下，厥聞既起。靡曰其逝，其儀孔邇。我行其野，我踐其里。其耈若稚，其昆若嗣。於維斯人，不愧銘只。

孺人詹母越氏墓志銘

予年友詹恩蓋臣既卒之明年，予以言事謫貴陽，哭蓋臣之墓，有宿草矣。登其堂，有母孺人之殯在，重以爲蓋臣傷。見蓋臣之弟惠及其子雲章，則如見蓋臣焉。惠將舉葬事，因以乞銘於予。不及爲蓋臣銘，銘其母之墓，又何辭乎。按狀，孺人姓越氏，高祖爲元平章，曾祖鎮江路總管，入國初，來居貴陽。父存仁翁生孺人，愛之，必爲得佳婿。時蓋臣之祖止菴，亦方爲蓋臣父封評事公求配，皆未有當意者。一日，止菴攜評事過存仁飲，見孺人焉。兩父遂相心許之，故孺人歸於評事。評事公好奇，有文事，累立軍功，倜儻喜游。嘗自滇南入蜀踰湘，歷吳楚、齊魯、燕趙之區，動逾年歲。孺人閨處，釐外内之務，家政斬然。評事公出則資馬僕從，入則供具飲食，以交四方之賢，孺人蚤夜承之無怠容。恩亦隨舉進士，歷官大理寺正公。孺人卒，受恩封焉。嗚呼，孺人相夫爲聞人，訓其子以顯於時，可謂賢也矣。兩子：恩先卒，惠方爲郡庠生。女一，適舉人張宇。孫三：雲表，雲章，雲行。雲章以評事公軍功，百戶優給，人謂孺人之澤未艾也。墓從評事公兆於城西原。銘曰：母也惟慈，妻也惟順。嗚呼孺人，慈順以訓。生也惟從，死也惟同。城西之祔，歸於其宮。

（以上錄自上海圖書館藏王杏編《新刊陽明先生文錄續編》卷二墓志）

3　王宗沐編《陽明先生與晉溪書》所收佚文

第八書（「復何求哉」以下）

伏惟老先生終始曲成，使得保全首領，歸延餘息於林下，免致覆餗，爲大賢君子知人之玷，生死骨肉，當何如圖報耶。情隘詞迫，伏只矜宥，幸甚幸甚。奏稿三通奉瀆。

第十一書（「不勝愴慄」以下，「輒有私梗」以上）

奏稿二通瀆覽。又一通係去冬中途被沮者，今仍令原舍齎上。惟老先生面賜尊裁，可進進之，不可進已之。恃深愛，敢瀆冒至此，死罪死罪。附瀆〔輒有私梗，仰恃知愛，敢以控陳〕。

第十三書

畏途多沮，不敢亟上啓。感恩佩德，非言語可盡。所恨羸病日增，近復吐血潮熱，此身恐不能有圖報之地矣。伏望終始曲成，使得苟延餘喘於林下，亦仁人君子不忍一物失所之本心，當不俟其哀號控籲也。情隘勢迫，復爾冒幹，伏惟憫宥。不具。

（以上錄自上海圖書館藏王宗沐編《陽明先生與晉溪書》）

4　茅震東編《新鐫武經七書》佚文

《孫子》

「始計第一」

〔經文〕

校之以計而索其情。

〔頭注〕

校之以計而索其情，是兵家秘密藏，即下文所謂權也，詭也。

〔經文〕

勢者因利而制權也。

〔頭注〕

權正對前經字而言。

「作戰第二」

〔經文〕

凡用兵之法，馳車千駟，革車千乘，帶甲十萬，千里饋糧。

〔頭注〕

兵眾用，繁如此。自不得久戰於外。

〔經文〕

故不盡知用兵之害者，則不能盡知用兵之利也。

〔頭注〕

趨利者先遠害。

「兵勢第五」

〔經文〕

奇正之變，不可勝窮也。

〔頭注〕

變動不居，周流六虛，此易理也。奇兵作用，悉本于此。

〔經文〕

木石之性，安則靜，危則動，方則止，圓則行。

〔頭注〕

動靜方圓，奇而不雜于正。

「九變第八」

〔經文〕
將通於九變之利者，知用兵矣。
〔頭注〕
九者數之極，變者兵之用。

「行軍第九」

〔經文〕
鳥起者，伏也。獸駭者，覆也。塵高而銳者，車來也。
〔頭注〕
相敵情有如燭照，得之幾先，非關揣摩。

「地形第十」

〔經文〕
挂形者，敵無備，出而勝之。

〔頭注〕

能就地形趨避，而無蹈亦敗，則戰必勝矣。

〔九地第十一〕

〔經文〕

是故散地吾將一其心。・・・死地吾將示之以不活。

〔頭注〕

通局開闔，真如常山之蛇，首尾擊應。

〔經文〕

夷關折符，無通其使。

〔頭注〕

幾事不密，則害成此，易理也。故夷關折符，無通其使。

「火攻第十二」

〔經文〕

此安國全軍之道也。

〔頭注〕

安國全軍，便是常勝之家。

「用間第十三」

〔經文〕

愛爵祿百金，不知敵之情者，不仁之至也。

〔頭注〕

不愛爵祿，捐金反間，是一要着。

《吳子》

「圖國第一」

〔經文〕

臣以見占隱，以往察來。

〔頭注〕

占隱察來二語，便是兵機。

〔經文〕
民知君之愛其命惜其死，・・・退生爲辱矣。
〔頭注〕
語合聖賢兵機，寔不外此。

〔經文〕
夫道者，所以反本復始。
〔頭注〕
起語腐。

〔經文〕
君能使賢者居上，・・・則戰已勝矣。
〔頭注〕
先自治而復治人。不謂吳起見亦及此。

「治兵第三」
〔經文〕
用兵之害，猶豫最大。三軍之災，生於狐疑。

〔頭注〕
與兵貴拙速合。

「論將第四」
〔經文〕
師出之日，有死之榮，無生之辱。
〔頭注〕
有此五愼，有生之樂，無死之憂矣。

〔經文〕
使其君臣相怨，上下相咎，是謂事機。
〔頭注〕
四機之中，事機尤要。

「應變第五」
〔經文〕
斬使焚書，分爲五戰。
〔頭注〕

操刀必割，是有殺手人。

「勵士第六」

〔經文〕

今使一死賊伏於曠野，・・・固難敵矣。

〔頭注〕

精悍無前。

〔經文〕

雖破軍皆無功。

〔頭注〕

激勵之法，至此可不謂嚴明乎。

《司馬法》

「仁本第一」

〔經文〕

戰道不違時，・・・所以兼愛其民也。

〔頭注〕

總之以仁爲本之意居多，其猶有周家忠厚之遺乎。

〔經文〕

會之以發禁者九，・・・則滅之。

〔頭注〕

即《周禮》大司馬九伐之法。

「天子之義第二」

〔經文〕

周，力也，盡用兵之刃矣。

〔頭注〕

用兵之刃在周已然，況近代乎。

《李衛公》

「李衛公問對卷上」

〔經文〕

臣以正兵。

〔頭注〕

當奇而奇，是之謂正。

〔經文〕

諸葛亮七擒孟獲，無他道也，正兵而已矣。

〔頭注〕

真能用正者，是謂真奇。

〔經文〕

凡兵以前向爲正，・・・則老生安致之來哉。

〔頭注〕

天意所屬，偶然成功。

〔經文〕

善用兵者，無不正，無不奇，使敵莫測。

〔頭注〕

無不正，無不奇，即太宗所謂以奇爲正，以正爲奇。使敵莫測，即太宗所謂多正使敵視以爲奇，吾奇使敵視以爲正。無二道也。

〔經文〕
四頭八尾，觸處爲首。
〔頭注〕
正如率然首尾擊應。

〔經文〕
此所謂數起於五也。・・・環其四面，諸部連繞，此所謂終於八也。
〔頭注〕
數起於五，人爲伍，並分於四。正四，奇爲八，家處之。

「李衛公問對卷中」

〔經文〕
若束發事君，當朝正色，・・・雖有善間，安可用乎。
〔頭注〕
如李衛公言，覺孫子爲譎。

「李衛公問對卷下」

〔經文〕

雖未知彼，苟能知己，・・・以待敵之可勝者，知彼者也。

〔頭注〕

分疏甚明，可作《孫子》注腳。

《尉繚子》

「攻權第五」

〔經文〕

兵有去備徹威而勝者，以其有法故也。

〔頭注〕

去備徹威，似從而實掾。

「武議第八」

〔經文〕

凡兵不攻無過之城，不殺無罪之人。

〔頭注〕
是爲王者之師。

〔經文〕
性專而觸誠也。

〔頭注〕
性專觸誠四字，可悟兵機兵勢。

「治本第十一」

〔經文〕
雜學不爲通儒。

〔頭注〕
非通儒，不能爲此言。

「重刑令第十三」

〔經文〕
將自千人以上，有戰而北，・・・發其墳墓，暴其骨於市。

〔頭注〕

刑重則難犯。立法不有不如此。

「兵令下第二十四」

〔經文〕

古之善用兵者，能殺士卒之半。

〔頭注〕

殺士卒之半，立言太奇慘。而以歸言之善用兵者，不已誣乎。

《三略》

「上略」

〔經文〕

四網羅之。

〔頭注〕

即攬英雄之術。

〔經文〕

佞臣在上，一軍皆訟。

〔頭注〕

先遠佞臣，然後可以攬英雄。

《六韜》

《文韜》

「上賢第九」

〔經文〕

夫王者之道，如龍首，・・・故可怒而不怒，奸臣乃作，可殺而不殺，大賊乃發。

〔頭注〕

文王要去六賊七害，安得不怒不殺。

「舉賢第十」

〔經文〕

多黨者進。

〔頭注〕

後世黨錮之禍，正坐此弊。

《武韜》

「發啓第十三」
〔經文〕
無取於民者，取民者也。
〔頭注〕
須知實無取民之心，亦非欲取固與之說。

「文伐第十五」
〔經文〕
凡文伐有十二節，一曰，・・・徵已見，乃伐之。
〔頭注〕
若果詭譎至此，則亦奸人之雄耳。毋論不入文王之耳，抑亦難出太公之口。

「順啓第十六」
〔經文〕
文王問太公曰，・・・惟有道者處之。
〔頭注〕
亦屬膚淺庸談。

（以上錄自尊經閣文庫藏茅震東編《新鐫武經七書》）

（二）佚詩補遺

1 丘養浩編《居夷集》所收佚詩

始得東洞遂改爲陽明小洞天

群峭會龍場，戟雉四環集。邇覯有遺觀，遠覽頗未給。尋溪涉深林，陟巘下層隰。東風（北京圖書館藏A・B兩本作「東峰」）叢石秀，獨往凌日夕。厓穹洞蘿偃，苔骨經路澀。月照石門開，風飄客衣入。仰窺嵌竇玄，俯聆暗泉急。愜意戀清夜，會景忘旅邑。熠熠岩鶻翻，凄凄草虫泣。點詠懷沂朋，孔嘆阻陳楫。躊躇且歸休，毋使霜露及。

（錄自上海圖書館藏丘養浩編《居夷集》卷二）

2 王杏編《新刊陽明先生文錄續編》所收佚詩

送人致仕

人生貴適意，何事久天涯。栗里堪栽柳，青門好種瓜。冥鴻辭網罟，塵土換煙霞。有子真騏驥，歸歟莫怨嗟。

龍岡謾書

子規晝啼蠻日荒，柴扉寂寂春茫茫。北山之薇應笑汝，汝胡侷促淹他方。綵鳳葳蕤臨紫蒼，予亦鼓棹還滄浪。只今已在由求下，顏閔高風安可望。

（以上錄自上海圖書館藏王杏編《新刊陽明先生文錄續編》卷三詩類）

3 孟津編《良知同然錄》所收佚詩

「寄滁陽諸生」第一首

一別滁山便兩年，夢魂常是到山前。依稀山路還如舊，只奈迷茫草樹煙。

「寄滁陽諸生」第二首

歸去滁山好寄聲，滁山與我最多情。而今山下諸溪水，還有當時幾派清。

「憶滁陽諸生」第四首

滁陽姚老將，有古孝廉風。流俗無知者，藏身隱市中。

（以上錄自臺灣中央圖書館藏孟津編《良知同然錄》）

（三）　佚事佚言補遺

1 鄒守益編《王陽明先生圖譜》所收佚事

（成化）十五年己亥，先生八歲。大父竹軒翁授以《曲禮》，過目成誦。一日忽誦竹軒翁所嘗讀書，翁驚問之，曰：公公讀時，吾言雖不能出口，已默記矣。

（成化）十九年癸卯，龍山公命就塾師，督責過嚴，先生鬱鬱不懌。伺塾師出，率同學曠游。體甚輕捷，窮崖喬木，攀援如履平地。公知之，鎖一室，令作經書義。一時隨所援轍輒就，竊啓鑰以嬉。公歸稽課無所缺。久而察而憂之。一日走長安街，弄一黃雀兒。眾擁聽相語，因失之。遂拈相士須責償。相士償之，爲之相曰：須拂領，其時入聖境。須至上丹田，其時結聖胎。須至下丹田，其時聖果圓。先生大笑，放其雀而歸。自是對書靜坐，思爲聖學，而未得所入。公怪，問曰：不聞書聲。曰：要做第一等事。公曰：捨讀書登第，又何事耶。對曰：讀書登第，還是第二等事。爲聖賢，乃第一等事。

（弘治）十八年乙丑・・・徐愛字曰仁，居餘姚馬堰，娶先生女。爲受學甚蚤，沈潛而篤信。記《傳習錄》示同志。年三十二以沒。嘗夢瞿曇拊其背曰：子與顏子同德，亦與顏子同壽。

正德元年丙寅・・・瑾怒下于獄，矯詔廷杖五十。・・・獄中玩易賦詩。比行，湛甘泉若水、崔後渠銑、汪石潭俊、喬白掩巖宇、儲柴墟瓘咸有贈和次此。新闗喜見諸弟有詩。

正德二年丁卯春，先生以被罪未敢歸家，留寓錢塘勝果寺養病。瑾怒未得逞，遣四人謀致之死。一旦挾先生至山頂，吐實曰：我輩觀公動止，何忍加害。公必有良策。使我得反報。先生曰：吾欲遯世久矣。明日吊我于江之濱。夜留題于壁，從間道登海舟。從者求弗得，與鄉人沿哭于江。海舟紹興采柴者，往返如期。是夜飄入閩中。備海兵捕之，微服奔岸，乞食于僧寺。題僧壁云：險夷原不滯胸中，何異浮雲過大空。夜靜海濤三萬里，月明飛錫下天風。僧疑爲京中訪事者，走報官。不得食而遁。

（正德）三年戊辰四月，萍鄉謁濂溪祠。游岳麓得霽，作《吊屈平賦》。泛沅湘，道常德、辰州，以入龍場。

龍場古夷蔡之外，・・・夷人卜蠱神進毒。神曰：天人也。彼不害爾，爾何爲害彼。乃相率羅拜。先生和易誘諭之。・・・嘗語學者曰：吾年十四五時，有志聖學。顧於先儒格致之說，無入頭處，遂至因循。後讀二氏書，於吾儒反若徑捷，便欣然究竟其說。然措諸日用，猶覺闕漏矣。歸及居夷處困，恍見良知頭，直是痛快，不覺手舞足踏。此學數千百年，想天機亦要發明出來。

（正德）四年乙巳（按：「己巳」之誤），毛憲副科聘至貴州書院主教事。安宣慰餽米肉，給使令，辭之。復贈金帛鞍馬，亦不受。初，朝議設衛於水西。城成中止，而驛傳尚存。安惡其披腹心，欲去之。先生遺書申朝廷威信令甲，乃寢。宋氏首長阿買札，叛宋氏爲患。復以書諷之。安慄然，率所部平之，地方以寧。書院舊有妖，門者以告。先生藏燈按劍，坐後堂以候。二鼓，黑氣撞門而入，拔劍腰斬之。大喊踰墻，血淋淋去，妖遂息。遷知廬陵縣，再過周濂溪祠。

（正德）五年庚午，・・・朝覲例送水手銀，卻不受。民白于郡守以懇，終卻之。龍山公聞而笑曰：「別人要錢被人告，我兒不要錢亦被人告。」

（正德）九年甲戌，・・・弟守文來學。作《立志說》。答黃綰宗賢書曰：近與朋友論學，惟立誠二字。・・・取朱子悔悟語，作《晩年定論》。

（正德）十一年丙子，‥‥先生初過萬安，賊正劫百家灘，‥‥。

（正德）十三年戊寅，浰頭大賊首池仲容，僭稱金龍霸王，僞授都督將軍名目。

（正德）十四年己卯，先生至虔臺，作三箴自儆。干戈倥傯中，日出射圃切磋，歌詩習射，若無事。門人王思中、鄒守益、郭持平、楊鳳、楊鸞、梁鸞及冀元亨等偕至。軍中致書楊士德、薛尙賢曰：‥‥至是始出《古本大學》，爲之序及《脩道說》。嘗曰：致知二字，在虔時終日論此。序文嘗三易稿。學無不可用之功。‥‥然五十步百步耳。

（同年）劉養正爲濠說以伊呂事業。先生正色曰：遇湯武則爲伊呂，遇桓文則爲管仲狐偃，遇桀紂則爲飛廉惡來矣。養正大沮而去。

（同年六月）十八日，至吉安。伍知府文定以兵迎入。問糧餉幾何。曰：兌糧俱在舟。‥‥鄕官羅僑、羅循、劉遜等鼓忠義以萃。

（正德十五年庚辰）元亨字惟乾，‥‥其妻拘府獄，以禮自守，顚沛不少違，其僕亦乞食以給主母，久而弗倦。世皆義之。

（同年）六月，按吉安。吉安鄕士夫趨而會，乃宴于文山祠，復偕僉事李素及伍希儒、鄒守益游青原山。推官王暐具碑以請，和黃山谷韻，親登于石。論抗許泰等及馭邊兵顛末曰：這一段勞苦，更勝起義師時。

（同年）通天巖，濂溪公所游。至是，夏良勝、鄒守益、陳九川宿巖中，肆所問。劉寅亦至。先生乘霽入，盡歷忘歸忘言。各巖和詩立就。

（正德十六年）先生開講于南昌。……立射圃亭肆諸生。諸生後立像其中。

（同年）九月，龍山公壽旦，適封爵使至，封公勛階爵邑如其子。四方縉紳門弟子咸觴爲壽。公蹙然曰，……。

（嘉靖七年，王守仁沒後）副使張明道素疑先生之學爲虛談。及巡南安山谷間，歷見像祀，始悔嘆曰：真是實學。刻先生祝壽圖以傳後，當道立報功祠于學宮之側，春秋郡縣舉祭典。

（嘉靖）八年己丑正月，先生喪過江西有司分道而迎。儲御史良材、趙提學淵哭之哀。或問之。曰：吾豈徒爲乃公哭。邸士民哭聲。……十一月二十九日，四方學者會葬于山陰蘭亭之紫洪山。正聽尚幼，王艮、黃弘綱、李珙等輪年護視其家。

（以上錄自中國科學院圖書館藏鄒守益編《王陽明先生圖譜》）

2 白鹿洞本《傳習錄》所收佚言

問理氣數。先生曰：以理之流行而言謂之氣，以氣之條理而言謂之理，以條理之節次而言謂之數。三者只是一統事。

（錄自九州大學文學部藏白鹿洞本《傳習錄》卷下第三十八條）

（四）序跋補遺

1 胡宗憲編《傳習錄》

讀傳習錄有言

陽明先生之學，得徐曰仁而後同志之習始專，得錢洪甫、王汝中而後先生之傳愈益不匱。格物致知之論，百世以俟聖人而不惑者也。補亡於誤本，膠固於成心，功利於科目之資，門墻之內，且有疑而未信者，況其他乎。曰仁首編是錄，開厥來人。於是朋至斯孚，而良知之說達之天下無間也。不然，管斑改瞶，瓦缶盈聰，入聞而樂，出見而悅者，世豈無人哉，故曰得徐曰仁而後同志之習始專。先生沒，距今三十年，有志之士聞風而興起焉者相踵也。然豈無因岐泣路、捨轍尋途、索肖於言行氣象之似者乎，而良知宗旨，幾謝前人矣。洪甫、汝中力贊而允，終之歸守天真，瞻依俎豆，於是後進之士日信日真，而貞明不眩。不然，河上談玄，漆園說夢，起斯作用，陸鄭名家，不必求之異代也。故曰得錢洪甫、王汝中而後先生之傳愈益不匱。雖然，先生之教錄可得而載也，其所以爲教錄不可得而載也。信以不言，成之默契，傳必求其可習，習不失其所傳，存乎人焉耳。噫，微斯人，吾誰與歸。

嘉靖三十有七年戊午人日，門人南昌唐堯臣頓首百拜謹書于天真書院之雲泉樓。

（錄自胡宗憲編《傳習錄》）

2　楊嘉猷編《傳習錄》

刻傳習錄序①

國朝理學開於陽明先生。當時法席盛行，海內談學者無不稟爲模楷，至今稱有聞者，皆其支裔也。然先生既沒，傳者浸失其真。或以知解自多而實際未詣，或以放曠自恣而檢柙不修，或以良知爲未盡而言寂言修，畫蛇添足。嗚呼，未實致其力，而藉爲爭名挾勝之資者，比比皆是。今《傳習錄》具在，學者試虛心讀之，於今之學者爲異爲同，居可見矣。此不獨徵之庶民難於信從，而反於良知，亦必有不自安者。楊侯爲冀州，修政之暇，思進厥士民於學，而刻是編，以嘉惠之。語云：君子學道則愛人，小人學道則易使也。自是四方之觀者以愛人驗侯，而又以易使驗州人，令先生之道大光於信都，而一洗承學者之謬，余之願也。乃不揆而序以貽之。

萬曆壬寅春閏二月，後學瑯琊焦竑題。

①本序《王陽明全集》據焦竑《焦氏澹園集》收錄，然文字與《傳習錄》卷首所錄者有異同，此處據《傳習錄》。

重刻傳習錄小引

陽明先生《傳習錄》，門人徐子曰仁、南子元善輩皆嘗刻于越中，有正有續。最後緒山錢子復加刪訂重刻，海內傳誦久矣。猷自戊戌承乏信都，每朔望，與博士彭君輩稍稍談及錄中語。彭豫章人，蓋講之有素者，語更親切有味。諸弟子員聞之，浸浸然若有得也。已而進曰：惜是書燕趙間未得傳者，盍梓與多士共之。余從其請，遂發篋中，得緒山原本，附同志諸友校正繕寫，又益以先生所嘗詠學詩與誨語之切要者。刻既成，復進諸生，而告之曰：是編也，其大旨在致良知三字。先生之意，蓋欲學者反觀默識，自得其所以爲心，時時收攝，時時體驗。即孔子所謂知及仁守，孟子所謂知皆擴而充之是已。初非棄倫常，而事虛寂也。學者苟徒以知解口耳承當，而不實致其力，則是買櫝還珠，祇增一番理障耳，刻奚益也。諸生曰：唯唯。爰書以相勖。

後學荆山楊嘉猷謹識。

重刻傳習錄跋

《傳習錄》者，乃陽明夫子所傳，而我郡侯蓋齋楊公重刻以訓諸生者也。予學業非倚席者流，顧愈誦說愈支離，終日茫然，無得力處。會公來牧冀，進予與長君爲友，暇即用良知醒予曰：道無幫補，有實詣。自非用實踐工夫，更於何處覓知覓致。一夕聞予咿唔聲，輒前曰：文字皆聖賢言乎。予曰：然。曰：書契以前，無聖賢乎。假使世無文字，將遂無學乎。吾非欲廢書，欲以我觀書也。一夕復進予曰：仲尼稱時中只不至掇不動，但靈明竅醒，便諸事都合。如仕止久速，隳都卻兵，細及較獵委吏，處處當然，卻不在外面尋討耳。予聞之如夢方醒。旋以是說跡公治冀狀，其大者在調徭馬，脩荒政，覈錢穀，省煩費，除寇翦奸，一意與民休息。唯未嘗沾沾講學如儒者狀，而總之一張一弛皆自心性中流出，則有不得不然者。然後知公之學爲實學，而彼求諸語言文字者非也。《傳習錄》刻成。予恐讀是編者復以語言文字泥之，則公之心滋戚矣。故不自揣，而以平日所得於公者質諸同志云。

治下選貢張可大頓首跋。

重刻傳習錄跋

陽明先生《傳習錄》舊有刻本，冀人士耳其什之一，而未悉也。會我師楊蓋翁守冀，雅向文學，葺古井遺跡，群諸生爲課，津津誨及錄中語。深等傾心服釋，懇求梓之以公燕趙間。刻甫竣，而師有延安之陟矣。考《傳習》一錄，要在致良知，而良知，心也。心無所不有，而無所有。孔之空空，顏之屢空，自堯舜以來精一執中之傳，該是矣。第生人如夢，破夢以醒。故夢則天萬覆，地萬載，醒則盡之乎不貳之一言。夢則應萬出，感萬入，醒則盡之乎忠恕之一貫。夢則舜萬聖，蹠萬往，醒又盡之乎雞鳴時利善之一間。而不貳也，忠恕也，利善之間也，一良知也。師得陽明嫡派，一切吏治種種皆醒後作用，故時以醒訓士。深等今稍醒也，方蘄朝夕柢服師訓，胡遽陟而西邪。將恐復夢矣。雖然，士夢矣，得師而醒。師西矣，有茲錄在，又將以師之刻而常醒。顧冀之士醒，寧忍延之士夢哉。師之刻茲錄也，以爲重。冀之捧茲刻也，以爲創。蓋日月重明，光景常新。《傳習錄》之刻於冀，其日月也夫。

萬曆壬寅仲夏，門生白源深頓首謹跋。

重刻傳習錄跋

陽明先生得聖學之淵源，一時名公親承緒論，無不珍錄家藏，而北方學者猶未得其要領。荊山楊先生，嘗從復所楊公游，得其宗。及領冀牧，蒞政之暇，時與二三子開明指示。遂出所藏《傳習錄》，重刻廣其傳，嘉惠後學，意至渥也。聲自束發時，即知陽明氏。稍長知學，亦自謂知陽明氏。已及游先生之門，得其心印，則爽然若未知陽明者。既而質疑問難，漸次參合，於凡格致博約之旨，擇善固執之說，殫精苦思，至忘寢食。一朝恍然，若天空，若海闊，若登泰華絕頂見萬有，若餐金飲玉，飄飄羽化而登仙。然後知曩未知陽明，知陽明自今始也。學士得無自謂知陽明者乎。願且拋除己見，試取是錄，虛心讀之，一一參驗，久當惘惘自失者矣。是非之心，人皆有之。其於孔孟淵源，必能得其解乎。如第耳食是錄，而不深味，則傳之不習也，非先生重刻《傳習》意矣。

真定府儒學生員許有聲謹跋。

（以上錄自靜嘉堂文庫藏楊嘉猷編《傳習錄》）

3　白鹿洞本《傳習錄》

刻傳習錄序

學問一事，求其是而已矣。若夫中無所是而隨聲吠影，與自以爲是而操戈翻案，其人心術，皆已得罪聖賢，又何從知學問之真嫡骨血哉。所謂求其是者，非如後儒疑似牽合依傍湊泊，以前人言句爲模而我型之也。一笑一嚬，一指一撝，叩之內心而洞然晶瑩，驗之人倫世故而砉然中窾，印之千百世以前，千百世以後，四海以外，四海以內，上至天帝，下至乞兒，而廓然符合，不差毫黍，如此而已矣。我朝高皇帝滌盪胡氛，手整日月，治統夐絕萬古。嘗曰：心爲身之主帥，所以常自點簡。此身與心，若兩敵然，時時自相爭戰。凡諸事爲必求至當。蓋心學淵源，于茲闢矣。又顯崇六經四書而以經義取士，直攝天下士子精神，飲餐寤寐于聖賢之閫，更從風簷寸晷迫取其箭脫鋒注之心靈，相遇于擬議不及之天，而後歷試之兵刑農賦之際，以大竟其安民致主之用。高皇帝之心，豈不期人人以聖賢爲的哉。而其流也，剽飾之爲辭章，株泥之爲訓詁，贅借之爲功利，適燕而南其轅，漸迷漸遠。惟我陽明先生，負不出世之資，歷生平未經之患難，旁印于二氏，對勘于諸儒，萬死一生，千鎚百煉，一旦憬然，提出良知兩字，如獲衣珠，直抉洙泗濂洛之嫡血，盡滌辭章訓詁功利之積氛。至其勛業節義，隻立古今，尤令人獲睹真儒大用，而一洗學道迂腐之疑。斯不可謂高皇帝之忠臣乎。或曰：陽明良知之學近于禪，而卒流爲玄虛，篤行君子多不滿焉。余姑應之曰：良知兩字，非剏自先生，固子輿氏之言也。夫子輿氏禪乎否耶。良知之第一逗現，爲孩提愛親，稍長敬兄。夫愛親敬兄，玄虛乎否耶。且以吾儕凡夫證之，纔一墮地，便能乞乳，未幾，見他人而嗄，見父母而笑。此嬰兒之嗄笑，與歷山之號慕，有二良知乎，此可謂玄虛乎。江次翁奉母避亂，遇賊輒泣告有老母在，賊不忍犯。荀巨伯看友人病，賊至，願以身代。賊相顧嘆曰：我輩無義之人，而入有義之國。遂班軍去。此盜賊之知孝知義，與陶唐四岳之明揚交讓，有二良知乎，此可謂玄虛乎。設使酣古博聞之儒，日習問安視膳之儀，卒然遇利則攘臂，遇害則掉頭，絕非嬰兒嗄笑面目，此可謂切實乎。又使角巾衿帶之儒，日講仁義道德之訓，一値生死之交，鋒刃之際，迷匿本心，曾盜賊之不若，此可謂切實乎。乃以嬰兒不假學識，盜賊不能澌滅，人人具足，刻刻逗現之良知，而推之于陽明，又推之于禪，冤陽明乎，抑冤自己也。或又曰：晦翁傳注尊爲功令，而陽明間有異同，不無可議。余又應之曰：陽明之間有異同，此所以爲晦翁之知己也。蓋晦翁志願大，魄力宏，首以繼往開來爲己任，故汲汲表章六經四書。詞句之間，豈無千慮一失。且其入手稍未易簡，當時鵝湖辨證，已自異同。而白鹿一會，則晦翁引象山爲知己。又其晚年自悔，有云：近日方寔見得向日支離之病，自家一個身心不知安頓去處，將經世事別作商量講究，不亦誤乎。可見晦翁勇于聞道，何嘗自護其過，而今人必代爲護之。人之相知，貴相知心。孔子生民以來，未有一人。老聃誨之曰：去子之驕氣與多慾，態色與淫志。而孔子顧嘆老聃爲猶龍。未聞孔子以老聃非知己也。以雷同附和爲知己者，此在末俗人情則然，豈可以例聖賢心事哉。且晦翁悟後，謂因良心發見之微，猛省提撕，使人不昧，則是做工夫的本領。若不察良心發見處，即渺渺茫茫，恐無下手處也。此與陽明有何異同，後人自看不到耳。然則良知之學，迄今寖失其傳者又何也。其故有二：一則聰明浮慧，掠前人光影，而誤以任性爲良知。如假汞作銀，經火輒敗。一則義路膠滯，喜翻前人公案，而謬以執見救良知。又如蒸沙作飯，不中療飢。嗟乎，天下之適燕南轅，漸迷漸遠者多矣，豈獨先生之學爲然，而乃以歸禍先生哉。今但願學先生之學者，先掃成見，且平心和氣，讀其書，知其人，力究其宗旨之所存，以及下手格致之竅要，而又回勘于夢醒清明，就正于真師良友，忽開心眼，確見其果玄虛與否，是禪非禪，而後去取從違，一聽其人之自判自決。此吾友金正希、錢沃心刻《傳習錄》意也。故特表而著之，以告學人之求真嫡骨血者。若余鈍懵，其何能窺先生學問之藩。好辨之罪，又何辭焉。

崇禎庚午元旦，奉敕提督學政江西按察司副使吳郡後學陳懋德謹撰。

重刻王文成公傳習錄序

王陽明先生以良知之說開人心眼，與有宋諸儒羽翼聖經以正人心之義何異。而後學滋疑，乃曰：孔以仁，孟以義，宋以禮，我明以知，今宜救之以信。此言似之而非也。夫人心隨用而異名，心豈有五哉。學問之道在求放心。旦晝反復，愈放愈遠而愈失。孟子猶於不屑不受其顙。有泚處指其萌芽。所謂復其見天地之心乎。頃年來富貴利達之徒，厲禁講學，以致人心漫漫，究也無父無君，召禽獸夷狄之禍。即今聖明在上，極力振刷，猶不能挽其積習，何也。蓋人心惟危，道心惟微。危微之間，身心治亂之關，世運之治亂係焉。故學之一途，君子反經之術也。撥亂而反之治，非倡明此學不可。

錢候以名進士，初第時，慨然請復書院。嗣授我郡司理，欣然就道曰：是周朱陸王諸先生之遺業，在白鹿可按也。甫下車，即清刑疏滯，明禁敕法，不月而令下。如流風行草偃，真儒之作用有如此。暇乃集諸英雋較杸，因梓金太史公所批點《傳習錄》，以廣其傳，甚盛心也。願有志君子實實體認，無昧其良知，將見微著危安，真如陽光一照，魑魅自消，元氣初回，頑石自潤。良知之致，又何疑焉。慎無以此錄作言語文字觀，以負倦倦引誘來學之意，則治象徵于人心，行超嘉、隆、萬而上之。此舉之關于世運，顧不大哉。

崇禎己巳歲嘉平月之吉，後學熊德陽書于惕菴。

〔白鹿洞本卷下序①〕

德洪曰：古人立教，皆爲未悟者設法，故其言簡夷明白，人人可以與知而與能。而究極所止，雖聖人終身用之，有所未盡。蓋其見道明徹，先知進學之難易，故其爲教也，循循善誘，使人悦其近而不覺其入，喜其易而各極所趨。夫人之良知一也。而領悟不能以皆齊，有言下即能了悟者矣，有良知雖明，不能無間，必有待於脩治之功者矣，有脩治之功百倍於人，而後成功始一者矣。善教者不語之以其所悟，而惟視其所入。如大匠之作室然，規矩雖一，而因物曲成。故中材上下，皆可與入道。若不顧其所安，而概欲強之以其所未及，教者曰：斯道之妙也如是。學者亦曰：斯道之妙也如是。彼以言授，此以言接。融釋於聲聞，懸解於測億，而遂謂道固如是矣，不幾於狂乎。陽明先生平時論學未嘗立一言，惟揭《大學》宗旨，以指示人心之良知。謂《大學》之教，自帝唐明德睦族以降，至孔門而復明。其爲道也，由一身以至國家天下，由初學以至聖人。徹上徹下，只此良知，無不具足。此性命之真，幾聖學之規矩也。然規矩陳矣，而運用之妙，則因乎人。故及門之士，各得所趨，而莫覺其入。吾師既沒，不肖如洪，領悟未徹，又不肯加百倍之功。同志歸散四方，各以所得引接來學，而四方學者漸覺頭緒太多。執規矩者滯於形器，而無言外之得。語妙悟者又超於規矩之外，而不切事理之實，願學者病焉。年來同志亟圖爲會，互相劘切，各極所詣，漸有合異同歸之機。始思師門立教，良工苦心。蓋其見道明徹之後，能不以其所悟示人，而爲未悟者設法。故其高不至於凌虛，卑不至於執有，而人人善入。此師門之宗旨所以未易與繹也。洪在吳時，爲先師裒刻《文錄》。《傳習錄》所載下卷，皆先師書也。既以次入《文錄》書類矣，乃摘錄中問答語，仍書南元善所錄以補下卷。復採陳惟濬諸同志所記，附爲續錄，以合成書。適遭內艱，不克終事。去年秋，會同志於南畿，吉陽何子遷，初泉劉子起宗，相與商訂舊學，謂師門之教，使學者趨專歸一，莫善於《傳習錄》。於是劉子歸寧國，謀諸涇尹丘時庸，相與捐俸，刻諸水西精舍，復刪《續錄》，得二卷焉。

（以上錄自九州大學文學部藏白鹿洞本《傳習錄》）

①本序內容與嘉靖三十三年刻本《傳習續錄》卷首「續刻傳習錄序」相近，但文字有異同。

4　薛侃編《陽明先生則言》

陽明先生則言序

先生之言始鋟自贛，曰《傳習錄》，紀其答問語也。鋟于廣德曰《文錄》，紀其文辭者也。鋟于姑蘇，益之曰《別錄》，紀其政略者也。錄既備，行者不易挾，遠者不易得。侃與汝中王子萃其簡切，爲二帙，曰《則言》。蓋先生之教，貴知要也。要者何，立志焉已矣。志者何，戒慎恐懼，致其中和焉已矣。孰戒慎，孰恐懼，此良知也。孰云爲中，良知廓然而弗倚者也。孰云爲和，良知順應而無滯者也。是故天曰太虛，聖曰通明。虛明者，良知之謂也。致也者，去其蔽，復其本體之謂也。去其蔽者，非謂有減也。本體復，非謂有增也。吾之性本無方體，無窮盡者也。學此之謂學，問此之謂問。學問之道無他，致其良知而已矣。此則言之意也。或曰：先生之學，不厭不倦，其道蕩蕩，其思淵淵，士羹墻而民尸祝矣，誦其遺言皆可則也。譬之樹然，芽甲花實皆生意也。子之擇而取之也，無乃不可乎。曰：道之在吾人也，孰彼此焉。而其見于言也，孰衆寡焉。惟其切于吾之用也，則一言一藥矣，而況於全乎。如其弗用也，則六籍亦粕燼耳。而況于一言乎。此則言之意也。或質諸周子文規，曰然。遂命鋟之。嘉靖丁酉冬十二月朔門人薛侃序。

（錄自安徽省圖書館藏薛侃編《陽明先生則言》）

5 胡泉編《王陽明先生經說弟子記》

〔胡泉序〕

王陽明先生經說散見於《傳習錄》、《語錄》者，照五經四書次序分成四卷，名爲《經說弟子記》。少加按語，見與講學書旨印合，且與《經說拾餘》相發明也。咸豐三年夏五，高郵胡泉自識。

（錄自東京大學總合圖書館藏胡泉編《王陽明先生經說弟子記》）

6 丘養浩編《居夷集》

敘居夷集

《居夷集》者，陽明先生被逮責貴陽時所著也。溫陵後學丘養浩刻以傳諸同志。或曰：先生之學，專以孔孟爲師，明白簡易，一洗世儒派分枝節之繁，微言大訓，天下之學士宗之。而獨刻此焉，何待。則解之曰：先生之資，明睿澄徹。於天下實理，固已實見而實體之。而養熟道凝，則於貴陽時獨得爲多。冥會遠趨，收衆淆以折諸聖。任道有餘力，而行道有餘功。固皆居夷者之爲之也。古聖人歷試諸難，造物者將降大任之意，無然乎哉。養浩生也後，學不知本，政不足以率化。先生輒合而教之。歲月如遒，典刑在望。愧無能爲新主簿之可教，而又無能爲元城之錄也。引以言。同校集者，韓子柱廷佐、徐子珊汝佩，皆先生門人。嘉靖甲申夏孟朔，丘養浩以義書。

〔韓柱跋〕

夫文以載道也。陽明夫子之文，由道心而達也。故求之躍如也，究之奧如也，體之擴如也，愛之美也，傳之愛也。此《居夷集》所由刻也。刻惟茲者，見一班也。學之者求全之志，烏乎已也。門人韓柱百拜識。

〔徐珊跋〕

《居夷集》刻成，或以爲陽明夫子之教，致知而已，諸文字之集不傳可也。珊謂天有四時，春秋冬夏，風雨霜露，無非教也。地載神氣，風霆流形，庶物露生，無非教也。夫子居夷三載，素位以行，不願乎外。蓋無入而不自得焉。其所爲文，雖應酬寄興之作，而自得之心，溢之言外。故其文閎以肆，純以雅，婉曲而暢，無所怨尤者。此夫子之知，發而爲文也。故曰：篤其實而藝則傳。賢者得以學而至之，是爲教。則是集也，無非教也。不傳可乎。如求之言語文字之間，以師其繩度，是則荒矣，不傳可也。集凡二卷。附集一卷，則夫子逮獄時及諸在途之作。並刻之，亦以見無入不自得焉耳。門人徐珊頓首拜書。

（以上録自上海圖書館藏丘養浩編《居夷集》）

7　王杏編《新刊陽明先生文錄續編》

書文錄續編後

貴州按察司提学道奉梓《陽明王先生文録》，舊皆珍藏，莫有睹者。予至，屬所司頒給之，貴之人士家誦而人習之，若以得見爲晩。其聞而慕，慕而請觀者，踵繼焉。文亦多類矣，而貴人独此其汲汲，何哉。或謂先生謫寓茲土，遺恵在人，思其人而不可見，故於文致重也。其勿剪甘棠之義乎。或又謂先生之文簡易精明，而波亂起伏，倏忽万狀，文士視以爲則焉，故若是其汲汲歟。是皆未得貴人之心者也。先生處貴僅期月，位不過一恒品，恵澤布流，宜若有限，而由今所垂乃有不世之休焉，可以觀矣。先生以道設教，而貴人惟教之由，無他也，致其心之知焉而已矣。知吾知也，其心之自有者也。先生詔之，而貴人聽之，吾有而吾自致焉爾。故昔日之所面授，此心也，此道也。今日之所垂録，此心也，此道也。能不汲汲於求乎是，求之者非以先生也，非以其文也，求在我者也。其或越是，而在外者之是索面對，而心相非者有矣。其肯求之耶，其肯求之於異日耶。彼謂因恵而思，思先生者也。以文爲則，又其淺之者耳。豈足以知貴人之心哉。予因貴人之懐仰而求之若此，嘉其知所向往也。並以《文録》所未載者出焉以遺之，俾得見先生垂教之全録，題曰《文録續編》。於乎讀是編者能以其心求之，於道未必無小補。否則，是編也猶夫文也，豈所望於貴士者哉。先生處貴有《居夷集》，門人答問有《傳習録》，貴皆有刻，茲不贅云。時嘉靖乙未夏六月，後学王杏書於貴陽行臺之虚受亭。

（録自上海圖書館藏王杏編《新刊陽明先生文錄續編》）

8　宋儀望編《陽明先生文粋》

刻陽明先生文粋序

《陽明先生文粋》若干卷，始刻于河東書院。蓋余企諸人士相與講先生之學，故集而編之云。或曰：先生之文，燦如日星，流若江河。子既檄刻其集布之矣。茲編之選，則何居焉。宋儀望曰：道有體要，學有先後。先生之學，以致良知爲要。而其所謂文章功業云云，是特其緒餘耳，非學者所汲汲也。故余推本先生之學，取其序《大學古本或問》等篇，他如門人所刻《傳習録》、《答諸君子論學》等書，要皆直吐胸中所見，砭人膏肓，啓人蔽錮，盡發千古聖賢不傳之秘。竊以爲，士而有志於學聖人者，則捨此何適矣。若是，則《傳習録》乃門弟子所撰記，故集不載。今子亦類而編之，何也。曰：先生之學，著爲文辭，吐爲述答，實則一而已，而又焉往而非先生之文也。曰：先生録中所云致良知一語，則以爲超然獨悟。豈吾夫子之學，固猶有歉於此耶。曰：善乎而之問之也。昔者聞之，上古之時，人含淳樸，上下涵浸於斯道，而不自知。是以宓羲氏始畫八卦，而未有文字。自堯舜有精一執中之訓，而萬世心學之傳，無有餘蘊矣。乃成湯文武周公數聖人者，其於斯道，又各自有所至。書傳所載，可考而知也。及至周末，聖人之學大壞。學者各以其所見爲學，紛紛藉藉，流入於異端，而不待知者，不可勝紀。於是吾夫子，始與群弟子相與講明正學。今考其指歸，大抵一以求仁爲至。夫仁者以天地萬物爲一體，欲立立人，欲達達人。心之本體固如此耳。外是即功業如五伯，要不免於失其本心。然當時傳夫子之學者，惟顔曾氏與子思孟子數人而已。是故曰忠恕，曰愼獨，曰集義，養氣，是數子之學，又各自有所得。要之莫非所以求仁也。是又數子之所以善學孔子也。嗚呼，觀乎此，則可以論先生之學矣。先生之學，求仁而已矣。求仁之要，致良知而已矣。何者，心一而已。自其全體而言，謂之仁。自其全體之明覺而言，謂之知。是故捨致知則無學矣。孟子巧知譬，則巧聖譬，則力致良知以學聖巧之至也。嗚呼，此非達天德者，其孰能知之。若是，則子於先生之學奚若。曰：吾吉有三君子，皆先生門人，而予從而受學焉。學而未能是，則先生之罪人也。

嘉靖癸丑孟秋，後學廬陵宋儀望謹敘。

【按是編往予手自校選刻于河東，嗣後刻于大梁洛陽間。顧海內學士多以不得先生刻本爲恨。今年春予視學閩中，乃重校刻之，期與八閩人士共勉焉。隆慶六載閏二月宋儀望續題于正學書院。】[①]

①【 】內文字爲隆慶本增補。

陽明先生文粹卷七末

〔文錄跋〕

右《陽明先生文集》，海內雖多板行之，然書帙繁多，四方同志，未易便得。茲所刻《文粹》十一卷，皆以切於學者日用工夫，故校而編之。其答問諸篇中或不專於論學者，則不嫌於曜章截取，亦薛王二公所編《則言》之意也。惟同志者諒焉。

宋儀望識。

陽明先生文粹卷八末

〔詩錄跋〕

宋儀望曰：詩之道，蓋難言哉。體天地之撰，類萬物之情，極鬼神之變。自三百篇以下，多淫辭矣，而奚可以言詩。陽明先生諸體詩，要皆涵詠性情，敷暢物理，讀之使人興起忘倦。茲篇之選，則以其專於論學者，故附見焉。學者觀此而有得焉，則於斯道也，其殆庶幾乎。噫，此豈可與淺見俗聞者道哉。

陽明先生文粹卷十一末（徐愛序之後）

〔傳習錄跋〕

宋儀望曰：陽明先生《傳習錄》三卷，爲先生門人徐曰仁、陸原靜、薛尙謙所錄，即孔門弟子記《魯論》之意，大有功於學者。茲並編之《文粹》卷中，庶四方同志得便覽焉。右序則曰仁敘所刻《傳習錄》本旨，其所得蓋深遠矣，故並刻云。

陽明先生文粹跋

刊《陽明先生文粹》者，我代巡宋公，按歷河東，百度惟新，雅造士類，相與諸士講明正學。慮諸士不能遍識也，刊先生文集。慮諸士不能知要也，擇先生序《大學古本》、《大學問》諸篇及《傳習錄》、《答諸君子論學》諸篇，訂爲四本，名曰《文粹》，示良弼校刊。良弼捧誦之，拜首揚言曰：吁，休哉，陽明先生發明斯道之正傳，我宋公嘉惠後學之盛心也。余小子不類，敢僭言乎。夫道也者，原於天，率於性，統於心，夫人皆有之也。堯舜禹之精一執中，湯之建中，武之建極，皆是道也，皆是心也。三代衰，王道熄，霸道倡，孔子、子思、孟子相繼講明斯道，曰求仁，曰忠恕，曰集義，養氣，皆是道也，皆是心也。孔孟歿，聖學晦而邪說橫，諸儒訓詁，破裂斯道。夫道之不明，闡之者晦之也。我陽明先生云致良知，所以發前聖賢之所未發。夫良知者，天命之性粹然至善，虛靈明覺之謂也。致良知者，隨事隨物，精察此心之天理以致其本然之良知，所謂擴然太公，物來順應之也。使天下之人皆知此道具於吾心，切近精實，能於此心而致其良知焉，則天下之人各明其心，各見其性，治天下可運於掌上。聖賢事業，不在茲乎。當是時，固多遵信先生之說而講明之也。其詆侮悔謗之者，未知先生之心也。先生獨見而詳說之，何暇計哉。我宋公獨得先生之心印，身體而精察之。觀其法度明敕，心之惻怛之昭宣也。紀綱之振肅，心之裁制之敷布也。儀度之雍容，心之品節之發越也。善惡之剖析，心之好惡之明決也。文章之燦爛，心之英華之顯著也。至於孝以事親，忠以事君，又心之切近而精實者也。躬行心得之餘，又刊是集，以與諸士講明斯道，以致其良知焉。先生云：誠得豪傑同志之士，扶持匡翼，共明良知之學於天下，使天下之人皆知自致其良知，以相安養，去其自私自利之蔽，其我公之謂乎。弼忝屬末，承命，不能文，贅其鄙說於簡末。

屬下錢塘後學姚良弼頓首拜跋。

（以上錄自內閣文庫藏宋儀望編《陽明先生文粹》）

9 閭東編《陽明先生文錄》

書陽明先生文錄後

天生聖人，則道在天地者在聖人。聖人之生也，不偶則亦不數。是故星虹肇皇，丹陵毓帝，尼山啓聖，皆有以繼天立極，維持世教，參合三正。故曰：天地設位，聖人成能，嗣是而日更月化，生有所乎萌，死有所乎歸，相反無端，莫知其所窮。聖人之道，遂爲天下裂。其在于今，腥習既蠲，文物聲明，則適因夫氣機之交，肅肅赫赫者，訢合無間。吾越陽明先生生焉，玆非其會歟。

先生天符耀異，斧藻自克。龍場居困，窮徹性靈。前所不傳則挈其幽，後所不喻則通以睿。昭揭良知，開示心印。博約不著爲格物修道、明善誠身、心理無二、知行合一之訓，累數千萬言，罔非闡揚良知之本體，究極其妙用之顯行。博約殊歸，精一不異指。先生亦自信曰：天地不悖，鬼神不疑，聖人不惑。然則先生者，謂之今之聖人，非耶。雖然，先生實學則在致其良知，匪徒標異，自啓門戶。備錄載言，炳炳無詖，故聖人之道歸焉。學者誦先生之書，涵詠而真者完，磨刮而明者具，宛乎克復危微之本宗，否則其不嗤於斵輪者幾希。

昭也庸鹵，愧無以窺聖人之藩囿，睹天地之純全。將奉先生之學，持循以有入，故書玆簡末，以自警自惕云。

歲在嘉靖乙卯夏六月丁卯，巡按陝西監察御史永嘉後學孫昭頓首拜識。

（錄自早稻田大學圖書館藏閭東編《陽明先生文錄》）

10　孟津編《良知同然錄》

〔孟津序〕

（上文闕）檢制修齊之理，固者守夫塗轍而莫究夫宰割經綸之施。吾懼乎學之日遠於良知也。迺爲緝《同然錄》，以授吾兩庠之來學，使翕然興起之餘，得斯錄而各知求諸其心焉。以此而成身，以此而淑人，以此而施諸家國天下，庶幾乎一體同然之義，而聖學之要因是以復明。否則將吾亦不免焉以身謗師門也，何以錄爲。遂梓之，以告夫四方同志。歲在嘉靖丁巳夏五月端陽日，門人南滁孟津書于赤壁之舟中。

良知同然錄後敘

余髫時獲東廓鄒先生爲之楷範，備聞陽明良知之學。然淪於故習，猶以良知良能並舉，於孟氏爲疑。及究下文孩提之童無不知愛親，及其長也無不知敬兄，則知良知自足而良知爲本體無疑矣。繼而每遇同志，虛心延訪，言論藉藉，益增明發。復取陽明先師《傳習錄》以及《文錄》，夙夜潛玩，恍然若有得其要領者。始之所以自淑，中之所以淑人，良知無餘蘊矣。壬子官杞，予爲中州外簾。取其志於良知者薦之，迺得李子向陽，溫邑人也。詢之，曰：予從學于兩峰孟公之門。癸丑入覲，一接兩峰，傾蓋如故。兩峰議論容與，汪溢無涯，予益爲之心服。迺詢諸靈濟。諸君子咸曰：兩峰子，陽明先師老友也。其薰炙更久，漸磨更深，領悟更切，其所得詎可量哉。於是乎蘭芬相合，締交益親，每隔千里，越數祀而心心若一也。予時道經黃岡，再見我兩峰公。襟度暢達，高朗虛徹，其議論猶非舊可幾也。予嘆服者久之，遂問其近日所得如何。兩峰曰：予近集《良知同然錄》爲二冊，而先生心學之微，經綸之跡備於是矣。欲鋟梓以告同志。予應曰：諾。誠所謂人心同然者也。故敘之以諗夫同志。嘉靖丁巳孟夏吉旦，賜進士第戸部廣東司主事後學宣城麻瀛頓首撰。

（以上錄自臺灣中央圖書館藏孟津編《良知同然錄》）

11　孫斗城重刻《陽明先生文粹》

重刻陽明先生文粹後敘

侍御斗城孫公之監豫也，省方布度，肅法弼違，日孜孜罔暇逸矣。間即進諸生談經論道，考德講業，終日無怠容。諸生亦莫不惕然省，躍然興，欣欣然若有所得也。公迺曰：文詞日競而心身之學不求，是枝葉繁而本質撥矣，謂有能生耶。遂刻《陽明先生文粹》于大梁，俾知適從焉。刻既成，諸生若珙璧是獲，相率告于謙。謙曰：甚盛哉，斗城公嘉惠爾多士之仁乎。夫學所以致道也。道惟一致，學貴得師。故的立而射者趨焉，途坦而由者樂焉。匪是則茫然求，泛然索，精神徒敝，其奚能淑哉。陽明先生，學道之宗也。《文粹》者，非若的與途乎。緊昔先生倡道東南，英才翕集，一經指授，隨質有成，故浙、粵、荆、揚之間，仁賢彬彬然盛矣。經歷之化，獨未逮中州。迺今得斗城公躬示言傳，既明且儘，復是編刻焉，則望而趨、出而由者，尚俟他求耶。蓋先生之學簡易要約，直究本原，編中剖幾析微，萃精聚奧，又人人易知易從者。爾多士誠奉持服習，師保如臨，則所以格其非心、致其良知者，可勝用哉。嗚呼，法言要道，統會在心，力踐深思，爲之自我。爾多士尚其懋哉，毋忝斗城公嘉惠之仁哉。

時嘉靖三十六年夏六月之吉，欽差提督學校河南按察司副使河汾亢思謙頓首書。

（錄自臺灣中央圖書館藏孫斗城重刻《陽明先生文粹》）

12　董聰刊《陽明先生全錄》

贛梓陽明先生全錄引

陽明先生承絶學之後，慨然發明良知之旨，以風示學者。四方從游之士，所至以百數。其時武宗之末，開府贛州，狡兔跳梁，經營蕩滌，師旅之興，無日休息，然百姓按堵無患，士之相繼得其發明者，于茲爲獨盛。今上方三十年，春復受命來守是邦。南野歐陽公受以《全書》曰：贛無先生文集，缺非細故也。且有意於愚之一言，而命胡生直、俞生獻可來校。愚亦謀所以爲梓木之費，董生聰者，承而獨任焉。未幾，愚以憂去。又及而復除，再補董生之梓，然後告成，南野公又奄然沒矣。嗟乎，先生之後，主盟斯文者公也，而尚加意於春復之不肖。既心許之矣，爲之引曰：天下之言學者，知與理而已矣。知本乎心，理散於物，二者判然而內外不相干涉，學者之大患也。昔者孟子著皆備之訓，程氏明一體之義，其言要約而易從，然學者尚不能反觀而內省，學之難明也久矣。夫顏子嘆高堅，子貢飲江河，使無夫子善誘之教，其亦終於高堅江河焉已也。然則學者之於高堅江河焉，無足怪也。先生良知之言，開示詳明，獨立標準，所謂皆備與一體之意，了然於其中，而無待於勉強附會。使天下學者皆在知而不在物，在內而不在外，在本而不在末，在致一而不在萬殊，以入無紀。蓋嘗論之，乾道正性命而物則之義著焉，蒸民立爾極而秉彝之道昭焉。秉之爲言執也，言心爲天地萬物之主，皆能執之而不亂，此物則之大者也。故順天地萬物之理則心安，不順天地萬物之理則心有不安。安與不安之際，其名曰知。出之可以酬酢萬變，與乾道同其變化而不窮，知其小乎哉。人之患在乎心役於物，而非役乎物者也。故常謂物爲大而心爲小，故常有不安之心。夫以其常役於物，而致其常有不安之心，不能反其不安之故，而求諸物以自濟。此知之所以常困，而用之所以有窮。愚則曰，心以主宰爲則，能自爲主而已矣。能自爲主者，不役於物者也。不役於物，故能理萬物。如君者不役於民，故能理萬民。此理之自然，無足多者。孟子所以先立乎其大，程氏所以獨戒用智而自私也。不明乎此，愈勞愈遠。故曰：學者之於高堅江河焉，無足怪也。先生立言立功，皆得於凝定致一之餘。況乎贛之人思其業而家祀之，書又可以無傳也，信乎。然董生欲梓是書，初不量其有餘力，可謂好者。嗚呼，好如董生者少矣。

嘉靖三十五年正月朔，贛州府知府晉江後學王春復書。

陽明先生全集序

予筮仕即知有陽明先生。同年戚南玄數過予，述先生之言所謂致良知者，予聞而疑之。復言其徒相與立會講學，促予同事。予謂：先生之學具在聖經，今之學者不患不能言，患不能行爾，予不敏，請以先生之言見之於行。因謝不往。既而得先生《文錄》讀之，有曰：爲名與爲利，雖清濁不同，然其利心則一。又曰：心體本自弘毅，不弘者蔽之也，不毅者累之也。故燭理明，則私欲自不能蔽累。私欲不能蔽累，則自無不弘毅矣。至哉斯言，真可師法。於是私淑之心油然而生。時在民曹，有爲先生之言者，議論高明，多自《文錄》中來，夷考其行，則先生之所不齒者，予聞而益疑。先生有言：世之講學有二。有講之以口耳者，有講之以身心者。噫，此所謂講之以口耳者，非耶。予仕至虔臺，瞻先生遺像，肅然起敬。檢諸故牘，得鄉約諸法。下有司，行之歲餘，四境寧謐，翕然向風，真先生之遺教也。既遷兩廣，亦先生舊游之地，素稱弗靖。予師先生之意，以文告曉之，以恩德懷之，不得已而加之以兵。功甫成，得致仕歸養。過虔州，董生聰梓先生全集成，請予爲序。予雖未及先生之門，知先生久矣，能無言乎。夫人之當大任者，蘊之爲道德，筆之爲文章，措之爲事業，人皆能言之，而全者寡矣。先生真踐實履，循道據德。其發於文章，如《安邊務疏》，如《與安宣慰書》，如江西兩廣諸疏，經濟之略，于是乎見，豈特文詞藝焉而已哉。其舉業之學，如《山東甲子試錄》，宇宙間可多得耶。其在虔州，有閩、廣之捷，有橫水、桶岡之捷，有浰頭之捷，其大者擒宸濠，定江西。其在兩廣，平田州，平思恩，征斷藤峽，征八寨。經行之地，家祀而人祝之。先生事業，曠世所希見者。世之爲先生之言者，徒以口耳相高，道德何如，文章何如，事業何如，甚有假此以務名利者。昔子夏之學流爲莊周，程氏之學流爲異端，吾懼其言之不止，爲先生之罪人者眾也。先大父中丞公與文僖公爲同年，董生聰，文僖公之曾孫也，於予有通家之誼。觀其梓先生全集，是知所向方者。其曰《正錄》，曰《外錄》，曰《別錄》，錢子德洪所訂正，蓋專以講學知先生者。以予鄙見，當如先生之言，但以年月爲先後可也。海內同志，或有知予言者。

嘉靖丁巳六月庚子，錫山談愷書于白沙舟中。

陽明先生文錄敘說

門人錢德洪曰：昔同門鄒守益謫判廣德，以所錄先生文稿請刻。先生止之曰：不可。吾黨學問幸得頭腦，須鞭闢向裏著己，務求實得，一切繁文枝辭，不過一時酬對之作，傳之恐眩人耳目，不錄可也。守益請復不已。先生乃取近稿三之一，標揭年月，命德洪編次，復遺書曰：所錄以年月爲先後，不復分別體類者，蓋專以講學明道爲事，不在文辭體制之間也。明日，德洪掇拾所遺，復請刻。先生曰：此愛惜文辭之心也。昔者孔子刪述《詩》《書》，若以文辭爲心，如唐虞三代，自《典》《謨》而下，豈止數篇而已耶。正惟一以明道爲志，故所述可以垂教萬世而無弊。吾黨志在明道，復以愛惜文辭爲心，便不可與入聖人之道矣。德洪復請不已。乃許數篇，次爲附錄，以遺守益，今之廣德板是也。

先生讀《文錄》，謂學者曰：此編以年月爲次，使後世學者知吾前後所學進詣不同。又曰：某此意思，賴諸賢信而不疑，須口口相傳，廣布同志，庶幾不墮。若筆之於書，乃是異日事。必不得已，然後爲此耳。又曰：講學須得與人人面授，然後得其所疑，時其淺深而語之。纔涉紙筆，便十不能儘一二。

戊子年冬，先生時在兩廣。聞謝病歸，將下梅嶺，德洪與王畿乃自錢塘逆流而迎。至龍游聞訃，遂趨廣信。訃告同門，約以襄事後遺人裒錄遺言。明日又進貴溪，扶喪還玉山。至草萍驛，戒童僕指記書篋，歸置于別室，故諸所紀錄文稿幸免散逸。自後同門各以所錄見歸。既七年壬辰，德洪居吳，乃與黃省曾校定篇類。尚恐或有遺逸也，乃撰《購遺文》一疏，遣安成王生以告閩越、洪都、嶺表、蒼梧、荊湘之同志者，又獲所未備。然後謀諸同門侍御聞人銓，入梓以行。《文錄》之有《外集》、《別錄》，遵附錄例也。

先生之學凡三變，其爲教也亦三變，讀《文錄》者當自知之。少之時馳騁於辭章，已而出入二氏，繼乃居夷處困，豁然有省格致之旨。純於學術，是三變而至道也。居貴陽時，首與學者爲知行分合之辨。自滁陽後，多教學者靜坐有得。江右已來，始單提致良知三字，令學者言下直悟本體。是亦三變而神於教也。

良知之說發于正德辛巳歲。蓋先生再罹寧藩之變，張、許之難，而學更一番精神。故《正錄》書凡三卷，第二卷斷自辛巳，志始也。格致之辨莫詳於《論學》一書。而拔本塞源之論，直寫千古同體萬物之旨、末世習俗相沿之弊。百世以下讀之，當有灑然一快者矣。

或議先生自滁以後，文字似不如前。先生曰：吾欲與學者講明此意，憂不得取肝肺剖露與人看，豈復暇煉字句、擬章法耶。又曰：古人爲文，不過達意。意達而言可止矣。若作意組織爲工，專以悅人爲心，是與俳優相似，誠可醜也。後世儒者有志於道而作文，意思未能儘脫，亦習心未除耳。

門人有溺志於文辭字畫者。先生嘆曰：此所謂玩物喪志耳。以吾經綸參贊之體，局於一藝，是以隋侯之珠彈鳥雀，豈不誠可惜耶。草木之花，千葉者無實，其花繁者，其實鮮矣。

德洪事先生於越七年，於先生一切文辭，俱不收錄。每見文稿出示，比之侍坐時精神鼓舞，欿然常見其不足。以是知古人書不能儘言，言不能儘意，非欺我也。不幸先生既沒，儀容杳隔，謦欬寂聞，每思印證，茫無可即。然後取遺稿次第讀之，雖其言之不能儘意，引而不發，躍如也。由是自滁以後文字，雖片紙只字不敢遺棄。四海之遠，百世之下，有同此懷者乎。苟取《正錄》，順其日月以讀之，不以言求而惟以神會，必有沛然江河之決，莫之能禦者矣。

《外集》之文事辭勝，故不次於《正録》，使讀《正録》者專心一意，明潔耳目，以求學問旨的，然後泛及《外集》《別録》，則亦莫非此意之旁溢矣。嘗讀《潘氏四封録序》有曰：某不爲應酬文辭者餘四年矣。考其時則辛未年也，故讀己巳以前稿，文雖工，多出於應酬，故簡録不敢儘。辛未以後，雖或爲應酬而發，則亦莫非精一所寓。雖欲删之，不可得矣。噫，言不可以僞爲如此夫。

《別録》成，同門有病其太繁者。德洪曰：若以文字之心觀之，其所取不過數篇。若以先生之學見之行事之實觀，則雖瑣屑細務，皆精神心術所寓，所以經時贊化，範圍曲成，以成天下之事業。千百年來儒者有用之學，於此亦可概見，又何病其太繁乎。

昔門人有讀《安邊八策》者。先生曰：是疏所陳亦有可用，但當時學問未明，中多激忿抗厲之氣。若此氣未除，欲與天下共事，恐於事未必有濟。

（以上録自臺灣中央圖書館藏董聰刊《陽明先生全録》）

13 胡宗憲編《陽明先生文録》

跋重刻陽明先生文録後

先師陽明先生立教凡幾變，而卒歸於致良知之一言。人謂先生除卻致良知更有何學可講，先生亦謂除卻致良知更有何學可講，此語固非漫然應聲者。或者又疑，良知良能，孟氏對舉而互言之云爾，得無有未備歟。而不知孩提知愛其親，既長知敬其兄，則孟氏已揭其要示人，第人不加察耳。如是，雖謂先生得統於孟氏也者，亦宜。

歲丁亥冬十月，先生有兩粵之命，過吾南昌。與諸生講明斯學，罔晝夜者，旬有一日。維時幕下文武士憂讒畏譏，促先生行，日以再四。乃先生微哂之。明日解維章水，未（底）［抵］劍江，而粵西捷書至矣。夫然後信先生武以不殺爲神，用而示之不用。良知默運，至於無形，故衆不能知也。

頃年倭夷薄海，督府胡公肅將錫命，提三尺劍，以頤指東南。其時若用間推誠，因形措勝，不于其故、于其制，蓋有兵家未道、智謀之士不及借箸以爲畫者，人亦莫測所自。他日堯臣以職事奔承左右，第見案頭惟此集與鼓枹具存。推其端緒，則固有以然。則君臣大義，華夷大防，進止大機，日申諭而不置者，夫豈偶然哉。尙須識公重刻是錄之意，不獨爲文教而已。服師訓者，共鑒茲哉。

嘉靖三十有七年戊午元旦，門人南昌唐堯臣頓首百拜謹書。

（錄自內閣文庫藏胡宗憲編《陽明先生文錄》）

14 錢德洪編《朱子晚年定論》

懷玉書院重刻朱子晚年定論引

嘉靖戊午冬，懷玉書院工告成。廣信知府鑒塘周君俶建議飭工，延師贍士，百慮周集。故士樂有寧宇以安其學。既將入覲，以其事屬其僚黃君紋。已而考績以最聞，擢雲南按察司副使。鑒塘寓書黃君曰：吾將遠別，不得視諸生成。所貽俸餘若干，爲我置書於局，使院生日親先哲，猶吾教也。時中庵讀《朱子晚年定論》有感，謀諸巾石呂子曰：書院復朱子草堂之舊。書生登朱子堂，瞻朱子禀饒，進之以朱子之學，可乎。夫諸生所誦讀朱子者，中年未定之說也，而不知其晚年之悟之精且徹也。予昔聞知行之說，自謂入道次第，進無疑矣。今讀《定論》，寧知致知者，致吾心本然之知。其與守書冊，泥言語，討論制度，較計權術，意趣工夫迥然不同也。昔聞存省之說，自謂動靜交脩，功無間矣。今讀《定論》，寧知本然之知隨觸發，無少停息，即寂之中，感在寂，即感之中，寂在感耶。夫學莫先於識性之真，而功莫切於順性之動。知不求於口耳影響，而求諸吾心之本然，是得性之真矣。靜而常覺，動而常止。譬之四時，日月流而不息，不見造化聲臭之形。是顯微無間，順性之動而無違也。斯朱子定論發吾道之微，幾楬造聖之規範也。以是而進諸生，亦足以慰鑒塘之教乎。巾石子曰：富哉，善推鑒塘公之心也。朱子晩年病目靜座，洞悟性真。惜其門人無有受其意而昌其說者。今得陽明先生，而朱子之學復顯明於天下。以是而授諸生，則鑒塘之心，匪徒足以淑院生，將達之天下後世無窮矣，不亦善乎。於是黄君命上饒丞章子經糾工鋟梓，置板院局，以惠諸士，乞洪書其事。洪嘗增刻《定論》於南畿，因茲請，乃復爲引其端云。

嘉靖己未夏仲端陽日，後學餘姚錢德洪書。

增刻朱子晩年定論序

後學餘姚錢德洪譔

適道者如適京師然。所入之路雖不能無遲速之殊，然能終期於必到者，定志於先也。苟無定志，中道氣衰，怠且止矣，烏能望其必至耶。洪業舉子時，從事晦翁先生之學，自謂入聖塗轍必在是矣。及扣師門，恍若有悟，始知聖人之道坦夷直截，人人易由。乃疑朱子之說契悟未盡，輒生忽易之心焉。二十餘年，歲月既去，毛髮更矣，而故吾如昨，始歉然知懼。遭歷罪獄，動忍憂惕，始於師門指受，日見親切。復取晦翁之書讀之，乃知其平時所入不無意見之偏，但其心以必造聖人爲志，雖千回百折，不敢怠止。稽其實，其立朝也，以開悟君心爲切，其蒞政也，以民受實惠爲功，其接引後學也，惟恐不得同躋聖域爲懼。及其晩年病目，靜座有得，則盡悔平時注述誤己誤人，與其門人，務求勇革，勿避譏笑，且使遍告同志。其胸中磊犖，真如日月之麗天，其過其更，人人得而仰睹。噫，若是而可以忽易觀之哉。宜其推重於當時，傳信於後世。是信之者，非徒信其言也，信其人之有徵也。但世之信先生者，皆有求爲聖人之志矣乎。其格物窮理之說，似有近吾詞章記誦之習，而注疏章句之便，又足以安其進取利祿之心。遂執其中年未定之說，號於人曰：吾能忠於朱門也云云。若是而欲立朱子之門墻，麾斥且不暇矣，而況欲爲其效忠耶。苟有出是者，亦不過執其持敬力行之說，以爲矜名競節之規，亦未聞有終疑其所入而得其悔者，是亦未有必爲聖人之志，安於一善止也，又烏足以爲深信朱子耶。《朱子晚年定論》，吾師嘗有乎錄，傳刻於世久矣。史生致詹讀之，若有契焉，欲翻刻以廣惠同學。洪爲增錄，得二卷焉。蓋吾師取其晚年之悔，以自徵其學不畔於朱說。洪則取其悟後之言，徵朱子之學不畔於聖人也。使吾黨之疑朱子者勿以意見所得輒懷忽易之心，信朱子者毋安於其所悔，以必求其所情，庶不畔於聖人，是謂真信朱子也已。

嘉靖壬子夏五月。

（以上錄自安徽省博物館藏錢德洪編《朱子晚年定論》）

15　嘉靖四十三年補刻本《陽明先生全錄》

〔吳百朋跋〕（正錄末尾）

昔者周宣王命尹吉甫帥師伐玁狁，遂有膚公之奏。說者謂張仲寔左右之。唐討淮蔡，用裴晉公之謀斷在用兵，故李愬諸將卒賴以成功。自古豪傑建大事功於天下，未有不見知執政，取信人主，而能克有濟者。予嘗評本朝人物，以陽明先生爲第一。攷其事功之炳赫，則軔發自贛始。當是時，政出閹尹，動輒齟齬，不知先生何所作用，惟其所建置，無不如意。間嘗疑之。比吾同年友王敬甫氏以予承乏於贛，當知先臣遺事，乃以其所與晉溪王公手柬若干篇見寄。然後知先生之才，王公實知之。先生之功，王公實主之。惟大臣以任人爲急，故撫臣以任事爲心。內外相信，答應如嚮，其致一也。予因是不能無感嘆之私焉。朋不肖，生先生之鄉，幸立聖明之朝，固已殊異往昔。今大司馬虞坡楊公亦爲王公鄉人，其知人善任使，與王公同。故雖駑鈍如朋，亦得展布四體，以效其尺寸之勞。使先生生今之世，又當何如哉。此予所爲感嘆而不已也。敬甫原本不佳，於是命贛州二守趙時齊重刻之，附於《陽明全集》之後。噫，王公一代名臣，先生千載真儒，亦何藉此表白乎。顧前輩手澤，不可泯沒無傳。又以俾後之當事中外者，或能讀此有感，相與以有成云爾。

嘉靖甲子仲冬既望，金華後學吳百朋書於思歸軒中。

（錄自無窮會神習文庫藏《陽明先生全錄》）

16　王宗沐編《陽明先生與晉溪書》

刻陽明先生手柬序

余舟行次湘江，於篋中檢嘗手錄陽明先生與晉溪公柬一帙，秉燭讀之，因廢書而嘆。嗟乎，古人建立功名，信不易哉。陽明先生以千古天挺之才，早膺閫寄，然猶藉晉溪公乃得就。觀其往來劄中所云，是先生恃有知己處中，言聽計從，以故得安其身而畢其志。先生往見之疏中，覽者亦以爲敘奏之常格固當，而豈知其中誠然委曲如是也。事不能背時而獨立，功不得違勢而獨彰。故鴻毛遇風而巨魚縱壑者，順也。登高傳呼而建瓴下水者，據也。嗟乎，古之豪傑，率以不遇知己，不知而不用，或用之而未盡，或盡之而終讒。當其中軸見疑，孤遠勢隔，則書生豎子一言，而白黑立變，罪不可逭，其何功之圖哉。是可嘆也。余嘗從縉紳後，見道晉溪公者，不及其實。過晉中，頗攬鏡其平生行事奏疏，固已傾心焉。今觀其虛心專己，用一人以安國家，可謂社稷之臣，即陽明先生亦稱其有王佐之才。余懼其泯沒，因寄友人王宗敬於婺州，使刻以傳同好。後世其無有聞晉溪公而興者耶，則是稿似微而不可忽也。王公名瓊，晉之太原人。陽明先生名守仁，越之餘姚人云。時嘉靖癸亥三月，臨海王宗沐書于湘江舟中。

刻陽明先生與晉溪書後跋

右書壹拾伍首，乃我師敬所先生舊所手錄。陽明先生在南贛時，上司馬晉溪公而與之商確一方戎務，以共底厥績者也。夫晉溪、陽明二公，均具王佐之才，古社稷之臣，當朝人物之選也。其德業聞望，炳人心目，奚止此書之所建白與所許可已哉。而我師所錄惟是。誠以賢才難得，而爲天下用才者尤難。功不易成，而重社稷之功，能終始成就者，尤不易也。陽明先生以千古豪傑之才，從事於南贛軍戎之務者數載。向非晉溪公握本兵於內，重厥功而專委任，則未必不爲疑忌者中阻，安能得竟其志以底於有成哉。是故陽明之功，大司馬王公之功也。陽明先生之功，人皆知之。而晉溪公用賢不及宰輔休休之量，實人所未知者。我師秉燭湘舟，閱書讀之，不能不有感于衷，而懷仰于二公相知相遇之殷也。是以懼其泯沒，而命禎刻之，且以傳之同好，兼之有聞晉溪公，而興之望以屬後之人。吾師誠心二公之心，於此書有深契焉，而又以信天下之人之心無弗同也。然則玆刻也，豈直以彰二公之美盛而已邪，其意自有在也。禎不敏，幸夙承于吾師之教，敢廁數語而志之末簡。

嘉靖甲子夏，門人南昌王禎頓首拜書。

重刻陽明王先生手柬後語

國朝文儒以功業顯者，輒稱新建王公云。方公撫南贛時，所上司馬王公書，凡十五章。嗟乎，士爲知己者用，又爲知己者死。即新建公多才，賴司馬公居中，知而用之，乃得盡其力以成厥功。不然，禱金滕而草憲令，昔之聖賢尙避居而離憂，況遠臣乎。每觀後世處功名之際，遭讒被廢，有傷心流涕者。此太史公傳管夷吾，不多其功而多鮑叔能知人也，其旨微矣。往年癸亥，中丞王公得前書讀之，慨然有志於新建公之爲人，梓於婺州。頃撫淮，命燭校而新之。主上以大計寄公，又公卿師師如也。則所稱知己以建無窮之業，奚啻一司馬公已邪。語曰：千金之裘，非一狐之腋也。三代之際，非一士之知也。竊於今日交有望焉。新建公名守仁，餘姚人。司馬公名瓊，太原人。中丞公名宗沐，臨海人。

明隆慶壬申王正既望，漢陰後學陳文燭頓首拜撰。

（以上錄自上海圖書館藏王宗沐編《陽明先生與晉溪書》）

17　宋儀望編《河東重刻陽明先生文錄》

刻陽明先生全集序

天生出類之才，必從而誘屬之，使能尋究道原，立功立言，以垂照後世。當代若陽明先生者，非所謂出類之才耶。其功業以匡時，著述以淑世，具在是編。今其門人論述者，皆以爲非其至也，而獨揭其所謂良知。嗟夫，古聖蹈迪在門，闡述萬世，孰逾孔孟氏哉。《論語》一書，轍跡所至，君相大夫交際，寓主隱約，覯接淹速，徑曲汙隆，門人問答，進退川流，即德容光斯照。故其自敘曰：無行不與二三子。曰述而不作，曰好古敏求，忘食忘憂。其在門之士，知足知聖者，曰見禮知政，聞樂知德，未嘗外著述也。曰賢於堯舜，曰綏來動和，未嘗外事功也。其答問仁，曰克復，曰敬恕，曰認四教，曰文行忠信。至孟子推尊孔氏，亦曰仕止久速，曰進退辭受而已。乃性與天道，雖穎悟之傑，且嘆其不可得聞。而中人以下，夫子以爲不可語上。蓋欲學者潛修而默識爾。夫人心之良，譬之佳種，根苗秀實。概之一穀，而芟柞培溉，概之一事，而成德達才。國醫治病，溫寒燥濕，惟變所適。聖門教旨，諒同斯矣。

明朝承元，斯道晦蝕，習浮踵陋。志士僅抱遺文，璞玉礦金，閟而不顯。陽明先生揭致良知之學示人，本本元元，如起沉痾，如呼大寐，良以淑世而康濟生民，計安社稷。先生之實學，孔門之宗派也。沿流之弊，或執靈明以爲用，而忘戒懼之爲功，或自謂無意必弗信，果以爲體，而不知恣肆而無忌。是於先生之全書，譬之食而不知其味。程子屋脊過之喻，良若有慨於斯。今也余不敢謂知先生之學，今論宗旨，昭昭乎若揭日月行矣。顧念諸君子尊先生如孔孟氏，而略行事著述，或有異於孔氏自敘與其徒之闡述也。此則今督學宋公授刻先生全書意也。謹序。

隆慶六年，歲在壬申季春望日，南豐後學邵廉書。

河東重刻陽明先生文集序

文林郎河南道觀察御史，廬陵後學宋儀望譔

《陽明先生文集》，始刻于姑蘇，蓋先生門人錢洪甫氏詮次之云。自後或刻于閩，于越，于關中，其書始漸播於四方學者。嘉靖癸丑春，予出按河東。河東爲堯舜禹相授受故地，而先生之學，則固由孔孟以泝堯舜。於是間以竊聞先生緒言，語諸人士，而若有興者。未幾，得關中所寄先生《全錄》，遂檄而刻之。宋儀望曰：嗟乎，先生之學，蓋難言之矣。昔者孔子設教於洙泗之間，其與群弟子論說，如答問仁問孝問政之類，各隨其人品高下而成就之。而求仁之學，惟顏氏之子爲庶幾焉。其餘雖穎悟如賜，果如由，多藝如求，皆不許其爲仁。故曰：惟命與仁，子蓋罕言之。當時從者亦且疑其爲隱，而夫子他日又欲無言。夫子豈誠不欲言之人，人顧學者，有及有不及耳。顏氏既歿，斯道益孤。其後迺得曾氏，遂以所著《大學》一篇授之。厥後子思孟子亦各發明其學，無有異同。然自二子之後，傳其學者，往往流爲異端而不自知。秦漢以還，斯道不絕如箋。至宋，程氏陸氏又起而倡明之。當其時，同志諸君子又多持其所見，競立門戶者不可勝數。嗚呼，聖人之學，是何明之之難，而晦之之易也。陽明先生英邁特起，銳志斯道，更歷變故，造詣益深，於是始以聖人爲必可至。一日取《大學》古本，深加研究，遂發明其格物致知之說，而超然有悟於致良知之一語。既而本之吾心，驗之躬行，考之往聖，質之鬼神，建諸天地，然後知良知之用，徹動靜，合體用，貫始終，常精常明，常感常寂，常戒慎恐懼，常太公順應。蓋至是，而先生之學始沛然決之黃河，而無復有疑矣。先生嘗曰：心之良知，是謂聖人。人之不能致其良知者，以其無必爲聖人之志也。是故捨致知，則無學矣。捨聖人，則無志矣。故其與門弟子語，倦倦以致良知爲訓，而不復有他說。何者，良知之學，先生超然獨契，發千古聖人不傳之秘，不啻若獲寶於淵，復金於塗，而遂欲以公之人人。故學者一聞其說，莫不恍然有悟。而不知先生之學，實未嘗以一悟而遂可至於聖人。孔子在當時，發奮忘食，下學而上達。而門弟子乃謂其爲天縱。夫子至是，始有莫我知之歎矣。嗚呼，今之譚先生之學者，其果盡能身體力行，如夫子所云者乎。予故曰：先生之學，蓋難言之矣。先生既歿，毅然任斯道而不變者，皆傑然爲世名儒。然亦有號稱脫悟，乃或少變其師說，以自立門戶，甚者往往自軼於繩墨。而後進之士，遂妄加訾議，而卒視聖人爲不可及。嗚呼，是則可懼也已。今之讀先生之書者，果能求先生之心，體先生用功之實，譬之衣服飲食飽煖，自知若是，則將終身從事，猶懼涉汪洋而茫無涯涘也。彼人之至不至，訾不訾，又何與於我哉。是則先生之學也，是則重刻先生之集之意也。是爲序。

豫章後學徐秉正撰

嘉靖癸丑秋七月。

【是集予往按河東刻之。今復承乏視學閩中，適司諫南豐邵君守建寧。予過建，辱君過從署中，相與劇談陽明先生之學。司諫君曰：今所刻《陽明全集》，直與《孟子》七篇相表里。蓋佛家所謂正法眼藏也。願請前集翻刻之，以惠八閩士子，如何。予謝曰：是不穀之志也。然必辱高序，庶幾來哲知吾二人所用心云。司諫君曰：諾。遂書之以識歲月。

時隆慶六載，歲在壬申仲春廿有八日，宋儀望題。】[1]

（以上録自上海圖書館藏宋儀望編《河東重刻陽明先生文録》）

① 【　】內文字爲隆慶本增補。

18　徐秉正編《陽明先生文録》

重刻陽明先生文録序

《陽明先生文録》黔故有刻，顧歲久，版漶漫不可讀。侍御陳公按黔之明年，懼斯文之將墜，而欲明其說於世也，因謀付剞劂，而參知蔡君、副憲蕭君復相與從臾而手讎之。又明年，刻成。二君謂予濫竽文事，宜有序。予惟先生之文至矣，侍御公序之詳矣，予不佞，何能爲辭。嘗觀古聖賢立言垂訓，其材情小大、篇什煩簡雖屬不同，而要其大義所揭，指次點綴，總之期於足以明道而止，無二旨也。秦以降，學失其統，士日欲於觚舌，而且各恃其彊，以相雄長。其所論著，洸洋猋忽，亦自以爲道，動稱關世教。試取讀之，所得意語，非駁而不醇，則曲而不該，而理道之旨歸概亡能有所發明。浸淫而爲六代之衰，又浸淫而爲五代之弱，此道不絕如帶。唐韓退之起而振之，宋廬陵、臨川、南豐、眉山相繼出而表章之。貞觀、嘉祐之間，文幾近古。然以質於道，則亦有所不至。濂洛關閩諸君子至矣，而世之操觚者又曰：此宋文，若薄不足爲者。不知文章盛衰惟視於道何如。道誠載矣，雖唐宋可遡三代。道苟戾也，即秦漢無異六朝。何者，野物不爲犧牲，理道無庸藻繢。不此之務，而彼之競，奚怪乎。濂洛以來，古六藝之遺湛淫滌濫，幾盡失其傳乎。

明興，先生以命世之才崛起姚江。方弱冠時，即毅然有志於道。及壯而爲四方游，間關險阻，九死百折。一旦豁然，真體洞徹，然後直啓千聖久局之鑰，拈出良知二字，以詔天下後世而示之趨。今觀其書，辨析印證，歌詠諷諭，與夫序記疏表雜著等篇，大者萬言，小者百千餘言，蓋犁然備矣。然大較折衷諸子之同異，會通於聖人之旨，而壹以是爲標的。俾持循者不迷於荆榛，而可以躡履窔奥，是洙泗之羽翼而濂洛關閩之流派也。先生沒幾百年，無論海內，即如黔士，迄今日興起於學，而此道不至晦蝕泯泯，此豈有威令法制可驅而使哉。要以先生遺言若揭日月然，學者因之，有所就正劘切，以無盭於道。此貴陽一脈所以至今耿耿，直與中原吾黨聞先生之風而興起者並峙而稱焉。嗟嗟，其功盛姚遠矣。夫所爲貴言者，謂可訓世教耳。有言若此，其於世教何如，則安可滅弗傳也。噫嘻，此侍御公與二君重刻茲錄意也。予不佞，亦欲藉手於斯，與諸君子共之，遂不辭而爲之序。萬曆癸巳春正月。

（錄自中國科學院圖書館藏徐秉正編《陽明先生文錄》）

19　吳達可編《文成先生文要》

題陽明先生文選序

陽明先生昔年令廬陵，撫南贛，江右蓋過化地也。故經綸運量，平定籌略，惟江右爲最著。而學術之相信者，無論及門私淑，亦惟江右諸賢爲最深。余來按江藩，巡歷贛郡，觸目感衷，皆先生莅政譚道處。因索其遺編讀之，近于散渙無紀，而板刻且以年久湮損矣。遂語贛令，宜亟新之。贛邑陸令，偕瑞金堵令，窮日夜力，蒐羅選擇，校梓成集，而請序于余。余惟先生良知之學，大本大要，一掃支離無漫之習。今且人人信，人人服矣。聖學盡性經世之說，塘南王先生發揮已盡，余復何言。惟是以無善無惡論心體，此先生與門人天泉證道語也，而繼之以有善有惡意之動。知善知惡是良知，爲善去惡是格物。虛實相乘，修悟合一，補偏救弊，其旨深矣。顧後之宗其說者，藉口無善二字，流弊遂入于猖狂無忌而不自知，夫豈先生立言之意哉。余走柬塘南，謂不若以無聲無臭論心體爲直截穩當，塘南首肯焉。先生之學授之東廓鄒先生，東廓授之訥谿周先生。余固訥師親炙弟子也。淵源所自，敢有異同，亦詎敢謂謬戾之見能闡發蘊奧之萬一，聊以先生當年苦心獨得語設爲疑問，以請質于有道云爾。時萬曆癸卯季冬望後三日，荆谿後學吳達可書于洪都公署中。

（錄自中國科學院圖書館藏吳達可編《文成先生文要》）

20　鐘惺評《王文成公文選》[1]

王文成公文選序

經云：敷奏以言。蓋謂人之所性所學，無以自見，故託言而敷奏焉。然有言之則是，而考其行事則非者，豈其言不足以盡其人耶。非然也，殆聽言者之觀察未審耳。夫人之立言，莫不假辭仁義，抗聲道德，以竊附於君子之高。而苟非所有，則雖同一理，同一解，而精神詞氣，已流爲其人之所至，何也。蓋言者，性命之流露，而學問之精華也。學問雜則議論不純，性命乖則言詞多戾。有非襲取者之能相掩也。古之立言者不一家。相如之詞賦，班史之著述，固文人也。而文人之無論，即如申韓之刑名，管晏之經國，以及老莊之寓言，豈不以聖人賢者自視。而或流爲慘刻，【或逃於幽玄，究竟適如其人而止，而與所謂仁義道德者無加焉。此猶曰不同道也。乃若賈生之痛哭流涕，仲舒之天人相與，其自負何如也，亦尊之漢之儒首，至矣。謬】推王佐，得乎。等而上之，子輿氏願學孔子者也，亦步亦趨，直承道統，而一間之未達，終屬圭角之不融，寧可強哉。子輿氏猶不可強，況其下焉者乎。近之立言者，稍陟韓歐之境，輒號才人，略窺朱程之緒，便稱儒者。而試求其言之合道否也，不矯爲氣節之偏，則溺於聞見之陋，不遁入玄虛之域，則陷於邪僻之私。曾得以浮詞改聽哉。獨陽明先生之爲言也，學繼千秋之大，識開自性之真，辭旨藹粹，氣象光昭，出之簡易而具足精微，博極才華而不離本體。自奏議而序記詩賦，以及公移批答，無精麤大小，皆有一段聖賢義理於其中，使人讀之而想見其忠孝焉，仁恕焉，才能與道德焉。此豈有他術而僥幸致此哉。蓋學問真，性命正，故發之言爲真文章，見之用爲真經濟，垂之訓爲真名理。可以維風，可以持世，而無愧乎君子之言焉耳。使實有未至，而徒以盜襲爲工，亦安能不矯不溺，不遁不陷，而醇正精詳，有如是哉。李溫陵平生崛強，至此亦帖然服膺，良有以也。世之論文者，動則曰：某宋文也何如，某漢文也何如，某戰國之文也又何如。不知文何時代之可爭，亦惟所性所學者何如耳。予僭評此文，非謂先生之言待予言而明。蓋欲使聽言者讀先生之言，而知立言者之言可飾，而所性所學不可飾也。一人之所性所學可飾，而千聖之所性所學不可飾也。斯不失聖經敷奏意矣。

竟陵後學鐘惺書。

①此序《王陽明全集》所錄有闕文，故收錄。【　】內文字《王陽明全集》闕錄。該書有陶珽（《王陽明全集》誤作陶珽穉）「鐘伯敬評王文成公文選序」《王陽明全集》收錄，故不錄。又有王畿「重刻陽明先生文選」，當爲後人據王畿「重刻陽明先生文錄後語」改寫，亦不錄。

跋

是集也，先大夫龍溪公手錄以授及門。曷爲而梓之，梓之以公同志，以存先賢之脈也。先賢之脈不存，則學問不明。學問不明，則世趨日下，而聖道泯矣。曷爲乎言之，蓋學自精一垂統，至格致大備。及子輿氏沒，而教化衰。漢晉以下，習于訓詁，艷于詞章。著作日繁，而違道日遠。逮至濂洛，始粹然續興。如周之主靜，程之定性，則幾乎。第未能直悟本體，屏絕支離，以開來學，故不久復衰。至我文成公，歷艱履險，磨瑕滌垢，從九死一生中揭致良知三字以立教，海內方翕然向風。惜乎天不假年，俾教化未敷，而讒娼疾行。是時世當疑信之際，道在顯晦之間。苟無繼述之人，則已興之業，岌岌乎殆矣。惟我龍溪公首發師門之秘，廣播天泉之傳，與緒山先生招來同志，剖析群迷，建天真爲講舍，而四方則創者三十餘所。按遺稿爲《文錄》，而先後行世者千百有奇。于是私淑有人，誦法有言，而幾衰之緒，又孜孜然興矣。今濱海之民，咸稱王氏，章句之儒，並言良知。斯道大明，而斯人少見，何以然也。蓋世方逐科名，趨功利，而未暇誦其言。不誦其言，則無從想見其人，羨慕其學，又烏知其中之文章勛業超絕千古，遂捨己之腐鼠而爲之哉。頻年流寇洶湧，連師莫制。然跡其所爲，謀術不及寧藩，險固不及思、田。而甲兵之衆，爲患之久，更不若横水、桶岡、三浰、八寨。昔先賢于彼皆旬月底定，未聞如今日之難也。繇今觀之，則知向之佳猷奇績，是豈智術可襲。要非通乎幽明之理，純于性命之學，惡能至此。故讀論學諸書，具見經濟之源。而讀征濠遺事，洞識名理之用。孰謂學問事功有非一哉。今天子治尚實，學士皆誦古。顧群書畢獻，而斯集未奏。不獨爲吾王氏惜，而爲天下惜。爲天下惜小，而爲斯道惜大。然則文成之學明，而斯道興矣。

裔孫王川百拜敬跋。

（以上錄自中國國家圖書館藏鐘惺評《王文成公文選》）

21 陸問禮編《陽明先生全錄》

重刻王陽明先生文錄序

虔踞豫章東南上游，復嶺鳥道，多與閩楚百粵聯界。賊倚巨猾，間疊豨突。曩辛酉之難，王文成先生討平桶岡、茶寮、浰頭諸寇，爲枌邑治，增城堡，民漸以寧。歲辛未春，賊首鐘淩秀、陳萬等嘯聚亡命滿萬，闖瑞金，鄉兵挫之。尋禍中始興三省，悛遞翹翹，若乘奔而無轡。是年五月，不佞禮以東粵左轄奉命鎮虔會剿。時借箸者曰：文成時，物力克牣，選練調遣如使左右手。以茲索之蘭錡無兵，叩之恥壘無糗。且意議區分，尺一書難，覘水乳合蓋，今昔難易什伯也。予謂：不然。有斥堠可謹，有戍兵可覈，有徵求營堡可設法而益置。假文成在，必易其所難。若非殫謀畫於人，付成敗於天，安知處文成日，亦竟不易。方鰓鰓相與圖之，忽抵冬。九連巢寇與石窟、銅鼓諸者，儘優孟衣冠已耳，謦咳已耳。一旦試之繁劇，投之險阻，輒耳目惑，手足亂也。爲無本故也。先生當忤瑺獄杖自若，謫徙龍場驛自若，即調銓徙冏卿、虔撫軍自若。甚至征横水、三浰等寇，及平思田、八寨、斷藤峽諸役，聞寧藩叛，趨吉集兵，皆從容賦詠自若。洵先生所謂靜亦定、動亦定，即《大學》所謂知止也。知止而良知乃致，亡動靜一，自亡難易一也。

我朝洪武初，文章真切，譬之樹木爲根芽。永樂間重氣節，則本幹植矣。宣德成弘尚事功，則枝條敷矣。正德嘉隆，漸滋議論，毋乃相率而華葉歟。自先生倡明良知之學，則返於心性，如結實然。吳澄曰：近古道統，周子其元，程張其亨，朱子其利也。孰爲今日之貞乎。噫，讀先生《文錄》者，當知貞元之合，庶幾旦暮遇之。

崇禎柒年甲戌季春月，提督軍務巡撫南贛汀韶惠潮郴桂都察院右副都御史古吳後學陸問禮撰。

（錄自九州大學文學部藏陸問禮編《陽明先生全錄》）

22　陳龍正編《陽明先生要書》

序

采性有所懲，每友人期講學，輒不應。則曰：且事躬行，曷用講。然于宋先生諸書及國朝諸先生語錄，私竊櫛比，頗受規訓。至《陽明先生集》，以爲功夫簡易真切，尤所參辨。則嘗慨先生之教明沒各半者，不因忮人之詆訐，殆繇雷同者眾，和聲附影，誤識見爲良知，自背師旨。先生固云：無現成良知。又云：良知須實踐。又云：宋儒制行足以取信，非空言動人。則知先生原精微謹慎，不欲以高明相詡。且其說非頓悟。初參二氏，繼見節義，瀕危幾死而後得之。子弟即不必如先生沉玄證寂，如先生建言受杖謫，苟無乾惕憂患之心，而云良知如是，安可誣也。至于兵事，今人動引先生，似可依倣。不知先生學有體用，不以功業表見。即其既立功業以後，門人有問，皆默而不答。則先生所云論治須求根源，不當從半中入手者，此意可謂明白指示。故采習讀先生全書，時有論說。復一言蔽之云，先生教人致良知，而述先生之教者，正言良知，不言致。譬如衣在笥，食在案。終日說衣食，如不衣之食之，畢竟笥案間物，何與人事。采因隨處指點，圖有起發。若夫一傳，幾流爲放曠，則先生自滁至南畿時，已深自悔，故教人惟以存天理去人欲爲省察克治實功。而貽累師門者，實有其徒。擬取羅念菴與王龍溪一書參列簡末，令學者知守身修德，不可虛飾。蓋以田間閒力，得輯錄成緒，遂欲登板問世，質之勝己。而幾亭陳子投我印本書六冊，曰《陽明要書》，且屬爲序。開函時，自念識力不及陳子，從事歲月不及陳子。我所輯錄，得毋作士衡《三都賦》否。亟加審諦，見其當篇所次，總序一首，凡例四首，小序八首。欲然曰：陳子進我，人苦不自知，我掩卷退矣。卒業，益歎陳子有功先生，並有功曰仁、緒山輩。蓋芟其枝復，條其目類，使凡觀遺言者，注視即得綱領。復截去雷同，小疵大醇，一一標見。苟中無權度，何以能有如此稱量。乃予所志幸者。予于先生序刻《朱子晚年論定》（按：原文如此），心不安其說，而陳子反復論其失當。予于先生答門人問吾與點也，謂似過駁伊川，而陳子亦不以爲然。予嘗論先生五十七歲不沒，學問當不止此，推之孔子七十以後盡然，而陳子亦以先生惜朱子者惜先生。其餘符契，觸類殊多。又予挍先生《年譜》，于他書分載、錯綜互見者，約略爲《陽明言行考》。而陳子卷後有《遺言逸事》一編，十同七八。予非敢攀陳子以自高，聊以志得失也。是集既行，絕學昭布，人知適歸，即可不有陽明，其殆陳子講學之書矣。

時崇禎乙亥中秋，婁東友弟張采頓首題。

要書序言

余沈潛紬釋于文成之書者踰年，恍乎登其堂而聆其謦欬也。惜其書亂而少次，繁而反晦，剖類而滋混。欲使人人讀而取益焉，乃纂爲《要書》。既成，爲之言曰：孟子而後，聖賢負大經濟者少矣，惟濂溪、明道有致太平之才。諸葛孔明而後，豪傑之識大本原者少矣，惟陽明先生終身在事功中，終身以修德講學爲事。奏功成者，學助之也。居功成者，學爲之也。觀聖賢者觀其用。曾謂用如先生，而非豁然聞道者耶。致良知之宗，其言本于不慮，其旨本於誨繇。非直以不慮爲良，以不慮而有別爲良。至矣，莫可訾矣。貽訾者，獨在無善無惡。然先生實有所見而云。蓋曰善本無善也，猶元公曰太極本無極也。欲人不倚善也，豈顧令不倚善哉。承無極者，以體貼天理，以主敬，故百世而彌光。承無善者，以玩光景，輕行誼，資文過，則不再傳而裂爾。因其徒之失真，使後人致憾于提宗之未慎。先生之靈，其恫已夫。夫先生大悟者也，存誠者也。後人疑其教，而因疑其學。疑其學，而終慕其猷略與文章。至於慕其猷略文章，而先生微矣。天下無不悟而能誠，無不誠而能神。觀先生之身也，口也，手也，耳目也，兵革錢穀也，潛魚棲鳥也，畫堂貂冠也，炎風毒霧也，無不神也，皆心所爲也。則驅策指引之間，先生亦惡乎往而不彰。儒者致用，無踰先生。然先生正君心者，念念蒼生者。體仁也者，致天下之太平也者，非任智也者，非定方隅之禍亂也者，則猶是精才而麤用，大才而小用，全才而偏用。疇謂講學封侯，遂驚爲儒生不世之遭矣乎。故天下艷先生之才與功，而識者更致惜其遇。天下傳先生之悟，而善學者以爲不如法其身也。先生口談無善，身則夫須臾不爲善。夫惟孳孳爲善，庶可以談無善矣。嗚呼，三代而下，聖賢而奇才，豪傑而好學，微斯人，吾誰與歸。假以數年，未之或知也。彼且曰：堯舜以上善無盡。

崇禎壬申五月丁巳，後學嘉善陳龍正惕龍父題。

（以上錄自臺灣故宮博物院圖書館藏陳龍正編《陽明先生要書》）

23　施邦曜編《陽明先生集要》

陽明先生文集敘

自古稱不朽之業有三，曰立德、立功、立言。然果如是之畫爲三等，如玄黃黑白之殊類乎。非也。蓋人未嘗生而有功，生而有言。惟此德命於天，率於性。明此者謂之精，誠此者謂之一。惟明故誠，惟精故一，是謂聖賢之學。學至於誠則有以立天下之本，一則有以盡天下之變。德也者，功從此託根，言從此受響者也。惟學之入德未至，即身奏一匡之績，祇成雜霸之勳名。即文起八代之衰，終屬詞章之小乘。故上下古今，伊周之後無功，《六經》之外無言。非無功與言也，德之未至，即功與言不足稱也。先生從學絶道喪之日，獨悟良知之妙蘊。上接精一之心傳，就不睹不聞之中，裕經綸參贊之用。舉世所謂殊猷偉烈，微言奧論，不必分役其心而已。實有其理，將見富有。日新自然，應時而發。戡亂定變，人所視爲非常之原者，先生唾手立辦。使世食其功，而絶不見搶攘之跡。斯名世之大業也。創義豎詞，人所稱獨擅制作之林者，先生未嘗過而問焉。不外日用之雅言，而備悉夫繼往開來之緒，斯羽翼之真傳也。德立而功與言一以貫之，此先生之獨成其不朽哉。世於先生之學未能窺其蘊奧，故慕先生之功，若赫然可喜，誦先生之言，若澹然無奇。譬適滄茫者不望斗杓爲准，與波上下，東西南北，揣摩向往，無一或是。而先生之爲先生自若。人惟學先生之學，試昇其堂焉，入其室焉，而後知先生之不可及也。後知不可及者，之其則不遠也。性命之中，人人具有一先生焉。人人具有一先生，而竟無一人能爲先生，先生於是乎獨成其不朽矣。

余以蚵蚾之質，仰羨蟾蜍之宮。每讀先生之書，不啻飢以當食，渴以當飲，出王與俱。然行役不常，苦其帙之繁而難攜也。因纂其切要者，分爲三帙，首理學，次經濟，又次文章。便儲之行笈，時佩服不離，亦以見先生不朽之業，有所獨重云。

同邑後學施邦曜頓首譔。

（錄自山東師範大學圖書館藏施邦曜編《陽明先生集要》）

24　俞嶙《王陽明先生全集》

王陽明先生全集序

古所稱立德、立功、立言爲三不朽，而克兼者實難求。其德足以紹往聖，功足以弭大變，言足以垂萬世者，於吾先生庶幾無憾焉。先生倡明正學，首重良知，闡性命之淵微，齊聖凡於同軌。雖憂患險阻，軍旅倥傯，先生一以靜穆處之。故能平定大難，不震不矜。善乎武宗之言曰：王某學道人也。道以德爲體，以功爲用，而全體體用著乎言。迄今瞽宗之祠，與顔曾諸子並列不祧，豈非粹然無疵，配名嶽而永崇者哉。今先生往矣，其文具在，則其人具在。古云：存則人，亡則書，其統一也。予生也晚，幸而同先生里居，自丱角受書以來，執鞭之慕，昕夕以之。第所傳《文集》二十卷，兵燹之後，原板灰燼。予懼夫先生之文日久漸湮，而後之學者將倀倀乎其靡所適從也。故予甫及下車，即取先生全集，重付剞劂而詮次之。夫一命初膺，席尚未煖，且徵調不時，簿書日追。顧亟亟以此爲務，鮮有不笑予之迂者。不知先生之文，其有關於風俗人心者，正匪細也。況先生當年駐節兩粵，其恩威所被，能使未拓之疆變爲樂土，積梗之俗遷其夙心，明德豐功，淪膏浹髓。雖年紀殷遙，直赫赫若前日事。惜此間人士第能述先生之德與功，而竟不得一讀先生之文。是猶睹鏞鐘鼖鼓，而未獲考擊聞聲也，終非深知先生者也。夫先生之文如日月然，終古不變，而光景常新。雖布帛菽粟之恒言，具有過化存神之至理爲之。因其文以求其人，則文章如面，昔日之衣冠劍珮，俱在我羹墻寤寐中矣。寧僅傳說其功德云爾耶。

予以拙才而守玆巖邑，惟恐羽籥未盡興，刀犢未盡化，雨膏未盡敷，以上負聖天子愛民至意。倘藉先生之文而爲之振鐸宇內，使善讀者深求乎身心性命之微，廣推乎天下民物之大，以此迪德，何德不成，以此敷功，何功不奏。所以立身者在是，所以報國者亦在是矣，又豈予一人一邑之所敢私也哉。是爲序。

康熙癸丑七月，同里後學俞嶙題於從化之自公堂。

（錄自北京大學圖書館藏俞嶙編《王陽明先生全集》）

25　王貽樂編《王陽明先生全集》

文集紀略

先文成陽明公《全集》，舊有《傳習錄》、《文錄》、《別錄》、《外集》、《續編》、《附錄》、《世德紀》，共三十六卷。嗣値兵燹之餘，原板散軼，僅存李卓吾先生手評《道學鈔》及大司馬峨雲先伯續刻論學諸篇而已。迨歷年既久，藏版又失其半。嗟嗟，先人之事功理學文章著述，豈可使之日淪湮沒乎。樂志切纘承，亟欲購輯其全。其如聞見未廣，蒐羅未獲何。及庚申歲，樂來牧滕陽，得晤舊尹書湖馬君，歷敘世誼，追念先徽，每以是集未全爲憾。書湖遂出所藏一集以示。樂乘政餘，即互爲參考，正訛補闕，分別類序，合成一部，共計一十六卷，付之剞劂，載餘告竣。雖論諸全書，尚多闕略，而較諸所存，稍稱裒益。倘後之人更能采輯而補全之，是又樂之所深望也。

五世孫貽樂敬識。

〔陶潯霍識語〕

此書予訪之有年未得。乾隆癸丑，問之京都書肆亦不得。久之，乃於琉璃廠舊書店見此一集，如獲無價異寶，不虛北上一遭，下第非所計也。勉行陶潯霍識。

（以上錄自東京大學總合圖書館藏王貽樂編《王陽明先生全集》）

26 張問達編《王陽明先生文鈔》

序

見知聞知之統，至孟子而息。千五百餘年，而周程諸子追尋其緒。又五百餘年，而陽明先生揭良知之學，使學者求理于吾心，而無復有逐物騖外，支離蕪蔓之病，而聖道于是乎復昭。蓋良知者，明德也。致良知者，明明德也。明德具于吾心。外吾心而求物理，無所爲物理也。捨物理而求吾心，吾心又何從見耶。此仁者所以天地萬物爲一體也。明明德于天下，致良知而已矣。致良知之極，止至善而已矣。性無不善，故德無不明。動于意而後有不善，人心惟危也。意雖有不善，而明德之根于天良者，未嘗不知也。孟子曰：人之所不學而知者，良知也。致其本明之良知于意，則亦隨其意所在之物，而正其不善，以止于至善。而知乃有據，而意乃非虛。君臣父子，視聽言動，無不皆然，則物我無間，至誠無息矣。此之謂明善誠身，此之謂精一執中。聖門顏子，有不善，未嘗不知。知之，未嘗復行。蓋知行相爲終始者也。不終，何以爲始。不行，何以爲知。知行合一，又何疑乎。

問達幼不自揆，見先生之文章而頌法焉，聞先生之功業而向往焉。積之二十年，而後窺見先生之學，其功業文章，皆良知之實用，根于心而無待于外。燦然如日月經天，而莫之掩也。沛然如江河行地，而莫之禦也。浩浩乎如太和元氣之充周，時行物生，而不見化工之跡也。夫先生豈有異于人哉。操之于戒愼恐懼之微，而放之于天下國家之大。先知先覺，惟恐吾人不聞斯道。而萬物一體之仁，汲汲終身。人徒見其《大學》古本之復，知行合一之説，格致誠正之論，與朱子微有異同，而遂詆之爲禪。今先生之書具在，其果外人倫乎，遺事物乎。其空虚寂滅，無裨用世乎。動靜體用之學，果有間于精一之旨，明明德之傳乎。夫聖道之在天下萬世，當與天下萬世共明之，豈一人一世之所得私。況先生之學，百世以俟聖人而不惑者哉。蓋至于今日，而亦信從者衆矣。問達口頌心維，手鈔目識，竊附于私淑之後，以俟同志者考而正焉。亦以自見其生平學先生之學，盡于是焉爾。

時康熙貳拾捌年歳次己巳秋七月，江都後學張問達序。

（錄自東北大學狩野文庫藏張問達編《王陽明先生文鈔》）

27　李祖陶編《王陽明先生文選》

〔李祖陶序〕

右錄王陽明先生文六十八首，編次照江都張問達本，首奏疏，次序記，次書，次雜文，次公移，共爲七卷。夫先生之學，自成一子，非宋五子之所能拘。先生之文，亦自成一家，非唐宋八家之所能縛。然先生之學，尊之者號爲聖人，排之者斥爲異端，入主出奴，至今尙無定論。若先生之文，則奏疏措置闊大，魏叔子稱爲李忠定後一人。序記或豪邁，或謹嚴，不名一格。書説書卷，隨手拈來，頭頭是道。誌表不多作，作即高簡不群。祭文如《瘞旅》等篇，尤覺入妙。下至公移，亦能盡事物之理。其在唐宋八家中，兼有韓之豪，柳之峭，蘇之達，王之横。絶不依傍古人，而自逼古人。故生平不欲以文名，而文實卓然冠一代。鹿門推爲八家以後第一，雖未免大過，要之豪傑之才，入粗入細，固投之所向，無不如意者也。惟横説豎説，總以講學爲宗。無論旨歸與朱子不同，即于陸亦似加厲。予懵然于學，不敢置喙其間，且此選第以論文，故凡涉此者，率多刊落。先生有知，當笑爲買櫝而還珠，亦不邺矣。按先生原集爲文成合書，首《語錄》，次《文錄》，次《別錄》。《別錄》者，奏疏也。張本于奏疏刪節大甚，予據俞本錄之，而《陽明全書》竟未得見，爲有憾云。上高李祖陶敘錄。

（錄自東京大學總合圖書館藏李祖陶編《王陽明先生文選》）

28 錢德洪・薛侃編《陽明先生詩錄》

〔錢寬序〕

右錄以履歷爲次者，蓋以見吾夫子情隨所遇，辭以時發也。以滁陽後爲正，而前附之，見吾夫子所學益精，辭益粹，誠之不可掩也。讀是錄者，以意逆志，而有會焉，而興焉，而求其所以精，得其所以粹，無以其辭焉而已矣，則是錄之傳，庶其不繆矣乎。

嘉靖庚寅歲五月望日，門人錢寬謹識于錢塘勝果寺之中峰閣。

陽明先生詩集後序

先生既沒，吾友寬也檢諸笥，得詩數卷焉，畿也裒諸錄，得詩數卷焉。侃受而讀之，附侄鎧錂諸梓。同志或吾尤曰：古人之學，尙行而已矣。今人之學，尙言而已矣。吾師勤勤懇懇，以明古之學。記博而詞工，未始以爲訓也。子是之圖，非師意也。且詩者言之華，非古也。律者詩之變，尤非古也。子是之圖，非師意也。侃曰：詩之教，性情而已矣。離性情而言詩，非古也。由性情而出焉者，謂之非古可乎。夫性者良知之體也，情者良知之用也。是故吾師之學，致良知而已矣。良知致，則性情正。性情正，若種之藝生矣。誠松也，芽甲花實，無非松矣。誠穀也，芽甲花實，無非穀矣。謂松而花稷，謂穀而實荑，非然也。是故知先師之學，則知先師之心，知先師之心，則知先師之應跡矣。誦其言，察其用，可以觀，可以悟，可以神明其德矣。而又可釋夫詩乎。如以詩焉而已，則誠非師意矣。

嘉靖庚寅夏至日，門人薛侃謹識。

（以上錄自九州大學文學部藏錢德洪・薛侃編《陽明先生詩錄》）

29 俞憲編《王陽明集》

陽明王先生，古所謂豪傑士也。平生以講學論道爲事，不專事詩文，然大較則文勝詩也。其詩隨意命詞，不務雕鑿。今刻一百餘篇。先生名守仁，字伯安，浙之餘姚人。弘治己未舉進士，即上疏條陳邊務。初除刑曹，歷吏郎署，由南鴻臚卿昇南贛僉都御史，以擒宸濠功封新建伯，兼南京兵部尚書。時居父喪，辭未就。後思田苗亂，復起爲總制。苗平，以病乞休。行至南康，卒在兵曹。嘗忤逆閹劉瑾，謫龍場驛丞。再移廬陵令，轉南刑曹。入爲吏部主事，歷遷南太僕少卿，至于封伯。所在以氣節才猷著聲，而平寧藩、定思田，又功之大者。卒爲時輩所尼，不竟厥施，悲夫。卒年五十有七。所著有《陽明文錄》二十四卷行世。後二十年，予治紹興，先生子正憲嘗以詩文墨跡遺予，今蓄于家。

嘉靖乙丑冬，無錫俞憲識。

（錄自內閣文庫藏《盛明百家詩》所收俞憲編《王陽明集》）

30 樊良樞編《陽明兵筴》

陽明兵筴序

陽明先生之學，不動心之學也。先生自謂謫貴州三年，百難備嘗，然後能有所見。余親至龍場，展先生遺像，見壁間書《何陋軒》《君子亭記》，墨蹟如生，低回留之不忍去。吾鄉冀闇齋先生言，先生一日在龍場靜坐到寂處，形骸全忘了。偶因家人開門驚覺，香汗遍體，謂釋家所謂見性是如此。是時先生飽經患難，齊一死生，獨餘此心，歷歷孤明耳。先生既悟良知之學，把柄在手，殺活自由。平蠻定亂，舉而措之，不動聲色，皆先生之緒餘也。先生用兵如神，半由天授，然歸其術于不動心。余同年友黃啓融偶談戚南塘用兵之妙。方倭亂時，莆中有一大姓，筑城自衛，倭入據之。南塘率壯士數百人啣枚夜襲，未至十里許，令解衣露胸，捫其心間不動者十餘人，三里許不動者數人，逮至城下不動者一人而已。其人曰江虎。倭方城守，夜柝相聞。虎肉薄而登，手斬一人，被服倭裝，爲巡警者狀，以次雨砍。倭大擾亂，莫知所由。官兵奪門而入，遂盡殲焉。此人通身是膽，亦不動心之一驗也。噫，吾安得不動心者而與之言先生之學當天下事哉。

武陵後學楊鶴譔

陽明先生兵筴序

吾夫子嘗曰：軍旅之事未之學也。小子何敢敘論陽明先生《兵筴》。雖然，居嘗臆之，凡謂身歷行間大小數十戰，深知兵事者，皆老卒也，而非必知兵。古來知兵者，皆其生若夙成，湛定寧一，靈機炯炯，如《風后》、《握奇》、《太公》、《陰符》，以至諸葛武侯諸篇，皆先有成法，遇潛而潛，遇變而變，猶不在風雲龍虎豹犬、五練十三擊十四變間也。大抵讀盡天下書，事變到手，平生學問，一切都用不著，唯此方寸自闔自闢，能員能方。法所謂生，遇敵高一著，即爲死地；法所謂敗，遇敵低一著，即爲全勝。豈有一定安排哉。嘗攷先生講明絕學，以致良知爲第一義。竊謂能致良知便是用兵透頂法。吾夫子不以億逆爲賢，而歸之先覺。先覺何物也。即如逆寧遄發，若非潛脫虎口，還保吉安，傳檄諸州，速破巢穴，何以使之不得戀攻安慶，何以使之不疾馳金陵，佯卻橫衝，計日成擒哉。又如剿平橫水、桶岡、斷藤峽、浰頭諸賊，皆出其不意，轉戰衝鋒，發蒙振落。若侯湖兵援至，賊且有備以應我矣。故皆著著得先焉。《易》曰：知幾其神乎。

知微知彰，知柔知剛，萬夫之望。先生之良知，吾道之全覺，兵法之祕竅也。世人徒讀故書，侈言兵法，不格盡天下之物，不還會吾心之知，如之何不以封疆僥倖也。至於近日，或陳戰車，或陳西洋銃，或陳礮石。不知戰車可營而不可陣，洋銃可守地而不可進戰。礮石俗言砲也，以機發石，李密取攻城具。乙巳冬，遍設都城雉堞間。時平久，人不知兵，更何言法。先生大小數百戰，何曾拘拘於此。嘗曰：良知在人，如舟之有舵，涉風濤萬頃而不疑。又曰：經事變以來，原覺無多，止此些子耳。蓋嘗與諸弟子講學，夜分靡倦，質明復造，則先生已出師數里之外矣。非良知之至變，其孰能與於此。

吾師樊密菴先生，身接先生學脈者也。所在啓書院，爲學士大夫開示微言。分藩辰沅。先是，楚繳兵餉十餘萬，歲缺過半，雖羽檄旁午，脫巾時聞。守此者但因循人情，羈縻土司，將卒遷延，一轉以去。吾（吾）師乃立簡易，申畫一，甫半歲，遂無逋額，士咸宿飽，捍圉維勤，苗夷憚焉。既遷粵遷閩，撫按力疏留之，倚若長城。欲求陽明於今日，非吾師誰與。署中評定《兵筴》，因命梓人公諸海內。昔晉武帝欲偃武修文，山少傅獨謂不當耳。因與諸大臣深言孫吳用兵本意，時論歸之。後郡國無備，盜賊充熾，不能遏禦，皆如公言。此吾師刻《兵筴》本指也。當今四方多故，邊塵屢驚，舉朝正須以文事武備細心講求，豈可徒委之執殳仗鉞，泄泄作儒者氣象。使天下事但脫卸後人即已，當日陽明先生便可縱一葦逍遙閩海矣。此尤致良知第一義也。不然，魯監門之女不若，講學云乎哉。是爲序。

崇禎四年辛未長至日，嶺南後學何吾騶撰

陽明先生兵筴序

魯齊夾谷之會，仲尼曰：有文事者必有武備，請具左右司馬。于是揖讓於壇坫，折衝於樽俎，而齊人懼，乃歸田以謝過。此於軍旅之事，何常不學。故曰：好謀而成，我戰則克。非虛語也。伯安先生曰：聖人得行其志，偃武修文，必有銷變未形之道，直從根原上講求，故備而不庸，武而不黷。後世不識根原，每從中半做起，故犯手腳。若講求根原而豫謀之，豈有必事殺人而後安人之理。噫，此先生兵學也。先生之學以不動心爲主，蓋嘗批龍鱗，料虎鬚，觸蠻煙瘴雨，出入於虺毒魑魅之場，而此心寧然不動。不動者何，性定也，性定則志定，志定則神定，神氣行乎其間，而揮斥不變，虎無所措其牙，兕無所投其角，兵無所施其刃，是神武不殺之道，謀成戰克之緒餘也。當武肅之際，小用先生，但使治已病，非治其未形也。設使居論思之地，奏疏附之烈，而大用之，是必探其治本，遏其亂原，自有舞干於兩階，銷兵於四夷者。豈憂禦侮哉。然而先生用之，每示之以不用。自南贛授鉞，以羽扇揮兵，未嘗用一大將也。執旌先驅，皆用郡邑簿領吏，而脫鍪陷陣，即輿臺廝隸之稷稷者。如韓淮陰驅市人而使之戰，多多亦善。奇一。已被命勘閩，解兵柄，撤鹺稅，宸濠猝變，無尺刃斗粟，脫身虎口，趣還吉州。仗義一呼，四旅驟集。父子兄弟，鋤櫌棘矜之兵，不滿萬餘。一鼓而下豫章，再鼓而禽濠於江上。如謝車騎以八千兵破苻堅百萬之眾，奇二。兩軍對壘，前鋒少挫，火攻方授，矢石如雨。伍文定輩立火炮之中，燎鬚焦面而不敢動，如張睢陽之軍令，而先生講學中軍，談笑自若，謀至不驚，捷聞不喜，眂謝太傅不翅過之。奇三。武皇南狩，欲縱濠湖上，親與之角而後禽之。先生拜表獻俘，取道錢江，邂逅中貴人張永，談言微中。永爲之用，轉獻行在，卒左右先生，事賴以濟。奇四。召命中止，訪道九華，還經匡廬，登昭明讀書臺，大書紀功，有「武昭皇靈嘉靖我邦國」之句。明年，肅皇入紹大統，讖兆龍飛。奇五。肅皇登極，被召不果。參贊南樞，袞衣東歸。省覲之日，奉觴爲壽。詔封伯爵，適與誕期。先生洗爵而受持滿之訓，邦人榮之。奇六。既被特拜，再出思田。至則廣布皇仁，降其渠帥，活八萬餘人，八寨煙消，中台星晦。班師反旆，祠其祖綱忠烈之廟于增城，載謁馬伏波祠，恍如少年夢中所見，紀二詩而去。卒於南安。魂思故鄉，甘棠勿翦。奇七。而先生固以爲平常事，無他奇特也。先生用兵，大抵用《管子》制國之法。編保甲以弭內盜，選民兵以悍外寇。申軍符以嚴節制，別部伍以明分數，整操練以習形勢。要于上下相維，指臂相使，務使人可爲兵，而兵皆可用。又使人自知兵，而兵不必用。此內政寄軍令之先法，先生變而通之，以行於今，亦三代井田車徒之遺意也。嗟夫，此惡足以盡先生哉。方其功高震主，身處危疑，讒夫高張，劍鋩交剸，而先生處之夷然。見張永以辟咎，待忠、泰以百忍。北軍嫚罵如不聞，槥櫬憑式而唁慰。且使父老吊喪問疾，敦客主之禮。長至日，令居民設酒脯以奠亡卒，哀哭之聲遍於野市，徹于昏曉。北軍思歸，忠、泰計沮，而後豫章之民出於塗炭。可不謂孫出而信成，小忍而大全者耶。若夫稱學道人而釋亢龍之疑，做《啾啾吟》以解驅虎之惑，先生之性定矣，神全矣，命立而造化在手矣。蓋先生洗心藏密，極深研幾，其學得力於致知，而其功深於戒慎恐懼。故其戡亂也，襄之以武，其格蠻也，敷之以文。其安身後動也，決之以幾。商丘子曰：欲見其所不見者，必視人所不欲窺；欲得其所不得者，必修人所不爲。先生之學，知幾之學也。能視人所不窺，故思玄而見彌遠；能修人所不窺，故行滿而得最深。此於不動心之道，尤有立于不測而妙乎無方者也。惜乎內聖外王之學，聊小用之於兵筴，而兵筴惡足以盡先生哉。今人不學無術，每事多從中半做起，而不講求於根原之地。讀先生《兵筴》，可以憬然思矣。若夫知幾之學，安得起先生於九原，而余小子，請爲之北面。

明崇禎庚午陽至，豫章後學樊良樞譔。

刻陽明兵筴跋

粵稽古用兵之筴，太公至矣，孫子武、吳起、司馬穰且之法備矣。至臨事應變，奇正縱橫，運籌決勝之時，詎漠然無所動於衷者。獨文成先生，巨寇當前，紓徐容與，講學不輟，戰勝攻克，算無遺筴。溯其原本，惟養得此心不動。夫文成致良知之學繇於孟氏，而孟氏不動心，惟善養吾浩然之氣，直養無害，塞乎天地之間，故不動心於霸王、卿相也。文成禽逆濠，定豫章，平橫水，破三浰、斷藤諸賊。觀其握機設奇，翕張予奪，勝在著先，神游轂外。往往臨事而懼，詎漠然無所動於衷者，特不動心於死生之交耳。逆瑾欲殺之而不爲動，忠、泰威劫之而不爲動，續綸陰中之而不爲動，舉世毀之，滿朝謗之而不爲動，況於矢石之衝乎。自非良知炯然，積學充美，有至大至剛之氣，立天地之師，塞道義之配者，而能然乎哉。

吾師密菴先生，究心藏密之學二十餘年，人未有知者。蓋上窺濂洛之秘，而直接文成之統矣。辰故文成舊游，常聚徒虎谿講學賦詩，其口芬手澤，班班在人睹聽。吾師分藩于斯，憂學之不講，乃立講會，興文課，建文清祠、陽明樓，朔望虔禮，日進宦師弟子而啓迪之。雍雍乎俎豆之盛，雅歌之風也。尤慮辰沅居黔蜀之咽喉，控三苗之要害。計繕甲兵，討軍實，不可一日忘戒備，故不能一日忘情於兵也。嘗與諸邊帥借留侯之箸，聚伏波之米，以料理邊務，揣度苗情，百不失一。乃不搜秘於《陰符》、《六弢》、《孫吳》、《司馬法》諸書，獨於文成集中，撮其爲《兵筴》者，奏疏十三篇，檄諭二十五通。又摘兵學、兵謀、兵機、兵量二十四則，自爲評注，授之剞劂，以行於世。津津乎不動心之旨，揭以告人。且慮兵凶戰危，欲人戒慎恐懼而不敢易言之。吾師之心與文成之心，其揆一也。抑吾師之學與文成之學，有以異乎，無以異乎。弟子不敏，偶趨虎谿之會，與聞不言之教，殆不能測其涯涘矣。

崇禎辛未夏至，零陵門人蔣向榮譔。

（以上錄自尊經閣文庫藏樊良樞編《陽明兵筴》）

31　鄒守益《王陽明先生圖譜》

王陽明先生圖譜序①

昔者孔子之沒也，游夏門人以有若貌似孔子，欲以所事孔子事之，而曾子獨以爲不可曰：江漢以濯之，秋陽以暴之，皜皜乎不可尙已。蓋深言之也。本體之在人，流貫圓瑩，昭明靈變，所謂建於天地而徹於古今者，一刻未嘗息，一毫不可污。其斯以爲皜皜也。孔子之所以爲孔子，全是而已。如徒以其貌也，則塗之人有肖者焉，至語其心，則不極於皜皜者，不可以語精。而況於形乎。心無似者也。曾子之稱孔子也，不道其綏來動和之所爲用，而指其光輝潔白之所以妙。蓋自顏子而後，惟曾子得其深。此曾子、游夏之辯也。雖然，余嘗思之矣，曾子蓋亦有未盡者。三千篤信，淪浹肌髓。一旦泰山頽壞，衆志煢然，如孺子之喪慈母，無所依歸。其學不皆曾子。苟一有所存焉，亦足以收其將散之心，而植其未廢之教。

陽明王先生天挺間出，少志聖賢，出入二氏，晩悟正脈，的然以良知爲入門，蓋有見於碻碻者。自髫年以比白首，凡所作用，以其學取力焉。忠撓權變，志堅拂抑，崎嶇兵甲，以及臨民處變，染翰吐詞，靡不精解融徹。而功業理學，蓋宇宙，師百世矣。當時及門之士相與依據尊信，不啻三千徒。今沒纔三十年，學亦稍稍失指趨。高弟安成東廓鄒公輩，相與繪畫勒石，取先生平生經歷之所及與功用之大，譜而載焉。嗟夫，碻碻之體，人人同具。先生悟而用之，則凡後之求先生者於心足矣。而公猶爲是非獨思其師，亦以著教也。所謂係而待其興焉者也。據其漸則覺其進，考其終則見其成。而其中之備嘗辛苦艱難，僅得悟於百死一生之際者。學之道良在于茲，而獨載其事耶。

余少慕先生，十四歲游會稽，而先生已沒。兩官先生舊游之地，凡事先生者，皆問而得概焉。然不若披圖而溯之爲尤詳也。以余之尤有待於是，則後世可知，而鄒公之意遠矣。公遣人請序，余爲道曾子之未盡者，以明公旨焉。

時嘉靖丁巳冬十有一月長至，賜進士出身中順大夫江西按察司副使奉敕再提督學政臨海後學王宗沐書。

（錄自中國科學院圖書館藏鄒守益《王陽明先生圖譜》）

①本序文破損不可識讀處據王宗沐撰《敬所王先生文集》卷一「陽明先生圖譜序」補。

32　毛本《陽明先生年譜》

刻陽明先生年譜引

嘉靖戊子春正月，相以知臨川縣被召，選試河南道監察御史。二月，奏疏請皇上稽古修德，以答天春，端好尙，杜佞幸。咎涉浚恒，落職謫嶺表。時陽明先生正有討田州之役，閱得相報，亟檄促我曰：平田州易，集眾思善後難。檄至輒行。又曰：俗心以謫官事事爲俗吏，余謂此正俗吏之談，全不省如何是俗，如何是不俗，道眼能自得之。相被檄矍然，遂就道。及豐城，而報先生卒南安矣。本年十一月丁卯也。嗟乎，相將及門，卒不得一稟業，以聞性與天道之說。雖然，檄數語，固性與天道之說也。先生《年譜》成，胡柏泉檄贛州佐毛汝麒刻之。未登梓，柏泉以少司馬召，不竢。駕行，囑相促之。訖工薦奏，展無檄我數語。偶脫之邪，抑誤謂邇言，漫脫之邪。因足之以確於緒山、龍溪、念庵。嘉靖甲子首夏九日，巡撫江西等處地方兼理軍務都察院右副都御史明郡後學周相識。

陽明王公年譜跋

陽明王公功在虔臺，虔之人既已家祀而戶祝矣，又梓其文以傳，惟《年譜》未之有也。緒山錢公述其歲月大略，圖其像於石，刻之吉州，然其文未備，學士大夫有餘憾焉。今念庵羅公始彙爲書，提綱分目，列爲三卷，而《年譜》始完。羅公居石蓮洞二十年於茲矣，學益深，而道益盛。是書成，亦竭終歲之力云。穩生也晚，不獲從王公游，與之上下議論，以聞道德性命之奥。曩因瘴疾接方外之士，講煉心習靜之術，始知王公初年學佛老而悟聖道，其言非欺我也。及備員江右藩臬，竊聞王公剿賊往事，機宜神妙，非書生所窺。辛酉拜命虔臺，謁王公於祠下，爲之徘徊興起不忍去。時當多事，盜賊縱橫於閩廣江湘之間，道路爲梗，其勢岌岌。穩鄙陋，弗稱任使，安得復起王公，以聞經略之妙弘，濟一時之艱危。獨念身既受事，不敢復以得失利害橫忧胸臆，直欲滅此而後朝食。賴天子明聖，神武不測，當時大臣虛心采納，無中格之患。以是張皇六師，且撫且剿，致有今日成功。穩不敢自謂追美王公，以希前人之休烈，而羅公謂王公用兵後此再見者。其說果爾，穩雖不肖，位次王公之後，又有大賢如羅公者之言以傳，韓愈所謂有餘榮焉，非耶。《譜》成，羅公以書來，屬穩梓之。以有留都新命，不及親董其事，轉屬郡佐毛君汝麒終之。毛亦吾浙之賢者也。嘉靖癸亥九月二日，吳興陸穩跋。

（以上錄自中國國家圖書館藏毛本《陽明先生年譜》）

あとがき

本書は筆者が二〇〇三年に早稲田大学に提出した博士論文「王守仁著作の文献学的研究」に加筆・修正を加えたものである。博士論文の審査には、土田健次郎（主査）、小林正美、水野実（以上副査）の各教授が当られた。

なお、本書の内容と関連する既発表の論文は以下の通りである。

① 「閭東本『陽明先生文録』の価値」（『東洋の思想と宗教』第十六号、一九九九）
② 「現存最古の王守仁の詩文集——北京・上海両図書館蔵の『居夷集』について——」（『東洋の思想と宗教』第十九号、二〇〇二）
③ 「関於王守仁『良知同然録』的初歩研究」（『明清浙東学術文化研究』、社会科学出版社、二〇〇四）
④ 「王守仁の語録について」（『哲学、宗教与人文』、商務印書館、二〇〇四）
⑤ 「最古の王守仁の伝記『王陽明先生図譜』について」（『アジア文化の思想と儀礼』、春秋社、二〇〇五）
⑥ 「尊経閣文庫蔵『新鐫武経七書』について——王守仁の『武経』注釈——」（『人文社会科学研究』第四十六号、二〇〇六）
⑦ 「上海図書館蔵『新刊陽明先生文録続編』について」（『東洋の思想と宗教』第二十三号、二〇〇六）
⑧ 「上海図書館蔵『陽明先生与晋渓書』について」（『汲古』第四十九号、二〇〇六）

⑨「日本的王守仁文献研究概観」(『文献』二〇〇六年第三期、二〇〇六)

上記諸論文と本書各章との関係は以下のようである。但し、いずれの論文も本書収録に当って加筆・修正を加えている。

⑨→序説
④→第一章
②→第二章第一節
①→第二章第二節
⑦→第二章第三節
③→第二章第六節
⑧→第二章第九節
⑥→第四章第一節
⑤→第五章第一節

筆者が宋明理学に関心を向けたのは、早稲田大学第一文学部に入学後、東洋哲学専修に進学した後のことであった。土田健次郎先生の担当された演習は『論語集注』をテキストとするもので、はじめに伊藤仁斎の『論語古義』の序文から入るという、今から考えても刺激的なものであった。それと同時に水野実先生の授業では『大学集注』をお教え頂くという恵まれた条件の下、漠然とこの分野を自分の研究テーマとしたいという願望が生じたのである。

大学院修士課程入学後は福井文雅先生のご指導のもと、王学左派を研究することとなったが、自分の進むべき方向がつかめず、五里霧中の状態が長く続いた。このようななか、博士課程に進学し、楠山春樹先生にご指導を頂くこととなったが、やはり自分の研究の方向について確信を持てずにいた。

そのようななか、北京大学哲学系に一九八九年から一九九二年にかけて留学の機会を得ることができたのは、筆者にとっては幸いだった。北京大学では樓宇烈先生のご指導を受けたが、樓先生の演習は『朱子語類』の白文をテキストとするもので、その後、明代の文献を読む上で極めて有益なものだった。また、アメリカから帰国したばかりの陳来先生の『伝習録』の演習にも参加させて頂くことができた。当時、先生は『有無之境』（人民出版社、一九九一）を執筆中であり、王学関係の論文を次々に発表されていた。『陽明先生遺言録』の資料価値に注目されていた先生が、日本に残された王学関係の佚存書を研究すべきことを熱心に説かれていたことが、昨日のことのように思い出される。

帰国後、博士課程の後半においては、土田先生のご指導のもと、水野先生が『陽明先生遺言録』、『稽山承語』、『陽明先生則言』などの訳注をされるのをお手伝いさせて頂くことができた。水野先生からは訳注のみに止まらず、王学研究の諸問題についての惜しみないご教授を賜った。筆者が今日、この分野で活動することができるのも、全く先生のご指導によるものである。

訳注の作業を通して次第に王学の文献学的研究に目を向けつつあった筆者にとって、一九九七年八月十二日の国際陽明学京都会議において、①の論文のもととなる口頭発表を行なうことができたのは、自己の研究方向を定めるうえで、極めて有意義であった。会議にはそれまで書物の上で名前のみ存じ上げていた多くの王学の専家が参加されており、以後ご鞭撻を賜ることができるようになったのは、特にありがたいことだった。

その後ほぼ十年、浅学非才の身を顧みずこの分野の研究を続けてきたが、このように一冊にまとめてみると不十分な点のみ目につき、反省することしきりである。

このように不十分な点のみ多いとはいえ、研究をまとめることができたのは、多くの先生方の温かいご指導によるものである。特に岡田武彦先生、荒木見悟先生、佐藤仁先生、山下龍二先生、佐野公治先生、後藤延子先生、吉田公平先生、吾妻重二先生、佐藤錬太郎先生、馬淵昌也先生、荒木龍太郎先生、中純夫先生、呉格先生からは、繰り返しご指導頂いた。更に、日頃、互いに切磋琢磨してきた同学である、伊東貴之、恩田裕正、蝦名良亮、青木隆、矢崎浩之、垣内景子の各氏からも多くの刺激を受けた。

また、難波征男先生からは、一九九〇年に中国で始めてお会いしてから今日まで、たびたび中国にお供をさせて頂く中で、多くの学問上の教えを頂いている。

水野実先生からは、すでに述べたように長年にわたってご指導頂いているほか、本書の執筆中、多くの資料を賜っている。

土田健次郎先生からは、学部二年生の時から現在に至るまで、学問上はもちろん、研究者としての姿勢、社会人としての常識に至るまで、厳しくも温かいご指導を四半世紀にわたって賜っている。また、先生はご多忙の中、本書に対して序文を執筆して下さった。

以上述べたほかにも、筆者は今日まで諸先生、諸同学から多くのことを学んできた。愚鈍な筆者のことを見捨てず、教えを賜ったすべての方々に改めて感謝の意を表したい。

なお、貴重な資料の閲覧の機会を与えて下さった、日本、中国、台湾、アメリカの各所蔵機関にも感謝したい。

本書の出版に当っては、汲古書院の坂本健彦先生、飯塚美和子さんにお世話頂いた。また、本書の刊行は、平成十八年度科学研究費補助金（研究成果公開促進費）によるものである。

最後に、本書を亡き父に捧げたい。早稲田大学の卒業生である父は、筆者が同じ大学に入学したことを手放しで喜んでいた。父の生前に本書を刊行することはかなわなかったが、すべてに遅い筆者の性格を熟知していた父は、苦笑して許してくれるのではないかとひそかに思っている。

二〇〇七年二月　永冨青地

索　　引

凡　　例

1、本索引は、本書を利用する際の便宜を考えて作成したものであり、網羅的なものではない。
2、人名索引、書名索引とも、序説および各章の本文についてのものであり、注および附録からは採録していない。

人名索引

さ行

た行

な行

は行

ま行

や行

ら行

書名索引

ら行

著者略歴

永冨　青地（ながとみ　せいじ）

1961年生
早稲田大学理工学術院教授
博士（文学）
早稲田大学大学院文学研究科博士課程単位取得退学
主要業績：「最古の王守仁の伝記『王陽明先生図譜』について」（『アジア文化の思想と儀礼』、春秋社、2005）、「現存最古の王守仁の詩文集――北京・上海両図書館蔵の『居夷集』について――」（『東洋の思想と宗教』19、2002）、「閭東本『陽明先生文録』の価値」（『東洋の思想と宗教』16、1999）等。

王守仁著作の文献学的研究

二〇〇七年二月二十八日　発行

定価　本体一一〇〇〇円＋税

著　者　永　冨　青　地
発行者　石　坂　叡　志
整版印刷　富　士　リ　プ　ロ

発行所　汲　古　書　院
〒102-0072東京都千代田区飯田橋二-五-四
電　話　〇三（三二六五）九七六四
ＦＡＸ　〇三（三二二二）一八四五

ISBN978 - 4 - 7629 - 2809 - 3　C3010

KYUKO-SHOIN, Co., Ltd. Tokyo.